莊子

厚農

莊子

장자

外篇

외편

장자 외편

초판 1쇄 발행 2019년 2월 25일
초판 2쇄 발행 2021년 12월 10일

지은이 김정탁
펴낸이 신동렬
책임편집 신철호
외주디자인 아베끄
편 집 현상철 · 구남희
마케팅 박정수 · 김지현

펴낸곳 성균관대학교 출판부
등록 1975년 5월 21일 제1975-9호
주소 03063 서울특별시 종로구 성균관로 25-2
대표전화 02)760-1253~4
팩시밀리 02)762-7452
홈페이지 press.skku.edu

ISBN   979-11-5550-317-1   93150
        979-11-5550-285-3   (세트)

잘못된 책은 구입한 곳에서 교환해 드립니다.

莊子 장자

外篇 외篇

김정탁 지음

역譯
해解
소疏

성균관대학교
출판부

머리말

―――

　『장자』는 내편, 외편, 잡편으로 구성되는데 이 책은 외편의 해(解)와 소(疏)를 다룬다. 내편은 장자가 직접 쓴 글인데 반해 외편과 잡편은 장자 추종자들이 쓴 글이라고 보아진다. 그런데 어째서 책을 내편, 외편, 잡편으로 구분할까? 이는 동아시아의 오랜 전통인 내전(內傳)과 외전(外傳)의 구분과 관련이 있다. 그래서 불가에서도 내전인 불경을 익힌 뒤에 불경 이외의 책을 외전이라고 해서 이를 학습시켜왔다. 이는 불가를 보다 심층적이고 객관적으로 이해하기 위한 노력의 일환으로 본다. 아이러니하게 『장자』는 불가를 대표하는 외전의 위치를 오랫동안, 그것도 독보적으로 누려왔다.

　그렇다면 외편은 『장자』에서 어떤 역할을 담당할까? 무엇보다 내편에서 다루었던 내용을 확장하거나 보완하는 역할을 담당한다. 이를 위해 많은 사례들이 외편에서 제시되므로 내편에 비해 이해가 쉽다. 나아가 외편에서 제시된 사례들에서 우리는 수준 높은 은유를 많이 발견할 수 있다. 이것이 『장자』가 문학서로 높게 평가받는 이유 중 하나이다. 외편의 이런 시도는 우리들에게 쉽고 친근하게 다가가기 위한 노력으로 보인다. 그래서 내편이 원론에 해당한다면 외편과 잡편은 그 해설서로서 각론이라고 보아도 무방하다.

그런데 내편과 외편의 구성 방식에서 차이가 있다. 내편이 전체로서 연결된 하나의 큰 구성을 한다면 외편은 각 편마다 독립된 구성을 한다. 이를 논문에 비유하면 내편에서 「소요유」가 서론이고 「제물론」이 이론적 틀이라면 「양생주」 「인간세」 「덕충부」 「대종사」 「응제왕」은 본론에 해당한다. 이에 반해 외편은 각 편마다 서로 다른 주제를 다루는데 각 편은 도입부와 본론을 제각각 따로 둔다. 그래서 각 편의 도입부가 서론 내지 이론적 틀이라면 이어서 본론이 뒤따른다. 이것이 내편과는 다른 외편만의 독특한 구성 방식이다.

그런데 외편의 이런 설계도를 간과한 채 해석하는 경우 장자철학의 핵심에 다가서기 힘들다. 외편 첫 편인 「변무」에서 "오리 다리가 짧다고 늘려주거나 학의 다리가 길다고 자르면 안 된다"라는 글의 해석만 해도 그러하다. 이 글은 「변무」의 주제에 해당하는 자연스런 덕과 타고난 본성을 지켜야 하는 것을 위해서 동원된 하나의 은유일 뿐이다. 그런데도 이 은유의 해석에 집착하다 보면 「변무」 전체의 큰 그림을 놓치기 십상이다. 심지어 자신들의 생각과 주장을 정당화하기 위해서 장자의 은유를 차입해 사용하는 경우 이런 경향이 더욱 두드러진다. 이럴 때 『장자』 해석에서 주객이 전도되고 만다. 그래서 장자의 관점에서 외편을 읽는 게 무엇보다 중요한데 그것은 설계도에 기초해서 해석하는 일이다.

내편은 전체로서 통일된 구성을 하므로 장자 혼자서 이루어낸 작업인 게 거의 확실하다. 반면 외편은 각 편마다 독립된 구성을 하므로 여러 사람이 참여해서 이루어낸 작업이라고 본다. 그렇지만 누가 어떻게 참여했는지는 아직도 오리무중이다. 이런 상황에서 지난 세기 대만(台灣)에서 장자연구를 선도했던 유소감(劉笑敢)의 분류, 즉 무군파(無君派), 황로파(黃老派), 술장파(術莊派)의 분류는 참고할 만 하다.

유소감의 분류에 따르면 외편의 첫 네 편인 「변무」, 「마제」, 「거협」,

「재유」는 무군파의 저술이고, 「천지」, 「천도」, 「천운」, 「각의」, 「선성」은 황로파의 저술이고, 「추수」, 「지락」, 「달생」, 「산목」, 「전자방」, 「지북유」는 술장파의 저술이다. 서구에서 장자연구를 선도했던 그래함(A. C. Graham)은 무군파 대신 원형주의자(Primitivist)란 용어를 사용하면서 「변무」, 「마제」, 「거협」, 「재유」를 원형주의자의 저술로, 「천지」, 「천도」, 「각의」를 절충파(Syncretist)의 저술로, 「추수」, 「지락」, 「달생」, 「산목」, 「전자방」, 「지북유」를 술장파(School of Chuangtzu)의 저술로 규정한 바 있다. 이 분류는 많은 점에서 유소감의 분류와 유사하다.

무군파의 저술 중에서 첫 번째에 해당하는 「변무」는 인의(仁義)를 비판하는 내용이다. 또 「마제」는 인의와 같은 인위적인 덕 대신 자연스런 덕을 강조하는 내용이고, 「거협」은 배움으로 이루어지는 앎(知)을 배격하는 내용이다. 「재유」는 인위적인 다스림인 유위이치(有爲而治) 대신 자연스런 다스림인 무위이치(無爲而治)를 내세우는 내용이다. 그러니 인의, 인위적인 덕, 앎에 대한 비판은 무위이치를 강조하기 위해 동원된 내용에 해당한다. 그런데 인의, 인위적인 덕, 앎은 유가가 특별히 강조하는 가치가 아닌가. 그렇다면 「변무」, 「마제」, 「거협」, 「재유」는 유가적 가치를 드러내 놓고 비판하는 장인 셈이다.

이어서 등장하는 「천지」, 「천도」, 「천운」, 「각의」, 「선성」의 다섯 편은 황로파의 저술이다. 황로파란 노자를 신격화해서 전설상의 인물인 황제와 동일시하는 부류이다. 그래서 황제의 '황'과 노자의 '노'를 합쳐서 황로파라고 부른다. 그런데 황로파의 저술 내용은 무군파의 저술내용과 크게 다르지 않아 사실상 구분이 무의미하다. 단지 차이가 있다면 무군파는 현실적이고 실질적인 주제를 다룬다면 황로파는 현학적인 주제를 다룬다는 점이다. 「천지」, 「천도」, 「천운」이 특히 그러하다. 물론 이들 세 편의 내용이 다소 현학적이라도 각 편의 앞쪽 원론 부분만 현학적일 뿐 이어지는 나머지 부분에선 구체적인 실례가 동원되어서 각 편마다 뒤로 갈수록 이런 느낌이 들지 않는다.

　그리고 마지막 여섯 편인 「추수」, 「지락」, 「달생」, 「산목」, 「전자방」, 「지북유」는 술장파의 저술이다. 술장은 장자(莊)사상을 서술한다는(述) 말이므로 술장파의 저술은 장자사상을 그대로 계승한다고 말할 수 있다. 이 중에서 「추수」는 내용과 형식면에서 특히 그러하다. 「추수」의 상당 부분을 차지하는 하백과 북해약의 대화가 대표적이다. 이 대화는 내편 「소요유」에 등장한 바 있는 대붕의 비상을 새롭게 각색했다는 평가를 받을 정도로 빼어난 구성과 내용을 자랑한다. 이 때문에 「추수」는 장자가 직접 쓴 글이라는 설도 있지만 사실과 거리가 멀다.

　장자사상을 가장 장자답게 특징짓는 단어를 하나 꼽으라면 단연 유(遊)이다. 유란 노닒, 즉 유유자적하면서 노닌다는 걸 뜻한다. 그래서인지 『장자』는 소요유로 내편을 시작해서 지북유로 외편을 끝낸다. 그러니 '노닒'으로 시작해서 '노닒'으로 마감하는 셈이다. 노닒에 대한 장자의 이런 강조는 어짊(仁)을 내세우는 공자의 철학과 뚜렷이 구분된다. 어짊은 유위(有爲), 즉 하고자 함이 있어야 실천이 가능한 반면 노닒은 그렇지 않다. 어쩌면 하고자 함이 있으면 오히려 노닒이 제대로 이루어지지 않는다. 그래서 하고자 함이 없어야만 진정한 노닒이 가능하므로 노님은 무위(無爲)의 성격이 짙다.

　장자사상은 철저히 무위에 입각해 있어 기존 철학의 잣대로 재단하기 곤란하다. 기존 철학은 양의 동서를 막론하고 유위의 성격을 지니므로 무위에 입각한 장자사상을 좀처럼 이해할 수 없다. 그래서 기존 철학의 관점에서 장자사상을 이해하는 경우 '철학 아닌 철학' 내지는 '철학 없는 철학'이라는 느낌을 받는다. 이런 평가에 대해 장자는 얼굴을 찌푸리기보다 환영의 마음을 내보일 것이다. 장자는 꾸며지지 않는 자연스런 덕(德)과 타고난 본성(性) 그리고 본래의 모습(情)을 찾아나서는 것을 자신의 으뜸가는 작업으로 여겨서이다. 반면 기존 철학은 이런 작업을 오히려 방해할 뿐이다.

총명함(聰明), 인의(仁義), 말 잘함(辯), 예악(禮樂)을 강조하는 기존의 철학이 특히 그러하다. 장자의 눈에는 이런 가치들이 자연스럽지 못한 덕이고, 타고난 게 아니라 만들어진 본성이고, 본래의 모습이 아니라 꾸며진 모습에서 비롯될 뿐이다. 그런데 총명함, 인의, 말 잘함, 예악은 공자가 특별히 강조한 가치들이 아닌가. 그렇다면 장자가 공자에 대해 이처럼 비판적인 건 특별한 이유가 있어서일까? 필자가 보기에 특별한 이유가 있어서라기보다는 장자와 공자가 같은 시대와 같은 공간에 머문 탓이라고 본다. 그래서 장자가 지금 다시 태어나면 유위 정도가 아니라 인위(人爲)에 기반 한 지금의 철학에 대해 훨씬 더 비판적인 태도를 보일 것이다.

소통의 해법도 여기서 찾을 수 있다. 유위에 따른 생각은 자신만의 틀에 단단히 고정되어서 상대방에 의해 좀처럼 수용되기 힘들다. 반면 무위에 따른 생각은 고정되지 않은 채로 있어 바람에 의해서 얼마든지 흔들릴 수 있다. 이때 소통의 가능성이 생겨날 수 있다. 그렇다면 누가 바람을 일으키는가? 바로 자연이다. 그리고 자연이 만드는 바람은 오로지 무위에 의해서 생겨난다. 그러니 자연의 원리, 즉 도(道)에 입각해서 커뮤니케이션을 하면 소통은 저절로 이루어진다. 이것 또한 커뮤니케이션을 통해 자연스런 덕을 실천하는 길이다. 게다가 장자는 인간끼리의 소통에서 머물지 않고, 인간과 자연간의 소통으로 그 범위를 확장한다. 그런데 이런 시도는 결국 장자가 죽음으로부터 영원히 자유로워지고 싶어서가 혹시 아닐까?

2018년 12월 1일
빙허서루(憑虛書樓)에서

변무

駢拇

一 변무 一

　우리들은 총명함(聰明), 인의(仁義), 말 잘함(辯)에 대해서 긍정적으로 생각한다. 그런데 장자는 이것들이 자연스런 덕(德)과 타고난 본성(性)을 해치므로 이를 부정적으로 여긴다. 장자는 이것들을 어째서 부정적으로 여기는 지에 대해 자연의 원리를 통해 증명한다. 사람들은 변무(駢拇), 즉 엄지발가락과 검지발가락이 붙은 네발이를 쓸데없이 살이 이어진 것으로 파악하는 반면 지지(枝指), 즉 새끼손가락이 갈라진 육손이를 소용없는 손가락이 심어진 것으로 파악한다. 그래서 사람들은 붙은 것은 갈라주거나 갈라진 것은 붙이려고 한다. 총명함, 인의, 말 잘함도 마찬가지여서 넘치면 덜고, 부족하면 보탠다. 물론 사람들은 이것들을 늘 부족하다고 여겨 항상 보태는 입장이다.

　유가는 인의를 소중히 여겨 몸의 오장에 비유한다. 즉 인(仁)은 간, 의(義)는 폐, 예(禮)는 심장, 지(知)는 신장, 신(信)은 비장에 각각 비유한다. 이런 비유는 오장의 자연스런 모습을 해치므로 도덕의 올바른 모습이 되지 못한다. 또 개인주의 철학자 양주(楊朱)와 박애주의 철학자 묵적(墨翟), 그리고 공자의 참 제자인 증삼(曾參)과 사추(史鰌)도 쓸데없는 말을 지나칠 정도로 받들었는데 이 역시 도덕의 올바른 모습이 아니다. 또 눈이 밝은 이주(離朱)와 소리에 밝은 사광(師曠)도 도덕의 올바른 모습을 보여주지 못했다. 이주는 오색(五色)에 마음이 어지러워지거나 문장(文章)에 정신을 잃으며, 사광은 오성(五聲)에 마음이 어지러워지거나 육율

(六律)에 정신을 잃어서이다.

이들은 모두 타고난 자연스런 본성(性命之情)을 잃은 사람에 속한다. 이에 장자는 총명함, 인의, 말 잘함은 결국 귀의 밝음을 내세우고(多), 눈의 밝음에 기대고(騈), 말을 늘어놓고(旁), 어짊으로 가르는(枝) 소위 다병방지(多騈旁枝)의 도(道)일 뿐 천하의 지극하고 또 지극한 바른(至至 正) 도가 될 수 없다고 말한다.

그런데 지극한 바른 도(至正)에 이르게 되면 성명지정(性命之情), 즉 타고난 자연스런 본성의 참 모습을 잃지 않는다. 그래서 발가락이 합쳐진 것을 쓸데없는 게 붙은 거라고 여기지 않고, 손가락이 갈라진 것을 불필요하게 갈라진 거라고 여기지 않는다. 또 긴 것을 여분이라고 여기지 않고, 짧은 것을 부족하다고 여기지 않는다. 이처럼 타고난 본성의 참 모습을 잃지 않은 사람은 오리다리가 짧아도 이를 늘려주면 근심하고, 학의 다리가 길어도 이를 잘라주면 슬퍼한다.

발가락이 붙었다고 이를 가르면 아파서 울 것이고, 손가락이 갈라졌다고 이를 깨물거나 씹어서 붙이면 아파서 울 것이다. 마찬가지로 인자(仁人)는 고달픈 눈으로 세상의 환난을 근심하지만 인자 아닌 사람(不仁 之人)은 부귀를 제대로 탐하지 못할까봐 걱정한다. 그러니 한쪽은 어짊(仁)이 남아돌아서 근심하고, 다른 한쪽은 어짊이 부족해서 걱정한다. 장자가 볼 때 어짊이 부족해서 근심하든 남아돌아서 걱정하든 간에 이것들은 타고난 자연스런 본성을 잃은 처신일 뿐이다. 하(夏)·은(殷)·주(周) 이후, 즉 춘추전국시대 이후 천하가 시끄러워진 것도 이 때문이다.

유가가 강조하는 예악(禮樂)도 인의가 타고난 본성을 해치는 것처럼 자연스런 덕(德)을 해치게 마련이다. 장자에 따르면 인의는 우리의 행동을 억제한다는 점에서 노끈·밧줄·아교·옻칠과 같은 역할을 수행한다. 노끈·밧줄·아교·옻칠은 사물을 규격화하는 도구이므로 사물의 타고난 본성(性)을 해친다. 그러니 인의도 우리의 타고난 본성(性)을 해치게 마련이다. 마찬가지로 예악도 우리가 어떤 형식과 규범을 따라야 한다는 점에서 그림쇠·먹줄·컴퍼스·곱자와 같은 역할을 수행한다. 그림쇠·먹줄·컴퍼스·곱자는 사물을 묶거나 붙일 때 사용하는데 이를 사용하면 사물의 자연스런 덕을 해친다. 마찬가지로 예악도 우리의 자연스런 덕을 해치게 마련이다.

천하에는 변함없는 본래의 모습, 즉 상연(常然)이 있다. 그것은 굽어도 그림쇠에 의지하지 않는 굽음이고, 곧아도 먹줄에 의지하지 않는 곧음이고, 둥글어도 컴퍼스에 의지하지 않는 둥글음이고, 네모져도 곱자에 의지하지 않는 네모남이다. 또 아교나 옻칠에 의지하지 않는 붙음이나 노끈과 밧줄에 의지하지 않는 묶음도 마찬가지이다. 그런데 아교와 옻칠 또는 노끈과 밧줄과 같은 인의로서 우리 몸을 단단히 묶어 우리를 인위적인 도덕의 틈에서 노닐게 한다면 이는 우리를 미혹케 하는 일이다. 그래서 아래로는 도척처럼 지나친 빠짐, 즉 음벽(淫僻)을 행하지 말아야 한다. 마찬가지로 위로는 백이처럼 인의(仁義)를 부리려고 하지 말아야 한다. 이것이 참된 도덕(道德)을 제대로 터득하는 길이다.

발가락이 붙은 네발이(騈拇)와 손가락이 하나 더 많은 육손이(枝指)는
태어날 때부터 그렇다!

이런 네발이와 육손이는 자연스런 덕(德)에서 보면 정상이 아니다.

또 얼굴에 늘어진 혹과 사마귀 점도 태어날 때부터 그렇다!

이런 혹과 사마귀 점도 타고난 본성(性)에서 보면 정상이 아니다.

그런데 인의(仁義)를 여러 방면에 사용하는 사람은 이를 중요하다고 여겨
우리의 오장(五藏)에 비유한다.

이런 비유는 도덕의 올바른 모습(道德之正)이 아니다.

이 때문에 발가락이 합쳐진 건 쓸데없는 살이 이어진 것이고,

손이 갈라진 건 소용없는 손가락이 심어진 것이다.

그러니 오장의 참 모습(情)에 쓸데없는 게 합쳐지거나

소용없는 게 갈라진다면 이는 인의의 행동을 강조하거나

총명(聰明), 즉 눈과 귀 밝음의 쓸모를 여러 방면에 내세우는 일이다.

이 때문에 눈 밝은 사람은 온갖 색인 오색(五色)에 마음을 어지럽히거나
지나친 꾸밈인 문장(文章)에 정신을 잃는다.

이런 오색과 문장은 청황색 자수의 화려함에 비유할 만하지 않은가?

이주(離朱)는 이런 오색에 마음을 어지럽히고 문장에 정신을 잃었다.

귀 밝은 사람도 온갖 소리인 오성(五聲)에 마음을 어지럽히거나

온갖 가락인 육률(六律)에 정신을 잃는다.

이런 오성과 육률은 금석(金石), 사(絲), 죽(竹), 황종(黃鐘), 대려(大呂)의
합주소리에 비유할 만하지 않은가?

사광(師曠)도 이런 오성에 마음을 어지럽히고 육률에 정신을 잃었다.

그런데 인(仁)을 강조하는 사람은 자연스런 덕(德)을 뽑거나

타고난 본성(性)을 막아서 명성을 얻는다.

이것은 천하를 현혹시켜 지킬 수 없는 법도를 받들게 하자는 게 아닌가?

공자의 제자 증삼(曾)과 공자의 추종자 사추(史)가

천하를 현혹시켜 지킬 수 없는 이런 법도를 받들게 했다.

그리고 말에 기대는 사람은 기와를 포개어서 쌓거나 새끼에 매듭을 짓듯이

표현을 쓸데없이 고쳐서 남이 알아듣지 못하도록 해

마음을 견백(見白)이니 동이(同異)니 하는 궤변의 틈에서 노닐도록 한다.

이런 사람은 분수에 지나칠 정도로 힘쓰면서

쓸데없는 말을 기리는 사람이지 않은가?

양주(楊朱)와 묵적(墨翟)은 분수에 지나칠 정도로 힘쓰면서

이런 쓸데없는 말을 기렸다.

따라서 총명(聰明)·인(仁)·변(辯)은 다병방지(多騈旁枝)의 도이지

천하의 지극하고 또 지극한 바른 도(至至正)가 아니다.

저 지극한 바른 도에 이르면 본성의 참 모습(性命之情)을 잃지 않는다.

그래서 발가락이 합쳐진 것을 쓸데없는 게 붙은 거라고 여기지 않고,

손가락이 갈라진 것을 쓸데없는 게 갈라진 거라고 여기지 않는다.

또 긴 것을 남는 거라고, 짧은 것을 모자란 거라고 여기지 않는다.

이런 까닭에 지극한 도에 이르면 오리다리가 짧아도 늘리면 근심하고,

학의 다리가 길어도 자르면 슬퍼한다.

그래서 타고난 본성의 긴 걸 잘라서도 안 되고, 타고난 본성의 짧은 걸

늘려서도 안 되기에 지극히 바른 도에 이른 사람은 근심할 이유가 없다.

생각건대 인의는 사람의 참 모습(人情)이 아니지 않는가!

그런데 저 어진 사람(仁人), 즉 공자는 어째서 저리 근심이 많을까?

발가락이 붙은 네발이는 그것을 나누려고 가르면 아파서 울고,

손가락이 갈라진 육손이는 그것을 붙이려고 씹으면 아파서 운다.

이처럼 육손이는 남아서 울고, 네발이는 모자라서 우는 것이니

육손이든 네발이든 간에 근심은 매한가지이다.

지금 세상의 어진 사람(仁人)은 고달픈 눈으로 세상의 환난을 근심하지만

어질지 못한 사람(不仁之人)은 타고난 본성의 참 모습(性命之情)을 끊은 채

부귀를 더 탐할 수 있는지를 두고 근심한다.

이들이 어질든 어질지 않든 간에 올바르지 않다는 점에서는 같으므로

인의는 사람의 참 모습이 아니라고 말할 수밖에 없지 않는가!

하(夏)·은(殷)·주(周) 3대 이후로, 즉 춘추전국시대부터 지금까지

이 인의로 인해 천하가 얼마나 시끄러웠는가?

. . .

駢拇枝指, 出乎性哉! 而侈於德. 附贅縣疣, 出乎形哉! 而侈於性.

多方乎仁義而用之者, 列於五藏哉! 而非道德之正也.

是故駢於足者, 連無用之肉也., 枝於手者, 樹無用之指也.,

駢枝於五藏之情者, 淫僻於仁義之行, 而多方於聰明之用也.

是故駢於明者, 亂五色, 淫文章, 靑黃黼黻之煌煌非乎? 而離朱是已.

多於聰者, 亂五聲, 淫六律, 金石絲竹黃鐘大呂之聲非乎? 而師曠是已.

枝於仁者, 擢德塞性以收名聲, 使天下簧鼓以奉不及之法非乎? 而曾史是已.

駢於辯者, 累瓦結繩竄句, 遊心於堅白同異之間, 而敝跬譽無用之言非乎?

而楊墨是已. 故此皆多駢旁枝之道, 非天下至至正也.

彼至正者, 不失其性命之情.

故合者不爲駢, 而枝者不爲岐., 長者不爲有餘, 短者不爲不足.

是故鳧脛雖短, 續之則憂., 鶴脛雖長, 斷之則悲.

故性長非所斷, 性短非所續, 無所去憂也.

意仁義其非人情乎! 彼仁人何其多憂也?

且夫駢於拇者, 決之則泣., 枝於手者, 齕之則啼.

二者或有餘於數, 或不足於數, 其於憂一也.

今世之仁人, 蒿目而憂世之患., 不仁之人, 決性命之情而饕貴富.

故曰仁義其非人情乎!

自三代以下者, 天下何其囂囂也?

오리 다리가 짧아도 늘리면 근심하고,
학의 다리가 길어도 자르면 슬퍼한다

이 장은 총명(聰明)과 인의(仁義) 그리고 말 잘함(辯)에 대해 비판하는 내용이다. 총명은 눈과 귀의 밝음을 뜻하는데 똑똑한 사람을 지시하는 좋은 의미로 주로 사용된다. 특히 유가는 총명에 대해 아주 긍정적이다. 인의도 유가가 특별히 강조하는 가치이다. 그리고 말 잘하는 것, 즉 자신의 생각을 체계적이고 논리적으로 펼치는 것도 유가에선 좋은 의미로 받아들인다. 이에 반해 장자는 총명과 인의 그리고 말 잘함에 대해 극히 부정적인 태도를 보인다. 이것들이 자연스런 덕(德)과 타고난 본성(性)을 해친다고 보아서이다. 장자는 자신의 이런 생각을 밝히는 데 있어 자연의 원리를 통해 증명하는 방식을 취한다.

변무(駢拇), 즉 엄지발가락과 검지발가락이 붙은 네발이와 지지(枝指), 즉 새끼손가락이 갈라진 육손이는 태어날 때부터 그러하다. 이는 자연스런 덕에서 보면 정상이 아니다. 마찬가지로 얼굴에 늘어진 혹과 사마귀 점도 태어날 때부터 그러하다. 이것 역시 자연스런 덕에서 보면 정상이 아니다. 유가가 강조하는 인의(仁義)도 네발이와 육손이처럼 불구와 같은 것이다. 그런데도 인의를 여러 방면에 사용하는 사람이 있다. 그런 사람은 인의를 중요하다고 여겨 인(仁)을 간에 비유하고 의(義)를 폐에 비유한다. 이런 비유는 도덕의 올바른 모습(道德之正)이 아니다. 참고로 예(禮)는 심장에, 지(知)는 신장에, 신(信)은 비장에 비유한다.

그런데 인의를 오장(五臟)에 비유하는 게 어째서 도덕의 올바른 모습이 아닐까? 변무처럼 발가락이 합쳐진 건 쓸데없는 살이 이어져서이고, 지지처럼 손가락이 갈라진 건 소용없는 손가락이 심어져서이다. 이처럼 쓸데없는 살이 이어지거나 소용없는 손가락이 심어지면 변무나 지지와 같은 모습을 하게 되는데 이것은 결코 자연스런 모습이 아니다. 마찬가지로 오장의 참 모습(情)에 인의처럼 쓸데없는 게 합쳐지거나 소용없는 게 갈라지면 이것도 도덕의 자연스런 모습이 아니다. 그런데도 오장의 참 모습에 인의처럼 쓸데없는 게 합쳐지거나 소용없는 게 갈라진다면 이것은 인의의 행동을 지나치게 강조하는 일에 해당한다. 그뿐만이 아니다. 총명, 즉 눈 밝음과 귀 밝음의 쓸모를 여러 방면에 내세우는 일이기도 하다.

이 때문에 눈 밝은 사람은 온갖 색인 오색(五色)에 마음을 어지럽히고, 지나친 꾸밈인 문장(文章)에 정신을 잃는다. 그래서 온갖 색인 오색과 지나친 꾸밈인 문장은 청황색으로 장식한 자수의 화려함에 비유할 만하다. 이에 눈 밝은 이주(離朱)가 오색에 마음을 어지럽히고 문장에 정신을 잃었다. 귀 밝은 사람도 온갖 소리인 오성(五聲)에 마음을 어지럽히고, 온갖 가락인 육률(六律)에 정신을 잃는다. 그래서 온갖 소리인 오성과 온갖 가락인 육률은 금석(金石), 사(絲), 죽(竹), 황종(黃鐘), 대려(大呂) 등의 합주소리에 비유할 만하다. 이에 귀 밝은 사광(師曠)도 오성에 마음을 어지럽히고 육률에 정신을 잃었다.

인(仁)을 강조하는 사람도 마찬가지이다. 그런 사람은 자연스런 덕(德)을 뽑아서 타고난 본성(性)을 막아 명성을 얻는다. 그런데 덕을 뽑아서 타고난 본성을 막는 건 결국 천하를 현혹시켜서 사람들로 하여금 지킬 수 없는 법도를 받들도록 하는 일이다. 공자의 제자 증삼(曾)과 공자의 추종자 사추(史)가 이런 일에 앞장선 사람들이다. 또 말에 의지하는 사람도 마찬가지이다. 그런 사람은 기와를 포개어서 쌓거나 새끼에 매듭을 짓듯이 표현을 쓸데없이 고쳐서 남이 알아듣지 못하도록 한다. 그리고 그의 마음을 견백(見白)이니 동이(同異)니 하는 궤변의 틈에서 노닐도록 한다. 이런 사람들은 분수에 지나칠 정도로 힘쓰면서 쓸데없는 말을 기린다. 개인주의자 양주(楊朱)와 박애주의자 묵적(墨翟)이 이에 앞장선 사람들이다.

따라서 총명함·인의·말 잘함이란 귀의 밝음을 '내세우고(多)' 눈의 밝음에 '기대고(騈)', 말을 '늘어놓고(旁)', 어짊으로 '가르는(枝)' 다병방지(多騈旁枝)의 도일 뿐 천하의 지극하고 지극한 바른 도(至至正)가 아니다. 다어총자(多於聰者), 즉 귀 밝은 사광, 병어명자(騈於明者), 즉 눈 밝은 이주, 방어변자(旁於辯者), 즉 말 잘하는 양주와 묵적, 지어인자(枝於仁者), 즉 인을 강조하는 증삼과 사추는 이런 다병방지의 도만 실천할 뿐이다. 그래서 이들은 천하의 가장 바른 도에 이르지 못했다.

그런데 가장 바른 도에 이르면 성명지정(性命之情), 즉 타고난 본성의 참 모습을 잃지 않는다. 그래서 발가락이 합쳐진 것을 쓸데없는 게 붙은 거라고 여기지 않고, 손가락이 갈라진 것을 쓸데없는 게 갈라진 거라고 여기지 않는다. 또 긴 것을 남는다고 여기지 않고, 짧은 것을 모자라다고 여기지 않는다. 이 때문에 오리다리가 비록 짧아도 이를 늘려주면 오히려 근심하고, 학의 다리가 비록 길어도 이를 잘라주면 오히려 슬퍼한다. 이처럼 타고난 본성인 학의 긴 다리를 잘라서도 안 되고, 타고난 본성인 오리의 짧은 다리를 늘려서도 안 되기에 가장 바른 도에 이른 사람은 근심하지 않고 살아갈 수 있다.

이에 반해 다병방지(多騈旁枝)의 도를 추구하는 사람은 타고난 본성의 참 모습을 잃게 마련이다. 그래서 발가락이 합쳐진 것을 쓸데없는 게 붙은 거라고 여기고, 손가락이 갈라진 것을 쓸데없는 게 갈라진 거라고 여긴다. 또 긴 것을 남는 거라고 여기고, 짧은 것을 모자란 거라고 여긴다. 이 때문에 오리다리가 짧으면 이를 늘려주지 못해서 근심하고,

학의 다리가 길면 이를 잘라주지 못해서 슬퍼한다. 유가도 이 점에선 마찬가지이다. 그래서 유가는 사람에게 인의(仁義)가 부족하면 이를 보태주지 못해서 안달한다. 그런데도 인자(仁者), 즉 어진 사람에게 오히려 근심과 슬픔이 유난히 많다. 어째서 그러한가? 인의가 사람의 자연스런 본성(人性)이 아니기 때문이다.

가령 발가락이 붙었다고 이를 나눈다고 가르면 아파서 울고, 손가락이 갈라졌다고 이를 깨물거나 씹어서 붙이면 아파서 운다. 이렇게 우는 건 갈라진 손가락의 경우는 손가락이 남아서이고, 붙은 발가락의 경우는 발가락이 모자라서이다. 붙은 발가락을 가르든지 아니면 갈라진 손가락을 붙이든지 간에 근심과 걱정은 매한가지이다. 마찬가지로 인자(仁人)는 고달픈 눈으로 세상의 환난을 근심하지만 인자 아닌 사람(不仁之人)은 부귀를 제대로 탐하지 못할까봐 걱정한다. 그러니 한쪽은 어짊(仁)이 남아서 근심하고, 다른 한쪽은 어짊이 부족해서 걱정한다. 장자가 볼 때 어짊이 부족해서 근심하든 남아서 걱정하든 이것들은 똑같이 타고난 자연스런 본성을 잃는 일이다.

이런 인의(仁義)로 인해 천하가 얼마나 시끄러웠던가? 인의의 이름으로 오리 다리가 짧다고 억지로 늘려주거나 학의 다리가 길다고 억지로 줄여주면서 말이다. 조선의 선비들이 당쟁을 통해 죽기 살기로 싸웠던 것도 이와 크게 다를 바 없다. 예를 들어 노론(老論)의 입장에선 인의가 부족해서 이를 늘리려 하고, 소론(少論)의 입장에선 인의가 넘쳐나서 이를 줄이려 하다가 당쟁으로 확대된 게 아닌가. 장자는 하(夏)·은(殷)·주(周) 이후, 즉 춘추전국시대 이후 지금까지 천하가 얼마나 시끄러웠는지 우리에게 반문한다. 그래서 장자가 볼 때 인의란 붙어 있는 발가락을 억지로 떼어놓거나 갈라진 손가락을 억지로 붙이거나 아니면 늘어진 혹을 억지로 제거하는 일에 불과하다. 그러니 인의는 지킬 만한 소중한 게 못되고, 오히려 부작용만 만들 뿐이다.

그림쇠, 먹줄, 컴퍼스, 곱자에 의지해서 사물을 반듯이 다듬으면
이는 사물의 타고난 본성(性)을 깎는 일이다.
노끈과 밧줄이나 아교와 옻칠에 의지해서 사물을 단단히 굳게 하면
이는 사물의 자연스런 덕성(德)을 무너뜨리는 일이다.
예악을 번거롭게 쫓거나 인의를 보살펴 길러서 천하의 마음을 어루만지면
이는 늘 그런 모습(常然)을 잃게 하는 일이다.
그런데 천하에는 늘 그런 모습이 있다.
늘 그런 모습은 그림쇠에 기대지 않는 굽음, 먹줄에 기대지 않는 곧음,
컴퍼스에 기대지 않는 둥글음, 곱자에 기대지 않는 각 짐,
아교나 옻칠에 기대지 않는 붙음, 노끈과 밧줄에 기대지 않는 묶음이다.
그래서 천하의 모든 사물은 저절로 생겨나는데 어째서 생겨나는지 모르고,
모든 사물은 각자의 모습을 지니는데 어째서 그런 모습을 지니는지 모른다.
그래서 사물은 옛날이나 지금이나 늘 일정한 모습을 지니는데
이런 모습은 사람의 힘으로 도저히 훼손되지 않는다.
그러니 인의(仁義)를 아교와 옻칠이나 노끈과 밧줄로 다시 단단히 묶어서
어찌 도덕의 틈에서 노닐려는가? 이것은 천하를 미혹시킬 뿐이다!
그런데 작은 미혹은 방향만 바꾸지만 큰 미혹은 타고난 본성을 바꾼다.
이를 어찌 아는가?
순임금이 인의를 내걸면서 천하가 어지러워졌는데
그 후부터 천하에는 인의에 목숨을 걸고 달리지 않는 사람이 없어서이다.
인의(仁義)로 사람의 타고난 본성이 바뀌는 게 옳은가, 옳지 않은가?
한 번 따져보자.

춘추전국시대 이후 천하에 사물의 미혹으로 본성을 바꾸지 않는 자가 없다.

소인은 몸을 바쳐서 이득을 탐하고, 선비는 몸을 바쳐서 명예를 추구하고,

대부는 몸을 바쳐서 가문을 지키고, 성인은 몸을 바쳐서 천하를 바랐다.

소인·선비·대부·성인이 하는 일도 다르고, 얻고자 하는 명성도 달라도

뭔가를 탐해 자신의 몸을 희생해가며 본성을 해쳤다는 점에선 모두 같다.

하인과 어린애가 양을 치다가 두 사람 모두 양을 잃었다.

하인에게 무얼 했느냐고 물었더니 독서에 열중했다고,

어린애에게 무얼 했느냐고 물었더니 주사위 놀이에 빠졌다고 말했다.

두 사람이 한 짓은 서로 달라도 양을 잃었다는 점에선 똑같다.

또 백이(伯夷)는 명예를 위하다가 수양산 아래에서 죽고,

도척(盜跖)은 이득을 탐하다가 태산(東陵) 위에서 죽었다.

죽은 곳은 같지 않아도 생명을 해치고 본성을 다쳤다는 점에선 똑같다.

그러니 어째서 백이는 반드시 옳고, 도척은 반드시 그른가!

그런데도 세상사람들은 무언가를 애써 탐한다.

그가 인의를 탐하면 세상사람들은 그를 군자라 부르고,

그가 재물을 탐하면 세상사람들은 그를 소인이라 부른다.

무언가 탐한다는 점에선 같은데 누구는 군자가 되고, 누구는 소인이 된다.

생명을 해치고 본성을 잃었다는 점에선 도척이나 백이나 매한가지이다.

그러니 또 어찌해서 군자와 소인 간에 차이를 두는가!

타고난 본성을 인의(仁義)에 묶으면 증삼과 사추처럼 인의에 통달해도

내가 이른바 훌륭하다고 칭송하는 사람이 아니다.

타고난 본성을 오미(五味)에 묶으면 유아(俞兒)처럼 맛에 통달해도

내가 이른바 훌륭하다고 칭송하는 사람이 아니다.

타고난 본성을 오성(五聲)에 묶으면 사광(師曠)처럼 소리에 통달해도

내가 말하는 귀 밝은 사람이 아니다.

타고난 본성을 오색(五色)에 묶으면 이주(離朱)처럼 색에 통달해도
내가 말하는 눈 밝은 사람이 아니다.
내가 훌륭하다고 인정하는 사람은 인의에 통달한 사람이 아니라
자연스런 덕성(德)에 비추어보아 훌륭하다고 인정하는 사람이다.
내가 훌륭하다고 칭송하는 사람은 인의에 통달한 사람이 아니라
타고난 본성의 참 모습(性命之情)에 자신을 맡기는 사람이다.
내가 귀가 밝다고 말하는 사람은 오음(五音)을 듣는 사람이 아니라
스스로를 듣는(自聞) 사람이다.
내가 눈이 밝다고 말하는 사람은 오색(五色)을 보는 사람이 아니라
스스로를 보는(自見) 사람이다.
스스로를 보지 못하고 남에게 얽매여서 보고,
스스로 만족하지 못하고 남에게 얽매여서 만족하면
이는 다른 사람의 만족으로 흡족해할 뿐 그 만족을 스스로 흡족해하지 못하고,
다른 사람의 즐거움으로 즐거워할 뿐 그 즐거움을 스스로 즐거워하지 못한다.
다른 사람의 즐거움으로 즐거워할 뿐 그 즐거움을 스스로 즐거워하지 못하면
도척과 백이의 행동이 비록 바르지 않아도 본성을 잃었다는 점에선 같다.
나는 자연스런 도덕을 터득하지 못한 걸 부끄럽게 여긴다.
자연스런 도덕을 터득하려면 위로는 백이처럼 인의를 거머쥐지 말고,
아래로는 도척처럼 바르지 않은 행동을 하지 말아야 한다.

· · ·

且夫待鉤繩規矩而正者, 是削其性者也., 待繩約膠漆而固者, 是侵其德者也.,
屈折禮樂, 呴兪仁義, 以慰天下之心者, 此失其常然也. 天下有常然.
常然者, 曲者不以鉤, 直者不以繩, 圓者不以規, 方者不以矩, 附離不以膠漆,
約束不以纆索.
故天下誘然皆生而不知其所以生, 同焉皆得而不知其所以得.

故古今不二, 不可虧也.

則仁義又奚連連如膠漆纆索而遊乎道德之間爲哉, 使天下惑也!

夫小惑易方, 大惑易性. 何以知其然邪?

有虞氏招仁義以撓天下也, 天下莫不奔命於仁義, 是非以仁義易其性與?

故嘗試論之, 自三代以下者, 天下莫不以物易其性矣.

小人則以身殉利, 士則以身殉名, 大夫則以身殉家, 聖人則以身殉天下.

故此數子者, 事業不同, 名聲異號, 其於傷性以身爲殉, 一也.

臧與穀二人相與牧羊而俱亡其羊.

問臧奚事, 則挾筴讀書., 問穀奚事, 則博塞以遊.

二人者, 事業不同, 其於亡羊均也.

伯夷死名於首陽之下, 盜跖死利於東陵之上, 二人者, 所死不同, 其於殘生傷性均也. 奚必伯夷之是而盜跖之非乎!

天下盡殉也, 彼其所殉仁義也, 則俗謂之君子., 其所殉貨財也, 則俗謂之小人.

其殉一也, 則有君子焉, 有小人焉., 若其殘生損性, 則盜跖亦伯夷已,

又惡取君子小人於其間哉!

且夫屬其性乎仁義者, 雖通如曾史, 非吾所謂臧也.,

屬其性於五味, 雖通如俞也, 非吾所謂臧也.,

屬其性乎五聲, 雖通如師曠, 非吾所謂聰也.,

屬其性乎五色, 雖通如離朱, 非吾所謂明也.

吾所謂臧者, 非仁義之謂也, 臧於其德而已矣.,

吾所謂臧者, 非所謂仁義之謂也, 任其性命之情而已矣.,

吾所謂聰者, 非謂其聞彼也, 自聞而已矣.,

吾所謂明者, 非謂其見彼也, 自見而已矣.

夫不自見而見彼, 不自得而得彼者, 是得人之得而不自得其得者也,

適人之適而不自適其適者也.

夫適人之適而不自適其適, 雖盜跖與伯夷, 是同爲淫僻也.

余愧乎道德, 是以上不敢爲仁義之操, 而下不敢爲淫僻之行也.

아래로는 음벽(淫僻)을 경계하듯
위로는 인의(仁義)를 경계해야

———

이 글은 내편 「제물론」 5의 내용과 서로 긴밀히 연결된다. 「제물론」 5에 다음과 같은 내용의 글이 있어서이다.

> 큰 도(大道)는 드러나지 않는다.
> 마찬가지로 큰 언변(大辯)은 말로 이루어지지 않으며,
> 큰 어짊(大仁)은 사소한 어짊이 아니며,
> 큰 청렴(大廉)은 지나치게 겸양하지 않으며,
> 큰 용기(大勇)는 용맹스럽지 않다.
> 그런데 도가 훤히 드러나면 그건 도(道)가 아니며,
> 말로 큰 언변이 이루어지면 그 말(辯)은 충분치 않으며,
> 어짊이 상습화되면 그 어짊(仁)은 두루 미치지 않으며,
> 청렴이 선명히 드러나면 그 청렴(廉)은 신뢰를 받지 못하며,
> 용기가 용맹스러우면 그 용기(勇)는 진가를 잃는다.
> 이 다섯 가지(道·辯·仁·廉·勇)는 원통자재한데
> 모난 데를 깎아서 둥글게 하다 보면 자칫 모(方)가 나기 쉽다.[1]

장자는 앞에서와 마찬가지로 자신의 생각을 밝히는 데 있어 자연의

원리를 통해 증명하는 방식을 취한다. 이에 장자는 목수가 나무를 재단할 때 사용하는 그림쇠, 먹줄, 컴퍼스, 곱자, 그리고 사물을 묶거나 붙일 때 사용하는 노끈, 밧줄, 아교, 옻칠을 자연스럽지 못한 물건으로 설정한다. 먼저 그림쇠는 곡선을 그릴 때, 먹줄은 직선을 그을 때, 컴퍼스는 원을 그릴 때, 곱자는 네모꼴을 만들 때 각각 사용한다. 이런 도구를 사용하면서 사물을 규격화하다 보면 사물의 타고난 본성을 깨뜨리기 쉽다. 또 노끈과 밧줄은 사물을 묶을 때 사용하고, 아교와 옻칠은 사물을 붙일 때 사용한다. 이것들을 이용해서 사물을 묶거나 붙이면 마찬가지로 사물의 자연스런 덕을 해치기 쉽다. 이는 사물의 타고난 본성과 자연스런 덕성을 깎아서 모나게 하는 일이기 때문이다.

유가가 강조하는 예악(禮樂)도 어떤 형식과 규범을 따른다는 점에서 그림쇠, 먹줄, 컴퍼스, 곱자와 같은 역할을 수행한다. 인의(仁義) 역시 우리의 행동을 억제한다는 점에서 노끈, 밧줄, 아교, 옻칠과 같은 역할을 수행한다. 그래서 예악과 인의는 우리의 타고난 본성과 자연스런 덕성을 해치는 도구임에 분명하다. 이에 장자는 예악을 번거롭게 따르거나 인의를 순순히 따르는 건 세상사람들의 마음을 무겁게 하는 일이라고 말한다. 왜냐하면 천하에는 변함없는 본래의 모습, 즉 상연(常然)이 있기에 우리의 행동을 예악과 인의로 따로 제약할 필요가 없다고 보아서이다.

그렇다면 천하에 변함없는 본래의 모습이란 무엇일까? 그것은 굽어도 그림쇠에 기대지 않는 굽음, 곧아도 먹줄에 의지하지 않는 곧음, 둥글어도 컴퍼스에 기대지 않는 둥글음, 네모져도 곱자에 의지하지 않는 네모남이다. 또 아교나 옻칠에 의지하지 않는 붙음과 노끈이나 밧줄에

---

1) 夫大道不稱 大辯不言 大仁不仁 大廉不嗛 大勇不忮. 道昭而不道 言辯而不及 仁常而不周 廉清而不信 勇忮而不成. 五者刓而幾向方矣. (내편 「제물론」 5)

의지하지 않는 묶음이다. 내편 「양생주」에 등장하는 포정도 소의 변함없는 본래의 모습을 읽었기에 자연의 결에 따라 쉽게 소를 해체할 수 있었다. 그 결과 소는 자신이 죽은 줄조차 모르게 해체되고 말았다. 그래서 포정이 소를 해체하는 데 중요했던 건 그림쇠, 먹줄, 컴퍼스, 곱자와 같은 역할을 담당하는 칼이 아니라 소의 변함없는 본래의 모습, 즉 상연(常然)을 들여다 볼 수 있는 사람의 마음과 정신이었다.

물론 변함없는 사물의 본래 모습은 저절로 생겨난다. 그런데 우리는 그런 모습이 어떻게 생겨나는지 모른다. 또 천하의 모든 사물은 각자 자기의 모습을 지니는데 우리는 사물이 어떻게 그런 모습을 지니는지 모른다. 그렇더라도 옛날이나 지금이나 사물이 항상 일정한 모습을 유지하는 건 분명하다. 따라서 사물의 본래 모습은 사람의 힘으로 훼손되지 않을 뿐더러 훼손될 수도 없다. 그래서 마음을 아교와 옻칠이나 노끈과 밧줄 같은 인의(仁義)로 단단히 묶어서 우리를 인위적인 도덕(道德)의 틈에서 노닐게 할 수 없다. 그런데도 우리로 하여금 인의를 따르게 해 인위적인 도덕의 틈에서 노닐게 한다면 그건 천하를 미혹시키는 일이다.

작은 미혹은 사물의 가고자 하는 방향(方)만 잃게 해서 그나마 괜찮다. 그렇지만 인의를 내거는 것과 같은 큰 미혹은 사물의 타고난 본성을 망가뜨린다. 순(舜)임금은 인의를 내걸고서 천하를 다스렸는데 그 후부터 천하에는 인의에 목숨을 걸고 자신의 삶을 달리도록 하지 않는 사람이 없게 되었다. 즉 모든 사람이 인의에 목숨을 걸고 자신의 삶을 달리도록 했다. 그 결과 소인(小人)의 경우는 몸을 바쳐서 이득을 좇고, 선비(士人)의 경우는 몸을 바쳐서 명예를 구하고, 대부(大夫)의 경우는 몸을 바쳐서 가문을 지키고, 성인(聖人)의 경우는 몸을 바쳐서 천하를 다스리기 바랬다. 이들은 분명히 하는 일도 다르고 내거는 목표도 달랐지만 뭔가를 탐해 자신의 몸을 희생해 가면서 타고난 본성을 해쳤다는 점에선 똑같다.

하는 일이 달라도 타고난 본성을 해쳤다는 점에서 똑같은 경우가 어찌 소인, 선비, 대부, 성인의 경우뿐이겠는가? 선비인 백이와 도둑인 도척(盜跖)도 여기에서 예외가 될 수 없다. 백이는 숙제와 함께 수양산에 숨어들어가 고사리만 먹다 죽은 사람으로 유명하다. 이들은 주왕(紂王)을 토벌하려는 주(周)나라 무왕(武王)에게 자신들의 간언이 받아들여지지 않자 이런 행동을 보였다. 반면 춘추시대에 유명한 도둑인 도척은 태산(東陵)에서 금은보화를 도굴하다가 잡혀서 죽었다. 이처럼 백이는 명예를 위해서 생명을 잃었고, 도척은 이득을 위해서 생명을 잃었지만 타고난 본성을 해쳤다는 점에선 똑같다. 그러니 백이는 옳고 도척은 그르다고 어찌 말할 수 있는가? 그런데도 세상에선 인의를 따르면 군자라고 부르고, 재물을 따르면 소인이라고 부른다. 뭔가를 따른다는 점에선 같은데 누구는 군자가 되고 누구는 소인이 된다.

또 하인과 어린애가 양을 치다가 둘 다 똑같이 양을 잃어버린 일이 있다. 그런데 하인은 독서에 열중하다가 양을 잃었고, 어린애는 주사위 놀이에 빠져서 양을 잃었다. 이 두 사람이 한 행동은 비록 달라도 양을 잃었다는 점에선 똑같다. 그런데도 천하는 독서를 하는 건 좋은 일이고, 놀음을 하는 건 그른 일이라고 여긴다. 그래서 독서를 하다가 양을 잃으면 용서를 받고, 놀음을 하다가 양을 잃으면 용서를 받지 못한다. 이와 마찬가지 논리가 인의에서도 적용된다. 즉 똑같이 양을 잃어버렸는데 인의를 행하면 용서를 받고 인의를 행하지 않으면 용서를 받지 못한다.

장자에게는 양을 잃었다는 사실 자체가 중요하다. 그래서 인의(仁義)를 행하거나 행하지 않거나의 여부는 양을 잃은 것에 비해 그다지 중요하지 않다. 여기서 양을 잃었다는 건 장자에게 있어 타고난 본성을 잃거나 자연스런 덕을 해치는 일에 속한다. 그래서 장자의 관심은 타고난 본성을 잃거나 자연스런 덕을 해치는지 여부에만 모아져 있다. 게다가 인의는 타고난 본성을 잃게 하거나 자연스런 덕을 해치는 주범이다. 그래서 장자는 인의로 행하는 것을 더욱 피하려고 든다.

이 때문에 타고난 본성을 인의에 묶으면 증삼과 사추처럼 인의에 통달해도 장자가 훌륭하다고 칭송하는 사람이 아니다. 장자가 말하는 훌륭한 사람은 인의를 따르는 게 아니라 자연스런 덕을 순순히 따르는 사람이다. 또 타고난 본성을 온갖 맛, 즉 오미(五味)에 묶으면 유아(兪兒)처럼 맛에 정통해도 장자가 훌륭하다고 칭송하는 사람이 아니다. 장자가 말하는 맛에 정통한 사람은 타고난 자연스런 본성(性命之情)에 충실한 사람이다. 또 타고난 본성을 온갖 소리, 즉 오성(五聲)에 묶으면 비록 사광처럼 소리를 잘 밝혀도 장자가 훌륭하다고 칭송하는 사람이 아니다. 장자가 말하는 귀 밝은 사람은 사광처럼 온갖 소리를 잘 구분하는 사람이 아니라 스스로를 들을 줄 아는 사람이다. 또 타고난 본성을 온갖 색, 즉 오색(五色)에 묶으면 비록 이주처럼 색에 통달해도 장자가 훌륭하다고 칭송하는 사람이 아니다. 장자가 말하는 눈 밝은 사람은 이주처럼 온갖 색을 구분하는 사람이 아니라 스스로를 볼 줄 아는 사람이다. 어째서 장자는 이렇게 생각할까? 이에 대한 대답을 「제물론」 4에서 찾을 수 있다.

도가 이지러져 훼손되면서부터 좋고 싫음과 같은 편애가 생겨난다.
그러면 이루어져 완성되는(成) 것과 이지러져 훼손되는(虧) 것의
구분이 정말로 있을까 없을까?
그런데 완성되는 것과 훼손되는 것의 구분이 있는 건
옛날에 전설적인 연주자 소문(昭氏)이 거문고를 뜯어서이고,
완성되는 것과 훼손되는 것의 구분이 없는 건
옛날에 전설적인 연주자 소문이 거문고를 뜯지 않아서이다.

소문이 거문고를 뜯은 일, 사광이 북채를 세워서 가락을 맞춘 일,
혜자가 오동나무 안석에 기대어서 변설을 늘어놓은 일.
이 세 사람의 앎(知)은 모두 절정의 경지에 이르러
후세에까지 이름을 떨쳤다.
다만 이들은 남과 다르게 하는 방법을 좋아해서
이런 식으로 좋아하는 걸 드러내려고 했다.[2]

소문이 거문고를 뜯거나 사광이 북채를 세워 가락을 맞춘 게 그야말로 절정의 경지에까지 이르러 이들은 후세에까지 이름을 크게 떨쳤다. 그렇지만 소문과 사광은 남들과 다른 방법을 좋아해서 자신들이 좋아하는 걸 드러내려 했기에 소리에 있어 완성됨과 허물어짐의 구분이 이루어졌다. 소문과 사광은 훌륭한 연주자이므로 다른 사람들이 구분할 수 없는 소리까지 구분할 수 있었기에 이런 완성됨과 허물어짐의 구분을 확실히 할 수 있었다. 그런데 소문과 사광처럼 소리의 구분을 확실히 이루어내는 사람은 장자에게 있어 훌륭한 연주가가 아니다. 이런 사람은 스스로를 듣지 못하고 늘 남에게 얽매여서 들어서이다. 이것이 혹시 '타자화된 나'의 모습이 아닐까?

그럼에도 불구하고 스스로를 보거나 듣지 못하고 남에게 얽매여서 보거나 듣고, 또 스스로를 만족하지 못하고 남에게 얽매여서 만족하는 사람은 다른 사람의 만족으로 흡족해할 뿐 그 만족을 스스로 흡족해하지 못한다. 또 다른 사람의 즐거움으로 즐거워할 뿐 그 즐거움을 스스

---

2)   道之所以虧 愛之所以成. 果且有成與虧乎哉 果且無成與虧乎哉? 果且有成與虧乎哉
果且無成與虧乎哉? 有成與虧 故昭氏之鼓琴也, 無成與虧 故昭氏之不鼓琴也. 昭文之
鼓琴也 師曠之枝策也 惠子之據梧也 三子之知 幾乎皆其盛者也 故載之末年. 唯其好
之也 以異於彼. 其好之也 欲以明之. (내편 「제물론」 4)

로 즐거워하지 못한다. 그런데 다른 사람의 즐거움으로 즐거워하고, 스스로 즐거워하지 못하는 사람은 그가 비록 백이와 숙제일지라도 본성을 지나치게 잃었다는 점에서 도척과 크게 다를 바 없다. 그래서 위로는 백이와 숙제처럼 인의(仁義)를 감히 거머쥐지 말고, 아래로는 도척처럼 지나친 빠짐, 즉 음벽(淫僻)을 감히 행하지 말아야 한다. 이것이 장자에게 참된 도덕을 터득하는 길이다.

마
제

馬
蹄

마제

말의 타고난 본성은 말굽이 있어 서리나 눈을 밟고 걸을 수 있고, 털이 있어 추위를 막을 수 있는 정도이다. 또 마음대로 풀을 뜯고 물을 마시면서 깡충깡충 뛰어다닐 수 있는 정도이다. 그런데 백락(伯樂)이란 사람이 등장해서 말을 잘 다룬다며 인위적으로 사육했더니 말이 반이나 죽었다. 도자(陶者)는 뛰어난 도공이어서 그가 만든 도자기의 둥근 부분은 컴퍼스에 들어맞고, 네모진 부분은 곱자에 들어맞는데 도자기의 모습이 자연스럽지 못하다. 장인(匠人)은 나무 다루는 솜씨가 뛰어나서 그가 재단한 재목의 굽은 부분은 그림쇠에 들어맞고, 곧은 부분은 먹줄에 들어맞는데 목제품의 모양이 자연스럽지 못하다.

그런데도 세상사람들은 백락을 말을 잘 다루는 대표적인 인물로 여기고, 도자와 장인을 흙과 나무를 잘 다루는 대표적인 인물로 여긴다. 세상사람들의 이런 인식은 요·순 임금의 잘못에서 비롯되는데 그건 이들이 천하를 인의(仁義)와 예락(禮樂)으로 다스렸기 때문이다. 인의와 예락은 컴퍼스·곱자·그림쇠·먹줄처럼 인위적인 도구에 속한다. 그러니 요·순 임금은 천하를 자연스런 도덕으로 다스리지 않고, 인위적인 도구인 인의와 예락으로 다스린 셈이다.

야생의 말에게 타고난 본성이 있는 것처럼 백성에게도 타고난 본성이 있다. 그것은 각자가 옷감을 짜서 옷을 해 입고, 땅을 갈아서 곡식을 생산하는 일이다. 이것이 동덕(同德), 즉 같은 목적을 위해 애쓰는 자연스런 덕이다. 또 백성은 각기 떨어져 있어 무리를 짓지 않은 채 나라를 이루지 않고서 산다. 이것이 천방(天放), 즉 하늘이 준 자유라는 타고난 본성이다. 최고의 덕(至德)이 지배하는 시대에는 무엇보다 백성의 타고난 본성을 소중히 여겼다. 그래서 최고의 덕이 지배하던 시대에 살았던 사람들은 동물과 함께 지내거나 만물과 나란히 짝을 이루었다.

자연 그대로의 통나무를 손상하지 않고 술 단지를 만드는 사람이 최고의 장인이다. 또 흰 옥돌을 깨뜨리지 않고 옥기를 만드는 사람이 최고의 장인이다. 이런 최고의 장인들이 천하를 다스리면 오로지 자연스런 도덕을 쫓아서 백성을 다스린다. 자연스런 도덕이 무너지지 않는 상황에선 인의를 주장할 필요가 없고, 타고난 본성(性)과 참 모습(情)이 분리되지 않는 지점에선 예악을 사용할 필요가 없다. 그래서 최고의 다스림은 인의와 예악을 사용하지 않는 다스림이다.

또 최고의 덕(至德)이 지배하는 시대에서 말의 지모(智謀)란 풀을 뜯거나 물을 마시면서 기쁘면 목을 맞붙인 채 비비거나 성나면 서로 등을 돌린 채 발길질 하는 정도이다. 이런 말에게 멍에를 씌우거나 월예로 조정하면 말은 월예를 꺾거나 멍에를 부수면서 수레의 포장을 치받고 재갈을 망가뜨린 뒤 고삐까지 물어뜯는다. 이것도 말의 지모이다. 그런데 이런 지모가 점점 발달해서 결국에는 도둑의 지모에까지 이르게 된다. 그래서 순수하고 소박했던 말의 본성이 이런 지모에까지 이르는 건 야생마를 조련한 백락의 허물이다. 성인으로 떠받드는 요(堯)·순(順) 임금도 어쩌면 백락과 같은 존재이다.

아득한 혁서씨(赫胥氏) 시대에는 백성들이 평상시에 해야 할 일도 모르고 갈 곳도 몰랐다. 먹을 걸 입에 넣고 즐거워하며 배를 두드리면서 놀았는데 당시의 백성은 이 정도로 만족했다. 그런데 성인이 출현해서 예의와 음악에 따라 몸을 굽히도록 요청해 천하의 겉모습을 바로잡고자 했다. 또 인의를 내걸고 천하의 마음을 달래고자 했다. 그 결과 백성은 지모를 짜는 데 몰두하거나 아니면 다투어서 서로의 이득을 쫓았는데 이제는 막을 수 없는 지경에까지 이르렀다. 이것도 성인의 잘못이다.

말은 발굽으로 서리나 눈을 밟고, 털로 바람과 추위를 막는다.

또 풀을 뜯고 물을 마시면서 땅에선 긴 꼬리를 흔들며 뛰어다니는데

이것이 말의 타고난 참된 본성(眞性)이다.

그래서 높은 누각과 큰 침실이 있어도 말에게는 아무런 소용이 없다.

그런데 백락(伯樂)이 나타나서 말했다. "나는 말을 잘 다룬다."

그리고는 말에 낙인을 찍고 털을 깎고 말굽을 다듬고 재갈과 띠를 맨 뒤

우리가 딸린 마구간에 집어넣자 죽는 말이 열에 둘 셋이나 되었다.

또 굶주리게 하고 목마르게 하고 달리게 하고 갑자기 뛰게 하고

대열을 갖추게 하고 나란히 서도록 훈련시키면서 앞에선 재갈이 속박하고

뒤에선 채찍으로 위협했더니 살지 못하고 죽은 말이 이미 반을 넘어섰다.

도공인 도자(陶者)가 말했다.

"난 찰흙 만지는 솜씨가 뛰어나서 도자의 둥근 곳은 컴퍼스(規)에 들어맞고,

네모진 곳은 곱자(矩)에 들어맞는다."

목수 장인(匠人)이 말했다.

"난 나무 다루는 솜씨가 뛰어나서 나무의 굽은 곳은 그림쇠(鉤)에 들어맞고,

나무의 곧은 곳은 먹줄(繩)에 들어맞는다."

그렇더라도 흙과 나무의 타고난 본성이 규(規) · 거(矩) · 구(鉤) · 승(繩)과 같은

척도에 어찌 꼭 들어맞기를 바라겠는가?

그런데도 세상사람들은 대대로 이어가면서 말한다.

"백락은 말을 잘 다루고, 도자와 장인은 흙과 나무를 잘 다룬다."

이런 말이 전해지는 것은 천하를 다스리는 사람들의 잘못이다.

내 생각으로 천하를 정말로 잘 다스리는 사람은 그렇지 않다.

모름지기 백성에게는 늘 그러한 타고난 본성(常性)이 있다.
이에 백성은 옷감을 짜서 옷을 해 입고, 밭을 갈아서 밥을 해 먹고 사는데
이를 두고 동덕(同德), 즉 같은 목적을 위해 애쓰는 덕이라고 말한다.
이처럼 백성은 한결같아 무리(黨)를 짓지 않으므로 이를 천방(天放),
즉 하늘이 풀어준 자유라고 말한다.
그래서 성덕의 시대(至德之世)에는 백성의 행동이 유유자적해도
그들의 눈매는 집중되어서 또렷했다.
그 시대에는 산에는 지름길이 없었고, 호수에는 배와 다리가 없었고,
만물이 어울려 살아가므로 사는 데 서로의 경계를 두지 않았고,
새와 짐승은 떼 지어 살았고, 초목은 마음껏 자랐다.
이 때문에 백성은 새와 짐승을 줄에 매달아서 끌며 서로 친하게 놀았고,
새둥지에 기어 올라가서 새끼를 품은 어미도 엿볼 수 있었다.
성덕의 시대에는 이처럼 백성이 새나 짐승과 똑같이 함께 살면서
만물과 나란히 짝했으니 군자와 소인의 구분도 어찌 있었겠는가!
군자든 소인이던 모두가 앎이 없는 것 같아 자연스런 덕에서 떠나질 않았고,
하고자 함이 없는 것 같아 소박하다고 말했다.
소박하므로 백성의 타고난 본성도 온전히 유지했다.
그런데 성인이 나타나서 애써 어짊(仁)을 위하고 힘써 의로움(義)을 행하자
천하가 의심을 품기 시작했다.
제멋대로 음악(樂)을 연주하고 번잡하게 예절(禮)을 만들자
천하에 구분이 시작되었다.
천하가 자연 그대로의 통나무를 깎지 않는데 누가 술 단지를 만들겠는가!
천하가 흰 옥돌을 깨뜨리지 않는데 누가 옥기를 만들겠는가!
자연스런 도덕이 무너지지 않는데 천하가 어째서 인의(仁義)를 취하겠는가!
타고난 본성(性)과 참 모습(情)이 서로 분리되지 않는데

천하가 어째서 예악(禮樂)을 사용하겠는가!

오색(五色)이 어지럽지 않는데 누가 문채(文采), 즉 꾸밈을 동원하겠는가!

오성(五聲)이 어지럽지 않는데 누가 육률(六律), 즉 가락을 맞추겠는가!

통나무를 깎아서 그릇을 만든 건 장인(工匠)의 허물이지만

도덕을 무너뜨려서 인의를 내세운 건 성인(聖人)의 잘못이다.

말이 땅에 있으면 풀을 뜯거나 물을 마시면서

기쁘면 목을 맞붙인 채 서로 비비지만 성나면 등지고 서서 발길질을 한다.

말의 지혜(馬知)는 이 정도였을 뿐인데

수레 앞에 횡목과 멍에를 얹고, 달 모양의 이마 장신구를 가지런히 놓았다.

그러면 말의 지혜는 횡목에 끼이거나 멍에를 구부려서

저항하며 들이받은 뒤 재갈을 부수고 고삐를 물어뜯는다.

따라서 말의 소박한 지혜가 도둑의 교묘한 지혜로까지 이르게 된 것은

말을 조련한 백락의 허물이다.

저 혁서씨(赫胥氏) 시대에는 백성이 평소에 하는 바나 가는 바를 모른 채

먹을 걸 입 안에 머금으면 기뻐하며 배를 두드리면서 노닐었다.

백성의 능력은 이 정도였을 뿐인데

성인이 등장해서 예악을 받듦으로써 천하의 모양을 바로잡고자 했고,

인의를 쓸데없이 내걸음으로써 천하의 마음을 달래고자 했다.

그러자 백성은 쓸데없이 애써 앎을 좋아하기 시작했고,

또 다투어서 이득을 쫓아 이제는 막을 수 없는 지경에까지 이르렀다.

이것도 성인의 잘못이다.

. . .

馬, 蹄可以踐霜雪, 毛可以禦風寒, 齕草飮水, 翹足而陸, 此馬之眞性也.
雖有義臺路寢無所用之.
及至伯樂, 曰:「我善治馬.」

燒之, 剔之, 刻之, 雒之, 連之以羈馽, 編之以皁棧, 馬之死者十二三矣.,
飢之, 渴之, 馳之, 驟之, 整之, 齊之, 前有橛飾之患, 而後有鞭筴之威,
而馬之死者已過半矣.

陶者曰:「我善治埴, 圓者中規, 方者中矩.」

匠人曰:「我善治木, 曲者中鉤, 直者應繩.」

夫埴木之性, 豈欲中規矩鉤繩哉?

然且世世稱之曰「伯樂善治馬, 而陶匠善治埴木」, 此亦治天下者之過也.

吾意善治天下者不然.

彼民有常性, 織而衣, 耕而食, 是謂同德., 一而不黨, 命曰天放.

故至德之世, 其行塡塡, 其視顚顚.

當是時也, 山無蹊隧, 澤無舟梁., 萬物群生, 連屬其鄉., 禽獸成群, 草木遂長.

是故禽獸可係羈而遊, 鳥鵲之巢可攀援而闚.

夫至德之世, 同與禽獸居, 族與萬物並, 惡乎知君子小人哉!

同乎無知, 其德不離., 同乎無欲, 是謂素樸., 素樸而民性得矣.

及至聖人, 蹩躠爲仁, 踶跂爲義, 而天下始疑矣.,

澶漫爲樂, 摘僻爲禮, 而天下始分矣.

故純樸不殘, 孰爲犧樽! 白玉不毀, 孰爲珪璋! 道德不廢, 安取仁義!

性情不離, 安用禮樂! 五色不亂, 孰爲文采! 五聲不亂, 孰應六律!

夫殘樸以爲器, 工匠之罪也., 毀道德以爲仁義, 聖人之過也.

夫馬, 陸居則食草飲水, 喜則交頸相靡, 怒則分背相踶. 馬知已此矣.

夫加之以衡扼, 齊之以月題, 而馬知介倪·闉扼·鷙曼·詭銜·竊轡.

故馬之知而態至盜者, 伯樂之罪也.

夫赫胥氏之時, 民居不知所爲, 行不知所之, 含哺而熙, 鼓腹而遊, 民能以此矣.

及至聖人, 屈折禮樂以匡天下之形, 縣跂仁義以慰天下之心, 而民乃始踶跂好知,
爭歸於利, 不可止也. 此亦聖人過也.

성인(聖人)이 잘못하는 바람에
백성이 순수한 본성을 잃는다

———

　마제(馬蹄)란 말발굽이란 뜻이다. 그런데 '말(馬)은 발굽(蹄)이 있어서'
로 「마제」가 시작하므로 이를 편명으로 삼았다. 야생에서 태어난 말은
제 수명대로 살아갈 수 있다. 그런데 사람들이 말을 타고 다니는 수단
으로 사육하면서부터 말이 제 수명을 다하지 못하는 처지가 되었다. 마
찬가지로 천하도 성인(聖人)이란 사람이 인의(仁義)와 예악(禮樂)으로 다
스리면서부터 백성이 불행하게 되었다. 이는 성인이 자연스런 규율인
도덕(道德)을 지키지 않아서이다. 이에 장자는 인의와 예악으로 천하를
다스리는 건 잘못이라고 보고 자연스런 도덕으로 돌아가서 타고난 본
성(性)에 따라 다스림을 추구해야 한다고 말한다.
　이 글은 자연의 원리, 즉 천도(天道)를 쫓아서 천하를 어떻게 다스려
야 하는지의 치도(治道)에 관한 내용이다. 장자의 천도관에 있어 으뜸가
는 건 말할 것도 없이 무위자연(無爲自然)이다. 그래서 천하를 하고자 함
이 없으면서(無爲) 사시사철과 같은 큰 변화를 만들어내는 자연(自然)의
원리에 따라 다스리는 것을 이상으로 삼는다. 이런 다스림은 유위(有
爲), 즉 하고자 함이 있는 다스림과 대비된다. 유위에 따른 다스림은 하
려는 바를 기획하고 이에 따라 정책을 세우고 그리고 이 정책을 뒷받
침하는 규칙을 만들어서 백성을 다스리는 일이다. 이런 다스림은 자연

스럽지 못해 천예(天倪), 즉 자연의 결을 제대로 읽어내지 못한다. 이에 따라 예상치 못한 부작용도 생겨나게 마련이다. 오늘날 우리 사회의 제 문제들도 어쩌면 유위에 따른 이런 다스림에서 비롯된다고 본다.

그렇다면 말의 타고난 본성은 무엇일까? 그건 말굽이 있어서 서리나 눈을 밟고 걸어 다니거나 털이 있어서 추위를 막는 정도이다. 또 마음대로 풀을 뜯거나 물을 마시면서 껑충껑충 뛰어다니는 정도이다. 이것이 말의 타고난 참된 본성(眞性)이다. 그러니 말이 높은 누각과 큰 침실로 장식된 호화로운 마구간에서 머무는 건 말의 타고난 참된 본성과 어긋난다. 그런데 백락(伯樂)이란 사람이 나타나서 말을 잘 다룬다며 말에 낙인을 찍고 털을 깎고 말굽을 다듬고 굴레를 씌우고 재갈과 띠를 맨 뒤 구유가 딸린 마구간에 말을 집어넣고서 사육했다. 그러자 죽은 말이 열에 둘 셋이나 되었다. 게다가 먹이를 주지 않고 물도 안 준 채 달음박질을 시키면서 명령대로 잘 움직이게끔 말을 길들였다. 그러면서 앞에선 재갈과 가슴걸이로 속박하고 뒤에선 가죽 채찍으로 위협하자 죽은 말이 반을 넘어섰다.

도자(陶者)는 흙 만지는 솜씨가 뛰어난 도공이다. 그래서 그가 만든 도자기의 둥근 부분은 컴퍼스(規)에 딱 들어맞고, 네모진 부분은 곱자(矩)에 딱 들어맞는다. 그렇더라도 도자가 만든 도자기의 모습은 자연스럽지 못하다. 컴퍼스와 곱자란 인위적인 수단을 사용해서이다. 장인(匠人)도 나무를 다루는 솜씨가 뛰어난 목수이다. 그래서 그가 만든 재목의 굽은 부분은 그림쇠(鉤)에 딱 들어맞고, 곧은 부분은 먹줄(繩)에 딱 들어맞는다. 그렇더라도 장인이 만든 목제품의 모양도 또한 자연스럽지 못하다. 그림쇠와 먹줄이란 인위적인 수단을 사용해서이다. 사실 도자기의 원료인 흙과 나무는 그 타고난 본성이 컴퍼스·곱자·그림쇠·먹줄 따위의 재단에 잘 들어맞을 수 없다. 설령 들어맞는다 해도 그건 자연스런 본성까지 감안한 재단이 아니다.

그런데도 세상사람들은 백락이란 사람을 말 잘 다루는 대표적인 인물로 여기고, 또 도자와 장인을 흙과 나무를 잘 다루는 대표적인 인물로 여긴다. 장자에 따르면 세상사람들의 이런 인식은 그동안 천하를 다스려 왔던 사람들, 즉 요·순 임금과 같은 사람들의 잘못이라고 본다. 왜냐하면 요·순 임금이 천하를 인의와 예악으로 다스려 왔기 때문이다. 그런데 인의와 예악은 마치 컴퍼스·곱자·그림쇠·먹줄과 같은 역할을 수행한다. 그러니 요·순 임금은 천하를 자연 그대로인 도덕으로 다스리지 않고 인위적인 수단, 즉 인의와 예악으로 다스린 셈이다.

야생에 사는 말에게 타고난 본성이 있는 것처럼 백성에게도 타고난 본성이 있다. 그것은 각자 알아서 옷감을 짜 옷을 해 입고, 밭을 갈아 곡식을 생산하는 일이다. 이것이 동덕(同德), 즉 같은 목적을 위해 애쓰는 자연스런 덕이다. 또 백성은 각기 떨어져서 무리를 짓지 않은 채 살아가므로 굳이 나라를 만들 필요가 없다. 이것이 가능할 수 있는 건 천방(天放), 즉 하늘이 준 자유라는 타고난 본성이 있어서이다. 그래서 최고의 덕(至德)이 지배했던 시대에는 백성의 타고난 본성을 소중히 여겼다. 이에 따라 사람들의 거동이 유유자적해도 그들의 눈매는 집중되어서 또렷했다. 동덕과 천방은 앞서 「변무」에서 언급되었던 상연(常然), 즉 변함없는 천하의 본래 모습 중 하나라고 보아진다.

게다가 산에는 지름길이 없었고 못에는 배나 다리가 없었다. 그만큼 자신들이 아는 바를 생활에 활용하지 않고서 살았다. 게다가 만물과 함께 살았기에 각자 사는 곳의 경계를 따로 정하지 않았다. 그래서 새와 짐승은 함께 떼 지어 살고 초목은 마음껏 자랄 수 있었다. 그리고 사람들은 새와 짐승을 줄에 매달고서 함께 노닐었고, 심지어 새 둥지에 올라가서 새끼를 품은 어미까지 들여다볼 수 있었다. 이럴 정도로 새와 사람 사이에 어떤 경계가 없었다.

이처럼 최고의 덕이 지배했던 시대에 살던 사람들은 동물과 함께 지내면서 만물과 나란히 짝을 이루었다. 그래서 군자와 소인의 구별은 생각조차 할 수 없었고, 이들은 공허 지모를 쓸 필요조차 없었다. 그래서 자연이 준 덕성(德性)에서 굳이 떠날 필요가 없었으며 또 욕심조차 낼 일도 없었기에 소박할 수 있었다. 그 결과 백성의 타고난 본성(民性)이 온전했다. 그런데 성인[3]이 등장해서 어짊(仁)을 애써 위하거나 의로움(義)을 힘써 행하자 온 천하가 어째서인가 하면서 의혹을 품기 시작했다. 또 성인이 제멋대로 음악을 연주하거나 번잡하게 예의를 만들면서부터 천하에 구별이 생겨나기 시작했다.

자연 그대로의 통나무를 손상하지 않고 술 단지를 만드는 사람이 최고의 장인이다. 또 흰 옥돌을 깨뜨리지 않고 옥기를 만드는 사람이 최고의 장인이다. 이런 최고의 장인들이 천하를 다스리면 오로지 자연스런 도덕에 입각해서 백성을 다스린다. 그러니 자연스런 도덕이 무너지지 않는 상태에서 어째서 인의를 주장하겠는가? 또 타고난 본성(性)과 참 모습(情)이 분리되지 않는 상태에서 어째서 예악을 쓰겠는가? 그래서 최고의 다스림은 인의와 예악을 사용하지 않는 다스림이다. 또 오색(五色)이 문란해지지 않는 상황에서 어느 누가 문채(文采), 즉 지나친 꾸밈을 만들 필요가 있겠는가? 오성(五聲)이 어지러워지지 않는 상황에서 어느 누가 육률(六律), 즉 온갖 가락을 맞출 필요가 있겠는가? 그러니 통나무를 손상시켜서 그릇을 만든 건 장인의 허물이지만 자연스런 도덕을 무너뜨려서 인의를 내세운 건 성인의 과오이다.

따라서 최고의 덕(至德)이 지배했던 시대에 말의 지모(智謀)는 그저

---

3) 여기서 말하는 성인은 『장자』 첫 편 「소유유(逍遙遊)」에서 최고의 인물로 등장했던 지인(至人)·신인(神人)·성인(聖人)의 그 성인이 아니라 유가에서 최고의 지도자로 떠받드는 요(堯)·순(順) 임금을 지칭한다. 요·순 임금이 인의(仁義)와 예락(禮樂)으로 나라를 다스려서이다. 참고로 도가에서 최고로 떠받드는 인물은 요·순보다 더 자연에 입각해서 나라를 다스렸던 황제(黃帝)이다.

풀을 뜯거나 물을 마시면서 기쁘면 목을 맞붙인 채 비비고, 성나면 서로 등을 돌린 채 발길질 하는 정도이다. 그런데 말에게 멍에를 씌우고 월예로 조정하면 말은 월예를 꺾거나 멍에를 구부려서 저항하며 들이받는다. 그런 뒤 재갈을 부수고 고삐를 물어뜯는다. 말의 이런 반항은 말이 부자연스러운 상황에서 벗어나기 위해 자신의 지모를 쓴 결과이다. 그런데 이런 지모가 점점 발달해서 지금은 도둑의 지모에까지 이르렀다. 순수하고 소박했던 말의 본성이 이런 지모에까지 이른다면 그것은 야생마를 조련한 백락의 허물이라고 본다.

인간세상에서도 백락과 같은 인물이 얼마든지 있을 수 있다. 성인으로 떠받드는 요·순 임금도 어쩌면 백락과 같은 존재가 아닌가. 어째서인가? 아득한 혁서씨(赫胥氏)[4] 시대에는 백성들이 평상시 해야 할 일도 모르고 갈 곳도 몰랐다. 또 먹을 것을 입안에 머금고는 마냥 즐거워하면서 배를 두드리고 노닐었다. 당시의 백성은 이 정도로도 흡족해했다. 그런데 요·순 임금 같은 성인이 출현하자 예의나 음악에 따라 사람들에게 몸을 굽히도록 요구함으로써 천하의 겉모습을 바로잡고자 했다. 또 인의를 내걸음으로써 세상사람들의 마음을 달래고자 했다. 그 결과 백성은 애써 지모에 몰두하거나 아니면 서로 다투어서 이득을 좇았는데 이제는 막을 수 없는 지경에까지 이르렀다. 이것도 성인의 잘못이다.

---

4) 복희씨의 탄생설화에 따르면 복희씨 어머니 화서씨는 극락세계에 살면서 하루는 뇌택이라는 호숫가로 놀러와 뇌신(雷神)과 감응해서 복희씨를 낳았다. 복희씨는 음양 변화의 이치에 근거해서 팔괘를 만들고, 그물을 만들어서 백성들에게 물고기를 잡는 법과 목축을 가르쳤다. 그리고 여와씨가 복희씨의 제위를 이어 계승한 이후로는 공공씨, 태정씨, 백황씨, 중앙씨, 역륙씨, 여련씨, 혁서씨, 존로씨, 혼돈씨, 호영씨, 주양씨, 갈천씨, 음강씨, 무회씨가 차례로 대를 이었다고 전해진다.

거협

胠篋

거협

거협(胠篋)은 남의 상자(篋)를 열어서(胠) 도둑질한다는 뜻이다. 앞서 「마제(馬蹄)」에선 천도(天道)에 따라 천하를 어떻게 다스리는지의 치도(治道)에 대해 언급했다. 「거협」도 「마제」와 마찬가지로 천도에 입각해서 치도를 어떻게 이루는지를 언급한다. 그렇더라도 「마제」와 「거협」 간에는 그 강조점에 있어 차이가 있다. 「마제」가 천도에 입각해서 치도의 당위성에 초점을 맞춘다면 「거협」은 치도가 어째서 천도에 입각해서 제대로 구현되지 못하는가에 대해 초점을 맞춘다. 그리고 그 원인을 지(知), 즉 지혜로움에서 찾는다. 그래서 「거협」이 목표로 하는 건 지혜로움이 지닌 한계 내지 그 문제점에 대해 지적하는 일이다.

여기서 지(知)에 대한 해석을 두고 잠시 생각할 필요가 있다. 『장자』 내편에선 '지'를 주로 앎으로 번역했다. 그런데 여기서도 앎으로 번역하면 내용의 흐름이 매끄럽지 못하다. 평범한 의미를 지니는 앎으로 번역하기에는 「거협」에 등장하는 주인공들이 말하는 지(知)의 성격이 너무나 인위적이다. 그렇다고 인위적인 성격이 강한 지식으로 번역하기에는 「거협」에 등장하는 주인공들이 말하는 '지'의 성격이 너무나 인간적이다. 이런 점을 감안해서 여기선 '지'를 지혜 내지 지혜로움으로 번역하고자 한다.

사람들은 도둑을 경계해서 상자를 자물쇠로 단단히 채운다. 그런데 큰 도둑은 상자째 들고 나가면서 채운 자물쇠가 단단히 잠기지 않았을

까를 오히려 걱정한다. 「거협」에선 큰 도둑의 대표적인 예로 제나라 대부였던 전성자(田成子)를 든다. 그는 군주를 죽이고 제나라를 통째로 훔쳤는데 이때 나라는 물론이고 성지(聖知), 즉 총명한 지혜로 만든 법도까지 함께 훔쳤다. 그 결과 전성자 후손들은 안정된 지위를 오래도록 누리면서 무려 12대에 걸쳐서 나라를 차지했다. 그러니 총명한 지혜가 오히려 큰 도둑을 위해서 나라를 오랫동안 지켜준 셈이다. 이런 맥락에서 볼 때 세상에서 말하는 지혜로움(知)은 큰 도둑을 위해서 재물을 모아주는 것이고, 세상에서 말하는 총명함(聖)도 큰 도둑 위해서 재물을 지켜주는 게 아닌가.

보통사람도 큰 도둑의 도둑질하는 법을 쫓아서 총명한 지혜를 활용해 제후의 지위를 빼앗거나 아니면 되·저울·도장을 속여 이로부터 이득을 훔치려고 한다. 그래서 아무리 높은 벼슬을 상으로 내건다 해도 사람들은 착한 일에 힘쓰지 않고, 도끼로 위협한다 해도 이들의 나쁜 짓을 막을 수 없다. 이처럼 많은 이득을 내걸어도 보통사람의 나쁜 짓을 막을 수 없는 건 성인이 총명한 지혜를 숭상한 탓이다. 그래서 성인이 총명함을 끊거나 지혜로움을 버려야 큰 도둑이 없어진다. 그리고 총명함을 끊고 지혜로움을 버리면 성인도 세상에 드러나지 않는다.

총명한 지혜, 즉 성지(聖知)뿐만 아니다. 인의(仁義)도 버려야 세상이 편안해진다. 또 천하가 본래의 자연스런 밝음(明)을 간직하려면 치장을 없애거나 화려함을 지우고, 심지어 눈이 밝은 이주(離朱)의 눈까지 아교로 붙여야 한다. 그래야 천하가 녹아 없어지지 않는다. 마찬가지로 천하의 덕이 그윽함(玄)과 하나가 되어 본래의 자연스러움을 간직하려면 유가를 추종하는 증삼(曾)과 사추(史)의 행적을 깎아내려야 한다. 또 개인주의자 양주(楊)와 박애주의자 묵적(墨)의 입도 다물게 해야 한다. 그래서 이들이 주장하는 인의(仁義)를 물리쳐야 천하가 한쪽으로 치우치지 않는다.

지극한 덕이 베풀어졌던 하·은·주 삼대 이전의 시절은 천하가 한쪽으로 기울지 않은 좋은 시절이었다. 그 시절은 용성씨·대정씨·백황씨·중앙씨·율육씨·여축씨·헌원씨·혁서씨·존로씨·축융씨·복희씨·신농씨가 차례로 다스렸는데 그때는 백성이 새끼로 매듭을 지어서 글자로 사용하고, 요리하지 않은 식사도 맛있다고 여기고, 남루한 옷도 아름답다고 여기고, 소박한 풍속을 즐기면서 보잘 것 없는 집도 편안하다고 여겼다. 이런 삶은 지혜로움을 필요로 하지 않지만 인의 역시 필요로 하지 않는다.

　그런데 윗사람이 지혜로움을 좋아하면 도(道)가 사라지고, 도가 사라지면 천하가 크게 혼란스러워진다. 천하의 이런 혼란스러움은 하·은·주 삼대 이후, 즉 춘추전국시대부터 심해졌다. 그래서 천하는 순박한 백성을 버리고 말을 교활하게 잘하는 사람을 반겼다. 또 담담한 무위(無爲)를 버리고 주절주절 수다스러운 말의 뜻을 반겼다. 그 결과 제자백가의 수다스러움이 천하를 어지럽혔다. 그러니 사람이 내뱉는 말이 사람의 타고난 본성을 가장 크게 해치는 셈이다. 그 결과 교활한 말과 수다스러움이 천하를 어지럽히고 있다.

상자를 열고, 자루를 뒤지고, 궤짝을 뜯는 도둑을 막으려면
반드시 끈으로 꽁꽁 묶거나 자물쇠로 단단히 잠가야 한다.
이것이 세상사람이 말하는 지혜로움(知)이다.
그런데 큰 도둑은 궤짝을 등에 지거나 상자를 손에 들거나
자루를 둘러멘 채 그대로 달아난다.
이때 큰 도둑은 묶은 끈과 채운 자물쇠가 오히려 단단하지 않을까 염려한다.
그러면 「마제」에서 말한 지혜로움은 큰 도둑을 위해 재물을 모아주는 게
아닌가? 그러니 이 문제에 대해 한번 따져보자.
세상에서 말하는 지혜로움은 큰 도둑을 위해 재물을 모아주는 게 아닌가?
세상에서 말하는 총명함은 큰 도둑을 위해 재물을 지켜주는 게 아닌가?
어째서 그런 줄 아는가?
옛날 제(齊)나라에선 이웃 마을이 보이도록 서로 가깝게 지냈고,
닭과 개의 울음소리도 서로 들렸으며,
그물을 쳐서 물고기를 잡는 강과 쟁기와 괭이로 갈고 일구는 논과 밭이
무려 사방 2천 리가 되도록 넓었다.
그리고 이 넓은 나라를 지키기 위해 조상의 종묘와 제신의 사직을 세웠으니
읍(邑)·옥(屋)·주(州)·여(閭)·향(鄉)·곡(曲)을 다스리는 데
어찌 성인의 법도(法)를 쫓아서 하지 않았겠는가!
그런데 대부 전성자(田成子)가 하루아침에 제나라 군주를 죽이고,
나라를 훔쳤는데 훔친 게 어찌 나라뿐이겠는가?
제나라와 함께 총명한 지혜(聖知)로 만든 법도까지 한꺼번에 훔쳐서
전성자는 도적(盜賊)이란 이름을 얻었다.

그런데도 전성자의 몸은 요·순 임금처럼 안정된 지위를 누리면서 살았다.

작은 나라는 감히 그를 비난하지 못하고, 큰 나라도 감히 토벌하지 못했다.

그래서 전성자 일가는 12대에 걸쳐서 제나라를 차지했다.

그렇다면 제나라와 함께 총명한 지혜로 만든 법도까지 한꺼번에 훔쳤기에

도적의 몸을 이토록 안정되게 지킬 수 있었던 게 아닌가?

이 문제에 대해 한 번 더 논의해보자.

세상에서 말하는 지극한 지혜로움(至知)은

큰 도둑을 위해 재물을 모아주는 게 아닌가?

세상에서 말하는 지극한 총명함(至聖)은

큰 도둑을 위해 재물을 지켜주는 게 아닌가?

어째서 그런 줄 아는가?

옛날에 관용봉(龍逢)이 참살되고, 비간(比干)은 심장이 찢겨지고,

장홍(萇弘)은 창자가 갈라지고, 오자서(子胥)는 강에 던져져서 물위를

떠돌아다님으로써 이 네 명의 현인은 죽음을 면치 못했다.

이에 도척의 부하가 물었다. "도둑질에도 도(道)가 있습니까?"

도척이 대답했다.

"어디를 가든 도(道)가 없는 데가 어찌 있을 수 있겠는가!

방안에 감춰진 것을 짐작으로 헤아려서 맞히는 건 총명함(聖)이고,

들어갈 때 선두에 서는 건 용감함(勇)이고,

나올 때 후미에 있는 건 의로움(義)이고,

훔칠 수 있는지 여부를 아는 건 지혜로움(知)이고,

훔친 걸 공평히 나누는 건 어짊(仁)이다.

이 다섯 가지를 갖추지 않고서 천하에 큰 도둑이 된 자는 아직 없다."

이로 미루어보면 선인(善人)도 성인의 도를 얻어야 착한 사람이 되듯이

도척도 성인의 도를 얻어야 도둑질을 제대로 할 수 있다.

그런데 천하에 선인이 적고, 선인 아닌 자가 많아지면

성인이 천하에 베푸는 이득은 적어지고, 오히려 끼치는 해악만 많아진다.

그래서 말한다. '입술이 없으면 이가 시리고,

노나라의 술이 싱거워지면 이웃나라 수도 한단(邯鄲)이 포위된다.

이렇듯 선인 아닌 자가 많은 상황에선 성인이 생겨나면 큰 도둑이 일어난다.'

그래서 선인 아닌 자가 많은 상황에서 성인을 배격하고 도둑을 풀어주어야

천하가 비로소 잘 다스려진다.

계곡의 물이 비어야 강이 마르고, 언덕이 평평해야 못의 물이 차듯이

성인이 죽어야 큰 도둑이 생겨나지 않아서 천하가 평화롭고 무사할 뿐이다.

그런데 성인(聖人)이 죽지 않으면 큰 도둑(大盜)은 없어지지 않는다.

만약 성인을 중히 여기면서 천하를 다스리면

이것은 도척 같은 도둑을 중히 여기면서 그를 이롭게 하는 일이다.

그래서 곡식의 용량을 되(斗斛)로 재면

도척 같은 도둑은 곡식이 있는 되를 통째로 훔친다.

금은의 무게를 저울(權衡)로 재면

도척 같은 도둑은 금은이 있는 저울을 통째로 훔친다.

신용을 도장(符璽)으로 보이면

도척 같은 도둑은 도장에 더해 신용까지 훔친다.

마찬가지로 백성의 마음을 인의(仁義)로 바로잡으면

성인은 인의에 더해 백성의 마음까지 훔친다.

어째서 그런 줄 아는가?

다른 사람의 허리띠 고리를 훔치면 목이 베어져서 죽지만

나라를 훔치면 제후가 되어 가문에까지 인의(仁義)가 보존된다.

그렇더라도 나라를 훔칠 때는 인의(仁義)와 성지(聖智),

즉 총명한 지혜까지 훔치는 건 아니지 않는가?

따라서 누군가 이런 큰 도둑을 쫓아서 제후의 지위를 빼앗아

인의와 함께 되·저울·도장의 이득까지 훔친다면

아무리 높은 벼슬을 상으로 내걸어도 착한 일에 힘쓰지 않고,

도끼로 위협해도 나쁜 짓을 막을 수 없다.

이처럼 도척 같은 큰 도둑에게 많은 이득을 가져다주어서

도둑질이란 나쁜 짓을 막을 수 없다면 이는 성인의 잘못이다.

그래서 말한다. '물고기는 못을 떠나선 안 되고, 나라의 이로운 도구는

남에게 보여선 안 된다.'

성인도 세상의 이로운 도구이므로 세상에 밝게 드러나게 해선 안 된다.

그래서 성인이 총명함을 끊고 지혜로움을 버려야 큰 도둑이 사라진다.

또 성인이 옥을 내던지고 구슬을 깨버려야 작은 도둑이 일어나지 않는다.

또 어음을 태우고 도장을 부수어야 백성이 순박해지고,

되를 쪼개고 저울을 분질러야 백성이 서로 다투지 않는다.

또 천하의 뛰어난 법도를 없애야 비로소 백성이 다른 사람과 논의한다.

또 육률의 가락을 흩뜨리고, 피리와 거문고를 태우고, 사광의 귀를 막아야

세상사람이 비로소 귀 밝음을 간직한다.

또 치장한 모양을 없애고, 화려한 색을 지우고, 이주의 눈을 아교로 붙여야

세상사람이 비로소 눈 밝음을 간직한다.

또 그림쇠와 먹줄을 부수어 없애고, 컴퍼스와 곱자를 버리고, 뛰어난 목수인

공수의 손가락을 분질러야 세상사람이 본래의 솜씨를 간직한다.

마찬가지로 증삼과 사추의 행적을 깎아내리고,

양주와 묵적의 입을 다물게 해서 인의(仁義)를 물리쳐야

천하의 덕이 현(玄), 즉 그윽함과 하나가 된다.

사람이 본래의 눈 밝음을 간직하면 천하는 녹아 없어지지 않는다.

사람이 본래의 귀 밝음을 간직하면 천하는 어디에도 묶이지 않는다.

사람이 본래의 지혜로움을 간직하면 천하는 미혹에 빠지지 않는다.

사람이 본래의 자연스런 덕을 간직하면 천하는 한쪽에 치우치지 않는다.

모름지기 증삼·사추·양주·묵적·사광·공수·이주 모두는

인위적인 덕을 밖으로 내세워 천하를 현혹시켜 혼란에 빠뜨렸으니

이들에게 참된 법도는 아무런 소용이 없다.

. . .

將爲胠篋探囊發匱之盜而爲守備, 則必攝緘縢固局鐍, 此世俗之所謂知也.

然而巨盜至, 則負匱揭篋擔囊而趨, 唯恐緘縢局鐍之不固也.

然則鄕之所謂知者, 不乃爲大盜積者也?

故嘗試論之, 世俗之所謂知者, 有不爲大盜積者乎?

所謂聖者, 有不爲大盜守者乎? 何以知其然邪?

昔者齊國隣邑相望, 鷄狗之音相聞, 罔罟之所布, 耒耨之所刺, 方二千餘里.

闔四竟之內, 所以立宗廟社稷, 治邑屋州閭鄕曲者, 曷嘗不法聖人哉!

然而田成子一旦殺齊君而盜其國, 所盜者豈獨其國邪?

竝與其聖知之法而盜之.

故田成子有乎盜賊之名, 而身處堯舜之安, 小國不敢非, 大國不敢誅, 十二世
有齊國.

則是不乃竊齊國, 竝與其聖知之法 以守其盜賊之身乎?

嘗試論之, 世俗之所謂至知者, 有不爲大盜積者乎? 所謂至聖者, 有不爲大盜
守者乎? 何以知其然邪?

昔者龍逢斬, 比干剖, 萇弘胣, 子胥靡, 故四子之賢而身不免乎戮.

故跖之徒問於跖曰:「盜亦有道乎?」

跖曰:「何適而無有道邪! 夫妄意室中之藏, 聖也., 入先, 勇也., 出後, 義也.,
知可否, 知也., 分均, 仁也. 五者不備而能成大盜者, 天下未之有也.」

由是觀之 善人不得聖人之道不立, 跖不得聖人之道不行.,

天下之善人少而不善人多, 則聖人之利天下也少而害天下也多.

故曰, 脣竭則齒寒, 魯酒薄而邯鄲圍, 聖人生而大盜起.

掊擊聖人, 縱舍盜賊, 而天下始治矣.

夫谷虛而川竭, 丘夷而淵實.

聖人已死, 則大盜不起, 天下平而無故矣. 聖人不死, 大盜不止.

雖重聖人而治天下, 則是重利盜跖也.

爲之斗斛以量之, 則竝與斗斛而竊之., 爲之權衡以稱之, 則竝與權衡而竊之.,

爲之符璽以之, 則竝與符璽而竊之., 爲之仁義以矯之, 則竝與仁義而竊之.

何以知其然邪?

彼竊鉤者誅, 竊國者爲諸侯, 諸侯之門而仁義存焉, 則是非竊仁義聖知邪?

故逐於大盜, 揭諸侯, 竊仁義竝信斗斛權衡符璽之利者, 雖有軒冕之賞弗能勸,

斧鉞之威弗能禁. 此衆利盜跖而使不可禁者, 是乃聖人過也.

故曰:「魚不可脫於淵, 國之利器不可以示人.」

彼聖人者, 天下之利器也, 非所以明天下也.

故絶聖棄知大盜乃止., 擿玉毀珠, 小盜不起., 焚符破璽而民朴鄙.,

掊斗折衡, 而民不爭., 殫殘天下之聖法, 而民始可與論議.

擢亂六律鑠絶竽瑟, 塞師曠之耳, 而天下始人含其聰矣.,

滅文章, 散五采, 膠離朱之目, 而天下始人含其明矣.,

毁絶鉤繩而棄規矩, 攦工倕之指, 而天下始人含其巧矣.

削曾史之行, 鉗楊墨之口, 攘棄仁義, 天下之德始玄同矣.

彼人含其明, 則天下不鑠矣., 人含其聰, 則天下不累矣.,

人含其知, 則天下不惑矣., 人含其德, 則天下不僻矣.

彼曾.史.楊.墨.師曠.工倕.離朱, 皆外立其德而以爚亂天下者也, 法之所無用也.

총명한 지혜(聖知)를 숭상하면
오히려 큰 도둑이 등장한다

　사람들은 도둑을 막기 위해 자물쇠로 상자를 단단히 채운다. 그런데 큰 도둑은 상자째 훔쳐 들고 나가면서 채운 자물쇠가 오히려 단단하지 않을까 걱정한다. 그러니 큰 도둑 앞에선 자물쇠로 단단히 잠그는 따위의 지혜로움이 아무런 소용이 없다. 그래서 「거협」은 세상에서 말하는 지혜로움(知)은 큰 도둑을 위해서 재물을 모아주는 거라고 말하고, 세상에서 말하는 총명함(聖)도 큰 도둑을 위해서 재물을 지켜주는 거라고 말한다. 그런데도 사람들은 지인(知人)의 지혜와 성인(聖人)의 총명함을 받들어서 숭상한다. 이에 「거협」은 지인과 성인을 숭상하면서 천하를 다스리는 건 큰 도둑을 소중히 여겨 그를 이롭게 하는 일이라고 말한다. 『도덕경』도 "총명함을 끊고 지혜를 버려야 백성의 이득이 백배가 되고, 어짊을 끊고 의로움을 버려야 백성의 효도와 자애가 회복되며, 재주를 끊고 이익을 버려야 강도와 도둑이 사라진다."[5]라고 말한다.
　「거협」에선 큰 도둑의 대표적인 예로 제(齊)나라 대부(大夫)였던 전성자(田成子)를 든다. 그는 군주를 죽인 뒤 강태공의 후예들이 오랫동안

---

5)　絶聖棄智 民利百倍 絶仁棄義 民復孝慈 絶巧棄利 盜賊無有. (『도덕경』 19장)

다스려왔던 제나라를 통째로 훔쳤다. 제나라는 원래 이웃 마을이 서로 바라보이고, 닭과 개의 울음소리가 서로 들리고, 먹고사는 것도 아무런 문제가 없었던 그야말로 평화롭고 풍족한 나라였다. 또 나라 안 곳곳에 조상의 종묘(宗廟)와 제신의 사직(社稷)을 세워서 읍·옥·주·여·향·곡까지 성인이 만든 법도에 따라 나라를 다스렸다. 그래서 전성자가 제나라를 삼켰을 때 나라는 물론이고, 총명한 지혜(聖知)로 만든 법도까지 함께 훔칠 수 있었다. 이런 법도까지 함께 훔칠 수 있었기에 전성자 집안은 요·순 임금처럼 안정된 지위를 누리면서 무려 12대에 걸쳐 오랫동안 제나라를 차지했다. 그런데도 작은 나라가 전성자를 감히 비난하지 못하고, 큰 나라도 전성자의 나라를 감히 토벌할 생각을 하지 못했다. 그러니 총명한 지혜가 큰 도둑을 위해서 나라를 오랫동안 지켜준 셈이 아닌가.

이런 맥락에서 「거협」은 세상에서 말하는 지극한 지혜로움(至知)도 큰 도둑을 위해 재물을 모아주고, 세상에서 말하는 지극한 총명함(至聖)도 큰 도둑 위해 재물을 지켜주는 거라고 말한다. 관용봉(龍逢)이 하(夏)나라 걸(桀) 왕의 비행을 간하고, 비간(比干)이 은(殷)나라 주(紂) 왕의 무도함을 간하고, 주나라 현신(賢臣)이었던 장홍(萇弘)이 진(晉)나라 범중행(范仲行)의 반란에 연루되고, 오자서(子胥)가 오(吳)나라 왕 부차(夫差)에게 월(越)나라를 치도록 진언한 것은 모두 지극한 지혜로움과 지극한 총명함에서 비롯된 일이다. 그런데도 이들이 참살되고, 심장이 도려지고, 창자가 갈라지고, 강에 던져져서 죽음을 면치 못한 건 이들의 지극한 지혜로움과 지극한 총명함이 천하에 너무 밝게 드러나서이다. 한편 관용봉, 비간, 장홍, 오자서가 모셨던 군주들은 모두 폭군이었는데도 지혜롭고 총명한 이들의 죽음으로 인해 폭군의 통치가 더욱 공고해졌다. 그러니 현인의 지극한 지혜로움과 총명함이 큰 도둑을 위해 오히려 재물을 지켜준 셈이 아닌가.

나라를 훔치는 큰 도둑뿐만 아니라 물건을 훔치는 작은 도둑도 지혜로움과 총명함을 갖춰야 큰 도둑이 될 수 있다. 전설상의 도둑인 도척(盜跖)도 도둑질에 도(道)가 있느냐는 부하들의 질문에 도둑도 지녀야할 도가 있다고 대답하면서 지혜로움과 총명함을 강조한다. 그래서 집안에 감춘 것을 알아맞히는 총명함(聖), 도둑질할 때 선두에 나서는 용감함(勇), 나올 때 마지막으로 나오는 의로움(義), 도둑질이 가능한지 여부를 아는 지혜로움(知), 훔친 것을 공평하게 나누는 어짊(仁)을 갖춰야 도둑으로서 도를 제대로 지니는 일이다. 그러면서 이런 도를 지니지 않고 세상에 큰 도둑이 된 자가 없다고 말한다. 이처럼 도둑도 성인(聖人)의 도를 얻어야 도둑질을 제대로 할 수 있다. 그런데 성(聖), 용(勇), 의(義), 지(知), 인(仁)은 원래 성인이 마땅히 지녀야 하는 도가 아닌가? 그래서 성인이 등장하면 큰 도둑이 생겨난다는 말이 성립한다.

도척이 성인의 도를 얻어야 제대로 도둑질을 할 수 있는 것처럼 선인(善人)도 성인의 도를 얻어야 착한 사람이 된다. 그런데 지금 천하에는 착한 사람이 줄어들고 착하지 않은 사람만 늘어난다. 그래서 성인이 천하에 베푸는 이득은 적어지고 끼치는 해악만 많아진다. 마치 입술이란 착한 존재가 없어지면 이가 시린 것처럼 말이다. 또 술로서 결코 착하다고 할 수 없는 물을 많이 탄 묽은 술이 등장하면 노나라 군사들이 덜 취해서 열심히 훈련에 임한다. 그 결과 이웃 조(趙)나라 수도 한단(邯鄲)이 노나라 군사들에 의해 포위되는 사태가 벌어진다. 그러니 착하지 않은 묽은 술이 많은 상황에선 성인이 등장한다 해도 조나라 수도를 포위해서 나라를 빼앗으려는 큰 도둑이 생겨나게 마련이다. 그러니 성인이 술을 묽게 만들더라도 그가 천하에 베푸는 이득은 적어지고 대신 끼치는 해악만 많아진다. 따라서 착하지 않은 사람이 많은 상황에선 성인을 배격하고 도둑을 풀어줘야 오히려 천하가 잘 다스려진다. 또 계곡의 물이 비면 강이 마르고 언덕이 평평해져야 못의 물이 차듯이 성인이 죽어야 지혜로움과 총명함이 없어져서 큰 도둑이 생겨나지 않는다. 그 결과 천하가 평화롭고 무사해진다. 그런데도 성인이 죽지 않으면 큰 도둑은 절대로 사라지지 않는다.

이에 「거협」은 성인이 천하를 다스리면 도척 같은 도둑을 중히 여기면서 도둑을 이롭게 하는 다스림이 예기치 않게 생겨난다고 말한다. 어째서 그러할까? 그것은 곡식의 용량을 정확히 재기 위해 되를 사용하는 경우 도척은 곡식이 있는 되를 통째로 훔쳐가서이다. 또 금은의 무게를 정확히 재기 위해 저울을 사용하는 경우 도척은 금은이 있는 저울을 통째로 훔쳐가서이다. 또 신용을 확실히 보여준다고 도장으로 이를 확인하는 경우 도척은 도장에 더해 신용까지 훔쳐가서이다. 되·저울·도장은 모두 총명한 지혜를 활용해서 만든 발명품인데 이런 발명품이 오히려 큰 도둑을 만들어낸다. 그러니 인의(仁義)로 백성의 마음을 바로잡으면 성인은 인의에 더해 백성의 마음까지 훔쳐간다. 어째서 그러할까? 예를 들어 허리띠의 고리만 훔치면 상대방 마음을 훔칠 수 없어서 목이 베어져 죽지만 백성의 마음을 훔치면 나라까지 훔쳐서 제후가 되어 가문에까지 인의(仁義)가 보존되기 때문이다.

그런데 나라를 훔치는 건 인의(仁義)와 성지(聖智), 즉 총명한 지혜까지 훔치는 일이다. 그래서 사람들은 큰 도둑의 도둑질하는 법을 쫓아 제후의 지위를 빼앗고, 나아가 인의와 함께 되·저울·도장의 이득까지 훔친다. 그러니 아무리 높은 벼슬을 상으로 내건다 해도 사람들은 착한 일에 힘쓰지 않고, 또 아무리 도끼로 위협한다 해도 이들의 나쁜 짓을 막을 수 없다. 이처럼 큰 도둑에게는 많은 이득이 생겨나므로 이들의 나쁜 짓을 도저히 막을 수 없다. 이것은 오로지 성인이 총명한 지혜를 숭상한 탓이다. 그래서 성인이 죽어야 큰 도둑이 없어진다는 말이 성립한다. 이에 사람들은 물고기가 못을 떠나선 안 되고, 나라의 이로운 도구는 남에게 보여주어선 안 되듯이 성인도 세상에 밝게 드러나선 안 된다고 말한다. 그런데 성인이 세상에 밝게 드러나지 않으려면 무엇보다 성인이 총명함을 끊고 지혜로움을 버려야 한다.

이처럼 성인이 총명함을 끊고 지혜로움을 버려야 큰 도둑이 사라진다. 또 성인이 옥을 내던지고 구슬을 깨뜨려야 작은 도둑도 없어진다. 어음, 도장, 되, 저울, 법도는 생활에서 자주 활용하는 것들인데 이것들은 모두 지혜로움의 소산이다. 그래서 성인이 어음을 태우거나 도장을 부수면 백성이 순박해지고, 되를 쪼개거나 저울을 분지르면 백성이 서로 다투지 않는다. 또 성인이 세상의 뛰어난 법도를 없애면 백성이 비로소 다른 사람과 세상사에 대해 의논하기 시작한다. 이 주장에는 세상사를 딱딱하고 일방적 수단인 법도를 통하는 것보다 말로 이루어지는 부드럽고 쌍방적으로 이루어지는 대화가 바람직하다는 의미가 담겨져 있다.

같은 맥락에서 천하가 본래의 자연스런 귀 밝음(聰)을 간직하려면 육률의 가락을 흩뜨리고, 피리와 거문고를 태워 없애야 한다. 심지어 귀가 밝은 사광(師曠)의 귀도 막아야 한다. 그래야 천하가 어디에도 묶이지 않는다. 어떤 소리가 특별히 좋다고 여겨 마음이 쏠리면 사람들은 세상의 소리에 묶이고 만다. 또 천하가 본래의 자연스런 눈 밝음(明)을 간직하려면 치장한 모양을 없애거나 화려한 색을 지워야 한다. 심지어 눈이 밝은 이주(離朱)의 눈을 아교로 붙여야 한다. 그래야 천하가 녹아 없어지지 않는다. 사람들이 온갖 색을 지나치게 밝히면 나중에는 어떤 색에도 반응하지 못해 천하가 그들의 마음에서 녹아 없어진다. 또 천하가 본래의 자연스런 재주(巧)를 간직하려면 그림쇠와 먹줄을 부수거나 컴퍼스와 곱자를 버리고, 손재주가 있는 공수(工倕)의 손가락도 분질러야 한다. 그래야 천하가 미혹됨에 빠지지 않는다.

마찬가지로 천하의 덕이 그윽함(玄)과 하나가 되어 본래의 자연스러움을 간직하려면 유가를 추종하는 증삼(曾)과 사추(史)의 행적들도 깎아내리고, 개인주의 철학자 양주(楊)와 박애주의 철학자 묵적(墨)의 입도 다물게 해서 이들이 주장하는 인의(仁義)를 물리쳐야 한다. 그래야 천하가 한쪽으로 치우치지 않는다. 그런데 증삼, 사추, 양주, 묵적, 사광, 공수, 이주는 모두 인의와 같은 인위적인 덕(德)을 밖으로 내세워서 천하를 현혹시켜 혼란에 빠뜨렸다. 그러니 이들에게 자연스런 참된 법도란 아무런 소용이 없다. 밖으로 내세운 덕, 즉 인의(仁義)만이 이들에게 소중한 가치이기 때문이다.

유독 그대만 지극한 덕이 베풀어졌던 세상(至德之世)을 알지 못하는가!

옛날에 용성씨·대정씨·백황씨·중앙씨·율육씨·여축씨·헌원씨·

혁서씨·존노씨·축융씨·복희씨·신농씨가 다스렸던 시절에는

백성은 새끼로 매듭을 지어서 글자로 사용하고,

요리하지 않은 식사도 맛있다고 여기고, 남루한 옷도 아름답다고 여기고,

소박한 풍속을 즐기면서 보잘 것 없는 집도 편안하다고 여겼다.

이웃 나라가 보이게끔 가까이 지냈고, 닭과 개 짖는 소리까지 들렸지만

백성은 늙어 죽을 때까지 서로 왕래하지 않았다.

이런 시절이 지극히 잘 다스려진 때이다.

그런데 지금에 이르러선 백성이 목을 늘이고서 발뒤꿈치를 들며

'어느 곳에 어진 사람이 있다'라고 말하면서

양식을 바구니에 넣고는 어진 사람이 있는 데로 향하니

이는 안으로는 부모를 버리고 밖으로는 제후에 대한 의무를 져버리는 일이다.

그러면서 그 발자취는 제후의 땅 경계에까지 이르고,

수레바퀴 자국은 천리 밖까지 남는다.

이는 윗사람이 지혜로움(知)을 좋아하는 데서 생겨난 잘못이다.

윗사람이 정말로 지혜로움을 좋아하면 도(道)가 없어지고 마는데

그러면 천하가 크게 혼란스러워진다. 어째서 그런 줄 아는가?

활·쇠뇌·그물·주살·덫·올가미를 사용하는 지혜로움이 많아지면

새들은 하늘 위를 어지러이 날아다니고,

낚시·미끼·그물·어망·통발을 사용하는 지혜로움이 많아지면

물고기들은 물속을 어지러이 헤엄쳐서 다니고,

덫·나락·그물을 사용하는 지혜로움이 많아지면

짐승들은 늪에서 어지러이 뛰어다닌다.

마찬가지로 지혜·속임·비방·사기·거짓·견백과 동이의 궤변이 많아지면

세상사람은 언변(辯)에 미혹된다.

그래서 천하가 늘 큰 어지러움에 빠지는데

그 죄는 윗사람이 지혜로움(知)을 좋아하는 데 있다.

그래서 세상사람 모두는 자신이 알지 못하는 것을 구해야 한다는 건 알아도

이미 아는 바를 구해야 한다는 건 알지 못한다.

세상사람 모두는 좋지 않은 것을 비난하는 건 알아도

이미 좋은 건 비난할 줄 몰라 천하가 크게 혼란스럽다.

이에 위에선 해와 달의 밝음이 어그러지고,

밑에선 산과 강의 참 모습이 꺼지고, 가운데에선 사계절의 베풂이 무너져서

땅을 기는 벌레에서부터 하늘을 나는 아주 작은 새에 이르기까지

타고난 본성(性)을 잃지 않은 게 없다.

지혜로움을 좋아하는 게 결국 천하를 어지럽히고 마니 심할 뿐이다!

이런 현상은 춘추전국시대에 들어서면서부터 그러하다.

천하가 순박한 백성을 버리고, 교활하게 말 잘하는 사람을 반기며,

담담한 무위(無爲)를 버리고, 주절주절 수다스러운 말의 뜻을 반기니

수다스러움이 천하를 어지럽힐 뿐이다.

. . .

子獨不知至德之世乎?

昔者容成氏.大庭氏.伯黃氏.中央氏.栗陸氏.驪畜氏.軒轅氏.赫胥氏.尊盧氏.

祝融氏.伏羲氏.神農氏, 當是時也.

民結繩而用之, 甘其食, 美其服, 樂其俗, 安其居, 隣國相望, 鷄狗之音相聞,

民至老死而不相往來. 若此之時, 則至治已.

今遂至使民延頸舉踵曰，「某所有賢者」，贏糧而趣之，則內棄其親而外去其主之事，

足跡接乎諸侯之境，車軌結乎千里之外．則是上好知之過也．

上誠好知而無道，則天下大亂矣．何以知其然邪？

夫弓弩畢弋機變之知多，則鳥亂於上矣．．鉤餌罔罟罾笱之知多．則魚亂於水矣．．

削格羅落罝罘之知多，則獸亂於澤矣．．

知詐漸毒頡滑堅白解垢同異變多，則俗惑於辯矣．

故天下每每大亂，罪在於好知．故天下皆知求其所不知而莫知求其所已知者，

皆知非其所不善而莫知非其所已善者，是以大亂．

故上悖日月之明，下爍山川之精，中墮四時之施．．

惴耎之蟲，肖翹之物，莫不失其性．

甚矣夫好知之亂天下也！

自三代以下者是已，舍夫種種之民而悅夫役役之佞，釋夫恬淡無爲而悅夫啍啍之意，啍啍已亂天下矣．

교활한 말과 수다스러움이
천하를 어지럽힌다

———

　장자는 지극한 덕이 베풀어졌던 하(夏)·은(殷)·주(周) 삼대 이전의 시절을 그리워한다. 그 시절은 용성씨·대정씨·백황씨·중앙씨·율육씨·여축씨·헌원씨·혁서씨·존노씨·축융씨·복희씨·신농씨가 다스렸던 시절이다. 그때는 백성이 오로지 새끼로 매듭을 지어서 글자로 사용하고, 요리하지 않은 식사도 맛있다고 여기고, 남루한 옷도 아름답다고 여기고, 소박한 풍속을 즐기면서 보잘 것 없는 집이라도 편안하다고 여겼다. 즉 지혜로움을 필요로 하지 않는 삶에 익숙해하며 만족했다. 또 이웃 나라가 보이도록 가깝게 지냈고, 닭과 개 짖는 소리가 서로 들릴 정도로 나라가 크지 않은데도 백성은 늙어 죽을 때까지 가까운 거리조차 서로 왕래하지 않았다. 이럴 정도로 인의(仁義)를 필요로 하지 않는 삶에 만족해하며 살았다. 인의는 사람들과 함께 있을 때나 필요한 도리이지 혼자 있으면 굳이 필요한 도리가 아니다. 장자가 볼 때는 이 시절이 가장 잘 다스려졌던 시절이다.

　그런데 춘추전국시대에 들어와선 백성이 목을 늘이고서 발뒤꿈치를 들며 '어느 곳에 어진 사람이 있다'라고 말하면서 양식을 바구니에 가득 넣은 뒤 그걸 둘러메고 집을 나선다. 그런데 이들의 발자취가 멀리에까지 미쳐 수레바퀴 자국이 천리 바깥에 남을 정도로 먼 곳으로 가서 어진 사람을 찾고자 헤맨다. 이런 처신은 안으로는 가족을 버리고 밖으로는 제후에 대한 의무를 버리는 행동이다. 이런 행동은 아랫사람의 잘못이라기보다는 윗사람이 지혜로움을 좋아해서 생겨난 잘못이라고 보아진다.

윗사람이 정말로 지혜로움을 좋아하면 도(道)가 사라지게 마련이다. 그러면 천하도 크게 혼란스러워진다. 어째서 그런 줄 아는가? 사람들이 활, 쇠뇌, 그물, 주살, 덫, 올가미를 사용하는 지혜로움이 많아질수록 새들은 하늘 위를 어지러이 날아다닌다. 또 낚시, 미끼, 그물, 어망, 통발을 사용하는 지혜로움이 많아질수록 물고기는 물속을 어지러이 헤엄쳐서 다닌다. 그리고 덫, 나락, 그물을 사용하는 지혜로움이 많아질수록 짐승은 늪에서 어지러이 뛰어다닌다. 마찬가지로 지혜, 속임, 비방, 사기, 거짓, 그리고 견백(見白)과 동이(同異)와 같은 궤변이 많아질수록 세상사람은 언변(辯)에 미혹되게 마련이다. 그 결과 천하는 늘 큰 어지러움에 빠지는데 그 잘못은 오로지 윗사람이 지혜로움을 좋아한 탓이다.

천하의 모든 사람들은 자신들이 모르는 것을 반드시 구해서 알아야 한다는 점은 잘 알지만 이미 알고 있는 바를 구해서 알아야 한다는 점은 잘 알지 못한다. 그래서 천하사람이 성지(聖知), 즉 총명한 지혜가 지닌 문제점을 파악하고 있어도 그 문제점을 더 이상 알려고 하지 않아 천하가 더욱 혼란스러워진다. 또 천하의 모든 사람들은 자신들이 좋아하지 않는 건 비난할 줄 알아도 이미 좋아하는 것에 대해선 비난할 줄 모른다. 그래서 자신들이 좋다고 여기는 총명한 지혜의 해악을 이미 발견했어도 이에 대해 비난할 줄 몰라 천하가 더욱 혼란스러워진다. 그 결과 하늘에선 해와 달의 밝음이 어그러지고, 땅에선 산과 강의 참 모습이 꺼진다. 또 하늘과 땅 중간에선 사계절의 베풂이 무너져서 땅을 기는 벌레에서부터 하늘을 나는 아주 작은 새에 이르기까지 모든 존재가 타고난 본성(性)을 잃는다. 지혜로움을 좋아하는 게 결국 천하를 이런 식으로까지 어지럽히니 심할 뿐이다!

이런 현상은 하(夏)·은(殷)·주(周) 시대 이후, 즉 춘추전국시대 들어서면서 더욱 심해졌다. 그 결과 천하는 순박한 백성을 버리고 교활하게 말 잘하는 사람을 반긴다. 또 담담한 무위(無爲)를 버리고 주절주절 수다스러운 말의 뜻을 반긴다. 그러니 수다스러움이 천하를 어지럽히는 셈이다. 그렇다면 사람들이 내뱉는 말도 사람의 타고난 본성을 크게 해친다고 말할 수 있다. 그런데도 우리는 말의 편리함에 익숙한 나머지 말이 지닌 해악을 제대로 알지 못한 채 교활한 말을 서로 주고받으면서 수다스럽게 떠들고 있으니 안타까울 뿐이다.

재유

在宥

재유(在宥)란 있는 그대로 자유자적하게 둔다는 말이다. 그러니 재유
는 천하 만물을 구속하거나 아니면 천하만물을 꾸미지 말고 자연의 순
리대로 내맡기라는 주문인 셈이다. 「재유」에 따르면 천하를 '있는 그대
로 두는(在)' 건 만물의 타고난 본성(性)이 어지럽혀질까 염려해서이고,
천하를 '자유자적하게 두는(宥)' 건 만물의 자연스런 덕성(德)이 바뀔까
염려해서이다. 따라서 재유는 다스린다는 의미인 치(治)와는 반대되는
개념이라고 할 수 있다. "천하를 있는 그대로 자유자적하게 둔다는 말
은 들었어도 천하를 다스린다는 말은 듣지 못했다."라고 「재유」가 시작
하는 것도 이 때문이다.

군자(君子)가 어쩔 수 없이 천하를 다스리는 왕이 되면 무위(無爲), 즉
하고자 함이 없이 하는 게 가장 좋다. 무위에 따른 다스림이 이루어져
야 천하가 성명지정(性命之情), 즉 타고난 본성의 참 모습에 편히 머물
수 있어서이다. 무위란 우리가 아는 것처럼 아무것도 하지 않는 게 아
니다. 뭔가를 하지만 하고자 하는 마음이 없을 뿐이다. 이에 「재유」는
무위에 따른 다스림, 즉 무위이치(無爲而治)를 위해서 글의 상당 부분을
할애해 무위이치를 구현하는 길을 세 가지로 나누어서 설명한다.

무위이치를 구현하는 첫 번째 방법은 절성기지(絶聖棄智), 즉 총명함
을 끊고 지혜로움을 버리는 길이다. 하·은·주 시대 이후부터, 즉 춘추
전국시대부터 큰 덕(大德)에 차별과 구분이 생겨나면서 큰 덕의 타고난

본성이 흩어져 천하가 더욱 쇠퇴했다. 이에 천하가 지혜로움을 좋아하고, 백성도 이에 보조를 맞춰서 애써 지혜로움을 추구했다. 그래서 백성의 범죄 행위도 더욱 교묘해져 형벌도 엄격하게 집행되었다. 그 결과 처형당해 죽은 사람이 서로 베개를 할 정도였고, 형틀을 쓴 사람이 줄줄이 엮인 탓에 감옥이 비좁아져 서로를 밀쳤고, 형벌로 죽은 사람이 서로 멀리에서 바라보일 정도로 많았다. 그렇다면 총명함과 지혜로움은 형틀을 죄는 쐐기가 되고, 또 어짊과 의로움은 차꼬와 수갑을 단단히 죄는 장부가 된 셈이다.

무위이치를 구현하는 두 번째 방법은 저절로 바르게 되는 자정(自正)과 저절로 왕성하게 되는 자장(自壯)이다. 지도(至道), 즉 지극한 도의 정수는 그윽하고 어두우며, 지극한 도의 정점(極)은 어둡고 적막하다. 그래서 천하를 보지도 말고 듣지도 말고 오로지 정신만을 고요히 묶어두어야 한다. 그래야 몸도 자정(自正), 즉 저절로 바르게 된다. 또 마음을 반드시 맑고 고요히 해서 몸을 애쓰도록 하지 말고, 정신도 흔들리지 않도록 해야 오래 살 수 있다. 이처럼 자신의 몸과 마음을 잘 다스리는 게 치도(治道)의 요체이다. 그래서 참된 치도를 위해선 나라를 다스리기에 앞서 자신의 몸과 마음을 잘 다스려야 한다.

무위이치를 구현하는 세 번째 방법은 저절로 변해 이루어지는 자화(自化)와 저절로 생겨나는 자생(自生)을 통해서이다. 자화와 자생도 나라를 다스리기에 앞서 자신의 몸과 마음을 잘 다스려야 참된 치도에 이를 수 있다는 입장이다. 그러니 자화와 자생은 개인을 다스리는 덕목에 해당한다. 그렇다면 우리는 어떻게 해서 자화와 자생의 단계에 이를 수 있을까? 그건 심양(心養), 즉 마음의 수양을 이루어야 가능하다. 그래서 몸을 가능한 게을리 하고, 눈과 귀의 총명함도 물리치고, 사물은 물론이고 사람도 잊어야 한다. 그러면 행명(涬溟), 즉 큰 어둠과 대충 같아지면서 마음이 풀어지는 해심(解心) 내지는 정신이 풀어지는 석신(釋神) 상태가 된다. 이때 혼(魂)이 사라지는 고요한 상태가 되는데 이런 마음으로 나라를 다스려야 한다.

춘추전국시대 군주들은 이전 군주들의 성과만 골라서 취하고 그들이 저지른 재앙을 보지 못했다. 군주들의 이런 태도는 자신들이 가진 영토가 정말로 큰 물건이라는 사실에 대해 무지한 탓이다. 영토를 가진다는 건 나라를 지니는 것처럼 큰 물건을 소유하는 일이다. 그런데 큰 물건을 잘 활용하려면 보통 물건을 잘 활용하는 것과 분명히 달라야 한다. 그래서 나라라는 큰 물건을 다스리려면 무엇보다 마음을 유유자적하게 놔두면서 대범해야 한다. 홀로 모든 걸 소유하는 독유지인(獨有之人)이 유유자적하면서 대범한 마음을 지닌다. 그는 나라를 다스리지 않지만 나라를 다스리는 사람 못지않게 마음이 넓다. 그래서 독유지인은 온 천하의 배우자가 될 수 있다.

도에는 하늘의 도(天道)와 사람의 도(人道) 두 종류가 있다. 무위(無爲), 즉 하고자 함이 없는 데도 높이 모셔지는 건 하늘의 도이고, 유위(有爲), 즉 하고자 함이 있어 무언가에 묶여지는 건 사람의 도이다. 장자가 추구하는 건 하늘의 도이다. 그래서 장자는 천하를 재유(在宥), 즉 있는 그대로 자유자적하게 두는 걸 으뜸으로 삼는다. 그런데 군주는 하늘의 도에 속하고 신하는 사람의 도에 속한다. 이처럼 하늘의 도와 사람의 도는 서로 멀리 떨어져 있으므로 이를 조심스럽게 살피면서 나라를 다스리는 데 적용해야 한다.

재유 1

재유 1-1

천하를 있는 그대로 자유자적하게(在宥) 둔다는 말은 들었어도
천하를 다스린다는(治) 말은 듣지 못했다.
천하를 있는 그대로 두는(在) 건 천하의 타고난 본성(性)이 어지럽혀질까
염려해서이다.
천하를 자유자적하게 두는(宥) 건 천하의 자연스런 덕성(德)이 바뀔까
염려해서이다.
천하가 타고난 본성을 어지럽히지 않고, 자연스런 덕성도 바꾸지 않는데
천하를 군이 다스릴 필요가 있겠는가!
성군 요(堯)가 천하를 다스렸을 때는 천하를 기쁘게 해서
사람들은 타고난 본성을 즐겼어도 편안하고 기분 좋은 게 아니었다.
폭군 걸(桀)이 천하를 다스렸을 때는 천하를 근심케 해서
사람들은 타고난 본성이 괴로움을 당했기에 즐거운 게 아니었다.
편안하지 않거나 즐겁지 않은 건 자연스런 덕성이 아니다.
자연스런 덕성이 아니면서 길고 오래가는 건 천하에 있을 수 없다.
사람들이 지나치게 기뻐하는가? 그러면 천하가 양기(陽)를 상한다.
사람들이 지나치게 화를 내는가? 그러면 천하가 음기(陰)를 상한다.
음기와 양기가 함께 상하면 사계절이 순조롭지 않아서
추위와 더위의 균형이 깨져 사람의 몸이 도리어 상한다!
또 기쁨과 성냄의 평형을 잃어 행동을 절제하지 못하고,

생각을 깊이 하지 못해 중도(中道)를 이루지 못한다.

이에 천하가 편안하지 않자 사람들은 남과 다른 괴팍스런 행동을

독단적으로 하기 시작했다.

그런 연후에 도척(盜跖)·증삼(曾)·사추(史)의 괴팍스런 행동이 나타났다.

그래서 천하를 통틀어 착한 사람을 포상해도

선을 행하도록 권장하기에는 상이 너무 부족하다.

또 천하를 통틀어 악한 사람을 처벌해도

악을 방지하기에는 처벌이 너무 부족하다.

따라서 사람들을 상벌로 처리하기에는 천하가 너무 넓다.

그런데도 춘추전국시대 군주들은 상벌로 일을 요란하게 처리하는 걸

능사로 삼았다.

그러니 천하가 타고난 본성의 참 모습(性命之情)에

편히 머물 틈이 어찌 있겠는가!

. . .

聞在宥天下, 不聞治天下也.

在之也者, 恐天下之淫其性也., 宥之也者, 恐天下之遷其德也.

天下不淫其性, 不遷其德, 有治天下哉!

昔堯之治天下也, 使天下欣欣焉人樂其性, 是不恬也.,

桀之治天下也, 使天下瘁瘁焉人苦其性, 是不愉也.

夫不恬不愉, 非德也. 非德也而可長久者, 天下無之.

人大喜邪? 毗於陽., 大怒邪? 毗於陰.

陰陽竝毗, 四時不至, 寒暑之和不成, 其反傷人之形乎!

使人喜怒失位, 居處無常, 思慮不自得, 中道不成章, 於是乎天下始喬詰卓鷙,

而後有盜跖·曾·史之行.

故舉天下以賞其善者不足, 舉天下以罰其惡者不給, 故天下之大, 不足以賞罰.

自三代以下者, 匈匈焉終以賞罰爲事, 彼何暇安其性命之情哉!

선을 행하도록 권장하기에
상이 너무 부족하다

———

재유(在宥)란 '있는 그대로 자유자적하게 둔다'는 말이다. 이는 여여자연(如如自然)함의 또다른 표현이라고 할 수 있다. 재유든 여여자연함이든 간에 이 개념들은 천하의 만물을 구속하지 말고 꾸미지 말고 있는 그대로의 상태로 두라는 주문이다. 그래서 다스린다는 의미를 지니는 치(治)와 반대의 개념이다. 「재유」가 "천하를 있는 그대로 자유자적하게 둔다는 말은 들었어도 천하를 다스린다는 말은 듣지 못했다."라고 시작하는 것도 이 때문이다. 「재유」에 따르면 천하를 '있는 그대로 두는 건(在)' 만물의 타고난 본성(性)이 어지럽혀질까 염려해서이고, 천하를 '자유자적하게 두는 건(宥)' 만물의 자연스런 덕성(德)이 바뀔까 염려해서이다.

농부가 농사를 지을 때도 작물을 인위적으로 가꾸지 않고 있는 그대로 자유자적하게 두는 게 더 바람직할 수 있다. 대부분의 농부는 자신이 재배한 과일을 비싸게 팔기 위해 가능한 모양을 좋게 만들거나 탐스럽게 보이도록 하기 위해 애를 많이 쓰는 게 사실이다. 이렇게 하려면 농부는 과일나무를 세심하게 관리해야 한다. 그런데 농부가 세심하게 관리할수록 과일나무 입장에선 귀찮고 피곤할 뿐이다. 그런 식 관리가 전혀 자연스럽지 않아서이다. 그래서 과일나무는 마음에 상처를 입을 수 있다. 마음에 상처를 입은 나무가 생산한 과일은 겉으로는 먹음직스러울지 모르지만 안으로는 과일의 타고난 본성이 어지럽혀지게 마련이다. 그리고 이런 과일을 먹는 사람도 그의 건강에 좋을 리 만무하다. 게다가 우리가 버린 음식으로 사육되는 가축도 이런 식으로 관리된다면 우리에게 미치는 부정적 영향은 더욱 커질 게 마련이다.

천하를 다스리는 것도 농부의 과일농사와 크게 다르지 않다. 군주가 천하를 애써 관리하는 경우 천하 만물의 타고난 본성이 어지럽혀지게 마련이다. 성군 요(堯)가 천하를 다스렸을 때가 바로 그러했다. 요임금이 천하를 다스렸을 때는 그가 애를 많이 써서 백성은 자신들의 타고난 본성을 즐겼다. 그런데도 백성의 기분이 좋거나 편안하지 않아서 타고난 본성이 어지럽혀지고 말았다. 폭군 걸(桀)이 나라를 다스렸을 때도 요임금보다 더하면 더했지 덜하지 않았다. 폭군 걸에 의해서 백성의 본성이 괴롭혀져 백성의 타고난 본성도 마찬가지로 어지럽혀졌다. 농부가 농사를 지을 때 과일의 타고난 본성을 어지럽히지 말아야 하는 것처럼 군주도 천하를 다스리는 데 백성의 타고난 본성을 어지럽히지 말아야 한다. 따라서 군주는 '있는 그대로 자유자적하게 두는' 재유의 상태를 다스림의 기본으로 삼아야 한다. 이것이 무위이치(無爲而治), 즉 하고자 함이 없는 다스림이다.

성군 요가 천하를 다스렸을 때는 백성이 지나치게 기뻐한 나머지 천하의 양기(陽)가 크게 상했다. 그 결과 백성의 타고난 본성이 편안하지 못했다. 또 폭군 걸이 나라를 다스렸을 때는 백성이 지나치게 화를 낸 나머지 천하의 음기(陰)가 크게 상했다. 그 결과 백성의 타고난 본성이 괴로워졌다. 이처럼 타고난 본성이 편안하지 않거나 괴로워지면 그건 자연스런 덕성을 따르는 게 아니다. 그런데 자연스런 덕성을 따르지 않고 길고 오래가는 건 세상에 없다. 자연스런 덕성을 따르지 않으면 음기와 양기가 함께 다쳐 사계절이 순조롭지 않다. 그러면 추위와 더위의 균형도 깨져 사람의 몸이 도리어 상한다. 나아가 기쁨과 성냄의 평형도 잃어 행동을 절제하지 못하거나 생각도 깊지 않아 중도(中道)를 이루어 내지 못한다. 이처럼 사람의 몸이 상하거나 사람의 생각이 중도를 이루어내지 못하면 무위이치(無爲而治)를 구현할 동력을 잃는다.

만약 천하를 유위이치(有爲而治), 즉 하고자 함이 있는 다스림으로 다스리면 어떠할까? 하고자 함이 있는 다스림 중에 으뜸가는 게 소위 보상(reward)과 처벌(punishment)을 통한 다스림이다. 물론 이런 식 다스림으로는 천하를 제대로 다스릴 수 없다는 점을 「재유」는 역사적 예를 들어 설명한다. 전설상으로 유명한 도둑 척(跖)을 군주가 무섭게 처벌해도 그 죄의 무거움과 비교할 때 군주의 처벌이 충분하지 않다. 또 공자의 제자 증삼(曾參)과 위영공(衛靈公)의 가신 사추(史鰌)를 크게 칭찬해도 그 훌륭함에 비해 군주의 보상이 부족하다. 그뿐만이 아니다. 천하가 아주 넓다는 점을 감안하면 죄인이나 훌륭한 사람이 천하에 얼마나 많이 있을지 정말로 모른다. 그러니 이 많은 사람들의 처벌과 칭찬을 군주가 내리는 벌과 상으로는 도저히 감당할 수 없다. 그런데도 춘추전국시대 군주들은 다스림을 위해서 요란하게 상을 주거나 벌을 주는 것을 능사로 삼았다. 그러니 사람들은 성명지정(性命之情), 즉 타고난 참 모습에 편히 머물 수 없었다.

재유 1-2

그런데도 눈 밝음(明)을 좋아하는가? 그건 색깔에 미혹되어서이다.

그런데도 귀 밝음(聰)을 좋아하는가? 그건 소리에 빠져서이다.

그런데도 어짊(仁)을 좋아하는가? 그건 덕에 의해 어지러워져서이다.

그런데도 의로움(義)을 좋아하는가? 그건 도리에 어그러져서이다.

그런데도 예절(禮)을 좋아하는가? 그건 재주에 상응해서이다.

그런데도 즐거움(樂)을 좋아하는가? 그건 주색 빠짐에 상응해서이다.

그런데도 총명함(聖)을 좋아하는가? 그건 법칙과 규범에 상응해서이다.

그런데도 앎(知)을 좋아하는가? 그건 헐뜯음에 상응해서이다.

천하가 타고난 본성의 참 모습(性命之情)에 편히 머물면

이 여덟 개는 있어도 좋고 없어도 좋다.

만약 천하가 타고난 본성의 참 모습에 편히 머물지 못하면

이 여덟 개는 꽁꽁 묶여서 뒤엉켜져 천하를 어지럽히기 시작한다.

그런데 천하는 이 여덟 개를 떠받들고, 또 이것들이 없으면 아쉬워하니까

천하의 미혹은 이렇듯 심하다!

천하는 어째서 명(明) 총(聰)·인(仁)·의(義)·예(禮)·락(樂)·성(聖)·지(知)의

여덟 개를 그냥 지나치지 못할까?

사람들이 함께 재계할 때 이것을 말하고, 꿇어앉을 때 이것으로 진행하고,

북 치고 노래할 때 이것을 춤추면서 떠받드니

내가 이것들에 대해 어쩌란 말인가!

따라서 군자(君子)가 어쩔 수 없이 천하를 다스리는 왕이 되면

무위(無爲), 즉 하고자 함이 없이 하는 게 가장 좋다.

무위를 행한 후에는 천하가 타고난 본성의 참 모습에 편히 머물 수 있다.

그래서 말한다. '자신의 몸을 천하를 위하는 것보다 소중히 여기는
사람에게 천하를 부탁할 수 있고, 천하를 위하는 것보다 자신의 몸을
사랑하는 사람에게 천하를 맡길 수 있다.'
그래서 군자는 정말로 오장(五臟)에 깃든 생명을 흩뿌리지 않고,
눈과 귀의 밝음(聰明)을 드러내지 않을 수 있다.
시동처럼 있어도 용처럼 보이고, 연못처럼 고요해도 우레 같은 소리를 내고,
정신이 움직여도 자연스럽게 따른다.
이처럼 무위(無爲)를 편안하고 태연히 따르면
바람에 먼지와 티끌이 날리듯 만물이 자연스레 잘 다스려진다.
그러니 나도 천하를 다스릴 겨를이 어찌 있겠는가!

· · ·

而且說明邪? 是淫於色也., 說聰邪? 是淫於聲也., 說仁邪? 是亂於德也., 說
義邪? 是悖於理也., 說禮邪? 是相於技也., 說樂邪? 是相於淫也., 說聖邪?
是相於禮也., 說知邪? 是相於疵也.
天下將安其性命之情, 之八者, 存可也, 亡可也., 天下將不安其性命之情, 之
八者, 乃始臠卷獊囊而亂天下也.
而天下乃始尊之惜之, 甚矣天下之惑也! 豈直過也而去之邪?
乃齋戒以言之, 跪坐以進之, 鼓歌以儛之, 吾若是何哉!
故君子不得已而臨莅天下, 莫若無爲. 無爲也而後安其性命之情.
故曰:「貴以身爲天下, 則可以託天下., 愛以身爲天下, 則可以寄天下.」
故君子苟能無解其五藏, 無擢其聰明., 尸居而龍見, 淵黙而雷聲, 神動而天隨,
從容無爲而萬物炊累焉. 吾又何暇治天下哉!

무위이치를 행해야 천하가 타고난 본성의
참 모습(性命之情)에 편히 머문다

───

천하가 타고난 본성의 참 모습에 편히 머물 수 없는 상황에 처해도 사람들은 오히려 참 모습을 어지럽히는 눈의 밝음(明)을 좋아한다. 그건 사람들이 색에 미혹되어서이다. 마찬가지로 귀의 밝음(聰)을 좋아하는 것도 소리에 미혹되어서이다. 그렇다면 사람들이 참 모습을 어지럽히는 어짊(仁)을 좋아하는 것은 덕(德)에 의해 어지러워져서이고, 의로움(義)을 좋아하는 것은 도리(理)에 의해 어그러져서이다. 또 사람들이 참 모습을 어지럽히는 예절(禮)을 좋아하는 것은 재주(技)에 상응해서이고, 즐거움(樂)을 좋아하는 것은 주색빠짐(淫)에 상응해서이다. 또 사람들이 참 모습을 어지럽히는 총명함(聖)을 좋아하는 것은 법칙이나 규범(禮)에 상응해서이고, 앎(知)을 좋아하는 것은 헐뜯음(疵)에 상응해서이다.

장자에 따르면 천하가 성명지정(性命之情), 즉 타고난 본성의 참 모습에 편히 머물면 명(明)·총(聰)·인(仁)·의(義)·예(禮)·락(樂)·성(聖)·지(知)와 같은 유위적인 것은 있어도 좋고 없어도 그만이다. 그렇지만 천하가 타고난 본성의 참 모습에 편히 머물지 못하면 이 여덟 개는 꽁꽁 묶여서 뒤엉켜져 오히려 천하를 어지럽힌다. 그런데도 사람들은 이 여덟 개를 소중히 여겨 없으면 아쉬워한다. 그런 탓인지 사람들은 몸과 마음을 재계하면서도 이 여덟 개를 놓치지 않고 언급하고, 꿇어앉아서

도 이 여덟 개에 따라 진행하고, 연주와 노래할 때도 이 여덟 개를 춤추면서 떠받든다. 장자는 천하의 미혹이 이렇듯 심하다고 비판한 뒤 사람들의 이런 짓거리에 대해 어찌할 수 없음을 두고 크게 안타까워한다.

이에 장자는 군자(君子)가 어쩔 수 없이 천하를 다스리는 왕이 되는 경우 무위(無爲), 즉 하고자 함이 없이 하는 게 가장 좋다고 말한다. 무위를 통한 다스림을 해야 천하가 타고난 본성의 참 모습(性命之情)에 편히 머물 수 있어서이다. 그런 탓인지 '천하를 위하는 것보다 자신의 몸을 소중히 여기는 사람에게 천하를 부탁할 수 있고, 또 천하를 위하는 것보다 자신의 몸을 사랑하는 사람에게 천하를 맡길 수 있다.'라는 말이 당시 사람들에게 꽤 큰 설득력을 얻었다. 자신의 몸을 소중히 여기거나 사랑하는 것은 무위에 따른 행동인데 반해 천하를 위하는 것은 유위에 따른 행동이기 때문이다. 전국시대 양주(楊朱)는 자신의 몸을 소중히 여겨야 한다는 입장을 극단적으로 보여준 사상가이다. 그는 "터럭 한 올을 뽑아서 천하를 이롭게 할 방도가 있어도 나는 하지 않는다."라는 말로 유명하다.

군주(君主)가 천하를 다스리면 유위(有爲)를 쫓아서 하므로 요·순 임금처럼 애쓰게 마련이다. 그래서 오장(五臟)에 깃든 생명을 흩뿌리거나 눈과 귀의 밝음(聰明)을 드러낼 수밖에 없다. 반면 군자는 무위에 입각해 있기에 오장에 깃든 생명을 흩뿌리지 않고 눈과 귀의 밝음을 드러내지 않아도 얼마든지 천하를 잘 다스릴 수 있다. 게다가 시동(尸)처럼 가만히 있어도 용처럼 엄청나게 보이고, 연못(淵)처럼 고요해도 우레와 같은 소리를 내고, 정신(神)이 움직여도 백성이 자연스럽게 따른다. 이처럼 무위를 편안하고 태연히 따르면 바람에 의해 먼지와 티끌이 날리듯이 만물은 자연스럽게 잘 다스려진다. 이것이 무위에 따른 다스림, 즉 무위이치(無爲而治)의 경쟁력이다.

따라서 무위란 우리가 아는 것처럼 아무것도 하지 않는 게 아니다.

일을 하되 하고자 하는 마음만 없을 뿐이다. 이 점이 유위와 다르다. 유위는 하고자 함이 있어서 하는 행동이다. 인간만이 유위에 따라 행동하므로 인위(人爲)란 말이 생겨났고, 그 인위조차 의도를 갖고서 행동하므로 작위(作爲)란 말까지 등장했다.

장자의 이런 생각은 노자 『도덕경』에서도 잘 나타난다.

> "도(道)는 늘 하고자 함이 없는데도 이루지 못하는 게 없다.
> 제후와 왕이 이런 도를 지킬 수 있다면 만물은 저절로 자란다.
> 만물이 저절로 자라는데 이를 일부로 일으켜 세우려고 하면
> 나는 이름이 없는 통나무(無名之撲), 즉 도로 이를 억누를 것이다.
> 이름이 없는 통나무, 즉 도 역시 하고자 함이 없다.
> 통나무와 같은 고요함으로 도는 하고자 함이 없기에
> 천하가 저절로 바르게 된다."[6]

이 내용은 장자가 주장하는 바와 대동소이하다. 단지 차이가 있다면 장자가 말한 타고난 본성의 참 모습인 성명지정(性命之情)이 노자에게선 '이름이 없는 통나무(無名之樸)'로 바뀌었을 뿐이다. 이처럼 노자와 장자는 무위이치(無爲而治), 즉 하고자 함이 없는 다스림을 강조한다.

---

6) 道常無爲 而無不爲. 後王若能守之 萬物將自化. 化而欲作 吾將鎭之以無名之撲. 無名之撲 夫亦將無欲. 不欲以靜 天下將自正. (『도덕경』 37장)

최구(崔瞿)가 노담(老聃)에게 물었다.

"군주가 천하를 다스리지 않는데 사람의 마음(人心)이 어찌 그리 착한가요?"

노담이 말했다.

"자네는 사람의 마음을 제발 인의(仁義)로 휘감지 말도록 하게.

사람의 마음이란 물리치면 떠나고 가까이하면 베푸네.

그런데 베풀고 떠나면서 굳어지므로 굳어진 걸 부드럽게 해야 하네.

또 사람의 마음은 날카로워서 파고 새겨 쪼아야 하네.

그런데 뜨거우면 불길처럼 타오르고 차가우면 얼음처럼 엉기네.

또 사람의 마음은 빠르기가 고개 숙였다 드는 동안 세상을 두 번씩 도네.

또 사람의 마음은 가만히 있으면 호수처럼 고요하나

움직이면 하늘에 매단 게 떨어지는 것처럼 큰 소리가 나네.

이처럼 사람의 마음은 막을 수 없는 기세를 보이므로

잡아맬 수 없는 게 오로지 사람의 마음뿐이네!"

노담이 계속해서 말했다.

"옛날 황제(黃帝)가 사람의 마음을 인의로 휘감아서 천하를 처음 다스렸네.

이에 요·순 임금도 넓적다리에 털이 없어지거나

정강이 털이 닳아 없어질 정도로 애쓰면서 천하라는 몸을 돌보았네.

또 요·순 임금은 자신들의 오장을 괴롭혀서 인의(仁義)를 위했고,

혈기를 괴롭혀서 법도(法度)를 바로잡았네.

그런데도 이들의 다스림은 여전히 천하를 감당하지 못했네.

이에 요임금은 환두(讙兜)를 숭산(崇山)으로 내쫓고,

삼묘(三苗)를 삼위산(三峗山)으로 추방하고, 공공(共工)을 유도(幽都)로 유배

보냈는데 이는 요·순 임금의 다스림이 천하를 감당하지 못해서이네.

그런데도 인의에 따른 요·순 임금 다스림이 하·은·주 삼왕에까지 이어져 이에 천하가 크게 놀랐네.

아래에선 폭군 걸과 도둑 척이 등장하고, 위에선 증삼과 사추가 나타나고, 드디어 유가와 묵가까지 들고일어났네.

이에 기뻐하는 자와 화내는 자가 서로를 의심하고,

어리석은 자와 지혜로운 자가 서로를 속이고,

착한 사람과 악한 사람이 서로를 비방하고,

거짓말하는 사람과 참된 사람이 서로를 나무랐네.

그러면서 천하는 쇠하고 말았지.

이처럼 큰 덕에 차별이 생겨나자 타고난 본성(性命)도 흩어져서 사라졌네.

그러면서 천하는 앎(知)을 좋아하고, 백성도 애써 앎을 구하게 되었네.

이에 군주는 백성을 치수에 맞춰 도끼와 톱으로 베거나 자르고,

승묵으로 해치고, 망치와 끌로 단죄했네.

그 결과 사람들은 서로를 짓밟아서 천하가 크게 어지러워졌네.

이는 사람의 마음(人心)을 인의로 휘감은 데 그 죄가 있네.

그래서 현자(賢者)는 큰 산과 험준한 바위 아래 숨어 살고,

큰 나라의 군주도 조정의 대전에서 두려움에 떨었네."

노담이 계속해서 말했다.

"지금 세상에는 처형당해 죽은 사람이 서로 베개 할 정도로 많이 쌓이고,

형틀을 쓴 사람이 줄줄이 엮인 탓에 감옥이 비좁아서 서로를 밀치고,

형벌로 죽은 사람이 서로를 바라보고 있네.

그러자 유가와 묵가가 죄인들 사이에서 힘을 쓰면서

옷소매를 걷어 올리고 기세를 부리기 시작했네.

아, 심하다! 부끄러움도 없고, 또 부끄러움을 알지 못하는 게 심할 뿐이다!

그러니 총명함과 지혜로움이 형틀을 죄는 쐐기가 된 게 아닌지 모르겠네.

인의도 차꼬와 수갑을 단단히 죄는 장부가 된 게 아닌지 모르겠네.

증삼과 사추도 폭군 걸과 도둑 척의 효시가 된 게 아닌지 어찌 알겠는가?

그래서 말한다.

'총명함(聖)을 끊고 지혜로움(知)을 버리면 천하가 크게 잘 다스려진다.'"

. . .

崔瞿問於老聃曰: 「不治天下, 安臧人心?」

老聃曰: 「女愼無攖人心. 人心排下而進上, 上下囚殺, 淖約柔乎剛彊.

廉劌彫琢, 其熱焦火, 其寒凝氷. 其疾俛仰之間而再撫四海之內, 其居也淵而靜, 其動也懸而天.

僨驕而不可係者, 其唯人心乎!

「昔者黃帝始以仁義攖人之心, 堯舜於是乎股無胈, 脛無毛, 以養天下之形,

愁其五藏以爲仁義, 矜其血氣以規法度.

然猶有不勝也, 堯於是放讙兜於崇山, 投三苗於三峗, 流共工於幽都, 此不勝天下也. 夫施及三王而天下大駭矣.

下有桀跖, 上有曾史, 而儒墨畢起.

於是乎喜怒相疑, 愚知相欺, 善否相非, 誕信相譏, 而天下衰矣..

大德不同, 而性命爛漫矣.., 天下好知, 而百姓求竭矣.

於是乎釿鋸制焉, 繩墨殺焉, 椎鑿決焉. 天下脊脊大亂, 罪在攖人心.

故賢者伏處大山嵁巖之下, 而萬乘之君憂慄乎廟堂之上.

「今世殊死者相枕也, 桁楊者相推也, 刑戮者相望也, 而儒墨乃始離跂攘臂乎桎梏之間. 噫, 甚矣哉! 其無愧而不知恥也甚矣!

吾未知聖知之不爲桁楊接槢也, 仁義之不爲桎梏鑿枘也, 焉知曾史之不爲桀跖嚆矢也! 故曰「絕聖棄知而天下大治.」

무위이치의 길 1: 절성기지(絶聖棄智),
즉 총명함을 끊고 지혜로움을 버려야

장자는 앞서 천하를 있는 그대로 자유자적하게 둔다는 말은 들었어도 천하를 다스린다는 말은 듣지 못했다고 말한 바 있다. 있는 그대로 자유자적하게 두는 게 장자가 말하는 재유(在宥)이다. 이에 장자는 재유에 입각해서 천하를 다스리는 게 어떻게 해서 가능한지 노담(老聃), 광성자(廣成子), 홍몽(鴻蒙) 세 사람을 예로 들어서 설명한다. 여기서는 먼저 노담을 통해서 이를 밝힌다.

여기서 노담의 상대역으로 등장하는 최구(崔瞿)는 천하를 다스려야 백성의 마음이 비로소 착해진다고 철저히 믿는 사람이다. 이에 반해 노담은 천하는 인위적으로 다스려질 수 없다는 입장을 보인다. 왜냐하면 천하를 인위적으로 다스리면 그건 결국 백성의 마음을 하나로 묶는 일인데 백성의 마음을 하나로 묶는 일이 그리 쉽지 않아서이다. 예를 들어 사람의 마음(人心)을 배척하면 가라앉고 끌어당기면 올라가는데 이렇게 오르락내리락 하다 보면 사람의 마음이 단단히 굳어지게 마련이다. 그래서 군주는 백성의 마음을 유연하고 또 유연하게 만들어 주어야 한다. 또 백성의 마음이 날카로워지면 파고 새겨서 쪼아주어야 한다. 그런데 백성의 마음이 뜨거워지면 불길처럼 활활 타오르지만 차가워지면 얼음처럼 단단히 뭉친다. 그래서 군주가 백성의 마음을 새겨서 쪼는 일이 쉽지 않다. 또 사람의 마음은 고개를 숙였다가 드는 동안 세상을 두 번씩이나 휘감을 정도로 빠르다. 그런데 사람의 마음이 움직이지 않으면 심연처럼 고요하지만 움직이면 하늘에서 뭔가 떨어지는 것처럼 그 소리가 엄청나게 크다. 이처럼 발분하고 기운차서 잡아매어 둘 수 없는 게 백성의 마음이기에 군주가 이를 묶는 게 생각만큼이나 쉽지 않다.

그런데도 백성의 마음을 하나로 묶어서 나라를 다스린 인물이 있었는데 그 첫 번째 인물이 전설상의 성군으로 알려진 황제(黃帝)이다. 그는 분명히 선정을 베풀었지만 그의 선정은 인의(仁義)로서 사람의 마음을 묶었기에 가능했다. 또 황제를 이은 성군 요(堯)와 성군 순(舜)도 넓적다리와 정강이 털이 닳아 없어질 정도로 부지런히 일하면서 백성의 마음을 묶기 위해서 많은 애를 썼다. 그렇지만 이런 노력들은 자신의 몸을 힘들게 하면서 인의를 실행하거나 혈기를 괴롭혀 가면서 법도를 바로잡는 일이기에 백성의 마음을 제대로 묶지 못했다. 그 결과 환두(讙兜)를 숭산(崇山)으로 내쫓고, 삼묘(三苗)를 삼위(三峗)산으로 추방하고, 공공(共工)을 유도(幽都)로 귀양 보내야 했다. 이런 일들은 성군 요와 순이라도 천하를 감당할 수 없었기 때문에 생겨난 일이다.

요·순 이후 등장한 하(夏)·은(殷)·주(周) 시대에도 천하가 크게 바뀌어서 사람의 마음을 하나로 묶는 게 더욱 어려워졌다. 그 결과 아래에선 폭군 걸(桀)과 도둑 척(跖)이 나타나고, 위에선 증삼(曾參)과 사추(史鰌)가 나타났다. 그리고 마침내 유가와 묵가도 일제히 들고일어나 사랑(愛)을 두고 인애(仁愛)가 옳으니 겸애(兼愛)가 옳으니 하면서 크게 다투었다. 이에 사람들은 기뻐하고 노여워하면서 서로를 의심하거나 아니면 어리석은 자와 지혜로운 자가 서로를 기만했다. 게다가 사람들은 좋다 아니다 하면서 서로를 비난하거나 아니면 거짓이다 진실이다 하면서 서로를 헐뜯었다. 이처럼 큰 덕(大德)에 차별과 구분이 생겨나면서부터 천하가 더욱 쇠퇴하고 말았다.

이처럼 큰 덕에 차별과 구분이 생겨나자 큰 덕의 타고난 본성(性命)도 흩어져서 사라졌다. 이에 천하가 앎(知)을 좋아하기 시작했는데 백성들도 이에 보조를 맞춰서 애써 앎을 구했다. 그래서 백성이 죄를 지으면 그 죄가 보다 교묘해져서 군주는 형벌을 더욱 엄격히 집행할 수밖에 없었다. 그 결과 사람들은 도끼와 톱으로 잔인하게 처형되었고, 얼굴에 죄인임을 밝히는 승묵(繩墨)의 경우처럼 지나친 처벌이 유행했고, 망치와 끌로 단죄하는 엄한 형벌이 집행되었다. 그러자 사람들이 서로를 짓밟아 천하가 더욱 어지러워졌다. 천하가 이처럼 어지러워지게 된 데에는 사람의 마음을 잡아매어 두려고 했기 때문이다. 이에 현자(賢者)조차 큰 산이나 험준한 바위 아래 숨어서 살고, 큰 영지를 지닌 제후도 조정의 대전에서 왕이 무서워 두려움에 떨었다.

그래서 하·은·주 시대 이후에는 처형당해 죽은 사람이 서로 베개할 정도로 많이 쌓였다. 또 형틀을 쓴 사람이 줄줄이 엮인 탓에 감옥이 비좁아 서로를 밀쳤고, 형벌로 죽은 사람이 멀리에서 서로 바라볼 수 있을 정도로 많았다. 그러자 유가와 묵가가 죄인들 사이에서 기세를 부리기 시작했다. 그렇다면 총명함(聖)과 지혜로움(知)이 형틀을 죄는 쐐기가 된 게 아닐까? 같은 맥락에서 어짊(仁)과 의로움(義)도 차꼬와 수갑을 단단히 죄는 장부가 된 게 아닐까? 그렇다면 모범적인 유가로 추앙받는 증삼과 사추도 폭군 걸과 도둑 척의 효시가 된 게 아닐까 하고 상상할 수 있다.

노자도 절학무우(絶學無憂), 즉 배움을 끊으면 걱정이 없어진다고 말한다. 배움이란 총명함과 지혜로움을 얻는 길인데 이것을 끊어야 걱정이 없어진다는 게 노자의 입장이다. 그러니 절학(絶學)은 총명함을 끊는 절성(絶聖), 어짊을 끊는 절인(絶仁), 재주를 끊는 절교(絶巧)와 같은 맥락이다.[7] 그리고 '배움을 끊는' 절학과 반대되는 개념이 '배움을 행하는'

위학(爲學)인데『도덕경』은 이에 대해 다음과 같이 말한다.

학문을 익히면 날마다 더하고,
도를 깨우치면 날마다 던다.
이처럼 덜고 또 덞으로써 무위(無爲),
즉 하고자 함이 없는 경지에 이른다.
하고자 함이 없는데도 되지 않는 일은 없다.
그래서 천하를 다스리는 데 늘 자연스러워야 한다.
그런데도 자연스럽지 못하고 인위적인으로 기울면
천하를 다스리는 데 부족하다.[8]

---

7) 絶聖棄智 民利百倍. 絶仁棄義 民復孝慈. 絶巧棄利 盜賊無有. 此三者 以爲文不足. 故
令有所屬 見素抱樸 少私寡欲. (『도덕경』 19장)
8) 爲學日益 爲道日損. 損之又損 以至於無爲. 無爲而無不爲 取天下. 常以無事 及其有事
不足以取天下. (『도덕경』 48장)

황제(黃帝)가 천자(天子)의 자리에 오른 뒤 오랜 시간이 흐르고 나서야
황제의 령(令)이 비로소 천하에 제대로 시행되었다.
황제는 광성자(廣成子)가 공동산(空同山)에 머문다는 말을 듣고서
그를 찾아가 뵙고 여쭈었다.
"저는 선생께서 지극한 도의 경지에 이르렀다고 들었는데
지극한 도의 정수(至道之精)에 대해 감히 묻고자 합니다.
저는 천지 만물을 생성하는 음양의 기운을 취해 오곡이 잘 자라도록 도와
백성을 부양해 왔습니다. 이제 저는 음양을 잘 관리해서 많은 생명들이
잘 자랄 수 있도록 하려는데 이를 위해선 어찌해야 하나요?"
광성자가 말했다.
"그대가 듣고 싶어하는 지극한 도의 정수는 사물의 본질인데
그대가 관리하려는 행위는 사물을 해치는 짓이네.
그대가 천하를 다스리고 나서부터 구름이 모이기도 전에 비를 내리고,
초목이 누렇게 되기도 전에 말라서 떨어지고,
해와 달의 빛도 갈수록 어두워졌네.
게다가 그대는 말재주 있는 사람의 마음을 지닌 천박한 사람일 뿐인데
어찌 지극한 도에 대해 말할 수 있겠는가!"
이에 충격을 받은 황제가 천자 자리에서 물러나 일을 줄이고,
특별한 집을 지어서 흰 띠의 다년초로 자리를 깐 뒤
석 달을 한가로이 지내다가 광성자를 다시 찾아가서 청했다.
이때 광성자는 머리를 남쪽으로 놓고 누워 있었다.
황제는 먼발치서 무릎으로 걸어가 두 번 절한 뒤 머리를 조아리며 물었다.

"선생께서는 지극한 도를 통달했다고 들었습니다.

감히 묻건대 몸을 어떻게 다스려야 오래 살 수 있나요?"

광성자가 벌떡 일어나서 말했다.

"질문이 좋다! 이리 와라. 그대에게 지극한 도(至道)에 대해 말해주겠네.

지극한 도의 정수(至道之精)는 그윽하고 어두우며,

지극한 도의 정점(至道之極)은 어둡고 적막하네.

그러니 세상을 보지도 말고 듣지도 않으며 정신을 고요히 잡아두어야

그대의 몸도 저절로 바르게 되네(自正).

또 마음을 반드시 고요하고 맑게 해서 그대의 몸을 애쓰게 하지 말고,

정신을 흔들리지 않게 해야 오래 살 수 있네.

또 눈에 보이거나 귀에 들리는 게 없고, 마음에 분별이 없어야

그대의 정신은 몸을 잘 지켜서 오래 살 수 있네.

그러니 그대의 마음을 삼가고 그대의 오관을 닫게.

마음과 오관을 통해서 알게 되는 앎(知)이 많아지면 일을 망치기가 쉽네.

난 그대를 위해 높은 하늘에 올라가 지극한 양기의 근원(至陽之原)에 이르고,

그대를 위해 낮은 땅으로 들어가 지극한 음기의 근원(至陰之原)에 이를 거네.

하늘과 땅은 만물을 지배하고 음양은 만물을 품으니까

그대의 몸만 신중히 지키면 만물은 저절로 왕성해지네(自壯).

난 지극한 도를 지켜서 음양의 조화를 이루어 천 2백 년간 몸을 닦았어도

내 몸은 여전히 쇠하지 않네."

황제가 두 번 절한 뒤 머리를 조아리며 말했다.

"저는 광성자 선생을 하늘(天)이라고 말하겠습니다."

광성자가 말했다. "이리 와라. 그대에게 또 하나 중요한 걸 말해주겠네.

만물은 다함이 없을 정도로 영원한데 사람들은 끝이 있다고 여기고,

만물은 측량할 수 없을 정도로 많은데 사람들은 한계가 있다고 아네.

그런데 오도(吾道), 즉 나의 도를 얻으면 위로는 황제(帝)가 되고,

혹 아래로 내려가도 왕(王) 정도는 될 수 있지.

그렇지만 나의 도를 잃으면 위에서는 해와 달의 빛(光)을 보아도

아래에선 죽어서 흙(土)이 되고 마네.

지금 한창 창성하는 모든 사물도 흙에서 생겨나서 흙으로 되돌아갈 뿐이네.

그렇지만 그대와 헤어지면 나는 무궁한 문으로 들어가

끝이 없는 들판에서 노닐 거네.

그러면 나는 해와 달과 함께 휘황 차게 빛날 것이고,

천지와 함께 늘 그러함을 유지할 것이지.

그러니 그대가 나와 짝하면 휘황 차게 빛나서 성할 것이네!

그러나 나와 멀어지면 어두워져서 시들 것이네!

사람이 수명을 다하면 죽지만 나는 혼자서 오래도록 살 수 있네!

. . .

黃帝立爲天子十九年, 令行天下, 聞廣成子在於空同之山,

故往見之, 曰:「我聞吾子達於至道, 敢問至道之精.

吾欲取天地之精, 以佐五穀, 以養民人, 吾又欲官陰陽, 以遂群生, 爲之奈何?」

廣成子曰:「而所欲問者, 物之質也., 而所欲官者, 物之殘也.

自而治天下, 雲氣不待族而雨, 草木不待黃而落, 日月之光益以荒矣. 而佞人
之心翦翦者, 又奚足以語至道哉!」

黃帝退, 損天下, 築特室, 席白茅, 閒居三月, 復往邀之.

廣成子南首而臥, 黃帝順下風膝行而進, 再拜稽首而問曰:「聞吾子達於至道,
敢問, 治身奈何而可以長久?」

廣成子蹶然而起, 曰:「善哉問乎! 來! 吾語汝至道. 至道之精, 窈窈冥冥., 至
道之極, 昏昏默默. 無視無聽, 抱神以靜, 形將自正.

必靜必淸, 無勞汝形, 無搖汝精, 乃可以長生.

目無所見, 耳無所聞, 心無所知, 汝神將守形, 形乃長生.

愼汝內, 閉汝外, 多知爲敗. 我爲汝遂於大明之上矣, 至彼至陽之原也.,

爲汝入於窈冥之門矣, 至彼至陰之原也.

天地有官, 陰陽有藏, 愼守汝身, 物將自壯.

我守其一以處其和, 故我修身千二百歲矣, 吾形未常衰.」

黃帝再拜稽首曰:「廣成子之謂天矣!」

廣成子曰:「來! 余語汝. 彼其物無窮, 而人皆以爲有終., 彼其物無測, 而人皆以爲有極. 得吾道者, 上爲皇而下爲王., 失吾道者, 上見光而下爲土.

今夫百昌皆生於土而反於土, 故余將去汝, 入無窮之門, 以遊無極之野.

吾與日月參光, 吾與天地爲常. 當我, 緡乎! 遠我, 昏乎! 人其盡死, 而我獨存乎!」

무위이치의 길 2: 자정(自正)과 자장(自壯)

———

「재유」가 다루는 내용은 무위이치(無爲而治)이다. 무위이치를 설명하기 위해서 「재유」에 세 명의 인물이 등장하는데 그 첫 번째 인물이 노담(老聃)이고, 두 번째 인물이 광성자(廣成子)이다. 이제 장자는 광성자를 통해서 자정(自正), 즉 저절로 바르게 되는 것과 자장(自壯), 즉 저절로 왕성해지는 게 무위이치에 이르는 길임을 설명하고자 한다.

광성자의 상대는 황제(黃帝)이다. 황제는 삼황오제(三皇五帝)의 그 황제이다. 황제는 광성자가 공동산(空同山, 북두칠성을 의미)에 머문다는 사실을 알고서 지극한 도(至道)의 정수를 듣기 위해 찾아갔다. 황제는 광성자에게 자신을 천지 만물을 생성하는 음양의 기운을 취해 오곡이 잘 자라나도록 도와서 백성을 부양해 왔다고 소개했다. 그리고선 앞으로는 음양을 잘 관리해 많은 생명들이 잘 자라날 수 있도록 하려는데 이러려면 어찌해야 하느냐고 물었다. 이에 광성자는 황제가 자신에게 들으려는 지극한 도의 정수(至道之精)는 만물의 본질인데 반해 황제가 지금 광성자에게 묻고 있는 천지 정기의 취함과 음양의 다스림은 만물에게 도움을 주는 게 아니라 해를 주는 거라고 말했다. 그런 탓에 황제가 천하를 다스린 후부터 구름이 모이기도 전에 비를 내리고, 초목이 누렇게 되기도 전에 말라서 떨어지고, 해와 달의 빛도 갈수록 어두워지는 일이 벌어진 거라고 말했다.

　이 말을 들은 황제는 스스로에게 실망한 탓인지 공동산에서 내려와 천하의 일을 모두 잊은 채 석 달 동안 아무 일도 하지 않고 한가로이 지냈다. 그리고 다시 광성자를 찾아가 몸을 어떻게 다스려야 오래 살 수 있는지에 대해 물었다. 황제의 이번 물음은 앞서의 물음과는 차원이 다르다. 앞서의 물음은 어떻게 해야 백성을 잘 다스리는가 하는 치도(治道) 차원의 질문이라면 지금의 물음은 어떻게 해야 개인의 몸을 잘 유지할 수 있는가 하는 인도(人道) 차원의 질문이어서이다. 그러자 광성자는 벌떡 일어나서 좋은 질문이라며 지극한 도에 대해 말을 꺼내기 시작했다.

　광성자에 따르면 지극한 도의 정수(精)는 그윽하고 어두우며, 또 지극한 도의 정점(極)은 어둡고 적막하다. 그래서 천하를 보지도 말고 듣지도 말고 오로지 정신만 고요히 묶어두어야 몸도 자정(自正), 즉 저절로 바르게 된다고 말했다. 또 마음을 반드시 고요하고 맑게 해서 몸을 애쓰게 하지 말고 정신도 흔들리지 않게 해야 오래 살 수 있다고 말했다. 이를 위해 마음을 신중히 하고, 오관을 통해 들어오는 것을 닫아야 한다고 말했다. 만약 마음을 신중히 하지 못하고, 오히려 오관을 통해 알게 되는 앎(知)이 많아지면 몸을 망친다는 게 광성자의 판단이다.

　이에 광성자는 큰 밝음의 위(大明之上), 즉 높은 하늘에 올라가서 황제를 지극한 양기의 근원(至陽之原)에 이르게 하고, 그윽하고 어두운 문(窈冥之門), 즉 땅 속 깊이 들어가서 황제를 지극한 음기의 근원(至陰之原)에 이르게 하겠다고 말했다. 그러면 하늘과 땅은 만물을 지배하고 음양은 만물을 품으니까 황제도 몸을 신중히 지키면 만물은 자장(自壯), 즉 저절로 왕성해진다고 말했다. 이는 많은 생명들을 잘 자라도록 하기 위해서 황제가 굳이 나설 필요가 없다는 말이다. 광성자 자신도 이런 지극한 도를 지켜서 음양의 조화를 이루었기에 천 2백 년이란 오랜 세월을 수련했음에도 여전히 몸이 쇠하지 않는다고 말했다. 이 말에 감동한 황제는 광성자를 가리켜서 하느님(天)이라고 추켜세웠다.

그런 탓인지 광성자는 황제를 위해서 중요한 걸 하나 더 말해주는 친절을 베푼다. 광성자에 따르면 만물은 다함이 없을 정도로 영원한데 사람은 만물의 끝이 있다고 여기고, 만물은 측량할 수 없을 정도로 많은데 사람은 만물의 한계가 있다고 안다. 그렇지만 지극한 도를 얻으면 위로 올라가선 황제(皇)가 되고, 혹 아래로 떨어져도 최소한 왕(王)이 될 수 있다. 반면 도를 잃으면 위에선 생명의 빛(光)을 보더라도 아래에선 보잘 것 없는 흙(土)이 되고 만다. 그래서 한창 창성하는 사물이라도 도를 잃으면 어쩔 수 없이 보잘 것 없는 흙에서 생겨나서 보잘 것 없는 흙으로 되돌아갈 뿐이다. 따라서 지극한 도를 얻으면 최소한 왕이 될 수 있어도 도를 얻지 못하면 흙에서 그칠 뿐이다.

광성자는 곧 하산할 황제와 공동산에서 헤어지면 무궁지문(無窮之門), 즉 끝이 없는 지극한 도의 세계의 입구로 들어가서 무극지야(無極之野), 즉 끝이 없는 들판에서 노닐 계획이다. 그리고 천지가 늘 그러하듯 끝이 없는 들판에서 해와 달과 더불어 휘황차게 밝은 빛을 내며 지낼 것이다. 따라서 광성자와 짝하면 천지와 합해지지만 광성자와 멀어지면 어두워져서 재앙을 만나게 된다. 게다가 사람들은 수명을 다해서 죽지만 오래도록 사는 광성자는 여전히 홀로 존재한다. 이처럼 자신의 몸과 마음을 잘 다스리는 게 치도(治道)의 요체이다. 그러니 참된 치도를 위해선 나라를 다스리기에 앞서 먼저 자신의 몸과 마음을 잘 닦아야 한다. 이는 수신제가(修身齊家)에서 수신의 중요성을 강조하는 일이다. 이것이 바로 장자식 심학(心學)의 요체라고 할 수 있다.

운장(雲將)이 동쪽을 노닐다가 신비한 부요(扶搖) 나뭇가지 아래를 지나며
은자인 홍몽(鴻蒙)을 우연히 만났다.

홍몽은 그때 허벅지를 치면서 깡충깡충 노닐었다.

운장은 홍몽을 보고 갑자기 걸음을 멈춘 뒤 움직이지 않은 채 서서 물었다.

"노인장은 뉘시오? 노인장은 어째서 이렇게 노닐고 있습니까?"

홍몽은 허벅지를 치며 깡충깡충 노니는 걸 멈추지 않으면서 말했다.

"노닐고 있네!"

운장이 말했다. "제가 묻고 싶은 게 있습니다만."

홍몽은 고개를 들어 운장을 쳐다보면서 말했다. "어!"

운장이 말했다.

"천기(天氣)가 조화를 잃고, 지기(地氣)는 막혀서 뭉치고,
육기(六氣)는 고르지 못해 사철이 순조롭지 않습니다.

지금 저는 육기의 정수(精)를 모아 많은 생물들이 잘 자라나길 바라는데
어찌해야 하나요?"

홍몽은 허벅지를 치며 껑충껑충 노닐면서 고개를 내저으며 말했다.

"난 몰라, 난 몰라."

운장은 더 물을 수가 없었다.

삼년 후 운장은 다시 동쪽을 노닐다가 송(宋)나라 들판을 지나면서
홍몽을 우연히 만났다.

운장은 크게 기뻐하며 달려가서 다가가 말했다.

"하늘같은 분께서 저를 잊지 않으셨겠지요?"

그리곤 두 번 절하고 머리를 조아린 채 홍몽에게 가르침을 청했다.

홍몽이 말했다.

"나는 평생을 떠다니면서 노닐어 무엇을 찾아야 하는지 모르고,

또 마음 내키는 대로 다녀서 어디로 가야 하는지 모르네.

이렇게 노닐고 마음 내키는 대로 다녀 거짓되고 망령되지 않음만 보았으니

이것 말고 또 내가 무엇을 알겠는가!"

운장이 말했다.

"저도 마음 내키는 대로 다녔지만 백성이 가는 곳마다 저를 따라옵니다.

그래서 저는 백성으로부터 빠져 나오지 못하고서

이제는 백성의 준거가 되었습니다. 부디 한 말씀만 해주십시오."

홍몽이 말했다.

"천하의 규범을 어지럽히고 만물의 참 모습을 거스르면

그윽한 자연(玄天)의 조화가 이루어지지 않네.

짐승의 무리가 흩어지고 모든 새들이 밤에만 울면

재앙은 초목에까지 미치고 화는 벌레에까지 이르러서 멈추네.

아, 그러니 애당초 사람을 다스린다는 생각부터가 잘못이네!"

운장이 물었다. "그러면 저는 어찌해야 하나요?"

홍몽이 말했다. "아, 괴롭구나! 정말로 고달프니까 돌아가라."

운장이 말했다.

"하늘같은 분을 다시 만나기가 어렵습니다. 부디 한 말씀만 들려주십시오."

홍몽이 말했다. "아! 심양(心養), 즉 마음을 양생하라.

그대들 무리가 무위(無爲), 즉 하고자 함이 없음에 머물게 되면

만물은 저절로 변해 이루어지네(自化).

그러니 그대의 몸을 가능한 게을리 하고, 눈과 귀의 총명함을 물리치고,

그대들 무리와 함께 만물을 잊도록 하게.

그리고 큰 어둠(滓溟)과 대충 같아지면 마음이 풀리고 정신도 풀려서

고요히 혼(魂)이 없는 상태가 되네.

그러면 만물은 더 말할 나위 없이 각자의 근본(本)으로 돌아오는데

돌아오더라도 어째서 그런지를 알려고 하지 말게.

그러면 만물이 생겨나기 이전의 혼돈무지한(渾渾沌沌) 참된 상태에서

그대는 평생 떠나지 않을 걸세.

그런데 어째서 그런지 알려고 하면 이내 혼돈무지한 참된 상태를 떠나네.

그러니 혼돈무지한 참된 상태의 이름을 묻지 말고 참 모습을 엿보지 말게.

만물은 본디 저절로 생겨나네(自生)."

운장이 말했다.

"하늘같은 분이 내려와서 덕을 베풀고,

또 제게 참된 도를 침묵으로 보여주었습니다.

제가 지금껏 찾던 바를 이제야 얻게 되었습니다."

그리고 두 번 절하고 머리를 조아리며 일어서서 작별의 말을 하고 떠났다.

. . .

雲將東遊, 過扶搖之枝而適遭鴻蒙.

鴻蒙方將拊脾雀躍而遊.

雲將見之, 倘然止, 贄然立, 曰:「叟何人邪? 叟何爲此?」

鴻蒙拊脾雀躍不輟, 對雲將曰,「遊!」

雲將曰:「朕願有問也.」

鴻蒙仰而視雲將曰,「吁!」

雲將曰:「天氣不和, 地氣鬱結, 六氣不調, 四時不節.

今我願合六氣之精以育群生, 爲之奈何?」

鴻蒙拊脾雀躍掉頭曰:「吾弗知! 吾弗知!」雲將不得問.

又三年, 東遊, 過有宋之野而適遭鴻蒙.

雲將大喜, 行趨而進曰:「天忘朕邪? 天忘朕邪?」再拜稽首, 願聞於鴻蒙.

鴻蒙曰:「浮遊, 不知所求., 猖狂, 不知所往., 遊者鞅掌, 以觀無妄. 朕又何知!」

雲將曰:「朕也自以爲猖狂, 而民隨予所往., 朕也不得已於民, 今則民之倣也.
願聞一言.」

鴻蒙曰:「亂天下之經, 逆物之情, 玄天弗成., 解獸之群, 而鳥皆夜鳴.,
災及草木, 禍及止蟲. 噫, 治人之過也!」

雲將曰:「然則吾奈何?」

鴻蒙曰:「噫, 毒哉! 僊僊乎歸矣.」

雲將曰:「吾遇天難, 願聞一言.」

鴻蒙曰:「噫! 心養. 汝徒處無爲, 而物自化.

隨爾形體, 黜爾聰明, 倫與物忘., 大同乎涬溟, 解心釋神, 莫然無魂.

萬物云云, 各復其根, 各復其根而不知., 渾渾沌沌, 終身不離., 若彼知之,

乃是離之. 無問其名, 無闚其情, 物固自生.」

雲將曰:「天降朕以德, 示朕以黙., 躬身求之, 乃今也得.」再拜稽首, 起辭而行.

무위이치의 길 3: 자화(自化)와 자생(自生)

———

　장자는 무위이치(無爲而治)를 실현하는 세 번째 인물로 홍몽(鴻蒙)을 등장시킨다. 홍(鴻)은 광대한 모양이고, 몽(蒙)은 덮어서 가린다는 뜻이다. 그렇다면 홍몽이란 우주가 형성되기 이전의 혼돈 상태를 의미한다고 말할 수 있다. 장자는 홍몽이란 인물을 통해서 자화(自化), 즉 저절로 변해 이루어지는 것과 자생(自生), 즉 저절로 생겨나는 게 바로 무위이치를 구현하는 길임을 밝힌다. 이는 앞서 언급했던 광성자의 자정(自正), 즉 저절로 바르게 되는 것과 자장(自壯), 즉 저절로 왕성하게 되는 것과 서로 긴밀히 연결을 이룬다.

　홍몽의 상대는 운장(雲將)이다. 운장이 동쪽을 유람하는데 신비스런 부요(扶搖)의 나뭇가지를 지나다가 우연히 홍몽을 만났다. 이때 홍몽은 넓적다리를 두드리며 깡충깡충 뛰면서 노닐었다. 운장은 깜짝 놀라 걸음을 멈춘 뒤 예를 갖추고서 노인장이 누구시냐고 조심스럽게 물었더니 홍몽은 노닌다고(遊) 퉁명스럽게 대답했다. 운장은 다시 "하늘의 기(天氣)는 조화를 잃고 땅의 기(地氣)는 막혀서 뭉쳐서 육기(六氣), 즉 음(陰)·양(陽)·바람(風)·비(雨)·어둠(晦)·밝음(明)의 자연이 고르지 못하고 사철의 변화가 순조롭지 않은 상황에서 어찌해야 육기의 정수(精)를 모아 모든 생물들이 잘 자랄 수 있겠습니까?"라고 물었다. 홍몽은 여전히 넓적다리를 두드리며 깡충깡충 뛰면서 모른다고 대답했다.

　3년이 지난 후 운장이 다시 동쪽을 유람하는데 송(宋)나라 들판을 지나다가 우연히 홍몽을 다시 만났다. 운장이 크게 기뻐한 나머지 그대로 달려가서 "하늘같은 분께선 저를 잊지 않으셨겠지요?" 하고 두 번 절한 뒤 공손히 가르침을 청했다. 그러자 홍몽은 평생 떠다니면서 노닐었기에 무엇을 찾아야 하는지 모르고, 평생 마음 내키는 대로 다녔기에 어디로 가야 하는지 모르게 살아왔다고 대답했다. 그러면서 홍몽은 떠다니면서 노닐고 또 마음 내키는 대로 다녔기에 거짓되거나 망령되지 않음만 보아왔다고 말했다. 그러니 홍몽으로선 거짓되거나 망령되지 않은 그야말로 진실된 것만 오로지 알 뿐이다. 이 때문에 홍몽은 거짓되고 망령된 운장의 질문에 대해 어떤 대답도 할 수 없었던 것이다.

　그런데도 운장은 이에 개의치 않고 자신도 마음 내키는 대로 돌아다녔어도 가는 곳마다 백성이 쫓아와서 이제는 백성으로부터 빠져 나올 수 없다고 토로했다. 그 결과 자신이 백성의 준거가 되고 말았으니 부디 한 말씀 해달라고 간청했다. 이에 홍몽은 천하의 규범(經)을 어지럽히고 만물의 참된 모습(情)을 거스르면 그윽한(玄) 자연의 조화가 이루어지지 않는다고 말했다. 그리고 이런 그윽한 자연의 조화가 이루어지지 않을 경우 짐승의 무리는 흩어지고 모든 새는 밤에만 울어서 재앙이 초목에까지 미치고 화(禍)가 벌레에까지 이르므로 자연이 이내 피폐해진다고 말했다. 그러니 홍몽은 치인(治人), 즉 사람을 다스리는 것 자체가 그윽한 자연의 조화와 어긋나는 일이므로 이를 애당초부터 잘못된 거라고 본 셈이다. 이는 사람을 다스리는 게 천하의 규범을 어지럽히고, 만물의 참된 모습을 거스른다고 보아서이다.

　이에 운장은 어찌해야 하느냐고 안타까워하면서 홍몽에게 물었다. 홍몽은 한심한 듯 운장을 쳐다보고는 훨훨 날아서 여기를 내려가라고 말했다. 그러자 운장은 하늘같은 분을 다시 만나기 어려우니까 부디 한 말씀이라도 꼭 들려달라고 애걸했다. 그러자 홍몽은 마음의 수양, 즉 심양(心養)을 언급했다. 홍몽이 말하는 마음의 수양이란 일종의 무위(無爲), 즉 하고자 함이 없음으로 인해 이루어지는 일이다. 만약에 하고자 함이 없음에 머물게 되면 만물은 자화(自化), 즉 저절로 변해서 이루어진다. 이에 홍몽은 운장에게 몸을 가능한 게을리 하고, 눈과 귀의 총명함을 물리치고, 사물은 물론이고 사람도 잊으라고 주문했다. 그러면서 행명(涬溟), 즉 큰 어둠과 대충 같아지면 마음이 풀어지는 해심(解心) 내지 정신이 풀어지는 석신(釋神)의 상태가 되는데 이 상태가 고요하게 이루어지는 혼(魂)이 없는 상태라고 말했다.

그러면 만물은 각자의 근본으로 돌아오게 마련인데 돌아오더라도 어째서 그런지를 알려고 하지 말라고 당부했다. 그렇게만 하면 만물은 혼혼돈돈(渾渾沌沌)의 상태, 즉 자연 그대로의 참된 상태를 평생 떠나지 않는다. 그런데 이런 사실을 알려고 하면 이내 자연 그대로의 참된 상태를 떠나게 된다고 말했다. 그래서 각자 자기의 근본에 대한 이름을 물어서도 안 되고, 모습도 엿보아선 안 된다고 주문했다. 왜냐하면 사물은 자생(自生), 즉 저절로 생겨나기에 이름을 물을 필요도 없고, 또 어떻게 생겨나는지를 알 필요가 없어서이다. 운장은 감동한 나머지 하늘 같은 분께서 내려와서 덕을 베풀고 말과 글을 초월한 참된 도를 보여줌으로써 지금껏 자신이 찾던 바를 이제 와서 비로소 깨닫게 되었다면서 두 번 공손히 절한 뒤 일어나 작별을 고하고서 떠났다.

재유 5-1

세상사람은 누구나 다 다른 사람이 자기 생각과 같으면 기뻐하지만
다른 사람이 자기 생각과 다르면 싫어한다.
자기 생각과 같기를 바라고 자기 생각과 다르기를 바라지 않는 건
많은 사람보다 더 뛰어나고 싶은 마음 때문이다.
그런데 많은 사람보다 더 뛰어나고 싶은 마음을 지닌 사람이
어째서 많은 사람보다 늘 더 뛰어날 수 있겠는가!
어쩌면 많은 사람의 좋은 평가로 자신을 인정받아 마음이 편한 것보다
많은 사람의 잘못된 평가가 많은 게 차라리 낫다.
춘추전국시대 군주들은 하·은·주 시대 왕이 행한 성과만 가려서 취하고
이들이 저지른 재앙을 보지 못했다.
이는 나라를 다스리는 사람으로서 요행을 바라는 일이다.
이런 요행을 바라면서 나라를 잃지 않으려고 했던
춘추전국시대 군주들이 얼마나 많았는가!
그런데도 나라를 온전히 보존했던 군주는 만에 하나도 되지 않았다.
그리고 나라를 잃은 군주는 어느 누구 하나 다스림에서도
성공하지 못하고 오히려 숱한 백성만 잃었다.
슬프다. 영토를 가진 군주의 무지함이여!
모름지기 영토를 가진다는 것은 큰 사물(大物)을 지니는 일이다.
큰 사물을 지니면 크다는 데 구애받아 사물을 제대로 활용할 줄 모른다.

그러니 사물을 제대로 활용하면서 사물의 크기에 구애받지 않아야
사물을 제대로 활용할 수 있다.
따라서 큰 사물을 사물로 제대로 활용하려면
보통 사물을 사물로 활용하는 것과 분명히 달라야 한다.
그런데 사물의 크기에 구애받지 않는 마음을 지닌 사람이
어찌 천하의 백성을 다스리는 군주뿐이겠는가!
천지사방을 드나들고 온 세상을 노닐면서 혼자서 갔다 혼자서 오는 것을
혼자서 소유한다고 하는데 혼자서 소유하는 독유지인(獨有之人)을
지극히 고귀한(至貴) 사람이라고 말한다.
독유지인과 같은 큰 인물(大人)의 가르침은
마치 그림자가 몸을 따르고, 메아리가 소리를 따르는 것과 같다.
그래서 질문을 던지면 반드시 응답해서
자신이 품은 바를 솔직히 털어놓음으로써 천하의 배우자(配)가 된다.
또 독유지인은 어딘가에 머물면 소리를 내지 않은 채로 조용히 있지만
움직이면 정해진 방향 없이 자유로이 움직인다.
또 독유지인은 우왕좌왕하며 허둥대는 그대들을 이끌어서
무한한 경지에서 노닐게(遊) 한다.
또 독유지인은 어디에도 기대지 않고 자유로이 출입하면서
해와 함께 끝이 없을 정도로 영원하다.
또 독유지인은 용모와 몸이 합쳐져서 큰 하나(大同)가 되는데
큰 하나가 됨으로써 자기(己)가 없다.
이처럼 자기가 없는데 어찌 있음을 있다고 인식하겠는가!
만약 큰 인물이 있음을 있다고 보면 그는 옛날의 군자(君子)에 불과하지만
있음을 없다고 보면 그는 천지(天地)의 벗(友)에 해당한다.

世俗之人, 皆喜人之同乎己而惡人之異於己也.

同於己而欲之. 異於己而不欲者, 以出乎衆爲心也.

夫以出乎衆爲心者, 曷常出乎衆哉!

因衆以寧所聞, 不如衆技衆矣.

而欲爲人之國者, 此攬乎三王之利而不見其患者也.

此以人之國僥倖也. 幾何僥倖而不喪人之國乎!

其存人之國也, 無萬分之一., 而喪人之國也, 一不成而萬有餘喪矣.

悲夫, 有土者之不知也!

夫有土者, 有大物也. 有大物者, 不可以物., 物而不物, 故能物物.

明乎物物者之非物也, 豈獨治天下百姓而已哉!

出入六合, 遊乎九州, 獨往獨來, 是謂獨有. 獨有之人, 是謂至貴.

大人之敎, 若形之於影, 聲之於響.

有問而應之, 盡其所懷, 爲天下配. 處乎無響, 行乎無方.

挈汝適復之撓撓, 以遊無端., 出入無旁, 與日無始.,

頌論形軀, 合乎大同, 大同而無己. 無己, 惡乎得有有!

覩有者, 昔之君子., 覩無者, 天地之友.

독유지인(獨有之人)처럼 유유자적하며
대범한 마음을 지녀야

———

세상사람은 누구나 다 다른 사람의 생각이 자신과 같으면 기뻐하지만 다른 사람의 생각이 자신과 다르면 싫어한다. 그래서 자신의 생각과 같은 생각만을 가려서 취한다. 이것은 내편 「제물론」에서 언급되었던 '성심(成心)을 스승으로 삼는 태도'와 밀접한 관련을 지닌다.[9] 이처럼 다른 사람이 자신의 생각과 같기를 바라면서 자신의 생각과 다르지 않기를 바라는 건 자신이 다른 많은 사람들보다 늘 뛰어나다는 평가를 받고 싶어서이다. 그런데 이런 정도의 생각을 하는 사람은 도저히 다른 많은 사람들보다 늘 뛰어날 수가 없다. 그러니 많은 사람들의 좋은 평가로 인해 자신을 인정받아서 마음이 편한 것보다 많은 사람들의 그릇된 평가로 인해 혹 마음이 불편해지더라도 차라리 그릇된 평가를 받는게 낫다. 많은 사람들의 그릇된 평가가 오히려 재앙을 피해 나갈 수 있어서이다.

춘추전국시대 나라를 다스렸던 군주들은 이런 식으로 처신하지 않았다. 그래서 이들은 하(夏)·은(殷)·주(周) 시대의 왕들이 행한 성과만

---

9) 夫隨其成心而師之 誰獨且無師乎? (내편 「제물론」 3)

가려서 취하고 이들이 저질렀던 재앙을 간과했다. 예를 들어 주나라가 이룩한 예의(禮義)를 떠받들면서도 주나라가 무너진 원인이라고 할 수 있는 봉건제도에 대해선 눈을 감았다. 이런 처신은 나라를 다스리는 군주로서 매우 위험하다. 결국 이들은 만 명에 하나 정도로 나라를 잃지 않았지만 나머지 대부분의 군주들은 나라를 잃고 말았다. 그래서 장자는 이전 군주들의 성과만 가려서 취하고 이들이 저지른 재앙을 보지 못했던 춘추전국시대 군주들을 두고 요행을 바라는 사람에 비유한다. 이런 식으로 나라를 잃은 군주들은 누구 하나 나라를 다스리는 데 성공하지 못하고 오히려 숱한 백성만 잃었다. 그래서 장자는 "슬픈 일이다. 영토가 있는 사람의 무지함이여!"라며 애통해한다.

춘추전국시대 군주들은 어째서 이전 군주들의 성과만 가려서 취하고 이들이 저지른 재앙을 보지 못했을까? 이는 자신들이 가졌던 영토가 '큰 물건'이란 사실에 대해 무지했던 탓이다. 장자에 따르면 영토가 있는 건 마치 큰 물건을 지니는 것과 같다. 따라서 큰 물건을 제대로 활용하려면 보통의 물건을 잘 활용하는 것과 분명히 달라야 한다. 그런데도 사람들은 큰 물건을 제대로 활용할 줄 모른다. 춘추전국시대 군주들도 예외가 아니었다. 어째서 그랬을까? 춘추전국시대 군주들은 큰 물건을 두고 오히려 작은 물건처럼 꼼꼼하고 세세하게 활용하려고 들었기 때문이다. 장자가 볼 때 큰 물건에 해당하는 국가는 작은 물건에 속하는 가정과 비교할 때 다스림에서 분명 달라야 한다. 큰 물건인 나라를 다스릴 때는 무엇보다 유유자적하면서 대범한 마음을 지녀야 한다. 그래서 나라를 다스리는 사람은 백성이 눈치 채지 못하도록 세상에 드러나지 않아야 한다. 그런데도 춘추전국시대 군주들은 세상에 너무 드러나고 말았다.

그런데 유유자적하면서 대범한 마음을 지닌 사람이 어찌 큰 물건인 나라를 다스리는 사람, 즉 군주뿐이겠는가! 혼자서 모든 걸 소유하는 독유지인(獨有之人)도 유유자적하면서 대범한 마음을 지니는 건 매한가지이다. 독유지인은 군주처럼 나라를 다스리지 않지만 그 마음은 나라를 다스리는 사람 못지않을 정도로 크다. 그래서 그는 천지사방을 드나들면서 온 세상을 노닐며 홀로 갔다 홀로 온다. 이런 행동은 유유자적하면서 대범한 마음을 지니지 않고선 도저히 불가능하다. 장자는 이런 사람을 두고 지극히 존귀한(至貴) 사람이라고 말한다.

독유지인과 같은 큰 인물은 그 가르침이 마치 그림자가 몸을 따르고 메아리가 소리를 따르는 것과 같다. 그래서 누군가로부터 질문을 받으면 반드시 응답해 자신이 품고 있는 생각을 그때그때 털어놓는다. 그래서 온 천하의 배우자(天下配)가 된다. 그뿐만이 아니다. 독유지인처럼 큰 인물이 한 장소에 머무르면 소리 하나 내지 않고 가만히 있어도 움직이기만 하면 정해진 방향 없이 자유로이 떠돌아다닌다. 또 독유지인처럼 큰 인물은 우왕좌왕하면서 허둥대는 우리들을 이끌어 무한한 경지에 노닐게 한다. 또 독유지인처럼 큰 인물은 어디에도 기대는 바가 없이 자유로이 출입하지만 뜨고 지는 해와 함께 시작과 끝이 없을 정도로 영원하다. 또 독유지인처럼 큰 인물은 용모자태와 몸이 합쳐져서 큰 하나(大同)가 되는데 큰 하나가 됨으로써 자기(己)라는 게 없다. 또 독유지인처럼 큰 인물은 자기가 없음으로 인해 무언가 있다는(有) 걸 의식하지 않는다.

그런데 무언가 있다고 의식하는 건 나(我)라는 의식이 작용한 결과이다. 나라는 의식이 작용하면 사람들은 내 것에만 집착한다. 반면 나라는 의식이 없으면 모든 걸 소유해도 내 거라고 여기지 않는다. 본래면목의 타고난 나(吾)에서도 이런 느낌을 받는다. 장자는 「제물론」도입부에서 오상아(吾喪我), 즉 내(吾)가 나(我)를 잃어버려야 한다고 주장한 바 있다. 「제물론」도입부의 주인공인 남곽자기(南郭子綦)가 오상아 상태에 이른 사람인데 독유지인(獨有之人)도 바로 이와 같다. 이에 장자는 모든 것을 지녀도 없음을 볼 수 있는 사람을 가리켜서 천지의 벗이라고 말한다. 그만큼 모든 것을 지녀도 없음을 볼 수 있다면 그는 천지자연과 함께 하는 사람이다. 반면 없음을 보지 못하고 있음만 보는 사람을 가리켜서 옛날의 군자(君子)라고 부른다. 그러니 군자는 천지의 벗과 달리 천지의 여여자연함을 끝내 보지 못한다.

값어치가 헐해도 사용하지 않을 수 없는 게 사물(物)이다.

신분이 낮아도 일을 맡기지 않을 수 없는 게 백성(民)이다.

공이 드러나지 않아도 하지 않을 수 없는 게 일(事)이다.

적용하는 데 거칠어도 널리 펴지 않을 수 없는 게 법(法)이다.

사람의 본성과 멀어도 우리 마음에 처하지 않을 수 없는 게 의(義)이다.

사람과 친해도 그 친함을 넓혀가지 않을 수 없는 게 인(仁)이다.

절제해도 그 절제를 쌓아가지 않을 수 없는 게 예(禮)이다.

중간을 따르더라도 높이지 않을 수 없는 게 덕(德)이다.

유일해도 상황에 따라 변화하지 않을 수 없는 게 도(道)이다.

신묘해도 따르지 않을 수 없는 게 자연(天)이다.

그래서 성인(聖人)은 자연을 관조하더라도 자연에 개입하지 않는다.

성인은 덕(德)을 이루고도 자신을 덕에 묶지 않는다.

성인은 도(道)에서 태어나도 도를 의식하지 않는다.

성인은 인(仁)과 하나가 되어도 인에 의지하지 않는다.

성인은 의(義)가 적어서 얇아져도 의를 쌓지 않는다.

성인은 예(禮)에 응해도 예를 꺼리지 않는다.

성인은 일(事)과 가까이해도 일부러 일을 청하지 않는다.

성인은 법(法)에 따라 행동해도 법에 의해 지배되지 않는다.

성인은 백성(民)을 믿어도 백성을 가벼이 대하지 않는다.

성인은 사물(物)을 사용해도 사물을 소홀히 대하지 않는다.

사물은 상대할만한 게 아니지만 그렇다고 해서 상대하지 않을 수 없다.

하늘에 밝지 않으면 덕(德)은 순수하지 않다.

도에 통하지 않으면 스스로 볼 때도 부족하기에 도에 밝지 못하면 슬프다.

도를 무어라고 말하는가?

도에는 자연의 도(天道)가 있고, 사람의 도(人道)가 있다.

무위(無爲), 즉 하고자 함이 없는데도 높이 모셔지면 그건 하늘의 도이다.

유위(有爲), 즉 하고자 함이 있어서 무언가에 묶여지면 그건 사람의 도이다.

군주는 자연의 도에 속하고 신하는 사람의 도에 속한다.

그런데 자연의 도와 사람의 도가 서로 멀리 떨어져 있으므로

이를 살피지 않을 수 없다.

• • •

賤而不可不任者, 物也. 卑而不可不因者, 民也.

匿而不可不爲者, 事也. 麤而不可不陳者, 法也.

遠而不可不居者, 義也. 親而不可不廣者, 仁也.

節而不可不積者, 禮也. 中而不可不高者, 德也.

一而不可不易者, 道也. 神而不可不爲者, 天也.

故聖人觀於天而不助, 成於德而不累, 出於道而不謀, 會於仁而不恃, 薄於義

而不積, 應於禮而不諱, 接於事而不辭, 齊於法而不亂, 恃於民而不輕,

因於物而不去. 物者莫足爲也, 而不可不爲.

不明於天者, 不純於德. 不通於道者, 無自而可. 不明於道者, 悲夫.

何謂道? 有天道, 有人道.

無爲而尊者, 天道也. 有爲而累者, 人道也.

主者, 天道也. 臣者, 人道也.

天道之與人道也, 相去遠矣, 不可不察也.

군주는 자연의 도(天道)에 속하고
신하는 사람의 도(人道)에 속한다

———

천지의 온갖 사물들은 우리가 상대할 게 못 되지만 그렇다고 해서 전혀 상대하지 않을 수 없다. 한번 생각해 보자. 값어치가 헐해도 사용하지 않을 수 없는 게 물건(物)이고, 낮은 신분이어도 일을 맡기지 않을 수 없는 게 백성(民)이고, 공이 드러나지 않아도 하지 않을 수 없는 게 일(事)이고, 거칠어서 적용하는 데 완전하지 못해도 널리 펴지 않을 수 없는 게 법(法)이다. 또 사람의 본성과 멀어져도 마음에 처하지 않을 수 없는 게 의(義)이고, 사람과 친해도 그 친함을 넓혀가지 않을 수 없는 게 인(仁)이고, 절제해도 그 절제를 쌓아가지 않을 수 없는 게 예(禮)이고, 중간을 쫓더라도 높이지 않을 수 없는 게 덕(德)이고, 유일하다 해도 상황에 따라 변화하지 않을 수 없는 게 도(道)이고, 신묘해도 따르지 않을 수 없는 게 자연(天)이다.

그런데 성인은 천지의 온갖 사물들을 활용하는 데 그리 힘들어하지 않는다. 물건(物)·백성(民)·일(事)·법(法)·의(義)·인(仁)·예(禮)·덕(德)·도(道)·자연(天)을 모두 하늘(天)에 관조해서 사용하기 때문이다. 그래서 사물(物)을 활용해 쓰더라도 소홀히 대하지 않고, 백성(民)을 믿어도 가벼이 대하지 않고, 일(事)과 가까이해도 일부러 청하지 않고, 법(法)에 따라 행동해도 법에 의해 지배되지 않는다. 또 의(義)가 적어서 얇아져도 의를 쌓지 않고, 인(仁)과 하나가 되어도 인에 의지하지 않고, 예(禮)에 기꺼이 응해도 예를 꺼리지 않고, 덕(德)을 이루어도 자신을 덕에 묶어두지 않고, 도(道)에서 나와도 도를 의식하지 않는다.

그래서 하늘(天)에 밝지 않은 사람은 덕(德)에 있어서도 순수하지 않다. 그리고 도(道)에 통하지 않은 사람은 스스로가 볼 때도 부족하다고 여긴다. 그래서 도에 밝지 않은 사람은 슬프다. 그런데 무엇을 도(道)라고 말하는가? 도(道)에는 자연의 도(天道)가 있고 사람의 도(人道)가 있다. 그런데 하고자 함이 없는데도(無爲) 높이 모셔지는 건 자연의 도이다. 이에 반해 하고자 함이 있어(有爲) 무언가에 묶여지는 건 사람의 도이다. 장자가 추구하는 건 자연의 도이다. 그래서 천하를 재유(在宥), 즉 있는 그대로 자유자적하게 두는 것을 으뜸으로 삼는다. 그런데 군주는 자연의 도에 속하고 신하는 사람의 도에 속한다. 이처럼 자연의 도와 사람의 도가 서로 멀리 떨어져 있으므로 이들을 조심스럽게 살피면서 다스림의 도, 즉 치도(治道)에 적용해야 한다.

천지

天地

천지

앞에서 언급한 「변무」, 「마제」, 「거협」, 「재유」는 무군파(無君派)내지
는 반유가적 계열의 사람이 쓴 글로 보인다. 이제부터 황로파(黃老派),
즉 황제(黃帝)와 노자를 이상으로 삼는 집단에 의해서 쓰인 글이 차례
로 소개되는데 그 첫 번째가 「천지(天地)」이다. 천지란 말 그대로 하늘
과 땅인데 전체적인 내용으로 볼 때 자연을 의미한다. 무군파는 천하
를 다스리는 데 군주가 필요없다는 입장인데 반해 황로파는 군주가 자
연스러움에 따라 천하를 다스리면 괜찮다는 입장이다. 그래서 황로파
는 무군파에 비해 다스림(治)에서 보다 유연한 태도를 보인다. 「천지」는
크게 무위자연(無爲自然)에 따른 군자의 처신을 다룬다. 「천지」는 대충
8개의 글로 구성되는데 그 분량이 꽤 길어서 내용별로 정리할 필요가
있다. 이에 따라 크게 네 가지로 주제를 구분하고자 한다.

첫 번째 주제는 왕덕지인(王德之人), 즉 으뜸의 덕을 지닌 사람에 대해
말하는 내용인데 「천지」1, 「천지」2, 「천지」3이 이 내용을 다룬다. 왕
덕(王德), 즉 으뜸의 덕은 군자(君子) 내지 훌륭한 군주(君主)가 갖추어야
할 조건이다. 우리는 여기서 군자와 군주를 구분할 필요가 있다. 군주
는 다스리는 영토만 있으면 누구든지 될 수 있지만 군자는 그렇지 않
다. 왕덕, 즉 으뜸의 덕을 갖추지 않으면 군자가 될 수 없다. 그래서 훌
륭한 군주가 되려면 우선 군자의 자격을 갖추어야 하는데 으뜸의 덕을
지닌 사람만이 그런 자격을 지닌다.

「천지」 1은 덕(德)에 근거해서 천하의 일이 자연스럽게 이루어지도록 하는 군주의 조건에 대해 말한다. 「천지」 2는 도(道)를 본받아 마음을 텅 비워서 이를 크게 넓혀야 하는 군자의 조건에 대해 말한다. 그러면서 왕덕지인에 대해서도 언급한다. 왕덕지인은 소박함을 간직하고 살아가는데 세상사에 정통해도 무언가 하는 것을 부끄러워한다. 그런데도 만물의 근원인 도를 딛고 있어 그의 앎(知)은 신명함(神)과 통한다. 왕덕지인의 이런 모습은 감관 및 심관작용과 밀접히 연결된다. 그래서 「천지」 3은 왕덕지인의 예로 감관 및 심관작용이 없는 혼돈(混沌)이란 가상의 인물을 등장시켜서 혼돈만이 현주(玄珠), 즉 도를 찾을 수 있음을 밝힌다.

두 번째 주제는 성인이라고 여겨지는 요(堯)·우(禹) 임금도 자연스러움을 추구하지 않았기에 으뜸의 덕을 지닐 수 없다는 점에 대해 말한다. 그래서 「천지」 4의 첫 번째 내용은 요임금이 허유의 스승인 설결에게 군주 자리를 물려주려고 하자 이런 사태를 미연에 방지하기 위해 허유가 스승인 설결을 일부러 헐뜯어서 요임금을 속인다는 내용이다. 요임금은 인위적인 것을 자연적인 거라고 착각한다. 그래서 자연스러움만 추구하는 설결에게 천하의 일을 맡기는 경우 설결 선생의 훌륭한 면모가 훼손될 수 있어서이다. 두 번째 내용은 요(堯)임금이 자연스러움 그 자체인 장수, 부유함, 아들 많음과 같은 것에 대해 부자연스러워 하므로 이 때문에 왕덕지인이 될 수 없다는 내용이다. 세 번째 내용은 우(禹)임금이 인위적인 수단인 상벌로서 천하를 다스리기에 왕덕지인이 될 수 없다는 내용이다.

세 번째 주제는 자연스러움을 추구하는 게 과연 어떤 건지를 밝히면서 자연스런 덕성과 어긋나게 살아가는 사람들을 차례로 소개한다. 그래서 「천지」 5에선 자연스러움을 추구하는 일은 현덕(玄德), 즉 그윽한 덕과 대순(大順), 즉 자연의 큰 질서에 합일하는 거라고 밝힌다. 그리고

「천지」6에선 자연스런 덕성을 회복하거나 아니면 자연스런 덕성을 회복하지 못한 사람들을 차례로 소개한다.

먼저 「천지」6-1에서 소개되는 예는 능력 있는 변자(辯子)인데 이들은 자기 자신을 잊지 못해 자연스런 덕성을 회복하지 못하는 사람이다. 「천지」6-2에서 소개되는 예는 소신이 강한 장려면(蔣閭葂)인데 그가 어떻게 자연스런 덕성과 어긋나는 삶을 살아가는지 보여준다. 「천지」6-3에서 소개되는 예는 공자의 제자 자공(子貢)인데 그는 기심(機心), 즉 기계심을 지녀서 자연스런 덕성과 어긋나는 삶을 살아간다고 말한다. 「천지」6-4에서 소개되는 예는 성인(聖人), 덕인(德人), 신인(神人)인데 이들을 두고 타고난 본성에 충실하므로 자연스런 덕성을 회복한 사람이라고 말한다. 「천지」6-5에서 소개되는 예는 순임금인데 그가 천하의 부스럼을 고친 훌륭한 군주일지라도 그가 한 일은 단지 대머리에게 가발을 씌운 격이기에 자연스런 덕성에 입각해서 나라를 다스린 게 아니라는 점을 말한다.

네 번째 주제는 타고난 본성(性)에 어찌하면 충실할 수 있는지에 대해 말한다. 그래서 「천지」7에선 세상사람들이 긍정적으로 평가하는 효자와 충신이 타고난 본성에 어째서 충실하지 못한지에 대해 말한다. 「천지」8에선 타고난 본성을 잃는 원인으로 감관 및 심관작용을 든다. 그래서 감관 및 심관작용으로 인해 타고난 본성이 깨진다는 내용을 다룬다.

천지(天地)가 아무리 커도 그 안에서 이루어지는 사물의 변화는 고르다.

만물(萬物)이 종류가 아무리 많아도 다스려지는 이치는 하나뿐이다.

백성(人牟)이 수가 아무리 많아도 주인은 군주 한사람뿐이다.

군주는 덕에 의거해서 모든 일이 자연스럽게 이루어지도록 노력한다.

그래서 오래 전 옛날의 군주는 천하를 다스리는 데 있어

하고자 함이 없이(無爲) 자연의 덕(天德)을 따를 뿐이라고 말한다.

도(道)에 입각해서 말을 살피면 천하의 이름(名)이 바르게 되고,

도에 입각해서 직분을 살피면 군주와 신하의 도리(義)가 분명해진다.

도에 입각해서 능력을 살피면 천하의 자리(官)가 바로 잡히고,

도에 입각해서 천하를 널리 살피면 만물의 반응(應)이 두루 미치는 걸 본다.

그래서 하늘과 통하는 게 도(道)이고, 땅을 따르는 게 덕(德)이고,

만물에 고루 미쳐 행해지는 게 의(義)이고, 사람을 다스리는 게 일(事)이고,

할 수 있는 기예를 지니는 게 재주(技)이다.

재주는 일에 합쳐지고, 일은 의에 합쳐지고, 의는 덕에 합쳐지고,

덕은 도에 합쳐지고, 도는 자연에 합쳐진다.

고로 말한다.

'옛날에 천하를 기르던 사람은 하려는 바가 없어도 천하가 만족했고,

하고자 함이 없어도 만물이 잘 자랐고, 가만히 있어도 백성이 편안해했다.'

옛 기록도 말한다.

'도(道)에 통하면 만사가 잘 이루어지고,

무심(無心), 즉 무언가 얻으려는 마음이 없는데도 귀신은 복종한다.'

天地雖大, 其化均也., 萬物雖多, 其治一也., 人卒雖衆, 其主君也.

君原於德而成於天, 故曰, 玄古之君天下, 無爲也, 天德而已矣.

以道觀言, 而天下之名正., 以道觀分, 而君臣之義明.

以道觀能, 而天下之官治., 以道汎觀, 而萬物之應備.

故通於天者, 道也., 順於地者 德也., 行於萬物者, 義也., 上治人者, 事也.,
能有所藝者, 技也.

技兼於事, 事兼於義, 義兼於德, 德兼於道, 道兼於天.

故曰:「古之畜天下者, 無欲而天下足, 無爲而萬物化, 淵靜而百姓定.」

記曰:「通於一而萬事畢. 無心得而鬼神服.」

옛날 군주는 하고자 하는 바 없어도 천하가 만족하고 백성이 편안해했다

———

　「천지」는 하늘과 땅이 아무리 커도 그 안에서 이루어지는 사물의 변화는 고르고, 만물(萬物)의 종류가 아무리 많아도 다스려지는 이치는 하나라면서 글을 시작한다. 먼저 하늘과 땅이 아무리 커도 그 안에서 이루어지는 사물의 변화가 고르다는 건 무슨 의미일까? 하늘과 땅 사이에는 많은 사물들이 있어서 그 사물들의 변화는 제각각 다르게 나타난다. 그렇지만 그 변화는 나름대로 조화를 이룬다. 예를 들어 오리는 적당히 짧은 다리를 지니고 학은 적당히 긴 다리를 지니므로 전체적으로 조화를 이룬다. 마치 아버지, 어머니, 자식의 지위와 역할이 제각각 달라도 서로 조화를 이루어 한 가정이 잘 다스려지는 것처럼 말이다. 이것이 수신제가에 있어 제가(齊家)의 참된 의미라고 본다.

　또 만물의 종류가 아무리 많아도 다스려지는 이치는 하나라는 건 무슨 의미일까? 이것도 천지 사이의 만물을 가족의 구성원으로 대체하면 그 이해가 쉬워진다. 가족의 구성원이 아무리 많아도 가정이 다스려지는 큰 이치는 화목함 하나일 것이다. 마찬가지로 만물의 종류가 아무리 많아도 다스려지는 이치는 무위자연(無爲自然) 하나일 것이다. 그래서 오리 다리가 짧다고 늘려주어선 안 되고 학의 다리가 길다고 잘라주어선 안 된다. 만약 짧다고 늘려주거나 길다고 줄여주면 만물이 다스려지는 이치는 두 가지가 된다. 또 백성의 수가 아무리 많아도 백성의 주인은 군주 한 사람이라는 내용도 가정에 대입하면 그 이해가 쉬워진다. 나라에 군주가 한 사람인 것처럼 가정에도 가장은 한 사람뿐이지 않은가?

그런데 집안의 가장은 가정을 인의(仁義)와 형벌로 다스리지 않는다. 부모가 자식을 사랑하는 건 지극히 자연스러운 일이므로 인의 따위의 인위적인 사랑을 필요로 하지 않는다. 그러니 형벌로 가정을 다스리는 건 더더욱 상상할 수 없다. 만약 자식이 부모의 말을 듣지 않는다고 부모가 폭력을 행사하면 그 가정은 도저히 화목할 수 없다. 나라를 다스리는 것도 이와 크게 다르지 않다. 그래서 군주가 나라를 다스릴 때 인의와 형벌 따위의 인위적인 수단을 동원하지 않아야 최고의 다스림이 될 수 있다. 군주는 오로지 자연스런 덕에 입각해서 모든 일이 저절로 이루어지도록 노력해야 한다. 아주 오래 전의 군주, 즉 하(夏)·은(殷)·주(周) 이전 시대의 군주들도 천하를 다스리는 데 무위(無爲), 즉 하고자 함이 없음에 입각해서 천덕(天德), 즉 자연의 덕[10]을 따랐다.

무위에 입각해서 자연의 덕을 따르는 군주는 말(言)을 도(道)로 파악하므로 천하의 이름(名)이 바르게 되고, 담당하는 일(分)도 도로 파악하므로 군주와 신하의 도리(義)가 분명해지고, 사람의 능력(能)도 도로 파악하므로 각자의 자리(官)가 바로 잡히고, 천하의 널리 살핌(汎)도 도로 파악하므로 만물의 반응(應)이 두루 미치는 것을 본다. 이처럼 말(言), 담당하는 일(分), 능력(能), 널리 살핌(汎)을 모두 도(道)로 파악하므로 이름(名)이 바르게 되고, 도리(義)가 분명해지고, 자리(官)가 바로 잡히고,

---

10) 장자가 말하는 덕과 유가가 말하는 덕 사이엔 큰 차이가 있다. 장자가 말하는 덕은 자연에 입각한 자연스런 덕인 반면 유가가 말하는 덕은 인의예지(仁義禮智)와 같은 인위적인 성격을 지닌 덕이다.

만물의 반응(應)이 두루 미치는 것을 본다. 이는 군주가 무위자연이란 도의 상태에 이를 때 비로소 천하가 잘 다스려진다는 말이다.

이렇게 보면 하늘과 통하는 게 도(道)이고, 땅을 따르는 게 덕(德)이고, 만물에 고루 미치는 게 의(義)이고, 위에서 사람을 다스리는 게 일(事)이고, 할 수 있는 기예를 지니는 게 재주(技)이다. 그런데 재주는 일(事)에 합쳐지고, 일은 의(義)에 합쳐지고, 의는 덕(德)에 합쳐지고, 덕은 도(道)에 합쳐지고, 도는 하늘(天)에 합쳐진다. 그러니 군주는 자연에 입각해서 자신의 재주를 발휘하면 하고자 함이 없더라도 천하를 다스리는 일이 저절로 잘 이루어진다. 그래서 옛날에 천하를 먹여 살렸던 군주는 하고자 하는 바가 없어도 온 천하가 만족했고, 무언가 힘쓰지 않아도 만물이 잘 자랐고, 가만히 있어도 백성이 편안해했다. 또 옛날 기록도 마찬가지로 말한다. 즉 옛날의 군주처럼 지금의 군주도 하나인 도에 통하면 만사가 저절로 잘 이루어지고, 또 무언가 얻으려는 마음이 없어도 귀신조차 굴복해서 만사가 형통한다.

선생이 말했다.

"도(道)는 만물을 모두 덮어서 싣기에 한없이 넓고 크다!

군자(君子)도 도를 본받아 마음을 깨끗이 씻어서 텅 비운다.

그래서 무위(無爲)로 실행하는 것을 군자의 자연스러움(天)이라 말하고,

무위로 말하는 것을 군자의 덕성(德)이라 말하고,

사람을 사랑하고 만물을 이롭게 하는 것을 군자의 어짊(仁)이라 말하고,

같지 않은 것을 같다고 보는 것을 군자의 큼(大)이라 말하고,

행동이 모가 나서 남과 다르지 않는 것을 군자의 너그러움(寬)이라 말하고,

같지 않은 걸 만 개씩이나 갖는 것을 군자의 넉넉함(富)이라 말한다.

그래서 덕을 굳게 지키는 것을 군자의 기강(紀)이라 말하고,

덕이 이루어지는 것을 군자의 세움(立)이라 말하고,

도를 따르는 것을 군자의 갖추어짐(備)이라 말하고,

사물로 뜻이 꺾이지 않는 것을 군자의 본디대로 있음(完)이라 말한다.

군자가 천(天)·덕(德)·인(仁)·대(大)·관(寬)·부(富)·기(紀)·립(立)·비(備)·

완(完)을 모두 밝히면 마음이 모든 것을 포용할 정도로 커져서

만물이 군자에게 숱하게 모여 들어와서 흐른다.

이런 사람은 금도 산에 그대로 묻고, 구슬도 연못에 그대로 가라앉힌다.

이는 재화를 이로움이라 여기지 않고, 부귀에 굴복하지 않아서이다.

또 오래 사는 걸 즐거워하지 않고, 일찍 죽는 걸 슬퍼하지 않아서이다.

또 출세를 즐거워하지 않고, 곤궁함을 부끄러워하지 않아서이다.

또 온 세상이 이득에 얽매여도 자신을 위한 개인 몫으로 삼지 않아서이다.

또 왕이 되어도 왕의 지위를 자기를 드러나는 수단으로 삼지 않아서이다.

그런데 막상 왕이 되어서 자기가 드러나 천하를 밝히면

만물은 한 곳간이 되고, 삶과 죽음은 같은 형상을 한다.

선생이 말했다.

"도(道)가 머무를 때는 연못처럼 고요하고, 맑을 때는 깊다.

타악기인 금석(金石)은 누군가 두드리지 않으면 소리를 내지 못한다.

그래서 금석이 소리를 내는 성질이 있어도 누군가 두드려야 소리가 난다.

금석이 소리를 내는 것처럼 만물도 나름의 모습을 지니는데

누가 이런 모습을 정하는가!"

선생이 계속해서 말했다.

"으뜸의 덕을 지닌 왕덕지인(王德之人)은 청담무위하게 살아 가지만

세상사에 통달해 있는 것을 부끄러워한다.

왕덕지인이 세상사에 통달해 있는 건 만물의 근원인 도를 딛고 있어서

그의 앎이 신명함(神)과 통해서이다.

따라서 왕덕지인의 덕(德)이 넓다.

그런데 그의 모습이 겉으로 드러나는 건 그가 사물과 서로 조응한 탓이다.

그래서 사물의 모양은 도(道)의 작용 없이는 생겨나지 않고,

생겨나도 덕의 도움 없이는 분명해지지 않는다.

그러니 모양을 유지하면서 천수를 다하고,

덕을 세우면서 도를 밝히는 게 왕덕(王德), 즉 으뜸의 덕이 아니겠는가!

넓고도 크구나! 홀연히 나타나서 갑자기 불쑥하고 움직인다.

그런데도 만물이 그를 따른다!

이런 사람을 두고 으뜸의 덕을 지닌 왕덕지인이라고 말한다."

선생이 계속해서 말했다.

"으뜸의 덕을 지닌 왕덕지인은 어둠 속에서 밝은 빛을 본다!

또 소리 없는 고요함 속에서 소리를 듣는다.

이처럼 어둠 가운데서 홀로 깨달음을 보고,

소리 없는 가운데서 홀로 조화의 소리를 듣는다.

그래서 눈과 귀의 작용이 깊고 또 깊어서 사물을 올바로 파악할 수 있고,

정신이 신명하고 또 신명해서 사물의 본질(精)을 제대로 파악할 수 있다.

따라서 으뜸의 덕을 지닌 왕덕지인이 만물과 만나는 경우

지극한 무위(至無)의 자세로 만물이 원하는 대로 베풀고,

때때로 마음 내키는 대로 베풀어 만물이 하나가 되기를 바란다.

그래서 큰 것과 작은 것, 긴 것과 짧은 것, 가까운 것과 먼 것이

하나가 되어서 온전함을 유지한다.”

* * *

夫子曰：「夫道, 覆載萬物者也, 洋洋乎大哉! 君子不可以不刳心焉.

無爲爲之之謂天, 無爲言之之謂德, 愛人利物之謂仁, 不同同之之謂大, 行不

崖異之謂寬, 有萬不同之謂富.

故執德之謂紀, 德成之謂立, 循於道之謂備. 不以物挫志之謂完.

君子明於此十者, 則韜乎其事心之大也, 沛乎其爲萬物逝也.

若然者, 藏金於山, 沈珠於淵, 不利貨財, 不折貴富..

不樂壽, 不哀夭.. 不樂通, 不醜窮.. 不拘一世之利以爲己私分, 不以王天下

爲己處顯. 顯則明, 萬物一府, 死生同狀.」

夫子曰：「夫道, 淵乎其居也, 漻乎其淸也. 金石不得, 無以鳴. 故金石有聲,

不考不鳴. 萬物孰能定之!」

夫王德之人, 素逝而恥通於事, 立之本原而知通於神. 故其德廣, 其心之出, 有

物探之. 故形非道不生, 生非德不明. 存形窮生, 立德明道, 非王德者邪!

蕩蕩乎! 忽然出, 勃然動, 而萬物從之乎! 此謂王德之人.」

視乎冥冥! 聽乎無聲. 冥冥之中, 獨見曉焉.. 無聲之中, 獨聞和焉.

故深之又深而能物焉, 神之又神而能精焉.. 故其與萬物接也, 至無而供其求,

時騁而要其宿. 大小長短近遠 各有其具..」

으뜸의 덕을 지닌 사람(王德之人)

———

　앞 장에서 천하를 다스리는 군주에 대해 언급했다. 여기서는 군자(君子)에 대해 언급한다. 군주와 군자는 발음상으로 비슷하지만 내용상에선 확연히 구분된다. 군주는 아무나 할 수 있지만 군자는 그렇지 않다. 그래서 훌륭한 군주가 되려면 우선 군자가 되어야 한다. 그러니 군자는 훌륭한 군주가 되기 위한 조건인 셈이다. 앞 장에서 옛날의 군주는 자연스러움에 입각해서 자신의 재주를 발휘하므로 하고자 함이 없어도 천하를 잘 다스린다고 말한 바 있다. 옛날의 군주가 이처럼 훌륭할 수 있는 건 무엇보다 군자의 자질을 지니고 있어서이다. 장자에 따르면 도(道)란 만물을 모두 덮어 실을 수 있기에 한없이 넓고 크다. 군자는 이런 도를 본받아서 마음을 깨끗이 씻어 텅 비운 사람을 말한다.

　그래서 무위(無爲), 즉 하고자 함이 없이 하는 것을 군자의 자연스러움(天)이라고 말한다. 그만큼 군자는 무위에 따른 자연스러움, 즉 무위자연(無爲自然)을 중시한다. 또 하고자 함이 없이 하는 무위로 말하는 것을 군자의 덕성(德)이라고 말한다. 그래서 군자의 덕은 가능한 말하지 않는 행동으로 나타난다. 또 사람을 사랑하고 만물을 이롭게 하는 것을 군자의 어짊(仁)이라고 말한다. 유가는 어짊을 사람끼리의 사랑으로 제한하지만 장자는 어짊을 베푸는 대상을 세상만물로 확장한다. 또 같지 않은 걸 같다고 보는 것을 군자의 큼(大)이라고 말한다. 그만큼 군자는 서로 다른 사물도 같은 것으로 파악하기에 그의 눈은 '작은 차이'보다는 '큰 같아짐'에 초점이 맞추어져 있다.

또 군자인데도 불구하고 행동에 모가 나서 다른 사람들의 행동과 크게 다르지 않다. 이것을 두고 군자의 너그러움(寬)이라고 말한다. 또 같지 않은 것을 만 개씩이나 갖는 것을 군자의 넉넉함(富)이라고 말한다. 만개란 결코 작지 않은 숫자인데 군자는 그만큼 다른 사람들과 비교할 수 없을 정도로 많은 것을 지닌다. 또 덕이 굳게 지켜지는 것을 군자의 기강(紀)이라고, 덕이 이루어지는 것을 군자의 세움(立)이라고, 도를 따르는 것을 군자의 갖추어짐(備)이라고, 사물로 인해 뜻이 꺾이지 않는 것을 두고 군자의 본디대로 있음(完)이라고 말한다.

군자가 자연스러움(天)·덕성(德)·어짊(仁)·큼(大)·너그러움(寬)·넉넉함(富)·기강(紀)·세움(立)·갖추어짐(備)·본디대로 있음(完)을 모두 밝히는 경우 그의 마음은 모든 걸 포용할 정도로 커진다. 그 결과 만물이 군자에게 숱하게 모여들어와서 흐른다. 그래서 군자는 금을 발견해도 산에 그대로 묻고, 귀한 구슬을 찾아도 연못에 그대로 가라앉힌다. 이는 재화를 이로움이라고 여기지 않고, 부귀에 굴복하지 않아서이다. 또 이는 오래 사는 것을 즐거워하지 않고, 일찍 죽는 것을 슬퍼하지 않아서이다. 또 이는 출세를 즐거워하지 않고, 곤궁함을 수치로 여기지 않아서이다. 또 이는 온 세상이 이득에 얽매여도 그 이득을 자기의 몫으로 여기지 않아서이다. 또 이는 왕이 되어도 왕의 지위를 자기를 드러나는 수단으로 삼지 않아서이다.

그런데 군자가 왕이 되어 자기를 드러내어서 천하를 밝히면 만물은 제각각 떨어져 있지 않고 한 곳간(一府)을 구성하면서 있다. 그래서 만물이 서로 달라도 동시에 차별이 없는 같은 무리가 된다. 게다가 삶과 죽음도 서로 다르지 않은 채 같은 형상(同狀)을 한다. 그래서 삶과 죽음

사이의 경계가 허물어진다. 도가 만물을 모두 덮어 실을 정도로 넓고 크기에 이런 모습과 상태가 가능하다.

그런데 도(道)가 머무를 때는 연못처럼 고요하고, 맑을 때는 연못처럼 깊다. 타악기인 금석(金石)도 누군가 두드리지 않으면 도와 마찬가지로 연못처럼 고요하고 깊은 상태로 있다. 그렇지만 금석은 소리를 내는 성질을 지녀서 누군가 두드리면 소리를 낸다. 금석이 제각각 다른 소리를 내는 것처럼 세상만물도 나름대로 제각각 모습을 지닌다. 만물의 이런 모습은 도가 정한다. 그러니 도가 머무를 때는 고요하고 깊은 상태로 있지만 움직이기만 하면 모든 만물의 모습을 정할 정도로 엄청난 영향력을 발휘한다. 그래서 군자(君子)도 왕이 되면 왕을 자기를 드러내는 수단으로 삼지 않지만 일단 자기를 드러내면 만물을 한 곳간으로 만들고, 또 삶과 죽음도 같은 형상으로 만든다.

왕덕지인(王德之人), 즉 으뜸의 덕을 갖춘 사람도 이런 군자와 같다. 으뜸의 덕을 갖춘 사람은 청담무위한 마음을 지닌 채 조용히 머물지만 세상사에 통달해 있다. 그런데 왕덕지인은 세상사에 통달해 있는 것에 대해 오히려 부끄러워한다. 왕덕지인이 세상사에 통달할 수 있는 건 만물의 근원인 도(道)를 딛고 있어 그의 앎이 신명함(神)과 통해서이다. 또 왕덕지인의 덕(德)이 넓지만 그의 모습이 바깥에 드러나는 건 그가 사물과 조응한 탓이다. 그래서 사물의 모양은 도(道)의 작용이 있어야 생겨나고, 또 사물의 모양이 생겨난다 해도 덕의 도움이 있어야 분명해진다. 그러니 왕덕지인은 도의 작용을 통해 모습을 유지하면서 삶이 다할 때까지 살아간다. 이처럼 덕을 세우면서 도를 밝히는 게 으뜸의 덕이다. 으뜸의 덕을 지닌 사람은 마음이 넓고도 크다! 그리고 으뜸의 덕을 지닌 사람은 홀연히 나타나서 갑자기 불쑥하고 움직이지만 만물이 모두 그를 따른다.

또 으뜸의 덕을 지닌 사람은 어둠 속에서 밝은 빛을 보고, 소리 없는 고요 속에서 소리를 듣는다. 이는 어둠 가운데서 홀로 깨달음을 보고, 소리 없는 가운데서 홀로 조화의 소리를 들을 수 있기 때문이다. 그래서 으뜸의 덕을 지닌 사람은 눈과 귀의 작용을 아주 깊이 해서 사물을 제대로 보거나 듣는다. 이런 밝음은 유가가 말하는 눈과 귀의 밝음, 즉 총명함(聰明)과는 차원이 다르다. 또 으뜸의 덕을 지닌 사람은 그의 정신이 너무나 신명하다. 그래서 사물의 본질(精)을 올바로 파악할 수 있다. 이 때문에 으뜸의 덕을 지닌 사람이 만물과 만나면 지극한 무위(至無)의 자세로, 즉 정말로 하고자 함이 없는 자세로 만물이 원하는 대로 다 베푼다. 때때로 마음 내키는 대로 다 베푸는데도 으뜸의 덕을 지닌 사람은 만물이 하나 되기를 바랄 뿐이다. 그래서 만물이 큰 것과 작은 것, 긴 것과 짧은 것, 가까운 것과 먼 것으로 각기 달라도 으뜸의 덕을 지닌 사람은 그의 마음에서 나름대로의 온전함을 유지한다.

황제(黃帝)가 적수(赤水)의 북쪽을 노닐다가 곤륜산(崑崙之丘)에 올라
남쪽을 살피고 돌아오다 현주(玄珠)를 잃었다.
황제는 아는 것이 많은 지(知)를 시켜 찾아보게 했으나 찾지 못했다.
눈이 밝은 이주(離朱)를 시켜 찾아보게 했으나 찾지 못했다.
말솜씨 좋은 끽후(喫詬)를 시켜 찾아보게 했으나 찾지 못했다.
이에 모양이 없는 상망(象罔)에게 시켰더니 상망은 현주(玄珠)를 찾았다.
황제가 말했다. "모를 일이다! 상망이 어떻게 그걸 찾을 수 있었을까?"

• • •

黃帝遊乎赤水之北, 登乎崑崙之丘而南望, 還歸遺其玄珠.
使知索之而不得, 使離朱索之而不得, 使喫詬索之而不得也.
乃使象罔, 象罔得之.
黃帝曰:「異哉! 象罔乃可以得之乎?」

눈과 귀를 막아야 도(道)를 찾을 수 있다

———

    앞 장에서 으뜸의 덕을 지닌 사람의 특징으로 어둠 속에서 밝은 빛을 보고 소리 없는 고요 속에서 소리를 듣는 거라고 말한 바 있다. 그래서 으뜸의 덕을 지닌 사람은 눈과 귀의 작용을 아주 깊이 해서 사물을 제대로 파악할 수 있고, 또 정신이 너무나 신명해서 사물의 본질(精)을 올바로 파악할 수 있다고 말했다. 이와 관련해서 「천지」는 재미난 얘기를 하나 소개하는데 그 얘기의 주인공이 모양이 없는 사람, 즉 상망(象罔)이다.

    황제(黃帝)가 어느 날 적수(赤水)[11] 북쪽을 노닐다가 곤륜산(崑崙之丘)[12]에 올라 남쪽을 살피고 돌아오다 그만 현주(玄珠)를 잃어버렸다. 현주란 그윽한(玄) 빛을 내는 구슬(珠)인데 곧 도를 의미한다. 그래서 황제는 지(知)를 시켜서 찾아보게 했으나 찾지 못했다. 다시 이주(離珠)를 시켜서 찾아보게 했으나 찾지 못했다. 이주란 둔함(朱)과 어긋난다는(離)

---

11) 중국 남부의 귀주성(貴州省) 북서쪽을 흐르는 적수하(赤水河)를 가리켜서 적수(赤水)라고 한다. 중국 최고 명주인 마호타이 술의 본고장도 여기인데 적수의 물로 빚어서 명주가 되었다는 설이 유력하다.

12) 곤륜산은 신장성(新疆省) 남쪽에 걸쳐 있는 산이다.

의미이므로 눈이 밝은 사람을 뜻한다. 다시 끽후(喫詬)를 시켜서 찾아보게 했으나 찾지 못했다. 끽후란 교묘하게 꾸민 말(詬)을 들이마신다는 (喫) 의미이므로 말솜씨 좋은 사람을 뜻한다. 그래서 혹시나 하고 모양이 없는 상망(象罔)에게 찾도록 시켰더니 그가 뜻밖에도 현주를 찾았다. 그러자 황제는 "모를 일이다. 상망이 어떻게 그걸 찾을 수 있었을까?" 하고 의아해했다.

상망은 어째서 현주, 즉 도를 찾을 수 있었을까? 그건 상망이 으뜸의 덕을 지녀서이다. 으뜸의 덕을 지닌 사람은 청담무위한 마음으로 살면서 만물의 근원인 도를 딛고 있어 그의 앎이 신명스러움(神)과 통한다. 그래서 그는 어둠 속에서 밝은 빛을 보고, 소리 없는 고요 속에서 소리를 듣는다. 이에 눈과 귀의 작용을 깊고 또 깊게 해서 사물을 제대로 파악할 수 있고, 또 정신이 신명하고 또 신명해서 사물의 본질(精)을 올바로 파악할 수 있다. 이것이 상망이 도를 찾을 수 있었던 이유이다. 반면 지(知)는 아는 것이 많아서, 이주는 눈이 밝아서, 끽후는 말솜씨가 좋아서 오히려 도를 찾지 못했다. 이처럼 커뮤니케이션 수단으로 중요시 여기는 오관(五官)은 도를 찾는 데 별다른 도움이 되지 못한다. 상망처럼 오감이 닫혀야 오히려 도를 찾을 수 있다.

천지 4-1

요(堯)의 스승은 허유(許由)를, 허유의 스승은 설결(齧缺)을,

설결의 스승은 왕예(王倪)를, 왕예의 스승은 피의(被衣)를 말한다.

성군 요가 스승인 허유에게 물었다.

"허유 선생의 스승인 설결은 자연(天)과 짝하시는 분인가요?

그러면 저는 왕예의 도움을 받아 설결을 군주의 자리에 모시고 싶습니다."

허유가 대답했다.

"위험하지. 천하를 위태롭게 할 걸세!

설결이란 사람은 눈귀의 총명함(聰明), 뛰어난 지혜(叡知),

민첩한(敏) 일처리로 타고난 본성이 남들보다 앞서지.

그런데 눈귀의 총명함, 뛰어난 지혜, 민첩함과 같은 인위적인(人) 것을

자연적인(天) 거라고 받아들일 거네.

또 설결은 사람들이 잘못을 범하지 않도록 꼼꼼히 챙기겠지만

그 잘못이 생겨나는 이유를 알지 못하네.

그러니 그가 어째서 자연과 짝하겠는가?

그는 또 인위적인(人) 것을 받들어서 자연적인(天) 것을 무시할 거네.

이제는 또 자신을 중심(本)에 놓고 그 밖의 것들을 차별할 거네.

이제는 또 앎(知)을 숭상해서 그 앎을 쓰려고 이리저리 날뛸 거네.

이제는 또 일로 자신을 혹사시킬 거네.

이제는 또 사물에 의해 구속을 받을 거네.

이제는 또 사방을 돌아보면서 사물이 자기에게 호응하도록 할 거네.

이제는 또 여러 사람들의 뜻에 마땅히 순응할 거네.

이제는 또 사물과 함께 변화해서 꿋꿋한 입장을 지니지 못할 거네.

그러니 이런 설결 선생이 어찌 자연과 짝할 만한 사람이 되겠는가?

물론 일족(一族)이 있으면 그 선조가 있어 백성의 우두머리(衆父)는 되겠지.

그러나 백성의 우두머리의 우두머리(父父)는 되지 못할 거네.

그분의 다스림은 혼란스러움의 모범(率)이 되어서

신하에게는 재앙(禍)이 되고 천자에게는 해(害)가 될 걸세."

. . .

堯之師曰許由, 許由之師曰齧缺, 齧缺之師曰王倪, 王倪之師曰被衣.

堯問於許由曰:「齧缺可以配天乎? 吾藉王倪而要之.」

許由曰:「殆哉圾乎天下! 齧缺之爲人也, 聰明叡知, 給數以敏, 其性過人,

而又乃以人受天. 彼審乎禁過, 而不知過之所由生. 與之配天乎?

彼且乘人而無天, 方且本身而異形, 方且尊知而火馳, 方且爲緖使, 方且爲物絯,

方且四顧而物應, 方且應衆宜, 方且與物化而未始有恒. 夫何足以配天乎?

雖然, 有族, 有祖, 可以爲衆父, 而不可以爲衆父父.

治, 亂之率也, 北面之禍也, 南面之賊也.」

요임금과 우임금도
으뜸의 덕을 지닌 사람이 아니다

———

앞 장에서 군자가 천(天) · 덕(德) · 인(仁) · 대(大) · 관(寬) · 부(富) · 기(紀) ·
립(立) · 비(備) · 완(完)이란 열 가지를 밝히면 그 마음이 모든 걸 포용할
정도로 커져서 만물이 군자에게 숱하게 모여들어와서 흐른다고 말한
바 있다. 그런데 이 열 가지 가운데 가장 중요한 것은 천(天), 즉 자연스
러움이다. 자연스러움이란 무위(無爲), 즉 하고자 함이 없이 실행하는
것을 말한다. 그래서 하고자 함이 있어서 하는 것, 즉 유위(有爲)는 자연
스러움과 반대이다. 세상은 요(堯)임금과 우(禹)임금을 성군이라고 추켜
세우지만 그들은 무위가 아니라 유위를 행했기에 천하를 자연스럽게
다스리지 못했다. 그래서 장자가 볼 때 이들은 왕덕지인(王德之人), 즉
으뜸의 덕을 지니지 못한 사람이다.

요임금이 허유(許由)에게 임금 자리를 물려주려 하자 허유는 들어서
는 안 될 불쾌한 얘기를 들었다고 당장 냇가로 달려가 자신의 귀를 씻
었던 사람으로 유명하다. 「천지」에선 허유가 요(堯)임금의 스승으로 등
장하고, 설결(齧缺)은 허유의 스승으로 등장하고, 왕예(王倪)는 설결의
스승으로 등장하고, 피의(被衣)는 왕예의 스승으로 등장한다. 그러니 요
임금 → 허유 → 설결 → 왕예 → 피의의 순으로 사제관계가 형성된다.
요임금은 설결을 하늘에 필적할 만한 훌륭한 분이라고 여겨 그를 임금

자리에 모시려고 스승 허유에게 부탁한다.

그런데 허유는 매우 위험한 발상이라면서 자신의 스승인 설결은 임금 자리를 수행할 만한 자격을 갖추지 못한 사람이라고 평가절하한다. 그런데 이 말은 허유의 진심일까? 물론 아니다. 그런데도 허유는 스승에 대한 부정적인 평을 의도적으로 늘어놓는다. 허유는 요임금에게 설결의 사람됨은 훌륭하지만 자연적인 것을 인간의 지혜로 파악하는 우를 범한다고 말한다. 또 설결의 눈과 귀는 총명하고, 지혜는 뛰어나고, 일 처리는 능숙하고, 본성(性)은 남들보다 앞섰지만 이런 것들을 자연적인 거라고 잘못 수용한다면서 스승을 비판한다. 게다가 설결은 잘못을 저지르지 않기 위해 매사를 꼼꼼히 살피지만 그 잘못이 생겨나는 바를 알지 못하고, 또 알려고도 하지 않는다고 스승을 마구 깎아내린다. 만약에 잘못이 생겨나는 바를 알면 굳이 꼼꼼히 살필 필요조차 없는데도 말이다. 그러니 이런 분이 어째서 자연과 짝하는 존재가 될 수 있는지에 대해 요임금에게 거꾸로 되묻는다.

허유가 볼 때 자신의 스승인 설결은 인위적인 것을 받들어서 자연적인 것을 무시한다. 허유는 스승에 대한 비판을 이 정도에서 그치지 않고 스승에 대한 부정적 평가를 계속해서 늘어놓는다. 설결은 인위적인 것을 받들기에 자신을 중심(本)에 놓은 뒤 그 밖의 사람들과 사물들을 차별하고, 그런 뒤 앎(知)을 숭상해서 그 앎을 쓰려고 이리저리 날뛰고, 또 그런 뒤 일로 자신을 혹사시키고, 또 그런 뒤 자신이 사물들에 의해 구속받으며, 또 그런 뒤 사방을 돌아다보면서 사물이 자신에게 호응하도록 만든다. 그래서 설결은 여러 사람들의 뜻에 순응할 수밖에 없는 상황에 스스로 처하게 된다. 그 결과 설결은 사물과 함께 변화하면서 꿋꿋한 자신의 입장을 더 이상 지니지 못한다. 이에 허유는 요임금에게 설결이 어째서 자연과 짝하는 존재가 될 수 있는지에 대해 다시 한번 되묻는다.

허유는 자신의 스승을 너무 깎아내렸다고 생각했는지 스승에 대해 칭찬하는 말도 슬쩍 꺼낸다. 그래서 일족이 있으면 그 선조가 있기에 설결이라면 백성의 우두머리는 될 수 있다고 말한다. 그렇더라도 백성의 우두머리의 우두머리는 되지 못한다고 못을 박는다. 허유는 자신의 스승에 대한 평가에 있어서 어째서 이렇게 인색할까? 이왕 칭찬할 거라면 우두머리의 우두머리까지 될 수 있다고 어째서 말하지 않을까? 그런데 이런 인색함은 스승을 보호하기 위한 허유의 사려 깊은 판단에서 비롯된다. 허유가 볼 때 자신의 스승을 모시려는 요임금의 발상이 가당치가 않아서이다. 그래서 스승의 모습을 있는 그대로 말했다가는 요임금에 의해서 군주로 덜컥 발탁될 수 있기에 지금 허유는 이 점을 염려한다. 이런 식 발탁은 자신의 스승인 설결도 결코 바라지 않는다는 것을 제자인 허유는 잘 안다.

　그래서 설결이 나라를 다스리면 그의 다스림은 '혼란스러움의 모범'이 되어 그의 신하에게는 재앙이 되고, 그의 천자에게는 해가 된다는 말로 글을 마감한다. 그런데 혼란스러움의 모범이란 무슨 의미일까? 혼란스러움에도 모범이 있다고 하니까 잘 이해되지 않는다. 그런데 허유나 설결의 입장에선 혼란스러움이 오히려 다스림의 모범에 해당한다. 반면 유가가 말하는 인의와 형벌로 이루어지는 질서 있는 다스림은 허유나 설결의 입장에선 다스림의 모범이 결코 아니다. 어째서 그러할까? 만약 설결이 다스리면 무위(無爲)에 입각해서 나라를 다스릴 것이다. 이런 식 다스림은 유위의 방식에 익숙한 신하와 천자에게는 혼란스러움 그 자체이다. 그렇지만 무위의 방식을 표준으로 삼는 허유와 설결의 입장에선 혼란스러움이 곧 자연스러움이다. 그러니 혼란스러움이 오히려 다스림의 모범이 된다. 허유가 요임금 앞에서 자신의 스승을 어째서 마구 깎아내렸는지 이제서야 이해가 된다. 그러니 깎아내린 게 아니라 오히려 스승을 보호하려고 했던 조치라고 보아진다.

요(堯) 임금이 화(華) 지역을 시찰할 때 그 지역을 다스리는 제후가 말했다.

"아, 성인(聖人)이시군요. 부디 성인이 장수하시길 축원합니다."

그러자 요임금이 말했다. "사양하네."

제후가 또다시 "성인이 부유하시길 축원합니다."

그러자 요임금이 말했다. "사양하네."

제후가 또다시 "성인에게 아들이 많으시길 축원합니다."

그러자 요임금이 말했다. "사양하네."

그러자 제후가 말했다.

"장수(壽), 부유함(富), 아들 많음(多男子)은 모든 사람들이 바라는 바인데
요임금만 유독 바라지 않으니 어째서입니까?"

요임금이 말했다.

"아들이 많아지면 걱정이 늘어나고, 부유해지면 귀찮은 일이 많아지고,
오래 살면 욕볼 일이 많아진다.

그러니 이 세 가지는 덕(德)을 기르기 위한 게 못되어서 사양하네."

제후가 말했다.

"처음에 요임금을 성인이라고 여겼는데 지금 보니까 군자에 불과하군요.
자연(天)이 만백성을 낳으면 그들에게 직책(職)을 반드시 부여합니다.
그러니 아들이 많아도 알맞은 직책이 주어진다면 무슨 걱정이겠습니까!
또 재물이 많아도 사람들에게 나누어주면 무슨 일거리이겠습니까!
성인은 메추라기처럼 둥지 없이 살아도 새 새끼처럼 주는 대로 먹으며,
새처럼 날아다녀도 자신을 드러내지 않습니다.
또 성인은 천하에 도(道)가 있으면 만물과 함께 번성하고,

천하에 도가 없으면 덕을 닦으면서 조용히 지냅니다.

이렇게 천 년을 살다가 세상이 싫으면 속세를 떠나 최고의 신선이 됩니다.

그리고는 저 흰 구름을 타고서 천제의 고향(帝鄉)에 이릅니다.

그러면 장수, 부유, 아들 많음이 근심에 이르지 않고,

몸에는 늘 재앙이 없는데 이게 어찌 욕된 일이겠습니까!

제후가 그곳을 떠나자 요임금이 뒤쫓아 가서 "부디 묻건대."라고 했지만

제후는 "물러나시오!" 하고 말했을 뿐이다.

$$\bullet \bullet \bullet$$

堯觀乎華.

華封人曰:「嘻. 聖人, 請祝聖人.」

「使聖人壽.」堯曰:「辭.」

「使聖人富.」堯曰:「辭.」

「使聖人多男子.」堯曰:「辭.」

封人曰:「壽·富·多男子. 人之所欲也, 女獨不欲, 何邪?」

堯曰:「多男子則多懼, 富則多事, 壽則多辱. 是三者, 非所以養德也, 故辭.」

封人曰:「始也我以女爲聖人邪, 今然君子也.

天生萬民, 必授之職, 多男子而授之職, 則何懼之有!

富而使人分之, 則何事之有!

夫聖人, 鶉居而鷇食, 鳥行而無彰, 天下有道, 則與物皆昌.,

天下無道, 則修德就閒.,

千歲厭世, 去而上倦., 乘彼白雲, 至於帝鄉., 三患莫至, 身常無殃.,

則何辱之有!」

封人去之. 堯隨之, 曰:「請問?」

封人曰:「退已!」

장수(壽), 부유함(富), 아들 많음(多男)을 귀찮아하면 자연스럽지 못하다

으뜸의 덕을 지니지 못한 두 번째 유형의 사람이 다시 요임금을 통해 드러난다. 요임금이 화(華) 지역을 시찰할 때 그 지역을 다스리는 한 제후가 요임금을 성인(聖人)이라고 추켜세우며 오래 살길 바란다고 말했다. 이에 요임금은 사양한다고 대답했다. 제후가 또다시 요임금에게 부유해지길 바란다고 말하자 다시 사양한다고 대답했다. 제후가 또다시 요임금에게 많은 아들이 있기를 바란다고 말하자 똑같이 사양한다고 대답했다. 의아해진 제후가 장수함(壽), 부유함(富), 아들 많음(多男子)은 누구나 다 바라는 일인데 요임금만 바라지 않으니 어째서인가라고 물었다. 이에 요임금은 아들이 많아지면 걱정이 늘어나고, 부유해지면 귀찮은 일이 생겨나고, 오래 살면 욕볼 일이 많아져서라고 대답했다. 요임금이 볼 때 이 세 가지, 즉 장수함, 부유함, 아들 많음은 덕(德)을 기르기 위한 게 못된다고 보아서이다.

제후는 요임금의 이런 태도를 보고 크게 실망했다. 그래서 제후는 요임금을 처음에는 성인(聖人)이라고 여겼는데 지금은 군자(君子) 정도로 낮춰 보게 되었다. 제후가 볼 때 장수, 부유함, 아들 많음에 대한 요임금의 부정적 견해가 자연의 뜻과 어긋나서이다. 장자가 볼 때 군주가 자연의 뜻을 따르면 백성(萬民)이 늘어나도 자연이 그들에게 반드시 직무(職)를 주는 것처럼 아들이 많아져도 자연이 그들에게 반드시 직무를 주게 마련이다. 그리고 재물이 많아지면 군주는 그 재물을 사람들에게 나누어주면 그만이다. 그러니 장수함, 부유함, 아들 많음을 두고 미리 걱정하는 요임금의 태도는 분명 자연의 뜻과 어긋난다.

그래서 장자는 제후의 입을 통해서 말한다. 성인(聖人)은 메추라기처럼 둥지 없이 살아도 새 새끼처럼 어미가 주는 대로 먹이를 먹고, 새처럼 자유로이 날아다녀도 드러나는 법이 없다. 또 성인은 천하에 도(道)가 있으면 만물과 함께 번성하지만 천하에 도가 없으면 덕을 닦으면서 조용히 지낸다. 또 성인은 천 년을 살지만 세상이 싫어지면 속세를 떠나서 최고 수준의 신선이 되고, 흰 구름을 타고 천제의 고향, 즉 제향(帝鄕)에 이른다. 그래서 오래 사는 일, 부유해지는 일, 아들 많아지는 일이 근심에 이르지 않아 몸에는 늘 재앙이 없다. 이렇게 하면 오래 사는 일, 부유해지는 일, 아들 많아지는 일이 어찌 욕된 일이겠느냐고 요임금에게 따져 물었다. 요임금은 이런 자연의 이치를 뒤늦게 깨닫고서 서둘러 제후를 뒤쫓아 갔지만 제후는 물러서라면서 차갑게 요임금을 물리쳤다.

요(堯)임금이 천하를 다스리면서 백성자고(伯成子高)를 제후로 세웠다.

그 뒤 요임금은 순(舜)에게 천자 자리를 물려주고,

순임금도 우(禹)에게 천자 자리를 물려주자

백성자고는 제후 자리를 사직하고 농사를 지었다.

우임금이 그를 찾아가서 보니까 들판에서 밭을 갈고 있었다.

우임금이 자세를 낮춘 뒤 백성자고에게 말했다.

"옛날 요임금이 천하를 다스릴 때 선생은 제후로 봉직했습니다.

요임금이 순에게 천자 자리를, 또 순임금이 제게 천자 자리를 물려주자

선생께선 제후 자리에서 물러나 농사를 짓는데 그 까닭이 무엇인지요."

백성자고가 말했다.

"옛날 요임금이 천하를 다스릴 때는 상(賞)이 없어도 백성은 일에 힘쓰고,

벌(罪)이 없어도 백성은 두려워했지요.

그런데 지금 그대가 상을 내리고 벌을 내리는데도 백성이 어질지 않아요.

덕(德)은 여기서부터 쇠해졌고, 형벌(刑)은 여기서부터 확립되었지요.

후세의 혼란은 이로부터 시작된 겁니다.

선생은 어째서 여길 떠나지 않나요? 내 일을 방해하지 마시오!"

그리고는 뒤돌아보지도 않은 채 서둘러서 밭을 갈고 또 갈았다.

· · ·

堯治天下, 伯成子高立爲諸侯.

堯授舜, 舜授禹, 伯成子高辭爲諸侯而耕. 禹往見之.

則耕在野. 禹趨就下風, 立而問焉,

曰:「昔堯治天下, 吾子立爲諸侯. 堯授舜, 舜授予, 而吾子辭爲諸侯而耕, 敢問,其故何也?」

子高曰:「昔堯治天下, 不賞而民勸, 不罰而民畏.

今子賞罰而民且不仁, 德自此衰, 刑自此立, 後世之亂自此始矣.

夫子闔行邪? 無落吾事!」

俋俋乎耕而不顧.

상벌(賞罰)로 나라를 다스리는 것은
자연스럽지 못하다

———

이 글의 주인공은 왕덕지인(王德之人), 즉 으뜸의 덕을 지닌 백성자고(伯成子高)이다. 그는 요(堯)임금이 천하를 다스릴 때 한 지역을 담당했던 제후였다. 그런데 요임금이 천하를 순(舜)에게 물려주고 그리고 순임금이 천하를 우(禹)에게 물려주자 백성자고는 제후 자리에서 물러나 낙향한 뒤 농사를 지으면서 살았다. 우임금이 그를 찾아가서 보니까 백성자고는 들판에서 밭을 갈고 있었다.

우임금이 자세를 낮추어서 백성자고에게 공손히 물었다. "옛날에 요임금이 천하를 다스릴 때 선생은 제후로 봉직했다. 그 후 순임금에게 천자 자리를 물려주고, 또 순임금이 제게 천자 자리를 물려주자 선생께선 제후 직을 사퇴하고 농사를 짓는데 그 까닭이 무엇인지요?" 이에 백성자고가 말했다. "옛날 요임금이 천하를 다스릴 때는 상(賞)이 있지 않아도 백성은 일에 힘쓰고 벌(罪)이 없어도 백성은 두려워했지요. 그런데 지금 그대가 상을 수여하고 벌을 내리는데도 백성이 어질지 않습니다. 그래서 여기서부터 덕(德)이 쇠해지고 형벌(刑)이 여기서부터 확립되지요. 후세의 혼란은 이로부터 시작되는 겁니다. 어째서 선생은 여길 떠나지 않나요? 내 일을 방해하지 마시오!" 그리고는 돌아다보지도 않은 채 백성자고는 서둘러서 밭을 계속해서 갈았다.

군주가 나라를 다스릴 때 주로 사용하는 방법이 상(賞)과 벌(罪)이란 기제이다. 즉 잘한 백성을 격려하기 위해 상을 수여하고, 잘못한 백성은 벌로 처벌해서 더 이상 나쁜 짓을 못하게 만든다. 이것이 어쩌면 통치의 기본 방식이다. 오늘날 법치(法治)의 기본 축도 이런 방식에 입각해 있다. 그런데 공자가 강조하는 인의(仁義)와 예절(禮節)은 법치보다 훨씬 바람직한 다스림임에 분명하다. 그래서 법치보다 예치(禮治)가 보다 인간적인 다스림이라고 할 수 있다. 그런데도 장자는 공자의 예치에 대해 여전히 부정적이다. 그러니 인의와 예절보다 훨씬 못한 상벌(賞罰)로 이루어지는 다스림은 장자의 눈에는 더할 나위 없이 나쁘다.

오늘날 인간 심리를 파악하는 데 있어 설명력이 높은 행태주의(behaviorism) 심리학의 기본 축도 보상(reward)과 처벌(punishment)로 이루어진다. 즉 좋은 행동은 보상으로 해결하고, 나쁜 행동은 처벌로 처리한다. 나라에 보탬이 된 사람에게 훈장을 주면서 격려하고, 나라에 피해를 준 사람에게 형벌로 다스리는 것도 이런 행태주의 심리학을 반영하는 다스림이다. 또 교육은 행태주의 심리학이 가장 많이 응용된 분야 중 하나이다. 그래서 학업 성취도를 높이기 위해 성적을 내고, 심지어 체벌을 가하는 것이 효과적이라는 게 행태주의 심리학에 따른 학습법이다. 그런데 이런 교육은 결코 인간적이라고 할 수 없다. 게다가 행태주의 심리학이 쥐 실험을 통해 발전해 왔다는 사실을 감안하면 더욱 그러하다. 그러니 장자는 이미 2천 년 전에 이런 방식에 대한 해악을 일찌감치 예견한 셈이다.

태초에 없음(無)만 있고, 있음(有)도 없고, 이름(名)도 없었다.

이런 상태에서 하나(一)가 생겨났는데

하나가 생겨나도 여전히 형체(形)를 갖추지 못했다.

하나가 도를 얻어서 만물이 생겨나는 걸 자연스런 덕성(德)이라고 말한다.

형체 없는 데서 나뉨이 생겨나는데 나뉨이 생겨나도 어떤 차이가 없어

이를 자연의 뜻(命)이라고 말한다.

그런데 자연의 뜻이 흘러 움직이면서 비로소 만물을 성장시켰다.

만물을 성장시키면서 원리(理)가 생겨나므로 이를 형체라고 말한다.

이 형체가 정신(神)을 보존해서 각자의 법칙(儀則)을 지니므로

이를 사물의 타고난 본성(性)이라고 말한다.

그래서 타고난 본성을 닦아서 자연스런 덕성(德)을 회복하면

자연스런 덕성은 처음의 상태와 같아지는 데 이른다.

이렇게 자연스런 덕성이 처음의 상태와 같아지면

이에 만물이 텅 비고, 만물이 텅 비면 이에 커진다.

이런 큰 상태에 이르면 사람의 말도 무심해져 새소리와 합일하는데

새소리와 합일하면 천지와 합일한다.

이런 합일의 경지는 어리석고 무심해서 마치 어리석고 어리석은 듯하다.

이를 현덕(玄德), 즉 깊고 그윽한 무위자연의 덕이라고 말하고,

이것이 대순(大順), 즉 자연의 큰 질서와 하나가 되는 길이다.

• • •

泰初有無無有無名., 一之所起, 有一而未形. 物得以生, 謂之德.

未形者有分, 且然無間, 謂之命., 留動而生物, 物成生理, 謂之形.,
形體保神, 各有儀則, 謂之性. 性修反德, 德至同於初. 同乃虛, 虛乃大.
合喙鳴., 喙鳴合, 與天地爲合. 其合緡緡, 若愚若昏, 是謂玄德, 同乎大順.

자연의 큰 질서(大順)와 하나가 되려면
그윽한 덕(玄德)을 지녀야 한다

———

    태초(泰初)는 천지가 생겨나기 이전의 시기이다. 따라서 태초에는 아무것도 없었다. 그러니 있음이란 것도 없었고, 또 이름이란 것도 없었다. 이런 상태에서 하나가 생겨났는데 그 하나는 여전히 형체를 지니지 못했다. 그런데 형체가 없는 하나의 상태가 도(道)를 얻어 만물이 생겨났는데 이를 두고 자연스런 덕성(德)이라고 말한다. 이런 하나의 상태가 모든 게 혼재되어 뭇 생명들이 가능태로 있는 소위 혼돈(混沌)의 상태이다. 노자는 『도덕경』을 시작하면서 "무(無)는 천지의 시작인데 무(無)로서 천지의 묘함(妙)을 본다."라고 말한다. 어째서 무로서 천지의 묘함을 볼까? 모든 게 혼재되어 노자는 이를 묘하다고 파악한다. 이에 대한 자세한 설명은 『장자 내편: 해(解)·소(疏)』에서 '「소요유」를 들어가기에 앞서서'라는 제목의 글을 참조하길 바란다.

    이제 형체가 없는 하나의 상태가 도(道)를 얻어서 분화되어 사물들이 생겨나도 사물들 사이에서 어떤 차이를 발견할 수 없다. 어째서 그러한가? 이는 자연의 뜻(命) 때문이다. 하나가 분리되면 일단 유(有)와 무(無)로 나누어지는데 유와 무 사이에 어떤 차이도 없다. 그렇다면 유와 무의 구분도 자연의 뜻일 텐데 어째서 차이가 없을까? 이는 세상은 하늘과 땅으로, 세상의 이치는 음과 양으로, 하루는 밤과 낮으로, 동물은 암컷과 수컷으로 구분되어도 이런 구분에서 어떤 차이보다는 천지, 음양, 밤낮, 암수라는 하나의 짝이 먼저 연상되기 때문이다. 이제 이런 자연의 뜻이 만물에 머물러서 작동하면 비로소 개별적인 사물(物)이 생겨난다. 여기까지의 과정은 "도는 하나를 낳고, 하나는 둘을 낳고, 둘은 셋을 낳으며, 셋은 만물을 낳는다."[13)라는 『도덕경』의 구절을 연상케 한다. 여기서 둘은 음과 양을 의미하는데 음과 양이 작용해서 셋을 낳고, 그리고 셋인 음양의 작용으로 말미암아 만물이 낳아진다.

이제 사물이 개별적으로 만들어지면 여기에 나름의 원리(理)가 생겨나서 사물의 형체가 서서히 드러난다. 그런데 이 형체가 정신(神)을 보존해서 각자의 법칙(儀則)을 지니는데 이것이 사물의 타고난 본성(性)이다. 앞서 「마제」에서 언급된 바 있듯이 백성이 옷감을 짜서 옷을 해 입고 땅을 갈아서 밥을 해 먹는 동덕(同德), 즉 같은 목적을 위해 애쓰는 덕이 바로 사람의 타고난 본성이다. 또 백성이 한결같아서 무리(黨)를 짓지 않는 천방(天放), 즉 하늘이 풀어준 자유도 사람의 타고난 본성이다. 그래서 타고난 본성을 닦아서 자연스런 덕성(德)을 회복하면 그 덕성이 처음인 하나의 상태와 같아진다. 그렇지만 타고난 본성을 제대로 닦지 않아서 자연스런 덕성을 회복하지 못하면 처음인 하나의 상태로 돌아가지 못한다. 그러니 이 상태에선 타고난 본성을 닦는 게 무엇보다 중요하다.

이제 타고난 본성을 닦아서 자연스런 덕성을 회복해 처음인 하나의 상태와 같아지면 사물은 텅 비게 된다. 또 텅 비면 사물은 커지게 마련이다. 사람도 이런 큰 상태에 이르면 그의 말도 무심해져 새소리와 합일한다. 즉 사람의 말과 새소리 사이에 구분이 없어져 사람이 새와 소

---

13) 道生一 一生二 二生三 三生萬物 (『도덕경』 42장)

통할 수 있다. 이처럼 사람의 말이 새소리와 합일하면 사람이 곧 천지
와 합일하는 일이다. 이런 상태에 이르면 사람은 어리석고 무심해져 그
모습이 어리석고 또 어리석은 듯하다. 이런 상태를 현덕(玄德), 즉 깊고
그윽한 무위자연의 덕에 이른 상태라고 말하고, 이것이 대순(大順), 즉
자연의 큰 질서와 하나가 되는 길이다. 그러니 자연의 큰 질서와 하나
가 되려면 무엇보다 깊고 그윽한 현덕의 상태에 이르러야 한다. 그리고
이런 현덕의 상태에 이르려면 무엇보다 타고난 본성을 잘 닦아야 한다.
노자 『도덕경』에 현덕과 대순이란 말이 다음과 같이 등장한다. 현덕은
10장에서 대순은 65에 각각 등장한다. 한번 참고하길 바란다.

> 만물을 낳고 기르는 데 있어
> 만물이 생겨나도 이를 소유하지 않고,
> 만물을 보살펴도 거기에 의지하지 않고,
> 만물을 자라게 해도 이를 주관하지 않는다.
> 이를 일컬어 현덕(玄德)이라고 한다.[14]

> 그러므로 지혜로 나라를 다스리는 건 나라를 해치는 짓이고,
> 지혜로 나라를 다스리지 않는 건 나라의 복(福)이다.
> 이 두 가지를 아는 것도 나라를 다스리는 법식이다.
> 그리고 이 법식을 늘 아는 것을 일러 현덕(玄德)이라고 한다.
> 현덕은 깊고도 멀다. 그리고 사물과는 반대된다.
> 그런 뒤 자연의 큰 질서(大順), 즉 도에 이른다.[15]

---

14) 生之畜之., 生而不有, 爲而不恃, 長而不宰. 是謂玄德. (『도덕경』 10장)

15) 故以智治國 國之賊., 不以智治國 國之福. 知此兩者亦稽式. 常知稽式, 是謂玄德. (『도덕
   경』 65장)

천지 6-1

공자가 노담(老聃)을 방문해서 물었다.

"도를 다스리는(治)데 세상의 상식과 어긋나는 듯한 사람이 있습니다.

이들은 옳지 않은 걸 옳다고 하고, 그렇지 않은 걸 그렇다고 합니다.

변자(辯者)들의 말이 바로 그러한데 이들은 다음과 같이 말합니다.

'단단한 흰 돌에서 단단하다(堅)와 희다(白)를 분리하면

처마 끝에 매달아 보여주는 것처럼 그 의미가 분명해진다.'

이런 사람을 성인(聖人)이라고 할 수 있겠습니까?"

노담이 대답했다.

"이런 사람은 먼 걸 가벼이 여기고, 재주에 얽매여 몸을 힘들게 해서

마음을 슬프게 하는 사람이지요.

살쾡이를 잡는 개는 머리를 굴려야 사냥에 성공할 수 있고,

원숭이의 날램도 산속에 살기 때문에 가능합니다.

공자(丘)여, 나는 그대가 들을 수 없고, 그대가 말할 수 없는 걸 알려주겠소.

머리가 있고 발이 있어 몸의 형체를 지녀도

마음작용이 없고 감관작용이 없는 존재들이 세상에는 많습니다.

그런데 형체를 지닌 존재가 형체와 모습이 없는 도(道)와 생명을 누리면서

존재하는 일은 없습니다.

움직임(動)과 멈춤(止), 죽음(死)과 삶(生), 무너짐(廢)과 일어남(起)은

형체를 지닌 존재의 작용 때문이 아니지요.

그렇더라도 움직임과 멈춤, 죽음과 삶, 무너짐과 일어남을 다스리는 건
사람의 몫입니다.
사물(物)을 잊고 하늘(天)을 잊는 걸 두고 자기를 잊는 거라고 하는데
자기를 잊는 사람을 두고 하늘(天)의 경지에 들어간 사람이라고 말합니다."

• • •

夫子問於老聃曰:「有人治道若相放, 可不可, 然不然.
辯者有言曰,『離堅白若縣宇.』若是則可謂聖人乎?」
老聃曰:「是胥易技係, 勞形怵心者也. 執狸之狗成思, 猿狙之便自山林來.
丘, 予告若, 而所不能聞與而所不能言, 凡有首有趾無心無耳者衆, 有形者與
無形無狀而皆存者盡無. 其動止也, 其死生也, 其廢起也, 此又非其所以也.
有治在人, 忘乎物, 忘乎天, 其名爲忘己, 忘己之人, 是之謂入於天.」

말 잘하는 사람(辯者)은
자연스런 덕성을 회복하지 못한다

———

앞 장에서 타고난 본성(性)을 잘 닦아서 자연스런 덕성(德)을 회복하면 그 덕성은 처음인 하나의 상태와 같아지지만 타고난 본성을 제대로 닦지 못해 자연스런 덕성을 회복하지 못하면 처음인 하나의 상태로 돌아갈 수 없다고 말한 바 있다. 그래서 타고난 본성을 닦는 게 무엇보다 중요하다. 그런데 이와 거꾸로 가는 사람이 있다. 그 대표적인 인물이 혜시(惠施)처럼 말로 사리분별에 밝은 변자(辯者), 즉 자기주장만 일방적으로 늘어놓는 사람과 기계심(機心)이 있는 사람 그리고 천하의 부스럼을 고치기 위해 대머리에게 가발을 씌우려는 것과 같은 일을 하는 요임금이다. 반면 성인(聖人)·덕인(德人)·신인(神人)은 자연스런 덕성을 따르는 훌륭한 사람이다. 여기서는 말로 사리분별에 밝은 변자를 예로 들어서 이런 사람이 어째서 타고난 본성을 제대로 닦지 못하는지에 대해 말한다.

변자는 동아시아판 소피스트라고 할 수 있다. 그래서 이들은 논리적 완벽성만 추구한다. 그래서 '단단한 흰 돌에서 단단하다(堅)와 희다는 (白) 걸 분리해야 처마 끝에 매달아 보여주는 것처럼 사물의 의미가 분명해진다.'라는 주장을 편다. 물론 단단한 건 만져보아야 알고, 희다는 건 눈의 감각으로만 알 수 있다. 이에 변자는 사람들이 서로 다른 범주의 속성을 무의식중에 같은 범주라고 여기는 오류를 범한다고 말한다. 즉 만져보아야 아는 것과 보아야 아는 것을 서로 분리하지 않고 모두 같은 것으로 여긴다는 오류이다. 이것이 유명한 견백론(堅白論)이다. 견백론은 언뜻 맞는 말인 것처럼 보이지만 장자의 눈에는 타고난 본성을 거스르는 위험한 주장일 뿐이다.

이에 공자는 이런 사람, 즉 만져보는 것과 보아야 하는 것을 굳이 구분하는 사람이 과연 성인인지에 대해 노자에게 물었다. 그러자 노자는 이런 변자를 가리켜서 먼 걸 가벼이 여기고, 또 재주에 얽매여서 자신의 몸을 수고롭게 해 마음을 슬프게 하는 사람이라고 폄하해서 말한다. 나아가 노자는 이런 사람을 가리켜서 살쾡이를 잡는 사냥개나 사람과 어울리는 날랜 원숭이와 크게 다를 바 없다고 말한다. 어째서 그러한가? 살쾡이를 잡는 사냥개는 몸을 잔뜩 웅크려서 가까이에 있는 먹잇감만 노리므로 자연히 먼 곳에 있는 먹잇감에 대해선 소홀히 한다. 이는 빨리 달려서 먼 곳에 있는 먹잇감까지 낚아채는 사냥개의 타고난 본성과 어긋나는 일이다. 또 원숭이는 자신의 날램만 믿고 이리 뛰고 저리 뛰고 하지만 이런 날램도 산림에서만 소용 있을 뿐이다. 산림만 벗어나면 당장에 잡히므로 그의 날램도 산림 밖에선 아무런 소용이 없다. 그러니 원숭이의 타고난 본성은 산림에서 뛰노는 일이지 사람과 함께 어울리는 일이 아니다.

그렇다면 변자는 어째서 타고난 본성을 제대로 닦지 못할까? 그것은 자기(己)를 잊지 못해서이다. 자기를 잊는 건 결국 자기가 없는, 즉 무기(無己)를 뜻한다. 장자는 내편 「소요유」에서 지인(至人)은 자기가 없는 사람이라고 밝힌 바 있다. 참고로 성인은 무명(無名), 즉 이름이 없고, 신인은 무공(無功), 즉 뽐냄이 없다. 그러니 자기를 잊지 못한다는 건 여전히 자의식(自意識)이 살아 있다는 증거이다. 그런데 자의식이란 무엇인가? 장자는 내편 「제물론」을 시작하면서 오상아(吾喪我)란 표현을 통해 이를 훌륭한 문학성으로 포장해서 말한 바 있다. 이때 자의식이란 살아가면서 만들어진 나(我)이다. 그래서 본래 타고난 내(吾)가 살아가면서 만들어진 나(我)를 없애야 남곽자기(南郭子綦)처럼 최고의 자연스런 상태에 이를 수 있다. 반면 변자는 구분할 필요가 없는 구분을 억지로 이뤄냄으로써 자연스러움을 해치고 마는데 이는 자기란 의식이 마음속에 여전히 자리해서이다.

그러니 자기란 의식을 마음에서 지우려면 무엇보다 감관작용과 심관작용을 멈춰야 한다. 그래서 장자도 오상아(吾喪我)를 언급하면서 우리가 오상아 상태에 이르려면 몸은 마른나무처럼 마음은 불 꺼진 재처럼 만들어야 한다고 주문한 바 있다. 이는 한마디로 감관작용과 심관작용을 멈추라는 주문이다. 물론 머리와 발이 있어 사람의 형체를 지니더라도 심관작용과 감관작용을 제대로 하지 못하는 사람들이 있다. 이들은 시각장애자와 청각장애자이거나 아니면 우둔하거나 목석 같은 사람이다. 시각 및 청각 장애자는 감각작용중 일부만 할 수 있고, 또 우둔하거나 목석 같은 사람은 마음의 움직임이 없어 심관작용을 제대로 하지 못한다. 그렇지만 우리는 시각 및 청각 장애자 및 우둔하거나 목석 같은 사람을 두고 자의식을 지운 사람이라고 말하지 않는다. 이들이 자의식을 지운 건 감각 및 심관작용을 할 수 없어 어쩔 수 없이 이루어냈을 뿐이지 자발적으로 자기를 지워서 이루어낸 게 아니기 때문이다.

한편 보통사람들, 즉 시각 및 청각 장애자가 아니거나 우둔하거나 목석 같은 사람이 아닌 보통사람들이 형체와 모습이 없는 도(道)와 함께 생명을 누리면서 살아가기란 쉽지가 않다. 예를 들어 우리가 살아가면서 경험하는 온갖 움직임(動)과 멈춤(止), 죽음(死)과 태어남(生), 무너짐(廢)과 일어남(起)은 형체와 모습이 있는 사람의 의지가 작용해서 생겨난 게 아니다. 이것들은 형체와 모습이 없는 도가 작용해서 생겨난 것이다. 그렇지만 움직임과 멈춤, 죽음과 태어남, 그리고 무너짐과 일어남으로부터 비롯되는 희로애락(喜怒哀樂)의 감정, 여탄변집(慮嘆變慹)의 생각, 요일계태(姚佚啓態)의 행동[16]은 우리가 다스려야 하는 몫이지 결코 도의 몫이 아니다. 그래서 우리가 사물을 잊고 하늘을 잊어야 희로애락의 감정 등을 다스릴 수 있는데 이런 잊음은 우리가 스스로를 잊을 때 비로소 가능하다. 이처럼 우리가 스스로를 잊을 때 하늘의 경지에 들어갈 수 있는데 왕덕지인(王德之人), 즉 덕이 으뜸인 사람만이 이런 경지에 들어갈 수 있다.

---

16) 희로애락은 기쁨·노여움·슬픔·즐거움을, 여탄변집은 걱정·한탄·변덕·고집을, 요일계태는 아첨·방자·솔직·꾸밈을 의미한다. 내편 「제물론」 2를 참조하길.

천지 6-2

장려면(蔣閭葂)이 계철(季徹)을 만나서 말했다.

"노(魯)나라 군주가 저 장려면에게 가르침을 받고 싶다고 해서
그 청을 사양했는데 끝내 윤허되지 않았습니다.
그래서 저는 하는 수 없이 군주를 가르쳤습니다.
"저의 가르침이 맞는지 그른지 모르니 부디 한 말씀만 해주십시오."
저는 노나라 군주에게 말했습니다.
'반드시 공손함과 검소함을 지키고 군주의 일에 힘써야 합니다.
공평무사한 충성스런 무리를 발탁하고, 사적인 사람을 가까이하지 않아야
백성이 누구나 다 유순히 따를 겁니다!'"
계철이 껄껄 웃으면서 말했다.

"선생이 한 말은 제왕의 덕(帝王之德)에선 사마귀가 팔뚝을 걷어붙이고서
수레바퀴와 맞서는 일이지요. 그러니 도저히 감당할 수 없습니다.
그런 짓을 했다간 위험에 처할 뿐 아니라 그대의 일이 조정에서 많아질 텐데
그러면 한 몫 보려고 그대 뒤를 따르면서 사람들이 꾸역꾸역 모여들 거요.
장려면이 소스라치게 놀라서 물었다.

"저 장려면은 선생의 말씀에 정신이 아득해진 것 같은데
그렇더라도 말씀의 대강이라도 듣고 싶습니다."
계철이 말했다.

"큰 성인이 천하를 다스리면 백성의 마음을 격려하고 북돋워서
교화를 저절로 이루어 풍속을 고치지요.
이에 백성은 나쁜 마음을 죄다 없애고, 도(道)를 향해 뜻을 밀고 나가는데
이런 움직임은 마치 타고난 본성(性) 그대로 저절로 되어가므로

백성이 어째서 그러한지를 알지 못합니다.

이런 큰 성인이 어째서 요·순 임금이 행했던 백성의 교화를 형님으로,

태초 그대로의 상태를 아우로 삼겠습니까?

성인에게는 덕(德)과 하나 되려는 마음만 있을 뿐이지요!"

. . .

蔣閭葂見季徹曰:「魯君謂葂也曰:『請受敎.』辭不獲命, 旣已告矣. 未知中否,
請嘗薦之. 吾謂魯君曰『必服恭儉, 拔出公忠之屬而無阿私, 民孰敢不輯!』
季徹局局然笑曰:「若夫子之言, 於帝王之德, 猶螳螂之怒臂而當車轍, 則必
不勝任矣. 且若是, 則其自爲處危, 其觀臺多物, 將往投迹者衆.」
蔣閭葂覤覤然驚曰:「葂也汒若於夫子之所言矣. 雖然, 願先生之言其風也.」
季徹曰:「大聖之治天下也, 搖蕩民心, 使之成敎易俗, 擧滅其賊心而皆進其
獨志, 若性之自爲, 而民不知其所由然. 若然者, 豈兄堯舜之敎民, 溟涬然弟
之哉? 欲同乎德而心居矣!」

자기주장만 늘어놓는 사람도
자연스런 덕성을 회복하지 못한다

———

　자연스런 덕성을 회복하지 못한 두 번째 예로 든 사람이 자기주장만
일방적으로 늘어놓는 사람이다. 장자는 이런 사람의 예로 장려면(蔣閭
葂)이란 가상의 인물을 등장시켰다. 노(魯)나라 군주가 장려면에게 군주
의 도리에 대해 말해달라고 요청하자 처음에는 몇 번 거절했는데 결국
그 요청을 받아들여서 군주에게 가르침을 주었다. 그의 가르침은 공손
함과 검소함을 반드시 지키고, 공평무사하고 충성스런 무리를 발탁하
고, 사적인 사람을 가까이하지 않는 일이다. 군주가 이렇게만 하면 백
성은 누구나 다 군주를 순순히 따를 거라고 보았다. 또 다른 가상의 인
물인 계철(季徹)은 장려면의 이런 가르침 내용을 듣고 이를 사마귀가
팔뚝을 높이 쳐들고 수레와 맞서는 무모한 짓에 비유했다. 그래서 계철
은 장려면이 자신의 말을 스스로 감당하지 못할 거라고 보았다.
　계철에 따르면 천하를 잘 다스리려면 무엇보다 자연스러워야지 인
위적이어선 안 된다. 그래서 큰 성인이 천하를 다스리면 오히려 백성의
마음을 자유로이 풀어주어서 교화를 저절로 이루어 풍속을 고친다. 그
러면 백성은 자발적으로 나쁜 마음을 없애고, 또 모두 일치단결해 도
(道)를 천하에 구현하기 위해서 자신들의 뜻을 묵묵히 차근차근 밀고
나간다. 이런 행동은 타고난 본성(性) 그대로 이루어지므로 백성이 어

째서 그런지 이유조차 알지 못한다. 한마디로 자연스러움에 입각한 다스림(治)이 저절로 이루어진다는 말이다. 그러니 요·순 임금이 행했던 인위적인 백성의 교화를 형님으로 숭상하면서 원래의 자연스런 상태에 따라 이루어지는 백성의 교화를 아우로 낮춰 평가해선 안 된다. 그런데 큰 성인에게는 오로지 자연스러운 덕(德)과 하나 되려는 마음만 있을 뿐이다. 이것이 왕덕지인(王德之人), 즉 덕이 으뜸인 사람의 모습이다. 그래서 우리는 오히려 왕덕지인을 형님으로 요·순 임금을 동생으로 여겨야 한다.

자공(子貢)이 남쪽에 내려가 초(楚)나라를 유람하고 진(晉)나라로 돌아오다가

한수(漢水) 남쪽을 지날 때 한 노인이 채소밭을 가꾸는 걸 우연히 보았다.

그 노인은 굴을 뚫어서 우물을 만들어 그 안에 들어가서

항아리에 물을 담은 뒤 항아리를 껴안고 나와 채소밭에 물을 주었다.

노인이 힘을 많이 들이는데 비해서 채소밭에 물을 주는 성과는 적었다.

이를 보고 자공이 말했다.

"여기에 기계(機)가 있으면 하루에 백 이랑의 채소밭에 물을 줄 수 있어

조금만 힘써도 큰 성과를 볼 수 있습니다.

어르신께서 그렇게 하실 의향이 없으신가요?"

밭일을 하던 노인이 올려다보면서 그에게 물었다. "어떻게 하는 거요?"

자공이 말했다.

"나무를 깎아서 구멍을 뚫어 만든 건데 뒤쪽은 무겁고 앞쪽은 가볍지요.

이를 이용하면 물이 펑펑 쏟아지듯 해 콸콸 흐르는 물처럼 빨라

이걸 두레박(橰)이라고 합니다."

밭을 매던 노인이 불끈하고 낯빛을 붉혔다가 이내 웃으면서 말했다.

"나도 내 스승에게 그 기계에 대해 들었소.

그런데 기계가 있으면 반드시 기계를 쓸 일이 생겨나고,

기계를 쓸 일이 생겨나면 반드시 기계에 대해 마음을 쓰게 되지요.

기계에 대해 마음을 쓰게 되는 기심(機心)이 가슴에 있으면

순백(純白), 즉 순박한 빈 마음을 지니지 못합니다.

순박한 빈 마음을 지니지 못하면 정신(神)과 삶(生)이 안정되지 못하지요.

정신과 삶이 안정되지 못하면 도(道)가 깃들지 않습니다.

그러니 그 기계를 몰라서가 아니라 부끄러워 사용하지 않았을 뿐이지요."

자공이 눈을 감고 부끄러워하면서 몸을 굽힌 채 대답을 하지 못했다.

조금 있다가 밭을 매던 노인이 물었다.

"댁은 무슨 일을 하는 사람이오?"

자공이 말했다. "공자의 제자입니다."

그러자 밭을 매던 노인이 말했다.

"공자 그 사람은 학식이 깊고 넓어 성인의 흉내를 내면서

뽐내며 함부로 하는 말로 여러 사람의 눈을 가리고,

홀로 거문고 타며 처량하게 노래해 천하에 명성을 파는 사람이 아닌가요?

그대도 이제 그대의 정신과 기백(神氣)이 없다고 여기고서

그대의 육체(形骸)를 헐어버리면 도에 가까워질 것이오.

그대 몸도 제대로 추스르지 못하면서 어찌 천하를 다스릴 겨를이 있나요?

댁은 가보시오. 내 일을 방해하지 말고!"

자공은 부끄러워서 얼굴이 창백해지고 멍청한 채 넋을 잃었다.

그리고 삼십 리를 간 뒤에 비로소 정신을 차렸다.

자공의 제자가 말했다.

"아까 그분은 누구입니까?

스승께서 그분을 만나자 어째서 얼굴 모습이 변하고 창백해진 뒤

온 종일 정신을 차리지 못하나요?"

자공이 말했다.

"나는 천하에 선생은 공자뿐인 줄 알고 이런 선생이 또 있는 줄 몰랐네.

내가 스승에게 들은 일은 옳은 걸 추구하면서 공(功)이 이루어지길

바라는 거였네.

또 조금만 힘쓰고 공이 많아지는 걸 보는 게 성인의 도(道)라는 거였네.

그런데 지금 와서 보니까 그렇지가 않아.

도(道)를 지켜야 덕(德)이 온전하고, 덕이 온전해야 몸(形)이 온전하고,

몸이 온전해야 정신(神)이 온전하고, 정신이 온전해야 성인의 도를 갖추네.

아까 그 어른은 자신의 삶을 세상에 맡긴 채 사람들과 함께 가면서도

어디로 가는지를 알지 못해 그 어른이 지닌 순박함(淳)은 물처럼 맑네!

그래서 일의 이로움(功利)과 기계의 약삭빠름(機巧) 같은 건

그 어른의 마음에서 틀림없이 잊혀져 있네.

그 어른은 자신의 뜻과 맞지 않으면 어디에도 가지 않고,

마음이 내키지 않으면 아무 일도 하지 않네.

비록 천하가 그 어른을 기려서 그분 말대로 되어간다 해도

그 어른은 초연한 채 돌아보지도 않을 걸세.

또 천하가 그 어른을 비난해서 그분 말대로 되어가지 않는다 해도

그 어른은 무심한 채 들은 척도 않을 걸세.

천하의 이런 비난과 칭찬도 그 어른의 존재를 더하거나 덜하지도 않네.

이런 사람을 가리켜서 온전한 덕을 지닌 사람(全德之人)이라고 말하네!

그분에 비하면 나는 바람에 출렁이는 물결(風波)과 같은 사람이지.

자공이 노(魯)나라에 돌아와 공자에게 그 얘기를 전하니까 공자가 말했다.

"그 어른은 혼돈씨(混沌氏)의 방술을 빌려서 수양하는 사람이다.

절대적인 하나(一), 즉 도(道)만을 알지 상대적인 둘(二)은 알지 못한다.

또 마음만 다스리지 그 밖의 것은 다스리지 않는다.

그는 질박함(太素)을 깨끗이 하고, 순박함(朴)을 무위로 회복해서

타고난 본성(性)을 체득하고 순수한 정신을 지니면서

세속의 틈에서 노니시는 분이다. 그러니 너는 정말로 놀라지 않느냐?

나와 너는 이런 혼돈씨(混沌氏)의 방술을 도저히 알 수 없네!"

子貢南遊於楚, 反於晉, 過漢陰見一丈人方將爲圃畦,
鑿隧而入井, 抱甕而出灌, 搰搰然用力甚多而見功寡.
子貢曰:「有械於此, 一日浸百畦, 用力甚寡而見功多, 夫子不欲乎?」
爲圃者仰而視之曰:「奈何?」
曰:「鑿木爲機, 後重前輕, 挈水若抽., 數如泆湯, 其名爲槹.」
爲圃者忿然作色而笑曰:「吾聞之吾師, 有機械者必有機事, 有機事者必有機心.
機心存於胸中, 則純白不備., 純白不備, 則神生不定., 神生不定者, 道之所
不載也. 吾非不知, 羞而不爲也.」
子貢瞞然慙, 俯而不對.
有閒, 爲圃者曰:「子奚爲者邪?」
曰:「孔丘之徒也..」
爲圃者曰:「子非夫博學以擬聖, 於于以蓋衆, 獨弦哀歌以賣名聲於天下者乎?
汝方將妄汝神氣, 墮汝形骸, 而庶幾乎!
汝身不能治, 而何暇治天下乎? 子往矣. 無乏吾事!」
子貢卑陬失色, 頊頊然不自得, 行三十里而後愈.
其弟子曰:「向之人何爲者邪? 夫子何故見之變容失色, 終日不自反邪?」
曰:「始吾以夫子爲天下一人耳, 不知復有夫人也.
吾聞之夫子, 事求可. 功求成. 用力少, 見功多者, 聖人之道. 今徒不然.
執道者德全, 德全者形全, 形全者神全. 神全者, 聖人之道也.
託生與民竝行而不知其所之, 汒乎淳備哉! 功利機巧必忘夫人之心.
若夫人者. 非其志不之, 非其心不爲.
雖以天下譽之, 得其所謂, 謷然不顧., 以天下非之, 失其所謂, 儻然不受.
天下之非譽, 無益損焉, 是謂全德之人哉! 我之謂風波之民.」
反於魯, 以告孔子, 孔子曰:「彼假修混沌氏之術者也, 識其一, 不知其二., 治
其內, 而不治其外. 夫明白入素, 無爲復朴, 體性抱神, 以遊世俗之閒者, 汝
將固驚邪? 且混沌氏之術, 予與汝何足以識之哉!」

기계심(機心)은
자연스런 덕성을 회복하는 걸 방해한다

———

　자연스런 덕성을 회복하지 못한 세 번째 예가 기심(機心), 즉 기계심을 지닌 사람이다. 기계심이란 일할 때 기계에 의지하는 마음이다. 공자의 제자 자공(子貢)도 이런 기계심을 지닌 사람 중에 하나이다. 자공이 남쪽으로 가서 초(楚)나라를 유람하고 진(晉)나라로 돌아오다가 한수(漢水) 남쪽을 지날 때 밭을 매던 한 노인을 우연히 보았다. 그 노인은 구덩이를 파서 샘을 만들어 그 안에 들어가서 항아리에 물을 담은 뒤 그 항아리의 물로 밭에 일일이 물을 주었다. 자공이 볼 때 노인의 수고는 크지만 그 수고에 비해 밭에 물을 주는 효과가 크지 않았다. 이를 답답하다고 여겼는지 자공은 노인에게 다가가서 기계를 사용하면 하루에 백 이랑 정도의 밭에 물을 줄 수 있는데 그럴 의향이 있느냐고 넌지시 물었다.

　밭을 매던 노인은 자공을 올려다보면서 그 기계가 어떤 거냐고 물었다. 자공은 나무를 깎아서 구멍을 뚫어 만든 건데 뒤쪽은 무겁고 앞쪽은 가벼워 물을 퍼내면 펑펑 쏟아져서 콸콸 흐르는 물처럼 빨리 흘러 이를 두레박이라고 한다고 말했다. 노인은 갑자기 불끈하고 낯빛을 붉혔다가 이내 웃으면서 말했다. 자신도 스승에게 그 기계에 관해 들은 적이 있는데 그런 기계가 있으면 기계 쓸 일이 반드시 생겨나고, 또 기계 쓸 일이 생겨나면 기계에 관한 마음쓰임, 즉 기계심을 반드시 지니게 되므로 밭을 매는 게 힘들어도 기계를 사용하지 않는다고 대답했다. 그러면서 기계심을 지니게 되면 순수한 빈 마음이 없어지고, 순수한 빈 마음이 없어지면 몸과 정신이 안정되지 못하고, 몸과 정신이 안정되지 못하면 도(道)가 깃들지 않는다고 덧붙여서 말했다. 그러니 노인은 몰라서가 아니라 부끄러워서 기계를 사용하지 않았던 것이다.

자공이 얼굴을 붉힌 채 부끄러워하면서 말을 더 이상 하지 못하자 밭을 매던 노인은 자공에게 누구냐고 물었다. 공자의 제자라고 말하자 노인은 공자란 인물은 배움이 깊지 않은데 넓게만 배워 성인의 흉내를 내면서 뽐내듯이 함부로 하는 말로 많은 사람들의 눈과 귀를 가린다고 공자를 깎아 내렸다. 그 뿐만이 아니다. 거문고를 홀로 타면서 처량한 듯 노래해 천하에 명성을 팔러 다니는 사람이라고 혹평했다. 그러니 공자의 제자인 자공도 정신을 차려 몸과 마음을 허망되게 여기고서 몸의 족쇄를 풀어버려야 도에 가까워질 거라고 꾸짖었다. 그러면서 자기 몸 하나도 제대로 추스르지 못해 일할 때 기계에 의존한다면 어느 겨를에 천하를 다스릴 수 있겠냐고 일갈했다.

자공은 부끄러움으로 인해 얼굴이 창백해지고, 또 모습도 멍청한 채 그만 넋을 잃고 말았다. 그래서 삼십 리를 간 뒤에 비로소 정신을 차렸다. 자공의 제자가 "아까 그분은 누구이길래 스승께선 그분을 만난 뒤 얼굴이 창백해지고 온 종일 정신을 차리지 못하는가?"라고 물었다. 그러자 자공이 "이전에 천하에 스승은 공자 한 분뿐인 줄 알았는데 이런 스승이 또 있는 줄 몰랐다. 내가 스승에게서 들은 바로는 일은 옳은 걸 찾고, 공은 이루어지길 바라고, 또 힘은 덜 쓰고서 공이 많아지는 걸 보는 게 성인의 도였는데 지금 보니까 그렇지 않다."라고 고백했다. 그러니 자공은 노인을 만나고서 깨달은 바를 제자에게 솔직히 털어놓은 셈이다.

그리고 깨달은 바를 계속해서 제자들에게 말했다. 도를 지키는 사람은 그 덕이 온전하고, 덕이 온전한 사람은 그 몸이 온전하고, 몸이 온전한 사람은 그 정신이 온전하고, 정신이 온전한 사람은 성인의 도를 갖춘 사람이다. 노인은 자신의 삶을 세상에 턱 하고 맡긴 채 사람들과 나란히 가면서도 어디로 가는지 알지 못하고, 또 노인의 순박함은 아무런 생각 없이 멍해져서 스스로를 잊어버릴 정도이다. 그러니 공(功)의 이로움이나 기계의 약삭빠름은 노인의 마음에서 일찌감치 사라졌다. 그리고 노인은 자신의 생각과 맞지 않으면 어디에도 가지 않을 뿐 아니라 마음이 원치 않으면 아무 일도 하지 않는다. 혹시 온 천하가 노인을 칭찬해서 그분의 말을 따른다 해도 초연한 채 돌아보지 않고, 또 온 천하가 노인을 비난해서 그분의 말을 따르지 않는다 해도 무심한 채 들은 척도 하지 않는다. 이처럼 천하의 비난과 칭찬마저 노인의 존재 가치를 더하지도 덜하지도 않도록 한다. 이런 사람이 전덕지인(全德之人), 즉 온전한 덕을 지닌 사람이다. 그래서 자공이 볼 때 자신은 노인에 비해 바람에 출렁이는 물결(風波) 정도에 불과하다.

자공이 노(魯)나라에 돌아와서 공자에게 그 얘기를 전하니까 공자가 말했다. "그 어른은 혼돈씨(混沌氏)의 방술을 빌려서 수양하는 사람이므로 절대적인 하나만 알지 상대적인 둘은 알지 못한다. 또 마음만 다스릴 뿐이지 그 밖의 것은 다스리지 않는다. 그래서 질박함(太素)을 깨끗이 하고, 순박함(朴)을 무위(無爲), 즉 하고자 함이 없음을 회복해서 타고난 본성(性)을 체득해 순수한 정신을 지닌 성인이다." 그가 마침 세속의 틈에서 노닐고 있었기에 자공에게 그만 발견된 것이다. 노인이 행하는 이런 혼돈씨의 방술을 우리는 도저히 알 수 없으니까 공자로선 그저 놀랄 뿐이다.

순망(諄芒)이 동쪽 넓은 바다로 나아가다가 동해 바닷가에서
우연히 원풍(苑風)을 만났다.

원풍이 물었다. "선생은 어디로 가시나요?"

순망이 답했다. "큰 바다로 가려고 하오."

원풍이 물었다. "무얼 하려고 가시나요?"

순망이 답했다.

"저 큰 바다란 건 말이오. 아무리 물을 부어도 차지 않고,
아무리 물을 퍼내도 마르지 않아 거기서 노닐려고 하오."

원풍이 물었다.

"그렇게 노니시기만 하면 선생은 백성의 눈을 의식하지 않나요?
부디 성인의 다스림(聖治)에 대해 말씀해 주십시오."

순망이 말했다. "성인의 다스림 말이오?

그건 직분에 맞게끔 적절한 관직을 제공하고, 능력에 맞게끔 유능한 사람을
기용하고, 일의 실정에 근거해서 적당한 조치를 반드시 시행하기만 하면
언행(言行)은 저절로 이루어지는데 그러면 천하가 감화되지요.

그래서 손을 구부리거나 턱으로 가리키는 것 같은 쉬운 조치를 취해도
사방에서 백성이 모여들지요. 이런 걸 성인의 다스림(聖治)이라고 하오."

원풍이 말했다. "그러면 덕인(德人)에 대해 말씀해 주십시오."

순망이 말했다.

"덕인은 머물러도 아무 생각이 없고, 움직여도 마음 쓰는 일이 없어서
시비(是非)나 미추(美醜) 따위를 마음속에 간직하지 않지요.

또 온 세상사람이 함께하는 이득(公利)을 기쁨이라고 여기고,

온 세상사람이 함께하는 넉넉함(共給)을 편안함이라고 여기지요.

또 덕인은 슬픈 때는 어린아이가 어머니를 잃은 것처럼 슬퍼하고,

실의에 빠질 때는 나그네가 길을 잃은 것처럼 실망하지요.

또 덕인에게는 재물이 늘 여유가 있어도 그 재물이 어디서 왔는지 모르고,

음식은 충분히 먹어도 그 음식이 어디서 왔는지 모른다오.

이를 덕인의 모습(容)이라고 하오."

원풍이 말했다. "신인(神人)에 대해서도 말씀해 주십시오."

순망이 말했다.

"지극한 신인은 빛을 타고, 또 빛과 함께 자신의 모습을 감추는데

이를 조광(照曠), 즉 밝은 비움이라고 하지요.

신인은 수명이 다할 때까지 타고난 참 모습을 유지하는 데 진력합니다.

그러면 천지가 즐거워해 세상만사가 자연스레 녹아 없어지면서

만물이 타고난 참 모습(情)으로 돌아오지요. 이를 혼명(昏冥)이라 합니다."

. . .

諄芒將東之大壑, 適遇苑風於東海之濱.

苑風曰:「子將奚之?」曰:「將之大壑.」

曰:「奚爲焉?」曰:「夫大壑之爲物也, 注焉而不滿, 酌焉而不竭, 吾將遊焉.」

苑風曰:「夫子無意於橫目之民乎? 願聞聖治.」

諄芒曰:「聖治乎? 官施而不失其宜, 拔舉而不失其能, 畢見情事而行其所爲,

行言自爲而天下化, 手撓顧指, 四方之民莫不俱至, 此之謂聖治.」

「願聞德人.」曰:「德人者, 居無思, 行無慮, 不藏是非美惡.

四海之內共利之之謂悅, 共給之之謂安..

怊乎若嬰兒之失其母也, 儻乎若行而失其道也.

財用有餘而不知其所自來, 飲食取足而不知其所從, 此謂德人之容.」

「願聞神人.」曰:「上神乘光, 與形滅亡, 此謂照曠. 致命盡情, 天地樂而萬事
銷亡, 萬物復情, 此之謂混冥.」

성인(聖人)·덕인(德人)·신인(神人)은
모두 자연스런 덕성을 따른다

─────

　이번에는 앞에서와 달리 자연스런 덕성을 회복한 사람에 대해 말한
다. 장자는 이런 사람을 가공의 인물인 순망(諄芒)과 원풍(苑風)의 대화
를 통해서 밝힌다. 순망이 동쪽 넓은 바다로 나아가다가 동해 바닷가에
서 원풍을 우연히 만났다. 그러자 원풍이 순망에게 어디로 가는지에 대
해 물었다. 순망이 큰 바다로 간다고 하자 무엇 하러 가느냐고 다시 물
었다. 이에 순망은 큰 바다는 물을 아무리 부어도 차지 않을 뿐더러 물
을 아무리 퍼내도 마르지 않아서 거기서 노닐려고 한다고 대답했다. 이
에 당황한 원풍이 백성의 눈을 의식하면 그렇게 노닐 수만 없지 않느냐
고 의아해했다. 그러면서도 성인의 다스림(聖治)에 대해 말해달라고 간
청한다.
　순망이 볼 때 성인의 다스림이란 게 별게 아니다. 신하에게 직분에
맞게끔 알맞은 관직을 제공하고, 능력에 맞게끔 유능한 사람을 기용하
고, 일의 실정에 근거해서 적당한 조치를 반드시 시행하면 언행(言行)의
일치가 저절로 이루어져 천하가 이에 감화해서 다스림이 저절로 이루
어진다. 그래서 손을 구부리거나 턱으로 가리키는 것처럼 쉬운 조치를
취한다 해도 백성들은 사방에서 모두 모여들게 마련이다. 이것이 순망
이 생각하는 성인의 다스림이다. 한 마디로 자연스러운 덕성에 따라 나

라를 다스리는 일이다.

그러자 원풍은 덕인(德人)에 대해서도 말해달라고 간청한다. 이에 순망은 덕인은 머물러도 아무런 생각이 없고, 움직여도 마음 쓰는 일이 없어서 시비(是非)나 미추(美醜) 따위를 마음속에 간직하지 않는다고 말한다. 여기에 덕인은 온 세상사람이 함께하는 이득(公利)을 기쁨이라고 여기고, 또 온 세상사람이 함께하는 넉넉함(共給)을 편안함이라고 여긴다고 덧붙여 말한다. 그뿐만이 아니다. 덕인은 슬플 때는 어린아이가 어머니를 잃은 것처럼 슬퍼하고, 실의에 빠질 때는 나그네가 길을 잃은 것처럼 실망한다고 말한다. 그리고 덕인의 재물은 늘 여유가 있어도 그 재물이 어디서 왔는지 모르고, 또 음식을 넉넉하게 먹지만 그 음식도 어디서 왔는지 모른다고 말한다. 이 역시 자연스런 덕성을 따르기에 가능한 모습이다.

원풍은 또다시 신인(神人)에 대해서도 말해달라고 간청한다. 이에 순망이 지극한 신인은 빛을 타고, 또 빛과 함께 자신의 모습을 감추는데 이를 조광(照曠), 즉 밝은 비움이라고 말한다. 또 이런 신인은 자신의 수명이 다할 때까지 타고난 참 모습을 그대로 유지하는 데 힘을 모은다고 말한다. 그러면 천지가 즐거워하므로 세상만사가 자연스레 녹아 없어지면서 만물이 타고난 참 모습(情)으로 돌아온다. 이를 혼명(昏冥), 즉 어두움이라고 말한다. 그러니 신인은 밝은 비움과 어두운 참 모습을 동시에 지니는데 이 역시 자연스런 덕성을 따르기에 가능하다.

천지 6-5

문무귀(門無鬼)와 적장만계(赤張滿稽)가 주나라 무왕의 군대를 참관했다.
적장만계가 말했다.

"무왕은 순임금(有虞氏)에게는 미치지 못하네!
그러니까 전쟁이란 골치 아픈 환난을 만난 게지."
문무귀가 물었다.

"순임금 시절에는 천하가 잘 다스려졌는데 이건 순이 다스려서인가?
아니면 천하가 어지러워진 뒤에 순이 다스려서인가?"
적장만계가 대답했다.

"천하가 잘 다스려져 백성이 원하는 대로 되었다면
어째서 순임금에게 천하를 다스리도록 새삼스레 도모했겠는가!
그러니 순임금이 천하의 부스럼을 고친 건
대머리에게 가발을 씌우거나 병난 뒤에 의사를 불러온 것과 같네.
효자가 인자한 아버지에게 약을 들고 다가간다 해도
병이 이토록 심한데도 고치지 못한 걸 부끄러워해 얼굴빛이 초췌해지네.
성인이 천하를 다스리면 효자와 같은 이런 다스림을 부끄러워할 거네.
적장만계가 계속해서 말했다.

덕이 지극했던 세상에선 현인을 특별히 숭상하지 않고,
윗사람도 높은 나뭇가지처럼 그저 위에 있을 뿐이네.
그래서 백성은 들판의 사슴처럼 자유롭네.
단정히 행동해도 의롭다고(義) 알지 않고,
서로 사랑해도 어질다고(仁) 알지 않고,
진실해도 충성이라고(忠) 알지 않고,

일이 약속대로 꼭 들어맞아도 미덥다고(信) 알지 않네.

본성에서 나온 자연스런 행동이기에 이를 은덕(賜)으로 여기지 않아서이네.

이 때문에 덕이 지극했던 세상에선 무엇을 행해도 자취가 없고,

훌륭한 일이 있더라도 전해지지가 않네."

. . .

門無鬼與赤張滿稽觀於武王之師.

赤張滿稽曰:「不及有虞氏乎! 故離此患也.」

門無鬼曰:「天下均治而有虞氏治之邪? 其亂而後治之與?」

赤張滿稽曰:「天下均治之爲願, 而何計以有虞氏爲!

有虞氏之藥瘍也, 禿而施髢, 病而求醫.

孝子操藥以修慈父, 其色燋然, 聖人羞之.

「至德之世, 不尚賢, 不使能., 上如標枝, 民如野鹿,

端正而不知以爲義, 相愛而不知以爲仁, 實而不知以爲忠, 當而不知以爲信,

蠢動而相使, 不以爲賜. 是故行而無迹, 事而無傳.」

순임금이 천하의 부스럼을 고친 건
대머리에게 가발을 씌운 격이다

——

　자연스런 덕성을 회복하지 못한 마지막 예가 성군이라고 추앙받는 순임금이다. 문무귀(門無鬼)와 적장만계(赤張滿稽)가 어느 날 무왕의 군대를 시찰했다. 군대 시찰을 마친 적장만계는 무왕이 전쟁이란 골치 아픈 환난을 만난 건 천하의 다스림이 순임금에게 미치지 못해서라고 판단했다. 그러자 문무귀는 순임금 시절에 천하가 잘 다스려진 게 순임금이 다스린 탓인가 아니면 천하가 어지러워진 뒤에 순임금이 다스린 탓인가에 대해 물었다. 만약 순임금이 다스려서 천하가 잘 다스려진 거라면 그건 순임금이 오로지 훌륭한 탓이다. 그런데 어지러워진 뒤에 천하가 잘 다스려진 거라면 그건 순임금이 꼭 훌륭해서가 아니다. 순임금이 부임하기 전 상황이 워낙 좋지 않았기에 누가 다스려도 이전보다 잘 다스려질 게 뻔해서이다.

　적장만계는 천하가 이미 잘 다스려져 사람들이 원하는 바대로 되었다면 어째서 순임금에게 천하를 다스리도록 새삼스레 도모했겠느냐고 문무귀에게 물었다. 이 물음은 천하가 이미 혼란스러워져 순임금이 아니라도 누구든지 새 군주로 모셔질 수밖에 없다는 상황을 의미한다. 이처럼 천하가 이미 혼란스러워져 천하에 부스럼이 생겨났기에 어쩔 수 없이 순임금이 등장할 수밖에 없다. 그렇지만 적장만계가 볼 때 순임금의 등장이 꼭 바람직한 건 아니다. 순임금이 천하의 부스럼을 고치겠다고 나선 건 마치 대머리에게 가발을 씌우거나 병이 난 뒤에 의사를 불러온 격에 해당하기 때문이다. 그러니 순임금이 아니라 어느 누가 임금 자리에 오른다고 해도 천하의 혼란을 고치기에는 이미 늦었다. 그러니 천하의 혼란을 다스리겠다고 자신있게 나선 순임금의 자세가 오히려 자연스럽지 못하다.

효자는 인자한 아버지에게 약을 들고 다가가지만 아버지의 병이 이토록 심한데도 미리 알고서 고치지 못한 걸 부끄러워해 얼굴빛이 초췌해지게 마련이다. 만약 성인(聖人)이 천하의 혼란을 고치겠다고 나선다면 효자처럼 천하의 병이 이토록 심한데도 미리 알고서 고치지 못한 걸 부끄럽게 여기고 조심스럽게 다가가야 한다. 그래서 성인은 순임금처럼 요란하게 일어나 나라의 혼란을 고치겠다고 발 벗고 나서지 않는다. 이에 덕이 지극했던 세상에선 성인에 해당하는 현인을 특별히 숭상하지 않고, 숭상할 필요조차 없다. 현인이 윗자리에 있어도 나뭇가지가 위에 있듯 현인도 그저 위에 있을 뿐이다. 그래서 백성은 들판의 사슴처럼 늘 자유롭다. 이것이 자연스런 덕성에 따른 다스림이다.

그러니 백성이 단정히 행동한다 해도 그것을 의롭다고(義) 여기지 않고, 서로 사랑한다 해도 그것을 어질다고(仁) 여기지 않고, 진실하다 해도 그것을 충성이라고(忠) 여기지 않고, 일이 약속대로 꼭 들어맞는다 해도 그것을 미덥다고(信) 여기지 않고, 본성에서 나온 자연스런 행동을 하므로 그것을 은덕(賜)이라고 여기지 않는다. 그러니 모든 게 자연스럽게 이루어진다. 이 때문에 덕이 지극한 세상에선 무얼 행해도 자취가 없고, 훌륭한 일이 있어도 그것이 후대에까지 전해지지 않는다. 이렇게 보면 요임금의 다스림이 너무 요란했던 탓인지 자취가 많이 남아 있을 뿐 아니라 요임금이 한 일이 후세에까지 잘 전해진다. 특히 유가가 요·순 임금의 치적을 강조함으로써 더욱 그렇게 되었다. 그래서 순임금의 다스림이 자연스럽지 못하다.

효자는 부모에게 비위를 맞추지 않고, 충신은 군주에게 아첨하지 않는데
이것이 신하와 자식의 원숙한 모습이다.

그런데 부모가 말한 걸 무조건 그렇다고, 부모가 행한 걸 무조건 좋다고
하면 세상은 그를 못난 자식이라고 말한다.

군주가 말한 걸 무조건 그렇다고, 군주가 행한 걸 무조건 훌륭하다고 하면
세상은 그를 어리석은 신하라고 말한다.

그런데 반드시 그런지 아닌지는 아직 모르지 않는가?

세상이 그렇다고 말하는 걸 그렇다고 하고, 좋다고 말하는 걸 좋다고 하면
그를 소신 없는 사람이라고 말하지 않는다.

그런즉 세상의 평가는 예로부터 부모보다 더 엄하고,
군주보다 더 숭상을 받는 게 아니겠는가?

그런데 누군가 나를 추종꾼이라고 말하면 우꾼하고서 낯빛을 바꾸고,
나를 아첨꾼이라고 말하면 발끈하고서 낯빛을 바꾼다.

그러면서도 평생 추종꾼 노릇하고, 평생 아첨꾼 노릇한다.

아첨꾼은 비유를 그럴듯하게 늘어놓고서 말을 꾸며 사람을 모으지만
자신의 이런 행동을 허물과 죄로 여기지 않는다.

이런 사람은 멋진 옷을 입고 온갖 치장을 해 표정을 그럴듯하게 꾸민 뒤
세상의 비위를 맞추는데도 스스로 누군가를 추종한다거나
스스로 누군가에게 아첨한다고 말하지 않는다.

또 추종꾼은 사대부와 한패가 되어 보통사람과 시비를 벌이는데도
스스로를 보통사람이라고 여기지 않으니 정말로 어리석다.

자신의 어리석음을 알면 크게 어리석은 사람이 아니고,

자신의 미혹됨을 알면 크게 미혹된 사람이 아니다.

크게 미혹되면 자신의 잘못을 평생 깨닫지 못하고,

크게 어리석으면 평생 사리에 통달하지 못한다.

가령 세 사람이 함께 가다가 한 사람이 길을 잃어도 목적지에 이르는데

그건 길 잃은 사람이 적어서이다.

세 사람이 가다 둘이 길을 잃으면 수고만 하고 목적지에 이르지 못하는데

그건 길 잃은 사람이 많아서이다.

그런데 지금 천하가 길을 잃어서 내가 구한다 해도 구할 수 없으니

이 또한 슬프지 아니한가!

좋은 소리는 속인들의 귀에는 들리지 않지만

절양(折楊)·황과(皇夸)와 같은 속된 노래는 속인들이 환호하며 반긴다.

이 때문에 고상한 말은 보통사람의 마음에 머물지 않고,

이치에 맞는 말은 잘 나타나지 않아 속언(俗言)이 늘 우세하다.

같은 타악기인데도 부(缶)와 종(鐘) 중 어느 것으로 치느냐를 두고 헷갈려 해

천하가 가려는 곳에 갈 수가 없다.

그런데 지금 천하가 이처럼 헷갈리고 있으니까 내가 구한다 해도

어찌 구할 수 있겠는가!

또 구하려는 것을 구하는 게 불가능한 걸 알면서도 억지로 구하려는 것도

일종의 헷갈림이다.

그래서 내버려두고 억지로 밀고 나아가지 않는 게 가장 좋은 방법이다.

억지로 밀고 나아가지 않는다면 누가 이런 근심거리를 가까이 하겠는가?

문둥이가 한 밤중에 자식을 낳으면 서둘러 등불을 들고 허겁지겁 자식을

들여다보는데 이는 자식이 자기와 닮았는지 오로지 두려워해서이다.

孝子不諛其親, 忠臣不諂其君, 臣子之盛也.

親之所言而然, 所行而善, 則世俗謂之不肖子., 君之所言而然, 所行而善,
則世俗謂之不肖臣. 而未知此其必然邪?

世俗之所謂然而然之. 所謂善而善之, 則不謂之也. 然則俗故嚴於親而尊於君邪?

謂己道人, 則勃然作色, 謂己諛人, 則怫然作色.

而終身道人也, 終身諛人也, 合譬飾辭聚眾也, 是終始本末不相罪坐.

垂衣裳, 設采色, 動容貌, 以媚一世, 而不自謂道諛.,

與夫人之爲徒, 通是非, 而不自謂眾人, 愚之至也.

知其愚者, 非大愚也., 知其惑者, 非大惑也.

大惑者, 終身不解., 大愚者, 終身不靈.

三人行而一人惑, 所適者猶可致也, 惑者少也., 二人惑則勞而不至, 惑者勝也.

而今也以天下惑, 予雖有祈嚮, 不可得也. 不亦悲乎!

大聲不入於里耳, 折楊皇荂, 則嗑然而笑.

是故高言不止於眾人之心, 至言不出, 俗言勝也.

以二缶鐘惑, 而所適不得矣. 而今也以天下惑, 予雖有祈嚮, 其庸可得邪!

知其不可得而强之, 又一惑也, 故莫若釋之而不推. 不推, 誰其比憂?

厲之人夜半生其子, 遽取火而視之, 汲汲然唯恐其似己也.

세상사람들의 눈과 귀를 의식하면
자연스런 덕성을 회복할 수 없다

———

효자는 비위를 맞추어가면서까지 부모에게 잘 보이려 하지 않는다. 부모의 눈귀를 의식하지 않아도 자신의 효성스러움을 부모가 잘 알고 있을 거라고 믿어서이다. 이런 태도가 자식으로서 성숙한 모습이다. 그런데도 자식이 부모를 의식해 부모가 말한 것을 무조건 받아들이거나 부모가 행한 것을 무조건 좋다고 한다면 세상사람은 그를 못난 자식이라고 말한다. 충신도 마찬가지이다. 충신은 아첨을 떨면서 군주에게 잘 보일 필요가 없다. 아첨을 하지 않아도 신하의 충성스러움을 군주가 잘 알고 있을 거라고 믿어서이다. 이런 태도가 신하로서 원숙한 모습이다. 그런데도 군주가 말한 것을 무조건 받아들이거나 군주가 행한 것을 무조건 훌륭하다고 하면 세상은 그를 어리석은 신하라고 말한다.

그런데 부모가 행한 것을 무조건 좋다고 하는 자식을 두고 못났다고 하는 세상의 평, 또 군주가 말한 것을 무조건 훌륭하다고 하는 신하를 두고 어리석다고 하는 세상의 평이 혹 틀릴 수 있다. 그래서 부모가 행한 것을 무조건 좋다고 하는 자식이 못나지 않을 수 있고, 군주가 말한 것을 무조건 훌륭하다고 하는 신하가 어리석지 않을 수 있다. 왜냐하면 세상이 그렇다고 말한 것을 그렇다고 하고, 세상이 좋다고 말한 것을 좋다고 하면 그런 사람을 가리켜서 결코 소신이 없는 사람이라고 말하지 않아서이다. 따라서 세상사람들의 평가가 예로부터 부모의 평가보다 더 엄격하거나 군주의 평가보다 더 숭상받을 수 있다. 이 때문에 누군가가 나를 추종꾼이라고 하면 우꾼해서 낯빛을 바꾸고, 또 나를 아첨꾼이라고 하면 발끈해서 낯빛을 바꾼다. 그만큼 보통사람은 다른 사람들의 평가에 예민하게 반응한다.

그럼에도 불구하고 우리는 평생 아첨꾼 노릇을 하는데 이를 눈치 채지 못하고, 또 평생 추종꾼 노릇을 하는데 이를 의식하지 못한다. 어째서 그럴까? 아첨꾼은 비유를 그럴듯하게 늘어놓거나 말을 그럴듯하게 꾸며서 사람들을 모으지만 자신의 이런 행동을 두고 허물이나 죄로 여기지 않아서이다. 또 아첨꾼은 멋들어진 옷을 입고 거기에 온갖 치장을 해 모습을 그럴듯하게 꾸민 뒤 세상사람의 비위를 맞추려 하지만 막상 자신은 누군가에게 아첨하거나 누군가에게 아양 떤다고 여기지 않아서이다.

추종꾼도 아첨꾼과 매한가지이다. 소신 없는 보통사람을 가리켜서 추종꾼이라고 말한다. 이런 추종꾼은 자신은 보통사람이 아니라고 하면서도 사대부와 한패가 되어 다른 보통사람과 시비를 벌이기 일쑤이다. 추종꾼의 이런 행동은 윗사람에게 잘 보여 부스러기라도 얻으려는 얄팍한 생각에서 비롯된다고 본다. 그러니 얼마나 어리석은 짓인가? 이런 어리석은 행동을 두고 스스로 어리석다는 것을 알면 크게 어리석은 사람이 아니다. 마찬가지로 사람들이 자신의 미혹된 행동을 두고 스스로가 미혹되었다는 것을 알면 크게 미혹된 사람이 아니다. 정말로 크게 미혹되면 자신의 잘못을 평생 깨닫지 못하고, 또 정말로 크게 어리석으면 평생 사리에 통달하지 못한다.

세 사람이 함께 길을 가다가 한 사람이 길을 잃더라도 목적지에 이르는 데 있어선 아무런 문제가 없다. 그건 길을 잃은 사람은 하나이지만 길을 잃지 않은 사람이 두 사람이기 때문이다. 반면 세 사람이 함께 길을 가다가 두 사람이 길을 잃으면 애만 쓰고 목적지에 이르지 못한다. 그건 길을 잃지 않은 사람은 한 사람이지만 길을 잃은 사람이 두 사람이기 때문이다. 지금 천하가 가려는 곳이 있는데도 목적지에 이르지 못하는 것도 마찬가지 이유 때문이다. 이처럼 천하에는 자신의 어리석은 행동을 두고 어리석다고 깨닫지 못하거나 자신의 미혹된 행동을 두고 미혹되었다고 깨닫지 못하고서 길을 잃은 사람이 너무나 많다. 그러니 장자가 볼 때 매우 슬픈 상황이 전개되고 있는 것이다.

어째서 이런 슬픈 상황이 벌어질까? 그건 좋은 소리는 세상사람의 귀에 들리지 않고, 절양(折楊)과 황과(皇荂) 같은 속된 노래 소리는 환성과 함께 세상사람에게 반겨져서이다. 그래서 고상한 말은 보통사람의 마음에 머물지 않거나 이치에 맞는 말은 잘 나타나지 않아 속언(俗言), 즉 세속적인 말이 늘 우세하다. 그뿐만이 아니다. 부(缶)와 종(鐘)은 똑같이 타악기인데도 세상사람의 귀를 너무 의식한 나머지 어느 것으로 쳐서 소리를 낼까 망설이다가 결국 천하가 가려는 곳에 가질 못한다. 지금 천하가 이처럼 헷갈려서 가려는 방향이 있는데도 거기에 도달하지 못한다.

그런데 천하가 가려는 방향이 있어도 갈 수 없는 것을 뻔히 알면서도 억지로 가려는 것도 일종의 헷갈림이다. 억지로 나아갈 수 없으면 그냥 내버려두고 밀고 나아가지 않는 게 바람직하다. 또 억지로 밀고 나아가지 않는데도 망설이거나 헷갈려서 근심거리와 가까이하는 사람이 있다. 이런 사람은 세상사람의 눈과 귀를 두려워하는 사람이다. 그래서 문둥이가 한 밤중에 자식을 낳으면 서둘러서 등불을 들고 허겁지겁하며 자식을 들여다보는데 이는 자식이 자기와 닮았는지 두려워해서이다. 이처럼 문둥이조차 세상사람의 눈과 귀를 두려워해서 이를 크게 의식한다.

백 년 된 나무를 쪼개어서 술그릇과 술통을 만든 뒤 청황색으로 치장하면
남은 나뭇조각들은 하수구 속으로 버려진다.
술그릇과 술통을 만든 나무와 하수구에 버려진 조각난 나무를 비교하면
아름다움과 추함에서 차이가 있지만
나무의 타고난 본성(性)을 잃었다는 점에서는 같다.
큰 도둑 척(跖)과 공자의 제자 증삼(曾) 및 사추(史)는 행동의 의로움에서
차이가 있지만 사람으로서 타고난 본성(性)을 잃었다는 점에서는 같다.
모름지기 사람으로서 타고난 본성을 잃는 데는 다섯 가지가 있다.
첫째, 오색(五色)이 눈을 어지럽혀서 눈을 밝게 하지 못해서라고 한다.
둘째, 오성(五聲)이 귀를 어지럽혀서 귀를 밝게 하지 못해서라고 한다.
셋째, 오취(五臭)가 코를 길들여서 냄새를 맡지 못하게 하고
머리를 무겁게 해서라고 한다.
넷째, 오미(五味)가 입을 탁하게 해서 맛을 잃게 해서라고 한다.
다섯째, 취사(趣舍), 즉 좋은 건 취하고 싫은 건 버려서
타고난 본성을 일탈케 해서라고 한다.
이 다섯 가지는 모두 생명(生)을 해치는 일이다.
그런데 양주와 묵적은 남달리 홀로 떨어져 나오기 시작해
자신들은 타고난 본성을 얻었다고 여기는데
이것은 내가 말하는 타고난 본성을 얻은 바가 아니다.
그래서 양주와 묵적이 타고난 본성을 얻은 사람이라고 하기에는 곤란하다.
그런데도 이들을 타고난 본성을 얻은 사람이라고 여길 수 있을까?
그러면 비둘기와 부엉이가 새장에 갇혀 있는 것도 타고난 본성을

얻은 거라고 여길 수 있다.

또 사람들은 좋은 소리와 색깔을 취하며 싫은 소리와 색깔은 버림으로써

마음을 틀어막아 무인의 상징인 가죽관과 문인의 상징인 물총새관,

거기에 홀을 꽂은 큰 띠를 갖추어서 자신의 몸을 장식한다.

이는 안을 틀어막아서 두른 울타리로 자신의 마음을 완전히 가르고,

몸의 바깥은 노끈과 줄로 겹겹이 둘둘 동여매는 일이다.

이를 멀리서 바라보면 몸과 마음이 끈과 줄로 죄어들어가는 중인데도

자신들은 오히려 타고난 본성(性)을 얻었다고 여긴다.

그렇다면 이는 죄인의 팔이 결박지어진채 손이 겹쳐 매여지거나

호랑이나 표범이 자루나 우리에 갇혀 있는 일에 해당한다.

그런데도 사람들은 이를 두고 타고난 본성을 얻었다고 여긴다.

. . .

百年之木, 破爲犧樽, 靑黃而文之, 其斷在溝中.

比犧樽於溝中之斷, 則美惡有間矣, 其於失性一也.

跖與曾史, 行義有間矣, 然其失性均也.

且夫失性有五., 一曰五色亂目, 使目不明., 二曰五聲亂耳, 使耳不聰.,

三曰五臭薰鼻, 困傻中顙.,四曰五味濁口, 使口厲爽., 五曰趣舍滑心, 使性飛揚.

此五者, 皆生之害也.

而楊墨乃始離跂自以爲得也, 非吾所謂得也. 夫得者困, 可以爲得乎?

則鳩鴞之在於籠也, 亦可以爲得矣.

且夫趣舍聲色以柴其內, 皮弁鷸冠縉笏紳修以約其外, 內支盈於柴柵外重纆繳,

睆睆然在纆繳之中而自以爲得, 則是罪人交臂歷指而虎豹在於囊檻, 亦可以爲

得矣.

감관 및 심관작용에 의해서
타고난 본성이 깨진다

———

　백 년이나 된 좋은 나무를 쪼개어서 술그릇과 술통을 만들고 나면 남은 나무 조각들은 하수구로 그대로 버려진다. 술그릇과 술통을 만든 '쓸모있는' 나무와 조각나서 하수구에 버려진 '쓸모없는' 나무를 비교하면 아름다움과 추함에서는 분명 차이가 크지만 나무의 타고난 본성(性)을 잃었다는 점에선 매한가지이다. 마찬가지로 큰 도둑인 도척(跖)과 공자의 제자인 증삼(曾)이나 사추(史)도 행동의 의로움에선 차이가 크지만 사람으로서 타고난 본성(性)을 잃었다는 점에선 매한가지이다.

　사람이 타고난 본성을 잃는 데는 다섯 가지 이유가 있다고 말한다. 첫째, 오색, 즉 청(靑)·백(白)·적(赤)·흑(黑)·황(黃) 등의 온갖 색에 눈이 어지러워져 눈을 밝게 하지 못해서이다. 둘째, 오성, 즉 궁(宮)·상(商)·각(角)·치(徵)·우(羽) 등의 온갖 소리에 귀가 어지러워져 소리를 듣지 못해서이다. 셋째, 오취, 즉 전(羶)·성(腥)·향(香)·연(燃)·부(腐) 등의 온갖 냄새에 코가 길들여져 냄새를 제대로 맡지 못하거나 머리를 무겁게 해서이다. 넷째, 오미, 즉 산(酸)·함(鹹)·신(辛)·감(甘)·고(苦) 등의 온갖 맛에 입이 탁해져서 입맛을 잃어서이다. 다섯째, 취사(趣舍), 즉 좋은 건 취하고 싫은 건 버려서 타고난 본성을 일탈케 해서이다. 앞의 넷이 감관작용과 관련이 있다면 마지막 하나는 심관작용과 관련이 있다. 그러

니 사람이 타고난 본성을 잃는 건 커뮤니케이션 수단인 오관과 그것의
의미작용에 해당하는 심관작용 때문이라고 할 수 있다.

장자는 심관작용을 제대로 하지 못해 타고난 본성을 잃은 사람으로
양주(楊朱)와 묵적(墨翟)을 든다. 이들은 남달리 홀로 떨어져 나오기 시
작해서 타고난 본성에 알맞게 처신한다고 여길지 모르지만 장자의 생
각은 이와 다르다. 장자가 볼 때 양주는 극단적 개인주의자로서, 또 묵
적은 극단적 박애주의자로서 그들의 마음은 이런 외골수 생각으로만
꽉 차 있다. 그래서 이들을 두고 타고난 본성에 부합해서 산다고 말하
면 이는 새장에 갇힌 비둘기와 부엉이도 그들의 본성에 부합해서 산다
고 하는 말이다.

장자는 이어서 감관작용을 제대로 하지 못해 타고난 본성을 잃은 사
람들을 소개한다. 특별히 좋은 소리와 색깔을 취하거나 특별히 싫은 소
리와 색깔을 버림으로써 마음을 틀어막고 살아가는 사람들이다. 또 무
인을 상징하는 가죽 관이나 문인을 상징하는 물총새 관 그리고 홀을
꽂은 큰 띠를 갖추어서 몸을 거창하게 장식하는 사람들이다. 이런 사람
들은 감관작용에 깊이 빠져있는 사람이다. 왜냐하면 바깥으로 드러난
모습만 소중하다고 여겨서이다. 그런데 이들은 안을 틀어막아서 둘러
쳐진 울타리처럼 자신의 마음을 완전히 가르거나 자신의 몸을 노끈과
줄로 겹겹이 둘둘 동여서 맨 사람에 불과할 뿐이다. 이런 모습을 멀리
서 바라보면 몸과 마음이 끈과 줄로 인해 죄어들어가는 것처럼 보인다.
이는 마치 죄인의 팔이 결박지어진 채 손이 겹쳐서 매여지거나 호랑이
나 표범이 자루나 우리에 갇혀서 있는 것과 같다. 그런데도 사람들은
이런 상태를 두고 타고난 본성에 알맞은 거라고 여기니 장자로선 안타
까울 뿐이다.

천도

天道

一천도一

앞 장의 제목이었던 천지(天地)는 구체적인 대상을 지시하므로 천(天)을 하늘로 지(地)를 땅으로 번역하는 게 맞다. 그런데 이 장의 제목인 천도(天道)에서 천(天)을 하늘로 번역하면 뭔가 어색하다. 하늘이든 자연이든 간에 그 의미는 사실상 같지만 하늘이라고 정의하는 경우 왠지 어감이 좋지 않아서이다. 하늘이라고 하면 서양의 유일신인 하나님과 같은 절대자가 연상되는데 장자사상은 인위적인 이런 절대자를 기피한다. 이런 점들을 감안해서 천도를 '하늘의 도' 대신 '자연의 도'로 번역하고자 한다. 자연의 도는 사시사철을 만들어서 운행을 멈추지 않아 이 도를 통해서 만물이 늘 생성된다. 따라서 무위자연을 표준으로 삼는 제왕의 도(帝道)도 운행하면서 머무르는 일이 없어 천하는 제왕을 따른다. 마찬가지로 성인의 도(聖道)도 운행하면서 멈추는 일이 없어 세상사람들은 성인을 따른다.

그런데 누군가 천도(天道)에 밝고 제도(帝道)에 통하고 성도(聖道)에 트이면 그 사람은 무언가 함에 있어 너무나 어두워 고요한(靜) 채로 있다. 그 고요함은 구체적으로 허정(虛靜), 염담(恬淡), 적막(寂漠), 무위(無爲)로서 나타나는데 이것이 바로 천지의 근본이자 도덕의 실체에 해당한다. 제왕과 성인은 여기서 쉬는데 그러면 일정한 과정들을 거쳐서 잘 갖추어지거나(備) 만사를 이루거나(得) 각자 책임지고 일하거나(任事者責) 오래 사는(年壽長) 일이 다음과 같이 잘 이루어진다.

허정 · 염담 · 적막 · 무위

　　⇓

쉼 → 비어짐 → 채움 → 잘 갖추어짐

　　└> 고요함 → 움직임 → 만사를 이룸

　　└> 무위 → 각자 책임지고 일함

　　　　└> 여유로움 → 걱정근심 없음 → 오래 삶

　　이어서 『천도』는 천지의 덕(天地之德)과 제왕의 덕(帝王之德)에 대해 말
한다. 천지의 덕에 환히 밝으면 그것은 천화(天和), 즉 자연과 화합하는
일이다. 천화는 천하를 고르게 하는 인화(人和), 즉 사람과 화합하는 일
과 비교된다. 이에 세상에선 자연과 화합하는 일을 자연과 함께 하는
즐거움(天樂)이라고 말하고, 사람과 화합하는 일을 사람과 함께 하는 즐
거움(人樂)이라고 말한다. 자연과 함께 하는 즐거움을 아는 사람은 그
움직임이 하늘과 같고 그 고요함이 땅과 같아 마음이 한결같이 안정되
어서 천지(天地)를 바르게 한다. 또 제왕의 덕은 천지를 근본으로 해서
도덕을 주인으로 하고 무위를 전범으로 삼는데 이것이 무위이치(無爲而
治)를 구현하는 길이다. 그렇지만 큰 도에는 순서가 있어 이 순서에 따
라 나라를 다스려야 무위이치가 제대로 구현된다.
　　『천도』의 나머지 부분은 자연의 원리에 따라 살아가거나 아니면 자
연의 원리에 따라 살아가지 않는 사람들의 예로 채워진다. 첫 번째 예
는 요(堯)임금과 신하 순(順)의 대화로 이루어진다. 요임금은 힘없는 사
람을 깔보지 않고, 가난한 백성을 내치지 않고, 죽은 자를 애통해하고,
갓난애를 가상히 여기고, 과부를 애처롭게 여기는 것을 다스림의 원리
로 삼는다. 이것은 신하 순이 볼 때 자연의 원리에 따른 다스림이 아니
다. 하늘에 덕이 있으면 땅이 편안하고 해와 달은 만물을 제대로 비추
어서이다. 그러면 사철은 올바르게 운행되고, 밤낮의 교대에는 일정한

규칙이 있어 다스림이 저절로 이루어진다. 또 그 다스림은 구름이 만들어져야 비가 오는 것처럼 자연의 원리에 부합한다.

두 번째 예는 공자가 강조하는 인의(仁義)에 관한 것이다. 공자는 인의를 즐거운 마음으로 사물을 대하거나 사람을 차별 없이 사랑하면서 사사로움을 두지 않는 것으로 정의한다. 이에 대해 노담은 천지에는 본디부터 일정한 법칙(常)이 있고, 해와 달에는 본디부터 밝음(明)이 있고, 하늘에는 본디부터 별들이 즐비하고, 짐승은 본디부터 무리를 이루고, 나무는 본디부터 꼿꼿한 세움(立)이 있다. 그러므로 이런 자연의 덕(德)을 본받아 행동하고, 도(道)를 좇아 달리면 그것으로 지극할 뿐이라고 말한다. 이런 이유로 인의는 자연의 원리를 따르는 게 아니라는 사실을 밝힌다.

세 번째 예는 유가의 모습과 관련한 내용이다. 사성기(士成綺)란 인물은 얼굴이 날카롭고, 눈은 상대방을 쏘아보고, 이마는 상대방을 위압하듯 반들거리고, 입은 으르렁거리면서 싸울 듯하고, 모습은 의연하지만 달리는 말을 억지로 묶어 멈추게 한 것과 같다. 이런 모습이 유가를 상징한다. 이런 모습을 지닌 사람은 움직이고 싶은 걸 억지로 참지만 일단 튕겨져 나가면 쇠뇌처럼 빠르다. 또 사물을 살피는 경우 꼼꼼히 파악하고 자신의 앎과 재주를 믿고 방자하고 오만한 태도를 보인다. 이런 모습은 자연의 원리에 따라 살아가는 사람의 모습이 결코 아니다.

네 번째 예는 제환공(齊桓公)과 수레바퀴 장인 윤편(輪扁) 사이에 오간 대화로 구성된다. 윤편은 제환공이 읽는 책을 옛사람의 찌꺼기라고 규정한다. 이에 화가 난 환공이 적절한 설명이 없으면 죽음을 면치 못할 거라고 하자 윤편은 자신의 바퀴 깎는 일과 관련해서 어째서 그런지의 이유를 밝힌다.

자연의 도(天道)는 운행하면서 머무는 일이 없어 만물이 저절로 생겨난다.

제왕의 도(帝道)도 운행하면서 머무는 일이 없어 천하가 제왕을 따른다.

성인의 도(聖道)도 운행하면서 멈추는 일이 없어 세상이 성인을 쫓는다.

자연의 도에 밝고, 성인의 도에 통하고, 제왕의 덕에 트인 사람은

스스로 하는 게 어두워서 고요하지 않은 적이 없다.

성인의 고요함(靜)은 고요함이 좋아서 고요하게 있는 걸 말하지 않는다.

성인의 고요함은 만물에 마음이 흔들리지 않는 고요함이다.

물이 고요하면 그 물의 밝음은 사람의 수염과 눈썹을 비출 정도이고,

그 물의 평평함은 수준기(水準器)에 들어맞을 정도이다.

그래서 훌륭한 목공도 그것을 표준으로 삼는다.

물의 고요함이 이처럼 밝은데 정신의 고요함은 더 말할 나위가 있겠는가!

그러니 성인의 마음의 고요함도 더 말할 나위가 있겠는가!

그래서 성인의 마음의 고요함은 천지와 만물을 비쳐주는 거울이다.

허정(虛靜), 염담(恬淡), 적막(寂漠), 무위(無爲)는 천지의 근본이자

도덕의 실체여서 제왕과 성인은 여기서 쉰다.

여기서 쉬면 마음이 비워지고, 비워져야 채워지고, 채워져야 갖추어진다.

또 마음을 비워야 고요해지고, 고요해져야 모든 것과 쉽게 응해 움직이고,

움직여야 만사가 잘 이루어진다.

또 고요해져야 하고자 함이 없고, 하고자 함이 없어야 책임을 지고 일한다.

또 하고자 함이 없어야 마음이 여유롭고,

마음이 여유로워야 걱정과 근심이 없어져서 오래도록 산다.

그래서 허정(虛靜), 염담(恬淡), 적막(寂漠), 무위(無爲)는 만물의 근본이다.

이것들을 밝혀서 나라를 다스렸던 게 요(堯)가 군주였을 때이다.

이것들을 밝혀서 왕을 섬겼던 게 순(舜)이 신하였을 때이다.

이럼으로써 위에 처한 것이 제왕과 천자의 덕이고,

이럼으로써 아래에 처한 것이 노자(玄聖)와 공자(素王)의 덕이다.

이럼으로써 속세에서 물러나 한가로이 노닐면

강해(江海)나 산림(山林)에 은둔한 선비들도 그를 따른다.

이렇게 나아감으로써 세상을 위하거나 어루만지면 공적이 커지고,

그 이름도 드러나서 천하와 하나가 된다.

그러니 고요하면 성인(聖)이 되고, 움직이면 왕(王)이 되지만

이처럼 하고자 함이 없으면 세상에서 높이 받들어진다.

또 본디대로 있어도 그와 아름다움을 두고 다툴 자는 천하에 아무도 없다.

· · ·

天道運而無所積, 故萬物成., 帝道運而無所積, 故天下歸.,

聖道運而無所積, 故海內服.

明於天, 通於聖, 六通四辟於帝王之德者, 其自爲也, 昧然無不靜者矣.

聖人之靜也, 非日靜也善, 故靜也., 萬物無足以鐃心者, 故靜也.

水靜則明燭鬚眉, 平中準, 大匠取法焉. 水靜猶明, 而況精神! 聖人之心靜乎!

天地之鑑也, 萬物之鏡也.

夫虛靜恬淡寂漠無爲者, 天地之本, 而道德之至, 故帝王聖人休焉.

休則虛, 虛則實, 實者備矣. 虛則靜, 靜則動, 動則得矣.

靜則無爲, 無爲也則任事者責矣. 無爲則俞俞, 俞俞者憂患不能處, 年壽長矣.

夫虛靜恬淡寂漠無爲者, 萬物之本也.

明此以南鄉, 堯之爲君也., 明此以北面, 舜之爲臣也.

以此處上, 帝王天子之德也., 以此處下, 玄聖素王之道也.

以此退居而 閒游, 則江海山林之士服., 以此進爲而撫世, 則功大名顯而天下
一也. 靜而聖, 動而王, 無爲也而尊, 樸素而天下莫能與之爭美.

허정(虛靜)·염담(恬淡)·적막(寂漠)·무위(無爲)는 만물의 근본이다

　「천지(天地)」가 끝나고 이제 「천도(天道)」가 시작된다. 「천지」의 주제는 천하의 다스림과 관련한 치도(治道)이다. 장자가 치도에 관심을 보이는 건 공자를 비롯한 다른 제자백가들과 크게 다를 바 없다. 그렇지만 치도를 구현하는 방법에선 차이가 크다. 공자의 치도가 인(仁)을 앞세운 유위이치(有爲而治)라면 장자의 치도는 자연스러움에 입각한 무위이치(無爲而治)이다. 그래서 「천지」에 이어 「천도」에서도 유위이치를 비판하는 내용이 계속된다. 「천도」는 하늘의 도(天道), 제왕의 도(帝道), 성인의 도(聖道)를 차례로 소개하면서 글이 시작된다. 여기서 성인의 도는 「재유(在宥)」의 인도(人道) 개념과 밀접하게 연관되므로 「천도」를 「재유」의 연장이라고 보는 시각도 있다.

　천도(天道), 즉 자연의 도는 운행을 멈추지 않아서 만물이 늘 생성된다. 천도에 따라 사시사철의 순환이 저절로 이루어지므로 이에 따라 만물이 소생하거나 소멸하기 때문이다. 마찬가지로 제도(帝道), 즉 제왕의 도도 운행을 멈추지 않아서 천하가 제왕을 따른다. 내편 「응제왕」에서 왕과 제왕의 차이를 이미 언급한 바 있다. 왕이 유위이치에 따라 나라를 다스리는 군주라면 제왕은 무위이치에 따라 천하를 다스리는 군주이다. 그러니 제왕의 다스림은 왕의 다스림과 달라서 천하가 느낄 수 없을 정도로 자연스럽게 이루어진다. 또 성도(聖道), 즉 성인의 다스림도 운행을 멈추지 않아서 세상사람들이 성인을 따른다. 그런데 자연의 도에 밝고 성인의 도에 통하고 제왕의 덕에 트인 사람은 스스로 함에 있어서는 너무나 어두워서 고요한(靜) 채로 있다.

성인의 이런 고요함은 성인이 고요함 자체를 좋아해서 고요히 머무는 게 아니다. 그보다는 세상만물이나 만사가 성인의 마음을 어지럽힐 수 없기에 그 고요함을 자연스럽게 이룬다. 이런 고요함은 우리의 삶에서 거울과 같은 역할을 수행한다. 예를 들어 물이 고요하면 맑아서 밝아지는데 그 밝음이 우리의 수염과 눈썹까지 비출 정도이다. 그래서 고요한 물은 거울의 역할을 수행한다. 그뿐만이 아니다. 고요한 물의 평평함은 수준기에 딱 들어맞아 뛰어난 목공도 고요한 물을 기준으로 삼아 일을 한다. 물이 고요해도 이 정도로 밝은데 정신이 차분하게 가라앉으면 정신의 고요함이야 더할 나위 없이 밝다. 그래서 성인의 고요한 마음은 천지지감(天地之鑑), 즉 천지를 그대로 비추는 거울이자 만물지경(萬物之鏡), 즉 만물을 빠짐없이 비추는 거울인 셈이다.

성인의 이런 고요함은 구체적으로 허정(虛靜), 염담(恬淡), 적막(寂漠), 무위(無爲)로서 나타난다. 이 개념들은 『도덕경』에서 비롯된 듯싶다. 먼저 허정은 텅 빈 고요함을 뜻하는데 "마음의 비움(虛)이 지극함에 이르고 고요함(靜)의 지킴을 돈독히 한다."[17]라는 글에서 따왔다고 본다. 또 마음의 비움이 지극함에 이른다는 치허극(致虛極)의 '허'와 고요함의 지킴을 돈독히 한다는 수정독(守靜篤)의 '정'이 합쳐져서 허정(虛靜)이라는 단어가 생겨났다고 본다. 또 염담은 담담함을 뜻하는데 "마음을 담담히 (恬淡) 지키는 게 최상이다"[18]라는 글에서 따왔다고 본다. 또 적막은 쓸

---

17) 致虛極 守靜篤. (『도덕경』 16장)
18) 恬淡爲上. (『도덕경』 31장)

쓸하고 휑함을 뜻하는데 "쓸쓸하고(寂) 휑하다(兮)"[19]라는 글에서 따왔다고 본다. 무위는 하고자 함이 없이 하는 걸 의미하는데 노장사상을 대표하는 개념이기에 여기서 따로 설명할 필요는 없다.

장자에 따르면 허정·염담·적막·무위는 천지의 근본(天地之本)이자 도덕의 실체(道德之至)이다. 그래서 제왕과 성인도 여기에 머물면서 쉰다. 제왕과 성인이 여기에 머물면서 쉬어야(休) 마음을 비우고(虛), 마음을 비워야 다시 채우고(實), 다시 채워야 잘 갖추어진다(備)①. 그리고 마음을 비워야 고요해지고(靜), 고요해져야 모든 것과 다 응하면서 움직이고(動), 이처럼 움직여야 만사가 잘 이루어진다(得)②. 그리고 고요해져야 하고자 함이 없고(無爲), 하고자 함이 없어야 각자 책임을 지고 일한다(任事者責)③. 그리고 마지막으로 하고자 함이 없어야 마음이 온화해지고(兪兪), 마음이 온화해져야 걱정과 근심이 없어져서(憂患不能處) 오래도록 산다(年壽長)④. 이처럼 허정·염담·적막·무위에 머물게 되면 잘 갖추어지고, 잘 이루어지고, 각자 책임을 지고 일하고, 오래도록 사는 걸 포함해서 다 이룬다. 이를 도표화하면 다음과 같다.

허정(虛靜)·염담(恬淡)·적막(寂漠)·무위(無爲)

⇩

쉼(休) → 비어짐(虛) → 채움(實) → 잘 갖추어짐(備) ①

└ 고요함(靜) → 움직임(動) → 만사를 이룸(得) ②

└ 무위(無爲) → 각자 책임지고 일함(任事者責) ③

└ 여유로움(兪兪) → 걱정근심 없음

(憂患不能處) → 오래 삶(年壽長) ④

---

19) 寂兮寥兮. (『도덕경』 25장)

허정·염담·적막·무위는 천지의 근본이자 도덕의 실체일 뿐 아니라 만물의 근본(萬物之本)이기도 하다. 그래서 이것들을 다 밝히면 훌륭한 군주가 되는데 요(堯)임금이 바로 그러하다. 또 이것들을 다 밝히면 훌륭한 신하가 되는데 순(舜)이 요임금 신하였을 때다. 또 허정·염담·적막·무위를 지니고서 위에 처하면 제왕과 천자의 덕이 되고, 아래에 처하면 현성(玄聖)과 소왕(素王)의 덕이 된다. 여기서 현성은 성인의 덕을 지니면서 바깥에 드러나지 않는 사람을 말하므로 곧 노자를 의미한다. 그리고 소왕은 제왕이 될 만한 덕이 있어도 그 자리에 오르지 못한 사람을 말하므로 곧 공자를 의미한다.

그런데 허정·염담·적막·무위를 지닌 채 속세에서 물러나 한가로이 노닐면 강해(江海)나 산림(山林)에 은둔한 선비들도 이런 성인을 따른다. 이것이 쉼(休) → 비어짐(虛) → 채움(實) → 잘 갖추어짐(備)의 과정(①)이다. 이와는 달리 세상에 나아가서 천하를 다스리는 경우 공명을 크게 떨치면서 천하를 하나로 통일시키는데 이것이 고요함(靜) → 움직임(動) → 만사를 이루는(得) 과정(②)이다. 따라서 허정·염담·적막·무위를 지닌 채 고요하면 성인이 되지만 움직이면 왕이 된다. 그런데 하고자 함이 없으면 세상에서 높이 받들어지는데 이것이 무위(無爲) → 각자 책임지고 일함(任事者責)의 과정(③)이다. 또 본디대로 있어도 몸과 마음의 아름다움을 두고 천하에 그와 겨룰 자가 없어 오래 살 수 있는데 이것이 여유로움(兪兪) → 걱정근심 없음(憂患不能處) → 오래 사는(年壽長) 과정(④)이다.

천도 2-1

천지의 덕(德)에 환히 밝은 것을 큰 근본(大本)이자 큰 근원(大宗)이라 하는데
이것이 자연과 화합하는(天和) 일이다.
그리고 천하를 고르게 하는(均調) 건 사람과 화합하는(人和) 일이다.
사람과 화합하는 건 사람과의 즐거움(人樂)이고,
자연과 화합하는 건 자연과의 즐거움(天樂)이라고 말한다.
장자는 말한다.
"나의 스승이여! 나의 스승이여!
스승은 만물을 부수고도 사나움(戾)이라 여기지 않고,
은덕이 만세에 미쳐도 어짊(仁)이라 여기지 않고,
태고보다 오래 되어도 장수(壽)라 여기지 않고,
천지를 감싸안아 많은 형상을 조각해도 재주(巧)라 여기지 않아
이를 자연과 함께 하는 즐거움(天樂)이라고 한다.
그래서 말한다.
'자연과의 즐거움을 아는 사람은 삶(生)이 자연 그대로 행동하는 반면
죽음(死)은 사물의 한 변화라고 여긴다.
자연과의 즐거움을 아는 사람이 고요하면 음기와 덕(德)을 같이하지만
움직이면 양기와 파동(波)을 같이한다.'
그래서 자연과의 즐거움(天樂)을 아는 사람은 자연에 대한 원망이 없고,
사람에 대한 비난이 없고, 사물에 묶이지 않고, 귀신을 책망하지 않는다.

그래서 말한다.

'자연과의 즐거움(天樂)을 아는 사람은 그 움직임이 하늘과 같고,

그 고요함이 땅과 같아 마음이 한결같이 안정되어 천지를 바르게 한다.

또 자연과의 즐거움을 아는 사람은 그 육체의 넋이 높이 받들어지지 않고,

그 정신의 혼이 지치지 않아 그의 마음이 안정되어 만물을 복종시킨다.'

이는 마음의 고요함(虛靜)을 천지에 미루어 헤아려서

만물의 이치에 통달하는 걸 말하는데 이를 자연과의 즐거움이라 말한다.

자연과의 즐거움을 아는 사람은 성인의 마음으로 천하를 보살핀다."

. . .

夫明白於天地之德者, 此之謂大本大宗, 與天和者也., 所以均調天下, 與人和
者也. 與人和者, 謂之人樂., 與天和者, 謂之天樂.

莊子曰:「吾師乎! 吾師乎! 齏萬物而不爲戾, 澤及萬世而不爲仁,

長於上古而不爲壽, 覆載天地刻雕衆形而不爲巧, 此之爲天樂.

故曰:『知天樂者, 其生也天行, 其死也物化. 靜而與陰同德, 動而與陽同波.』

故知天樂者, 無天怨, 無人非, 無物累, 無鬼責.

故曰:『其動也天, 其靜也地, 一心定而天地正., 其魄不崇, 其魂不疲, 一心定
而萬物服.』

言以虛靜推於天地, 通於萬物, 此之謂天樂. 天樂者, 聖人之心, 以畜天下也.」

천지의 덕(德)에 환히 밝아야
자연의 즐거움(天樂)을 즐긴다

———

앞 장에서 허정(虛靜)·염담(恬淡)·적막(寂漠)·무위(無爲)가 천지의 근본이자 도덕의 지극함이고 만물의 근본이라고 언급한 바 있다. 여기에서는 천지의 근본(天地之本)을 대신해서 천지의 덕(天地之德)에 대해 언급한다. 장자에 따르면 천지의 덕에 환히 밝은 게 큰 근본(大本)이자 큰 근원(大宗)이라고 한다. 일반적으로 큰 근본이 기본 원리라면 큰 근원은 원래 그대로의 모습이다. 그래서 큰 근본이자 큰 근원은 절대적 가치에 해당한다. 또 장자에 따르면 천지의 덕에 환히 밝은 건 천화(天和), 즉 자연과 화합하는 일이다. 이에 비해 천하를 고르게 하는 건 인화(人和), 즉 사람과 화합하는 일이다. 그래서 세상에선 사람과 화합하는 것을 두고 사람과 함께 하는 즐거움(人樂)이고, 자연과 화합하는 것을 두고 자연과 함께 하는 즐거움(天樂)이라고 말한다.

그렇다면 자연과의 즐거움은 구체적으로 어떻게 나타날까? 장자의 스승은 세상만물을 산산이 조각내어 부수고도 사나움이라고 여기지 않고, 은덕이 만세에 미쳐도 어짊(仁)이라고 여기지 않는다. 또 자신이 태고보다 오래 전에 태어났어도 오래 살았다고 여기지 않고, 천지를 감싸안아 많은 형상을 조각했어도 재주라고 여기지 않는다. 이런 생각들은 자연과 화합할 때 비로소 가능한데 이것이 자연과 함께 하는 즐거움이다. 이런 즐거움은 내 스승, 즉 장자의 스승만이 할 수 있으므로 그의 제자인 장자도 이런 즐거움을 함께 할 수 있다.

그래서 세상에서는 자연과 함께 하는 즐거움을 아는 사람은 그의 태어남도 자연 그대로 행동하는 데서 나오고, 그의 죽음도 수많은 사물의 변화 중에 하나로서 나타난다고 말한다. 이런 생각은 죽음이 끝이 아니라 셀 수 없는 수많은 변화들의 시작이라고 보는 시각을 지니기에 비로소 가능하다. 또 자연과 함께 하는 즐거움을 아는 사람은 고요할 때는 음기와 더불어 보이지 않는 내면의 덕(德)을 닦지만 움직일 때는 양기와 함께 세파에 올라타서 세상에 덕을 크게 편다. 그래서 자연과 함께 하는 즐거움을 아는 사람은 자연에 대한 원망도 없고 사람에 대한 비난도 없다. 또 사물의 드러난 모습에 묶여 마음을 다치는 일이 없다. 또 일이 잘 되지 않은 것을 두고 귀신을 책망하지 않는다.

그래서 세상에선 자연과 함께 하는 즐거움을 아는 사람은 그 움직임이 하늘과 같거나 그 고요함이 땅과 같아서 마음이 한결같이 안정되어 천지(天地)를 바르게 한다고 말한다. 또 세상에선 자연과 함께 하는 즐거움을 아는 사람은 그 육체의 넋인 백(魄)이 숭상되지 않거나 정신의 넋인 혼(魂)이 지치지 않아서 마음이 한결같이 안정되어 만물(萬物)을 복종시킨다고 말한다. 그래서 마음의 고요함을 천지에 미루어보아서 헤아려 만물의 이치에 통달한 사람을 가리켜서 자연과 함께 즐거움을 아는 사람이라고 말한다. 이처럼 자연과 함께 하는 즐거움을 아는 사람은 성인의 마음을 지닌 채 천하를 보살핀다.

제왕의 덕(帝王之德)은 천지(天地)를 근원(宗)으로, 도덕(道德)을 주인으로,
무위(無爲)를 전범(常)으로 삼는다.
무위(無爲)가 천하를 위해서 쓰이면 여유가 있지만
유위(有爲)가 천하를 위해서 쓰이면 부족하다.
그래서 옛 사람들은 무위를 귀하게 여겼다.
군주가 무위하고 백성도 무위하면 백성이 군주와 덕(德)을 같이하는 일인데
그러면 백성은 제대로 된 신하가 되지 못한다.
백성이 유위하고 군주도 유위하면 군주가 백성과 덕(德)을 같이하는 일인데
그러면 군주는 제대로 된 주인이 되지 못한다.
군주는 천하를 반드시 무위로 다스리고,
백성은 천하를 위해서 반드시 유위로 쓰이는 게 영원히 변치 않는 도이다.
그래서 옛날에 왕이 천하를 다스리면 천지를 감쌀 만한 큰 앎이 있어도
머리를 굴려 스스로 생각하지 않고,
만물을 잘 묘사할 수 있는 훌륭한 언변이 있어도 제 주장을 말하지 않고,
세상일을 맡아서 처리할 능력이 있어도 스스로 하지 않았다.
하늘이 낳지 않아도 만물이 저절로 생겨나고,
땅이 키우지 않아도 만물이 저절로 자라나듯이
제왕(帝王)은 하고자 함이 없는(無爲) 상태에 있어도 천하를 잘 다스렸다.
그래서 하늘만큼 믿을 만한 게 없고, 땅만큼 넉넉한 게 없고,
제왕만큼 큰 것이 없다고 말한다.
그래서 제왕의 덕은 천지와 짝을 이룬다고 말한다.
이는 천지를 수레로 부려서 타거나 만물을 말로 거느려서 달리는 일인데

많은 사람들이 활용하는 도이다.

. . .

夫帝王之德, 以天地爲宗, 以道德爲主, 以無爲爲常.
無爲也, 則用天下而有餘. 有爲也, 則爲天下用而不足.
故古之人貴夫無爲也.
上無爲也, 下亦無爲也, 是下與上同德, 下與上同德則不臣.
下有爲也, 上亦有爲也, 是上與下同德, 上與下同德則不主.
上必無爲而用天下, 下必有爲爲天下用, 此不亦之道也.
故古之王天下者, 知雖落天地, 不自慮也.
辯雖彫萬物, 不自說也. 能雖窮海內, 不自爲也.
天不産而萬物化, 地不長而萬物育, 帝王無爲而天下功.
故曰莫神於天, 莫富於地, 莫大於帝王. 故曰帝王之德配天地.
此乘天地, 馳萬物, 而用人羣之道也.

제왕의 덕(帝王之德)은 무위(無爲)이고,
백성의 덕은 유위(有爲)이다

———

앞에서는 천지의 덕(天地之德)에 대해 언급했는데 여기서는 제왕의 덕(帝王之德)에 대해 말한다. 제왕의 덕은 천지를 근본(本)으로 해서 도덕을 주인(主)으로 삼아 무위를 전범(常)으로 삼는 일이다. 이것이 무위이치(無爲而治), 즉 무위에 따른 다스림이다. 그런데 무위(無爲)가 천하를 위해서 쓰이면 여유가 있지만 유위(有爲)가 천하를 위해서 쓰이면 부족하다. 그만큼 천하가 크고 넓어서 하고자 함이 있는 유위로 천하를 다스리는 게 불가능하다. 그래서 하고자 함이 없어야 아무리 크고 넓은 천하라도 다스리는 데 문제가 없다. 이 때문에 옛날 사람들은 무위, 즉 하고자 함이 없는 바를 소중히 여겼다.

그렇더라도 무위를 소중히 여겨야 하는 사람은 제왕일 뿐이지 백성은 여기에서 제외된다. 군주가 무위한데 백성마저 무위하면 백성이 군주와 덕(德)을 같이하는 사태가 벌어지기 때문이다. 이럴 경우 백성은 군주의 참된 신하가 되지 못해 군주가 나라를 다스리는 데 문제가 생겨난다. 이에 반해 백성이 유위한데 군주마저 유위하면 이는 군주가 백성과 덕(德)을 같이하는 사태이다. 이럴 경우 군주는 나라의 참된 주인이 되지 못해 군주가 나라를 다스리는 데 또한 문제가 생겨난다. 그래서 군주는 반드시 무위로 천하를 다스리고, 백성은 반드시 유위로 천하를 위해 쓰여야 하는 게 영원히 변치 않는 도(道)이다.

　이 때문에 옛날에 왕이 천하를 다스리면 무위에 따라 처신했다. 그래서 천지를 감쌀 만한 큰 앎이 있어도 스스로 머리를 굴려서 생각하지 않고, 만물을 잘 묘사할 수 있는 훌륭한 언변이 있어도 자신의 생각을 말하지 않고, 세상일을 맡아 처리할 능력이 있어도 스스로 나서지 않는다. 생각하거나 말하거나 나서는 일들이 모두 유위에 따른 행동이라고 보아서이다. 하늘이 만들지 않아도 만물이 저절로 생겨나고, 땅이 키우지 않아도 만물이 저절로 자라나듯 제왕(帝王)도 이런 무위의 자세로 천하를 다스린다. 그래서 세상사람들은 하늘만큼 믿을 게 없고 땅만큼 넉넉한 게 없듯이 제왕만큼 큰 게 없다고 말한다. 이런 제왕의 덕은 천지를 수레로 부려서 타고 다니거나 만물을 말로 거느려서 달리게 할 수 있는데 바로 이런 것들이 많은 사람들이 사용하는 도이다.

천도 2-3

근본(本)은 위에 있고, 말단(末)은 아래에 있다.

큰 강령(要)은 군주에게 있고, 세부적인(詳) 것은 신하에게 있다.

대군(三軍五兵)을 움직이도록 하는 건 덕(德)의 말단적인 방법이다.

상벌(賞罰)과 이해(利害) 그리고 묵형·의형·월형·궁형·대벽의 오형(五刑)을
명확히 하는 건 교화(敎)의 말단적인 방법이다.

예법(禮法)과 법도(度數) 그리고 형명(形名)을 상세히 따르는 건
다스림(治)의 말단적인 방법이다.

종(鐘)과 북(鼓) 소리 그리고 깃털(羽)과 들소꼬리 모양(旄)의 춤 장식은
즐거움(樂)의 말단적인 방법이다.

곡읍(哭泣)과 최질(衰経) 그리고 죽음을 애도해서 높이는 상복은
슬픔(哀)의 말단적인 방법이다.

이 다섯 가지 말단적인 방법은 정신(精神) 작용과 마음의 움직임(心術)을
기다린 후에 따라야 한다.

말단적인 방법을 배우는 건 옛날 사람도 지녔지만 이를 앞세우지 않았다.

군주가 앞서면 신하가 따르고, 아버지가 앞서면 자식이 따르고,

형이 앞서면 아우가 따르고, 어른이 앞서면 젊은이가 따르고,

남자가 앞서면 여자가 따르고, 남편이 앞서면 아내가 따른다.

존귀하거나 천하고, 앞서거나 뒤따르는 건 천지 운행의 법칙이어서
성인도 이를 본보기로 삼는다.

하늘이 높고 땅이 낮은 건 천지의 신명(神明)이 정해놓은 자리(位)이다.

봄과 여름이 앞서고 가을과 겨울이 뒤따르는 건 사철의 순서(序)이다.

만물이 생겨나 싹이 터서 자라나 서로 다른 형상을 한 뒤에

성하고 쇠하면서 맞이하는 죽음도 이런 변화의 한 흐름이다.

• • •

本在於上, 末在於下. 要在於主, 詳在於臣. 三軍五兵之運, 德之末也.

賞罰利害, 五刑之辟, 敎之末也. 禮法度數, 形名比詳, 治之末也.

鐘鼓之音, 羽旄之容, 樂之末也. 哭泣衰絰, 隆殺之服, 哀之末也.

此五末者, 須精神之運, 心術之動, 然後從之者也.

末學者, 古人有之, 而非所以先也.

君先而臣從, 父先而子從, 兄先而弟從, 長先而小從, 男先而女從, 夫先而婦從.

夫尊卑先後, 天地之行也, 故聖人聚象焉.

天尊地卑, 神明之位也. 春夏先, 秋冬後, 四時之序也.

萬物化作, 萌區有狀, 盛衰之殺, 變化之流也.

근본은 위에 있고,
말단은 아래에 있다

근본(本)은 위에 있고 말단(末)은 아래에 있다. 마찬가지로 큰 강령
(要)은 군주에게 있고 세부적인(詳) 건 신하에게 있다. 그래서 군주는 근
본에 바탕한 큰 강령만 신경을 쓰고, 신하는 말단에 따른 세부적인 것
만 신경을 쓴다. 그래야 나라가 제대로 다스려진다. 이 때문에 신하가
근본적인 것을 생각해서도 안 되지만 군주도 말단적인 것을 고려해서
는 안 된다. 그런데 신하가 근본적인 것을 생각하거나 군주가 말단적인
것을 고려한다면 이는 자연스런 덕(德)과 어긋나는 일이다.

이런 맥락에서 볼 때 군주가 다른 나라를 차지하기 위해 대군을 움
직이는 건 덕의 말단적 방법, 즉 낮은 차원의 덕이다. 또 상벌(賞罰)과
이해(利害) 그리고 묵형·의형·월형·궁형·대벽 등의 오형(五刑)을 명확
히 하는 건 교화의 말단적인 방법이다. 또 예법과 법도 그리고 형명(形
名)을 상세히 따르는 건 다스림의 말단적인 방법이다. 또 종과 북 소리
나 깃털과 들소꼬리 모양의 장식은 즐거움의 말단적인 방법이다. 또 곡
읍과 최질이나 죽음을 애도해서 높이는 상복은 슬픔의 말단적인 방법
이다. 이 다섯 가지 말단적인 방법은 정신 작용과 마음의 움직임을 기
다린 후에 따르도록 하는 게 마땅하다. 그러니 미리부터 이 방법을 사
용할 필요가 없다. 옛날 사람도 이런 말단적인 방법을 배웠더라도 이를

앞세우지 않았다.

그런데 군주가 앞서면 신하가 그 뒤를 따르는 건 덕의 말단적인 방법이 아니라 덕의 근본이다. 마찬가지로 아버지가 앞서면 자식이 따르고, 형이 앞서면 아우가 따르고, 어른이 앞서면 젊은이가 따르고, 남자가 앞서면 여자가 따르고, 남편이 앞서면 아내가 따르는 것도 덕의 말단적인 방법이 아니라 덕의 근본이다. 존귀하거나 천하거나 아니면 앞서거나 뒤따르는 건 천지 운행의 법칙이라서 성인도 이를 본보기로 삼아 지킨다. 그러니 군주와 신하의 관계, 아버지와 자식의 관계, 형과 아우의 관계, 어른과 젊은이의 관계, 남자와 여자의 관계, 남편과 아내의 관계에서 앞서고 뒤따르는 건 덕의 근본적인 모습에 속한다.

덕의 근본적인 모습은 여기서 그치지 않는다. 하늘이 높고 땅이 낮은 것은 천지의 신명(神明), 즉 신묘한 밝음이 정한 자리이다. 또 봄여름이 앞서고 가을겨울이 뒤따르는 것은 사철의 순서이므로 이 역시 덕의 근본적인 모습이다. 또 만물이 생겨나 싹이 터서 자라나 서로 다른 형상을 한 뒤에 성하고 쇠하면서 맞이하는 죽음도 변화의 흐름이므로 이것도 덕의 근본적인 모습이다. 따라서 군주가 앞서면 신하가 그 뒤를 따르는 건 하늘이 높거나 땅이 낮은 것처럼 아니면 봄여름이 앞서거나 가을겨울이 뒤따르는 것처럼 덕의 말단적인 방법이 아니라 덕의 근본이다.

천지가 지극히 영묘한 존재라도 높고 낮고 앞서고 뒤서는 순서가 있다.

그러니 사람의 도리(人道)에도 순서가 있는 건 더 말할 나위가 없다.

종묘에선 친척이, 조정에선 지위 높은 사람이, 향리에선 나이 든 사람이,

일하는 데는 어진 사람이 숭상을 받는 게 큰 도의 순서(大道之序) 때문이다.

그래서 도를 언급하면서 순서를 말하지 않으면 그건 참된 도가 아니다.

도를 언급하면서 참된 도가 아니라면 참된 도를 어떻게 취할 수 있겠는가.

이 때문에 옛날에 큰 도(大道)에 밝은 사람은

자연(天)의 원리를 밝힌 뒤에 도덕(道德)을 그 다음에 두고,

도덕이 밝아진 뒤에 인의(仁義)를 그 다음에 두고,

인의가 밝혀진 뒤에 직분(職分)을 그 다음에 두고,

직분이 밝혀진 뒤에 형명(形名)을 그 다음에 두고,

형명이 밝혀진 뒤에 인임(因任)을 그 다음에 두고,

인임이 밝혀진 뒤에 감찰(原省)을 그 다음에 두고,

감찰이 밝혀진 뒤에 시비(是非)를 그 다음에 두고,

시비가 밝혀진 뒤에 상벌(賞罰)을 그 다음에 두었다.

상벌이 밝혀진 뒤라야 어리석은 자와 지혜로운 자가 합당한 평가를 받고,

귀한 사람과 천한 사람이 각자 신분에 어울리는 자리에 앉았다.

어진 사람과 못난 사람이 각자 실정에 부합하는 처우를 받아 반드시

능력에 따라 관직을 나눠주고, 관직의 이름에 근거해서 업적을 평가했다.

이럼으로써 군주를 섬기고, 이럼으로써 백성을 부양하고,

이럼으로써 만물을 다스리고, 이럼으로써 몸을 닦았기에

지모(智謀)는 쓸 데가 없어지고, 반드시 각자 타고난 자연 상태로 돌아갔다.

이를 태평(太平)이라고 말하니 다스림의 극치이다.

그래서 옛 글은 말한다.

신하가 수행한 일의 실적이 있으면 일을 시작하기 전에 한 약속이 있다.

실적과 약속의 일치는 옛 사람도 추구했지만 이것을 결코 앞세우지 않았다.

옛날에 큰 도를 말한 사람은 다섯 번째인 실적과 약속의 일치를,

또 아홉 번째인 상벌(賞罰)만 언급했다.

그렇지만 앞의 것을 모두 무시하고 느닷없이 실적과 약속의 일치를 말하면

이는 근본(本)을 모르고 하는 짓이다.

또 앞의 것을 모두 무시하고 느닷없이 상벌을 말하면

이는 처음(始)을 모르고 하는 짓이다.

도(道)를 거꾸로 말하거나 아니면 도를 어그러지게 말하면

남에게 다스려지기나 하지 어찌 남을 다스릴 수 있겠는가?

느닷없이 실적과 약속의 일치나 상벌을 말하는 경우

이는 다스림의 도구(具)는 알아도 다스림의 도(道)는 알지 못하는 일이다.

이런 인물은 천하에 쓰일 수는 있으나 천하를 다스리기에 부족하다.

이런 인물을 두고 말 잘하는 선비(辯士)라고 하는데

한 가지 재주만 갖춘 사람(一曲之人)일 뿐이다.

예법과 법도 그리고 형명을 일일이 따르는 건 옛날 사람도 그러했지만

이는 백성이 군주를 섬기는 바이지 군주가 백성을 보살피는 바가 아니다.

• • •

夫天地至神, 而有尊卑先後之序, 而況人道乎.

宗廟尙親, 朝廷尙尊, 鄕黨尙齒, 行事尙賢, 大道之序也.

語道而非其序者, 非其道也.

語道而非其道者, 安取道.

是故古之明大道者, 先明天而道德次之, 道德已明而仁義次之,

仁義已明而分守次之, 分守已明而形名次之, 形名已明而因任次之, 因任已明
而原省次之, 原省已明而是非次之, 是非已明而賞罰次之, 賞罰已明而愚知處
宜, 貴賤履位.

仁賢不肖襲情, 必分其能, 必由其名.

以此事上, 以此畜下, 以此治物, 以此修身.

知謀不用, 必歸其天, 此之謂大平, 治之至也.

故書曰: 有形有名. 形名者, 古人有之, 而非所以先也.

古之語大道者, 五變而形名可擧, 九變而賞罰可言也.

驟而語形名, 不知其本也. 驟而語賞罰, 不知其始也.

倒道而言, 迕道而說者, 人之所治也, 安能治人.

驟而語形名賞罰, 此有知治之具, 非知治之道.

可用於天下, 不足以用天下, 此之謂辯士, 一曲之人也.

禮法數度, 形名比詳, 古人有之, 此下之所以事上, 非上之所以畜下也.

큰 도(大道)에도 순서(序)가 있어
자연의 원리는 도덕보다 늘 앞선다

———

천지가 아무리 지극히 영묘한 존재라도 여기에는 높거나 낮거나 아니면 앞서거나 뒤따르는 등의 순서가 있다. 그러니 사람의 도리(人道)에도 당연히 순서가 있게 마련이다. 예를 들어 종묘에선 높은 항렬의 사람이, 조정에선 지위가 높은 사람이, 향리에선 나이를 든 사람이, 일을 하는 데선 어진 사람이 당연히 숭상을 받는다. 이것이 사람에게 적용되는 큰 도의 순서(大道之序)이다. 그러니 큰 도에 차별이 없어서 순서가 없다는 건 말이 되지 않는 소리이다. 나아가 도를 언급하면서 그 도가 참된 도가 아니라고 말하면 참된 도를 취할 수 있는 방법이 영원히 없다. 당연히 큰 도에는 순서가 있게 마련이므로 이에 바탕해서 참된 도를 찾아야 한다. 이 때문에 옛날에 큰 도에 밝은 사람은 큰 도에 순서가 있다고 여겨서 이에 바탕해 참된 도를 찾았다.

옛날에 큰 도에 밝은 사람은 먼저 자연의 원리를 밝힌 뒤에 도덕(道德)을 그 다음에 두었다. 그러니 자연의 도가 순서에서 도덕보다 앞에 놓이게 마련이다. 또 도덕이 밝아진 뒤에 인의(仁義)를 그 다음에 두었다. 또 인의가 밝혀진 뒤에 직분(職分), 즉 역할과 직무를 그 다음에 두었다. 또 직분이 밝혀진 뒤에 형명(形名), 즉 일의 실적과 약속의 일치를 그 다음에 두었다. 또 형명이 밝혀진 뒤에 인임(因任), 즉 능력에 따라 자리를 임명하는 것을 그 다음에 두었다. 또 인임이 밝혀진 뒤에 원성 (原省), 즉 일의 감찰을 그 다음에 두었다. 또 원성이 밝혀진 뒤에 시비 (是非)를 그 다음에 두었다. 또 시비가 밝혀진 뒤에 상벌(賞罰)을 그 다음 에 두었다. 그러니 도의 순서로 볼 때 자연의 원리가 가장 앞에 위치하 고, 도덕, 인의, 직분, 형명, 인임, 원성, 시비, 상벌의 순으로 위치한다.

상벌이 밝혀진 뒤에는 어리석은 사람과 지혜로운 사람이 각자 합당 한 평가를 받고, 귀한 사람과 천한 사람이 각자의 신분에 어울리는 자 리에 오르고, 어진 사람과 못난 사람이 각자의 실정에 부합하는 처우를 받는다. 그리고 관직은 반드시 능력에 따라 주어지고, 또 관직의 이름 에 근거해서 업적을 평가받는다. 이럼으로써 군주를 섬기고, 이럼으로 써 백성을 부양하고, 이럼으로써 만물을 다스리고, 이럼으로써 몸을 닦 으므로 지모(智謀)는 자연히 쓸모가 없어진다. 그 결과 각자 타고난 자 연의 상태로 반드시 돌아가므로 이를 두고 태평(太平)이라고 말한다. 이 것이 다스림의 극치에 해당한다

그런데 신하가 수행한 일의 실적이 있으면 일을 시작하기 전에 했던 약속이 반드시 있다. 그래서 실적과 약속의 일치가 마땅히 이루어져야 한다. 그런데 옛 글은 옛 사람이 이를 추구만 했을 뿐 앞세우지 않았다 고 말한다. 또 옛날에 큰 도(大道)를 언급했던 사람도 첫 번째인 자연의 원리, 두 번째인 도덕, 세 번째인 인의, 네 번째인 분수를 말한 뒤 비로소 다섯 번째인 실적과 약속의 일치인 형명을 언급했을 뿐 느닷없이 형명 을 꺼내들지 않았다. 또 다섯 번째인 형명, 여섯 번째인 인임, 일곱 번째 인 원성, 여덟 번째인 시비를 말한 뒤에 비로소 상벌을 언급했을 뿐 느 닷없이 상벌을 강조하지 않았다.

그런데 앞의 네 개(자연의 원리, 도덕, 인의, 분수)를 모두 무시하고서 느닷 없이 형명을 말하면 근본(本)을 모르는 처사이다. 또 앞의 네 개(형명, 인 임, 원성, 시비)를 모두 무시하고 느닷없이 상벌을 말하면 처음(始)을 알지

못하는 처사이다. 만약 이런 식으로 도(道)를 거꾸로 말하거나 도를 어그러지게 말한다면 이런 사람은 남에게 다스려지기나 하지 남을 다스릴 수가 없다.

또 앞의 네 개를 건너뛰고서 느닷없이 형명과 상벌을 언급한다면 다스림의 도구(具)는 알아도 다스림의 도(道)는 알지 못하는 처사이다. 이런 사람은 천하에 쓰일 수 있어도 천하를 다스리기에 부족하다. 이런 인물을 두고 말 잘하는 선비(辯士)라고 하는데 이는 말 잘하는 것 한 가지 재주만 갖추고 있다는 뜻이다. 물론 옛날 사람 중에도 예법(禮法)과 법도(度數) 그리고 형명(形名)을 일일이 따랐던 사람이 있다. 그렇지만 이런 방법을 통한 다스림은 백성이 군주를 섬길 때의 경우이지 군주가 백성을 부양할 때의 경우가 아니다. 따라서 예법, 법도, 형명은 백성이 군주에게 요구할 수 있어도 군주가 백성에게 요구할 수 없다.

옛날에 순(舜)이 자신의 군주인 요(堯)임금에게 물었다.

"하늘의 왕(天王)이신 요임금께서는 마음을 어떻게 쓰시나요?"

요임금이 대답했다.

"나는 힘없는 사람을 깔보지 않고, 가난한 백성을 내치지 않고,

죽은 자를 애통해하고, 갓난애를 가상히 여기고, 과부를 애처롭게 여겼네.

이것이 내가 마음을 쓴 바이네."

순이 말했다. "좋기는(美) 하지만 아직은 훌륭하지(大) 않습니다."

요임금이 말했다. "그러면 마음을 어떻게 써야 하는가?"

순이 말했다.

"하늘의 덕이 있으면 땅이 편안하고,

해와 달이 만물을 제대로 비추면 사철은 올바르게 운행합니다.

밤낮의 교대에는 일정한 규칙이 있고, 또 비는 구름이 모아져야 내립니다."

요임금이 말했다. "내가 혼란스러워서 어지러워졌네!

자네는 자연과 부합하고(天合), 나는 사람과 부합하는(人合) 사람이네."

옛날 사람은 천지를 훌륭하다고 여겼고,

황제와 요·순 임금 모두는 천지를 좋다고 여겼다.

그렇다면 옛날에 천하를 다스렸던 왕들은 어떻게 했을까?

그저 천지를 따랐을 뿐이다.

• • •

昔者舜問於堯曰:「天王之用心何如?」

堯曰:「吾不敖無告, 不廢窮民, 苦死者, 嘉孺子而哀婦人. 此吾所以用心已.」

舜曰:「美則美矣, 而未大也.」

堯曰:「然則何如?」

舜曰:「天德而土寧日月照而四時行., 若晝夜之有經., 雲行而雨施矣.」

堯曰:「膠膠擾擾乎! 子, 天之合也., 我, 人之合也.」

夫天地者, 古之所大也, 而黃帝堯舜之所共美也.

故古之王天下者, 奚爲哉? 天地而已矣.

천지(天地)를 따르는 게
자연의 원리에 입각한 다스림이다

———

앞 장에서는 자연의 원리가 가장 으뜸가는 덕이라고 강조했다. 여기서는 자연의 덕에 따라 천하를 어떻게 다스려야 하는지에 대해 설명한다. 순(舜)이 요(堯)임금의 신하 시절 천왕(天王)이신 요임금에게 백성에 대해 어떻게 마음을 쓰느냐고 물었다. 즉 자신이 받드는 군주의 치도(治道)에 대해 물은 것이다. 그러자 요임금은 힘없는 사람을 깔보지 않고, 가난한 백성을 내치지 않고, 죽은 자를 애통해하고, 갓난아이를 가상히 여기고, 과부를 애처롭게 여긴다고 말했다. 이에 대해 순은 요임금의 마음 씀씀이는 좋기는 하지만 아직은 훌륭하지 않다는 뜨뜨미지근한 반응을 보였다.

순이 신하인데도 요임금의 마음 씀씀이에 대해 어째서 이런 뜨뜨미지근한 반응을 보일까? 그것은 요임금의 마음 씀씀이가 무위자연(無爲自然)에 입각하지 않아서이다. 순은 하늘의 덕(天德)이 있으면 땅은 저절로 편안해지고, 또 해와 달이 만물을 제대로 비추면 사철은 올바르게 운행된다고 믿는다. 그래서 밤낮의 교대에는 일정한 규칙이 있고, 농업 생산의 중심인 비는 구름이 만들어지면 저절로 내리게 마련이다. 이렇듯 모든 게 자연스럽게 이루어진다. 그러므로 임금이 힘없는 사람을 깔보지 않는다든지 가난한 백성을 내치지 않는다는 식으로 특별히 마음을 쓸 필요가 없다. 이 말에 부끄러워진 요임금이 자신의 마음이 잠시 혼란스러워서 어지러워졌다는 평계를 대고 자신은 사람과 부합하지만 신하인 순은 하늘과 부합한다면서 순을 한껏 추켜세웠다.

　이런 예를 통해서 볼 때 천지(天地)의 자연스러움은 옛날 사람들이 모두 훌륭하다고 여겼고 황제(黃帝)와 요·순 임금도 좋게 여겼다. 이런 자연스러움에 입각한 마음 씀씀이는 누군가 군주가 되면 그의 치도와 곧바로 연결된다. 그래서 옛날에 천하를 다스렸던 왕은 무위자연(無爲自然)에 입각해서 천지를 따랐을 뿐 아무리 일처리 방식이 좋다고 해도 이것이 유위부자연한 방법이라면 이를 멀리했다.

공자가 서쪽에 위치한 주(周)나라 왕실 서고에 저서를 소장하고자 했다.

자로(子路)가 그 건에 관해서 상의하며 말했다.

"저 유(由)가 듣건대 주나라 서고 관리인에 노담(老聃)이란 사람이 있는데

지금은 그만두고 집에서 쉰다고 하니 한 번 찾아가서 부탁하지요."

공자가 말했다. "좋은 생각이네."

그리고 노담을 만났는데 노담이 책의 소장을 허락하지 않자

공자는 들고 간 육경(六經)을 반복해 풀이하면서 설명했다.

노담이 설명 도중에 말했다. "설명이 너무 깁니다. 요점만 들려주세요."

공자가 말했다. "요점은 인의(仁義)에 있습니다."

노담이 물었다. "인의는 사람의 타고난 본성(性)인가요?"

공자가 말했다.

"그렇습니다. 군자(君子)가 어질지(仁) 못하면 삶이 이루어지지 않고,

의롭지(義) 않으면 살아가지 못합니다.

인의는 진인(眞人)의 타고난 본성이니까 이 밖에 또 무얼 할 게 있습니까?"

노담이 물었다. "무엇을 인의(仁義)라고 말합니까?"

공자가 말했다.

"즐거운 마음으로 사물을 대하고, 사람을 차별 없이 사랑하며,

사사로움이 없는 게 인의의 자연스런 모습입니다."

노담이 말했다.

"아, 나중에 한 말인 사사로움이 없다는 말은 참으로 위험한 소리입니다!

또 사람을 차별 없이 사랑한다는(兼愛) 것도 현실과 동떨어진 소리입니다!

인의에 사사로움이 없다는 생각 자체가 사사로운 생각이어서입니다.

선생은 세상사람이 만물을 키우고 가꾸는 인위적인 일에서
어째서 달아나지 못하도록 처신하나요?
천지에는 본디부터 일정한 법칙(常)이 있고,
해와 달에는 본디부터 밝음(明)이 있고,
별들은 본디부터 하늘에 즐비하고, 짐승은 본디부터 무리를 이루고,
나무는 본디부터 꼿꼿한 세움(立)이 있습니다.
선생도 그런 자연의 덕(德)을 본받아서 행동하고, 도(道)를 쫓아서 달린다면
그것으로 지극할 뿐입니다.
어째서 인의(仁義)를 내걸고 북을 치면서 잃은 자식을 찾듯이
애써 힘을 다하려고 합니까?
아, 선생은 사람의 타고난 본성(性)을 어지럽히고 있습니다!"

· · ·

孔子西藏書於周室.
子路謀曰:「由聞周之徵藏史有老聃者, 免而歸居, 夫子欲藏書, 則試往因焉.」
孔子曰:「善.」
往見老聃, 而老聃不許, 於是繙六經以說.
老聃中其說., 曰:「大謾., 願聞其要.」
孔子曰:「要在仁義.」
老聃曰:「請問, 仁義, 人之性邪?」
孔子曰:「然. 君子不仁則不成, 不義則不生. 仁義, 眞人之性也, 又將奚爲矣?」
老聃曰:「請問, 何謂仁義?」
孔子曰:「中心物愷, 兼愛無私, 此仁義之情也.」
老聃曰:「意, 幾乎後言! 夫兼愛, 不亦迂乎! 無私焉, 乃私也. 夫子若欲使天
下無失其牧乎? 則天地固有常矣, 日月固有明矣, 星辰固有列矣, 禽獸固有群
矣, 樹木固有立矣. 夫子亦放德而行, 循道而趨, 已至矣., 又何偈偈乎揭仁義,
若擊鼓而求亡子焉? 意, 夫子亂人之性也!」

인의(仁義)에 사사로움이 없다는 게
사사로운 생각이다

———

앞 장에서 자연의 원리가 가장 으뜸가는 덕이라고 주장한 바 있다. 여기서는 노담(老耼)과 공자와의 대담을 통해 자연의 원리, 즉 덕에 따라 천하를 다스려야 한다는 생각을 피력한다. 노담과 공자가 직접 대담을 나누는 경우가 『장자』에 모두 여덟 차례 등장한다. 그 중에서 인의(仁義) 등 유가가 강조하는 덕목에 대해 논하는 대담은 「천운(天運)」의 두 곳을 포함해서 총 세 차례이다.

여기서 노담은 주(周)나라 왕실의 서고를 관리했던 사람으로 소개된다. 이런 사실에 주목한 공자는 노담을 찾아가서 자신의 저서인 육경, 즉 『시(詩)』, 『서(書)』, 『예(禮)』, 『악(樂)』, 『역(易)』, 『춘추(春秋)』를 왕실 서고에 소장시켜 달라고 부탁했다. 노담이 책의 소장을 좀처럼 허락하지 않자 공자는 되풀이하며 설명하면서 간청했다. 이에 노담은 설명이 번거롭다며 이 책들의 요점만 얘기해 달라고 요청하자 공자는 인의(仁義)라고 대답했다.

그러자 노담은 인의가 사람의 타고난 본성(性)인가에 대해 물었다. 이에 대해 공자는 군자(君子)가 어질지(仁) 않으면 삶이 제대로 이루어지지 않고, 의롭지(義) 않으면 살아가지 못한다고 말했다. 그러면서 인의는 진인(眞人), 즉 참된 사람의 타고난 본성임을 아울러 강조했다. 그러자 노담은 궁금했는지 인의(仁義)가 구체적으로 어떤 것이냐고 다시 물었다. 이에 대해 공자는 사물을 즐거운 마음으로 대하고, 사람을 차별 없이 사랑하면서 사사로움이 없는 게 인의의 참 모습(情)이라고 대답했다. 그러자 노담은 인의에 사사로움이 없다는 말이 정말로 위험한 소리라면서 공자의 말에 제동을 걸었다. 노담이 볼 때 인의에 사사로움이 없다는 생각 자체가 사사로운 생각이기 때문이다. 나아가 묵가가 강조하는 차별 없는 사랑, 즉 겸애(兼愛)도 현실과 동떨어진 소리라고 말했다.

노담의 눈에 공자란 인물은 마치 세상을 이끄는 목자(牧者)와도 같다. 이에 노담은 공자가 진정한 목자가 되려면 그 다스림이 자연의 원리에 충실해야 한다고 강조한다. 천지에는 본디부터 일정한 법칙(常)이 있고, 해와 달은 본디부터 밝음(明)을 지니고 있어서이다. 또 수많은 별들은 본디부터 하늘에 즐비하고(列), 짐승은 본디부터 무리(群)를 이루며, 나무는 본디부터 꼿꼿한 세움(立)이 있어서이다. 그러니 노담이 볼 때 공자가 목자의 역할을 제대로 수행하려면 자연의 덕(德)을 본받아서 행동하며 도(道)를 향해 달려가야 한다. 그런데 공자는 인의(仁義)를 억지로 내세우거나 북을 치면서 잃은 자식을 찾듯이 요란하게 나아가고 있지 않은가! 그래서 노담은 공자가 하는 짓들이 사람의 타고난 본성(性)을 어지럽히는 일이라고 비판한다.

사성기(土成綺)가 노자(老子)를 뵙고서 물었다.

"저는 선생을 성인(聖人)이라 들어 먼 길을 마다하지 않고 뵈러 왔습니다.

여관에서 백 일씩 자고, 또 많이 걸어 발에 굳은살이 거듭 생겨나도

쉬지 않고 왔습니다.

헌데 지금 제가 선생을 뵙고 나니까 선생은 성인이 아닌 듯합니다.

쥐구멍 흙에도 먹다 남은 쌀알이 있게 마련인데

저처럼 어리석은 사람을 돌보지 않고 있으니까 어질지 못합니다.

게다가 날 것이든 익은 것이든 간에 먹을 게 눈앞에 엄청나게 많은데도

한없이 거두어서 쌓아놓고만 있습니다."

노자는 이에 아무런 반응을 보이지 않았다.

사성기는 이튿날 아침 노자를 다시 뵙고서 물었다.

"제가 어제는 선생을 헐뜯었는데 오늘은 제 마음이 멈춰서

바르게 되었으니 어찌된 일인가요?"

노자가 말했다.

"훌륭한 지혜를 지닌 신명스런 성인(神聖之人)과 같은 그대에게

나는 크게 구애받지 않네.

어제 그대가 나를 소(牛)라고 불렀으면 소라고 여기고,

나를 말(馬)이라고 불렀으면 말이라고 여기네.

정말로 그러한데 이렇게 이름 붙여지는 것을 받아들이지 않으면

나는 거듭해서 재앙을 받게 될 거네.

그러니 내 행동(服)은 늘 자연스러워서 어떤 걸 위해 특별히 부자연스럽게

행동하지 않네."

사성기가 노자의 그림자를 밟지 않기 위해 비스듬히 물러난 뒤

신을 신은 채 들어가 방안에 이르러서 노자에게 나아가 물었다.

"수신(修身)은 어떻게 해야 합니까?"

노자가 말했다.

"자네 얼굴은 날카롭고, 눈은 상대방을 쏘아보고,

이마는 상대방을 위압하듯 번들거리고, 입은 으르렁거리며 싸울 듯하고,

모습은 의연하지만 말을 억지로 묶어서 멈추게 한 것과 같네.

그러니 자네는 묶인 말처럼 지금 움직이고 싶은 걸 억지로 참고 있지만

일단 튕겨져 나가면 쇠뇌처럼 빠를 것이네.

또 사물을 지나치게 꼼꼼히 살피면서 자신의 지혜와 재주를 믿고

방자하고 오만한 태도를 보이니까 자네는 모두 참되지 않네.

변방 끝에 자네와 같은 사람이 있는데 이름을 도둑(竊)이라고 하지."

노자가 계속해서 말했다.

"도(道)는 큰 것에 의해서 없어지는 일이 없고,

작은 것에 의해서 버려지는 일이 없기에 만물은 모두 도를 갖추고 있네.

또 도는 넓고 넓어서 그 안에 모든 걸 담을 수 있고,

깊고 깊어서 우리가 도를 도저히 헤아릴 수 없네.

형덕(形德)과 인의(仁義)는 도의 영묘한 작용에서 볼 때 말단에 위치하는데

지인(至人)만이 말단인지 여부를 판단할 수 있네!"

그러니 지인이 세상에 있는 게 얼마나 좋은 일인가!

그런데 지인은 세상을 의식하지 않아

세상사람이 권력을 두고 다퉈도 지인은 휩쓸리지 않고,

어느 곳에도 의지할 수 없다는 것을 환히 알아 재물의 노예가 되지 않고,

사물의 진면목을 깊이 체득해서 근본을 지키지.

그래서 지인은 천지를 도외시하거나 만물을 버리는 한이 있어도

그의 정신에는 아무런 곤란함(困)이 없네.
도와 통하고 덕과 짝해서 인의를 물리치고 예악을 멀리하니까
지인의 마음은 늘 안정되어 있네."

. . .

士成綺見老子而問曰:「吾聞夫子聖人也, 吾固不辭遠道而來願見, 百舍重趼
而不敢息. 今吾觀子, 非聖人也.
鼠壤有餘蔬, 而棄妹之者, 不仁也, 生熟不盡於前, 而積斂無崖.」
老子漠然不應.
士成綺明日復見, 曰:「昔者, 吾有刺於子, 今吾心正却矣, 何故也?」
老子曰:「夫巧知神聖之人, 吾自以爲脫焉. 昔者子呼我牛也而謂之牛, 呼我
馬也而謂之馬. 苟有其實, 人與之名而弗受, 再受其殃. 吾服也恒服, 吾非以
服有服.」
士成綺雁行避影, 履行遂進而問:「修身若何?」
老子曰:「而容崖然, 而目衝然, 而顙頯然, 而口闞然, 而狀義然, 似繫馬而止
也. 動而持, 發也機, 察而審, 知巧而覩於泰, 凡以爲不信. 邊竟有人焉, 其名
爲竊.」
夫子曰:「夫道, 於大不終, 於小不遺, 故萬物備, 廣廣乎其無不容也, 淵淵乎
其不可測也. 形德仁義, 神之末也, 非至人孰能定之! 夫至人有世, 不亦大乎!
而不足以爲之累. 天下奮棅而不與之偕, 審乎無假而不與利遷, 極物之眞, 能
守其本, 故外天地, 遺萬物, 而神未嘗有所困也. 通乎道, 合乎德, 退仁義, 賓
禮樂, 至人之心有所定矣.」

나를 소라고 부르면 소라 여기고,
나를 말이라고 부르면 말이라 여기다

———

자연의 덕에 따라 천하를 어떻게 다스려야 하는지에 대한 세 번째 예가 '유가의 덕목을 화려하게(綺) 이룬(成) 선비(士)'라는 뜻을 지닌 사성기(士成綺)와 함께 소개된다. 사성기는 노자에게 가르침을 얻고자 먼 길을 마다하지 않고 왔는데 아무런 가르침을 얻지 못하자 투덜거리며 불평했다. 쥐구멍에도 먹다 남은 쌀알이 있게 마련이지만 지금 노자 선생 앞에는 가르칠 수 있는 게 산더미처럼 쌓여 있다. 그런데도 노자 선생은 사성기에게 좀처럼 가르쳐주지 않으니까 사성기는 이를 못마땅하게 여겨 노자를 성인이 아니라고 깎아내렸다. 이에 대해 노자가 아무런 반응을 보이지 않자 그만 낙담해서 자리에서 물러나 다음날 아침 다시 노자 선생을 찾아갔다.

그런데 어제와는 달리 사성기에게 투덜거리는 마음이 눈 녹듯이 사라지면서 노자 선생에 대한 존경스런 마음이 생겨났다. 이에 사성기는 스스로 놀라서 어찌된 영문인지 노자에게 물었다. 그러자 노자 선생은 사성기를 가리켜서 신성지인(神聖之人), 즉 훌륭한 지혜를 지닌 영험한 성인이라고 추켜세우면서 그런 훌륭한 사람으로부터 자신이 어떤 험한 말을 들어도 상관없다는 태도를 보였다. 그래서 사성기가 자신을 가리켜서 소라고 부르면 소로 여기고, 말이라고 부르면 말로 여긴다고 말했다. 공자가 말하는 이순(耳順)도 이런 상태일 것이다. 게다가 노자는 자신이 정말로 소인데도 소라고 이름 붙여지는 것을 받아들이지 않는다면 거듭해서 화를 입게 될 거라고 말했다. 이처럼 자신의 행동은 늘 자연스러우므로 일부로 어떤 것을 보여주기 위해서 특별히 부자연스럽게 행동하지 않는다고 말했다. 그러니 어제 사성기가 불쾌하게 여겼던 노자의 무덤덤한 행동도 노자 입장에선 자연스러울 뿐이지 결코 특별한 게 아니다.

노자의 이 말에 마음이 좀 풀렸는지 사성기는 신을 신은 채 노자가 거처하는 방안에 들어가서 수신(修身)을 어떻게 해야 하느냐고 공손히 물었다. 그런데도 사성기에 대한 노자의 반응은 여전히 부정적이다. 그것은 사성기의 얼굴이 날카롭고, 눈은 상대방을 쏘아보고, 이마는 번들거려서 상대방을 위압하는 것 같아서이다. 또 입은 으르렁거리면서 싸울 듯하고, 모습은 의젓하지만 달리는 말을 억지로 묶어 움직이지 못하도록 한 것 같아서이다. 그래서 사성기는 묶여진 말처럼 지금 움직이고 싶은 걸 억지로 참지만 일단 튕겨져 나가면 쇠뇌처럼 빠르다는 걸 노자는 이미 알고 있다. 게다가 사성기는 사물을 살피면 꼼꼼히 파악하고, 자신의 앎과 재주를 믿고서 방자하고 오만한 태도를 보일 거라고 파악하고 있다. 이런 모습들은 모두 사성기의 참되지 못한 자세와 태도에서 비롯된다. 그러면서 노자는 나라의 변방 끝에 사성기와 같은 사람이 있는데 이름이 도둑(竊)이라면서 사성기에게 큰 모욕감을 안겨 주었다.

노자는 어째서 사성기에게 이런 큰 모욕감을 안겨 주었을까? 노자에 따르면 도(道)는 큰 것에 의해 없어지는 일이 없을 뿐더러 작은 것에 의해 버려지는 일이 없어 모든 만물은 도를 갖추게 마련이다. 즉 여여자연한 입장에서 보면 세상의 모든 사물은 그 자체가 자연스러우므로 나름의 도를 모두 갖추고 있다. 게다가 도는 넓고 넓어서 그 안에 모든 걸 담을 수 있고, 또 깊고 깊어서 우리가 도저히 다 헤아릴 수 없다.

이렇게 보면 그야말로 유가의 덕목인 형덕(形德)과 인의(仁義)는 도의 이런 신비로운 작용에서 보면 말단에 위치한다. '유가의 덕목을 화려하게 (綺) 이룬(成) 선비(士)'라는 뜻을 지닌 사성기(士成綺)의 이름에서 보듯이 사성기는 유가의 덕목에 충실한 사람이다. 그래서 그가 추구하는 가치는 근본적인 게 아니라 말단적이다. 이런 말단적인 것을 추구하는 사람은 도둑뿐이다. 이 때문에 노자는 사성기를 도둑에 비유한 것이다.

그런데 지인(至人), 즉 지극한 사람만이 이것들이 말단인지 여부를 파악할 수 있다. 그래서 이 세상에 지인이 있다는 건 너무 좋은 일이다. 그런데 지인은 자신이 세상에 처한다는 사실을 의식하지 않아서 세상 사람들이 모두 권력을 두고 다툰다 해도 여기에 휩쓸리지 않는다. 또 지인은 어디에도 자신을 의지할 수 없다는 사실을 확실히 깨달아 재물의 노예가 되는 일이 없다. 또 지인은 사물의 진면목을 깊이 체득하고 있어 근본을 지킨다. 그 결과 지인은 천지를 도외시하고 만물을 버리는 한이 있더라도 그의 정신만큼은 어떤 곤란함을 겪지 않는다. 또 지인은 도(道)와 통하고 덕(德)과 짝하므로 인의(仁義)를 물리치고 예악(禮樂)을 멀리할 수 있기에 그의 마음은 늘 안정되어 있다. 유가를 대표하는 덕목인 인의와 예악은 장자의 눈에 이처럼 하찮게 보일 뿐이다. 그것은 인의와 예악이 근본적인 게 아니라 말단적인 것이기 때문이다.

천도 6-1

세상에서 도(道)를 얻기 위해서 소중히 여기는 건 글(書)인데

글은 말(語)을 넘어서지 못해 말이 글보다 더 소중하다.

또 말이 소중히 여기는 건 뜻(意)인데 뜻은 추구하는 바가 있다.

그렇지만 뜻이 추구하는 것을 말로 제대로 전달하는 게 불가능하다.

그런데 세상사람이 글보다 말을 소중히 여겨도 말보다는 글로 뜻을 전한다.

이처럼 세상사람이 비록 글을 소중히 여긴다 해도

나는 오히려 글을 소중하다고 여기지 않는다.

그러니 세상에서 소중히 여기는 게 정말로 소중하지 않을 수 있다.

그래서 눈으로 보아서 보이는 건 사물의 형체와 색깔뿐이고,

귀로 들어서 들리는 건 사물의 이름과 소리뿐이다.

슬프다. 세상사람들이 형체, 색깔, 이름, 소리만으로

사물의 참 모습(情)을 터득할 수 있다고 여기니까!

모름지기 형체, 색깔, 이름, 소리만으론 사물의 참 모습을 터득할 수 없다.

그러니 아는 사람(知者)은 말하지 않고, 말하는 사람(言者)은 알지 못한다.

그런데 세상사람이 이런 사실을 어찌 알겠는가!

• • •

世之所貴道者書也, 書不過語, 語有貴也.

語之所貴者意也, 意有所隨.

意之所隨者, 不可以言傳也, 而世因貴言傳書.

世雖貴之, 我猶不足貴也, 爲其貴非其貴也.

故視而可見者, 形與色也., 聽而可聞者, 名與聲也.

悲夫, 世人以形色名聲爲足以得彼之情!

夫形色名聲果不足以得彼之情, 則知者不言, 言者不知, 而世豈識之哉!

아는 사람은 말하지 않고,
말하는 사람은 알지 못한다

―――

세상에서 도(道)를 얻기 위해서 소중히 여기는 건 글(書)이다. 그래서 사람들은 글로 쓰여진 책을 통해서 도를 터득하려고 한다. 그 결과 도를 언급한 책들이 우리 주위에 적지 아니 널려 있다. 책이 이렇게 많아진 건 먼저 살다간 사람들이 도에 대해 깨달은 바를 가능한 글로 남겨서이다. 그렇지만 글로 전하는 것보다 더 좋은 게 말로 전하는 일이다. 말로 표현이 가능한 것 중에 글로 전할 수 없는 게 많아서이다. 게다가 말할 때 보여주는 우리들의 섬세한 표정과 모습은 글로서 다 담아낼 수 없다. 그래서 글보다는 말이 커뮤니케이션 수단으로 더 소중하고 값어치 있다. 입사시험에서도 지원자의 소양과 능력을 제대로 평가하려면 논술보다는 구술이 더 낫지 않은가!

그런데도 사람들은 자신의 생각을 말보다는 글로 전하려고 애쓴다. 글로 써야 권위를 지닌다고 착각해서이다. 참고로 서양철학사 맨 앞의 주인공에 해당하는 소크라테스는 책 한 권 쓰지 않았다. 그의 제자 플라톤이 스승의 말씀을 『대화』라는 이름으로 정리해 놓았을 뿐이다. 고대 동아시아 사상가들도 이와 크게 다르지 않다. 그래서 공자와 맹자의 경우도 그의 제자들이 『논어』와 『맹자』를 쓰게 되어 글이 '공자왈', '맹자왈'처럼 삼인칭으로 시작한다. 이처럼 고대 사상가들은 동서양을 막론하고 글을 말보다 아래에 두어 글로 가능한 남기려 하지 않는다. 이에 반해 세상사람은 글로 가능한 자신의 생각을 남기려 한다. 이런 태도는 세상에서 소중하다고 여기는 말을 소중히 여기지 않고, 오히려 소중하지 않은 글을 소중히 여기는 탓이 아니냐고 장자는 우리에게 반문한다.

그렇다면 우리는 말과 비교해서 글만 소중하다고 착각하는 걸까? 눈으로 보거나 귀로 듣는 것도 이와 크게 다르지 않다. 우리가 눈으로 보아서 보이는 건 사물의 형체와 색깔뿐이다. 또 귀로 들어서 들리는 건 사물의 이름과 소리뿐이다. 이것들은 사물의 타고난 본성이 아니기에 소중히 여겨선 안된다. 그런데도 세상사람은 형체, 색깔, 이름, 소리만으로 사물의 참 모습(情)을 터득한다고 착각한다. 이는 참 모습이 소중한데도 소중하지 않은 형체, 색깔, 이름, 소리에 탐닉하기 때문이다. 그래서 장자는 이런 점이 슬프다고 안타까워한다. 장자가 볼 때 형체, 색깔, 이름, 소리만으로는 사물의 참 모습을 파악할 수 없다. 그래서 장자는 "아는 사람은 말하지 않고 말하는 사람은 알지 못한다."라고 말한다. 이 내용은 『도덕경』에서도 똑같이 등장한다.[20]

그런데 『도덕경』에서 "아는 사람은 말하지 않고 말하는 사람은 알지 못한다"에 이어서 나오는 글이 유명한 "색기태폐기문 좌기예해기분 화기광동기진 시위현동"[21]이다. 이를 해석하면 "감관을 막고 심관을 닫으며 날카로움을 꺾고 혼란스러움을 풀며, 빛과 조화를 이루고 세속과 함께 하는 걸 일러 현동(玄同)이라 한다"이다. 이것은 지자불언 언자부지(知者不言 言者不知)를 보완하는 내용인데 언뜻 보아 잘 이해되지 않아서 설명이 좀 필요하다. "색기태폐기문 시위현동"은 감각기관을 막고,

---

20) 知者不言 言者不知. (『도덕경』 56장)
21) 塞其兌 閉其門 挫其銳 解其粉 和其光 同其塵 是爲玄同. (『도덕경』 56장)

또 감각기관을 통해 들어온 것에 의미를 부여하는 심관기관을 닫아야 현(玄)의 상태에 이른다는 뜻이다. 또 "좌기예해기분 화기광동기진 시위현동"은 생각의 날카로움을 꺾으면서 판단의 어지러움을 풀고, 빛을 부드럽게 해 자신을 드러내지 않으면서 세간의 속진에 한데 섞여야 현(玄)의 상태에 이른다는 말이다. 그러니 현동(玄同)의 상태에 이른 소위 아는 사람(知者)은 말하지 않는데 반해 말하는 사람(言者)은 현동에 이르지 못해 알지 못한다.

그렇더라도 노자의 '지자불언 언자부지'에 대한 설명은 여전히 어렵다. 장자는 노자에 비해 훨씬 쉽게 '지자불언 언자부지'를 설명한다. 이런 쉬운 설명이 제환공(齊桓公)과 수레바퀴 깎는 사람인 윤편(輪扁)과의 대담을 통해서 나타나는데 뒤이어 전개되는 내용이다.

천도 6-2

제나라 군주인 환공(桓公)이 당상에서 책을 읽고,

수레바퀴 장인인 윤편(輪扁)이 당하에서 바퀴를 깎았다.

윤편이 망치와 끌을 내려놓고 당상에 올라가서 환공에게 여쭈었다.

"감히 묻습니다만 환공께서 읽고 계신 책은 어떤 내용입니까?"

환공이 대답했다. "성인(聖人)의 말씀이다."

윤편이 물었다. "그 성인은 살아 계십니까?"

환공이 대답했다. "이미 돌아가신 분이다."

윤편이 말했다.

"그러면 군주께서 읽고 계신 책은 옛사람의 찌꺼기(糟魄)일 뿐입니다!"

환공이 말했다.

"과인이 책을 읽는데 수레바퀴 깎는 주제에 어찌 감히 참견하는가!

네 주장에 적절한 설명이 있으면 괜찮지만 적절한 설명이 없으면

너는 죽음을 면치 못할 것이다."

윤편이 말했다.

"신이 하는 일에 근거할 때 바퀴를 너무 깎아서 헐거우면 견고하지 못하고,

덜 깎아서 빡빡하면 들어가지 않습니다.

바퀴가 헐겁지도 않고 빡빡하지도 않게끔 깎는 일은

손으로 터득하고 마음으로 감응할 뿐이지 말로 전할 수 없습니다.

비결은 그 사이 어딘가에 있습니다.

그런데 신은 제 자식에게 이를 말로 깨우쳐줄 수 없고,

신의 자식도 신에게서 이걸 말로 전수받을 수 없습니다.

이것이 일흔이 된 노인이지만 수레바퀴를 직접 깎아야 하는 이유입니다.

그 옛 사람도 자신이 깨달은 바를 다른 사람에게 제대로 전하지 못한 채
세상을 떠났을 겁니다.
그러니 군주가 읽고 계신 책은 옛 사람의 찌꺼기(故人之糟魄)일 뿐이지요!"

. . .

桓公讀書於堂上, 輪扁斲輪於堂下, 釋椎鑿而上,
問桓公曰:「敢問, 公之所讀者何言邪?」
公曰:「聖人之言也.」
曰:「聖人在乎?」 公曰:「已死矣.」
曰:「然則君之所讀者, 故人之糟魄已夫!」
桓公曰:「寡人讀書, 輪人安得議乎! 有說則可, 無說則死.」
輪扁曰:「臣也以臣之事觀之. 斲輪, 徐則苦而不入.
不徐不疾, 得之於手而應於心, 口不能言, 有數存焉於其間.
臣不能以喩臣之子, 臣之子亦不能受之於臣, 是以行年七十而老斲輪.
古之人與其不可傳也死矣. 然則君之所讀者, 故人之糟魄已夫!」

책은 옛사람의 찌꺼기이다

———

춘추전국시대 첫 번째 패자였던 제환공(齊桓公)이 당상에서 책을 읽고 있는데 당하에 있던 윤편(輪扁)이 수레바퀴를 깎다가 환공에게 지금 읽고 계신 책이 무엇이냐고 물었다. 환공이 성인의 말씀이라고 하자 윤편은 그 성인이 살아 있느냐고 다시 물었다. 환공이 죽은 사람이라고 말하자 윤편은 그 책은 고인조백(故人糟魄), 즉 옛사람의 찌꺼기일 뿐이라고 폄하해 말했다. 환공이 수레바퀴 깎는 기술자에게 무시를 당하자 이에 화가 나서 윤편의 주장에 적절한 설명이 있으면 모르지만 적절한 설명이 없으면 죽음을 면치 못할 거라고 몰아세웠다. 그런데 윤편은 조금도 당황하지 않고 이를 자신의 수레바퀴 깎는 일에 비춰 설명하겠다고 말했다.

윤편이 수레바퀴를 너무 깎아서 헐거워지면 바퀴가 견고하지 못하고, 덜 깎아서 빡빡해지면 바퀴가 들어가지 않는다. 그래서 헐겁지도 않고 빡빡하지도 않도록 깎는 게 수레바퀴 깎는 기술의 정수에 해당한다. 그런데 이 기술은 손으로 터득하고 마음으로 감응할 뿐이지 말로 제대로 전할 수 없다. 그래서 윤편도 자신의 아들에게 이 기술을 말로 깨닫게 할 수 없고, 아들 역시 이 기술을 말로 전수받을 수 없다. 이것이 나이 일흔이 되어도 윤편이 바퀴를 직접 깎아야 하는 이유이다. 마찬가지로 옛 사람이 깨달은 바의 진수도 글로 제대로 전달할 수 없다. 그러니 윤편이 볼 때 환공이 읽는 책의 내용도 옛사람의 생각에서 정수가 빠진 찌꺼기일 뿐이다.

그렇다면 옛사람이 지닌 생각의 정수는 후대 사람들에게 어떻게 전해질 수 있을까? 글이 안 되면 말로 전할 수 없을까? 그런데 말은 글과 달라 기록성을 결여하므로 후대에 전하는 게 사실상 불가능하다. 게다가 말 또한 글처럼 표현수단으로서 일정한 한계를 지닌다. 우리의 머릿속 생각이 복잡하고 주관적이어서 이를 말로 다 담아낼 수 없다. 그래서 말보다 중요한 게 말로 포장되기 이전 상태, 즉 우리의 생각인 뜻(意) 그 자체이다. 그래서 『주역(周易)』에서도 "서불진언 언불진의(書不盡言 言不盡意)", 즉 "글은 말을 다하지 못하고, 말은 뜻을 다하지 못한다"라고 말한다. 이렇게 보면 뜻(意)이 가장 위에 있고, 그 다음이 말(言)이고, 가장 아래에 글(書)이 위치한다.

그런데 뜻은 말이나 글과 비교할 때 그 성격이 근본적으로 다르다. 말과 글이 의미를 전달하는 수단이라면 뜻은 의미 그 자체이기 때문이다. 이를 커뮤니케이션학 용어로 설명하면 뜻은 기의(記意, signified)이고, 말과 글은 기표(記表, signifier)이다. 기의란 외부 대상이나 생각을 우리 머릿속에서 그려낸 의미라면 기표란 그 의미를 표현하는 수단에 해당한다. 그런데 그 수단들 중에서 가장 대표적인 게 말과 글이다. 우리는 자신의 머릿속 생각을 말과 글로 기표화해 이를 상대방에게 전달하고, 또 상대방은 기표화된 말과 글을 풀어 그 의미를 이해하는 방식으로 커뮤니케이션을 한다. 따라서 말과 글이라는 기표는 방편이긴 해도 커뮤니케이션을 하는 데 있어선 없어서는 안 될 중요한 수단이다.

그런데 말과 글의 이런 중요성을 간과한 채 우리는 다른 사람들과 어떻게 커뮤니케이션을 할 수 있을까? 이에 대한 대답이 그리 간단치가 않다. 그런데도 수레바퀴 기술자인 윤편은 글로 쓰인 책을 옛사람의 찌꺼기라고 형편없이 깎아 내린다. 윤편의 이런 평가는 우리의 머릿속 의미가 말과 글로 바뀌는 순간 참된 의미가 사라져서이다. 즉 의미의 참된 면은 말과 글로 도저히 전달할 수 없어서이다. 중국 선불교 전통을 확립한 육조 혜능(慧能) 선사가 『육조단경((六祖壇經)』에서 불립문자(不立文字)와 이심전심(以心傳心)을 주장한 것도 같은 맥락이다.

불립문자란 진정한 깨달음은 문자로 세울 수 없다는 의미이다. 또 이심전심은 마음과 마음으로 전달한다는 뜻이다. 그래서 불립문자와 이심전심은 우리의 머릿속 생각을 언어화 내지는 문자화하지 않은 채로 상대방에게 전달하는 방식이다. 그러니 불립문자든 이심전심이든 간에 이 모두는 말과 글로선 깨달음의 대충은 담을 수 있어도 깨달음의 진수는 담을 수 없다는 점을 말한다. 이는 사람들이 달을 가리키는 손가락을 달이라고 착각하는 것에도 비유할 수 있다. 달을 지시하는 손가락은 달을 가리키는 방편일 뿐이지 그 자체가 달이 아니다. 그럼에도 불구하고 사람들은 지시하는 손가락, 즉 말과 글에 함몰된 나머지 깨달음의 진수를 맛보지 못한다. 윤편이 제환공에게 충고한 것도 바로 이런 점이 아니었을까?

천운

天運

천
운

『장자』 외편에서 천(天)으로 시작하는 제목은 세 편이다. 나란히 등장하는 「천지」, 「천도」, 「천운」이 그것이다. 이 세 편의 내용이 많아 외편에서 차지하는 분량도 꽤 된다. 그런데 '천'의 해석을 놓고선 서로 다르다. 「천지」에선 하늘과 땅으로 번역하는 게 타당하지만 「천도」에선 '천'을 하늘보다는 자연으로 해석하는 게 마땅하다. 그래서 천도를 '자연의 도'로 번역하는 게 옳다. 그런데 「천운」에선 '천'을 하늘로 해석하는 게 오히려 바람직하다. 이는 「천운」이 "하늘은 돌고 땅은 멈춰 있다"라며 하늘과 땅의 대비를 첫 문장으로 삼고 있기 때문이다. 이처럼 '천'에 대한 해석이 서로 달라도 여기에서 다루는 주제는 앞에서와 똑같이 무위자연(無爲自然)에 따른 다스림이다. 그렇다면 무위자연하지 못한 건 도대체 어떤 것일까? 천지만물이 돌지 않고 멈춰 있는 게 바로 무위자연하지 못한 상태이다.

마찬가지로 어짊(仁)도 멈춰서 고정되어 이를 의식하면 자연스런 어짊이 아니다. 단지 친하다고 해서 이를 어질다고 하면 호랑이와 이리에게도 분명히 어짊이 있다. 호랑이와 이리의 부자간은 서로 친하기 때문이다. 따라서 친하다는 걸 의식하지 않는 어짊이라야 참된 어짊이다. 장자는 이를 지극한 어짊(至仁)이라고 말한다. 지극한 어짊이라야 무위자연에 따른 어짊이라고 말할 수 있다.

어짊뿐만이 아니다. 연주소리도 무위자연에 입각해야 도(道)와 통한다. 황제(黃帝)가 함지의 음악(咸池之樂)을 사람들이 정한 규율에 따라 연주를 시작하니까 이를 듣고 있던 북문성이 두려웠는지 그의 귀는 연주소리로 가득 찼다. 이어서 황제가 자연의 흐름에 따라 연주를 이어서 하니까 북문성이 나른해져서 연주소리가 그의 귀에서 달아났다. 마지막으로 황제가 예의를 갖춰서 연주를 끝내니까 북문성은 정신이 그만 혼미해졌다. 북문성의 정신이 혼미해진 건 연주소리를 들으려 해도 들리지 않고, 보려 해도 보이지 않아서이다. 이것이 연주소리를 태청(太淸), 즉 천지자연의 도리로 세운 상태이다. 이 상태에서는 무위자연에 따른 소리만이 만들어진다.

예법(禮法)의 적용도 마찬가지이다. 공자가 모범으로 삼았던 주(周)나라 예법이 아무리 훌륭하다 해도 지금 시대에 그대로 적용하는 건 자연스럽지 못하다. 지금 시대에 맞게끔 유연하게 적용해야 성공할 수 있는데 그러기 위해선 주나라 예법이 어째서 좋은지를 먼저 알아야 한다. 그래서 겉만 보고 따라 해서는 안 된다. 지금 공자는 주례(周禮)의 겉만 흉내냈을 뿐인데 이건 자연스럽지 못한 행동이다. 도(道)도 마찬가지이다. 마음에 도의 주인 될 만한 게 없으면 도가 우리에게 머물지 않고, 또 바깥 세상에 알맞은 올바름이 없으면 도가 실행되지 않는다.

「천운」에선 인의(仁義)를 흩어져서 날아다니는 겨나 모기쯤에 비유한다. 겨가 눈에 들어가면 눈을 뜨지 못해서 천지사방의 방향이 바뀌어 위치를 제대로 분간하지 못한다. 또 모기가 살갗을 물면 가려워서 밤새 잠을 자지 못한다. 그런데 겨와 모기는 신체에 피해를 주는 정도에서 그치지만 인의는 우리의 마음을 어지럽힌다. 게다가 장자에 따르면 인의보다 우리의 마음을 더 크게 어지럽히는 게 없기 때문에 인의를 두고 무자비하다고 평한다.

「천운」의 마지막은 참된 도의 작용에 대해 언급한다. 참된 도의 작용은 백역(白鶂)이란 새의 경우 암수가 바라보면서 눈동자조차 움직이지 않아도 서로 정을 통해 새끼를 낳는 일이다. 또 벌레의 경우 수컷이 바람 부는 위쪽에서 울면 암컷은 바람 부는 아래쪽에서 호응해서 새끼를 낳는 일이다. 이에 반해 공자가 오랫동안 시(詩)·서(書)·예(禮)·악(樂)·역(易)·춘추(春秋)의 육경(六經)을 익힌 건 참된 도의 작용과는 큰 관련이 없어 보인다.

"하늘(天)이 돌고 있나요? 땅(地)이 멈춰 있나요?

해(日)와 달(月)이 하늘의 자리를 놓고서 서로 다투나요?

누가 하늘, 땅, 해, 달의 자리를 주재하나요?

누가 하늘, 땅, 해, 달의 질서를 유지하나요?

누가 아무 일도 하지 않으면서 하늘, 땅, 해, 달을 밀어서 가나요?

생각건대 땅이 제 자리에 있는 건 줄이 베틀에 매여있는 것처럼

부득이한 건가요?

생각건대 하늘이 움직이는 건 굴러서 도는 것처럼 스스로 멈출 수 없나요?

구름(雲)이 비를 오게 하나요? 비(雨)가 구름을 만드나요?

누가 구름을 일으켜서 비를 내리게 하나요?

누가 아무 일도 하지 않는데도 비를 내리게 하는 과한 즐거움을 즐기다가

지금은 이 즐거움을 싫증내나요?

바람은 북쪽에서 일어나 한번은 서쪽으로 한번은 동쪽으로 불면서

상공을 이리저리 헤매는데 누가 이 바람을 내쉬고 들이쉬게 하나요?

누가 아무 일도 하지 않으면서 바람을 부채질하나요?

감히 묻건대 이런 일들이 일어나는 건 무슨 까닭인가요?"

무함소(巫咸招)가 말했다.

"이리 와라! 내가 너에게 말해주겠다.

천하에는 동·서·남·북·상·하의 육극(六極)과

목(木)·화(火)·토(土)·금(金)·수(水)의 오상(五常)이 있는데

제왕도 육극과 오상을 따르면 천하가 잘 다스려지지만

이것을 거스르면 천하에 재앙이 생겨나네.

『홍범구주』와『하도낙서』를 보면 다스림이 잘 이루어지고,
자연스런 덕이 잘 갖추어져 세상을 환히 비추면 천하가 제왕을 받드는데
이런 분을 상황(上皇), 즉 상고의 황제라고 말하네."

. . .

「天其運乎? 地其處乎? 日月其爭於所乎?
孰主張是? 孰維綱是? 孰居無事而推行是?
意者其有機緘而不得已邪? 意者其運轉而不能自止邪?
雲者爲雨乎? 雨者爲雲乎?
孰隆施是? 孰居無事淫樂而勸是?
風起北方, 一西一東, 在上彷徨, 孰噓吸是?
孰居無事而披拂是? 敢問何故?」
巫咸祒曰:「來! 吾語女. 天有六極五常, 帝王順之則治, 逆之則凶.
九洛之事, 治成德備, 監照下土, 天下戴之, 此謂上皇.」

구름이 비를 오게 하는가?
비가 구름을 만드는가?

「천운(天運)」은 어린아이의 천진난만한 눈으로 본 천지일월(天地日月), 즉 하늘, 땅, 해, 달의 움직임에 관한 관찰에서부터 시작한다. 그래서 「천운(天運)」의 첫 문장은 "하늘(天)이 돌고 있나요? 땅(地)이 멈춰 있나요? 해(日)와 달(月)은 하늘의 자리를 놓고서 서로 다투나요?"이다. 먼저 하늘이 돈다고 생각하는 건 하늘에서 밝은 낮과 어두운 밤이 서로 교대한다고 보아서이다. 또 땅이 멈춰 있다고 생각하는 건 땅에서 우리가 느낀 그대로를 믿어서이다. 또 해와 달이 하늘의 자리를 놓고 서로 다툰다고 생각하는 건 낮에는 해가 떠 있고 밤에는 그 자리에 달이 떠 있어서이다. 이런 관찰은 '왜'와 '어떻게'가 생략된 그야말로 천진난만한 관찰에 속한다. 그래서 '과학적' 관찰이 아니라 '인문적' 관찰이라고 할 수 있다.

그렇다면 누가 하늘, 땅, 해, 달의 자리를 주재하고, 또 누가 하늘, 땅, 해, 달의 질서를 유지하는가? 서양 신학에선 하느님과 같은 절대자가 이것들의 자리를 주재하거나 이것들의 질서를 유지한다고 말한다. 그렇지만 장자에게선 이것들을 누가 주재하거나 유지하는지 여부는 그다지 중요하지 않다. 동아시아사상이 절대자의 초월적 힘을 거부하듯이 장자도 누군가에 의한 이런 유위적인 움직임을 반대한다. 마찬가지로 누가 아무 일도 하지 않으면서 하늘, 땅, 해, 달을 밀어서 가는지 여부도 중요하지 않다. 장자가 보기에 땅이 제 자리에 고정되어 있는 건 줄이 베틀에 매여 있는 것처럼 부득이한 일일 수 있다. 또 하늘이 도는 건 뭔가 구르면서 돌아가는 것처럼 스스로 멈출 수 없는 일일 수 있다. 그래서 하늘은 돌 수밖에 없고, 땅은 멈출 수밖에 없는데 이것이 무위자연(無爲自然)이 지닌 힘이다.

구름과 비의 관계도 천지일월(天地日月)의 경우에서처럼 무위자연의 힘에 의해 결정된다고 본다. 「천운」에선 "구름이 비를 오게 하는가? 비가 구름을 만드는가?"라고 묻지만 구름이 비를 오게 하든 비가 구름을 만들든 간에 그것은 장자의 관심사가 아니다. 그러니 구름을 일으켜서 비를 내리게 하는 존재가 누구인지 여부는 더더욱 장자의 관심사가 아니다. 나아가 누군가 비를 내리게 하는 큰 즐거움을 즐기다가 이 즐거움을 싫증내서 비를 멈추게 하는 것도 장자의 관심사가 아니다. 비가 때맞추어 내리거나 때맞추어 내리지 않는 것도 무위자연이 지닌 힘이지 어떤 절대자의 의지가 반영된 게 아니어서이다. 마찬가지로 바람이 북쪽에서 일어나 한번은 서쪽으로 다른 한번은 동쪽으로 불면서 상공을 이리저리 헤매는 것도 절대자가 숨을 내쉬고 들이쉰 결과가 아니라 무위자연에 따른 결과이다.

그런데 장자도 천지일월의 움직임 여부와 바람, 구름, 비의 등장이 무위자연의 결과로 이루어지는 것에 대해 여전히 확신하지 못한다. 그래서 「천운」은 선진시대 문헌에 자주 등장하는 신령스런 무당인 무함초(巫咸袑)의 말을 빌려 우리들에게 확신을 심어주려 한다. 무함초에 따르면 자연에는 동·서·남·북·상·하의 육극(六極)과 목(木)·화(火)·토(土)·금(金)·수(水)의 오상(五常)이 있다. 여기서 동·서·남·북·상·하의 육극이 천하가 머무는 공간이라면 목·화·토·금·수의 오상은 이 공간을 움직이는 원리이다. 따라서 동·서·남·북·상·하의 육극은 목·화·

토·금·수란 오상의 원리에 의해 작동되게 마련이다. 그러니 하늘이 도는 것처럼 보이거나 땅이 멈춰 있는 것처럼 보이는 것도 오상의 원리에 따른 결과인 셈이다.

오상의 원리는 크게 상생(相生)과 상극(相剋)의 관계로서 설명된다. 자연은 목(나무)·화(불)·토(흙)·금(금속)·수(물)가 기본요소인데 이것들이 상생과 상극의 관계를 만듦으로써 천하의 모습, 즉 천지일월의 움직임 및 바람, 구름, 비의 등장이 결정된다. 그러니 어떤 절대자가 하늘, 땅, 해, 달의 자리를 주재하거나 질서를 유지하는 게 아니다. 또 어떤 절대자가 바람, 구름, 비의 등장을 결정하는 게 아니다. 이런 사실은 동아시아사상이 관계론을 중심으로 발전해 온 것과 밀접한 관련을 지닌다. 이에 반해 서양철학은 존재론(Ontology)을 중심으로 발전해 왔다. 존재론은 대상을 고정된 상태, 즉 'being'의 상태에서 파악한다. 이에 반해 관계론은 'becoming', 즉 화(化)의 상태에서 대상을 파악한다. 그래서 동아시아사상의 기본 축은 끊임없이 변화하는 걸 전제로 한다. 이에 하늘, 땅, 해, 달의 움직임과 바람, 구름, 비의 등장도 이런 변화의 결과로서 파악한다.

그렇다면 상생의 관계는 구체적으로 어떤 것일까? 예를 들어 물이 나무를 자라게 하므로 이것은 상생의 관계이다. 이것을 수생목(水生木)으로 표현한다. 나아가 목생화(木生火, 나무가 타면 불을 만듦), 화생토(火生土, 불이 모든 걸 녹여 흙을 만듦), 토생금(土生金, 흙이 굳어져 금속을 만듦), 금생수(金生水, 금속 사이에서 물이 생겨남)도 상생의 관계이다. 그렇다면 상극의 관계는 어떤 것일까? 물이 불을 끄므로 이것은 상극의 관계이다. 이를 수극화(水剋火)로 표현한다. 나아가 화극금(火剋金, 불이 금속을 녹임), 금극목(金剋木, 금속이 나무를 자라지 못하게 함), 목극토(木剋土, 나무가 흙의 양분을 빼앗아감), 토극수(土剋水, 흙이 물을 메마르게 함)도 상극의 관계이다. 이런 상생과 상극의 관계를 통해 변화가 끊임없이 만들어지는 게 우주자연 및 세상만사의 모습이다.

제왕(帝王)은 이런 무위자연의 원리에 따라 천하를 다스리는 군주라는 사실을 앞에서도 여러 번 밝힌 바 있다. 특히 내편「응제왕」은 이런 점을 집중적으로 다룬다. 이 점이 일반적인 왕과 구분된다. 제왕은 상생과 상극의 관계를 통해서 우주자연과 세상만사의 변화를 알아야 천하를 편히 다스릴 수 있다. 이를 거스르면 천하가 흉흉해지고 만다. 예를 들어 때맞추어 비가 오지 않아서 가뭄이 드는 것도 천하가 흉흉해지는 사태이다. 그러니 가뭄이 드는 것은 하늘에 있는 누군가가 싫증을 내어서 내리던 비를 그치게 한 결과가 아니다. 그보다는 제왕이 육극과 오상의 자연스런 변화를 따르지 않은 결과이다.

무함초는『구주(九疇)』와『낙서(洛書)』의 기록을 통해 자신의 이런 주장을 보완하려고 한다. 구주는 홍범구주(洪範九疇)를 줄인 표현인데 기자(箕子)가 주(周)나라 무왕에게 답한 9개의 정치 규범을 모아 놓은 책이다. 또 낙서는 하도낙서(河圖洛書)를 줄인 표현인데 우임금이 홍수를 다스리자 하늘이 내려준 상서로운 조짐을 담은 부서(符書)에 해당한다. 그러니 이 책들은 매우 신령스러운 책이다. 이 책에 따르면 천도, 즉 자연의 원리를 따르기만 하면 치도(治道), 즉 천하의 다스림이 잘 이루어진다. 또 인도(人道), 즉 사람으로서 갖추어야 할 자연스런 덕을 잘 갖추기만 하면 온 천하가 햇빛처럼 자연스럽게 환히 밝아진다. 그러면 천하도 이런 제왕을 떠받드는데 이런 제왕이 상황(上皇), 즉 으뜸가는 황제이다.

물론 지금의 정치는 그렇지가 않다. 하고자 함이 있는 유위(有爲)가 항상 우선한다. 유위에 입각한 정치의 대표적인 예가 법치(法治)가 아닐까? 이를 강조했던 사상가 집단이 법가이다. 법치는 춘추전국시대를 통일한 진시황(秦始皇)의 통치에서 보듯이 백성이 불편해했음은 물론이다. 또 이를 주도했던 재상 이사(李斯)는 이것에 의해 자신의 목이 달아났다. 물론 유가의 인치(仁治)가 동아시아 역사에서 한때 빛을 발했던 적이 있다. 그렇지만 장자는 이런 인치마저 유위로 보기 때문에 인치를 거부한다. 그런데 장자는 어째서 인치마저 유위라고 규정할까? 이에 대한 장자의 설명이 상(商)나라 재상인 태재(太宰) 탕(蕩)과의 질의응답을 통해 다음 장에서 이어진다.

상(商)나라 재상(大宰) 탕(蕩)이 장자(莊子)에게 어짊(仁)에 대해 물었다.

장자가 대답했다. "호랑이와 이리는 어진 동물입니다."

탕이 물었다. "어째서 그렇게 말합니까?"

장자가 말했다.

"호랑이나 이리도 부자간은 친하니 어찌 어질다고 하지 않을 수 있나요?"

탕이 말했다. "청컨대 지극한 어짊(至仁)에 대해 묻고자 합니다."

장자가 말했다. "지극한 어짊에는 친함(親)이 없습니다."

탕이 물었다.

"제가 듣건대 친하지 않으면 사랑하지 않고 사랑하지 않으면 효성스럽지

않다고 합니다. 그러면 지극한 어짊을 불효라고 말할 수 있지 않을까요?"

장자가 말했다.

"그렇지 않습니다. 지극한 어짊은 높이 여길 뿐이어서

효(孝)로서 지극한 어짊을 말할 수 없습니다.

이는 지극한 어짊이 효보다 뛰어나다는 말이 아니라

효가 지극한 어짊에 미치지 못한다는 말입니다.

남쪽에 간 상(商)나라 사람이 초나라 영(郢)에 이르러서 북쪽을 바라보면

한(漢)나라의 명산(冥山)을 볼 수 없습니다.

그건 어째서일까요? 초나라의 서울 영까지 너무 멀리 떠나가서입니다.

그래서 말합니다.

'공경으로 효도를 행하는 건 쉬워도 사랑으로 효도를 행하는 건 어렵고,

사랑으로 효도를 행하는 건 쉬워도 부모를 잊기란 어렵고,

부모를 잊기는 쉬워도 부모가 나를 잊기란 어렵고,

부모가 나를 잊기는 쉬워도 천하를 함께 잊기란 어렵고,

천하를 함께 잊기는 쉬워도 천하가 나를 잊기란 어렵다.'

그래서 지극한 어짊에 이른 사람은 그의 덕(德)이 요·순 임금보다 넘쳐나도

새삼스레 나서 무언가를 이루려 하지 않습니다.

또 그가 베푼 이익과 혜택이 만대에 미쳐도

온 세상은 지극한 어짊에 이른 사람의 공을 알아주지 않습니다.

그러니 그가 어째서 탄식하며 어짊과 효성을 들먹이겠습니까!

효성(孝)·공경(悌)·어짊(仁)·의로움(義), 충성(忠)·믿음(信)·절개(貞)·청렴(廉)은

일부러 힘써 덕을 부리는 것이므로 새삼스레 칭찬할 게 못됩니다.

그래서 말합니다.

'지극한 귀함(至貴)은 나라의 벼슬을 물리치고,

지극한 풍족함(至富)은 나라의 재물을 물리치고,

지극한 영광(至顯)은 명예를 물리친다.'

이럼으로써 도(道)는 효성·공경·어짊·의리나 충성·믿음·절개·청렴과는

다르게 늘 변함이 없습니다."

· · ·

商大宰蕩問仁於莊子.

莊子曰:「虎狼, 仁也.」

曰:「何謂也?」

莊子曰:「父子相親, 何爲不仁?」

曰:「請問至仁.」

莊子曰:「至仁無親.」

大宰曰:「蕩聞之, 無親則不愛, 不愛則不孝. 謂至仁不孝, 可乎?」

莊子曰:「不然. 夫至仁尙矣, 孝固不足以言之. 此非過孝之言也, 不及孝之言也.

夫南行者至於郢, 北面而不見冥山, 是何也? 則去之遠也.

故曰:『以敬孝易, 以愛孝難.; 以愛孝易, 以忘親難.; 忘親易, 使親忘我難.; 使親忘我易, 兼忘天下難.; 兼忘天下易, 使天下兼忘我難.』

夫德遺堯舜而不爲也, 利澤施於萬世, 天下莫知也, 豈直太息而言仁孝乎哉!

夫孝悌仁義, 忠信貞廉, 此皆自勉以役其德者也, 不足多也.

故曰,『至貴, 國爵屛焉.; 至富, 國財屛焉.; 至顯, 名譽屛焉. 是以道不渝.』

호랑이와 이리에게도 어짊(仁)이 있다

———

상(商)나라 재상인 태재(大宰) 탕(蕩)이 어짊(仁)에 대해 물었더니 장자는 호랑이와 이리에게도 어짊이 있다고 대답했다. 탕은 장자의 이런 황당스런 답변에 놀라 어째서 그런지에 대해 다시 물었다. 그러자 장자는 호랑이와 이리에게도 부자간에는 서로 친하니까 호랑이와 이리가 어째서 어질지 않느냐고 오히려 반문했다. 듣고 보니 맞는 말이어서 탕은 태도를 바꾸어서 지인(至仁), 즉 지극한 어짊에 대해 물었다. 장자는 지극한 어짊에도 각별히 친하다는 마음이 없다고 대답했다. 장자에 따르면 어짊의 극치를 체득한 사람은 만물을 똑같은 일체라고 생각하므로 친소를 구분하지 않아서이다. 그러자 탕은 친한 마음이 없으면 사랑하지 않고, 사랑하지 않으면 효성스럽지 않은데 그러면 지극한 어짊은 불효(不孝)에 해당하지 않느냐고 의아해하면서 물었다.

이에 장자는 전혀 당황하지 않고서 지극한 어짊은 불효가 아니라고 대답했다. 그리고 그 이유를 지극한 어짊은 사람들이 오로지 높이 받들 뿐이어서 이 지극한 어짊에 대해 효(孝)의 입장에서 왈가불가할 수 없어서라고 말했다. 이는 지극한 어짊이 효보다 뛰어나서가 아니라 효가 지극한 어짊에 미치지 못해서이다. 이는 상(商)나라 사람이 남쪽으로 멀리 내려가 초나라 서울 영(郢)에 이르러서 북쪽을 바라보면 한(漢)나라의 명산(冥山)을 보지 못하는 것과 같은 이치이다. 여기서 명산이 지극한 어짊을 의미한다면 초나라 수도 영은 효를 의미한다. 그래서 효가 초나라 서울 영까지 너무 멀리 떨어져 있으면 지극한 어짊에 해당하는 한나라의 명산을 볼 수 없다.

또 장자는 사람들이 공경(敬)으로 효도하는 건 쉬워도 사랑(愛)으로 효도하기란 어렵다고 말한다. 여기서 공경으로 효도하는 게 유위에 따른 효도라면 사랑으로 효도하는 건 무위에 따른 효도이다. 그런데 자연스러운 효도심은 인위적으로 하는 효도심에 비해 생겨나기 힘들다. 또 사랑으로 효도하기는 쉬워도 부모를 잊기란 어렵다는 것도 같은 방식으로 설명이 될 수 있다. 사랑으로 효도하는 건 부모를 잊는 일에 비해 상대적으로 자연스럽지 못해서이다. 그래서 부모를 잊는 일이 사랑으로 효도하는 일보다 실천하기 더 힘들다. 또 자식이 부모를 잊기는 쉬워도 부모가 자식을 잊기란 어렵다는 것도 마찬가지 방식으로 설명이 될 수 있다. 자식이 부모를 잊는 건 부모가 자식을 잊는 일에 비해 상대적으로 자연스럽지 못해서이다. 그래서 부모가 자식을 잊는 일이 자식이 부모를 잊는 일보다 실천하기 더 힘들다.

이런 비유는 천하로 확장된다 해도 마찬가지이다. 그래서 부모가 자식을 잊기는 쉬워도 우리가 천하를 잊기란 어렵다. 부모가 자식에게 베푸는 것보다 우리가 천하에 대해 고마워하는 게 훨씬 많아서이다. 그래서 우리가 천하를 잊는 일은 부모가 나를 잊는 일보다 더 힘들다. 또 우리가 천하를 잊기는 쉬워도 천하가 나를 잊기란 어렵다는 것도 마찬가지 방식으로 설명될 수 있다. 우리가 천하에 대해 고마워하는 것보다 천하가 우리에게 베푸는 게 훨씬 많아서이다. 그래서 천하가 나를 잊는 일이 내가 천하를 잊는 일보다 더 힘들다. 이렇게 보면 공경으로 효도하는 게 가장 쉽고, 그 다음이 사랑으로 효도하는 일, 자식이 부모를 잊는 일, 우리가 천하를 잊는 일의 순으로 점점 더 어려워진다. 그리고 천하가 우리를 잊는 일이 가장 어렵다. 그만큼 천하는 우리에게 많은 걸 자연스럽게 베푼다.

그런데 천하가 우리에게 많은 걸 자연스럽게 베푸는 것처럼 이와 똑같이 행동하는 사람이 있다. 지극한 어짊에 이른 사람이 바로 그러하다. 그는 우리에게 많은 걸 베풀어도 우리가 그걸 의식하지 못하도록 행동한다. 지극한 어짊에 이른 사람이 베푸는 행동이 그만큼 자연스러워서이다. 그래서 그의 덕(德)이 요순(堯舜) 임금보다 넘쳐나도 새삼스레 나서 무언가를 이루려 하지 않는다. 또 지극한 어짊에 이른 사람이 베푼 이익과 혜택은 오래도록 전승되어 만대에까지 미친다. 그렇더라도 천하는 지극한 어짊에 이른 사람의 공을 알아주지 않는다. 그러니 이런 사람이 탄식하면서까지 어짊(仁)과 효성(孝)을 들먹일 리 만무하다.

따라서 효성(孝)·공경(悌)·어짊(仁)·의로움(義)은 물론이고, 충성(忠)·믿음(信)·절개(貞)·청렴(廉) 모두는 덕을 무리해서 부리는 것에 지나지 않는다. 그러니 새삼스레 칭찬할 만할 것도 못 된다. 그건 지극한 어짊에 이르면 이런 것들을 의식하지 않아서이다. 지극한 귀함(至貴), 지극한 넉넉함(至富), 지극한 영광스러움(至顯)에 이른 사람도 마찬가지이다. 그래서 지극히 귀한 사람은 나라의 벼슬을 물리치고, 지극히 넉넉한 사람은 재물을 물리치고, 지극한 영광스러움(至顯)은 명예를 물리친다. 이처럼 지극한 어짊, 지극한 귀함, 지극한 넉넉함, 지극한 영광스러움은 보통의 효성, 공경, 어짊, 의리, 충성, 믿음, 절개, 청렴과 다르게 늘 변함이 없어 오로지 무위자연 할 뿐이다.

북문성(北門成)이 황제(黃帝)에게 물었다.

"황제께서 함지의 음악(咸池之樂)을 동정의 들판(洞庭之野)에서 연주했는데

처음에 연주를 들을 때는 두려웠고(懼), 다시 들을 때는 나른했고(怠),

마지막에 들을 때는 정신이 혼미해져서(惑)

지금 저는 마음이 흔들리고 할 말을 잊어버려 정신을 차릴 수가 없습니다."

황제가 말했다. "자네는 아마 그럴 걸세!

나는 처음에는 함지의 음악을 사람(人)이 정한 규율에 따라 연주했고,

이어서 자연(天)의 흐름에 따라 소리를 밝혔고,

마지막에는 예의(禮義)를 갖춰서 연주를 행했네.

그러자 무위자연의 경지인 큰 맑음(太淸)을 세울 수 있었지.

먼저 함지의 음악을 사람(人)이 정한 규율에 따라 연주하니까

사계절이 번갈아 일어나듯 소리가 순환하면서 생겨났네.

이에 소리가 한 번은 성하고 한 번은 쇠했지.

이때 문무(文武)가 소리의 성함과 쇠함에 일정한 법칙을 담당했네.

또 소리가 한 번은 맑고 한 번은 탁했지.

이때 음양(陰陽)이 소리의 맑음과 탁함을 잘 조화시켰네.

그러자 연주소리가 흘러서 빛이 났지.

또 동면하는 벌레(蟄蟲)들이 꿈틀거리기 시작하자

나는 우레와 같은 천둥소리로 이들을 놀라게 했지.

또 소리가 홀연히 끝나는가 하면 다시 홀연히 시작했지.

그러자 소리가 그치면 다른 소리가 이어서 생겨나고,

소리가 분노해 쓰러지면 다른 소리가 이어서 일어났네.

연주소리의 변화가 이처럼 무궁무진해서 자네는 예측할 수 없었을 거네.
그래서 자네가 두려워진 걸세."
황제가 계속해서 말했다.
"또 나는 함지의 음악을 자연(天)의 흐름, 즉 음양의 조화에 따라 연주하면서
해와 달의 밝음으로 이를 밝혔네.
이에 소리가 짧기도 하고 길기도 하고, 또 부드러워지거나 강해지거나 했지.
이때 소리의 다양한 변화들이 하나로 가지런히 정리되었고,
소리의 가지런한 정리를 위해서 낡은 규범에 얽매이지 않았네.
그래서 마음의 골짜기가 있으면 골짜기를 자연스레 채웠고,
정신의 구덩이가 있으면 구덩이를 자연스레 메웠네.
이런 식으로 마음의 빈틈을 막고 정신을 지킴으로써
내 연주의 기량을 소리의 자연스러움에 맞출 수 있었네.
그 결과 소리는 맑게 울리고 리듬은 높게 트여서
천지창조의 신은 그윽한 제 자리를 지키고, 해와 달과 별도 제 갈 길을 갔네.
또 나는 연주를 끝내야 할 때는 소리를 그치게 하고,
연주를 끝내서 안 될 때는 소리를 흐르게 했지.
그래서 자네가 생각해도 알 수 없고, 바라보아도 볼 수 없고,
뒤쫓아 가도 따라갈 수 없었네.
아마도 사방이 확 트인 길에서 실의에 빠져 멍하니 서 있었거나
아니면 마른 오동나무에 몸을 기대어서 신음소리를 냈을 거네.
그러니 자네의 마음은 아는 데서 막히고, 자네의 눈은 보는 데서 막히고,
자네의 힘은 뒤쫓아 가는 데서 다했을 텐데 나로서도 어찌할 수가 없네!
몸이 공허함으로 가득 차면 마음이 이에 흐물흐물해지는데
자네 마음이 이처럼 흐물흐물해졌기에 나른해진 걸세."
황제가 계속해서 말했다.

"또 나는 함지의 음악을 예의(禮義)를 갖춰서 나른하지 않은 소리로
연주하면서 자연 그대로의 리듬으로 조화를 이루었네.
이에 모든 게 뒤섞여 한곳에 모인 것처럼 소리가 생겨났지.
그런데 이런 많은 모양의 음악인데도 형체가 없었네.
또 소리가 멀리 퍼져나가도 끝나지 않고, 아득해져도 사라지지 않았지.
게다가 모든 방향으로 소리가 움직이면서 그윽한 곳에 자리를 했지.
이를 두고 어떤 이는 소리가 죽은 거라고, 어떤 이는 살아있는 거라고,
어떤 이는 소리가 열매를 맺은 거라고,
어떤 이는 소리가 열매 없이 꽃핀 거라고 말했네.
사람들의 평가가 이렇게 달라도 소리는 가면서 흐르고,
흩어져서 옮겨가며 일정한 소리에 구애를 받지 않았네.
세상은 이를 의아하게 여겨 성인이 누구냐고 묻는데
성인은 만물의 참 모습에 통달하고 하늘의 운명을 따를 뿐이네.
그러니 성인은 천기(天機)를 사용하지 않아도 외부 자극에 잘 반응하고,
말이 없어도 마음이 기쁠 뿐이네.
이를 두고 천락(天樂), 즉 자연과 함께 하는 즐거움을 안다고 말하네.
그래서 성인인 유염씨(有焱氏), 즉 신농씨도 함지의 음악연주를 듣고선
이를 기리면서 말했네.
'함지의 연주는 들으려고 해도 들리지 않고, 보려고 해도 보이지 않지만
그 소리와 형상이 천지에 가득 차서 세상을 감싼다.'
이 때문에 자네의 정신이 혼미해진 걸세."
황제가 계속해서 말했다.
"내가 함지의 음악을 두려운(懼) 분위기로 연주를 시작하니까
자네는 그만 두려워져 소리가 귀에 가득 찼네.
또 이어서 내가 함지의 음악을 나른한(怠) 분위기로 연주하니까

자네는 그만 나른해져 귀에서 소리가 달아났네.

내가 마지막으로 함지의 음악을 혼미한(惑) 분위기로 연주를 끝내니까

자네는 그만 혼미해져 어리석어진 걸세.

그런데 어리석어져도 도를 터득했으니

이제 자네는 도를 몸에 지닐 수 있어 도(道)와 하나가 된 걸세."

* * *

北門成問於黃帝曰 : 「帝張咸池之樂於洞庭之野, 吾始聞之懼, 復聞之怠,
卒聞之而惑., 蕩蕩默默, 乃不自得.」

帝曰 : 「汝殆其然哉! 吾奏之以人, 徵之以天, 行之以禮義, 建之以太清.

四時迭起, 萬物循生., 一盛一衰, 文武倫經., 一淸一濁, 陰陽調和, 流光其聲.,

蟄蟲始作, 吾驚之以雷霆., 其卒無尾, 其始無首., 一死一生, 一僨一起.,

所常居窮, 而一不可待. 汝故懼也.

「吾又奏之以陰陽之和, 燭之以日月之明., 其聲能短能長, 能柔能剛, 變化齊一,

不主故常., 在谷滿谷, 在阬滿阬., 塗却守神, 以物爲量.

其聲揮綽, 其名高明, 是故鬼神守其幽, 日月星辰行其紀.

吾止之於有窮, 流之於無止. 子欲慮之而不能知也, 望之而不能見也, 逐之而不

能及也., 儻然立於四虛之道, 倚於槁梧而吟.

心窮乎所欲知, 目窮乎所欲見, 力屈乎所欲逐, 吾旣不及已夫!

形充空虛, 乃至委蛇. 汝委蛇, 故怠.

「吾又奏之以無怠之聲, 調之以自然之命, 故若混逐叢生, 林樂而無形.,

布揮而不曳, 幽昏而無聲.

動於無方居於窈冥., 或謂之死, 或謂之生., 或謂之實, 或謂之榮.,

行流散徙, 不主常聲.

世疑之, 稽於聖人, 聖也者, 達於情而遂於命也.

天機不張而吾官皆備, 無言而心說, 此之謂天樂.

故有焱氏爲之頌曰 : 『聽之不聞其聲, 視之不見其形, 充滿天地, 苞裹六極.』

汝欲聽之而無接焉, 而故惑也.

「樂也者, 始於懼, 懼故崇. 吾又次之以怠, 怠故遁., 卒之於惑, 惑故愚., 愚故道, 道可載而與之俱也.」

함지의 음악((咸池之樂)을
동정의 들판(洞庭之野)에서 연주하다

———

노자의 말씀 중에 "유무(有無)는 서로 살아가며, 난이(難易)는 서로 이루며, 장단(長短)은 서로 비교되며, 고하(高下)는 서로 기울며, 음성(音聲)은 서로 조화하며, 전후(前後)는 서로 수반하므로 성인은 무위(無爲)로 일을 처리하면서 말없는(不言) 행동으로 가르침을 행한다."[22]라는 말이 있다. 여기서 음(音)과 성(聲)은 어떻게 다를까? '음'이 인공적인 소리라면 '성'은 자연적인 소리를 의미한다. 그래서 음악(音樂)은 현악이나 기악처럼 악기에서 나오는 인공적인 즐거움(樂)의 소리라면 성악(聲樂)은 사람의 목에서 나오는 자연적인 즐거움(樂)의 소리이다.

피아니스트 백건우 씨가 언젠가 통영의 바다가 내려다보이는 곳에서 갈매기 울음소리와 뱃고동 소리를 벗 삼아 연주하고 싶다고 말한 적이 있다. 이때 필자는 큰 감동을 받았다. 피아노 소리가 '음'이라면 갈매기 울음소리는 '성'인데 피아노 소리와 갈매기 울음소리가 합쳐지면 노자가 말한 음성의 상화(相和)가 저절로 이루어진다고 보아서이다. 장자에 따르면 이런 연주는 성인(聖人)만이 할 수 있다. 고대중국 최고

---

22) 故有無相生 難易相成 長短相較 高下相傾 音聲相和 前後相隨. (『도덕경』 2장)

의 예술가라고 불리는 소문(昭氏)과 사광(師曠)이 아무리 소리에 밝았어도 장자는 이들의 연주가 재지(才智)에 그쳤을 뿐이라고 부정적으로 평가한 바 있다.[23] 그래서 장자는 황제(黃帝)가 동정의 들판(洞庭之野)에서 연주한 함지의 음악(咸池之樂)을 통해서 최고의 연주가 어떤 건지를 우리에게 실감나게 보여준다.

함지의 음악(咸池之樂)은 황제가 만들었다는 가상의 악곡인데 오랫동안 최고의 음악이란 명성을 누려 왔다. 황제는 이 악곡을 역시 가상의 인물인 북문성(北門成) 앞에서 직접 연주했다. 황제가 처음 연주할 때는 이 악곡을 사람(人)이 정한 규칙에 따라 '연주했고(奏)', 두번째 연주할 때는 자연(天)의 흐름에 따라 소리를 '밝혔고(徵)', 마지막에 연주할 때는 예의(禮義)의 질서를 갖춰 '행했다(行)'. 여기서 연주하고 밝히고 행하고의 표현을 각각, '~'로 에워싼 데는 나름 이유가 있다. 함지의 음악을 '연주했다'고 똑같이 표현해도 상관 없지만 '연주에서' '밝힘으로' 그리고 '행함으로' 제각각 다른 표현을 사용한 건 장자가 연주의 전개 과정을 애써 구분하려고 했기 때문이라고 본다. 하여간 사람이 정한 규칙에 따라 연주하고, 이어서 자연의 흐름에 따라 소리를 밝히고, 마지막으로 예의를 갖춰 연주를 하니까 마침내 무위자연의 경지인 태청(太淸)을 세울 수 있었다.

황제는 처음에 함지의 음악을 사람(人)이 정한 규율에 따라 연주했다. 그러자 사계절이 번갈아 일어나듯 함지의 음악 소리도 순환하면서 생겨났다. 이에 소리가 한 번은 성했다가(盛) 한번은 쇠했다(衰)를 반복했다. 이때 소리의 성함과 쇠함이 문무(文武)에 의해 차례로 잘 다스려졌다. 또 이에 소리가 한 번은 맑았다가(淸) 한 번은 탁했다(濁)를 반복

---

23) 내편 「제물론」 4를 참조.

했다. 이때 소리의 맑음과 탁함이 음양(陰陽)에 의해 잘 조화되었다. 그러자 황제가 연주한 함지의 음악이 흘러서 더욱 빛이 났다.

또 이에 동정의 들판에서 동면하던 벌레들이 꿈틀거리기 시작하자 황제는 우레와 같은 천둥소리로 이들을 깜짝 놀라게 했다. 또 이에 연주소리가 홀연히 끝나는가 하면 다시 홀연히 시작되었다. 그러자 연주소리가 그치면 다른 연주소리가 이어서 생겨났고, 또 연주소리가 분노해 쓰러지면 다른 연주소리가 이어서 일어났다. 이처럼 연주소리의 변화가 무궁무진해지자 북문성은 다음에 어떤 소리의 변화가 등장할지 예측할 수 없어 이에 그만 두려워졌다.

이어서 황제는 함지의 음악을 자연(天)의 흐름에 따라 연주했다. 그러자 연주는 음양의 조화(陰陽之和)에 따라 이루어지고, 해와 달의 밝음(陰陽之明)으로 밝혀졌다. 이에 소리가 짧아지기도 하고 길어지기도 하고, 부드러워지기도 하고 강해지기도 했다. 그런데도 소리의 이런 다양한 변화들이 하나로 가지런히 정리되었다. 황제는 소리의 이런 가지런한 정리를 위해서 낡은 규범에 얽매이지 않았다. 그래서 연주를 하다가 마음의 골짜기가 있으면 이를 피하지 않고 자연스럽게 채웠고, 정신의 구덩이가 있어도 이를 건너뛰지 않고 자연스럽게 메웠다. 이런 식으로 황제가 마음의 빈틈을 막고 정신을 지킴으로써 자신의 연주를 소리의 자연스러움에 더욱 맞출 수 있었다. 그 결과 소리는 맑게 울리고 리듬은 높게 트이면서 천지창조의 신은 그윽한 제 자리를 지키고, 해와 달과 별도 제 길을 갈 수 있었다.

또 이에 황제는 연주를 끝내야 할 때는 소리를 그치게 하고 연주를 끝내서 안 될 때는 소리를 흐르게 했다. 그래서 북문성이 아무리 생각해도 이를 알 수 없고, 아무리 바라보아도 이를 볼 수 없고, 아무리 뒤쫓아가도 이를 따라갈 수 없었다. 그래서 황제가 볼 때 북문성은 사방이 확 트인 길에서 실의에 빠져서 멍하니 서 있거나 마른 오동나무에 자신의 몸을 기대어서 신음하는 사람 같았다. 그 결과 북문성의 마음이 아는 데서 막히고, 그의 눈이 보는 데서 막히고, 그의 힘이 뒤쫓아 가는 데서 다했다. 또 몸이 공허함으로 가득 차자 마음이 흐물흐물해졌고, 마음이 흐물흐물해지니까 몸도 나른해졌다.

마지막으로 황제는 함지의 음악을 예의(禮義)를 갖춰 연주했다. 그러자 나른하지 않는 소리로 연주하면서 자연 그대로의 리듬(自然之命)으로 조화를 이루었다. 이에 만물이 모두 뒤섞여 한 곳에 모인 것처럼 연주소리도 그렇게 생겨났는데 이런 많은 모양의 음악이었는데도 거기에 아무런 형체가 없었다. 또 이에 연주소리가 멀리 퍼져나가도 소리가 끝나지 않았고, 연주소리가 아득해져도 소리가 사라지지 않았다. 게다가 소리는 모든 방향으로 움직이다가 그윽한 곳에 자리를 잡았다. 이를 두고 어떤 사람은 소리가 죽은 거라고 하고, 어떤 사람은 살아 있는 거라고 하고, 또 어떤 사람은 열매를 맺은 거라고 하고, 어떤 사람은 열매가 없이 꽃이 핀 거라고 했다. 사람들의 평가가 이처럼 다른 데도 소리는 가면서 흐르고, 흩어져서 옮겨가면서 일정한 소리에 구애를 받지 않았다.

세상사람은 이 점을 의아하게 여겨 황제와 같은 성인이 과연 누구이냐고 물었다. 그러자 성인은 만물의 참 모습에 통달하고, 하늘의 운명을 따르는 사람이라고 대답했다. 그래서 성인은 천기(天機), 즉 자신의 오관을 사용하지 않아도 외부의 자극에 잘 반응하고, 또 말이 없어도 마음이 기쁜 사람이라고 말했다. 이를 두고 세상사람은 성인을 가리켜서 천락(天樂),[24] 즉 자연과 함께 하는 즐거움을 아는 사람이라고 말했다. 그래서 성인을 대표하는 유염씨(有焱氏), 즉 신농씨도 함지의 음악

---

24) 천락(天樂)에 대해선 외편 「천도」 2를 참조하도록.

을 듣고선 이를 기리면서 다음과 같이 말했다. '함지의 연주는 들으려고 해도 소리가 들리지 않고, 보려고 해도 형상이 보이지 않지만 그 소리와 형상은 천지에 가득 차고 세상을 감싼다.' 이는 소리가 보이지도 않고 들리지도 않지만 그 소리가 천지에 가득 차서 세상을 감싼다는 의미이다. 그래서 이런 연주를 들은 북문성이 그만 정신이 혼미해진 것이다.

지금까지 한 얘기를 한번 정리해보자. 황제는 함지의 음악을 처음에는 사람(人)이 정한 규율에 따라 두려운 분위기로 연주하니까 북문성도 두려워져 연주소리가 그의 귀에 가득 찼다. 이어서 황제가 자연(天)의 흐름에 따라 나른한 분위기로 연주하니까 북문성도 나른해져 연주소리가 그의 귀에서 달아났다. 마지막으로 황제가 예의(禮義)를 갖춰 혼미한 분위기로 연주하니까 북문성도 정신이 그만 혼미해졌다. 그런데 북문성의 정신이 혼미해진 건 연주소리를 들으려고 해도 들리지 않고, 보려고 해도 보이지 않아서이다. 이것이 황제가 연주소리를 태청(太淸), 즉 천지자연의 도리로 세운 상태이다. 그러자 북문성은 그만 어리석어졌는데 오히려 어리석어짐으로써 도를 터득할 수 있었다. 이에 북문성은 도(道)를 몸에 지니면서 도와 하나가 되어 결국 도와 통한 셈이다.

공자(孔子)가 서쪽 위(衛)나라로 가서 유람을 했다.

제자 안연(顏淵)이 노(魯)나라 태사인 사금(師金)을 만나서 물었다.

"제 스승의 이번 여행을 어떻게 생각하십니까?"

사금이 말했다. "애석하게도 자네의 스승은 곤경에 처할 걸세!"

안연이 물었다. "어째서인가요?"

사금이 말했다.

"추구(芻狗), 즉 짚으로 만든 개는 제사상이 차려지기 전에는

귀한 상자에 담겨져서 아름다운 비단 보자기에 덮였다가

시축(尸祝), 즉 제사를 주관하는 사람이 재계한 뒤 신전에 받들어지네.

이렇게 차려놓아질 뿐이지 제사가 끝나면 그대로 버려져

길 가는 사람이 추구의 머리와 등을 밟거나 벌초꾼이 주워다 불을 땔 걸세.

물론 추구를 필요로 하는 사람에게 다시 집어진다면

또다시 귀한 상자에 담겨지고 아름다운 비단 보자기에 덮여지겠지.

그렇더라도 누군가 그 상자 밑에서 유유히 지내다가 누워서 자면

그는 꿈도 제대로 꾸지 못하고서 반드시 자주 가위 눌리게 될 걸세.

지금 자네의 스승도 선왕들이 차려놓은 추구를 주워다가 제자를 모으고,

그 밑에서 유유히 지내면서 누워서 자네.

그래서 자네의 스승은 송나라에선 나무가 베어져 넘어가는 협박을 당했고,

위나라에선 도망을 쳐 종적을 감추어야 했고,

상나라와 주나라에선 궁지에 몰렸으니 이게 악몽이 아닌가?

진나라와 채나라 사이에선 포위를 당해 이레 동안 익힌 음식을 먹지 못해

사경을 헤맸으니 이것도 악몽이 아닌가?"

사금이 계속해서 말했다.

"물 위를 가는 데는 배(舟)를 타는 게 가장 좋고,

땅 위를 가는 데는 수레(車)를 타는 게 가장 좋네.

그런데 배로 물 위를 갈 수 있다고 해서 땅에서 배를 밀면

평생 걸려도 얼마 가지 못하네.

옛날과 지금의 차이가 바로 물과 땅의 차이가 아니겠는가?

그러면 주(周)나라와 노(魯)나라의 차이도 배와 수레의 차이가 아니겠는가?

지금 주나라 예법이 노나라에서 행해지길 바라는 건

마치 땅에서 배를 미는 것과 같네.

그러니 공자 선생은 공연히 애만 쓰고 아무런 성과가 없을 테니

틀림없이 몸에 재앙(殃)이 닥칠 걸세.

자네의 스승은 예법을 누군가에게 유연하게 적용할 수 있게 전하는 일이

사물의 변화에 순응해야 막히지 않는다는 사실을 아직도 모르네."

사금이 계속해서 말했다.

"자네만 두레박의 틀(桔槹)을 보지 못했는가?

틀을 당기면 두레박이 내려가고 틀을 놓으면 두레박이 올라오지.

이처럼 두레박은 사람이 놓고 당기는 대로 오르고 내리고 하지만

두레박이 사람을 당기거나 놓거나 하지 않네.

그래서 두레박이 내려가고 올라와도 사람들에게 허물을 잡히지는 않지.

따라서 삼황오제의 예법과 지금의 예법이 같다는 게 중요하지 않고,

그것으로 세상을 어떻게 다스리는지가 중요하네.

삼황오제의 예의(禮義)와 법도(法度)를 지금의 것과 비교하면

마치 돌배와 배의 차이나 귤과 유자의 차이 정도가 아니겠는가!

돌배와 배나 귤과 유자는 서로 맛이 달라도 사람의 입맛에 모두 맞네."

사금이 계속해서 말했다.

"그래서 예의와 법도는 시대에 따라 변해야만 하네.

그런데 지금 원숭이를 잡아다가 주공(周公)의 옷을 입힌다면

원숭이는 틀림없이 물어뜯거나 당겨 찢어 옷을 다 벗어야만 흡족해 하네.

옛날과 지금의 차이를 보면 원숭이와 주공(周公)이 서로 다른 것과 같지.

미인 서시(西施)가 가슴을 앓아 근심으로 인해 얼굴을 찌푸렸더니

그 마을의 추녀가 찌푸린 것을 보고서 아름답다고 여겨

집으로 돌아와선 자신도 가슴에 손을 얹은 뒤 근심으로 얼굴을 찌푸렸네.

그런데 그 꼴이 너무 흉측해 마을의 부자는 그걸 보고는 문을 굳게 잠근 채

밖에 나가지 않았고, 가난한 사람은 처자를 이끌고 마을을 떠났네.

추녀는 찌푸린 얼굴이 아름답다는 건 알지만

찌푸리면 어째서 아름다워지는지를 알지 못했네.

이처럼 자네의 스승도 겉만 흉내 냈을 뿐이므로 추녀가 한 짓과 똑같네.

애석하지만 자네 스승은 곤경에 처할 걸세!"

. . .

孔子西遊於衛. 顏淵問師金曰:「以夫子之行爲奚如?」

師金曰:「惜乎, 而夫子其窮哉!」

顏淵曰:「何也?」

師金曰:「夫芻狗之未陳也, 盛以篋衍, 巾以文繡, 尸祝齋戒以將之.

及其已陳也, 行者踐其首脊, 蘇者取而爨之而已.

將復取而盛以篋衍, 巾以文繡, 遊居寢臥其下, 彼不得夢, 必且數眯焉.

今而夫子, 亦取先王已陳芻狗, 聚弟子游居寢臥其下.

故伐樹於宋, 削迹於衛, 窮於商周, 是非其夢邪?

圍於陳蔡之間, 七日不火食, 死生相與隣, 是非其夢邪?」

夫水行莫如用舟, 而陸行莫如用車.

以舟之可行於水也而求推之於陸, 則沒世不行尋常.

古今非水陸與? 周魯非舟車與?

今蘄行周於魯, 是猶推舟於陸也, 勞而無功, 身必有殃.

彼未知夫無方之傳, 應物而不窮者也.」

且子獨不見夫桔槹者乎? 引之則俯, 舍之則仰.

彼, 人之所引, 非引人也, 故俯仰而不得罪於人.

故夫三皇五帝之禮義法度, 不矜於同而矜於治.

故譬三皇五帝之禮義法度, 其猶柤 梨橘柚邪! 其味相反而皆可於口.」

「故禮義法度者, 應時而變者也.

今取猨狙而衣以周公之服, 彼必齕齧挽裂, 盡去而後慊.

觀古今之異, 猶猨狙之異乎周公也.

故西施病心而矉其里, 其里之醜人見之而美之, 歸亦捧心而矉其里.

其里之富人見之, 堅閉門而不出, 貧人見之, 挈妻子而去走.

彼知矉美, 而不知矉之所以美. 惜乎, 而夫子其窮哉!」

찌푸리면 아름다운지 알지만
어째서 아름다운지 모른다

————

　주례(周禮), 즉 주나라 예법은 공자가 모범으로 삼았던 예법이다. 주례에 대한 공자의 이런 태도는 『논어』에 자주 등장한다. 공자는 주례를 도입해 자신이 살던 춘추시대에 적용해 보는 게 간절한 소망이었다. 그렇지만 장자의 생각은 이와 다르다. 주례가 아무리 훌륭하다 해도 시간이 많이 흐른 춘추전국시대에 이르러 이를 그대로 적용하는 건 무리라는 입장이다. 그럼에도 불구하고 주례에 집착한다면 공자가 재앙을 만날 거라고 장자는 전망한다.

　공자가 위(衛)나라로 유람을 가자 그의 제자 안연(顔淵)이 노(魯)나라 재상인 사금(師金)에게 스승의 위나라 여행을 어떻게 생각하느냐고 물었다. 그러자 사금은 애석하게도 안연의 스승인 공자는 곤경에 처할 거라고 대답했다. 안연이 어째서냐고 묻자 사금은 추구(芻狗), 즉 짚으로 만든 개를 예로 들어서 설명했다. 추구는 제사상이 차려지기 전에는 귀한 상자에 담겨져 아름다운 비단 보자기에 덮였다가 제사를 주관하는 사람이 재계한 뒤에 그에 의해 신전에 고이 받들어진다. 그렇지만 제사만 끝나면 이내 버려져서 길을 걷던 사람이 추구의 머리와 등을 밟거나 아니면 벌초하는 사람이 주워다가 불을 때는 데 사용한다. 이는 추구에게는 엄청난 재앙이다.

물론 제사를 주관하는 사람에 의해 다시 주워진다면 추구는 귀한 상자에 다시 담겨져 아름다운 비단 보자기에 덮여질 것이다. 그렇더라도 누군가가 추구가 담긴 상자 아래에서 누워서 자면 그는 제대로 꿈도 꾸지 못하고 반드시 여러 차례 가위 눌리게 될 것이다. 공자가 받드는 주례가 마치 추구와도 같다. 지금 공자는 선왕들이 이미 세워놓은 주례를 주워다가 제자를 모으고 그 주례를 의기양양해하면서 받든다. 그런데도 공자는 송(宋)나라에선 나무가 베어 넘어지는 협박을 당했고, 위(衛)나라에선 도망을 쳐서 종적을 감춰야 했고, 상(商)나라와 주(周)나라에선 궁지에 몰리기도 했다. 또 진(陳)나라와 채(蔡)나라 사이에선 포위를 당해 이레 동안 익힌 음식을 먹지 못해 사경을 헤맸다. 공자가 처했던 이런 궁지는 추구가 담긴 상자 아래에서 누워서 잘 때 꾸는 악몽과 별반 다를 바 없다.

공자는 어째서 이런 궁지에까지 몰렸을까? 만약 공자가 살았던 시기에도 주례가 여전히 유효했다면 이런 식의 푸대접을 받았을 리 만무하다. 그렇지만 춘추전국시대 군주들이 볼 때 주례는 당시 상황에 적합하지 않았다. 예를 들어 물 위를 가는 데는 배를 타는 게 가장 좋고, 땅 위를 가는 데는 수레를 타는 게 가장 좋다. 그렇지만 배가 물 위를 간다고 해서 땅에서 배를 밀면 평생 걸려도 얼마 가질 못한다. 옛날과 지금의 차이가 물과 땅의 차이인 것처럼 주나라와 노나라의 차이는 배와 수레의 차이에 해당한다. 그래서 주나라 예법이 노나라에서 행해지길 바라는 건 마치 땅에서 배를 미는 것과 다를 바 없다. 이 때문에 공자는 공연히 애만 쓰고 아무런 성과가 없게 될 터이니 몸에 틀림없이 재앙이 닥치게 될 것이다.

그러면 어떻게 해야 할까? 주나라 예법이 아무리 훌륭해도 이를 노나라에 적용할 때는 유연한 태도를 지녀야 한다. 그래서 노나라 실정에 맞게끔 고칠 건 고치고 버릴 건 버려야 하지. 노나라에 무조건 적용해선 안 된다. 이를 위해 「천운」은 다음의 예를 든다. 두레박 틀을 당기면 두레박이 내려가고 틀을 놓으면 두레박이 올라오듯이 예법을 유연하게 적용해야 한다. 이처럼 사람이 놓고 당기는 대로 두레박이 오르고 내리고 하는데 두레박은 사람을 놓고 당기고 하지 않는다. 그래서 두레박은 사람에게 허물을 잡히지 않는다. 예법도 마찬가지이다. 예법이 두레박처럼 사람을 구속하지 않아야 사람들도 예법 자체를 문제삼지 않는다.

따라서 삼황오제의 예의(禮義) 및 법도(法度)가 아무리 훌륭하다 해도 그것을 무조건 따르는 건 합당하지 않다. 그것으로 천하를 어떻게 다스리는지가 오히려 더 중요하다. 그래서 좋은 예법을 무조건 따르는 게 중요한 일이 아니라 시대상황에 맞게끔 유연하게 적용하는 게 좋은 예법을 성공적으로 정착시키기 위한 결정적 조건이다. 사실 삼황오제의 예법을 지금의 예법과 비교하면 마치 돌배와 배나 아니면 귤과 유자의 차이에 불과하다. 돌배와 배나 귤과 유자는 그 맛이 서로 달라도 사람들의 입맛에 모두 알맞다. 그러니 주나라 예법이라고 해서 달리 특별할 게 없다. 그런데 원숭이를 잡아다가 주공(周公)의 옷을 입히면 원숭이는 틀림없이 물어뜯거나 당겨 찢어서 옷을 다 벗어야만 흡족해한다. 그러니 주나라 예법이 아무리 훌륭하다 해도 이를 유연하게 적용하지 않으면 사람들이 그것을 따를 수 없다. 그래서 옛날과 지금의 차이를 비교하면 마치 원숭이와 주공(周公)이 다른 것과 같지 않은가.

그러면 어떻게 해야 할까? 먼저 주나라 예법이 어째서 좋은지를 알아야 한다. 그래서 주나라 예법의 겉만 보고 따라 해선 안 된다. 미인 서시(西施)가 가슴을 앓아 근심으로 얼굴을 찌푸렸는데 그 마을 추녀가 그것을 보고 아름답다고 여겼다. 이에 추녀도 집으로 돌아와서 가슴에 손을 얹은 뒤 근심으로 얼굴을 찌푸렸는데 그 꼴이 너무나 흉측했다. 이에 마을 부자들이 그것을 보고는 문을 굳게 잠근 채 밖으로 나가지 않았고, 가난한 사람들도 그것을 보고는 처자를 이끌고 모두 마을을 떠났다. 이는 추녀가 찌푸린 얼굴이 아름답다는 건 알지만 찌푸리면 어째서 아름다워지는지 알지 못해서이다. 지금 공자도 주례의 겉만 흉내를 냈기에 위나라로 가서 주나라 예법을 적용하려고 하면 애석하지만 곤경에 처할 것이다.

천운 5-1

공자는 나이 쉰하나가 되도록 도(道)를 듣지 못해

남쪽에 위치한 패(沛)로 가서 노담(老聃)을 만났다.

노담이 물었다. "그대는 어째서 왔나요?

나는 그대를 북방의 현자(賢者)로 들었는데 이미 도(道)를 얻지 않았나요?"

공자가 답했다. "아직 얻지 못했소이다."

노담이 물었다. "그대는 그동안 도를 어디에서 찾으려고 했나요?"

공자가 답했다.

"저는 도를 법도(度數)에서 찾으려고 했지만 5년이 지나도록 얻지 못했소."

노담이 물었다. "그대는 또 어디에서 도를 찾으려고 했나요?"

공자가 답했다. "저는 도를 음양의 이치에서 찾으려고 했지만

12년이 지나도록 얻지 못했소."

노담이 말했다. "그럴 테지요.

도가 바쳐질 수 있는 거라면 군주에게 도를 바치지 않을 수 없고.

도가 올려질 수 있는 거라면 부모에게 도를 올리지 않을 수 없고,

도가 사람에게 알릴 수 있는 거라면 형제에게 도를 알리지 않을 수 없고,

도가 사람에게 줄 수 있는 거라면 후손에게 도를 물려주지 않을 수 없지요.

그런데 그럴 수 없는 건 다른 이유 때문이 아닙니다.

마음에 도의 주인 될 만한 게 없으면 도가 머물지 않고,

바깥에 알맞은 올바름이 없으면 도가 실행되지 않아서입니다.

그래서 성인의 마음에서 나온 도가 바깥에서 받아들여지지 않으면
성인(聖人)은 도를 드러내지 않고,

바깥에서 들어온 도가 성인의 마음에 도의 주인 될 만한 게 없으면
성인은 도에 기대지 않습니다.

그대가 소중히 여기는 명성은 공기(公器)여서 혼자 많이 가지려면 안 되지요.

그대가 소중히 여기는 인의도 선왕들이 잠시 묵었던 처소이므로
하루쯤 머무는 건 괜찮지만 오래 머물 수는 없지요.

인의에 오래 머물러서 이와 합쳐지면 책망이 많아집니다."

노담이 계속해서 말했다.

"옛날 지인(至人)은 인(仁)이란 길을 빌리고, 의(義)란 숙소에 잠시 머물고,

소요의 언덕(逍遙之墟)을 노닐면서 손바닥만 한 밭을 일구며 살고,

먹고 남는 게 없을 정도의 밭만 경작했지요.

소요란 무위(無爲)이고, 손바닥만 한 건 경작하기 쉽고,

먹고 남음이 없는 건 남에게 줄 만큼 생산하지 않는 일이지요.

옛날에는 이런 것을 참된 걸 캐는 노닒(采眞之遊)이라고 말했습니다."

노담이 계속해서 말했다.

"부유함(富)을 좋아하면 재산을 남에게 넘겨주지 못하고,

드러냄(顯)을 좋아하면 명예를 남에게 넘겨주지 못하고,

권세(權)를 가까이하면 남에게 권력을 내주지 못하지요.

사람들이 재산·명예·권력을 잡으면 뺏길까봐 두려워하고,

이것들을 잃으면 슬퍼하는데 이런 사실로부터 교훈을 얻지 못하지요.

그래서 쉴 새 없이 변하는 사물의 한 단면에만 정신이 팔리는데

이런 사람은 하늘이 준 형벌을 받은 사람(天之戮民)이지요.

원망과 감사, 빼앗음과 베풂, 헐뜯음과 가르침, 태어남과 죽음이라는

이 여덟 가지는 사람을 바로잡는(正) 도구입니다.

그런데 바깥의 큰 변화에 따라 마음이 함몰되지 않는 사람만이

이 여덟 가지 도구를 제대로 사용할 수 있습니다.

이 때문에 '바로잡음(正)이란 곧 자기 마음을 바로잡는 것이다.'라고 합니다.

그래서 마음을 바로잡지 않으면 천문(天門),

즉 세상과 접촉하는 감각기관이 열리지 않습니다."

공자는 노담(老聃)을 보고 인의(仁義)에 대해 얘기를 나누었다.

그러자 노담이 말했다.

"흩어진 겨가 눈에 들어가서 눈을 제대로 뜨지 못하면

천지사방의 방향이 바뀌어 위치를 잘 분간하지 못하지요.

또 모기나 등에가 살갗을 물면 밤새도록 잠을 이루지 못하지요.

인의(仁義)도 겨나 모기처럼 무자비해 내 마음을 어지럽힙니다.

그런데 인의보다 내 마음을 더 크게 어지럽히는 건 없습니다.

그러니 그대는 세상사람이 순박함을 잃지 않도록 하고,

또 바람을 쫓아 자연스레 움직여서 모든 덕을 바로 서게 해야겠지요.

그런데 그대는 어째서 인의(仁義)를 힘써 높이 내걸고,

큰 북을 지고 잃은 자식을 찾는 사람처럼 행동하나요?

두루미는 날마다 목욕하지 않아도 희고,

까마귀는 날마다 검게 물들이지 않아도 검지요.

이런 흑백의 순박한 바탕은 본래부터 그러해 새삼스레 말할 게 못되지요.

그러니 명예(名譽)라는 겉모양도 대수롭게 여길 게 못됩니다.

샘의 물이 마르면 물고기는 메마른 땅에 머무르기에 숨을 내쉬며

서로를 축축하게 해주거나 침 거품으로 서로를 적셔주지만

이것은 물고기가 강과 호수 안에서 물을 잊고 사는 것만 못합니다!"

孔子行年五十有一而不聞道, 乃南之沛見老聃.

老聃曰:「子來乎? 吾聞子, 北方之賢者也, 子亦得道乎?」

孔子曰:「未得也..」

老子曰:「子惡乎求之哉?」

曰:「吾求之於度數, 五年而未得也..」

老子曰:「子又惡乎求之哉?」

曰:「吾求之於陰陽, 十有二年而未得.」

老子曰:「然. 使道而可獻, 則人莫不獻之於其君.., 使道而可進, 則人莫不進之於其親.., 使道而可以告人, 則人莫不告其兄弟.., 使道而可以與人, 則人莫不與其子孫. 然而不可者, 無佗也, 中無主而不止, 外無正而不行.

由中出者, 不受於外, 聖人不出.., 由外入者, 無主於中, 聖人不隱.

名, 公器也, 不可多取. 仁義, 先王之蘧廬也, 止可以一宿而不可久處, 覯而多責.」

古之至人, 假道於仁, 託宿於義, 以遊逍遙之墟, 食於苟簡之田, 立於不貸之圃.

逍遙, 無爲也.., 苟簡, 易養也.., 不貸, 無出也. 古者謂是采眞之遊.」

以富爲是者, 不能讓祿.., 以顯爲是者, 不能讓名.., 親權者, 不能與人柄.

操之則慄, 舍之則悲, 而一無所鑑, 以闚其所不休者, 是天之戮民也.

怨恩取與諫教生殺, 八者, 正之器也, 唯循大變無所湮者爲能用之.

故曰, 正者, 正也. 其心以爲不然者, 天門弗開矣.」

孔子見老聃而語仁義.

老聃曰:「夫播穅眯目, 則天地四方易位矣.., 蚊虻噆膚, 則通昔不寐矣.

夫仁義憯然乃憒吾心, 亂莫大焉.

吾子使天下無失其朴, 吾子亦放風而動, 總德而立矣, 又奚傑傑然揭仁義,

若負建鼓而求亡子者邪?

夫鵠不日浴而白, 烏不日黔而黑.

黑白之朴, 不足以爲辯.., 名譽之觀, 不足以爲廣.

泉涸, 魚相與處於陸, 相呴以濕, 相濡以沫, 不若相忘於江湖!」

물고기가 침 거품으로 서로를 적시는 건
큰 인의(仁義)가 아니다

———

공자가 그의 나이 쉰한 살이 되도록 도(道)에 대해 듣지 못해 답답한 나머지 노담(老聃)을 찾아갔다. 노담은 공자를 북방의 현자로 들어온 터라 당연히 도를 얻었을 거라고 생각했다. 그런데 노자는 지금 공자로부터 아직 도를 얻지 못했다는 말을 직접 듣게 되었다. 노담은 안타까운 나머지 그동안 도를 어디에서 찾았느냐고 공자에게 물었다. 공자는 주나라 예법, 즉 주례(周禮)와 같은 법도에서 도를 찾으려고 했지만 5년이 지나도록 얻지 못했다고 말했다. 그러자 노담은 그 다음에는 도를 어디에서 찾았느냐고 물었다. 이에 공자는 주나라 역학, 즉 주역(周易)과 같은 음양의 이치에서 도를 찾으려고 했지만 12년이 지나도록 얻지 못했다고 말했다. 그러자 노담은 그랬을 거라고 퉁명스럽게 대답했다.

노담은 도가 누군가에게 바쳐질 수 있는 거라면 군주에게 바치지 않을 수 없고, 누군가에게 올려질 수 있는 거라면 부모에게 올리지 않을 수 없고, 누군가에게 알려줄 수 있는 거라면 형제에게 알리지 않을 수 없고, 누군가에게 물려줄 수 있는 거라면 후손에게 물려주지 않을 수 없다고 말했다. 그만큼 도는 누군가에게 쉽게 바쳐지고, 쉽게 올려지고, 쉽게 알려지고, 쉽게 줄 수 있는 게 아니어서이다. 어째서 그러한가? 그것은 군주든 부모든 아니면 형제든 자손이든 간에 이들의 마음에 도의 주인 될 만한 게 없으면 도가 이들에게 머물지 않아서이다. 또 바깥세상에 알맞은 올바름이 없으면 도가 세상에서 실행되지 않아서이다. 그래서 노담은 성인(聖人)의 마음에서 나온 도일지라도 세상에서 받아들여지지 않으면 성인은 자신의 도를 세상에 내보이지 않는다고 말했다. 또 세상에서 들어온 도가 성인의 마음에 도의 주인 될 만한 게 없으면 성인은 도에 기대지 않는다고 말했다.

노담은 성인의 마음에서 나온 도일지라도 이것이 세상에서 받아들여지지 않으면 성인은 도를 세상에 내보이지 않는다는 점을 보여주기 위해 공자가 소중히 여기는 명예(名)와 인의(仁義)를 예로 들어 설명한다. 명예는 일종의 공기(公器)이므로 혼자서 많이 가지려고 하면 안 된다. 만약에 누군가가 명예를 혼자서 많이 가지려고 하면 이는 바깥세상에 알맞은 올바름이 없어서이다. 그리고 인의도 선왕들이 잠시 묵는 처소이므로 하루쯤 머무는 건 괜찮지만 거기에 오래 머물러선 안 된다. 만약에 누군가가 인의에 오래 머물러서 이와 합쳐지는 경우 책망이 많아지는데 이 역시 바깥세상에 알맞은 올바름이 없어서이다. 그러니 누군가가 명예를 독점하거나 또는 인의에 오래 머무는 상황이 벌어지면 도가 세상에서 제대로 실행되지 않아서이다. 따라서 성인은 자신의 도가 세상에서 받아들여지지 않는 상황에선 명예와 인의를 세상에 내보내지 않는다. 그러니 세상에서 받아들여지지 않는데도 명예와 인의를 세상에 억지로 내보낸다면 그는 성인이 될 수 없다.

또 노담은 세상에서 들어온 도가 성인의 마음에 도의 주인 될 만한 게 없으면 성인이 도에 기대지 않는 예로 옛날 지인(至人)의 경우를 든다. 옛날 지인은 인(仁)이란 길을 빌리고, 의(義)라는 숙소에 잠시 머물면서 소요의 언덕(逍遙之墟)에서 노닐었다. 옛날 지인의 이런 모습은 인의의 필요성을 인정하지만 인의에 집착하는 것을 피하려는 태도이다. 그래서 옛날 지인은 손바닥만한 밭을 일구며 살면서 먹고 남는 게 없을 정도의 밭만 경작했다. 이에 옛날 지인이 즐긴 소요(逍遙)란 하고자 없는 무위(無爲)이고, 손바닥만한 밭을 경작하는 하기 쉬운 일이고, 먹고 남는 게 없을 정도로 남에게 줄 만큼 생산하지 않는 소박한 행동이다. 옛날에는 이런 삶을 가리켜서 채진지유(采眞之遊), 즉 참된 것을 캐는 노닒이라고 말했다.

지금 사람들은 옛날 진인처럼 이런 식 채진지유의 삶을 즐기지 못한다. 오로지 부유함(富)과 드러냄(顯)과 권세(權)를 쫓는 삶을 추구해서이다. 이처럼 부유함을 좋아하는 사람은 남에게 재산을 넘기지 못하고, 드러냄을 좋아하는 사람은 남에게 명예를 넘기지 못하고, 권세를 가까이하는 사람은 남에게 권력을 내주지 못한다. 그래서 재산, 명예, 권력 따위를 잡으면 뺏길까봐 두려워하고 이것들을 잃으면 몹시 슬퍼한다. 그런데 재산, 명예, 권력이 생겨나고 사라지는 건 쉴 새 없이 변한다. 그런데도 사람들은 이것들의 한 단면, 즉 많이 모이거나 쌓여 있을 때의 한 순간만 보는 데 정신이 팔려 있다. 노담은 이런 사람을 가리켜서 천지륙민(天之戮民), 즉 하늘이 준 형벌을 받는 사람이라고 말한다.

그런데 원망(怨)과 감사(恩), 빼앗음(取)과 베풀음(與), 헐뜯음(諫)과 가르침(敎), 태어남(生)과 죽음(死)은 사람을 바로잡을 수 있는 도구이다. 사람들은 이것들을 통해서 부유함과 드러냄은 물론이고 권세라는 욕망에서 벗어날 수 있다. 그렇지만 자신의 마음이 바깥의 큰 변화에 매몰되지 않는 사람만이 이 여덟 가지 도구를 제대로 사용할 수 있다. 반면 바깥의 큰 변화에 마음이 매몰된 사람은 이 여덟 가지 도구를 제대로 사용하지 못한다. 따라서 바로잡는 일이란 곧 자기 마음을 바로잡는 일이다. 이에 마음을 바로잡지 않으면 천문(天門), 즉 세상과 접촉하는 감각기관이 열리지 않는다. 그러니 바깥의 큰 변화에도 불구하고 마음이 매몰되지 않는 사람이라야 세상과 접촉하는 감각기관을 열 수 있다.

화제를 돌려보자. 공자가 중요하게 여기는 인의(仁義)에 대해 노담은 어떻게 생각할까? 노담은 인의를 흩어져서 날아다니는 겨나 모기쯤에 비유한다. 어째서 그럴까? 겨가 눈에 들어가면 눈을 뜨지 못해서 천지 사방의 방향이 바뀌어 위치를 제대로 분간할 수 없다. 또 모기가 살갗을 물면 가려워서 밤새 잠을 제대로 잘 수 없다. 그런데 겨와 모기는 우리 몸에 피해를 주는 데 그치지만 인의는 우리 마음을 어지럽힌다. 그래서 인의보다 우리 마음을 더 크게 어지럽히는 건 없다. 이에 노담은 인의를 두고 무자비하다고 평한다. 왜 무자비하다고 평할까? 조선시대 치열했던 당파싸움을 연상하면 이런 평가가 쉽게 이해 된다. 조선의 당파싸움도 인의와 같은 명분을 두고 다투었던 결과가 아닌가. 그러니 인의를 두고 서로가 따지면 사람의 마음도 크게 어지러워지게 마련이다.

이에 노담은 세상사람이 순박함을 잃지 않도록 하고, 또 바람에 따라 자연스럽게 움직이도록 해서 모든 덕을 바로 서게 해야 한다고 말한다. 마치 두루미가 날마다 목욕하지 않아도 항상 희고, 까마귀가 날마다 검게 물들이지 않아도 항상 검은 것처럼 말이다. 흑백(黑白)의 이런 순박한 바탕은 본래부터 그러하므로 새삼스레 언급할 게 못 된다. 그러니 명예(名譽)라는 겉모양도 대수롭게 여길 만한 게 아니다. 그리고 샘의 물이 마르면 물고기가 메마른 땅에 머물러서 숨을 내쉬며 서로를 축축하게 해주거나 침 거품으로 서로를 적셔주지만 물고기는 결국 죽고 만다. 그러니 이런 식 인의(仁義)는 대수롭지 않다. 물고기가 강과 호수에서 물을 잊고 사는 게 정말로 대수로운 인의이다.

공자가 노담을 만나고 돌아와서 사흘 동안 아무 말도 하지 않자
제자가 의아해서 물었다.
"스승께서는 노담 선생을 만나 또 무엇을 깨우쳐 주셨습니까?"
공자가 말했다.
"아니야. 나는 이제야 용(龍)을 보았네!
그 용이 합쳐지면 몸(體)을 이루고, 흩어지면 아름다운 무늬(章)를 이루면서
구름을 타고 음양 속을 날아다니는데 난 입이 벌어져서 다물 수 없었으니
내가 노담 선생에게 또 무엇을 가르쳐 줄 수 있겠는가!"
자공(子貢)이 말했다.
"그러면 사람 중에 본디부터 주검처럼 가만히 있다가 용처럼 나타나고,
깊은 침묵 속에서 천둥소리를 내며 천지처럼 분발하며 행동하는 분이 있나요?
저도 그런 분을 뵐 수 있을까요?"
자공은 스승인 공자의 명성에 힘입어 노담 선생을 만날 수 있었다.
노담 선생은 마침 대청에 걸터앉아 자공을 맞이하고서 나직이 물었다.
"나도 나이를 웬만큼 먹었는데 자네가 내게 무엇을 깨우쳐주겠다는 건가?"
자공이 말했다.
"삼황오제가 천하를 다스린 방법은 달랐어도
잘 다스려서 명성을 얻은 건 같지요.
그런데 선생만 유독 이분들을 성인이 아니라고 여기시니 어째서입니까?"
노자가 말했다. "젊은이, 조금 더 가까이 오게!
삼황오제가 천하를 다스린 방법이 어째서 제각각 다르다고 말하지?"
자공이 말했다.

"요(堯)임금은 순(舜)임금에게 천하를 물려주었고,

순임금은 우(禹)왕에게 천하를 물려주었고,

우(禹)왕은 천하를 얻는 데 힘(力)을 사용했고,

탕(湯)왕은 천하를 얻는 데 군대(兵)를 사용했고,

문왕(文王)은 주(紂)에게 복종해서 그를 거역하지 않았고,

무왕(武王)은 주를 거역해 복종하지 않았기에 제각각 다르다고 한 겁니다."

노담이 말했다. "젊은이, 조금 더 가까이 오게!

내가 자네에게 삼황오제가 천하를 다스렸던 방법에 대해 말해주겠네.

황제(黃帝)가 천하를 다스렸을 적엔 백성의 마음을 하나로 묶었지.

그래서 부모가 죽었을 때 곡하지 않은 사람이 있었는데도

백성은 곡하지 않은 사람을 비난하지 않았네.

또 요임금이 천하를 다스렸을 적엔 백성의 마음을 사랑하도록 만들었지.

그래서 부모가 죽었을 때 상을 치르지 않은 사람이 있었는데도

백성은 상을 치르지 않은 사람을 비난하지 않았네.

또 순임금이 천하를 다스렸을 적엔 백성의 마음을 서로 경쟁시켰지.

그래서 임산부는 열 달 만에 애를 낳고, 어린애는 태어난 지 다섯 달 만에

말하고, 또 방긋방긋 웃기도 전에 누군지 알아보기 시작하면서

어려서 죽는 일까지 생겨났네.

또 우임금이 천하를 다스렸을 적엔 백성의 마음을 변하도록 만들었지.

그래서 다른 마음을 품고 무기를 사용해도 그럴 듯한 이유를 대고,

도둑을 죽여도 사람을 죽인 게 아니라고 했네.

이처럼 사람들이 각자 자신만을 소중이 여기자

세상사람도 이를 쫓아서 아무 짓이나 제멋대로 했네.

그러자 천하도 크게 놀라고, 유가 묵가도 다투기 위해서 모두 일어났네.

이들이 처음 일어날 때는 그래도 지켜야 할 도리를 지켰는데

현재는 지금처럼 혼란스러워졌으니 자네가 내게 무슨 말을 할 수 있겠나!

조금 전 자네에게 삼황오제가 천하를 다스렸던 방법에 대해 얘기했네.

삼황오제(三皇五帝) 각자는 천하를 다스렸다고 말하지만

실은 천하를 이토록 심하게 어지럽힌 일이 없다고 보네.

삼황오제의 다스림은 위로는 해와 달의 빛을 가리고,

아래로는 산과 강의 정기를 외면하고, 가운데론 사철의 베풂을 무너뜨렸네.

이들의 앎은 전갈 꼬리보다 더 무자비해서

인적이 드문 곳에 사는 짐승도 태어난 그대로의 모습을 지닐 수 없었네.

그런데도 삼황오제가 스스로 성인이라고 자처하니

이 또한 부끄러움을 모르는 걸 부끄러워하지 않는 게 아닌가?”

자공은 놀라서 불안한 채 편히 서 있을 수 없었다.

· · ·

孔子見老聃歸, 三日不談, 弟子問曰:「夫子見老聃, 亦將何規哉?」

孔子曰:「吾乃今於是乎見龍! 龍, 合而成體, 散而成章, 乘雲氣而養乎陰陽.

予口張而不能嗋, 予又何規老聃哉!」

子貢曰:「然則人固有尸居而龍見, 淵黙而雷聲, 發動如天地者乎?

賜亦可得而觀乎?」

以孔子聲見老聃.

老聃方將倨堂而應, 微曰:「予年運而往矣, 子將何以戒我乎?」

子貢曰:「夫三皇五帝之治天下不同, 其係聲名一也.

而先生獨以爲非聖人, 如何哉?」

老聃曰:「小子少進! 子何以謂不同?」

對曰:「堯授舜, 舜授禹, 禹用力而湯用兵, 文王順紂而不敢逆, 武王逆紂而不肯順, 故曰不同.」

老聃曰:「小子少進! 余語汝三皇五帝之治天下.

黃帝之治天下, 使民心一, 民有其親死不哭而民不非也.

堯之治天下, 使民心親, 民有爲其親殺其殺而民不非也.

舜之治天下, 使民心競, 孕婦十月而生子, 子生五月而能言, 不至乎孩而始誰, 則人始有夭矣.

禹之治天下, 使民心變, 人有心而兵有順, 殺盜非殺人, 自爲種而天下耳,
是以天下大駭, 儒墨皆起.

其作始有倫, 而今乎歸, 女何言哉!

余語汝, 三皇五帝之治天下, 各日治之, 而亂莫甚焉.

三皇之治, 上悖日月之明, 下睽山川之精, 中墮四時之施, 其知憯於蠣蠆之尾, 鮮規之獸, 莫得安其性命之情者, 而猶自以爲聖人, 不亦可恥乎, 其無恥也?」

子貢蹴蹴然立不安.

삼황오제가 천하를 잘 다스린 게 아니라
오히려 천하를 어지럽혔다

———

　공자가 노담을 만나고 돌아와선 사흘 동안 아무 말도 하지 않자 제자 자공이 이를 의아하게 여겼다. 그러면서 스승께 노담을 만나서 무엇을 깨우쳐 주었느냐고 의기양양하게 물었다. 그러자 공자는 노담을 통해서 오히려 용(龍)을 보았다고 고백했다. 그 용이 합쳐지면 몸을 이루고 흩어지면 아름다운 무늬를 이루는데 구름 기운을 타고 음양(陰陽) 속을 날아다녀 공자는 입이 저절로 벌어져서 다물 수 없었다. 공자는 용과 같은 노담에게 무엇을 가르쳐 줄 수 있겠냐고 자공에게 오히려 반문했다. 그러자 자공은 사람 중에 본디 주검처럼 가만히 있다가 용처럼 나타나고, 깊은 침묵 속에 있다가 천둥소리를 내면서 천지(天地)처럼 활동하는 사람이 있다고 하는데 그분이 노담이냐고 묻고는 노담 뵙기를 청했다.

　이윽고 자공이 노담을 찾아가자 노담은 마침 대청에 걸터앉아 있었다. 노담은 자공을 맞이한 뒤 자신도 웬만큼 나이가 들었는데 무엇을 깨우쳐 주려고 왔느냐고 자공에게 나직이 물었다. 그러자 자공은 삼황오제(三皇五帝)가 천하를 다스렸던 방법이 서로 달랐어도 천하를 잘 다스려서 명성을 얻은 건 같은데 유독 노담 선생만 이분들을 성인(聖人)이 아니라고 말하는지에 대해 물었다. 이에 노담은 삼황오제가 천하를 다스렸던 방법이 자공이 아는 것과 달리 큰 차이가 없다고 말했다. 그러자 자공이 요(堯)임금은 순(舜)에게 천하를 물려주고, 순임금은 우(禹)에게 천하를 물려준 반면 우(禹)왕은 천하를 얻는 데 힘을 사용하고, 탕(湯)왕은 천하를 얻는 데 군대를 사용했다고 말했다. 또 문왕(文王)은 주(紂)에게 복종해서 그를 거역하지 못한 반면 무왕(武王)은 주를 거역해서 복종하지 않았다고 말했다. 이는 오제(五帝) 중 한 사람인 요와 순임금의 다스림이 우왕과 탕왕의 다스림보다 낫고, 또 문왕의 다스림이 무왕의 다스림보다 낫다는 말이다.

그러자 노담은 자공에게 조금 더 가까이 오라고 한 뒤 삼황오제가 천하를 다스렸던 방법에 대해 말했다. 먼저 삼황(三皇) 중 하나인 황제(黃帝)가 천하를 다스렸을 적에는 백성의 마음을 하나로 묶었다. 그래서 부모가 죽었을 때 곡하지 않은 사람이 있었는데 백성은 곡하지 않은 사람을 두고 비난하지 않았다. 노담이 볼 때 이는 자연스런 덕의 모습이 아니다. 부모가 죽으면 마땅히 곡을 해야 하는데 그렇지 않은 건 황제가 백성의 마음을 하나로 묶었기 때문이다. 또 요임금이 천하를 다스렸을 적에는 백성의 마음을 서로 사랑하도록 만들었다. 그래서 부모가 죽었을 때 부모상을 치르지 않은 사람이 있었는데 백성은 부모상을 치르지 않은 사람을 두고 비난하지 않았다. 이 역시 부모가 죽으면 당연히 상을 치러야 하는데 그렇지 않은 건 분명 잘못된 일이다.

또 순임금이 천하를 다스렸을 적에는 백성의 마음을 서로 경쟁하도록 만들었다. 그래서 임산부는 열 달 만에 아이를 서둘러서 낳고, 어린애는 태어난 지 다섯 달 만에 빨리 말하고, 또 어린애는 방긋방긋 웃기도 전에 누군 가를 알아보기 시작하면서 어려서 죽는 사태까지 벌어졌다. 이는 백성의 마음을 서로 겨루게 해 어린애까지 어려서 죽는 일이다. 또 우임금이 천하를 다스렸을 적에는 백성의 마음을 변하게 했다. 그래서 백성이 다른 마음을 품고 무기를 휘둘러도 그럴 듯한 이유를 대고, 또 도둑을 죽여도 사람을 죽인 게 아니라고 발뺌하기 바빴다. 이런 식으로 백성이 자신만 소중이 여기자 세상사람도 따라서 제멋대로 아무 짓이나 했다. 이에 천하가 크게 놀라자 유가(儒)나 묵가(墨)도 모두 일어나서 싸움질을 했다. 물론 유가와 묵가가 처음 일어날 때는 그래도 지켜야 할 도리를 서로 지켰지만 시간이 흐르면서 그 싸움이 점점 더 치열해져 혼란스러워졌다.

그러니 삼황오제는 천하를 다스렸다고 하지만 노담이 볼 때 이렇게 심하게 천하를 어지럽힌 적이 없다. 그래서 삼황오제의 다스림은 위로는 해와 달의 빛을 가리고, 아래로는 산과 강의 정기를 외면하고, 가운데로는 사철의 베풀음을 무너뜨렸다. 그래서 삼황오제의 앎은 전갈 꼬리보다 더 무자비해서 인적이 드문 곳에 사는 짐승조차 태어난 그대로의 모습을 지니지 못했다. 그런데도 삼황오제는 오히려 스스로 성인이라고 자처하니까 노담이 볼 때 부끄러움을 모르는 것조차 부끄러워하지 않는 일이다. 그러자 자공은 놀라서 불안한 채 노담 앞에 편히 서 있을 수 없었다.

공자가 노담(老聃)에게 말했다.

"저는 시(詩)·서(書)·예(禮)·악(樂)·역(易)·춘추(春秋) 육경(六經)을
오랫동안 익혀 와서 그 가르침을 익히 잘 알고 있습니다.
이에 72명 군주에게 선왕(先王)의 도를 논하고,
주공(周公)과 소공(召公)의 업적을 밝히면서 저를 써달라고 부탁했는데
어떤 군주도 저를 등용하지 않았습니다.
심할 뿐입니다! 그리고 사람을 설득하는 게 정말로 어려운 일입니다!
또 도를 세상에 밝히는 게 이렇게 어려운 일인가요?"

노담이 말했다.

"그대가 세상을 다스리는 군주(君)를 만나지 않은 게 그나마 다행이오!
육경(六經)이란 선왕들이 남겨놓은 발자국이지 어찌 근본이 되겠습니까!
지금 그대가 말한 바 역시 그런 발자국일 뿐이겠지요.
발자국이란 신발이 만들어낸 것이니 발자국이 어찌 신발이 되겠습니까!"
백역(白鷁)이란 새는 암수가 서로 바라볼 때 눈동자도 움직이지 않는데
서로가 정을 통해 자연스럽게 새끼를 낳지요.
벌레는 수컷이 바람 부는 위쪽에서 울 때
암컷이 바람 부는 아래쪽에서 호응만 해도 새끼를 낳지요.
이처럼 같은 무리끼리는 저절로 암수가 교배되어 새끼를 낳습니다.
타고난 본성은 바뀌어질 수 없고, 운명은 변할 수 없고,
시간은 멈출 수 없고, 도의 작용도 막을 수 없지요.
진실로 도(道)를 터득하면 스스로 되지 않는 게 없지만
그것을 놓치는 사람은 스스로 되는 게 없소이다."

공자가 석 달 동안 밖으로 나오지 않다가 노담을 다시 찾아가서 말했다.

"저 공자도 도를 터득했습니다.

까막까치는 알을 낳아 키우고, 물고기는 물거품으로 새끼를 돌보며,

나나니벌은 배추벌레를 부화시켜 자기 새끼로 만들고,

사람은 동생이 생기면 형은 엄마 젖을 먹지 못해 울지요.

제가 이런 자연의 조화와 어울리지 못한 사람으로 있었던 게

정말로 오래되었습니다!

자연의 조화와 어울리지 못한 주제에 어찌 남을 교화시킬 수 있겠습니까!"

노담이 말했다. "좋군요. 공자 그대도 이제야 도를 터득했습니다."

· · ·

孔子謂老聃曰:「丘治詩書禮樂易春秋六經, 自以爲久矣, 孰知其故矣.,

以奸者七十二君, 論先王之道而明周召之迹, 一君無所鉤用.

甚矣夫! 人之難說也! 道之難明邪?」

老子曰:「幸矣子之不遇治世之君也! 夫六經, 先王之陳迹也, 豈其所以迹哉!

今子之所言, 猶迹也. 夫迹, 履之所出, 而迹豈履哉!

夫白鶂之相視, 眸子不運而風化.,蟲, 雄鳴於上風, 雌應於下風而風化.,

類自爲雌雄, 故風化. 性不可易, 命不可變, 時不可止, 道不可壅.

苟得於道, 無自而不可., 失焉者, 無自而可.」

孔子不出三月, 復見曰:「丘得之矣. 烏鵲孺魚傅沫, 細要者化, 有弟而兄啼.

久矣夫丘不與化爲人! 不與化爲人, 安能化人!」

老子曰: 可. 丘得之也

시·서·예·악·역·춘추의 육경은
선왕의 발자국일 뿐이다

———

　공자가 노담(老聃)에게 자신은 시(詩)·서(書)·예(禮)·악(樂)·역(易)·춘추(春秋) 육경(六經)을 오랫동안 익혀서 그 가르침을 잘 안다고 말했다. 그래서 72명이나 되는 많은 군주들에게 선왕(先王)의 도를 논하고, 주공(周公)과 소공(召公)의 업적을 밝히면서 자신을 기용해 달라고 부탁했다고 말했다. 그런데도 어떤 군주도 자신을 등용하지 않아서 이에 대한 실망감을 노담에게 솔직히 털어놓았다. 그러니 사람을 설득하는 게 이렇게 어려운 일이냐고, 또 세상에 도를 밝히는 게 이렇게 어려운 일이냐고 노담에게 하소연했다.

　그러자 노담은 공자가 세상을 다스리는 군주(君)를 만나지 않은 게 천만다행이라고 오히려 위로했다. 왜냐하면 시·서·예·악·역·춘추의 육경(六經)은 선왕들이 남겨놓은 발자국이지 근본이 될 수 없어서이다. 또 지금 공자가 노담에게 말한 바 역시 그런 발자국일 뿐이기에 근본이 될 수 없어서이다. 그러면서 노담은 발자국이란 신발이 만들어낸 것에 불과하므로 발자국이 어찌 신발이 되겠냐고 공자에게 반문했다. 이는 발자국만 보고선 도에 해당하는 신발을 알기 힘들다는 의미이다. 이는 앞서「천도」에서 책은 옛 사람의 찌꺼기[25]라고 한 표현과 맥락을 같이 한다.

그렇다면 참된 도의 작용은 어떠한가? 예를 들어 백역(白鷁)이란 새는 암수가 서로 바라볼 때 눈동자도 움직이지 않는데도 서로가 정을 통해 자연스럽게 새끼를 낳는다. 또 벌레는 수컷이 바람 부는 위쪽에서 울 때 암컷이 바람 부는 아래쪽에서 호응만 해도 새끼를 낳는다. 이처럼 같은 무리끼리는 암수가 저절로 교배되어 새끼를 낳는 일이 참된 도의 작용이다. 그래서 타고난 본성이 바뀌는 법이 없다. 마찬가지로 운명이 변하는 일도 없고, 시간이 멈추는 일도 없다. 그러니 백역이나 벌레가 자연스럽게 새끼를 낳는 것과 같은 도의 작용을 누구도 막을 수 없다. 그래서 도를 진실로 터득하면 스스로 되지 않는 게 없다. 반면 도를 놓치는 사람은 스스로 되는 게 하나도 없다.

공자는 석 달 동안 바깥으로 나오지 않다가 다시 노담을 찾아가서 자신도 도를 터득했다고 말했다. 그러면서 까막까치는 알을 낳아서 키우고, 물고기는 물거품으로 새끼를 돌보며, 나나니벌은 배추벌레를 부화시켜 자기 새끼로 만들고, 사람은 동생이 생기면 엄마 젖을 먹지 못하게 된 형이 울게 마련이라고 말했다. 그동안 이런 것들을 유심히 관찰할 수 있었는데 이것이 참된 도의 작용이냐고 물었다. 그러면서 공자는 오랫동안 자신이 이런 자연의 조화와 어울리지 못했다고 고백했다. 나아가 이런 자연의 조화와 어울리지 못한 주제에 어찌 남을 교화시킬 수 있겠냐고 자책하듯 말했다. 그러자 노담은 이제야 공자도 도를 터득한 거라고 하면서 그를 흔쾌히 받아들였다.

---

25) 故人之糟魄已夫! (외편 「천도」 6)

각의

刻意

각의

「각의(刻意)」는 크게 두 부분으로 구성된다. 앞 부분은 유위(有爲)에 따라 살아가는 사람들을 소개하는데 이를 다섯 유형으로 구분해 설명한다. 뒷 부분은 무위(無爲)에 따라 살아가는 성인(聖人)을 소개하는데 성인이 구체적으로 어떤 사람인지에 대해 밝힌다. 각의를 직역하면 뜻을 깎다인데 이를 의역하면 뜻을 굳게 지닌다는 의미이다.

「각의」는 소신대로 떳떳이 행동하는 사람의 첫 번째 유형으로 높은 이상을 거론하며 세상을 원망하거나 누군가를 헐뜯어서 자신을 극진히 높이려는 사람을 든다. 이들은 세상과 동떨어져 살면서 보통사람과 다르게 살아가는 사람이다. 구체적으로 산속에 숨어 사는 선비나 세상을 비방하는 사람이다. 두 번째 유형은 어짊 의로움 충성 신뢰를 강조하거나 공손 겸손 양보 사양을 위해 몸과 마음을 잘 닦은 사람이다. 구체적으로 태평스런 세상을 살아가는 선비나 가르치는 데서 그치는 선생, 그리고 말로 떠드는 걸 좋아하는 학자이다.

세 번째 유형은 공을 들먹이면서 명성을 세우려는 사람과 군신의 예의를 따르면서 나라를 다스리는 일에 전념하는 사람이다. 구체적으로 조정의 선비나 군주를 떠받들어 나라를 튼튼히 하려는 신하 그리고 공을 이루어서 영토를 넓히려는 무인이다. 네 번째 유형은 인적이 드문 곳에서 한적하게 허송하며 살거나 낚시질하며 한가하게 살면서 아무 것도 하는 게 없는 사람이다. 구체적으로 강해지사(江海之士)나 세상을 등진 사람 그리고 한가함과 여유로움을 즐기는 사람이다. 마지막 유형은 취구호흡, 토고납신, 웅경조신 등을 통해 자신의 수명을 연장시키려고 하는 사람이다. 구체적으로 도인술을 익힌 선비나 몸을 보양하는 사람 그리고 팽조처럼 오래 살길 바라는 사람이다.

그러나 원래 고상한 사람이면 뜻을 굳게 지니지 않아도 자신을 극진히 높일 필요가 없고, 몸과 마음이 잘 닦여진 사람이라면 인의로 몸과 마음을 굳이 수양할 필요가 없고, 나라를 잘 다스리는 사람이라면 큰 공이나 큰 명성을 굳이 세울 필요가 없고, 마음이 한가로운 사람이라면 강과 바다에 은둔하지 않아도 한적한 곳에 굳이 은둔할 필요가 없고, 도인술이 아니어도 몸을 잘 보양하는 사람이라면 수명을 굳이 연장할 필요가 없다. 담백하고 무한한 경지에선 온갖 미덕들이 저절로 따르므로 굳이 이런 노력을 할 필요가 없다. 그래서 담백함과 무한함이 천지의 도이자 성인의 덕이다.

이 때문에 염담·적막·허무·무위가 천지의 근본이며 도덕의 본질이다. 그래서 성인은 염담·적막·허무·무위의 경지에 머물면서 쉬므로 정신이 평안하고 마음이 담담해진다. 이 때문에 마음이 순수해서 다른 게 섞이지 않고, 고요해서 한결같아 변하지 않고, 담담해서 하고자 하는 바가 없고, 움직이면서 자연의 행함을 따른다. 이것을 두고 정신을 기르는 도(養神之道)라고 말한다. 순수하고 질박한 도(純素之道)만이 이런 정신을 지킬 수 있다. 순수하고 질박한 도를 지켜서 이를 잃지 않으면 성인(聖人)의 정신과 하나가 되고, 또 하나 된 정신은 생명의 근원으로 통해서 자연의 도리와 일치한다. 그래서 질박함(素)은 본래의 정신에 다른 게 섞이지 않는 것을 말하고, 순수함(純)은 본래의 정신에 허물어짐이 없는 것을 말한다. 이런 순수함과 질박함을 본받아야 진인(眞人), 즉 참된 사람이라고 말한다.

각의 1-1

뜻을 굳게 지니면서(刻意) 떳떳이 행동하고(常行),
세상과 떨어져서 세속과 다르게 살아가고,
높은 이상을 거론하고 세상을 원망하거나 헐뜯으면서
자신만 극진히 높일 뿐이다.
이런 행동은 산골에 숨어사는 선비나 세상을 비방하는 사람,
그리고 몸이 말라 비틀어져 초췌해져서 깊은 못에 투신하는 사람,
즉 굴원(屈原)과 같은 사람이 좋아하는 바다.
또 어짊과 의로움이나 충성과 신뢰를 말하고,
공손과 겸손이나 양보와 사양을 위해 몸과 마음을 수양할 뿐이다.
이런 행동은 태평한 세상을 살아가는 선비나 사람을 가르치는 사람,
그리고 유세하는 데에 머무는 학자가 좋아하는 바다.
또 큰 공을 말하고 큰 명성을 세우면서 군신의 예의를 따르고,
상하의 질서를 바로잡으면서 다스리는 일에 전념한다.
이런 행동은 조정의 선비나 군주를 떠받들어 나라를 튼튼히 하려는 사람,
그리고 공을 이루어 영토를 넓히려는 사람이 좋아하는 바다.
또 인적이 드문 늪과 못으로 가서 한적하게 허송하며 살거나
낚시질하며 한가롭게 살면서 하고자 하는 바가 없을 뿐이다.
이런 행동은 자연을 내 집으로 여기는 선비나 세상을 등진 사람,
그리고 유유자적함을 즐기는 사람이 좋아하는 바다.

또 깊은 호흡을 하면서 낡은 기운을 토해 새 기운을 빨아들이며,

곰이 나뭇가지에 매달리는 걸 따라하거나 새가 날 때 기지개 켜는 걸 따라 해

수명을 연장할 뿐이다.

이런 행동은 도인술(導引術)을 익힌 선비나 몸을 기르는 사람,

그리고 팽조(彭祖)처럼 오래 사는 걸 궁리하는 사람이 좋아하는 바다.

그러나 뜻을 굳게 지니지 않아도 본디부터 고상한 사람이라면,

인의(仁義)가 없어도 몸과 마음이 평소에 잘 닦여진 사람이라면,

공명(功名)이 없어도 나라를 잘 다스리는 사람이라면,

강과 바다가 없어도 마음이 한가로운 사람이라면,

도인술이 아니어도 오래 사는 사람이라면

모든 걸 잊을 수 있고 모든 걸 가질 수 있다.

그래서 담백하고 무한한 경지에선 온갖 미덕이 이런 사람을 따른다.

담백함과 무한함이 천지의 도(天地之道)이자 성인의 덕(聖人之德)이다.

· · ·

刻意常行, 離世異俗, 高論怨誹, 爲亢而已矣.,

此山谷之士, 非世之人, 枯槁赴淵者之所好也.

語仁義忠信, 恭儉推讓爲修而已矣., 此平世之士, 敎誨之人, 遊居學者之所好也.

語大功, 立大名, 禮君臣, 正上下, 爲治而已矣.,

此朝廷之士, 尊主强國之人, 致功幷兼者之所好也.

就藪澤, 處閒曠, 釣魚閒處, 無爲而已矣., 此江海之士, 避世之人, 閒暇者之
所好也.

吹呴呼吸, 吐故納新, 熊經鳥申, 爲壽而已矣.,

此導引之士, 養形之人, 彭祖壽考者之所好也.

若夫不刻意而高, 無仁義而修, 無功名而治, 無江海而閒, 不導引而壽,

無不忘也, 無不有也, 澹然無極而衆美從之, 此天地之道, 聖人之德也.

담백하고 무한한 경지가
천지의 도(道)이자 성인의 덕(德)이다

———

이 편의 제목인 각의(刻意)를 직역하면 뜻(意)을 새긴다는(刻) 건데 의역하면 뜻을 굳게 지닌다는 의미이다. 각의에 이어 '떳떳이 행동하다'라는 뜻을 지닌 상행(常行)이 이어서 등장하므로 「각의」는 '소신대로 떳떳이 행동한다(刻意常行)'는 얘기로 시작하는 셈이다. 각의상행, 즉 '소신대로 떳떳이 행동하는' 건 언뜻 보아 좋은 말처럼 들린다. 특히 유가적 시각에선 그러하다. 조선의 선비들이 왕명(王命)에 대한 극단적 반대 행위로서 거죽을 깔고 앉아 도끼를 옆에 두고 벌인 농성도 일종의 각의상행에 따른 행동이라고 볼 수 있다. 이는 왕이 신하의 청원을 들어주든지 아니면 도끼로 신하의 목을 치든지 하는 엄청난 강제력을 지닌 무언의 시위이기 때문이다. 장자가 이런 행동에 대해 부정적 태도를 지니리라는 것은 의심의 여지가 없다.

장자에 따르면 이런 사람은 높은 이상을 거론하면서 세상을 원망하거나 아니면 누군가를 헐뜯음으로써 자신을 극진히 높이려는 사람이다. 이런 사람은 세상과 떨어져서 세속과 다르게 살아가는 사람들 중에 많은 데 산골에 숨어사는 선비나 세상을 비방하는 사람 그리고 몸이 말라 비틀어져서 초췌해져 깊은 못에 투신하는 사람이 여기에 속한다. 장자가 깊은 못에 투신하는 사람이란 표현을 일부로 등장시킨 건 굴원

(屈原)을 염두에 두어서이다. 굴원은 돌을 안고 강물에 뛰어들어 왕에게 죽음으로 간했던 사람으로 유명하다. 그래서 중국 역사상 최고의 의인 (義人)이라는 평가를 받고 있지만 장자가 볼 때 결코 바람직스러운 인물이 못 된다. 굴원의 죽음이 너무나 유위(有爲)적이어서이다.

장자는 유위에 따라 행동하는 사람을 계속해 소개한다. 어짊(仁)과 의로움(義)이나 충성(忠)과 신뢰(信)를 강조하고, 공손(恭)과 겸손(儉)이나 양보(推)와 사양(讓)을 위해서 몸과 마음을 닦는 사람도 유위에 따라 살아가는 사람들이다. 장자에 따르면 어짊·의로움·충성·신뢰·공손·겸손·양보·사양은 유위적이다 못해 인위(人爲)적에 가깝다. 한편 장자가 말하는 도덕은 유가처럼 인위적인 게 아니라 무위자연(無爲自然)한 성격을 지닌다. 그런데 이런 유형의 사람은 태평스런 세상을 살아가는 선비나 실천에 옮기지도 못한 채 제자를 가르치는 데 만족하는 선생 그리고 말로 떠드는 것을 좋아하는 학자에게서 주로 발견된다.

또 큰 공을 거들먹거리며 큰 명성을 세우려는 사람과 군신의 예의를 따르고 상하의 질서를 바로잡으면서 나라를 다스리는 일에 전념하는 사람도 유위에 입각해서 살아가는 세 번째 유형의 인물다. 장자가 볼 때 이들 역시 인위(人爲)를 추종하는 자연스럽지 못한 사람들이다. 이런 유형의 사람은 조정의 선비나 군주를 떠받들어서 나라를 튼튼히 하려는 신하 그리고 공을 이루어서 나라의 영토를 넓히려는 무인에게서 흔히 발견된다.

또 인적이 드문 늪이나 못으로 가서 한적하게 허송하면서 살거나 낚시질을 하며 한가롭게 살면서 아무것도 하고자 하는 바가 없는 사람도 유위에 입각해서 살아가는 네 번째 유형의 인물이다. 장자에 따르면 이렇게 살아가는 것도 무위자연한 게 아니라 유위에 입각해서 이루어진 행동이다. 자연을 벗 삼아 자신의 집이라고 여기는 강해지사(江海之士)나 세상을 등진 사람 그리고 한가함과 여유로움을 즐기는 사람에게서 흔히 발견된다. 또 깊은 호흡을 하는 취구호흡(吹呴呼吸), 낡은 기운을 토해 신선한 기운을 빨아들이는 토고납신(吐故納新), 곰이 나뭇가지에 매달리고 새가 날 때 기지개 켜는 걸 따라 하는 웅경조신(熊經鳥申) 등을 통해서 자신의 수명을 연장시키려는 사람도 유위에 따라 살아가는 다섯 번째 유형의 인물이다. 장자가 볼 때 이런 행동도 결코 무위자연에 따른 행동이 아니다. 이런 유형의 사람은 도인술(導引術)을 익힌 선비나 몸을 보양하는 사람 그리고 팽조(彭祖)처럼 오래 살길 바라는 사람에게서 흔히 발견된다.

장자는 이런 유형의 인간을 어째서 유위적이라고 말할까? 장자에 따르면 소신대로 떳떳이 행동하지 않아도 원래 고상한 사람이라면 굳이 굴원처럼 높은 이상을 거론하면서 스스로를 극진히 높일 필요가 없어서이다. 마찬가지로 인의가 없어도 몸과 마음을 잘 닦은 사람이라면 태평스런 시대를 살아가는 선비처럼 인의로서 몸과 마음을 굳이 수양할 필요가 없어서이다. 또 공명이 없어도 나라를 잘 다스리는 사람이라면 조정의 선비처럼 큰 공이나 큰 명성을 굳이 내세울 필요가 없어서이다. 또 강과 바다가 없어도 마음이 한가로운 사람이라면 강해지사(江海之士)처럼 한적한 곳에 굳이 은둔할 필요가 없어서이다. 또 도인술이 아니어도 오래 사는 사람이라면 굳이 수명을 연장할 필요가 없어서이다. 이는 담백하고 무한한 경지에선 온갖 미덕들이 사람들을 따르기 때문이다. 그래서 담백함과 무한한 경지가 바로 천지의 도(天地之道)이자 성인의 덕(聖人之德)에 해당한다.

때문에 염담(恬惔), 적막(寂漠), 허무(虛無), 무위(無爲)가 천지의 근본이며,

도덕의 본질이라고 말한다.

그래서 성인도 염담·적막·허무·무위에 머물면서 쉬는데

여기서 쉬면 평안해지고, 평안해지면 마음이 담담해진다.

평안해서 마음이 담담해지면(恬惔) 우환이 끼어들지 않고

사악한 기운도 엄습하지 않는다.

그래서 성인의 덕(德)은 온전하고, 그의 정신은 허물어지지 않는다.

성인의 삶은 자연의 행함(天行)이고, 죽음은 사물의 변화(物化)라고 말한다.

성인이 고요할 땐 음(陰) 같은 덕이 되고, 움직일 땐 양(陽) 같은 물결이 된다.

또 성인은 복(福)을 부르려 앞장서지 않고, 화(禍)를 피하려 애쓰지 않는다.

또 성인은 느낀 후에 반응하고, 닥친 후에 움직이면서

더 이상 버틸 수 없을 때만 일어난다.

또 성인은 앎(知)과 옛날의 관습(故)을 버리고서 자연의 원리(天理)를 따른다.

때문에 성인에게는 자연의 재난이 없고, 사물에도 매이지 않고,

사람의 비난도 받지 않고, 귀신의 처벌도 없다고 말한다.

그래서 성인은 사려(思慮)하지 않고, 미리 앞서 일을 도모하지 않는다.

또 성인은 빛이 있어도 빛나지 않아 눈부시지 않고,

믿음이 있어도 약속하지 않고, 잠들 땐 꿈꾸지 않아 깨어나도 걱정이 없다.

또 성인의 삶은 물 위에 뜬 것처럼 가볍고, 그의 죽음은 휴식과도 같다.

또 성인의 정신은 순수하며, 그의 혼령은 고달프지 않다.

또 성인의 마음은 허무하고 담담해서 자연의 덕(天德)과 짝한다.

슬프고 즐거운 건 덕(德)에서 어긋나고, 기쁘고 성내는 건 도(道)를 지나치고,

좋아하고 싫어하는 건 마음을 잃은 거라고 말한다.

그래서 근심하고 즐거워하지 않는 마음이 덕(德)의 지극함이며,

한결같아 변하지 않는 마음이 고요함(靜)의 지극함이며,

거슬리는 게 없는 마음이 비움(虛)의 지극함이며,

사물과 주고받음이 없는 마음이 담박함(惔)의 지극함이며,

자연과 거스르지 않는 마음이 순수함(粹)의 지극함이다.

. . .

故曰, 夫恬惔寂漠虛無無爲, 此天地之本而道德之質也.

故聖人休焉, 休則平易矣, 平易則恬惔矣.

平易恬惔, 則憂患不能入, 邪氣不能襲, 故其德全而神不虧.

故曰, 聖人之生也天行, 其死也物化., 靜而與陰同德, 動而與陽同波.,

不爲福先, 不爲禍始., 感而後應, 迫而後動, 不得已而後起.

去知與故, 循天之理. 故曰無天災, 無物累, 無人非, 無鬼責. 不思慮, 不豫謀.

光矣而不燿, 信矣而不期, 其寢不夢, 其覺無憂.

其生若浮, 其死若休. 其神純粹, 其鬼不罷. 虛無恬惔, 乃合天德.

故曰, 悲樂者, 德之邪., 喜怒者, 道之過., 好惡者, 心之失.

故心不憂樂, 德之至也., 一而不變, 靜之至也., 無所於忤, 虛之至也.,

不與物交, 惔之至也., 無所於逆, 粹之至也.

염담·적막·허무·무위가
천지의 근본이며 도덕의 본질이다

———

담백하고 무한한 경지에선 굳이 어떤 일을 벌이지 않아도 온갖 미덕이 저절로 따른다. 그래서 염담(恬惔)·적막(寂漠)·허무(虛無)·무위(無爲)가 천지의 근본(本)이며 도덕의 본질(質)이다. 염담이란 담담하다는 걸 뜻한다. 담담하다는 건 평온하고 차분하다는 의미이다. 적막도 고요하다는 의미이다. 또 허무는 비어 있다는 의미이다. 무위는 하고자 함이 없다는 의미이다. 그러니 평온하고 차분하고 고요하고 텅 비어 있으면서 하고자 함이 없는 게 천지의 근본이고 도덕의 본질이다. 그래서 성인도 염담·적막·허무·무위의 경지에 머물면서 쉬는데 여기에서 쉬면 정신이 평안해지고 정신이 평안해지므로 마음이 담담해진다. 또 마음이 담담해지면 우환이 끼어들지 않고 사악한 기운도 엄습하지 않아 성인의 덕이 온전해지고 그의 정신도 허물어지지 않는다.

이 때문에 성인의 삶은 자연의 행함(天行)과 같고, 성인의 죽음은 만물의 변화(物化)와 같다. 여기서 성인의 삶이 자연의 행함과 같다는 건 성인은 자신의 희로애락이 사시사철의 변화처럼 끊임없이 순환한다는 것을 잘 알아 어느 한 순간의 삶의 단면만 놓고 자신의 모습이라고 여기지 않는다는 의미이다. 그래서 성인은 쉽게 기뻐하거나 쉽게 슬퍼하지 않는다. 그리고 죽음이 만물의 변화와 같다는 건 만물이 태어나면 사라지고, 또 사라지면 다시 태어나는 것처럼 죽음도 단지 변화의 한 과정이라고 여긴다는 의미이다. 그래서 성인은 죽음으로 모든 게 끝나는 게 아니라는 걸 잘 알아 죽음을 두려워하거나 슬퍼하지 않는다.

그래서 성인이 가만히 있을 때는 음(陰)과 같은 덕이 되고 움직일 때는 양(陽)과 같은 물결이 된다. 즉 성인이 조용할 때의 덕은 음의 상태가 되고, 움직일 때의 덕은 양의 상태가 된다. 또 성인은 복을 부르려고 앞장서지 않을뿐더러 화를 피하려고 애쓰지 않는다. 그러니 그저 무덤덤하게 살아갈 뿐이다. 또 성인은 뭔가 느낀 후라야 반응하거나 뭔가 닥친 후라야 움직인다. 그러니 미리 걱정하거나 예단하는 법이 없다. 또 성인은 자신의 앎(知)과 옛날의 관습(故)을 버리고 대신 자연의 원리(天理)를 따른다. 그만큼 인위적인 앎과 관습을 멀리 하고, 그 대신 자연으로부터 얻는 원리를 믿는다.

이 때문에 성인에게는 자연의 재난이 없고, 사물에 얽매이지 않을뿐더러 사람의 비난도 받지 않고, 귀신의 처벌도 없다고 말한다. 그래서 성인은 곰곰이 따져서 생각하지 않고, 또 미리 앞서 일을 도모하지 않는다. 즉 머리를 굴려서 따지지 않을 뿐더러 일을 미리부터 챙기지 않는다. 또 성인은 빛이 있어도 빛나지 않아 그를 보아도 눈부시지 않다. 또 성인은 누군가를 믿어도 그와 함부로 약속하지 않는다. 그만큼 상대방을 자연스럽게 믿어 인위적인 약속을 굳이 할 필요가 없다. 또 성인이 잠들었을 때는 꿈을 꾸지 않아 깨어나도 걱정이 없다. 또 성인의 삶은 물 위에 뜬 것처럼 가벼운 듯하고, 그의 죽음은 휴식과도 같다. 또 성인의 정신(神)은 순수하며, 그의 혼령(鬼)은 고달프지 않다. 또 성인의 마음은 허무하고 담담해서 자연의 덕(天德)과 늘 짝한다.

이 때문에 성인이 슬퍼하거나 즐거워하는 건 덕(德)에서 어긋나는 일이고, 기뻐하거나 화를 내는 건 도(道)를 넘어서는 일이고, 좋아하거나 싫어하는 건 마음을 잃은 거라고 말한다. 그래서 근심하고 즐거워하지 않는 마음이 덕(德)의 지극함이며, 한결같아서 변하지 않는 마음이 고요함(靜)의 지극함이며, 사물과 사람에 대해 거슬리는 게 없는 마음이 비움(虛)의 지극함이며, 사물과 주고받음이 없는 마음이 담박함(惔)의 지극함이며, 자연과 거스르지 않는 마음이 순수함(純)의 지극함이다. 성인은 이런 지극한 덕, 지극한 고요함, 지극한 비움, 지극한 담박함, 지극한 순수함을 모두 갖추고 있다.

각의 1-3

때문에 몸이 수고로운데 쉬지 않으면 몸이 지치고,

정기(精)를 쓰면서 멈추지 않으면 정기가 고갈된다고 말한다.

물의 본성도 다른 게 섞이지 않아야 맑고, 또 움직이지 않아야 평평한데

막혀서 흐르지 않으면 절대로 맑아질 수 없다.

이것이 자연이 지닌 덕의 모습(天德之象)이다.

따라서 순수해서 다른 게 섞이지 않고, 고요해서 한결같아 변치 않고,

담담해서 하고자 하는 바가 없고, 움직이면서 자연의 행함을 따르는 게

정신을 기르는 도(養神之道)라고 말한다.

오월(于越)의 명검을 지니면 상자에 보관해서 함부로 사용하지 않는데

그것은 보물로 지극해서이다.

성인의 정신은 사방으로 나란히 흘러 어디든지 도달할 수 있기에

위로는 하늘에 닿고, 아래로는 땅에 서린다.

이런 성인의 정신은 만물을 변화시키고 기르는데

그 모습을 그릴 수 없어도 명칭은 하느님(帝)과 같다고 한다.

순수하고 질박한 도(純素之道)만이 정신을 지킨다.

순수하고 질박한 도를 지켜서 잃지 않으면 성인의 정신과 하나가 되고,

또 하나 된 정신은 생명의 근원으로 통해 자연의 원리(天倫)와 일치한다.

이를 두고 속담은 '보통사람은 이익(利)을 중시하고,

청렴한 선비는 명예(名)를 중시하고, 현명한 사람은 뜻(志)을 숭상하고,

성인은 생명의 근원(精)을 귀하게 여긴다.'라고 말한다.

그래서 질박함(素)은 본래의 정신에 다른 게 섞이지 않는 것을,

순수함(純)은 본래의 정신에 허물어짐이 없는 것을 말한다.

이런 순수함(純)과 질박함(素)을 본받아야 진인(眞人)이라고 말한다.

• • •

故曰, 形勞而不休則弊, 精用而不已則竭.

水之性, 不雜則淸, 莫動則平., 鬱閉而不流, 亦不能淸., 天德之象也.

故曰, 純粹而不雜, 靜一而不變, 惔而無爲, 動而以天行, 此養神之道也.

夫有干越之劍者, 柙而藏之, 不敢輕用也, 寶之至也.

精神四達竝流, 無所不極, 上際於天, 下蟠於地.

化育萬物, 不可爲象, 其名爲同帝.

純素之道, 唯神是守., 守而勿失, 與神爲一, 一之精通, 合於天倫.

野語有之曰:「衆人重利, 廉士重名, 賢人尙志, 聖人貴精.」

故素也者, 謂其無所與雜也., 純也者, 謂其不虧其神也. 能體純素, 謂之眞人.

순수함과 질박함을 본받아야 진인(眞人)이다

    이 때문에 몸이 수고로운데 쉬지 않으면 몸이 지치고, 정신을 쓰면서 멈추지 않으면 정신이 고갈된다. 그래서 물의 본성도 다른 게 섞이지 않아야 맑고, 움직이지 않아야 평평하다. 그런데 막혀서 흐르지 않으면 물이 맑아지는 법이 없다. 우리 몸도 물과 마찬가지여서 다른 것에 의해 섞이면 몸이 지치고 정신도 고갈된다. 또 무언가에 의해서 막혀 흐르지 않으면 맑아질 수 없다. 따라서 다른 것과 섞이지 않아야 맑고, 움직이지 않아야 평평하고, 잘 흘러야 맑아지는데 맑고 평평한 모습이 자연의 덕을 지닌 모습(天德之象)이다. 이런 모습이 성인의 정신이기도 하다.

    따라서 정신이 순수해서 다른 게 섞이지 않고, 고요해서 한결같아 변하지 않고, 담담해서 하고자 하는 바가 없고, 움직이면서 자연의 운행을 따르는 게 양신지도(養神之道), 즉 정신을 기르는 도라고 말한다. 춘추전국시대 때 오나라와 월나라의 명검이 유명한데 이런 명검을 가진 사람은 상자에 이것들을 소중히 보관하고 함부로 사용하지 않는다. 이는 더 이상 명검이 싸우는 수단이 아니라 지극한 보물로 바뀌어서이다. 성인의 정신도 이런 명검과 같아 함부로 사용하지 않는다. 이처럼 함부로 사용하지 않으면 성인의 정신은 사방으로 똑같이 흘러 어디든지 도달할 수 있다. 그 결과 위로는 하늘에 닿고 아래로는 땅에 서린다.

또 성인의 정신은 만물을 변화시키고 기르지만 성인의 모습은 정작 그릴 수 없다. 그렇지만 성인의 이름은 하느님(帝)과 같다고 한다. 그러니 하느님이 곧 성인인 셈이다. 이처럼 하느님이 지닌 순수하고 소박한 도, 즉 순소지도(純素之道)만이 하늘에 닿고 땅에 서리는 성인의 정신을 지킨다. 그래서 순수하고 질박한 도를 지켜서 잃지 않아야 하늘에 닿고, 또 땅에 서리는 성인의 정신과 하나가 된다. 또 하나 된 정신은 생명의 근원으로 통해 하늘의 도리(天倫)와 일치한다.

이 때문에 속담은 '보통사람은 이익을 중시하고, 청렴한 선비는 명예를 중시하고, 현명한 사람은 뜻을 숭상하고, 성인은 순수함을 귀하게 여긴다.'라고 말한다. 따라서 질박함(素)은 본래의 정신에 다른 게 섞이지 않는 걸 말하고, 순수함(純)은 본래의 정신에 허물어짐이 없는 걸 말한다. 이런 순수함과 질박함을 본받을 수 있어야 진인(眞人), 즉 참된 사람이라고 말한다.

선성

繕性

선성

　선성(繕性)이란 타고난 본성(性)을 유지한다는(繕) 말인데 타고난 본성이 유지되지 못하는 건 세속에 유행하는 학문(俗學)과 세속에 유행하는 생각(俗思) 때문이다. 유가가 강조하는 인(仁)·의(義)·충(忠)·락(樂)·예(禮)와 같은 게 대표적인 속학(俗學)과 속사(俗思)이다. 그래서 속학으로 타고난 본성을 유지해서 원래의 자연스런 상태를 회복하길 바라는 사람과 속사로 자신의 욕망을 다스려서 밝음에 이르길 바라는 사람을 폐몽지민(蔽蒙之民), 즉 눈이 가리어진 어리석은 사람이라고 부른다.

　그런데 폐몽지민과 반대되는 사람이 옛날에 도를 닦았던 사람이다. 옛날에 도를 닦았던 사람은 담담한 마음으로 앎을 함양해 나갔는데 이렇게 해서 앎이 생겨나도 그 앎으로 하고자 하는 바가 없었다. 나아가 앎과 담담한 마음이 서로 주고받으면서 서로를 함양해 나갔다. 이런 식의 앎과 마음의 주고받음이 화리(和理) 즉, 원만하고 적당한 상태에서 이루어지는데 이는 타고난 본성에서 비롯된다.

　또 덕(德)은 자연스런 조화(和)이며 도(道)는 자연의 조리(理)이다. 그래서 덕은 모든 걸 감싸안아야 어짊(仁)이고, 도는 모든 원리에 들어맞아야 의로움(義)이다. 또 옳음을 밝혀서 만물과 친해져야 정성을 다함(忠)이고, 마음이 순수하고 진실해서 참 모습으로 돌아가야 즐거움(樂)이고, 행동이나 용모 그리고 몸이 하는 대로 내버려두어도 자연스런 꾸밈(文)을 따라야 예의(禮)이다.

그래서 옛날에 도를 닦았던 사람은 혼돈의 상태 속에 있으면서 온 세상과 담막한 고요함을 얻었다. 그 당시에는 음양이 조화되어서 고요해 귀신이 소란을 피우지 않았고, 사철은 순조로이 진행되었고, 만물은 피해를 입지 않았고, 온갖 생물은 천수를 다했고, 사람은 앎이 있어도 그것을 쓸 데가 없었다.

그런데 시간이 흘러서 단아한 덕이 아래로 기울자 수인씨와 복희씨가 천하를 다스렸다. 이때 사람들은 타고난 본성을 쫓았지만 본성과 하나 되질 못했다. 다시 시간이 흘러서 덕이 아래로 기울자 신농씨와 황제가 천하를 다스렸다. 이때 사람들은 타고난 본성에 편안해 하더라도 본성을 따르지 못했다. 다시 시간이 흘러서 덕이 아래로 기울자 요임금과 순임금이 천하를 다스렸다. 이때 세상을 잘 다스리고 백성을 교화하는 정치의 흐름을 일으켰지만 백성들 마음의 순박함과 여유로움과 소박함을 엷게 만들어 도가 떨어져 나갔고 덕도 얇아졌다.

이런 상황에서 도를 터득한 사람이라도 세상을 일으키지 못하고, 세상도 도를 일으키지 못한다. 또 이런 상황에서 성인이 산속에 들어가 숨지 않아도 성인의 덕은 자연히 숨게 마련인데 옛날의 은사(隱士)가 그러하다. 옛날의 은사는 시운(時運)을 만나서 천하에 뜻을 크게 펴면 타고난 본성과 합일의 경지로 되돌아가 아무런 흔적을 남기지 않는다. 그렇지만 시운을 만나지 못해 천하로부터 버림을 받으면 자신의 뿌리를 천하에 깊이 내리고서 삶이 다할 때까지 죽음을 편안히 기다린다.

마찬가지로 옛날에 몸을 온전히 보존했던 사람은 스스로 올바르게 할 뿐이다. 그리고 스스로 올바르게 해서 얻어지는 즐거움을 온전히 놔두는 것을 사람으로서 뜻을 이룬다고 여긴다. 이런 맥락에서 볼 때 옛날에 몸을 온전히 보전했던 사람이 소위 뜻을 이룬다는 건 벼슬에 오르는 게 아니라 더 이상의 즐거움이 더해질 게 없다는 말이다.

선성 1

선성 1-1

세속에서 유행하는 학문(俗學)으로 타고난 본성을 유지해서
본래의 자연스런 상태를 회복하길 바라는 사람이 있다.
세속에서 유행하는 생각(俗思)으로 주체할 수 없는 욕망을 다스려서
자연스런 밝음(明)에 이르길 바라는 사람이 있다.
이런 사람을 가리켜서 폐몽지민(蔽蒙之民), 즉 눈이 가려져서 어리석어진
사람이라고 말한다.
그런데 옛날에 도를 닦은 사람은 앎을 담담하게 함양하고,
앎이 생겨나도 그 앎으로 하고자 함이 없었다.
이런 사람을 가리켜서 앎을 담담하게 기르는 사람이라고 말한다.
또 이들은 앎과 마음을 서로 주고받으면서 자신을 함양해 나갔는데
이런 원만하고 적당한(和理) 주고받음은 타고난 본성(性)에서 비롯된다.
덕(德)은 자연스런 조화(和)이며 도(道)는 자연의 조리(理)이다.
그래서 덕은 모든 걸 감싸 안아야 어짊(仁)이고,
도는 모든 원리에 들어맞아야 옳음(義)이고,
옳음을 밝혀서 만물과 친해져야 정성을 다함(忠)이고,
마음이 순수하고 진실해서 참 모습으로 돌아가야 즐거움(樂)이고,
행동, 용모, 몸이 하자는 대로 해도 자연스런 꾸밈을 따라야 예의(禮)이다.
그런데 예의와 즐거움이 한쪽으로 치우쳐 행해지면 천하가 어지러워진다.
그래서 인(仁)·의(義)·충(忠)·락(樂)·예(禮)는 저절로 옳아야 하고(正),

그런 옳음이 자신의 덕을 덮는다.
또 이런 덕이라야 가려지는 일이 없는데
만약 덕이 가려지면 사물은 반드시 타고난 본성을 잃는다.

· · ·

繕性於俗學, 以求復其初.., 滑欲於俗思, 以求致其明.., 謂之蔽蒙之民.

古之治道者, 以恬養知.., 知生而無以知爲也, 謂之以知養恬.

知與恬交相養, 而和理出其性.

夫德, 和也.., 道, 理也.

德無不容, 仁也.., 道無不理, 義也.., 義明而物親, 忠也.., 中純實而反乎情,
樂也..,

信行容體而順乎文, 禮也.

禮樂偏行, 則天下亂矣.

彼正而蒙己德, 德則不冒, 冒則物必失其性也.

덕은 모든 걸 감싸안아야
어짊(仁)이다

———

  폐몽지민(蔽蒙之民), 즉 눈이 가려져서 어리석어진 사람이 누구일까?
여기서 눈이 가려진 건 시각장애 때문이 아니다. 눈은 멀쩡히 떠 있는
데 어리석어진 것이니까 이는 생각과 판단이 흐려져서이다. 그렇다면
눈이 멀쩡한데 어째서 어리석어졌을까? 속학(俗學), 즉 세속에 유행하
는 학문과 속사(俗思), 즉 세속에 유행하는 생각에 빠져서이다. 폐몽지
민은 타고난 본성을 속학으로 유지함으로써 본래의 자연스런 상태를
회복하길 바라는 사람이다. 또 자신들의 욕망을 속사로 다스림으로써
자연스런 밝음(明)에 이르길 원하는 사람이다. 그렇다면 속학과 속사는
무엇일까? 유가가 강조하는 인(仁) · 의(義) · 충(忠) · 락(樂) · 예(禮)와 관련
된 학문과 생각이 곧 속학과 속사이다.

  그렇다면 폐몽지민과 반대로 살아가는 사람은 누구일까? 옛날에 도
를 닦았던 사람들이다. 이들은 담담한 마음으로 앎을 함양하고, 또 앎
이 생겨나도 그 앎으로 하고자 하는 바가 없다. 이런 사람을 가리켜서
앎으로 마음을 담담하게 함양하는 사람이라고 말한다. 게다가 이들은
밝아진 앎과 담담해진 마음을 서로 주고받으면서 서로를 함양해 나간
다. 그 결과 이들의 앎이 더욱 높아지고, 또 이들의 마음도 더욱 고상해
진다. 이들이 밝아진 앎과 담담해진 마음을 서로 주고받으면서 자신을

함양해 나가는 건 화리(和理), 즉 원만하고 적당한 주고받음으로 이루어 진다. 그리고 화리에 입각해서 이루어지는 이런 식의 주고받음은 타고난 본성에서 비롯되는 것이지 유가가 강조하는 속학(俗學)과 속사(俗思) 에서 나오는 게 아니다.

흥미로운 점은 도(道)와 덕(德)이 화리와 관련이 깊다는 사실이다. 덕은 자연스런 조화(和)이며 도는 자연의 조리(理)이기 때문이다. 그래서 도와 리가 연결되어 도리(道理)란 말이, 또 덕과 화가 연결되어 덕화(德和)란 말이 성립한다. 이런 맥락에서 볼 때 덕이 모든 걸 감싸안아야 참된 어짊(仁)이고, 도가 모든 원리에 들어맞아야 참된 옳음(義)이다. 마찬가지로 옳음을 밝혀서 사물과 친해져야 정성을 다함(忠)이고, 마음이 순수하고 진실해서 참 모습으로 돌아가야 참된 즐거움(樂)이고, 행동(行)이나 용모(容) 그리고 몸(體)이 하는 대로 내버려두어도 자연스런 꾸밈(文)을 쫓아야 예의(禮)이다.

그러니 덕이 모든 걸 감싸지 않으면 참된 어짊(仁)이 아니고, 도가 모든 원리에 들어맞지 않으면 참된 옳음(義)이 아니다. 또 옳음을 밝히는데 사물과 친해지지 않으면 정성을 다함(忠)이 아니고, 마음이 순수하고 진실한데 참 모습으로 돌아가지 않으면 참된 즐거움(樂)이 아니다. 또 행동, 용모, 몸이 하는 대로 내버려 두어도 자연의 꾸밈을 쫓지 않으면 예의(禮)가 아니다. 그런데도 예의와 즐거움 등이 한쪽으로 치우쳐서 행해지면 천하는 이내 어지러워진다. 즉 예의를 지나치게 강조한 나머지 형식에 치우치거나 아니면 즐거움을 너무 강조한 나머지 방종에 흐를 경우 이런 예의와 즐거움이 천하를 어지럽힌다. 그런데도 유가는 예(禮)와 락(樂), 즉 예의와 즐거움을 통한 천하의 다스림을 여전히 선호한다.

인(仁)·의(義)·충(忠)·락(樂)·예(禮)는 저절로 올바르게 되어야 하는 것이지 유가처럼 인위적으로 꾸며져선 안 된다. 그리고 저절로 올바르게 되는 참된 인·의·충·락·예만이 기덕(己德), 즉 자신의 덕을 제대로 덮을 수 있다. 또 이런 덕이라야 가려지는 사태가 발생하지 않는다. 만약 저절로 올바르게 되는 덕이 무언가에 의해 가려진다면 사물은 반드시 타고난 본성을 잃게 마련이다. 그런데도 지금 사람들은 옛날에 도를 닦았던 사람들과 달리 세속의 배움(俗學)으로 처음의 자연스런 상태를 회복하길 바라고, 세속의 생각(俗思)으로 처음의 밝은 상태에 이르기를 바란다. 그 결과 인·의·충·락·예가 자신들의 덕을 제대로 덮지 못해서 덕이 가려지는 사태가 발생한다. 그래서 만물은 자신들의 타고난 본성을 잃는다. 그러니 천하가 어찌 어지러워지지 않을 수 있겠는가!

선성 1-2

옛날에 도를 닦은 사람은 혼돈(混芒)의 상태 속에 있으면서

온 세상과 담막(澹漠)한 고요함을 얻었다.

그 당시 음양은 조화를 이루어서 고요해 귀신이 소란을 피우지 않았고,

사철은 순조로이 진행되었고, 만물은 해를 입지 않았고,

온갖 생물은 천수를 다했고, 사람은 앎이 있어도 쓸 데가 없었다.

이런 시대를 두고 타고난 본성과 일치하는(至一) 시대라고 말한다.

그 시대에는 사람들이 하려는 바가 없어도 늘 저절로 그렇게 되었다.

그런데 시간이 흘러서 단아한 덕(建德)이 아래로 기울자

수인씨(燧人)와 복희씨(伏義)가 천하를 다스리기 시작했다.

이 때문에 사람이 타고난 본성을 쫓아도 타고난 본성과 하나가 되지 못했다.

덕이 또다시 아래로 기울자 신농씨와 황제가 천하를 다스렸다.

이 때문에 사람이 타고난 본성에 편안해 해도 타고난 본성을 쫓지 못했다.

덕이 또다시 아래로 기울자 요(唐)임금과 순(虞)임금이 천하를 다스렸다.

요·순이 나라를 잘 다스려 백성을 교화하는 정치의 흐름을 일으켰지만

순박함(淳), 여유로움(散), 소박함(朴)을 엷게 해서 도(道)가 떨어져 나갔고,

이렇게 행함으로써 덕(德)도 얇아졌다.

그런 후 백성은 본성을 버리고, 또 서로의 마음을 하고 싶은 대로 헤아리자

천하를 안정시키는 게 힘들어졌다.

그런 후 본성에 꾸밈(文)이 덧붙여지고 거기에 많은 앎(博)이 더해지자

꾸밈이 바탕을 없애고, 많은 앎은 우리의 마음을 잃게 했다.

그런 후 백성에게서 혼란이 시작됨으로써

타고난 본성과 참 모습으로 돌아가지 못해 처음의 상태를 회복하지 못했다.

이로부터 보면 세상은 도(道)를 잃었고, 도는 세상을 잃었다.

이처럼 세상과 도가 서로 주고받으면서 서로를 잃었으니

도를 얻은 자라도 세상을 어찌 일으키고, 세상도 도를 어찌 일으키겠는가!

도를 얻은 자가 세상을 일으키지 못하고, 또 세상도 도를 일으키지 못하면

성인이 산림에 숨지 않더라도 덕은 자연히 숨게 마련이다.

성인의 덕이 숨는다는 건 성인이 스스로 자신의 몸을 감추는 게 아니다.

옛날 사람들이 말하는 숨은 선비, 즉 은사(隱士)란

몸을 숨긴 채 세상에 나타나지 않는 게 아니고,

입을 다문 채 아무 말도 하지 않는 게 아니고,

앎을 간직한 채 겉에 드러나지 않는 게 아니라

시운(時命)이 그와 크게 어긋나서 드러나지 않을 뿐이다.

그런데 은사가 시운을 만나서 천하에 뜻을 크게 펴면

타고난 본성과 합일의 경지로 돌아가 아무런 흔적을 남기지 않는다.

반면 시운을 만나지 못해 천하로부터 버림을 받으면

자신의 뿌리를 깊이 내리고 지극한 도를 지켜 살면서

삶이 다하길 편안히 기다린다.

이것이 은사가 세상에 자신의 몸을 제대로 보존하는 길이다.

. . .

古之人, 在混芒之中, 與一世而得澹漠焉.

是時也, 陰陽和靜, 鬼神不擾, 四時得節萬物不傷, 群生不夭, 人雖有知, 無所用之, 此之謂至一.

當是時也, 莫之爲而常自然.

逮德下衰, 及燧人伏羲始爲天下, 是故順而不一.

德又下衰, 及神農黃帝始爲天下, 是故安而不順.

德又下衰, 及唐虞始爲天下, 興治化之流, 澆淳散朴, 離道以爲, 險德以行,然後去性而從於心. 心與心識知, 而不足以定天下, 然後附之以文, 益之以博.
文滅質, 博溺心, 然後民始惑亂, 無以反其性情而復其初.

由是觀之, 世喪道矣, 道喪世矣.

世與道交相喪也, 道之人何由興乎世, 世亦何由興乎道哉!

道無以興乎世, 世無以興乎道, 雖聖人不在山林之中, 其德隱矣. 隱, 故不自隱.

古之所謂隱士者, 非伏身而弗見也, 非閉其言而不出也, 非藏其知而不發也,
時命大謬也.

當時命而大行乎天下, 則反一無迹.., 不當時命而大窮乎天下, 則深根寧極而
待.., 此存身之道也.

은사(隱士)가 뜻을 크게 펴더라도
아무런 흔적을 남기지 않는다

———

　서양에선 시간의 흐름에 따라 인류가 발전한다는 소위 진보의 역사관이 유행한다. 이런 역사관은 시빌라이제이션(civilization)이란 개념에서도 잘 나타난다. 이 개념에 따르면 과거는 덜 문명화되고(less civilized), 현재는 문명화되고(civilized), 미래는 더 문명화된다(more civilized)는 입장을 취한다. 그런데 이런 역사관은 과연 타당할까? 사실 시빌라이제이션을 대체할 만한 마땅한 우리말이 없다. 흔히들 문명(文明)으로 번역하지만 의미에선 차이가 크다. 시빌라이제이션은 가치지향적 성격을 지니는 데 반해 문명에선 이런 가치지향성을 발견하기 힘들다. 문명은 말 그대로 문자(文)에 의해 밝아진다는(明) 의미이므로 역사적 시간의 전개 과정을 그저 객관적으로 서술했을 뿐이다.

　동아시아 고대사상의 공통된 특징은 서양의 시빌라이제이션 역사관과는 달리 과거를 긍정적으로 파악한다는 점이다. 그래서 미래보다는 과거를 오히려 본받아야 할 대상으로 삼는다. 유가만 해도 주(周)나라 예법을 본받아야 할 대상으로 삼는다. 또 도가는 주나라보다 훨씬 이전으로 거슬러 올라가 삼황오제 중 한 사람인 황제(黃帝)의 시대를 이상으로 삼는다. 장자는 더 거슬러서 올라간 아주 오래된 과거를 바람직한 시대로 여긴다. 시간을 거슬러서 올라갈수록 천하가 타고난 본성(性)과 자연스런 모습(情)을 더 많이 지니고 있다고 믿어서이다.

이와 관련해서 장자는 「제물론」에서 다음과 같이 말한 적이 있다. "옛날 사람 중엔 앎이 지극했던 사람이 있다. 어째서 앎이 지극한가? 사물의 존재를 처음부터 의식하지 않아서이다. 그런데 그 앎이 너무나 지극하고 최고인지라 더 이상 보탤 게 없다. 다음으로 앎이 지극한 사람은 사물의 존재만 의식해서 사물을 이것/저것으로 구분하지 않는 사람이다. 그 다음으로 앎이 지극한 사람은 사물을 이것/저것으로 구분할 뿐 옳음/그름으로 구분하지 않은 사람이다. 그런데 옳음/그름의 구분이 명확해지면 도(道)가 허물어지는 원인이다."[26]

그런데 서양의 문명관인 시빌라이제이션은 이것/저것은 물론이고 옳음/그름의 구분까지 명확히 한다. 어쩌면 원시시대는 이것/저것의 구분에서 그쳤다. 반면 서양 근대는 여기에 대해 옳음/그름으로까지 이어져야 제대로 된 의미 구분이라고 여긴다. 이 지점에서 서양적 인식과 장자적 인식 사이에 큰 차이가 있다. 서양적 인식은 의미 구분이 가능한 많이 이루어질수록 바람직하다고 보는 반면 장자적 인식은 의미 구분이 가능한 적게 이루어질 수록 바람직하다고 본다. 이는 의미 구분이 적어질수록 본래의 자연스런 모습을 유지할 수 있어서이다. 참고로 시빌라이제이션이든 문명이든 간에 이런 역사관은 본래의 자연스런 모습을 훼손하는 걸 전제로 한다. 물론 시빌라이제이션이 문명에 비해 본래의 자연스런 모습을 더 많이 훼손하는 건 분명하다.

장자에 따르면 옛날에 도를 닦은 사람은 혼망(混芒), 즉 혼돈의 상태 속에 있으면서 온 세상과 담막(澹漠)한 고요함을 얻었다. 그리고 그 당

---

26) 古之人, 其知有所至矣. 惡乎至? 有以爲未始有物者, 至矣, 盡矣, 不可以加矣. 其次, 以爲有物矣, 而未始有封也. 其次, 以爲有封焉, 而未始有是非也. 是非之彰也, 道之所以虧也. (내편 「제물론」 4)

시에는 음양이 조화되어서 귀신이 소란을 피우지 않았고, 사철은 순조로이 진행되었고, 만물은 피해를 입지 않았고, 온갖 생물은 천수를 다했고, 사람은 앎이 있어도 그것을 쓸 데가 없었다. 이런 시대를 가리켜서 타고난 본성과 완전히 일치하는 시대라고 말한다. 이를 「제물론」도입부에 등장한 바 있는 오상아(吾喪我) 개념으로 설명하면 타고난 본성과 완전히 일치하는 게 어떤 건지가 쉽게 이해 된다. 즉 오(吾)가 본래면목의 나로서 타고난 본성을 지닌 나라면 아(我)는 살면서 만들어진 나이므로 타고난 본성을 잃은 나이다. 그래서 타고난 본성과 완전히 일치하는 시대란 각자가 본래면목의 오(吾)와 함께 살아가는 시대에 해당한다. 이런 사실은 오늘날 우리가 대부분 만들어진 아(我)와 함께 살아가는 것과 너무 대조적이다.

이런 혼돈의 상태에서 시간이 어느 정도 흐르면서 단아한 덕(建德)이 아래로 기울었다. 그러자 수인(燧人)씨와 복희(伏羲)씨가 천하를 다스리겠다고 나섰다. 그런데 이들이 천하를 다스리기 시작하자 사람들은 타고난 본성을 따르려 하는데도 타고난 본성과 하나가 되기 힘들었다. 이는 타고난 본성을 따르는 게 바람직하다는 걸 알면서도 타고난 본성을 이미 훼손했기에 그것과 함께 하지 못하는 사태가 벌어져서이다. 다시 얼마간의 시간이 흘러서 덕이 아래로 더욱 기울자 신농(神農)씨와 황제(黃帝)가 천하를 다스리겠다고 나섰다. 이들이 천하를 다스리기 시작하자 사람들은 타고난 본성에 편안해 해도 타고난 본성을 따르지 못했다. 즉 타고난 본성에 머무는 게 편안하다는 걸 알지만 타고난 본성을 이미 많이 훼손했기에 타고난 본성을 따르지 못하는 사태가 벌어졌다.

또다시 얼마간의 시간이 흘러서 덕이 아래로 더욱 기울자 요(唐)임금과 순(虞)임금이 천하를 다스리겠다고 나섰다. 이들은 나라를 잘 다스려서 백성을 교화하는 새로운 정치의 흐름을 일으켰지만 백성들 마음의 순박함(淳)과 여유로움(散)과 소박함(朴)을 엷게 해 도가 백성들에게서 멀리 떨어져나갔다. 그리고 이렇게 다스림을 행하자 덕도 얇아지고 말았다. 그러니 도덕(道德)이 함께 무너진 셈이다. 여기서 우리는 요·순 임금이 '천하'를 잘 다스린 게 아니라 '나라'를 잘 다스렸다는 사실에 주목할 필요가 있다. 나라는 사람이 사는 공간으로 제한되지만 천하는 사람을 포함해서 모든 생물이 함께 머무는 공간으로 확장된다. 그러니 요·순 임금이 잘 다스린 건 나라일 뿐이지 천하가 아니다. 만약 요·순 임금이 천하를 정말로 잘 다스렸다면 수인씨나 복희씨보다 더 훌륭한 성인으로 평가받았을 것이다.

그로부터 백성은 타고난 본성을 내던지고 각자 마음 내키는 대로 상대방 생각을 헤아리기 바빠졌다. 그러니 다스림에 인위적인 공작(工作)도 생겨나게 마련이다. 그러자 천하를 안정시키는 일이 더욱 힘들어졌다. 또 그로부터 사람들은 타고난 본성에 인위적인 꾸밈(文)을 덧붙이거나 타고난 본성에 온갖 많은 앎들을 더했다. 그러자 인(仁)·의(義)·충(忠)·락(樂)·예(禮) 따위의 꾸밈이 사물의 순박한 바탕(質)을 없애고, 온갖 많은 앎들이 사람들의 소박한 마음을 잃게 했다. 또 그로부터 혼란이 백성에게 본격적으로 시작되면서 백성은 타고난 본성과 자신의 참모습으로 되돌아가지 못해 처음의 자연스러운 상태를 끝내 회복하지 못했다. 이로 미루어보면 세상은 도를 잃고 도는 세상을 잃은 셈이다.

이처럼 세상과 도가 서로 주고받으면서 서로를 잃었다. 이런 상황에서 도를 터득한 사람이라도 세상을 일으킬 수 없고 세상도 도를 일으킬 수 없다. 이는 앞 장에서 언급된 바 있는 옛날에 도를 닦았던 사람이 행했던 바와 정반대이다. 옛날에 도를 닦았던 사람은 자신의 밝은 앎과 담담한 마음을 서로 주고받으면서 앎과 마음을 함양하는 데 진력했다. 이런 상황에선 도를 터득한 사람이 세상을 일으킬 수 있고 세상도 도를 일으킬 수 있다. 이것이 바로 상생의 힘이 이루어낸 결과이다. 하지만 상극의 상황에선 이런 일이 불가능하다.

또 도가 세상을 일으키지 못하고, 세상도 도를 일으키지 못하면 성인이 산속으로 들어가 굳이 숨지 않아도 성인의 덕이 자연히 숨게 마련이다. 그런데 성인의 덕이 숨는다는 건 성인 자신의 몸을 숨기는 게 아니다. 마찬가지로 옛날 사람들이 말했던 은사(隱士)도 몸을 숨긴 채 세상에 나타나지 않는 사람이 아니다. 나아가 입을 다문 채 아무 말도 하지 않는 사람이 아니다. 또 앎을 간직한 채 겉으로 드러나지 않는 사람이 아니다. 그보다는 시운(時運)과 크게 어긋나서 단지 밖으로 나타나지 않는 사람일 뿐이다.

그런데 옛날 사람이 말했던 은사가 시운을 만나서 천하에 뜻을 크게 펴게 되면 타고난 본성과 합일의 경지로 돌아가 아무런 흔적을 남기지 않는다. 그렇더라도 이런 처신이 오히려 세상에 자신의 덕을 크게 베푸는 결과를 낳는다. 이 점이 오늘날의 처사(處士)와 다르다. 오늘날의 처사는 시운을 만나지 못하면 자신의 몸을 숨기지만 시운을 만나서 기회를 잡으면 세상에 자꾸 자신을 드러내려고 한다. 반면 옛날 사람들이 말한 은사는 시운을 만나지 못해 천하로부터 버림을 받으면 자신의 뿌리를 천하에 깊이 내리고 삶이 다할 때까지 죽음을 편안히 기다린다. 이 점이 유가가 떠받드는 굴원과 다른 처신이다. 굴원은 시운을 만나지 못했다고 여겨 스스로 죽음을 선택했다. 그런데 옛날 사람들이 말하는 은사에게 몸을 제대로 보존하는 길은 시운을 만났든 만나지 못했든 간에 세상에 아무런 흔적을 남기지 않는 일이다.

옛날에 몸을 온전히 보존한 사람은 말로 앎을 꾸미지 않고,
천하를 앎으로 궁구하지 않고, 덕을 앎으로 궁구하지 않았다.
그래서 자신의 자리를 초연하게 비우면서
타고난 본성(性)으로 되돌아갔을 뿐이니 또 무얼 할 게 있는가!
도(道)는 본디부터 인의(仁義) 따위의 작은 차원의 행위가 아니고,
덕(德)도 본디부터 시비(是非) 따위를 논하는 작은 차원의 분별이 아니다.
작은 차원의 분별이 덕을 해치고, 작은 차원의 행위가 도를 잃게 한다.
그래서 옛날에 몸을 온전히 보존한 사람은 스스로를 올바로 할 뿐이다.
그리고 거기서 얻어지는 즐거움을 온전히 놔두는 걸
사람으로서 뜻을 이룬다고 말한다.
그러니 옛날에 몸을 온전히 보존한 사람이 뜻을 이룬다는 건
벼슬에 오르는 게 아니라 더 이상의 즐거움이 더해질 게 없다는 말이다.
그런데 오늘날 몸을 온전히 보존하는 사람이 뜻을 이룬다는 건
벼슬에 오르는 걸 말한다.
벼슬이 몸에 있는 건 타고난 운명 때문이 아니라
벼슬이란 자리가 뜻밖에 찾아와서 잠시 몸에 머물기 때문이다.
그러니 잠시 머무는 건 오거나 떠가거나 간에 자연스럽게 상대해야 한다.
따라서 옛날에 몸을 온전히 보존한 사람은 벼슬을 얻어도 뜻을 멋대로
하지 않고, 벼슬을 잃어도 곤궁에 빠져 세속을 따르지 않았다.
그래서 옛날에 몸을 보존한 사람은 즐거움이 벼슬자리에 있든 없던
매한가지여서 걱정이 없었다.
그런데 오늘날 몸을 온전히 보존하는 사람은 벼슬자리에 머물다가

벼슬이 없어지면 이를 즐거워하지 않는다.

이로 미루어보면 오늘날 몸을 온전히 보존하는 사람은

벼슬자리에 있는 게 비록 즐거워도 그의 마음은 이미 황폐해져 있다.

그래서 벼슬자리에 눈이 어두워서 스스로를 잃거나 세속에 휘둘려서

타고난 본성을 잃은 사람을 가리켜서 도치지민(倒置之民),

즉 거꾸로 서있는 사람이라고 말한다.

· · ·

古之存身者, 不以辯飾知, 不以知窮天下, 不以知窮德, 危然虛其所而反其性已,
又何爲哉!

道固不小行, 德固不小識. 小識傷德, 小行喪道.

故曰, 正己而已矣. 樂全之謂得志.

古之所謂得志者, 非軒冕之謂也, 謂其無以益其樂而已矣.

今之所謂得志者, 軒冕之謂也.

軒冕在身, 非性命也, 物之儻來, 寄者也.

寄之, 其來不可圉, 其去不可止.

故不爲軒冕肆志, 不爲窮約趨俗, 其樂彼與此同, 故無憂而已矣,

今寄去則不樂, 由是觀之, 雖樂, 未嘗不荒也.

故曰, 喪己於物, 失性於俗者, 謂之倒置之民.

벼슬에 눈이 어두워서 본성을 잃은 사람이
거꾸로 선 사람이다

———

 지금까지는 옛날에 '도를 닦은' 사람이 「선성」의 주인공이었다면 이제부터는 옛날에 '몸을 온전히 보존한' 사람이 주인공이다. 옛날에 몸을 온전히 보존한 사람은 자신이 아는 바를 말로 꾸미지 않고, 앎으로 천하를 궁구하지 않고, 앎으로 덕을 궁구하지 않는다. 그래서 그는 자신의 자리를 초연하게 비우면서 타고난 본성으로 되돌아가는 데 있어 아무것도 하지 않아도 모든 게 잘 이루어졌다. 그러니 옛날에 몸을 온전히 보존한 사람은 달리 특별히 할 게 없기에 아는 바를 말로 꾸밀 필요가 없고, 앎으로 천하를 궁구하거나 덕을 궁구할 필요도 없다.

 옛날에 도를 온전히 보존한 사람의 이런 처신에 미루어보면 도(道)는 본디부터 인의(仁義) 따위의 작은 차원의 행위가 아니고, 덕(德)도 본디부터 시비(是非) 따위를 논하는 작은 차원의 분별이 아니다. 오히려 작은 차원의 구분이 덕을 해치고, 또 작은 차원의 행위가 도를 잃게 한다. 그래서 옛날에 몸을 온전히 보존한 사람은 스스로를 올바르게 한다고 말한다. 그리고 스스로를 올바르게 해서 얻어지는 즐거움을 온전히 놔두는 것을 사람으로서 뜻을 이룬다고 말한다. 그래서 옛날에 몸을 온전히 보존한 사람이 뜻을 이룬다는 건 벼슬자리에 오르는 게 아니라 그에게 더 이상의 즐거움이 더해질 게 없다는 말이다.

　그런데 오늘날 몸을 온전히 보존하는 사람이 뜻을 이룬다는 건 벼슬자리에 오르는 걸 말한다. 사실 우리 몸에 벼슬자리가 붙어 있는 건 자신의 타고난 운명이 좋아서가 아니라 밖에서 벼슬이 우연히 찾아와 몸에 잠시 머물기 때문이다. 그러니 몸에 잠시 머무는 건 오거나 떠나가거나 간에 자연스럽게 상대해야 한다. 그래서 머문다고 기뻐할 필요도 없고, 떠난다고 슬퍼할 필요도 없다. 단지 몸에 잠시 머물기에 기쁠 것도 없고, 슬플 것도 없어서이다.

　그래서 옛날에 몸을 온전히 보존한 사람은 벼슬을 얻어도 자신의 생각을 멋대로 바꾸지 않고, 벼슬을 잃어도 곤궁에 빠진다고 세속을 따르지 않는다. 또 벼슬을 얻기 위해 아는 바를 말로 꾸미지 않고, 천하를 앎으로 궁구하거나 덕을 앎으로 궁구하지 않는다. 이런 사람은 자신의 즐거움이 벼슬자리에 있건 없건 간에 매한가지여서 어떤 걱정도 하지 않는다. 이에 반해 오늘날 몸을 온전히 보존하는 사람은 벼슬자리에 머무는 걸 즐거워하므로 벼슬이 몸에 머물다가 없어지면 낙담한다. 이로 미루어보면 오늘날 몸을 온전히 보존하는 사람은 벼슬자리에 있는 게 비록 즐거워도 그의 마음은 이미 황폐해져 있다. 이처럼 마음이 황폐해지면 몸이 온전한들 무슨 소용이 있겠는가!

　이에 장자는 벼슬자리에 눈이 어두워서 스스로를 잃고, 세속에 휘둘려서 타고난 본성을 잃은 사람을 가리켜 도치지민(倒置之民), 즉 거꾸로 서 있는 사람이라고 말한다. 내편 「양생주」에 제지현해(帝之縣解)란 말이 등장한 바 있다. 제지현해란 마음의 맺힘을 풀어 하늘(帝)에 의해 거꾸로 매달린 상태에서 벗어나는(懸解) 일이다. 그러니 현해가 이루어지면 꽉 막혔던 마음이 뻥하고 터지면서 속이 다 후련해진다. 그런데 도치지민(倒置之民)은 여전히 거꾸로 서 있는 상태에서 벗어나지 못한 사람이다. 그러니 얼마나 답답할 것인가? 장자가 볼 때 벼슬자리에 눈이

어두워서 스스로를 잃고 세속에 휘둘려서 타고난 본성을 잃은 사람을
도치지민에 비유하므로 이런 사람은 정말로 구제하기 힘든 사람이다.

추수

秋水

一
추
수
一

이제부터 소개되는 「추수(秋水)」, 「지락(至樂)」, 「달생(達生)」, 「산목(山木)」, 「전자방(田子方)」, 「지북유(知北遊)」는 장자사상을 그대로 계승했다는 술장파(述莊派)의 글이라고 여겨진다.

「추수」는 『장자』 외편 중에서 가장 빼어나다는 평가를 받는다. 심지어 장자가 썼다는 내편과 비교해서 전혀 손색이 없다는 평가까지 받는다. 그런 탓인지 「추수」는 외편의 다른 글처럼 장자 추종자들이 쓴 글이 아니라 장자가 직접 썼다는 주장이 어느 정도 설득력을 얻는다. 그렇지만 글의 형식과 내용으로 볼 때 장자가 직접 쓰지 않은 게 거의 확실하다. 무엇보다 내편의 글들은 내용상 그 흐름이 논리정연한 반면 「추수」에선 그렇지 않아서이다. 구체적으로 내편에선 도입부, 전개부, 마감부가 정확히 구분되는 데 반해 「추수」에선 같은 주제의 글이 사례만 달리할 뿐 계속적으로 반복해 이루어진다. 그리고 「추수」에선 글의 문학성이 다소 떨어지는 탓인지 흥미로운 인용과 과다한 표현 등으로 주제가 잘 드러나지 않는 경우가 있어서이다.

한가지 흥미로운 점은 「추수」 전반부를 차지하면서 「추수」의 핵심적 내용을 담는 하백(河伯)과 북해약(若)의 대화가 내편 「소요유」에 등장하는 대붕의 비상과 똑같은 형식을 취한다는 사실이다. 「소요유」에선 큰 앎(大知)과 작은 앎(小知)의 비교를 대붕과 어린 비둘기의 날아오르는 '높이'를 통해 보여주었다면 「추수」에선 하백이 주관하는 황하(黃河)의 물과 약이 주관하는 북해(北海)의 물의 '크기'를 통해 보여준다. 그러니 하백과 북해약의 대화도 『장자』의 일관된 주제인 큰 앎과 작은 앎의 비교인 셈이다. 구체적으로 큰 앎이 자연의 결, 즉 자연적인 것을 따르는 거라면 작은 앎은 인간의 의지나 기획, 즉 인위적인 것을 따른다. 이 대화 내용은 양적으로는 「추수」의 절반 이상을 차지할 정도로 많으면서 동시에 「추수」를 관통하는 주제이다.

「추수」를 관통하는 주제는 자연스러움이다. 그리고 이런 자연스러움을 깨닫게 하는 게 큰 앎이다. 이에 하백과 북해약의 대화는 소나 말에 각기 네 개의 발이 있는 것을 자연적인 거라고, 그리고 말의 머리에 고삐를 두르거나 소의 코에 구멍을 뚫는 것을 인위적인 거라고 규정하면서 끝난다. 그러면서 인위로 자연적인 것을 없애지 말고, 타고난 성질(命)을 고의로 없애지 말고, 명성을 위해 자연스런 덕을 희생시키지 말라고 주문한다. 그리고 자연적인 것, 타고난 성질, 자연스런 덕을 신중히 지켜서 잃지 않는 것을 두고 참된(眞) 상태로 돌아가는 거라고 규정한다. 그렇다면 「추수」는 하백(河伯)과 북해약의 대화를 어떻게 구성했기에 자연적인 것과 인위적인 것의 구분이 가능해졌을까? 또 나아가 큰 앎과 작은 앎의 구분을 어떻게 이루었을까?

하백이 주관하는 황하의 물이 가을철 태풍으로 홍수가 나서 크게 불어났다. 그렇더라도 황하의 물은 북해의 물에 비해 그 수량에서 비교가 되지 않을 정도로 적다. 게다가 북해의 물은 황하처럼 홍수에 의해 그 수량이 변하는 일이 없이 늘 일정하다. 하백은 이런 북해를 보고 깜짝 놀라지만 북해를 주관하는 약(若)은 자신의 물이 많다고 생각해본 적이 한 번도 없다고 말한다. 북해가 아무리 커도 드넓은 천지 사이에 있으므로 북해는 천지라는 큰 산에 있는 작은 돌과 작은 나무에 불과하기 때문이다.

황하의 물과 북해의 물의 비교를 통해서 이루어진 자연적인 힘의 위대함이 「추수」의 나머지 글들을 장식한다. 첫 번째는 큰 앎으로 얻은 자연적인 힘의 위력을 마음의 자유로움으로 설명한다. 지인(至人), 신인(神人), 성인(聖人)이 이런 마음의 자유로움을 얻은 사람들이다. 이 사람들은 분명 사람이지만 인위적인 것을 초월해 자연적인 것에 바탕해서 살아가므로 엄청난 힘을 발휘한다.

두 번째는 공자가 광(匡)에 놀러 갔을 때 위(衛)나라 사람들이 공자 일행을 몇 겹으로 둘러서 에워싸 어려움에 처한 경우를 통해서 자연스러운 힘의 위력을 보여준다. 어려움에서 벗어나기 위해 인위적으로 노력하는 것은 성인의 용기가 아니므로 궁지에 몰려도 당황하지 않고 자연스럽게 벗어나는 길을 찾는 게 성인의 진정한 용기이다.

세 번째는 공손룡과 위나라 공자 모(牟)의 대화를 통해서 자연스러운 힘의 위력을 설명한다. 여기서 장자가 추구한 도가 자연적인 거라면 공손룡이 추구한 도는 인위적인 성격을 지닌다. 그런데 인위에 따른 도는 자연에 따른 도에 크게 미치지 못한다.

네 번째는 초나라 왕이 궁으로 들어와 큰일을 맡아달라는 제안을 장자가 일언지하에 거절하면서 자연스러운 힘의 위력을 보여준다. 여기서도 자연적인 삶과 인위적인 삶의 비교가 이루어진다. 박제가 되어서 귀하게 대접받는 거북이 인위적인 삶을 상징한다면 진흙 속에서 꼬리를 끌고 다니는 거북이 자연적인 삶을 상징한다.

다섯 번째는 장자와 혜시의 대화를 통해서 자연스러운 힘의 위력을 보여준다. 이 대화는 혜시가 양(梁)나라 재상으로 있을 때 장자가 그를 찾아가서 만나려 하자 자신의 자리를 차지하기 위해 온 것으로 오해하는 혜시에 대해 장자가 충고하는 내용이다.

마지막도 호수 위의 해자를 함께 거니는 장자와 혜시의 대화를 통해서 자연스런 힘의 위력을 보여준다. 이 대화는 물고기가 유유자적하게 노니는 것을 보니까 즐거워하는 것 같다는 장자의 말에 혜시가 물고기가 아닌데 장자가 그 물고기의 즐거움을 어찌 아느냐는 논쟁에서부터 시작한다. 그러면서 이심전심(以心傳心)으로 이 논쟁을 끝낸다.

이심전심이란 언어의 매개 없이 이루어지는 커뮤니케이션이다. 이런 커뮤니케이션 하에선 의미가 말의 고정된 개념이나 형식적 논리에 의해 함몰되지 않는다. 그래서 커뮤니케이션이 가장 자연스럽게 이루어진다. 어쩌면 언어는 자연의 결을 깨뜨리는 가장 큰 주범이다. 이렇게 보면 장자가 추구하는 이심전심의 방식이 자연스러움에 입각한 커뮤니케이션이다. 이에 반해 혜시가 추구하는 것은 언어와 논리에 의해서 지배되는 인위적인 커뮤니케이션이다. 이처럼 하백과 북해약 사이에 진행된 자연스러움에 대한 논의가 「추수」 전반에 걸쳐서 이루어진다.

추수 1-1

가을철 홍수 때가 되면 크고 작은 수많은 강들의 물이 황하로 흘러들어가
곧게 흐르는 물살의 폭이 자연히 커진다.
그러면 양쪽 물가 벼랑 사이의 간격도 저절로 넓어져서
반대편에 있는 소와 말을 구별하지 못한다.
이에 황하의 신 하백(河伯)은 천하의 모든 아름다움이 자기에게 있다고 여겨
스스로 흔연히 기뻐한다.
이제 하백은 황하의 물 흐름을 따라 동쪽으로 가다가
마침내 북해(北海)에 이르러서 거기서 동쪽 방면을 바라보았다.
그랬더니 북해가 어찌나 넓은지 북해 물의 끝이 보이질 않았다.
이에 하백은 비로소 얼굴을 돌려 세차고 사나운 파도를 바라보며
북해의 신 약(若)을 향해 한숨을 쉬면서 말했다.
"속담에 '백 개의 작은 도(道)를 듣고 자기보다 나은 사람이 없다고 여기는
어리석은 사람이 있다.'라고 하는데 저를 두고 한 말 같습니다.
저는 공자의 식견이 하찮고, 백이(伯夷)의 절의가 가벼운 거라고
일찍이 들어왔어도 이제껏 이 말을 믿지 않았습니다.
지금 저는 북해의 신 약(若)을 보고 공경스러움이 최고조에 달했으니
제가 선생의 문하에 오지 않았더라면 큰일 날 뻔했습니다.
저는 큰 도를 터득한 사람에게 두고두고 웃음거리가 되었겠지요."
북해약(北海若)이 말했다.

"우물 안 개구리에게 바다를 말해도 알지 못하는 건 공간(虛)에 갇혀서네.

매미에게 얼음을 말해도 알지 못하는 건 시간(時)에 매몰되어서네.

한쪽으로 치우친 생각을 지닌 선비(曲士)에게 도를 말해도 알지 못하는 건

자신이 배운 바에 묶여서네.

지금 그대는 물가에서 벗어나 큰 바다를 보고 비로소 그대의 부끄러움을

알게 된 거네. 그러니 그대는 이제야 큰 도리(大理)를 말할 수 있겠지.

북해의 물보다 더 많은 물은 천하에 없네.

수많은 하천의 물이 북해로 모여들어와 어느 시간에 그칠지 모르지만

북해의 물은 차지를 않네.

또 북해의 가장자리 문에선 언제부터인지 모르지만 물이 새어나가도

북해의 물은 마르지를 않네.

그리고 북해의 물은 봄과 가을로 변하지 않아 홍수나 가뭄이 들어도

전혀 영향을 받지 않네.

이처럼 북해의 물은 장강(江)과 황하(河)의 흐르는 물보다 훨씬 많아

그 수량을 헤아릴 수 없지.

그런데도 북해의 신인 내가 북해의 물이 많다고 생각해본 적이 없네.

그건 내가 천지에서 준 형체(形)를 따르면서 음양에서 기(氣)를 받아서이지.

그런데 나는 드넓은 천지 사이에 있으므로

나의 존재란 마치 큰 산에 작은 돌과 작은 나무가 있는 것과 같네.

나의 존재를 천지에 견주면 이렇게 작게 보이는데

내 스스로 또 어찌 뛰어나다고 자부할 수 있겠는가!

그러니 넓은 사해(四海)도 천지 사이에 있다는 점을 헤아리면

큰 연못에 있는 작은 구멍과 같지 않을까?

또 넓은 중국(中國)도 바다 안에 둘려 쌓여 있다는 점을 헤아리면

도성 안 큰 창고에 있는 곡식의 낱알과 같지 않을까?

천하에 사물의 이름수가 만 개쯤이라 하는데 사람은 그 중 하나이지.

인졸(人卒)은 구주(九州)라는 넓은데서 곡식을 먹고 사는데

구주도 넓어서 인졸이 배와 수레를 타고 다니지만 사람은 그 중 하나이지.

그래서 사람을 만물에 견주면 말의 몸에 붙은 터럭의 끝과 같지 않을까?

옛날에 오제(五帝)가 서로 양보해서 천자 자리를 물려준 것과

삼왕(三王)에 이르러서 왕위를 두고 서로 다툰 것이나

유가 지식인이 천하를 걱정한 것과 묵가 지식인이 천하를 위해 애쓴 것은

모두 하찮은 차이에서 비롯된 거네.

백이는 왕위를 사양해서 명성을 얻고, 공자는 육경(六經)을 말해서

박학하다고 여겨지는데 이들이 스스로 뛰어나다고 하는 건

그대가 조금 전 자신을 많은 강들의 물 중에 많다고 한 것과 같지 않을까?"

. . .

秋水時至, 百川灌河, 涇流之大, 兩涘渚崖之間不辯牛馬.

於是焉河伯欣然自喜, 以天下之美爲盡在己.

順流而東行, 至於北海, 東面而視, 不見水端,

於是焉河伯始旋其面目, 望洋向若而歎曰:

「野語有之曰:『聞道百以爲莫己若者』, 我之謂也.

且夫我嘗聞少仲尼之聞而輕伯夷之義者, 始吾弗信.,

今我睹者之難窮也, 吾非至於子之門, 則殆矣, 吾長見笑於大方之家.」

北海若曰「井䵷不可以語於海者, 拘於虛也., 夏蟲不可以語於氷者, 篤於時也.,

曲士不可以語於道者, 束於敎也.

今爾出於崖涘, 觀於大海. 乃知爾醜, 爾將可與語大理矣.

天下之水, 莫大於海, 萬川歸之, 不知何時止而不盈.,

尾閭泄之, 不知何時已而不虛., 春秋不變, 水旱不知.

此其過江河之流, 不可爲量數.

而吾未嘗以此自多者, 自以比形於天地而受氣於陰陽,

吾在天地之間, 猶小石小木之在大山也, 方存乎見少, 又奚以自多!

計四海之在天地之間也, 不似礨空之在大澤乎?

計中國之在海內, 不似稊米之在大倉乎?

號物之數謂之萬, 人處一焉., 人卒九州, 穀食之所生, 舟車之所通, 人處一焉.,

此其比萬物也, 不似豪末之在於馬體乎?

五帝之所運, 三王之所爭, 仁人之所憂, 任士之所勞, 盡此矣.

伯夷辭之以爲名, 仲尼語之以爲博, 此其自多也, 不似爾向之自多於水乎?」

큰 앎(大知)과 작은 앎(小知)의 차이는
북해의 물과 황하 물의 차이이다

———

추수는 가을철(秋) 물(水)이란 의미이다. 계절과 관련해서 물을 생각하면 흔히 여름이 떠올라지는데 어째서 가을철 물일까? 그건 태풍 탓이라고 본다. 태풍은 여름에서 가을로 넘어갈 때, 즉 8월 말에서 9월 말에 걸쳐 주로 발생한다. 여기에 중국이 넓다는 점을 감안하면 태풍이 지나가는 시기도 지역에 따라 조금씩 다를 수 있다. 그래서 태풍으로 인해 강의 물이 크게 불어나는 계절은 대체로 가을이라 보아진다. 이 시기가 되면 크고 작은 많은 강들의 물이 모두 황하(河)로 흘러들어 간다. 그러면 황하의 물살도 곧게 흘러 흐르는 속도가 자연 빨라지고, 또 물도 크게 늘어나 강 양쪽의 간격도 저절로 넓어져서 강폭도 커지게 마련이다. 이 때문에 강 건너편에 있는 소와 말을 서로 구별하기가 힘들어진다. 물론 평소에는 강폭이 좁아서 충분히 구분이 되던 거다.

황하의 신 하백(河伯)은 황하를 가득 채우면서 빨리 흐르는 강물을 바라보며 세상의 다른 강들과 비교할 때 자신이 가장 뛰어난 아름다움을 지닌다고 스스로 감격해하면서 기뻐했다. 그리고 하백은 황하가 흐르는 방향을 따라서 동쪽으로 나아가다가 마침내 북해(北海)에 이르게 되었다. 황하는 발해로 흘러가므로 북해는 지금의 발해(渤海)를 의미한다. 하백이 황하가 북해와 만나는 지점에서 동쪽을 바라보니까 그 북해가 얼마나 넓은지 그 끝이 보이지 않을 정도였다. 그래서 홍수로 크게 불어난 황하의 물일지라도 북해의 물과 도저히 비교가 될 수 없었다.

이에 낙담한 나머지 하백이 한 속담을 인용해 북해를 주관하는 신약(若)에게 고백했다. '백개의 작은 도(道)를 듣고서 자기보다 나은 사람이 없다고 여기는 어리석은 자가 있다'라고 하는데 자신을 두고 한 말 같다고 한탄해 하면서 말했다. 그러면서 하백은 공자의 식견이 하찮고, 또 백이의 절의가 가벼운 거라고 오래전부터 들어왔지만 이를 믿지 않을 정도로 공자와 백이를 높게 평가했다. 그런데 북해약을 보고는 그에 대한 공경스러움이 최고조에 달했다. 그래서 이제는 공자의 식견이 하찮고 백이의 절의를 가볍게 여긴다고 토로했다. 이 말은 지금까지 자신이 지녔던 작은 앎(小知)에 대한 자탄의 소리에 해당한다. 그동안 하백은 매미나 어린 비둘기처럼 낮게 날아 아래를 내려다보는 것으로 세상의 모든 이치를 안다고 자부해 왔다. 그런데 북해와 막상 마주하고 나니까 높이 날아오른 대붕의 큰 앎이 과연 어떤지를 비로소 깨달았다. 그래서 이에 대한 부끄러움을 스스로 고백한 것이다.

그런데 북해약은 자신의 물이 많다고 생각해본 적이 여태 한번도 없었다면서 겸손함을 내보인다. 그러면서 자신의 물이 많은 이유를 천지에서 준 형체(形)를 따르고, 또 음양에서 받은 기(氣)의 탓으로 돌렸다. 즉 북해의 물이 많은 건 자연이 준 모습에 충실하거나 음양 작용을 활발히 해서 이룬 탓이지 어떤 다른 힘이 작용해서가 아니라는 말이다. 만약 북해약이 사람이라면 어떤 다른 힘은 인위적인 힘을 의미한다. 그런데 이런 인위적인 힘이 아무리 커도 자연적인 힘에 비하면 그저 하찮을 뿐이다. 또 같은 자연적인 힘이라도 북해의 힘을 천지의 힘과 비교하면 미미하기 짝이 없다. 그래서 북해가 아무리 커도 드넓은 천지 사이에 있기에 북해는 천지라는 큰 산에 있는 작은 돌과 작은 나무에 불과할 뿐이다. 그만큼 천지의 자연스런 힘이 위대하다.

여기서 유명한 우물 안 개구리 이야기가 등장한다. 우물 안 개구리에 게 바다를 말해도 알지 못하는 건 자신이 사는 좁은 공간에 갇혀서이 다. 즉 하백이 북해란 큰 바다를 알지 못하는 건 황하란 좁은 공간에 갇 혀서이다. 공간뿐만 아니라 시간도 마찬가지이다. 매미에게 얼음을 말 해도 알지 못하는 건 여름이란 시간(時)에 구속되어서이다. 그런데 머 무는 시간과 공간에 갇혀서 자신의 어리석음을 일지 못하는 우둔한 존 재가 있다. 그 우둔한 존재가 바로 곡사(曲士), 즉 한쪽으로 생각이 치우 친 선비이다. 그러니 우물 안 개구리 얘기는 곡사의 어리석음을 지적하 는 내용인 셈이다.

이런 곡사에게 천지의 도를 아무리 설명해도 제대로 이해할 수 없다. 곡사는 자신이 배운 바에 의해 생각이 꽁꽁 묶여있어서이다. 하백은 황 하의 물만 보아 왔기에 북해의 물이 얼마나 많은지를 알 수 없는 것처 럼 말이다. 그러니 곡사는 천지의 자연스런 도를 알 턱이 없다. 필자도 어쩌면 자기 전공에만 매몰된 곡사일는지 모른다. 그런데 곡사가 어디 학자에게만 있을까? 정치인, 종교인, 언론인, 시민운동가 등 우리 사회 에서 제법 목소리를 크게 내는 사람들 중에 이런 곡사가 없다고 어찌 장담할 수 있겠는가! 물론 하백도 황하란 제한된 공간에 갇혀 있을 때 는 분명 이런 곡사 중 한 사람이었다. 그렇지만 북해란 넓은 공간을 만 남으로써 곡사의 위치에서 벗어날 수 있었다. 그래서 하백에게 대리(大 理), 즉 천지의 큰 도리를 말해도 이제는 이해할 수 있다고 북해약은 판 단했다.

북해약은 하백에게 자신이 주관하는 북해의 물이 얼마나 많은지를 다음과 같은 비교를 통해서 보여준다. 첫째, 많은 하천과 강의 물이 북 해로 모여들어서 언제 그칠지 모르지만 북해의 물은 여전히 채워지지 않는다. 그만큼 북해의 물은 하천과 강의 물에 의해 거의 영향을 받지 않는다. 둘째, 북해의 가장자리에 있는 어떤 문에선 물이 언제부터 새어나가는지 모르지만 북해의 물은 여태 마르질 않는다. 그만큼 북해의 물이 풍부해서이다. 그러니 홍수와 가뭄이 든다 해도 북해의 물이 봄가을로 변하는 일은 없다. 즉 봄에는 가뭄이 들어서 북해의 물이 줄었다가 가을에는 홍수가 나서 북해의 물이 늘어나는 사태가 생겨나지 않는다. 그러면서 북해약은 북해의 물이 이렇게 많아도 이것을 여태 자랑해본 적이 없다고 스스로 겸손해한다. 약이 볼 때 물이 많아진 건 자신의 뜻이 아니라 천지가 준 형체를 따르고 음양에서 기(氣)를 받은 결과이어서이다.

그러면서 약은 자신이 주관하는 북해보다 더 많은 물을 지닌 큰 바다가 얼마든지 있을 수 있음을 내보인다. 예를 들어 북해, 즉 발해의 물이 아무리 많아도 황해(黃海)의 물과 비교하면 적고, 황해의 물도 태평양의 물과 비교하면 적다. 이런 식으로 나아가면 사해(四海)가 아무리 커도 사해가 천지(天地) 사이에 있음을 알면 큰 연못에 있는 작은 구멍에 불과하다. 또 중국(中國)이란 땅이 아무리 넓어도 중국이 큰 바다 안(大海)에 둘러싸여 있음을 알면 도성에 있는 나라의 큰 창고 안 곡식의 낱알에 불과하다. 그러니 천지의 관점에서 보면 북해(北海)일지라도 산에 있는 돌과 나무와 별반 차이가 없다. 그만큼 북해의 물은 천지의 물과 비교할 때 그저 미미할 뿐이다. 그래서 북해약이 이처럼 겸손할 수 있다.

그렇다면 천지의 관점에서 볼 때 나라는 존재는 얼마나 작을까? 물론 보잘 것 없을 정도로 미미한 존재이다. 장자는 우리에게 이런 사실을 실감나게 보여주기 위해 다음과 같이 말한다. 천하에는 사물의 수가 만 개쯤인데 사람은 그 중 하나이다. 인졸은 구주(九州)라는 넓은 데서 곡식을 먹고 산다. 그런데 구주는 배와 수레를 타고 다녀야 할 정도로 넓은 곳인데 나는 그 중에 한 사람이다. 그러니 나를 만물에 견주면 말의 몸에 붙어 있는 터럭, 아니 터럭의 끝과 같다. 그래서 나라는 존재는 천지의 관점에서 볼 때 그야말로 하찮은 존재이다. 이런 하찮은 존재가 아무리 큰 앎을 지닌다 해도 그 앎은 작은 앎에 불과하다. 이처럼 우리는 우물 안에만 있기에 끝내 바다를 보지 못하는 개구리의 작은 앎에서 벗어나지 못한다.

이제 장자는 큰 앎과 작은 앎의 차이를 크다 작다 내지 많다 적다 하는 물리적 관점에서 벗어나 인문적 관점으로 옮아가려고 한다. 그래서 치도(治道)의 방식과 관련해서도 인간의 관점에서는 큰 차이일지라도 자연의 관점에서는 하찮은 차이일 수 있다고 말한다. 예를 들어 옛날에 오제(五帝)는 천자 자리를 서로 물려준 반면 삼왕(三王)에 이르러선 천자 자리를 두고 서로 다투었다. 이를 두고 세상사람들은 오제의 다스림은 훌륭하지만 삼왕의 다스림은 그렇지 않다라고 말한다. 그런데 이 정도 차이는 자연의 관점에서 볼 때 하찮은 차이일 뿐이다. 또 유가 지식인은 인애(仁愛)를 주장하면서 세상을 걱정한 반면 묵가 지식인은 겸애(兼愛)를 주장하면서 세상을 위해 애썼다. 그래서 유가와 묵가 간에 논쟁이 춘추전국시대 전반에 걸쳐서 치열하게 이루어졌다. 이런 논쟁도 자연의 관점에서 보면 하찮은 차이를 두고 다툰 일이다.

마찬가지로 백이(伯夷)는 왕위를 사양해서 명성을 얻은 반면 공자는 육경(六經)을 말해 박학하다고 여겨지는데 이 역시 하찮은 차이일 뿐이다. 백이든 공자든 간에 스스로 뛰어나다고 여기지만 이들의 뽐냄은 황하의 신 하백이 자신의 가을철 물을 가리켜서 여러 강들의 물 중에서 많다고 자랑하는 것과 크게 다를 바 없다. 북해약의 입장에서 볼 때 황하로 흘러 들어가는 많은 강들끼리의 경쟁은 마치 도토리 키 재기 식 경쟁에 불과해서이다. 이처럼 홍수로 크게 불어난 황하의 물조차 북해 물의 수량에 어떤 영향을 주지 못하는데 하물며 황하로 모여드는 수많은 강들 중 하나의 강에서 흐르는 물이 어떻게 북해의 물에 영향을 미칠 수 있겠는가!

하백이 물었다.

"그러면 저로선 천지는 크고 터럭의 끝은 작다고 해도 괜찮겠습니까?"

북해약이 말했다.

"아니지. 사물은 그 양(量), 즉 크기의 변화가 무한하고,

그 시간(時)의 흐름에서 멈춤이 없고,

그 본분(分)이 차례로 변화해서 일정치 않고,

그 처음과 끝(終始)이 고정되지 않아 끊임없이 순환하네.

이 때문에 사물의 크기(量)와 관련해서는

큰 앎(大知)을 지닌 사람은 사물의 멀고 가까움을 함께 보네.

따라서 사물이 멀리 있어 작게 보이는 것을 적다고 하지 않고,

사물이 가까이 있어 크게 보이는 것을 많다고 하지 않네.

이는 사물의 크기에 있어 변화가 무궁하다는 것을 잘 알아서이지.

또 사물의 시간(時)과 관련해서는

큰 앎을 지닌 사람은 사물의 현재와 과거가 서로 향해 있음을 깨닫네.

따라서 사물이 시간적으로 멀리 떨어져 있어도 답답해하지 않고,

사물이 시간적으로 가까이 있어도 애쓰지 않네.

이는 사물의 시간이 멈추지 않고 계속해서 흐른다는 것을 알아서이지.

또 사물의 본분(分)과 관련해서는

큰 앎을 지닌 사람은 사물의 채움과 비움을 함께 살피네.

따라서 사물이 채워진 상태가 되어도 기뻐하지 않고,

사물이 채워진 상태를 잃어도 슬퍼하지 않네.

이는 사물의 본분이 일정하지 않고 늘 바뀐다는 것을 알아서이지.

또 사물의 처음과 끝(終始)과 관련해서는

큰 앎을 지닌 사람은 사물이 순탄할 때와 어려울 때를 분명히 하네.

따라서 사물이 태어나도 기뻐하지 않고, 죽어도 재앙으로 여기지 않네.

이는 사물의 처음과 끝이 끊임없이 순환하기에

어딘가에 집착하는 게 불가능하다는 것을 알아서이지.

이런 사물의 특징을 감안해서 사람이 아는 바를 헤아리면

그가 알지 못하는 것과 비교할 수 없을 정도로 적네.

또 사람이 살아 있는 시간을 헤아리면

그가 살아 있지 않은 시간과 비교할 수 없을 정도로 짧네.

그런데도 아주 작은 것으로 아주 큰 영역을 애써 구하려고 하기에

정신이 헷갈려서 어지러워져 스스로 깨달을 수 없지.

이로 말미암아보면 가느다란 터럭의 끝을 안다고

이것을 아주 가는 것의 끝이라고 어찌 단정할 수 있겠는가!

넓고 넓은 천지를 안다고 이것을 아주 큰 거라고 어찌 단정할 수 있겠는가!

하백이 물었다.

세상의 모든 논객들은 지극히 작은 건 형체가 없고,

지극히 큰 건 둘러쌀 수 없을 정도로 크다고 하는데 정말인가요?

북해약이 말했다.

"작은 입장에서 아주 큰 사물을 보면 큰 면을 다 볼 수 없고,

큰 입장에서 아주 작은 사물을 보면 작은 면이 분명히 드러나지 않네.

그런데 작은(精) 사물은 좀 작은 것 중의 작은(微) 사물이고,

큰(垺) 사물은 좀 큰 것 중의 큰(殷) 사물이네.

그래서 작다 크다 하면서 사물의 차이를 구별하는 건 편하긴 해도

이런 구별은 단지 추세를 따를 뿐이네.

그런데 작다 크다 하는 구별은 형체가 있는 사물에만 해당되지.

그래서 형체가 없을 정도로 아주 작은 것은 셈으로 구별할 수 없고,

둘러쌀 수 없을 정도로 아주 큰 것은 셈으로 헤아리지 못하네.

그런데 말로 표현할 수 있으면 사물의 큰 면이고,

생각으로 전할 수 있으면 사물의 작은 면이네.

그래서 말로 표현할 수 없고 생각으로 전할 수 없는 건

작거나 크거나 하는 범위를 훨씬 넘어서네."

북해약이 계속해서 말했다.

"이 때문에 대인(大人)의 행동은 남을 해치지 않지만

그렇다고 남에게 베푸는 어짊을 칭찬할만하다고 여기지 않네.

또 이득을 위해서 움직이지 않지만

그렇다고 해서 이득 때문에 일하는 문지기나 종을 천하다고 여기지 않네.

또 재화를 위해서 다투지 않지만

그렇다고 해서 재화를 사양하는 것을 칭찬할만하다고 여기지 않네.

또 일하는 데 있어 남의 힘을 빌리지 않고 자기 힘으로 먹고 사는 것을

칭찬할만하다고 여기지 않지만

그렇다고 해서 탐욕스럽거나 비열한 사람을 천하다고 여기지 않네.

또 대인(大人)의 행동은 세상사람의 행동과 다르다고 여기지만

그렇다고 해서 편벽되고 기이한 행동을 칭찬할만하다고 여기지 않네.

또 대인의 행동은 뭇 사람들의 행동을 따른다고 여기지만

그렇다고 해서 아첨하는 사람을 천하다고 멸시하지 않네.

그래서 세속의 벼슬이나 봉록도 대인을 권장토록 하지 못하고,

형벌이나 모욕도 대인을 욕되게 할 수 없네.

이는 생각을 옳음과 그름으로 분별할 수 없고,

사물을 작은 것과 큰 것으로 나눌 수 없다는 걸 알아서이지.

'도를 터득한 사람은 알려지지 않고, 지극한 덕을 지닌 사람은 아무것도

이루지 않고, 대인에게는 자기가 없다'라고 세상에서 말하는데
이런 사람은 스스로의 본분(分)을 지키는 지극한 경지에 이른 사람이네."

• • •

河伯曰:「然則吾大天地而小毫末, 可乎?」
北海若曰:「否, 夫物, 量無窮, 時無止, 分無常, 終始無故.
是故大知觀於遠近, 故小而不寡, 大而不多, 知量無窮..,
證曏今故, 故遙而不悶, 掇而不跂, 知時無止..,
察乎盈虛, 故得而不喜, 失而不憂, 知分之無常也..,
明乎坦塗, 故生而不說, 死而不禍, 知終始之不可故也.
計人之所知, 不若其所不知.., 其生之時, 不若未生之時.., 以其至小求窮其至
大之域, 是故迷亂而不能自得. 由此觀之, 又何以知毫末之足以定至細之
倪! 又何以知天地之足以窮至大之域!」
河伯曰:「世之議者皆曰:『至精無形, 至大不可圍.』是信情乎?」
北海若曰:「夫自細視大者不盡, 自大視細者不明.
夫精, 小之微也.., 垺, 大之殷也.., 故異便, 此勢之有也.
夫精粗者, 期於有形者也.., 無形者, 數之所不能分也.., 不可圍者, 數之所不
能窮也. 可以言論者, 物之粗也.., 可以意致者, 物之精也.., 言之所不能論, 意
之所不能致者, 不期精粗焉.」
〈是故大人之行, 不出乎害人, 不多仁恩.., 動不爲利, 不賤門隸..,
貨財弗爭, 不多辭讓.., 事焉不借人, 不多食乎力, 不賤貪汚..,
行殊乎俗, 不多辟異.., 爲在從衆, 不賤佞諂..,
世之爵祿不足以爲勸, 戮恥不足以爲辱..,
知是非之不可爲分, 細大之不可爲倪.
聞曰:『道人不聞, 至德不得, 大人無己.』約分之至也.〉

무명(無名) · 무공(無功) · 무기(無己)가 스스로의 본분을 지키는 모습

앞에서 넓은 사해(四海)가 천지 사이에 있음을 알면 넓은 사해라도 큰 연못에 있는 작은 구멍에 불과하고, 넓은 중국(中國)이 바다 안에 둘러싸여 있음을 알면 넓은 중국도 큰 창고 안에 있는 곡식의 낱알에 불과하다고 말한 바 있다. 황하의 신 하백(河伯)이 이 말을 듣고서 깜짝 놀라 크게 당황한 나머지 천지(天地)는 정말로 크고 짐승 터럭의 끝(毫末)은 정말로 작다고 해도 괜찮겠느냐고 조심스레 물었다. 이에 대해 북해약은 그렇지 않다고 대답했다. 천지보다 큰 게 얼마든지 있을 수 있고, 또 짐승 터럭의 끝보다 작은 게 얼마든지 있을 수 있어서이다. 그렇다면 어떤 게 천지보다 더 크고, 어떤 게 터럭의 끝보다 더 작을까? 물론 천지보다 더 크고 짐승 터럭의 끝보다 더 작은 게 구체적으로 있는 건 아니다. 그보다는 사물의 특성으로 인해 우리가 그렇게 생각할 뿐이다.

그렇다면 사물의 특성이 어떠하기에 천지보다 더 큰 게 있을 수 있고, 또 짐승 터럭의 끝보다 더 작은 게 있을 수 있을까? 첫째, 사물을 어떤 관점에서 보느냐에 따라 그 양(量), 즉 사물의 크기가 얼마든지 바뀔 수 있어서이다. 예를 들어 농구선수처럼 키 큰 사람이 옆에 있으면 보통사람들은 작게 보인다. 마찬가지로 태풍이 불어서 홍수가 나 황하(黃河)의 물이 크게 분다 해도 이 물은 황하가 흘러들어가는 발해, 즉 북해

(北海)의 물과 비교해서는 훨씬 적다. 또 북해가 아무리 크다 해도 황해(黃海)의 크기에 미칠 수 없기에 북해의 물은 황해의 물과 비교해서는 크게 적다. 마찬가지로 황해가 아무리 크다 해도 태평양에 미칠 수 없기에 황해의 물은 태평양의 물과 비교해서는 훨씬 적다. 따라서 사물의 크기나 모습은 보는 관점에 따라 얼마든지 변할 수 있다. 이에 큰 앎을 지닌 사람은 멀고 가까움을 늘 함께 본다. 그래서 누가 많거나 적거나 아니면 크거나 작거나 하는 따위의 구분을 하지 않는다.

둘째, 사물은 현재와 과거가 서로 향해 있으므로 그 시간(時)의 흐름이 멈추지 않아서이다. 즉 과거가 있기에 현재가 있고, 또 현재가 있기에 미래가 있어서이다. 그런데 과거 현재 미래를 이어주는 것이 시간의 흐름이다. 그래서 봄의 신록이 가을의 단풍으로 이어지듯 젊었을 때의 꿈은 나이 들어서의 원숙함으로 이어진다. 그러니 젊음이 멀리 떨어져 있다고 해서 과거를 후회하면서 답답해하지 않고, 원숙해질 시간이 가까이 있다고 해서 특별히 노력하지 않는다. 그래서 큰 앎을 지닌 사람은 가을철 황하의 물이 불었다고 해서 이를 아름답게 여겨 기뻐하지 않고, 봄철에 물이 줄었다고 해서 이를 추하게 여겨 근심하지 않는다. 이는 현재와 과거가 봄과 가을이나 가뭄철과 홍수철로 분리되지 않고서 서로 향해 있음을 잘 알고 있어서이다. 따라서 큰 앎을 지닌 사람은 아름다움과 추함도 끊임없이 반복한다고 여긴다.

셋째, 사물은 늘 변하게 마련이어서 그 본분(分)에 있어 일정함이 없어서이다. 예를 들어 나무만 해도 조경하는 사람, 건축하는 사람, 토목하는 사람이 각자 바라보는 나무의 본분이 서로 다르다. 조경하는 사람은 관상수의 입장에서, 건축하는 사람은 자재의 입장에서, 토목하는 사람은 홍수 방지의 차원에서 나무의 쓸모를 제각각 생각한다. 그래서 관상수로는 좋지만 홍수 방지 차원에서 바람직하지 않은 나무가 있고, 또 건축자재 입장에서는 좋지만 관상수로 빼어나지 않은 나무가 있다. 또 같은 관상수라도 어떤 용도로 쓰일지 서로 다를 수 있다. 이에 큰 앎을 지닌 사람은 사물의 본분이 일정하지 않은 채 늘 바뀐다는 점을 잘 알기에 사물을 얻어도 기뻐하지 않고 잃어도 걱정하지 않는다. 내편 「소요유」에서 언급된 바 있듯이 재목으로서 쓸모가 없다고 해서 굳이 버릴 필요가 없다. 재목으로서 쓸모가 없어도 나무가 만들어주는 그늘로 인해 사람들에게 쉴 공간을 마련해 주는 다른 쓰임새가 얼마든지 있기 때문이다.

넷째, 사물의 모습은 서로 순환하므로 그 처음과 끝(終始)이 고정되지 않아서이다. 이런 특성으로 인해 큰 앎을 지닌 사람은 사물이 순탄함과 어려움을 동시에 지닌다는 점을 잘 안다. 그래서 가뭄이나 홍수 같은 어려움을 만나도 걱정하지 않을 뿐더러 비가 제때에 잘 내리는 순탄함을 경험한다 해도 기뻐하지 않는다. 사물이 순탄할 때가 있으면 반드시 어려울 때가 있다는 것을 잘 알아서이다. 심지어 태어나도 기뻐하지 않고 죽어서도 슬퍼하지 않는다. 사물의 처음과 끝이 끊임없이 순환하기에 우리가 태어남이란 처음과 죽음이란 끝에 집착하는 게 불가능하다는 점을 잘 알아서이다. 마찬가지로 겨울이 춥다고 불평하지 않고, 봄이 따뜻하다고 즐거워하지 않는다. 계절도 처음과 끝이 고정되지 않고 늘 순환하기 때문이다. 그래서 큰 앎을 지닌 사람은 사물의 순탄함과 어려움이 서로 교대한다는 사실에 있어 밝다.

지금까지 큰 앎을 지닌 사람에 대해서 말한 내용을 정리하면 다음과 같다. 첫째, 큰 앎을 지닌 사람은 사물의 크기가 무한하다는 점을 알아 사물의 멀고 가까움을 늘 함께 본다. 그래서 사물이 멀리 있어 작게 보이는 것을 적다고 하지 않고, 가까이 있어 크게 보이는 것을 많다고 하지 않는다. 둘째, 사물의 시간이 멈추지 않고 계속해서 흐른다는 점을 알아 사물의 현재와 과거가 서로 향해 있음을 파악한다. 그래서 사물이 시간적으로 멀리 떨어져 있어도 무언가를 이룰 수 없다고 답답해하지 않고, 시간적으로 가까이 있어도 무언가를 이루려고 애쓰지 않는다. 셋째, 사물의 본분이 일정하지 않고 늘 바뀐다는 점을 알아 사물이 채워져 있을 때와 비워져 있을 때를 함께 살핀다. 그래서 사물이 채워져도 기뻐하지 않고, 비워져도 걱정하지 않는다. 넷째, 사물의 처음과 끝이 끊임없이 순환하므로 사물에 집착할 수 없다는 점을 알아 사물의 순탄함과 어려움이 서로 교대한다는 사실에 있어 밝다. 그래서 사물의 태어남을 기뻐하지 않고, 사물의 죽음을 재앙이라고 여기지 않는다.

이런 사물의 특성을 감안한다면 우리가 아무리 많이 알아도 알지 못하는 것에 비해 엄청나게 작고, 또 우리가 팽조처럼 아무리 오래 살아도 살지 않는 시간에 비해 엄청나게 짧다. 이는 살아서 깨어난 시간보다 죽어서 잠자는 시간이 훨씬 많아서이다. 그래서 우리는 제한된 삶에 더해서 제한된 앎으로 살아갈 뿐이다. 이런 아주 작은 앎과 아주 작은 삶으로서 아주 큰 영역인 도를 구하려고 하면 정신이 헷갈려서 어지러워져 깨달음에 이르지 못한다. 이는 마치 가느다란 터럭의 끝을 안다고 이를 아주 가는 것의 끝으로 단정하는 일이다. 또 넓은 천지를 안다고 이를 아주 큰 것으로 단정하는 일이다. 그런데 천하에는 얼마든지 크거나 얼마든지 작은 게 있을 수 있다. 홍수로 인해 불어난 황하의 물을 보고 으쓱거렸던 하백의 모자람도 바로 여기에서 비롯된다.

물론 따지기 좋아하는 세상의 논객들은 사물의 이런 특성을 고려하지 않고서 사물의 크기와 시간 그리고 본분 등을 절대적으로 구분하는 데 익숙해 있다. 하백도 세상의 논객들처럼 아주 작은 건 형체가 없고, 아주 큰 건 둘러쌀 수 없을 정도로 크다고 여긴다. 이에 대해 북해약은 작거나 크거나 하는 구분이 절대적인 기준에 의한 게 아니라 상대적인 기준에 의한 거라고 말한다. 그래서 작은 것은 좀 작은 것 중의 작은 것이고, 큰 것은 좀 큰 것 중의 큰 것이라고 밝힌다. 물론 아주 작은 입장에서 큰 것을 보면 사물의 큰 면이 제대로 보이지 않고, 아주 큰 입장에서 작은 것을 보면 사물의 작은 면이 선명히 드러나 보이지 않는다. 그렇더라도 작다 크다는 식으로 차이를 규정하면 사물의 차이를 편하게 구별할 수 있을지 모르지만 이런 구별은 단지 추세를 반영할 뿐이다.

그런데 이런 식의 작다 크다 하는 구별은 형체가 있는 사물에만 국한될 뿐이다. 형체가 드러나지 않을 정도로 아주 작은 것은 헤아려서 구별할 수 없고, 또 둘러쌀 수 없을 정도로 아주 큰 것도 헤아려서 구별할 수 없다. 그리고 말로 표현할 수 있는 것은 사물의 큰 면이고, 생각으로 전할 수 있는 것은 사물의 작은 면이다. 그래서 말로 표현할 수 없을 정도로 큰 것과 생각으로 전할 수 없을 정도로 작은 것은 작거나 크거나 하는 범위를 크게 넘어선다. 큰 사람(大人)의 행동도 이에 입각해서 이루어진다. 그러니 말로 표현할 수 없을 정도로 큰 면과 생각으로 전할 수 없을 정도로 작은 면은 말로 표현하거나 생각으로 전하지 못하고 그저 침묵으로 대신할 뿐이다. 아니면 말로 표현할 수 있는 큰 면까지만 보여주거나 아니면 생각으로 전할 수 있는 작은 면까지만 보여줄 뿐이다. 그 결과 큰 사람의 행동은 구체적으로 다음과 같다.

첫째, 남을 해치지 않지만 그렇다고 해서 남에게 베푸는 어짊을 굳이 칭찬할 만한 거라고 여기지 않는다. 둘째, 이득을 위해 움직이지 않지만 그렇다고 해서 이득을 위해 일하는 문지기나 종을 굳이 천하게 여기지 않는다. 셋째, 재화를 위해 다투지 않지만 그렇다고 해서 재화를 사양하는 것을 굳이 칭찬할 만한 거라고 여기지 않는다. 넷째, 일을 함에 있어 남의 힘을 빌리지 않고 자기 힘으로 먹고 사는 것을 칭찬할 만한 거라고 여기지 않지만 그렇다고 해서 탐욕스런 사람이나 비열한 사람을 굳이 천하다고 여기지 않는다. 다섯째, 큰 사람의 행동은 세상 사람들의 행동과 다르다고 여기지만 그렇다고 해서 편벽되고 기이한 행동을 굳이 칭찬할 만한 거라고 여기지 않는다. 여섯째, 큰 사람의 행동은 많은 사람들의 행동을 따른다고 여기지만 그렇다고 해서 아첨하는 사람을 굳이 천하다고 멸시하지 않는다. 마지막으로 세속의 벼슬과 봉록이 아무리 많아도 그를 권장토록 하지 못하고, 또 형벌이나 모욕이 아무리 거칠어도 그를 욕되게 하지 않는다. 한마디로 큰 사람은 세상만 사를 인위적으로 구별하지 않고, 자연의 결에 따라 구별하는 행동만 보일 뿐이다.

이처럼 자연의 결에 따라 세상만사를 구별하는 큰 사람은 자신의 생각을 옳음과 그름으로 분별할 수 없고, 사물을 작은 것과 큰 것으로 나눌 수 없다는 것을 잘 이해한다. 이에 도(道)를 터득한 사람은 알려지지 않고, 지극한 덕(至德)을 지닌 사람은 아무것도 이루지 않고, 대인에게는 자기(己)가 없다고 세상에선 말한다. 여기서 잠시 「소요유」로 돌아갈 필요가 있다. 「소요유」에서 무명(無名)을 이룬 성인, 무공(無功)을 이룬 신인, 무기(無己)를 이룬 지인[27]을 언급한 바 있다. 여기서 도를 터득한 사람은 알려지지 않기에 무명의 성인(聖人)을, 지극한 덕을 지닌 사람은 아무것도 이루지 않기에 무공의 신인(神人)을, 자기가 없는 사람은 무기의 지인(至人)을 각각 의미한다. 그러니 무명, 무공, 무기를 이룬 사람을 일컬어서 자연스런 행동에 따라 스스로의 본분(分)을 지켜나가는 지극한 경지에 이른 사람이라고 말할 수 있다.

---

27) 故曰 至人無己 神人無功 聖人無名. (내편 「소요유」 2)

하백이 말했다.

"그렇다면 사물의 특성은 외면과 같나요, 아니면 내면과 같나요.

사물의 귀함(貴)과 천함(賤)은 어디에서 나누어지나요?

또 사물의 크고(大) 작음(小)은 어디에서 나누어지나요?"

북해약이 말했다.

"도의 관점(以道觀之)에선 사물에 귀함과 천함의 구분이 없네.

그런데 사물의 관점(以物觀之)에선 자신은 귀하고 상대는 천하다고 여기네.

첫째, 세속의 관점(以俗觀之)에서 보면 귀함과 천함이 구분되지만

이 구분은 사물에 있는 게 아니라 외부에 의해 덧붙여진 거네.

둘째, 차이의 관점(以差觀之)에서 보면 사물이 조금 크니까 크다고 하는데

그러면 사물은 크지 않은 게 없네.

또 사물이 조금 작으니까 작다고 하는데 그러면 사물은 작지 않은 게 없네.

그래서 천지도 곡식의 낱알 정도로 작고,

털끝도 산과 언덕 정도로 크다는 걸 알면 모든 차이의 이치를 볼 수 있지.

셋째, 공의 관점(以功觀之)에서 보면 사물의 공이 많은 바에 따라 많다 하는데

그러면 공이 많지 않은 게 없네.

또 사물의 공이 없는 바에 따라 없다고 하면 공은 전혀 있지 않네.

그래서 동과 서는 반대방향이어도 서로 없어서는 안 된다는 걸 알면

공에 따른 사물의 본분은 정해지지.

넷째, 취향의 관점(以趣觀之)에서 보면 그런 바에 따라 그렇다고 하는데

그러면 사물은 그렇지 않은 게 없네.

또 그렇지 않은 바에 따라 그렇지 않다고 하면 만물은 모두가 그렇지 않네.

그래서 성군 요와 폭군 걸조차 자신은 옳고 상대방은 그르다 하는데
이는 취향(趣)과 지조(操)가 상대적이라는 걸 보여주는 일이지."
북해약이 계속해서 말했다.
"옛날에 요(堯)와 순(舜)은 서로 추대해서 평화적으로 황제에 오른 반면
연(燕)나라 재상 자지와 연왕(燕王) 쾌는 서로 사양하다가 왕통이 끊어졌지.
또 은(殷)나라 탕(湯)과 주(周)나라 무(武)는 싸워서 이겨 왕이 되었고,
초(楚)나라 백공(白工)은 쿠데타를 일으켰지만 섭공 자고에게 제거되었지.
이로 미루어보면 무력 다툼과 사양의 예절 그리고 요와 걸의 행동은
때에 따라 귀하거나 천하게도 되어 일정한 표준에 의해 생각할 수 없네.
대들보나 기둥은 성을 무너뜨릴 수 있어도 구멍을 막을 수 없는데
이는 다른 용도(器) 때문이지.
준마는 하루에 천리를 달려도 쥐를 잡는 데는 살쾡이나 족제비만 못한데
이는 다른 재주(技) 때문이지.
올빼미와 부엉이는 밤에는 벼룩을 잡으면서 털끝까지 살피지만
낮에는 눈을 부릅떠도 언덕과 산과 같이 큰 걸 보지 못하는데
이는 각기 다른 성질(性) 때문이지.
그래서 '대체로 옳음(是)을 스승 삼아 그름(非)을 무시하고,
다스림(治)을 스승 삼아 혼란(亂)을 무시하는가?'라고 말하네.
이는 천지의 원리(理)와 만물의 참 모습(情)을 깨닫지 못해서 하는 말이네.
하늘을 스승 삼아 땅을 무시하고, 음기(陰)를 스승 삼아 양기(陽)를 무시하면
행동이 뜻대로 되지 않네.
그런데도 옳음을 스승 삼아 그름을 무시하면
그는 어리석은 사람이 아니라면 남을 속이는 사람이지.
옛날에 오제와 삼왕(帝王)은 그 선양 방식이 달랐고,
하(夏)·은(殷)·주(周) 삼대에서도 왕위 계승 방법이 달랐지.

이때 당시 시류와 어긋나거나 당시 풍속을 거스르면 찬탈자라고,

당시 시류를 따르거나 당시 풍속을 따르면 의로운 무리라고 불렀네.

그러니 하백 선생은 잠자코 있게!

그대가 귀함과 천함이 열리는 문과 크고 작음이 머무는 집을 어찌 아는가!"

· · ·

河伯曰:「若物之外? 若物之內? 惡至而倪貴賤? 惡至而倪小大?」

北海若曰:「以道觀之, 物無貴賤., 以物觀之, 自貴而相賤., 以俗觀之, 貴賤不在己.

以差觀之, 因其所大而大之, 則萬物莫不大., 因其所小而小之, 則萬物莫不小., 知天地之爲稊米也, 知毫末之爲丘山也, 則差數覩矣.

以功觀之, 因其所有而有之, 則萬物莫不有., 因其所無而無之, 則萬物莫不無., 知東西之相反 而不可以相無, 則功分定矣.

以趣觀之, 因其所然而然之, 則萬物莫不然., 因其所非而非之. 則萬物莫不非., 知堯桀之自然而相非, 則趣操覩矣.」

「昔者堯舜讓而帝, 之噲讓而絕., 湯武爭而王, 白工爭而滅.

由此觀之, 爭讓之禮, 堯桀之行, 貴賤有時, 未可以爲常也.

梁麗可以衝城, 而不可以窒穴, 言殊器也.,

騏驥驊騮, 一日而馳千里, 捕鼠不如狸狌, 言殊技也.,

鴟鵂夜撮蚤, 察毫末, 晝出瞋目而不見丘山, 言殊性也.

故曰, 蓋師是而無非, 師治而無亂乎?

是未明天地之理 萬物之情者也.

是猶師天而無地, 師陰而無陽, 其不可行明矣.

然且語而不舍, 非愚則誣也.

帝王殊禪, 三代殊繼. 差其時, 逆其俗者, 謂之篡夫., 當其時, 順其俗者, 謂之義之徒. 黙黙乎河伯! 女惡知貴賤之門, 小大之家!」

이물관지(以物觀之)에서 이도관지(以道觀之)로

———

하백(河伯)은 앞에서 북해약이 말한 사물의 네 가지 특성으로 인해 크게 혼란스러워졌다. 이에 그 특성이 사물의 외면인지 아니면 내면인지에 대해 북해약에게 물었다. 즉 1) 무한한 사물의 크기와 모습, 2) 멈추지 않는 사물의 시간, 3) 일정하지 않는 사물의 본분, 4) 처음과 끝의 끊임없는 사물의 순환이라는 특성이 사물의 외면으로 인해 나타난 것인지 아니면 내면에 숨겨진 것인지에 대해 물었다. 동시에 사물의 귀함(貴)과 천함(賤)이 어디에서 나뉘는지, 또 사물의 작음(小)과 큼(大)이 어디에서 나뉘는지에 대해서도 함께 물었다. 북해약에 따르면 이도관지(以道觀之), 즉 도의 관점에서는 사물에 있어 귀함과 천함의 구분이 없지만 이물관지(以物觀之), 즉 사물의 관점에서는 상대적 입장에 사로잡혀서 자신은 귀하고 상대방은 천하다고 본다. 이런 이물관지는 크게 이속관지(以俗觀之), 이차관지(以差觀之), 이공관지(以功觀之), 이취관지(以趣觀之)로 구성된다.

먼저 이속관지(以俗觀之), 즉 세속의 관점에서는 사물의 귀함과 천함의 구분이 나타나는데 이는 사물의 속성 때문이 아니라 바깥 사람들에 의해 귀함과 천함이 덧붙여진 탓이다. 그래서 귀함과 천함의 구분은 사물의 본질과 무관하다. 둘째, 이차관지(以差觀之), 즉 차이의 관점에서는 사물이 조금 크니까 크다고 하고 조금 작으니까 작다고 한다. 그러면 세상에는 크지 않은 사물도 없지만 작지 않은 사물도 없다. 이 때문에 천지도 곡식의 낱알처럼 작을 수 있고, 또 터럭 끝도 산처럼 클 수 있다. 그러니 비교의 기준을 어디에 두느냐에 따라 사물의 크고 작음이 결정된다.

셋째, 또 이공관지(以功觀之), 즉 공의 관점에서 보면 사물의 공이 많은 바에 따라 많다고 하고, 또 공이 없는 바에 따라 없다고 한다. 그러면 세상에는 공이 많지 않은 사물도 없을 뿐더러 공이 있지 않은 사물도 없다. 그래서 동쪽과 서쪽이 반대방향이어도 서로가 없어서는 안 된다는 점을 알면 공에 따른 사물의 본분이 자연스럽게 정해지게 마련이다. 그러니 사물의 공은 이미 자연스럽게 만들어진 것이지 나중에 인위적으로 만들어진 게 아니다.

넷째, 이취관지(以趣觀之), 즉 취향에 관점에서는 그런 바에 따라 그렇고, 그렇지 않은 바에 따라 그렇지 않다고 한다. 만약 그런 바에 따라 그렇다고 하면 사물은 모두 그러하다. 또 그렇지 않은 바에 따라 그렇지 않다고 하면 사물은 모두 그렇지가 않다. 요(堯)와 걸(桀)도 자신들에 대한 평가가 이와 같을 수 있다. 요가 자신을 성군이라고 여기면 요의 눈에는 걸이 폭군처럼 보인다. 반대로 걸이 자신을 강력한 군주의 표본이라고 여기면 걸의 눈에는 요가 약한 군주의 전형처럼 보인다. 이런 식으로 요와 걸은 서로가 자신이 옳고 상대방이 그르다고 여기는데 이는 서로의 취향(趣)과 지조(操)가 상대적이기 때문이다.

옛날에 요·순 임금은 서로를 추대해서 평화적으로 황제에 오른 반면 연(燕)나라 재상 자지(之)와 연왕(燕王) 쾌(噲)는 서로 사양하다가 연나라 왕통이 그만 끊어졌다. 그런데 요·순 임금처럼 평화적으로 황제에 오르면 귀하게 이룬 사양의 예절이지만 자지와 쾌처럼 왕통이 끊어지면 천하게 이룬 사양의 예절이다. 또 은(殷)나라의 탕(湯)과 주(周)나라의 무(武)는 싸워서 이겨 왕이 된 반면 초(楚)나라의 백공(白工)은 쿠데타를 일으켰어도 섭공 자고에 의해 이내 진압되어 왕이 되지 못했다. 이들이 행한 무력 다툼도 탕과 무의 경우처럼 성공하면 귀하게 대접받지만 백공처럼 실패하면 천하게 대접받는다. 따라서 귀한지 천한지의 여부는 일정한 표준에 의해 결정되지 않는다. 이에 비추어 보면 성군으로 칭송받는 요와 폭군으로 비판받는 걸의 행동도 일정한 표준에 의해 누구는 옳고 누구는 그르다고 할 수 없다.

이런 사실은 군주에게만 해당되는 게 아니다. 우리가 흔히 마주하는 사물과 동물의 경우도 마찬가지이다. 예를 들어 대들보나 기둥은 성을 무너뜨릴 수 있어도 구멍을 막을 수 없다. 이는 쓰이는 용도(器)가 서로 달라서이다. 또 준마는 하루에 천리를 달려도 쥐를 잡는 데는 살쾡이나 족제비만 못하다. 이는 지닌 재주(技)가 서로 달라서이다. 또 올빼미와 부엉이는 밤에는 벼룩을 잡으면서 털끝까지 살펴도 낮에는 눈을 크게 부릅떠도 언덕과 산과 같이 큰 것을 보지 못한다. 이는 타고난 성질(性)이 서로 달라서이다. 이처럼 쓰이는 용도, 지닌 재주, 타고난 성질만 해도 일정한 기준으로 평가할 수 없다. 그러니 어떤 사물과 동물은 옳다든지, 또 어떤 사물과 동물은 그르다고 할 수 없다.

그래서 자신이 규정한 옳음을 스승 삼아 그름을 무시하거나 자신이 행한 다스림을 스승 삼아 혼란을 무시해선 안 된다. 그런데도 옳음을 스승 삼아 그름을 무시하거나 다스림을 스승 삼아 혼란을 무시하면 이는 천지의 원리(天地之理)와 만물의 참 모습(萬物之情)을 제대로 알지 못해서이다. 마찬가지로 하늘을 스승 삼아 땅을 무시하거나 음기를 스승 삼아 양기를 무시하면 뜻대로 행동이 이루어지지 않는다. 그런데도 하늘을 스승 삼아 땅을 무시하거나 음기를 스승 삼아 양기를 무시하면 그는 어리석은 사람이거나 아니면 남을 속이는 사람이다.

옛날에 오제(帝)와 삼왕(王)의 선양 방식이 달랐고 하(夏)·은(殷)·주

(周) 삼대에서도 왕위 계승 방법이 달랐다. 이때 선양 방식과 왕위계승 방법이 당시의 시류나 풍속과 어긋나는 경우 이들을 두고 왕위 찬탈자라고 부른다. 반면 선양 방식과 왕위계승 방법이 당시의 시류나 풍속을 따르는 경우 이들을 두고 의로운 무리라고 부른다. 그러니 하백은 잠자코 있는 게 차라리 낫다. 북해약이 볼 때 하백은 귀함과 천함이 자연스럽게 열리는 문(貴賤之門)과 크고 작음이 함께 머무는 집(小大之家)을 알 턱이 없어서이다. 하백이 아는 건 귀함과 천함이 인위적으로 열리는 문(門)과 크고 작음이 따로 인위적으로 동거하는 집(家)뿐이다. 그만큼 하백은 북해약과 비교해 인위적인 것에 빠져서 황하의 물이 불었을 때 천하에 모든 아름다움이 자신에게 있다고 스스로 황홀해한 것이다.

하백이 물었다.

"그러면 저는 무엇을 하고, 무엇을 하지 말아야 하나요?

사양하거나(辭), 받아들이거나(受), 취하거나(取), 버리는(捨) 일에 대해서

저는 어찌해야 하나요?"

북해약이 말했다.

"도의 관점에선(以道觀之) 무엇이 귀하고 무엇이 천한 게 없다.

이를 두고 반연(反衍), 즉 도가 끝없는 변화를 따르기 때문이라고 말하네.

그러니 그대의 뜻(志)을 붙들지 말도록 하게.

뜻을 붙들면 도가 크게 어려운 경우를 당해 고생만하네.

또 도의 관점에선 무엇이 적고 무엇이 많은 게 없다.

이를 두고 사시(謝施), 즉 도가 사물의 변화를 따르기 때문이라고 말하네.

그러니 그대의 행동(行)을 하나로 고정시키지 말도록 하게.

행동을 하나로 고정시키면 도와 크게 어긋나네.

도는 엄중하기가 나라의 군주와 같아 사사로운 덕을 베풀지 않네.

도는 유유하기가 제사의 토지신과 같아 사사로운 복을 내리지 않네.

도는 아주 넓어서 사방의 끝남이 없는 것 같아 아무런 경계를 두지 않네.

이처럼 도는 만물을 고루 어루만져서 이들을 편안하게 하는데

만물 중 누구를 받들고 누구를 도와야 할까?

이를 두고 무방(無方), 즉 도가 어느 곳에도 치우치지 않는 자유라고 말하네.

만물은 이처럼 하나같이 가지런한데

만물 중 누구를 짧고 누구를 길다고 해야 하나?

도에는 시작과 끝이 없지만 사물에는 삶과 죽음이 있어

사물이 현재 이루어진 상태를 믿어서는 안 되네.

사물은 한 번은 텅 비고 한 번은 가득 차서

그 모습이 일정한 자리에 고정되어 있지 않네.

또 세월을 되돌릴 수 없고 시간을 멈추게 할 수 없네.

그래서 사물은 스러졌다가 살아나고, 가득 찼다가 비워지고,

끝나면 다시 시작하네.

이것이 내가 말하는 대의(大義), 즉 큰 의로움의 방도로

개개 사물이 아닌 만물 전체의 원리를 논하는 일이네.

사물이 생겨나면 변화는 달리듯이 빨라 움직여서 변화하지 않는 게 없고,

시간에 따라 옮겨가지 않는 게 없네.

그러니 무엇을 하고 무엇을 하지 말아야 할까?

세상만물은 본디부터 스스로 변화하게 마련이네.

하백이 물었다.

"그러면 어째서 도(道)를 귀하게 여겨야 하나요?"

북해약이 말했다.

"도를 알면 반드시 자연의 원리(理)에 통달하고,

자연의 원리에 통달하면 반드시 치우치지 않는 균형(權)에 밝아지고,

치우치지 않은 균형에 밝아지면 반드시 사물로 인해 피해를 입지 않네.

그래서 지극한 덕(至德)을 지닌 사람은 불이 그를 태우지 못하고,

물이 그를 빠뜨리지 못하고, 추위나 더위가 그에게 해를 끼치지 못하고,

짐승도 그를 다치게 하지 못하네.

이는 지극한 덕을 지닌 사람이 불, 물, 추위, 더위, 짐승을

가볍게 여긴다는 말이 아니라 편안함과 위태로움을 잘 살피고,

화와 복 중에서 어느 것에도 마음이 흔들리지 않아 편안히 지내며,

거취(去就), 즉 떠남과 머물음도 신중해 아무도 그를 해칠 수 없다는 말이네.

그래서 자연적인(天) 것은 내면에 있고, 인위적인(人) 것은 외면에 있는데
덕(德)은 자연적인 것에 있다고 말하네.
인위적인 행위를 알고 자연적인 걸 본으로 삼으면 덕은 올바르게 자리하지.
그래서 상황에 맞게끔 나아가거나 물러서고,
나아가 도의 요점으로 돌아가면 궁극의 도를 말할 수 있네."
하백이 물었다.
"무엇을 자연적인 거라고 하고, 무엇을 인위적인 거라고 합니까?"
북해약이 말했다.
"소나 말에게 각기 네 개의 발이 있는 걸 자연적인 거라고 하네.
말의 머리에 고삐를 두르고, 소의 코에 구멍 뚫는 걸 인위적인 거라고 하네.
그래서 인위적인 거로 자연적인(天) 것을 없애지 말고,
또 타고난 성질(命)을 고의로 없애지 말고,
그리고 자연스런 덕(得)을 명성을 위해서 희생시키지 말라는 거네.
자연적인 것, 타고난 성질, 자연스런 덕을 신중히 지켜서 잃지 않는 것을
본성(眞)으로 돌아가는 거라고 말하네."

. . .

河伯曰:「然則我何爲乎, 何不爲乎? 吾辭受趣舍, 吾終奈何?」
北海若曰:「以道觀之, 何貴何賤, 是謂反衍., 無拘而志, 與道大蹇. 何少何多,
是謂謝施., 無一而行, 與道參差.
嚴嚴乎若國之有君, 其無私德., 繇繇乎若祭之有社, 其無私福.,
泛泛乎其若四方之無窮, 其無所畛域.
兼懷萬物, 其孰承翼? 是謂無方.
萬物一齊, 孰短孰長?
道無終始, 物有死生, 不恃其成., 一虛一盈, 不位乎其形.
年不可擧, 時不可止., 消息盈虛, 終則有始.

是所以語大義之方, 論萬物之理也.

物之生也, 若驟若馳, 無動而不變, 無時而不移.

何爲乎, 何不爲乎? 夫固將自化.」

河伯曰:「然則何貴於道邪?」

北海若曰:「知道者必達於理, 達於理者必明於權, 明於權者不以物害己.

至德者, 火弗能熱, 水弗能溺, 寒暑弗能害, 禽獸不能賊.

非謂其薄之也, 言察乎安危, 寧於禍福, 謹於去就, 莫之能害也.

故曰, 天在內, 人在外, 德在乎天.

知乎人之行, 本乎天, 位乎得., 蹢躅而屈伸, 反要而語極.」

河伯曰:「何謂天? 何謂人?」

北海若曰:「牛馬四足, 是謂天., 落馬首, 穿牛鼻, 是謂人.

故曰, 無以人滅天, 無以故滅命, 無以得殉名. 謹守而勿失, 是謂反其眞.」

소나 말에 네 개의 발이 있는 것을
자연스럽다고 한다

하백은 이제서야 자신이 인위적인 것에 빠져 있다는 것을 실감했다. 그래서 앞으로 어떻게 처신해야 할지 갑자기 자신감을 잃었다. 즉 무엇을 하고 무엇을 하지 말아야 하는지, 또 무엇을 사양하고 무엇을 받아들여야 하는지, 그리고 무엇을 취하고 무엇을 버려야 하는지 혼란스러워졌다. 이에 북해약은 하백에게 네 종류의 해결책을 도의 관점(以道觀之)에서 제시했다. 첫째, 도의 관점에서는 사물이 어떤 게 귀하고 어떤 게 천한 게 없다. 왜냐하면 도에 있어 반연(反衍), 즉 사물의 끝없는 반복이 이루어져서이다. 반면 사물의 관점(以物觀之)에서는 자신은 귀하고 상대는 천하다고 여긴다. 구체적으로 세속의 관점(以俗觀之)에서는 귀함과 천함이 확실히 구분되는데 이 구분은 사물의 속성 탓이 아니라 바깥 사람들에 의해 귀함과 천함이 덧붙여져서이다. 그러니 귀함과 천함은 타고난 본래의 속성이 아니기에 생각(志)을 한 곳에 고정시키지 말아야 한다. 만약 생각을 사물과 세속의 관점에 따라 한 곳에 붙들면 도가 큰 어려움을 당해 고생을 한다.

둘째, 도의 관점에선 사물의 크기와 모습이 무한히 바뀌므로 어떤 게 적고 어떤 게 많다고 할 수 없다. 이는 도가 사시(謝施), 즉 사물의 변화에 순종해서 때문이라고 한다. 반면 사물의 관점 중에 하나인 차이의 관점에서는(以差觀之) 사물이 조금 크면 크다고 하는데 그러면 사물은 크지 않은 게 없다. 또 사물이 조금 작으면 작다고 하는데 그러면 사물은 작지 않은 게 없다. 그래서 천지도 작다고 보면 곡식의 낱알 정도로 작을 수 있고, 털끝도 크다고 보면 언덕이나 산 정도로 클 수 있다. 이것이 도에 입각한 차이의 원리이다. 이런 식으로 무한히 바뀔 수 있는 사물의 크기를 쫓아야 우리 행동(行)도 하나로 고정시키지 않을 수 있다. 그런데 우리 행동을 하나로 고정시키면 이는 도와 크게 어긋나는 처사이다.

셋째, 도는 나라의 군주처럼 엄중하고 또 엄중해서 덕(德)을 사사로이 베풀지 않는다. 또 도는 제사의 토지신처럼 유유하고 또 유유해서 복(福)을 사사로이 내리지 않는다. 또 도는 사방의 끝남이 없는 것처럼 넓고 또 넓어서 아무런 경계(畛域)를 두지 않는다. 도의 이런 특성으로 인해 도는 만물을 고루 어루만져 포용해서 편안하게 만든다. 그러니 도가 어떤 사물을 특별히 받들거나 어떤 사물을 특별히 돕지 않는다. 모든 만물을 똑같이 대할 뿐이다. 이를 가리켜서 도의 무방(無方), 즉 어느 곳에도 치우치지 않는 도의 자유라고 말한다. 게다가 만물마저 하나같이 가지런하므로 도가 어떤 사물은 짧고 어떤 사물은 길다고 말하지 않는다.

넷째, 도에는 시작과 끝이 고정되지 않아서 끊임없이 순환한다. 반면 사물에는 삶과 죽음이 있다. 그래서 사물의 살아 있는 현재 상태만 신뢰해선 안 된다. 또 사물은 한 번은 텅 비고 한 번은 가득 차서 그 모습이 일정하게 고정되지 않는다. 그래서 사물의 현재 모습을 가리켜서 사물의 전부라고 착각해선 안 된다. 게다가 세월은 되돌릴 수 없고, 시간도 멈추게 할 수 없다. 그래서 사물은 스러졌다가 살아나고, 가득 찼다가 비워지고, 끝나면 다시 시작한다. 이것이 대의(大義), 즉 큰 의로움의 방도로서 개개 사물이 아닌 만물 전체의 원리이다. 그래서 사물이 일단 생겨나면 사물의 변화는 달리는 것처럼 빨라서 움직여 변화하지 않는 게 없고, 시간에 따라 옮겨가지 않는 게 없다. 이처럼 만물은 스스로 바뀌게 마련이다. 그러니 우리가 무엇을 하고 무엇을 하지 않는다고 할 수 없다.

이제 하백은 북해약에게 도를 어째서 귀하게 여겨야 하는지에 대해 물었다. 북해약이 앞서 말한 바에 따르면 도의 관점에선 무엇이 귀하고 무엇이 천한 게 없다고 하는데 지금 북해약은 도를 귀하게 여겨야 한다니까 하백으로선 당연히 의심을 품을 만하다. 북해약은 도를 귀하게 여겨야 하는 이유로 도를 알면 반드시 자연의 원리(理)에 통달하게 되고, 자연의 원리에 통달하면 반드시 치우치지 않는 균형(權)에 밝아지고, 치우치지 않은 균형에 밝아지면 사물로 인해 자신이 피해를 입지 않는다는 점을 들었다. 이처럼 자연의 원리에 통달해서 치우치지 않은 균형에 밝아지면 우리는 지극한 덕(至德)에 이를 수 있다. 지극한 덕에 이른 사람은 불도 그를 태우지 못하고, 물도 그를 빠뜨리지 못하고, 추위나 더위도 그에게 해를 끼치지 못하고, 짐승도 그를 다치게 하지 못한다.

이는 지극한 덕을 지닌 사람은 도인술(導引術)에 빠진 선비처럼 불, 물, 추위, 더위, 짐승 따위를 가볍게 여긴다는 게 아니다. 그보다는 편안함과 위태로움을 잘 살피고, 또 화와 복 중 어느 것에도 마음의 흔들림이 없기에 편히 지내고, 그리고 떠나감과 머무름에 신중해서 아무도 그를 해칠 수 없다는 말이다. 여기서 불, 물, 추위, 더위, 짐승을 가벼이 여기는 바깥의 행위가 인위적인(人) 거라면 편안함과 위태로움을 잘 살피고, 화와 복 어느 것에도 마음의 흔들림이 없고, 떠나감과 머무름에 신중한 것과 같은 내면의 덕이 자연적인(天) 것이다. 그래서 덕(德)은 자연스러운 성질을 지니게 마련이다. 그런데 덕이 올바른 자리를 얻으려면 인위적인 행위를 알고서 자연적인 것을 근본으로 삼아야 한다. 따라서 상황에 맞게끔 나아가거나 물러서면서 도의 요점으로 돌아가야 궁극의 도를 말할 수 있다.

이에 하백은 자연적인 것과 인위적인 것이 구체적으로 어떤 건지에 대해 묻는다. 이에 대해 북해약은 뜻밖의 대답을 한다. 소나 말에게 각기 네 개의 발이 있는 것을 자연적인 거라고, 또 말의 머리에 고삐를 두르거나 소의 코에 구멍을 뚫는 것을 인위적인 거라고 규정한다. 이는 본디 있는 그대로의 상태가 가장 자연적이라는 의미이다. 이에 반해 운송 수단으로 삼기 위해 말의 머리에 고삐를 두르거나 경작 수단으로 삼기 위해 소의 코에 구멍을 뚫는 등 인간의 흔적이 더해지면 그것이 인위적이다. 이는 지극한 앎의 상태에서 존재조차 의식하지 않다가 존재를 의식하고, 또 이것/저것으로 구분이 이루어지고, 결국에는 옳음/그름의 구분으로[28] 이어지는 것과 같다. 이것이 곧 자연적인 상태에서 인위적인 상태로 바뀌는 과정이다.

그래서 인위적인 것으로 자연적인 것을 없애지 말고, 타고난 성질(命)을 고의로 없애지 말고, 자연스런 덕을 명성을 위해서 희생시키지 말아야 한다. 이것이 소나 말에게 네 개의 발이 있는 것처럼 원래 그대로의 모습을 유지하는 일이다. 또 이것이 자연의 본성으로 돌아가는 일이다. 또 이것이 황하의 물에서 북해의 물로, 다시 천지의 물로 움직이는 일이다. 천지야말로 가장 자연스런 상태로 있기 때문이다. 황하나 북해의 물이 아무리 많아도 천지의 물을 도저히 감당할 수 없다. 그래

---

28) 옛날 사람 중엔 앎(知)이 지극한 바가 있다. 어째서 앎이 지극한가? 사물의 존재를 처음부터 의식하지 않아서이다. 그 앎이 너무나 지극하고 최고인지라 더 이상 보탤 게 없다. 그 다음으로 지극한 앎은 사물의 존재만 의식할 뿐 사물을 처음부터 이것/저것으로 구분하지 않는 앎이다. 또 그 다음으로 지극한 앎은 사물을 이것/저것으로 구분할 뿐 처음부터 옳음/그름으로 구분하지 않는 앎이다. 그런데 옳음/그름의 구분이 선명해지면 이것이 도(道)가 이지러져 훼손되는 바다. (내편 「제물론」 4)

서 북해의 물을 천지의 물과 비교하면 마치 큰 산에 있는 작은 돌과 작은 나무에 불과하다. 이런 상황에서 아무리 많은 물을 인위적으로 만든다 해도 황하의 물을 도저히 감당할 수 없다. 황하의 물을 감당할 수 없는데 하물며 천지의 물을 어떻게 감당할 수 있을까? 그래서 자연적인 게 인위적인 것보다 엄청난 힘을 마땅히 지니게 마련이다.

캥거루처럼 발 하나인 기(夔)가 발 많은 노래기(蚿)를 부러워하고,

노래기는 발 없이 움직이는 뱀을 부러워하고,

뱀은 의지하는 데 없이 움직이는 바람(風)을 부러워하고,

바람은 움직이지 않고 어디든지 갈 수 있는 눈(目)을 부러워하고,

눈은 안에 있으면서도 모든 걸 꿰뚫어보는 마음을 부러워한다.

기가 노래기에게 말했다.

"나는 한 발로 뛰어다니지만 자네처럼 마음대로 다니지 못하네.

그런데 자네는 지금 많은 발로 가고 있으니 얼마나 편할까?"

노래기가 말했다.

"그렇지 않네. 자네는 재채기하는 사람을 보지 못했는가?

재채기를 해서 침을 뿜으면 큰 건 구슬 같고 작은 건 안개 같은데

이것들이 흩어져서 떨어지면 그 수를 셀 수 없을 정도이네.

지금 나도 천기(天機), 즉 내 몸의 발로 움직이는데 어째서 그런지 모르네."

노래기가 뱀에게 물었다.

"나는 많은 발로 다니지만 발이 없는 자네를 따르지 못하니 어째서인가?"

뱀이 말했다.

"천기(天機), 즉 내 몸이 자연스럽게 움직이니 이를 어찌 바꿀 수 있겠는가?

그러니 내가 발을 사용할 필요가 어찌 있겠는가?"

뱀이 바람에게 물었다.

"지금 나는 내 척추와 갈빗대를 움직여서 다니므로 발이 있는 것 같네.

지금 자네도 북해에서 휭하고 일어나서 남해로 휭하고 들어가는데

마치 발이 있는 것 같으니 어째서인가?"

바람이 말했다.

"그러하네. 나는 북해에서 횡하고 일어나서 남해로 횡하고 들어가네.

그런데 손가락이 자신을 세우면 내가 손가락을 넘어뜨리지 못하니까

손가락이 나를 이긴 셈이네.

또 미꾸라지가 있으면 내가 미꾸라지를 넘어뜨리지 못하니까

미꾸라지도 나를 이긴 셈이네.

그렇지만 큰 나무를 부러뜨리거나 큰 집의 지붕을 날려 버리는 건

오직 나만이 할 수 있네.

그래서 많은 작은 것들을 이기지 않음으로써 큰 것을 이기네.

이렇게 큰 것을 이기는 건 오로지 성인만이 할 수 있네."

• • •

夔憐蚿, 蚿憐蛇, 蛇憐風, 風憐目, 目憐心.

夔謂蚿曰:「吾以一足趻踔而行, 予無如矣. 今子之使萬足, 獨奈何?」

蚿曰:「不然. 子不見夫唾者乎? 噴則大者如珠, 小者如霧, 雜而下者不可勝

數也. 今予動吾天機, 而不知其所以然.」

蚿謂蛇曰:「吾以衆足行, 而不及子之無足, 何也?」

蛇曰:「夫天機之所動, 何可易邪? 吾安用足哉!」

蛇謂風曰:「予動吾脊脅而行, 則有似也.

今子蓬蓬然起於北海, 蓬蓬然入於南海, 而似無有, 何也?」

風曰:「然. 子蓬蓬然起於北海而入於南海也, 然而指我則勝我, 鰌我亦勝我.

雖然, 夫折大木, 蜚大屋者, 唯我能也, 故以衆小不勝爲大勝也.

爲大勝者, 唯聖人能之.」

성인은 작은 건 이기지 못하지만
큰 건 이긴다

기(夔)가 발이 하나인 것, 노래기(蚿)가 발이 많은 것, 뱀(蛇)에게 발이 없는 것, 바람(風)이 의지하는 데 없이 움직이는 것, 눈(目)이 움직이지 않고도 어디든지 갈 수 있는 것, 마음(心)이 모든 것을 꿰뚫어보는 건 각자가 지닌 자연스러움 때문이다. 그런데 발이 하나인 기는 발이 많은 노래기를 부러워하고, 발이 많은 노래기는 발 없이 움직이는 뱀을 부러워하고, 발 없이 움직이는 뱀은 의지하는 데 없이 어디든지 움직이는 바람을 부러워하고, 어디든지 움직이는 바람은 움직이지 않은 채로 어디든지 갈 수 있는 눈을 부러워하고, 움직이지 않은 채로 어디든지 갈 수 있는 눈은 안에 있으면서도 모든 걸 꿰뚫어보는 마음을 부러워한다.

한 발로 뛰어다니는 기는 많은 발로 가는 노래기가 참 편리하다며 부러워한 듯 말했다. 그러자 노래기는 자신을 부러워할 필요가 없고, 그 대신 발도 없으면서 온갖 아름다움을 만들어내는 재채기를 부러워해야 한다고 말했다. 재채기를 해서 침이 뿜어지면 큰 침은 구슬과 같고 작은 침은 안개와 같은데 이 침들이 흩어져서 떨어지면 그 수를 헤아려 셀 수가 없어서이다. 그러면서 노래기는 자신은 많은 발로 다니지만 발 없는 뱀을 따르지 못한다고 아쉬워하면서 말했다. 그러자 뱀은 자신을 부러워할 필요가 없고, 그 대신 발 없이도 움직이는 바람을 부러워해야 한다고 말했다. 뱀은 자신이 움직이는 건 척추와 갈빗대가 발의 역할을 대신해서인데 이는 불편하기 짝이 없다면서 발의 역할을 하는 천기(天機)가 없어도 어디든지 다니는 바람을 부러워해야 한다고 말했다.

그러자 바람은 자신은 북해에서 휑하고 일어나 남해로 휑하고 들어간다면서 뱀의 말이 맞다고 맞장구 쳤다. 그런데 손가락이 자신의 손가락을 세우면 바람도 손가락을 넘어뜨리지 못해 손가락이 바람을 이기고 만다. 또 미꾸라지가 있으면 바람도 그걸 넘어뜨리지 못해 미꾸라지도 바람을 이기고 만다. 그러나 큰 나무를 부러뜨리거나 큰 집의 지붕을 날려 버리는 건 오로지 바람만이 할 수 있다. 이처럼 바람은 손가락같이 작은 건 수만 개를 이기지 못하지만 큰 나무를 부러뜨리거나 큰 집의 지붕을 얼마든지 날려 버릴 수 있다. 성인의 모습도 바람의 이런 모습과 비슷하다. 그래서 성인은 아주 작은 건 이기지 못하더라도 아주 큰 건 이기게 마련이다.

그런데 중간에서 얘기가 멈춘 것 같다. 기가 노래기를 부러워하고, 노래기가 뱀을 부러워하고, 뱀이 바람을 부러워하는 데까지 말하고서 더 이상 나아가지 않아서이다. 즉 바람이 눈을 부러워하고, 눈이 마음을 부러워하는 대목이 생략되었기 때문이다. 이것은 어떤 의도적인 생략일까? 아니면 실수로 생략한 걸까? 의도적으로 생략한 거라고 본다. 왜냐하면 바람은 작은 건 쓰러뜨리지 못해도 큰 건 쓰러뜨린다는 것을 분명히 말하고 있어서이다. 그렇다면 눈은 어떠할까? 또 마음은 어떠할까? 눈과 마음은 바람에 비해 훨씬 큰 것을 쓰러뜨릴 수 있다. 단 그눈과 마음이 무기(無己)의 지인, 무공(無功)의 신인, 무명(無名)의 성인의 것이라야 나무와 같은 큰 것을 쓰러뜨릴 수 있다. 그렇지만 무기, 무공, 무명으로부터 자유롭지 못한 보통사람은 큰 것을 쓰러뜨리지 못하고서 오로지 손가락이나 미꾸라지와 같은 작은 것만 쓰러뜨린다.

공자가 광(匡)에 놀러갔을 때 위나라 사람들이 몇 겹으로 둘러 에워쌌는데
공자는 거문고를 타면서 태연히 노래를 불렀다.

자로가 들어와서 공자를 뵙고 말했다.

"스승께서 어찌 이리 즐거우실 수 있습니까?"

공자가 말했다.

"이리 오게. 내가 자네에게 어째서 이렇게 하는지에 대해 말해 주겠네.

나도 궁핍함을 겪지 않기를 바란 지 오래이지만 궁핍함을 면치 못하는 건
하늘의 뜻(命)이네.

또 내 뜻이 이루어지기를 바란 지 오래이지만 뜻을 이루지 못하는 건
시세(時勢), 즉 때를 얻지 못해서이네.

성군인 요·순 시절에 천하에 궁핍한 사람이 없는 건 당연하지만
그것은 모든 사람들이 지혜로워서가 아니네.

폭군인 걸·주 시절에 일이 뜻대로 된 사람이 없는 건 당연하지만
그것은 모든 사람들이 지혜롭지 않아서가 아니네.

시세가 우연히 그렇게 만들었네.

배로 물 위를 가면서 교룡(蛟龍)을 피하지 않는 건 어부의 용기이고,

땅 위를 가면서 외뿔소와 호랑이를 피하지 않는 건 사냥꾼의 용기이고,

시퍼런 칼이 눈앞에 다가와도 죽음을 삶처럼 보는 건 열사의 용기이네.

그런데 자신이 궁지에 처하면 하늘의 뜻이라고 아는 것,

뜻을 이루면 시세를 만난 거라고 아는 것,

또 큰 어려움이 닥쳐도 두려워하지 않는 건 성인(聖人)의 용기이네.

자로(由)야, 침착하게 그대로 있어라. 나는 운명을 따를 뿐이다."

그로부터 얼마 되지 않아 무장한 군사를 거느린 한 지휘관이 찾아와서
용서를 빌며 공자에게 말했다.
"저는 선생을 도둑 양호(陽虎)로 알고서 포위했는데
그렇지 않다는 걸 이제야 알았으니 용서를 빌고 물러갑니다."

• • •

孔子遊於匡, 衛人圍之數帀, 而絃歌不惙.
子路入見, 曰:「何夫子之娛也?」
孔子曰:「來! 吾語女. 我諱窮久矣, 而不免, 命也., 求通久矣, 而不得, 時也.
當堯舜之時而天下無窮人, 非知得也.,
當桀紂之時而天下無通人, 非知失也., 時勢適然.
夫水行不避蛟龍者, 漁父之勇也., 陸行不避兕虎者, 獵夫之勇也.,
白刃交於前, 視死若生者, 烈士之勇也.,
知窮之有命., 知通之有時, 臨大難而不懼者, 聖人之勇也. 由處矣, 吾命有所
制矣.」
無幾何, 將甲者進, 辭曰:「以爲陽虎也, 故圍之. 今非也, 請辭而退.」

성인의 용기는 궁지에 몰려도
하늘의 뜻(命)으로 아는 일이다

———

이 글의 주제도 자연스러움과 관련이 있다. 살면서 궁지에 몰리더라도 당황하지 말고서 자연스럽게 벗어날 수 있는 길을 찾으라는 게 이 글의 주제이다. 공자가 광(匡)에 놀러 갔을 때 위(衛)나라 사람들이 공자 일행을 몇 겹으로 둘러 에워쌌다. 이에 공자 제자들은 당황하고 초조해 했는데 공자는 오히려 거문고를 타면서 태연히 노래를 불렀다. 이를 참다 못한 제자 자로가 이런 상황에서 어찌 즐거울 수 있느냐고 스승에게 따지듯이 물었다. 그러자 공자는 자로를 타이르듯 어째서 자신이 노래를 부르는지에 대해 차분히 설명했다.

공자에 따르면 자신은 오래전부터 궁핍하지 않기를 바래왔지만 여전히 궁핍함에서 벗어나지 못하는 건 하늘의 뜻(命)이라고 본다. 또 자신은 오래전부터 자신의 뜻이 이루어지기를 바래왔지만 여전히 뜻을 이루지 못하는 건 시세(時勢), 즉 때를 얻지 못해서라고 본다. 그러니 지금 위나라에서 큰 어려움을 겪으면서 일이 제대로 풀리지 않는 건 오로지 자연적인 시운(時運)을 잘못 만난 탓이다. 그래서 이를 인위적으로 해결할 수 있는 방법이 없다. 같은 맥락에서 대표적인 성군인 요·순 시절에 궁핍한 사람이 천하에 없었던 건 당시 사람들이 지혜로워서가 아니다. 또 대표적인 폭군 걸·주 시절에 천하에 뜻을 이룬 사람이 없었던 건 당시 사람들이 지혜롭지 못해서가 아니다. 이는 인위를 대표하는 지혜로움으로 잘 살고 못 살고가 결정되는 게 아니라 오로지 자연적인 시운으로 결정된다는 말이다.

물론 잘 살고 못 살고의 여부만 자연적인 시운으로 결정되는 게 아니다. 성인의 용기도 자연적인 시운으로 결정될 수 있다. 물 위를 가면서 전설상의 용인 교룡(蛟龍)을 피하지 않는 건 어부의 용기이고, 땅 위를 가면서 외뿔소와 호랑이를 피하지 않는 건 사냥꾼의 용기이고, 시퍼런 칼날이 눈앞에 다가와도 죽음을 마치 삶처럼 보는 건 열사(烈士)의 용기이기 때문이다. 그런데 성인의 용기는 이런 종류의 용기가 아니다. 성인의 용기는 자신이 궁지에 처하면 하늘의 뜻이라고 아는 것, 또 뜻을 이루면 시세를 만난 거라고 아는 것, 그리고 큰 어려움에 닥쳐도 두려워하지 않는 용기이다. 그러니 큰 어려움에서 벗어나기 위해 인위적으로 노력하는 건 결코 성인의 용기가 아니다. 성인은 큰 어려움을 오히려 하늘의 뜻으로 알고 두려워하지 않고 기다릴 때 그의 진정한 용기가 발휘될 수 있다.

이런 기다림을 통한 해결이 얼마 되지 않아서 성사된 건 무장한 군사를 거느린 한 지휘관이 찾아와 공자에게 용서를 빌었기 때문이다. 그 지휘관은 공자를 도둑 양호(陽虎)로 알고 포위했는데 그렇지 않다는 걸 뒤늦게 알아서 용서를 빌며 물러갔다. 그러니 공자는 어려운 난관을 노래 부르면서 어려움을 두려워하지 않고, 오로지 하늘의 뜻으로 해결한 셈이다.

공손룡(公孫龍)이 위(魏)나라 공자인 모(牟)를 만나서 말했다.

"저 공손룡(龍)은 어려서는 선왕(先王)의 도를 배웠고,

커서는 인의(仁義)의 행위에 밝아졌습니다.

같음(同)과 다름(異)을 하나로 합치고,

굳음(堅)과 흰(白) 것, 또 그러함(然)과 그렇지 않음(不然)을 서로 분리하고,

괜찮은(可) 걸 괜찮지 않다고(不可) 해 춘추전국시대 백가(百家)들의 앎을

곤란하게 만들어서 저를 향한 많은 사람들의 논변을 궁지에 빠뜨렸지요.

그래서 제 스스로 지극한 앎에 이르렀다고 자부해 왔습니다.

그런데 요즘 장자(莊子)의 말을 듣고 망연자실해져

제 스스로 이상하다고 여기고 있습니다.

제 주장(論)이 그에게 미치지 못하는 건지,

아니면 제 앎(知)이 그와 같은 수준이 아닌지 알 수 없나요?

지금 저는 제 주둥이를 함부로 놀리지는 않지만

장자의 도가 어떤 건지 감히 여쭈는 바입니다."

공자 모(牟)가 책상에 기댄 채 크게 한 숨을 쉬고 하늘을 우러러보다가

이내 웃으면서 말했다.

"그대만 움푹 파인 우물 안 개구리 이야기를 듣지 못했는가?

우물 안 개구리는 어느 날 동해에 사는 자라에게 말했네.

'나는 여기가 즐겁다.

징검다리를 뛰어 올라가서 우물가 난간 기둥 위에 나타나고,

또 우물 안 깨어진 벽 기슭에 들어가서 쉬네.

물에 들어가면 양편 겨드랑이를 수면에 대고 턱을 물 위에 받칠 수 있고,

진흙에 넘어져도 발등까지만 발이 빠지네.

그러니 장구벌레, 게, 올챙이를 두루 둘러봐도 나만 못하네.

한 우물을 멋대로 차지해서 움푹 파인 우물을 점거하며 웅크리는

즐거움이란 또한 최고일세.

선생도 이따금 들어와 보는 게 어떠한가!'

동해의 자라는 그 말을 듣고 우물 안에 들어갔지만

왼발이 들어가기도 전에 오른발 무릎이 걸리고 말았다.

이에 뒷걸음질을 치며 돌아서 물러나와 개구리에게 자신이 살고 있는

바다 이야기를 해주었지.

'천리의 먼 거리도 바다의 크기를 거론하기에는 부족하고,

천인의 높이도 바다의 깊이를 다하기에 부족하네.

우(禹)임금 때 10년 동안 아홉 번 큰 비가 내렸어도

바닷물이 더 이상 불지 않았고,

탕(湯)임금 때 8년 동안 일곱 번 가뭄이 들었어도

바닷물이 더 이상 줄지 않았네.

오랜 시간의 흐름에 따라 변하는 일이 없고, 비가 많고 적음으로 물이

불거나 줄거나 하는 일이 없는 게 동해에 사는 자라의 큰 즐거움이네.'

움푹 파인 곳에 사는 우물 안 개구리가 이 얘기를 듣고 깜짝 놀라서

얼이 빠진 채 스스로를 잊고 말았네."

공자 모가 계속해서 말했다.

"그대의 앎은 시비(是非)의 경계를 파악할 만큼 이르지 못했는데

오히려 장자의 말을 거울삼으려고 하니 이는 모기에게 산을 지우게 하고,

노래기가 황하를 달려서 건너는 일과 같네.

그러니 그대의 힘으로는 도저히 감당할 수 없네.

그대의 앎은 지극히 오묘한 말로 논할 수 없는 수준인데 스스로 일시적인

이득(利)을 위해 나아간다면 이는 무너진 우물 안 개구리와 같지 않은가?
장자는 황천을 밟고 올라서서 하늘에 오른 뒤 남쪽 북쪽도 있지 않아
사방 어디로 통하는 데서 우리가 도저히 헤아릴 수 없는 경지에 빠져 있네.
또 동쪽 서쪽도 없는 아득한 우주 근본에서 시작된 큰 통함에 돌아와 있네.
그대는 얼빠진 채 관찰을 통해 도를 구하고, 언변으로 앎을 찾으려고 하니
이는 곧은 대롱을 써서 하늘을 엿보고, 송곳을 이용해서 땅을 찌르는 격이네.
이 역시 소인의 짓거리가 아닌가! 당신은 당장 가시게!
그대만 수릉(壽陵)의 한 젊은이가 조(趙)나라 서울 한단(邯鄲)에서
그곳 걸음걸이를 배웠다는 얘기를 듣지 못했는가?
그 젊은이는 한단의 걸음걸이를 배우기도 전에 옛날 걸음걸이를 잊어버려
있는 힘을 다해 엎드려 엉금엉금 기어서 간신히 집으로 돌아왔네.
지금 장자의 말에 이끌려서 여기를 떠나지 않다간 배우지도 못할 뿐더러
그대가 본래 지녔던 예전의 앎을 잊고서 그대의 일마저 잃어버릴 걸세."
공손룡은 이 말을 듣자 입이 열린 채 닫히질 않았고,
올라간 혀가 내려가질 않았다. 그리고선 이내 서둘러 달아났다.

. . .

公孫龍問於魏牟曰:「龍少學先王之道, 長而明仁義之行., 合同異, 離堅自然不
然, 可不可., 困百家之知, 窮衆口之辯., 吾自以爲至達已.
今吾聞莊子之言, 汒焉異之. 不知論之不及與, 知之弗若與?
今吾無所開吾喙, 敢問其方.」
公子牟隱机大息., 仰天而笑曰:「子獨不聞夫埳井之鼃乎?
謂東海之鱉曰:『吾樂與! 出跳梁乎井幹之上, 入休乎缺甃之崖., 赴水則接腋持
頤, 蹶泥則沒足滅跗., 還視虷蟹與科斗., 莫吾能若也.
且夫擅一壑之水, 而跨跱埳井之樂, 此亦至矣, 夫子奚不時來入觀乎!』
東海之鱉左足未入, 而右膝已縶矣.

於是逡巡而却, 告之海曰: 『夫千里之遠, 不足以擧其大., 千仞之高, 不足以極其深. 禹之時十年九潦, 而水弗爲加益., 湯之時八年七旱, 而崖不爲加損. 夫不爲頃久推移, 不以多少進退者, 此亦東海之大樂也.』

於是埳井之鼃聞之, 適適然驚, 規規然自失也.

「且夫知不知是非之竟, 而猶欲觀於莊子之言, 是猶使蚊蝱負山, 商蚷馳河也, 必不勝任矣, 且夫知不知論極妙之言而自適一時之利者, 是非埳井之鼃與?

且彼方跐黃泉而登大皇, 無南無北, 奭然四解, 淪於不測., 無東無西, 始於玄冥, 反於大通. 子乃規規然而求之以察, 索之以辯,

是直用管窺天, 用錐指地也, 不亦小乎! 子往矣!

且子獨不聞夫壽陵餘子之學行於邯鄲與?

未得國能, 又失其故行矣, 直匍匐而歸耳. 今子不去, 將忘子之故, 失子之業.」

公孫龍口呿而不合, 舌擧而不下, 乃逸而走.

우물 안 개구리

공손룡(公孫龍)은 혜시와 더불어 중국판 소피스트인 명가(名家)를 대표하는 인물이다. 그가 위(魏)나라 공자인 모(牟)를 만나서 자신이 어려서는 선왕의 도를 배웠고, 커서는 인의(仁義)의 행위에 밝아졌다고 자랑스레 말했다. 어려서는 도를 밝히고 커서는 덕을 실천에 옮겼으니 공손룡은 공자가 평소 강조한 이상적 인간의 전형인 셈이다. 또 같음(同)과 다름(異)을 하나로 합치고, 굳음(堅)과 흰(白) 것이나 그러함(然)과 그렇지 않음(不然)을 분리하고, 또 괜찮음(可)을 괜찮지 않다고(不可) 해서 춘추전국시대 백가(百家)들을 난처하게 만들어 자신에게 향한 많은 사람들의 논변을 궁지에 빠뜨렸다고 자랑하며 말했다. 참고로 동이론(同異論)이나 견백론(堅白論)은 명가(名家)의 입장을 대표하는 궤변에 속한다. 그리고 이제는 통달의 지극한 경지에 이르렀다고 으쓱하며 말했다. 그러니 공손룡은 어떤 다른 사상가들과의 논쟁에서 밀리지 않을 정도의 위치에 올라선 셈이다.

이렇게 자부심으로 가득 찬 공손룡이 어느 날 장자의 말을 듣고 망연자실해져 스스로 이상하다고 여겼다. 이에 공손룡은 공자 모(牟)에게 자신의 주장이 장자에게 이르지 못하는 건지 아니면 자신의 앎이 장자와 같은 수준의 앎이 아닌지 알 수 없다고 고백했다. 그러자 공자 모는 책상에 기댄 채 답답한듯 한 숨을 크게 쉬고선 하늘을 우러러보다가 이내 웃으면서 말했다. 여기서 우물 안 개구리 우화에 대한 설명이 구체적으로 이루어진다. 우물 안 개구리가 어느 날 동해에 사는 자라에게 우물 안이 정말로 즐겁다고 말했다. 징검다리를 뛰어 올라가서 우물가 난간 기둥 위에 나타나거나 깨어진 우물 벽 기슭에 들어가서 쉴 수 있어서이다. 그리고 우물 안에 들어가면 양편 겨드랑이를 수면에 괴고 턱을 물 위에 받칠 수 있고, 또 진흙에 넘어져도 발이 발등까지만 빠져서이다. 그래서 장구벌레, 게, 올챙이를 두루 둘러봐도 자신만 못하다는 생각이 들었다. 또 우물을 제멋대로 차지해서 움푹 파인 곳을 점거하며 웅크리는 즐거움이 최고라고 떠벌렸다.

그러면서 자라에게 우물 안에 이따금 들어와 보는 게 어떠냐고 제안했다. 자라는 그 말을 곧이곧대로 듣고서 당장 우물 안에 들어갔지만 왼발이 들어가기도 전에 오른발 무릎이 걸리고 말았다. 이에 뒷걸음질을 치며 돌아서 물러나와 개구리에게 자신이 사는 바다 얘기를 해주었다. 자라는 자신이 사는 동해(東海)란 바다는 그 거리를 천리의 먼 길이로 거론하기에 부족하고, 그 깊이를 천인의 높이로 다하기에 부족하다고 말했다. 또 우(禹)임금 때 10년 동안 아홉 번이나 큰 비가 내렸어도 바닷물이 불어나질 않았고, 탕(湯)임금 때 8년 동안 일곱 번이나 가뭄이 들었어도 바닷물이 줄어들질 않았다고 말했다. 이처럼 오랜 시간의 흐름에 따라 바닷물의 양이 변하는 일이 없고, 또 비가 많고 적음에 따라 바닷물이 불거나 줄거나 하는 일이 없는 게 동해에 사는 큰 즐거움(大樂)이라고 말했다. 우물 안 개구리는 이 얘기를 듣고 깜짝 놀라서 얼이 빠진 채 스스로를 잊었다.

공자 모가 볼 때 공손룡의 앎은 우물 안 개구리처럼 시비(是非), 즉 옳고 그름의 경계를 제대로 알 만큼 이르지 못했다. 이런 상황에서 공손룡이 장자의 말을 거울삼는다면 이는 공손룡으로서 감당할 수 없는 일이다. 이에 공자 모는 장자의 말을 거울삼으려는 공손룡의 태도를 가리켜서 모기에게 산을 지우게 하거나 노래기가 황하를 달려 건너는 일에 비유했다. 이는 불가능한 걸 이루려는 공손룡의 태도를 꼬집는 말이다. 게다가 공손룡의 앎은 지극히 오묘한 말로 논할 수 없는 낮은 수준의 앎이다. 그런데도 스스로의 일시적인 지적 호기심과 지적 욕심으로 인해 장자의 말을 거울 삼으려고 하면 이는 무너진 우물 안의 개구리와 같은 태도이다.

공자 모가 볼 때 장자는 이제 황천(黃泉)을 밟고 올라서서 대황(大皇), 즉 하늘에 위치해 있다. 거기는 남쪽도 없고 북쪽도 없어 그야말로 확 트여서 사방 어디로나 통하는 곳이다. 그러니 공손룡으로선 이런 경지를 도저히 헤아릴 수 없다. 장자는 이런 높은 경지에 들어선 사람이다. 또 장자는 동쪽도 없고 서쪽도 없기에 그야말로 아득한 우주의 근본에서 시작된 큰 통함(大通)으로 되돌아와 있다. 장자는 이 정도로 엄청난 사람인데 세속적 인간에 불과한 공손룡이 장자의 앎을 배운다는 건 말도 되지 않는다. 지금 공손룡은 장자에게 얼이 빠져 관찰을 통해 장자의 도를 구하거나 언변으로 장자의 앎을 배우려고 한다. 그런데 이는 똑바르게 뻗은 대롱을 써서 하늘을 엿보거나 송곳을 이용해서 땅을 찌르는 짓에 불과하다. 그러니 공손룡은 장자가 지닌 도를 도저히 헤아릴 수 없다. 이에 공자 모는 공손룡에게 그냥 돌아가라고 권한다.

공자 모는 한 걸음 더 나아가 한단지보(邯鄲之步)의 우화를 꺼내면서 공손룡에게 뼈아픈 충고를 한다. 옛날 춘추시대에 수릉(壽陵)의 한 젊은 이가 조(趙)나라 수도 한단(邯鄲)에 오자 그곳 걸음걸이를 배웠는데 이 걸음걸이를 배우기도 전에 옛날의 걸음걸이를 그만 잊어버렸다. 그래서 집으로 돌아갈 때는 엎드려서 있는 힘을 다해 엉금엉금 기어서 간신히 돌아갔다. 공자 모가 볼 때 공손룡은 마치 수릉의 젊은이와 같다. 그래서 공손룡이 장자의 도에 이끌려서 여기를 떠나지 않다가는 장자

의 도를 깨우치지도 못할 뿐 아니라 공손룡이 원래 지녔던 예전의 앎
도 잊어버리는 사태가 벌어질 수 있다. 또 공손룡의 일, 즉 명가로서 먹
고사는 일마저 잃을 수 있다. 이 말을 들은 공손룡은 입이 열린 채 닫히
지 않았고, 올라간 혀도 내려가지 않았다. 그리고는 서둘러서 이내 달
아났다.

　이 글에서 자연적인 것과 인위적인 것과의 비교가 어떻게 이루어졌
을까? 그것은 도(道)를 통해서 이루어졌다. 즉 장자가 추구한 도가 자연
적인 거라면 공손룡이 추구한 도가 인위적이다. 구체적으로 공손룡이
어려서 선왕의 도를 배우고, 커서 인의의 행위에 밝아진 것 그리고 춘
추전국시대 백가들의 앎을 곤란하게 만들 정도로 공손룡의 뛰어난 논
변은 인위에 입각한 도이다. 반면 장자가 황천을 밟고 올라서서 하늘에
올라가 남쪽도 없고 북쪽도 없이 확 트여서 사방 어디로나 통하는 하
늘에서 헤아릴 수 없는 경지에 빠져 있거나 동쪽도 없고 서쪽도 없이
아득한 우주의 근본에서 시작된 큰 통함으로 되돌아와 있는 건 자연에
입각한 도이다. 그러니 인위에 따른 도는 자연에 따른 도에 도저히 미
칠 수 없다.

장자가 복수(濮水)에서 낚시질을 하는데

두 대부(大夫)가 초(楚)나라 왕의 사절로 찾아와서 먼저 왕의 뜻을 전했다.

그들이 말했다. "궁으로 들어와서 큰일을 맡아 주십시오!"

장자는 낚싯대를 쥔 채 돌아보지도 않고 말했다.

"내가 듣자하니 초나라에는 점을 치는 영험한 거북(神龜)이 있는데

죽은 지 이미 삼천 년이 되었다더군요.

왕은 그 거북을 천으로 싸서 상자에 넣어 묘당(廟堂) 위에

소중히 보관한다고 들었소이다.

헌데 거북은 죽어서 편안히 뼈만 남아 귀하게 대접받기를 바라겠습니까?

아니면 살아서 편히 진흙 속에서 꼬리를 끌고 다니기를 바라겠습니까?"

두 대부가 말했다.

"그야 살아서 편히 진흙 속에서 꼬리를 끌고 다니기를 바랄 테지요."

장자가 말했다.

"돌아가시오! 나는 살아서 진흙 속에서 꼬리를 끌고 다니겠소."

. . .

莊子釣於濮水,, 楚王使大夫二人往先焉, 曰:「願以境內累矣!」

莊子持竿不顧, 曰:「吾聞楚有神龜, 死已三千歲矣, 王以巾笥而藏之廟堂之上.

此龜者, 寧其死爲留骨而貴乎? 寧其生而曳尾於塗中乎?」

二大夫曰:「寧生而曳尾塗中.」

莊子曰:「往矣! 吾將曳尾於塗中.」

뼈만 남아 귀하게 대접받기보다
진흙 속에서 꼬리를 끌고 다니겠다

———

이 내용은 사마천의 『사기』「노장신한열전」에 나오는 얘기와 비슷하다. 「노장신한열전」은 장자의 전기가 처음 쓰인 곳이다. 사마천은 여기서 몇 백 자로 장자를 묘사했는데 아래에 소개하는 내용이 그 절반에 해당한다.

초나라 위왕(威王)이 장자가 현명하다는 말을 듣고서 그에게 사절을 보내 융숭한 폐물을 전하도록 했다. 그리고는 그에게 재상의 관직을 약속했다. 장자는 웃으면서 초나라 사절에게 말했다. "천금은 큰 돈이고 재상은 높은 자리입니다. 그런데 선생께선 교제(郊祭, 천자나 제후가 하늘에 지내는 큰 제사)의 희생물로 쓰이는 소를 보지 못했습니까? 수년 동안 잘 먹이고, 거기에 수놓은 옷을 입혀서 태묘(太廟)에 들입니다. 이때 이르러 보잘 것 없는 새끼 돼지로 살고 싶어도 그게 어찌 가능하겠습니까? 어서 가시오. 나를 모독하지 마시오! 나는 차라리 더러운 개울 속에서 맘껏 즐겁게 살지언정 나라를 다스리는 군주의 속박을 받고 싶지 않습니다. 평생 벼슬을 하지 않고 내 맘대로 살겠습니다.

이 글을 통해서 보면 여기에 실린 내용도 어느 정도 사실이라고 보인다. 먼저 초나라 왕이 장자에게 사절을 보냈다는 내용이 같다. 또 사절을 보낸 이유도 궁으로 들어와서 큰일을 하는 것과 재상 자리를 보장하는 것과 거의 같다. 또 이런 제안에 대해 장자가 거절한 이유도 흡사하다. 「노장신한열전」에선 천자나 제후가 하늘에 지내는 큰 제사에 희생물로 쓰이는 소로 설명한 반면 『장자』에선 점을 치는 영험한 거북으로 설명했다는 점에서 차이가 있다. 그렇지만 자유로운 삶과 그렇지 않은 삶의 비교를 통해서 이루어진 거절의 수사는 똑같다. 즉 「노장신한열전」에선 수년 동안 잘 먹고 화려한 옷을 입었지만 희생되어서 죽는 소보다 더러운 개울 속에서 즐겁게 마음껏 사는 새끼 돼지 쪽을 택했다. 이에 반해 『장자』에선 박제가 되어 귀하게 대접받다가 죽는 거북보다 진흙 속에서 꼬리를 끌고 다니면서 사는 거북 쪽을 택했다.

여기서도 자연적인 삶과 인위적인 삶과의 비교가 이루어진다. 박제가 되어 귀하게 대접받는 거북이가 인위적인 삶을 상징한다면 진흙 속에서 꼬리를 끌고 다니는 거북은 자연적인 삶을 상징한다. 마찬가지로 수년 동안 잘 먹고 화려한 옷을 입었던 소가 인위적인 삶을 의미한다면 더러운 개울 속에서 즐겁게 마음껏 사는 새끼 돼지는 자연적인 삶을 의미한다. 문제는 인위적인 삶이 죽음으로 연결된 반면 자연적인 삶은 생명으로 연결된다는 사실이다. 이런 식으로 장자는 죽음과 생명의 차이를 인위적인 것과 자연적인 것과의 비교를 통해 잘 보여준다.

혜자가 양(梁) 나라 재상으로 있을 때 장자가 그를 찾아가 만나려고 했다.
그러자 어떤 사람이 혜자에게 말했다.
"장자는 그대를 대신해서 재상이 되려고 여기에 온 겁니다."
이에 혜자는 두려워서 장자를 찾으려고 사흘 밤낮 동안 온 나라를 뒤졌다.
장자가 미리 알고 나타나서 말했다.
"남쪽 지역에 원추(鵷鶵)라는 새가 사는데 자네는 이 새를 알고 있나?
원추는 남해를 떠나서 북해로 날아가는데 오동나무가 아니면 쉬질 않고,
대나무 열매가 아니면 먹질 않고, 감로수(醴泉)가 아니면 마시질 않네.
마침 썩은 쥐를 얻어서 그것을 물고 있는 솔개가
그 위를 지나던 원추를 향해 올려다보며 말했지. '썩 꺼져!'
지금 자네도 양나라 재상으로 내게 '썩 꺼져!' 하고 싶은 게 아닌가?"

. . .

惠子相梁, 莊子往見之. 或謂惠子曰:「莊子來, 欲代子相.」
於是惠子恐, 搜於國中三日三夜.
莊子往見之, 曰:「南方有鳥, 其名爲鵷鶵, 子知之乎?
夫鵷鶵, 發於南海而飛於北海, 非梧桐不止, 非練實不食, 非醴泉不飲.
於是鴟得腐鼠, 鵷鶵過之, 仰而視之曰:『嚇!』今子欲以子之梁國而嚇我邪?」

감로수가 아니면 마시질 않는 장자와 썩은 쥐를 물고 있는 혜시

———

　장자와 혜시가 둘도 없이 친한 친구 사이라는 건 앞에서 이미 여러 번 언급했다. 이런 이유로『장자』에서는 장자와 혜시 사이의 논쟁이 몇 차례 등장한다. 그런데 이 논쟁들에서 혜시는 장자에게 늘 밀리는 모습이다. 여기서도 예외는 아니다.

　혜시가 양(梁)나라 재상으로 있을 때 장자가 찾아가서 그를 만나려고 했다. 그러자 어떤 사람이 혜시에게 그대를 대신해서 장자가 양나라 재상이 되려고 온 거라고 하는 그릇된 정보를 제공했다. 이에 혜시는 재상 자리를 빼앗길까 두려워서 장자를 찾으려고 사흘 밤낮으로 양나라를 샅샅이 뒤졌다. 장자는 혜시의 이런 난리법석을 미리 알고 나타나서 혜시에게 남쪽 지역의 원추(鵷鶵)라는 새에 대해 언급했다. 장자에 따르면 그 새는 남해를 떠나서 북해로 날아갈 때 오동나무가 아니면 쉬질 않고, 대나무 열매가 아니면 먹질 않고, 감로수가 아니면 마시질 않는다. 그만큼 원추는 고상한 것만 추구한다. 그런데 마침 썩은 쥐를 얻어서 물고 날아가는 솔개가 그 썩은 쥐를 빼앗길까 두려운 나머지 그 위를 지나던 원추를 향해 올려다보면서 썩 꺼지라고 소리쳤다.

　여기서 오동나무가 아니면 쉬질 않고, 대나무 열매가 아니면 먹질 않고, 감로수가 아니면 마시질 않는 원추는 장자를 의미한다. 반면 썩은 쥐를 물고 있는 솔개는 혜시를 의미한다. 그런데 양나라 재상이란 썩은 쥐를 물고 있는 혜시가 그 재상 자리를 빼앗길까 두려워서 장자의 등장에 대해 여간 불편해하지 않는다. 그런데 오동나무가 아니면 쉬질 않고, 대나무 열매가 아니면 먹질 않고, 감로수가 아니면 마시질 않는 장자로선 혜시의 이런 태도가 불쾌하기 짝이 없다. 그래서 장자는 양나라 재상이란 썩은 쥐를 빼앗길까 두려워하는 혜시에게 썩 꺼지라고 말하고 싶은 게 아니냐고 조롱하듯 말했다.

여기서도 자연적인 것과 인위적인 것의 비교가 잘 이루어진다. 오동나무가 아니면 쉬질 않고, 대나무 열매가 아니면 먹질 않고, 감로수가 아니면 마시질 않는 원추가 자연적인 것을 상징한다면 썩은 쥐를 물고 있는 솔개는 인위적인 것을 상징한다. 그런데 대부분의 사람들은 솔개처럼 오동나무란 휴식처, 대나무란 열매, 감로수란 물처럼 자연적인 것의 소중함을 알지 못한다. 반면 썩은 쥐로 상징되는 인위적인 것의 소중함만 안다. 그런데 솔개처럼, 아니 혜시처럼 썩은 쥐만 소중히 여기는 삶이 얼마나 힘들고 고달플까? 사람들은 지금 이런 점을 간과하고 있다.

장자와 혜자가 호(濠)의 해자 위를 함께 거닐었다.

장자가 말했다.

"검푸른 물고기가 나와 노니는데 한가로우니 물고기가 즐거워하는 거다.

혜자가 말했다.

"그대는 물고기가 아닌데 물고기가 즐거워하는 걸 어찌 아는가?"

장자가 말했다.

"그대는 내가 아닌데 내가 물고기가 즐거워하는 걸 모른다고 어찌 아는가?"

혜자가 말했다. "나는 그대가 아니므로 그대를 본디부터 모르지.

그렇다면 그대도 본디부터 물고기가 아니므로

물고기가 즐거워하는 걸 모르는 게 확실하지 않은가."

장자가 말했다. "그럼 처음으로 돌아가 보세.

그대가 내게 '어찌 물고기의 즐거움을 아느냐'라고 물은 건

내가 물고기의 즐거움을 이미 안다는 것을 알고 물은 것이지.

그대는 내가 아닌데도 이렇게 알았던 것처럼

나도 호의 해자 위에서 물고기의 즐거움을 알았던 걸세."

• • •

莊子與惠子遊於濠梁之上. 莊子曰:「鯈魚出遊從容, 是魚之樂也.」

惠子曰:「子非魚, 安知魚之樂?」

莊子曰:「子非我, 安知我不知魚之樂?」

惠子曰:「我非子, 固不知子矣., 子固非魚也, 子之不知魚之樂, 全矣.」

莊子曰:「請循其本. 子曰『汝安知魚樂』云者, 既已知吾知之而問我, 我知之濠上也.」

언어를 통한 커뮤니케이션에서
마음과 마음으로의 커뮤니케이션으로

———

앞 장에 이어서 여기서도 장자와 혜시(惠施) 사이의 대화로 구성된다. 그런데 여기서의 내용은 앞 장과 달리 그 이해가 간단치 않다. 게다가 여기서 벌어진 장자와 혜시 사이의 시비 논쟁은 치열한 논리 다툼으로 보이기도 하고 말장난처럼 보이기도 한다. 혜시가 명가(名家)를 대표하는 인물인데도 장자는 논리로서 일단 혜시를 압도하려고 든다. 논리에 있어 한 치의 양보 없이 다투는 장자의 이런 모습은 장자서 전체를 통해서 좀처럼 발견되지 않는다. 그래서 이 글의 내용을 비판하는 학자도 있다. 필자가 보기에도 장자가 동원한 논리에 다소 무리가 있는 게 사실이다.

장자가 어느 날 혜시와 함께 호(濠)²⁹란 호수의 해자 위를 거닐다가 잉어로 보이는 검푸른 물고기가 호수에서 한가로이 노니는 것을 보고는 물고기가 즐거워하는 거라고 말했다. 한가로운 노님, 즉 유(遊)는 장자가 추구하는 삶 중에서 가장 중요한 위치를 차지한다. 그래서 『장자』 시작부인 「소요유」에서부터 장자는 한가로운 노님을 특별히 강조했다.

---

29) 호수(濠水)는 지금 안휘성(安徽省) 봉양(鳳陽)에 있다.

무하유지향(無何有之鄉)에서 한가롭게 노니는 내용이 「소요유」의 결론인 것도 이 때문이다. 또 소요유란 제목을 분석해 보아도 이런 사실이 금새 드러난다. 즉 유(遊)가 목표인데 반해 소요는 방법이므로 소요를 통해 유에 이르는 게 장자가 궁극적으로 목표로 하는 바다. 그러니 물고기의 한가로운 노님이 장자의 눈에 비칠 때는 물고기의 즐거움이라고 충분히 여겨질 만하다.

그러자 혜시는 장자가 물고기가 아닌데 어떻게 물고기의 즐거움을 아느냐고 당장에 반론을 폈다. 이는 논리주의자 혜시다운 태도이기도 하다. 혜시의 주장처럼 장자는 물고기가 아니므로 물고기의 유유자적한 노님을 두고 물고기가 즐거워하는 거라고 단정할 수 없다. 게다가 물고기가 유유자적하게 노니는 건 장자의 생각일 뿐이다. 어쩌면 물고기는 물에서 먹이를 찾으려고 지금 부지런히 돌아다니는지 모른다. 그런데도 장자는 물고기가 지느러미를 살랑살랑 흔들며 헤엄치는 모습을 보고 이를 유유자적하다고 여겼다. 그런데 사람들의 눈에 유유자적한 노님으로 보인다고 해서 이를 물고기의 즐거움이라 규정하는 건 논리의 비약이다. 혜시는 바로 이 점, 즉 모든 걸 사람 중심으로 보지 말라는 점을 장자에게 환기시키고 있다.

그러자 장자는 혜시가 장자에게 써먹었던 논리를 똑같이 동원해서 혜시를 몰아붙인다. 즉 "그대(장자)는 물고기가 아닌데 물고기가 즐거워하는 걸 그대가 어찌 아느냐"라고 한 혜시의 논박을 장자는 "그대(혜시)는 내(장자)가 아닌데 내가 물고기가 즐거워하는 걸 모른다고 어찌 그대가 아느냐"라는 식으로 바꾸어서 혜시를 공박했다. 그런데 여기서 장자의 논리가 왠지 궁색하다. 혜시의 논박이 목표로 하는 건 장자가 물고기의 즐거움을 어찌 아느냐고 하는 건데 장자의 논박은 장자가 물고기의 즐거움을 모른다는 걸 혜시가 어찌 아느냐고 하는 것이다. 즉 혜시의 논박이 사람이 물고기의 마음을 어찌 아느냐는 차원이라면 장자의 논박은 상대방이 사람의 마음을 어찌 아느냐는 차원이다. 따라서 혜시의 논박이 사람과 물고기의 관계에서 비롯된다면 장자의 논박은 사람과 사람과의 관계에서 비롯된다. 그러니 그 차원이 다르다.

그러자 혜시는 자신은 장자가 아니므로 장자가 물고기의 즐거움을 아는 것에 대해 자신은 알 수 없다고 솔직히 시인했다. 그런데 혜시의 이런 솔직한 시인은 실제로는 전략상 후퇴일 뿐이다. 왜냐하면 혜시가 자신이 장자의 마음을 알 수 없다고 전제해야만 장자에게 물고기의 마음을 알 수 없지 않느냐고 공박할 수 있기 때문이다. 즉 혜시도 장자의 마음을 모르는 것처럼 장자도 물고기의 마음을 모르지 않느냐고 하고서 장자를 몰아붙일 수 있어서이다. 이제 혜시는 장자가 본디부터 물고기가 아니므로 물고기가 즐거워하는 걸 알지 못하는 게 거의 확실하다며 논쟁을 매듭지으려고 한다. 그러니 혜시의 승리가 눈앞에 펼쳐진 듯하다.

지금까지 전개된 논쟁에서 보면 장자의 논리가 빈틈을 보이는 게 사실이다. 그렇지만 시비를 논리로서 가라앉히려고 하면 논쟁이 끝나지 않는다. 그래서 장자는 새로운 시도를 모색한다. 이에 장자는 논쟁이 벌어졌던 처음의 상태로 돌아가자고 하는 제안을 혜시에게 불쑥 꺼낸다. 그래서 혜시가 장자에게 물고기의 즐거움을 어찌 아느냐고 물었을 때 장자는 물고기의 즐거움을 이미 알고서 물은 거라고 판단했다. 과연 그럴까? 혜시는 장자가 물고기의 즐거움을 아는 걸 전제로 해서 장자에게 물고기의 즐거움을 어찌 알았느냐고 물었을까? 물론 아니다. 그보다는 장자가 물고기가 유유자적하게 노니는 것을 보고 이를 물고기의 즐거움이라고 규정했기에 혜시는 이를 전제로 해서 다시 물었을 뿐이다. 그래서 혜시가 장자에게 물고기의 즐거움을 어찌 알았느냐고 물었을 때 혜시는 물고기의 즐거움을 이미 알고서 물은 셈이다. 이런 앎은 혜시조차 모르게 이루어진 이심전심(以心傳心)에 따른 커뮤니케이션을 통해서이다. 그리고 장자도 이런 이심전심의 커뮤니케이션을 통해 물고기의 즐거움을 알았다.

이심전심이란 언어를 매개하지 않고서 이루는 커뮤니케이션 방식이다. 그래서 언어로부터 자유로운 커뮤니케이션이라 할 수 있다. 장자는 호수 위에서 물고기와 이런 자유로운 커뮤니케이션을 추구하고자 했다. 혜시가 장자의 마음을 알았던 건 언어를 매개로 해서 이루어진 게 아니듯이 장자도 물고기의 즐거운 마음을 알았던 건 언어를 매개로 해서 이루어진 게 아니다. 이처럼 언어를 초월해 있는 커뮤니케이션이 장자가 추구하는 자유로운 커뮤니케이션이다. 이에 반해 혜시는 언어의 감옥에 갇힘으로써 그의 커뮤니케이션이 자유로울 수 없었다. 혜시가 장자에게 물고기가 아닌데 어찌 물고기의 즐거움을 아느냐고 물었던 건 언어를 매개로 해서 물고기의 즐거움을 어찌 아느냐고 말했던 차원이다. 게다가 커뮤니케이션 주체를 자신, 장자, 물고기로 제각각 구분했기에 실체를 표현하는 형식적 개념에 그만 함몰되고 말았다. 그 결과 자신과 장자 그리고 자신과 물고기 사이에 어떤 심리적 공감대를 형성하지 못했다.

이런 식으로 사람들이 언어의 감옥에 갇히면 언어는 이내 말다툼의 무기로 변하고, 사람들도 쓸데없는 논쟁에 더욱 빠져든다. 그런데도 우리는 나, 당신, 물고기를 모두 독립된 실체로 파악하는 혜자의 커뮤니케이션 방식에 보다 익숙하다. 특히 서양의 커뮤니케이션 방식이 그러하다. 말하는 주체와 듣는 객체 그리고 쓰는 주체와 읽는 객체로 구분하는 게 서양 커뮤니케이션의 기본적 틀이다. 그러니 장자는 이런 커뮤니케이션 방식을 피하기 위해서 이심전심의 방식을 제안했다. 이래야 「추수」의 주제인 자연스러움과 무리 없이 연결된다. 사실 언어는 자연의 결을 깨뜨리는 가장 큰 주범이다. 따라서 장자가 추구하는 이심전심의 방식이 자연스러움에 입각한 커뮤니케이션이라면 혜시가 추구하는 방식은 언어와 논리에 의해 함몰된 인위적인 커뮤니케이션이다.

그런데 이 내용은 내편 「양생주」에 등장했던 포정의 얘기와 자연스럽게 연결된다. 포정의 해우 얘기에 등장했던 주인공은 포정, 소 그리고 소를 해체하는 데 쓰였던 칼이다. 이들의 역할은 커뮤니케이션을 구성하는 핵심 세 요소, 즉 말하는 나, 듣는 상대방, 그리고 나와 상대방 사이를 연결하는 매체의 역할과도 같다. 여기서 말하는 나의 역할은 포정이, 듣는 상대방의 역할은 소가, 매체의 역할은 칼이 각각 담당한다. 이렇게 되면 포정(나)이 칼(수단)로 상대방(소)과 커뮤니케이션을 하는 셈이다. 그런데 장자가 포정의 해우 얘기를 통해서 말하려는 바는 소를 잘 해체하려면 칼보다 소를 제대로 파악해야 한다는 것이다. 그렇다면 포정의 해우 얘기를 커뮤니케이션에 적용하면 상대방 마음을 올바로 읽는 게 커뮤니케이션을 제대로 이루는 방법이다. 나아가 이심전심으로 소의 내부를 파악하는 게 가장 중요한 일이다. 칼이라는 언어에만 의존해서 커뮤니케이션을 하는 건 이심전심의 방식에 비하면 그리 바람직하지 못하다.

一 지락 一

　지락(至樂), 즉 진정한 즐거움이란 무엇일까? 세상사람이 함께 높여
받드는 부유함, 귀함, 장수, 길함과 세상사람이 함께 즐기는 몸의 편안
함, 맛있는 음식을 먹는 일, 아름다운 옷을 걸치는 일, 멋있는 색과 소
리를 듣는 일이 진정한 즐거움일까? 이에 반해 세상사람이 함께 싫어
하는 가난, 천함, 요절, 미움과 세상사람이 함께 괴로워하는 몸의 불편
함, 맛없는 음식을 먹는 일, 아름답지 않은 옷을 걸치는 일, 멋없는 색
깔과 소리를 듣는 일은 진정한 즐거움이 아닐까? 이런 질문에 대해서
세상사람은 대부분 동의하지만 장자는 반드시 그렇지 않다고 말한다.

　장자에 따르면 세상사람이 부러워하는 재산이 많은 부자(富者), 신분
이 높은 귀자(貴者), 오래 사는 수자(壽者), 세상이 높이 받드는 의로운
열사(烈士)는 진정한 즐거움을 누리지 못한 사람들이다. 부자는 자신의
몸을 해쳐가면서 바쁘게 일해 많은 재산을 모으더라도 이 재산을 평생
다 쓰지 못하고서 죽는다. 그렇다면 이는 재산이란 외형을 위한 게지
진정한 즐거움과 관련이 없다. 마찬가지로 신분이 높은 귀자, 오래 사
는 수자, 의로운 열사도 이런 부자의 모습과 크게 다를 바 없다.

　그렇다면 장자가 말하는 진정한 즐거움은 무엇일까? 그건 무위(無爲)
에 입각해서 이루어지는 즐거움이다. 왜냐하면 진정한 즐거움(樂)과 몸
의 생기(活)는 그 조짐이 오로지 무위에서 생겨나서이다. 그래서 하늘
은 무위로서 맑고 땅은 무위로서 편안해 천지도 무위로서 하나가 된

다. 이에 만물은 모두 무위에 따라 변화하는데 진정한 즐거움과 몸의 생기는 무위에 따라 변화하는 데서 저절로 돋아난다. 물론 무위는 까마득하거나 어렴풋하기에 어디로 나아가고 어디서 나타나는지 모른다. 또 무위는 어렴풋하거나 까마득하기에 형상도 없다. 그런데도 만물이 천하에 번거로울 정도로 많아지는 건 모두 무위를 따라 불어난 결과이다. 그만큼 무위의 위력이 대단하다.

장자는 무위의 위력이 이처럼 대단하다는 것을 알아서 아내의 죽음 앞에서 질그릇을 두드리며 노래 부를 수 있었다. 장자에 따르면 사람이 태어나기 전에는 생명이란 게 없었다. 또 생명만 없었던 게 아니라 형체도 없었고, 형체만 없었던 게 아니라 기(氣)도 없었다. 그런데 어둠 속에서 무언가에 섞여 있다 기가 생겨났다. 이 기가 변해 형체가 생기고, 형체가 변해 생명이 생기고, 그것이 변해 죽음으로 돌아간다. 이런 변화는 사계절의 운행과 같은 원리인데 이것이 무위가 지닌 힘이다. 지금 장자의 아내는 우주란 큰 방에 쓰러진 채 잠들어 있는데 이 잠듦을 두고서 슬퍼하거나 다른 사람들을 따라서 곡을 한다면 장자가 볼 때 이는 하늘의 뜻(命)과 통하지 않는 행동이다.

장자는 이런 생사관을 가상인물인 지리숙(支離叔)과 골개숙(滑介叔)의 대화를 통해 또 다시 강조한다. 장자는 지리숙과 골개숙의 대화를 통해서 태어남은 천지의 기(氣)를 잠시 빌린 거라고 말한다. 이처럼 우리는 천지의 기를 잠시 빌려서 살아가기에 우리의 삶은 먼지나 때와 같다는 입장을 피력한다. 그래서 죽고 사는 건 낮과 밤이 교대하는 것과 같다는 게 장자의 생각이다. 이런 장자의 생사관은 해골과의 대화를 통해서 더욱 노골적으로 드러난다. 해골은 사람이 죽으면 위로는 군주가 없고 아래로는 신하가 없다고 말한다. 또 사철의 변화도 없어서 천지와 나이를 함께 할 정도로 젊음을 영원히 유지한다고 말한다. 이에 산 세상에선 남면해서 왕 노릇 하는 게 즐겁다고 하지만 죽음의 세상에선 왕 노룻 하는 것보다 훨씬 더 즐겁다고 말한다.

물론 진정한 즐거움은 훌륭한 생사관을 지닐 때만 나타나는 게 아니다. 능력에 따라 각자의 역할을 수행할 때도 진정한 즐거움을 맛볼 수 있다. 장자는 이를 보여주기 위해 공자와 그의 제자인 자공과의 대담을 소개한다. 안회가 제나라로 떠난 데 대해 공자가 근심스런 표정을 짓자 자공이 어째서 그런지에 대해 물으면서 대담이 시작된다. 주머니가 작으면 큰 것을 담을 수 없고, 두레박줄이 짧으면 깊은 샘의 물을 뜰 수 없는 것처럼 사람의 쓰임새는 하늘의 뜻으로 정해진다. 그러니 하늘의 뜻으로 정해진 쓰임새에 무언가가 더해지거나 덜해질 수 없다. 이처럼 쓰임새는 애초부터 하늘의 뜻으로 정해지므로 이를 억지로 바꿀 수 없다. 그런데도 이를 바꾸려고 하면 그건 즐거움과 멀어지는 일이다.

「지락」의 마지막 장은 잘 이해되지 않는다. 그렇지만 꼼꼼히 살펴보면 장자가 「지락」을 통해 말하려는 바와 직결된 내용임을 알 수 있다. 이 마지막 장은 모든 만물은 틀에서 나와 틀로 들어간다는 말로 끝난다. 이는 만물이 유위(有爲), 즉 자신의 의지대로 생겨나는 게 아니라 무위(無爲)에 의해 생겨난다는 말이다. 게다가 만물이 천하에 이렇게 많은 건 모두 무위를 쫓아서 불어난 결과이다. 이처럼 무위의 위력은 엄청나게 크다. 그렇다면 모든 만물이 무위에 의해 이루어지는 것을 아는 게 진정한 즐거움이 생겨나는 조짐이다. 또 그렇다면 사람이 느끼는 진정한 즐거움도 부유함, 귀함, 장수, 길함처럼 자신의 뜻대로 얻어지는 게 아니라 모두 무위에 따라 저절로 생겨나는 것을 아는 일이다.

세상에는 지락(至樂), 즉 진정한 즐거움이 있는가 없는가?

세상에는 생기(活)를 북돋을 수 있는 방법이 있는가 없는가?

지금 우리는 무엇을 위하고 무엇을 억누르는가?

또 우리는 무엇을 피하고 어느 곳에 머무는가?

또 우리는 어디로 나아가고 어디를 떠나는가?

또 우리는 무엇을 즐기고 무엇을 미워하는가?

세상사람이 높이 받드는 건 부유함(富), 귀함(貴), 장수(壽), 길함(善)이다.

세상사람이 즐기는 건 몸의 편안함(身安), 맛있는 음식(厚味),

아름다운 옷(美服) 그리고 멋있는 색(好色)과 소리(音聲)이다.

세상사람이 싫어하는 건 가난(貧), 천함(賤), 요절(夭), 미움(惡)이다.

세상사람이 괴로워하는 건 몸이 편안하지 않은 것,

맛있는 음식을 먹지 못하는 것, 아름다운 옷을 걸치지 못하는 것,

멋진 색을 보지 못하는 것 그리고 좋은 소리를 듣지 못하는 것이다.

만약 이런 것들을 얻지 못하면 크게 걱정하면서 두려워하는데

이런 것들은 자신의 몸만 위한 것이니까 이 또한 얼마나 어리석은가!

부자(富者)는 자신의 몸을 해쳐가면서 바쁘게 일을 해

많은 재산을 쌓는데도 평생 다 쓰지 못하고서 죽는다.

그러면 이는 재산이란 외형을 위한 게지 진정한 즐거움과 동떨어져 있다.

귀자(貴者), 즉 신분이 높은 사람은 밤낮을 가리지 않고서

일이 잘 되어 가는지 안 되는지를 골똘히 생각한다.

그러면 이는 신분이란 외형을 위한 게지 진정한 즐거움과 동떨어져 있다.

사람이 태어나면 근심과 더불어 살아가게 마련인데

장수하는 사람(壽者)은 정신이 흐린 상태에서 오래도록 근심하면서

죽지 않으니까 이게 무슨 변고인가!

그러면 이는 장수라는 외형을 위한 게지 진정한 즐거움과 동떨어져 있다.

열사(烈士)는 천하를 위한다는 좋은 평가를 받는데도

이런 좋은 평가조차 몸의 생기를 북돋는 데 부족하다.

그래서 나는 천하에서 몸의 생기를 북돋는 데 좋다고 하는 것이

정말로 좋은 건지 정말로 좋지 않은 건지 모르겠다.

만약 생기를 북돋는 데 좋은 것이라도 몸을 살리는 데 부족하고,

생기를 북돋는 데 좋지 않은 것이라도 몸을 살리는 데 충분하다.

그래서 '충심으로 간해도 듣지 않으면 눈치껏 물러나거나 순종해야지

왕과 다투어선 안 된다.'라고 말한다.

열사였던 오자서(子胥)는 왕 부차와 다퉈 몸을 잃었는데

다투지 않았더라면 그의 명성도 생겨나지 않았을 것이다.

그러니 정말로 좋은 게 있는가 없는가?

그렇다면 지금 세상사람이 즐겁다고 말하는 게 정말로 즐거운 건지

정말로 즐겁지 않은 건지 나는 모르지 않는가?

내가 보건대 세상사람이 즐겁다고 말하는 건 떼를 지어 달려서 죽어도

어쩔 수 없다고 하는 즐거움과 같은데 모두가 이를 즐거운 거라고 말한다.

나는 이런 게 즐거운 건지 즐겁지 않은 건지 아직 모르겠다.

그러면 즐거움이란 과연 있는가 없는가?

나는 무위(無爲), 즉 하고자 함이 없음을 참된 즐거움이라고 여기지만

세상사람에게 있어 참된 즐거움은 큰 고통이다.

그래서 '진정한 즐거움에는 즐거움이 없고, 진정한 명예에는 명예가 없다.'

천하의 일에 있어서 시비(是非), 즉 옳고 그름을 정말로 단정할 수 없다.

그럼에도 불구하고 무위(無爲)만 시비를 단정할 수 있다.

그런데 진정한 즐거움(至樂)과 몸의 생기(活身)는 오직 무위에 그 조짐이 있다.

거기에 대해 한 번 말해보자.

하늘은 하고자 함이 없어 맑고, 땅은 하고자 함이 없어 편안하다.

그래서 하늘과 땅이 하고자 함이 없이 서로 하나가 됨으로써

만물은 모두 변화하며 생겨난다.

무위(無爲)는 까마득하고 어렴풋하다.

그래서 어디로 나아가고 어디서 나타나는지 알 수 없다!

무위는 어렴풋하고 까마득하다. 그래서 형상이 있지 않다!

만물이 많은 것은 모두 무위를 쫓아 불어난 결과이다.

그래서 '천지는 하고자 함이 없는 무위이므로 하지 못하는 바가 없다.'라고

말한다. 사람들 중에 누가 이 무위의 경지를 터득할 수 있겠는가!

· · ·

天下有至樂無有哉? 有可以活身者無有哉?

今奚爲奚據? 奚避奚處? 奚就奚去? 奚樂奚惡?

夫天下之所尊者, 富貴壽善也., 所樂者, 身安厚味美服好色音聲也.,

所下者, 貧賤夭惡也., 所苦者, 身不得安逸, 口不得厚味, 形不得美服,

目不得好色, 耳不得音聲., 若不得者, 則大憂以懼, 其爲形也, 亦愚哉!

夫富者, 苦身疾作, 多積財而不得盡用, 其爲形也亦外矣.

夫貴者, 夜以繼日, 思慮善否, 其爲形也亦疏矣.

人之生也, 與憂俱生, 壽者惽惽, 久憂不死, 何故也! 其爲形也亦遠矣.

烈士爲天下見善矣, 未足以活身. 吾未知善之誠善邪? 誠不善邪?

若以爲善矣, 不足活身., 以爲不善矣, 足以活人. 故曰:「忠諫不聽, 蹲循勿爭.」

故父子胥爭之以殘其形, 不爭, 名亦不成.

誠有善無有哉? 今俗之所爲與其所樂, 吾又未知樂之果樂邪, 果不樂邪?

吾觀夫俗之所樂, 擧群趣者誙誙然如將不得已, 而皆曰樂者, 吾未知之樂也,

亦未知之不樂也. 果有樂無有哉? 吾以無爲誠樂矣, 又俗之所大苦也.

故曰:「至樂無樂, 至譽無譽.」

天下是非果未可定也. 雖然, 無爲可以定是非.

至樂活身, 唯無爲幾存. 請嘗試言之.

天無爲以之淸, 地無爲以之寧, 故兩無爲相合, 萬物皆化生.

芒乎芴乎, 而無從出乎! 芴乎芒乎, 而無有象乎! 萬物職職, 皆從無爲殖.

故曰天地無爲也而無不爲也, 人也孰能得無爲哉!

진정한 즐거움(至樂)에는
즐거움이 없다

———

　한번 태어난 삶을 즐겁게 살다가 가면 그게 진정한 행복이 아닐까? 그러면 어떻게 살아야 즐겁다고 할 수 있을까? 장자는 「지락(至樂)」에서 그 답을 제시하고 있다. 이 점이 춘추전국시대의 다른 제자백가들과 크게 다르다. 춘추전국시대의 제자백가들은 대부분 어떻게 해야 부국강병(富國强兵)을 통해 영토를 확장할 수 있을까 아니면 어떻게 해야 도덕적 우위를 지닌 나라를 만들 수 있을까에 보다 초점을 맞추었다. 전자가 법가(法家)와 병가(兵家)로 대표된다면 후자는 유가(儒家)와 묵가(墨家)로 대표된다. 그래서 법가와 병가는 실용적 차원의 치도(治道)를 언급한다면 유가와 묵가는 이상적 차원의 치도를 언급한다고 보아진다.

　법가든 병가든 간에 심지어 유가든 묵가든 간에 그들의 사상에는 개인의 행복과 즐거움이 빠져 있다. 법가와 병가가 목표로 하는 바는 오로지 부국강병이므로 개인의 즐거움은 호사에 불과하다. 물론 유가와 묵가는 법가와 병가와 달리 백성의 행복을 중요시한 건 사실이다. 그렇지만 이들이 중요시한 건 국가를 전제로 한 행복이지 개인에게 초점을 맞춘 행복이 아니다. 따라서 개인과 국가가 맞닥뜨리는 경우 유가와 묵가는 개인보다는 국가의 손을 들어주게 마련이다. 그런데 노장은 유가와 묵가와는 달리 국가보다 개인을 우선시 한다. 그래서 노자는 소국과

민(小國寡民)[30], 즉 나라를 작게 하고 백성의 수도 적게 하라는 말을 『도덕경』에 남겼을 정도이다. 나라도 작고 백성의 수도 적어야 개인이 즐거울 수 있다는 말이다.

장자도 노자와 똑같은 입장을 취한다. 외편 첫 부분을 장식하는 「변무」, 「마제」, 「거협」, 「재유」가 주로 이런 문제를 다룬다. 이 글들의 공통된 주제는 무위이치(無爲而治), 즉 하고자 함이 없는 다스림이다. 그래서 군주가 무위이치를 행해야 백성이 자유로워져서 하고 싶은 일을 마음대로 할 수 있다. 그럼으로써 천하는 타고난 본성의 참 모습(性命之情)에 편히 머물 수 있다. 반면 유가와 묵가처럼 유위이치(有爲而治), 즉 하고자 함이 있는 다스림을 펼치면 백성은 인애(仁愛) 및 겸애(兼愛) 따위의 규범에 묶여서 하고 싶은 일을 마음대로 할 수 없다. 그러면 천하는 타고난 본성의 참 모습에 편히 머물 수 없으므로 백성은 불편해진다. 장자는 이런 상태에서는 백성이 결코 즐거울 수 없다고 말한다.

개인의 이런 즐거움과 관련한 얘기는 「지락」에서 본격적으로 소개된다. 「지락」은 천하에 진정한 즐거움이 있는지 없는지, 또 천하에 생기를 북돋을 수 있는 방법이 있는지 없는지로 시작한다. 장자는 어째서 이런 질문을 던지고 있을까? 우리가 세상에 태어난 이상 진정한 즐거움을 맛보고, 그 결과 몸의 생기를 끊임없이 북돋게 하는 건 세상사람 모두가 바라는 바다. 이를 위해 사람들은 무엇을 위하거나 무엇을 억누르려 한다. 또 이를 위해 사람들은 무엇을 피하거나 어디에 머물러야 할지 고민한다. 또 이를 위해 사람들은 어디로 나아가거나 어디를 떠나야 할지 고민한다. 또 이를 위해 사람들은 무엇을 즐겨야 할지 아니면 무엇을 미워해야 할지 고민한다. 이것들은 어쩌면 우리가 살아

---

30) 『도덕경』 80장.

가는 삶의 모습 그 자체이다.

이런 와중에 세상사람이 함께 높이 받드는 것은 부유함(富), 귀함(貴), 장수(壽), 길함(善)이고, 세상사람이 함께 즐기는 것은 몸의 편안함, 맛있는 음식, 아름다운 옷, 멋있는 색과 소리이다. 이에 반해 세상사람이 함께 싫어하는 것은 가난(貧), 천함(賤), 요절(夭), 미움(惡)이고, 세상사람이 함께 괴로워하는 것은 몸이 편안하지 않은 것, 맛있는 음식을 먹지 못하는 것, 아름다운 옷을 걸치지 못하는 것, 멋있는 색깔을 보지 못하는 것, 좋은 소리를 듣지 못하는 것이다. 그래서 사람들이 높이 받들거나 즐기는 것을 얻지 못하면 크게 걱정해서 이를 두려워한다. 또 사람들이 싫어하거나 괴로워하는 것을 얻으면 크게 걱정해서 이 역시 두려워한다. 그런데 이런 걱정과 두려움을 불러오는 것들은 오로지 자신의 몸만 위한 것이기에 장자는 이를 두고 어리석다고 말한다. 왜냐하면 몸만 위한 게 아니라 마음을 위하는 게 진정한 즐거움인 반면 몸을 위하고 마음을 위하지 않는 게 진정한 괴로움이기 때문이다.

장자가 볼 때 세상사람이 부러워하는 사람, 즉 재산이 많은 부자(富者), 신분이 높은 귀자(貴者), 오래 사는 수자(壽者), 높이 받드는 의로운 열사(烈士)는 진정한 즐거움을 누리지 못한다. 부자는 자신의 몸을 해쳐가면서 바쁘게 일을 해 많은 재산을 모으는데도 이 재산을 평생 다 쓰지 못하고 죽어서이다. 이는 재산이란 외형을 위한 게지 진정한 즐거움과 동떨어져 있다. 또 귀자(貴者)는 밤낮을 가리지 않고 일이 잘 되어가는지 안 되는지를 깊이 생각하는데 이는 높은 신분이란 외형을 유지하기 위한 게지 진정한 즐거움과는 동떨어져 있다. 또 사람이 태어나면 근심과 걱정을 안고 살아가는데 장수하는 사람은 정신이 흐릿한 상태에서 근심과 걱정을 오래도록 간직한 채 죽지 않고 살아가므로 정말로 불행하다. 이는 장수라는 외형을 위한 게지 진정한 즐거움과는 동떨어져 있다.

또 의로움을 지키면서 살아가는 열사는 천하를 위한다는 좋은 평가를 세상사람으로부터 받지만 이런 좋은 평가도 그의 몸에 생기를 북돋게 하는 데 있어 부족하다. 왜냐하면 열사는 의로움을 위해서 목숨을 끊어야 하는 경우가 다반사여서이다. 그래서 장자는 천하에서 좋다고 말하는 게 정말로 좋은 건지 천하에서 좋지 않다고 말하는 게 정말로 좋지 않은 건지 잘 모르겠다고 말한다. 의로움이 생기를 북돋는 데 좋더라도 목숨을 유지하는 데 부족한 반면 의롭지 않음이 생기를 북돋는 데 좋지 않더라도 목숨을 유지하는 데 충분하기 때문이다.

그러니 세상에서는 '충심으로 간해도 듣지 않으면 눈치껏 물러나거나 순종해야지 다투어선 안 된다.'라고 말한다. 고대중국을 대표하는 열사 중 하나인 오자서(子胥)는 의로움으로 인해 군주인 부차(夫差)와 다투다가 몸을 잃었다. 물론 다투지 않았더라면 그의 명성도 생겨나지 않았을 것이다. 그러니 오자서처럼 목숨을 잃어서 의로움을 지키는 게 과연 옳은 건지 아니면 명성을 포기하고서 목숨을 살리는 게 과연 옳은 건지 늘 문제가 된다.

즐거움도 마찬가지이다. 세상사람이 지금 즐겁다고 말한 게 정말로 즐거운 건지 정말로 즐겁지 않은 건지 헷갈린다. 장자가 보건대 세상사람이 말하는 즐거움은 떼를 지어 달려서 죽어도 어쩔 수 없다는 식의 즐거움이다. 그만큼 세상사람은 다른 사람들이 추구하는 즐거움이 자신의 즐거움인 양 착각한다. 그래서 장자는 이런 즐거움이 정말로 즐거운 건지 아닌지 알 수 없다고 말한다. 그러면 우리는 진정한 즐거움이 있는지 여부를 두고 헷갈려 할 수밖에 없다. 이에 장자는 무위(無爲)에 입각해서 이루어져야 진정한 즐거움에 이른다고 말한다.

이처럼 무위에 입각해야 진정한 즐거움에 이를 수 있는데 세상사람에게는 이런 즐거움이 오히려 고통으로 작용할 수 있다. 세상사람이 말하는 즐거움이란 부유함, 귀함, 장수, 길함과 몸의 편안함, 맛있는 음식,

아름다운 옷, 멋있는 색과 소리를 듣는 일들이다. 그래서 세상사람은 이런 것들을 위해 자신의 마음을 다쳐가면서 얻으려고 애쓴다. 반면 장자는 이런 것들을 얻지 못해도 마음을 다치지 않아야 진정한 즐거움이라고 말한다. 그런 탓인지 세상에 '진정한 즐거움에는 즐거움이 없고(至樂無樂) 진정한 명예에는 명예가 없다(至譽無譽).'라는 말이 있다.

우리는 천하의 일을 두고 시비(是非), 즉 옳고 그름을 단정할 수 없다. 예를 들어 천하의 일에 해당하는 사시사철의 변화에서도 봄이 길면 옳지만 짧으면 그르다거나 할 수 없다. 또 낮밤의 변화에서도 낮은 좋은데 밤은 싫다는 식으로 말할 수 없다. 그럼에도 불구하고 무위만이 시비를 단정할 수 있다. 진정한 즐거움(至樂)과 몸의 생기(活身)는 오로지 무위에서 그 조짐이 생겨나기 때문이다. 예를 들어 하늘이 무위로 맑고 땅이 무위로 편안해야 하늘과 땅이 무위로 서로 하나가 되어 만물이 모두 변화하는데 이래야만 사람들에게도 마음의 즐거움과 몸의 생기가 돋아난다. 그래서 무위를 따르지 않는 데서 비롯되는 마음의 즐거움과 몸의 생기는 오로지 하늘과 땅이 무위로 하나가 되지 않은 결과이다. 예를 들어 자신의 몸을 해쳐가면서 바쁘게 일을 해 재산을 크게 모으는데도 평생 다 쓸 수 없는 부자가 그런 경우이다.

그런데 무위는 까마득하고 어렴풋하기에 어디로 나아가고 어디에서 나타나는지 모른다. 또 무위는 어렴풋하고 까마득하기에 형상도 없다. 그럼에도 불구하고 만물이 번거로울 정도로 천하에 많은 것은 모두 무위를 쫓아서 불어난 결과이다. 그래서 세상에는 '천지는 무위에 따라 작동하므로 하지 못하는 바가 없다.'라는 말이 있다. 그러니 세상사람이 높이 받드는 부유함, 귀함, 장수, 길함과 세상사람이 즐기는 몸의 편안함, 맛있는 음식, 아름다운 옷, 멋있는 색과 소리를 유위로 억지로 추구할 필요가 없다. 이런 것들은 무위로 얼마든지 저절로 생겨날 수 있어서이다. 세상에 돈을 많이 번 사람에게 어떻게 해서 돈을 벌었냐고 물으면 운이 좋아서 벌었다는 대답이 바로 이런 입장을 지지하지 않는가.

마찬가지로 세상사람이 싫어하는 가난, 천함, 요절, 미움과 세상사람이 괴로워하는 몸이 편치 않은 것, 맛있는 음식을 먹지 못하는 것, 아름다운 옷을 걸치지 못하는 것, 멋있는 색깔을 보지 못하는 것, 귀가 좋은 소리를 듣지 못하는 것도 유위로 억지로 피할 필요가 없다. 이런 것들은 우리가 피하지 않더라도 저절로 찾아오게 마련이다. 그러니 유위의 자세를 버리고 무위의 마음으로 살아가는 게 최고의 경지이다. 이런 경지는 지락, 즉 진정한 즐거움을 맛보는 사람만이 터득할 수 있다.

장자의 아내가 죽자 혜시가 조문을 갔다.

장자는 두 다리를 뻗고 웅크리고서 질그릇을 두드리며 노래를 불렀다.

혜자가 말했다.

"자넨 그 사람과 살면서 자식을 키웠고, 이젠 늙어서 그 사람 몸이 죽었네.

그런데도 곡을 하지 않으니까 다른 사람들로부터 비난받기에 충분하네.

게다가 질그릇을 두드리면서 노래를 부르니까 좀 심하지 않은가!"

장자가 말했다.

"그렇지 않네. 아내가 먼저 죽었는데 나라고 어찌 슬프지 않겠나!

그런데 사람이 태어나기 전을 살펴보면 본디부터 생명(生)이란 게 없었네.

다만 생명만 없었던 게 아니라 본디부터 형체(形)도 없었네.

다만 형체만 없었던 게 아니라 본디부터 기(氣)도 없었네.

그런데 어둠 속에서 섞여 있는게 변해서 기(氣)가 생겨났네.

기가 변해서 형체가 생겨났고, 형체가 변해서 생명이 생겨났고,

지금 그것이 또 변해서 죽음으로 돌아간 거네.

이건 춘하추동 사계절의 운행과 같은 원리이네.

아내는 지금 우주란 큰 방에서 편히 쉬면서 잠들고 있네.

그런데 내가 슬퍼서 엉엉 울면 다른 사람들도 따라서 곡을 할 텐데

이는 내 스스로 하늘의 뜻(命)과 통하지 않는 거라고 여기는 일이네.

그래서 곡하지 않고서 노래를 불렀던 거네."

· · ·

莊子妻死, 惠子弔之, 莊子則方箕踞鼓盆而歌.

惠子曰:「與人居, 長子·老·身死, 不哭, 亦足矣, 又鼓盆而歌, 不亦甚乎!」

莊子曰:「不然. 是其始死也, 我獨何能無槪然!

察其始而本無生, 非徒無生也而本無形, 非徒無形也而本無氣.

雜乎芒芴之間, 變而有氣, 氣變而有形, 形變而有生,

今又變而之死, 是相與爲春秋冬夏四時行也.

人且偃然寢於巨室, 而我噭噭然隨而哭之, 自以爲不通乎命, 故止也.」

아내의 죽음 앞에서
질그릇을 두드리며 노래 부르는 장자

———

이 글은 재미난 내용으로 잘 알려져 있다. 장자의 아내가 죽자 친구인 혜시가 조문을 갔는데 그때 장자는 두 다리는 뻗고 앉아서 몸을 웅크린 채 질그릇을 두드리며 노래를 불렀다. 장자의 아내가 죽었을 때 장자가 정말로 이렇게 했는지 여부는 확인할 수 없지만 평소 장자의 태도에 비추어 볼 때 어느 정도 가능한 일이라고 본다. 이에 혜시는 실망한 듯 "자네는 그 사람과 살면서 자식을 키우고 이제는 늙어서 그 사람의 몸이 죽은 상황에서 곡까지 하지 않으니 비난받기에 충분한데 질그릇을 두드리면서 노래를 부르니 심하지 않은가!"라고 장자를 꾸짖었다. 이에 장자는 "아내가 먼저 죽었는데 나라고 어찌 슬프지 않을 수 있겠나!"라고 대답하며 혜시를 달랜 뒤 질그릇을 두드리고 노래 부른 이유를 차분히 설명했다.

장자에 따르면 사람이 태어나기 전에는 원래 생명(生)이라는 게 없었다. 생명만 없었던 게 아니라 형체(形)도 없었고, 형체만 없었던 게 아니라 기(氣)도 없었다. 그런데 기는 어둠 속에서 무언가에 뒤섞여 있다가 그것이 변해서 생겨났다. 이 기가 변해서 형체가 생겨났고, 형체가 변해서 생명이 생겨났고, 지금 그것이 또 변해서 장자의 아내가 죽음으로 돌아갔는데 이런 변화는 사계절의 운행과 같은 원리이다. 그러니 장자의 아내는 지금 우주라는 큰 방에 편히 쉬면서 잠들어 있다. 그런데 아내의 잠듦이 슬프다고 해서 다른 사람들을 따라 곡 한다면 이는 장자 스스로 볼 때도 하늘의 뜻(命)과 통하지 않는 모습이다. 그래서 장자는 우주라는 큰 방에 편히 잠든 아내의 모습을 보고 안도해하면서 곡하는 대신 노래를 불렀던 거다.

장자는 자신의 아내에게만 이런 자연의 원리를 적용하지 않는다. 장자도 죽으면서 아내와 똑같은 방식으로 자신을 대접하도록 제자들에게 당부했기 때문이다. 이와 관련한 내용이 잡편 「열어구」에 등장한다. 장자가 죽음에 이르자 성대하게 장사지내고 싶어하는 제자들을 향해서 말했다. 장자 자신은 하늘을 속 관으로 삼고 땅을 겉 관으로 삼아 해와 달을 한 쌍의 둥근 옥으로 여기고, 별들을 구슬로 여기고, 세상만물을 부장품으로 여기려고 하니 자신의 장례를 위한 준비가 모두 갖추어졌다. 그러니 더 이상 보탤 게 없다. 이에 한 제자가 스승의 시신을 까마귀나 솔개가 뜯어 먹을까봐 염려된다고 말했다. 그러자 장자는 땅 위에 있는 시체를 땅속에 묻으면 이는 까마귀 먹이를 빼앗아서 땅강아지에게 주는 일인데 이것이 과연 공정한 처사냐고 따져 물었다. 이는 장자의 시신이 까마귀의 먹이가 되든 땅강아지의 먹이가 되든 간에 상관없다는 태도이다.

이를 통해서 보면 장자의 생사관은 분명하다. 즉 장자는 와야 할 때, 즉 태어남을 편안히 받아들이고, 가야 할 순리, 즉 죽음을 편안히 받아들인다. 더욱이 불의의 사고로 죽은 게 아니라 수명을 다해 죽었다면 가야 할 순리를 더욱 편안히 받아들여야 하는 게 장자의 확고한 태도이다. 이런 생사관은 내편 「대종사」에서도 잘 드러난다. 「대종사」에서는 도를 깨친 사람이 차례로 등장하는데 이 사람들이 바로 삶과 죽음을 초월한 사람들이다.

그 첫 번째 주인공이 자사·자여·자리·자래이다.[31] 이들은 자연이 자신들에게 몸이란 형체를 주더니 삶으로 수고롭게 하고 늙음으로 편안케 하더니 마지막에는 죽음으로 쉬게 한다는 생각을 지닌 인물들이다. 그래서 삶을 좋다고 여기면 죽음도 좋다고 여겨야 한다고 믿는다. 두 번째 주인공은 자상호·맹자반·자금장이다.[32] 이들 역시 생사를 초월하고 있어 삶을 목에 붙은 혹이라고 여기고, 또 죽음을 곪고 곪은 악창이 터지는 거라고 여긴다. 세 번째 주인공은 죽음을 앞둔 맹손재(孟孫才)이다.[33] 맹손재는 자신이 태어난 이유도 모르고 죽어야 하는 이유도 모른다. 또 삶과 죽음 중에 어느 게 먼저 오고 어느 게 나중에 오는지도 모른다. 그래서 맹손재는 자연의 섭리에 따라 끊임없이 변화해 가는 와중에 지금 죽으면 자신이 어떤 모습으로 나타날까 궁금해하면서 앞으로의 변화를 기다릴 뿐이다. 장자도 아내의 죽음을 두고 이렇게 생각한 게 아닐까?

---

31) 내편 「대종사」 5를 참조하도록.
32) 내편 「대종사」 6을 참조하도록.
33) 내편 「대종사」 7을 참조하도록.

지리숙(支離叔)과 골개숙(滑介叔)이 황제가 쉬었던 명백의 언덕(冥伯之丘)과

곤륜산의 터(崑崙之虛)로 구경을 갔다.

갑자기 골개숙의 왼쪽 팔꿈치에 혹이 생겨나자 골개숙이 흠칫 놀라면서

이를 꺼려하는 듯했다.

지리숙이 말했다. "자네는 혹이 생겨난 걸 꺼려하는가?"

골개숙이 말했다. "아닐세. 내가 어찌 혹을 꺼려하겠는가!

우리가 태어난 건 천지의 기(氣)를 잠시 빌린 걸세.

잠시 빌려서 살아가고 있으니 우리의 삶은 먼지나 때와 같네.

그러니 죽고 사는 건 낮과 밤이 교대하는 것과 같지.

나는 자네와 함께 만물의 변화를 관찰해 왔는데

그 변화가 마침 내게 미쳤다고 해서 내가 그걸 어찌 꺼려하겠는가!"

· · ·

支離叔與滑介叔觀於冥伯之丘, 崑崙之虛, 黃帝之所休.

俄而柳生其左肘, 其意蹶蹶然惡之.

支離叔曰:「子惡之乎?」

滑介叔曰:「亡, 子何惡! 生者, 假借也., 假之雅生生者, 塵垢也. 死生爲晝夜.
且吾與子觀化而化及我, 我又何惡焉!」

죽고 사는 건 낮과 밤이 교대하는 것과 같다

──────

　이 글도 앞의 글처럼 죽음도 자연의 뜻으로 알고 순순히 받아들인다는 내용이다. 지리숙(支離叔)과 골개숙(滑介叔)이 명백의 언덕(冥伯之丘)과 곤륜산의 터(崑崙之虛)로 구경을 갔다. 명백의 언덕과 곤륜산의 터는 모두 황제가 쉬었던 곳이니까 이로 미루어 보아 지리숙과 골개숙도 훌륭한 성인임을 알 수 있다. 그런데 골개숙의 왼쪽 팔꿈치에 갑자기 혹이 생겨나자 골개숙이 흠칫 놀라면서 혹을 꺼리는 듯한 태도를 보였다. 이에 지리숙이 혹이 생겨난 것을 꺼리느냐고 묻자 골개숙이 어째서 혹을 꺼리겠느냐고 반문했다.

　자신의 몸에 혹이 생겨나도 이를 꺼리지 않는 모습은 이미 「대종사」에서 재미나게 설명된 바 있다. 「대종사」는 "조물자가 내 왼팔을 차츰차츰 변화시켜서 암탉으로 만들면 나는 이로써 새벽을 알리고, 내 오른팔을 차츰차츰 변화시켜서 활로 만들면 나는 이로써 부엉이구이를 장만하고, 내 엉덩이를 차츰차츰 변화시켜서 수레바퀴로 만들면 모습을 말로 바꾸어 그걸 타고 다니겠다."[34]라고 말한다.

──────

34) 又將奚以汝爲, 將奚以汝適? 以汝爲鼠肝乎? 以汝爲蟲臂乎? (내편 「대종사」 5)

골개숙도 이처럼 자연이 하자는 대로 살겠다는 의지를 분명히 한다. 골개숙에 따르면 삶과 죽음도 마찬가지이다. 그래서 골개숙은 자신이 삶을 얻은 건 우연히 그런 때를 만난 것이고, 삶을 잃는다면 자연의 질서에 순응하는 것이라고 믿는다. 그러니 골개숙이나 지리숙이 태어난 건 천지의 기(氣)를 잠시 빌린 일이다. 이처럼 잠시 빌려서 살아가므로 우리의 삶은 마치 먼지나 때와 같다. 그래서 골개숙은 죽고 사는 일을 두고 낮과 밤이 교대하는 것 같다고 말한다. 이에 골개숙은 지리숙과 함께 만물의 변화를 관찰해온 터인데 그 변화가 마침 자신에게 미쳐서 혹이 생겨난건데 이를 어찌 꺼리겠느냐고 반문한 것이다.

장자가 초(超)나라로 가다가 뼈만 남은 해골을 보았다.

장자는 백골이 되어서 형체만 남은 해골을 말채찍으로 툭툭 치며 물었다.

"선생은 삶을 탐하다가 도리를 잃어서 이렇게 되었는가?

아니면 나라를 망치게 한 일이 있어 도끼로 주살되어서 이렇게 되었는가!

아니면 그릇된 행동으로 부모와 처자까지 치욕이 남겨질까 부끄러워서

이렇게 되었는가!

아니면 얼거나 굶주리는 환난을 당해서 이렇게 되었는가?

아니면 나이를 많이 먹어서 이렇게 되었는가?"

장자는 말을 마치자 해골을 끌어다가 베개로 삼은 뒤 누워서 잤다.

한 밤중에 해골이 장자의 꿈에 나타나서 말했다.

"그대의 말은 마치 변사의 말과 같군.

헌데 그대가 말한 건 모두 산 사람의 허물일 텐데 죽으면 그런 게 없네.

그대는 죽음 이야기를 듣고 싶지 않은가?"

장자가 말했다. "그러하네. 한 번 죽음 이야기를 말해보게."

해골이 말했다. "죽으니까 위로는 군주가 없고 아래로는 신하가 없네.

또 사철의 변화도 없어서 천지와 나이를 함께 하니까 자유롭고,

남면해서 왕 노릇 하는 게 즐겁다고 하지만 이보다 더 즐거울 수 없네.

장자는 그걸 믿지 못해서 물었다.

"내가 생명을 주관하는 사명(司命)에게 선생의 몸을 살려내도록 부탁해서

뼈·근육·살·피부를 원래대로 되돌리고, 선생을 부모와 처자,

또 고향 친구들에게 돌려보낸다면 그럴 의향이 있겠는가?"

해골은 눈살을 깊이 찌푸리고 콧대를 찡그리면서 말했다.

"내가 왕 노릇 하는 것보다 더 나은 즐거움을 버리고
인간세상의 수고를 다시 하라니 그런 끔찍한 소리를 하지 말게!"

* * *

莊子之楚, 見空髑髏, 髐然有形, 撽以馬捶因而問之, 曰:「夫子貪生失理, 而
爲此乎?
將子有亡國之事, 斧鉞之誅, 而爲此乎!
將子有不善之行, 愧遺父母妻子之醜, 而爲此乎?
將子有凍餒之患, 而爲此乎? 將子之春秋故及此乎?」
於是語卒, 援髑髏, 枕而臥.
夜半, 髑髏見夢曰:「子之談者似辯士. 視子所言, 皆生人之累也, 死則無此矣.
子欲聞死之說乎?」
莊子曰:「然.」
髑髏曰:「死, 無君於上, 無臣於下., 亦無四時之事, 從然以天地爲春秋, 雖南
面王樂, 不能過也..」
莊子不信, 曰:「吾使司命復生子形, 爲子骨肉肌膚, 反子父母妻子閭里知識,
子欲之乎?」
髑髏深矉蹙頞曰:「吾安能棄南面王樂而復爲人間之勞乎!」

살아서 왕 노릇 하는 것보다 죽음의 세계가
더 즐거운 세상이 아닐까?

———

　우리가 죽으면 죽음의 세상은 과연 어떠할까? 그 세상은 지금보다 더 나은 세상일까? 우리가 죽으면 흔히 영원한 안식을 얻기 위해 떠난다고 말하니까 지금보다 더 나은 세상이 우리를 기다리는지 모른다. 그렇지만 죽으면 몸이 썩어서 흉한 모습을 드러내기에 사람들은 죽음을 외면하는 게 아닌가? 그런데 시체의 흉한 모습은 살아 있는 세상의 관점에서 죽음을 평가한 것이므로 타당할 수 없다. 그러니 죽고 난 후 그 관점에서 죽음의 세상을 평가해야 제대로 된 평가가 될 것이다. 그렇다면 죽은 세상은 우리가 살아 있는 세상에서 죽음을 본 것처럼 정말로 암울한 세상일까? 아니면 지금보다 훨씬 더 희망에 찬 세상이 우리를 기다리고 있을까? 이에 대해 누구도 알지 못한다.

　장자가 초(楚)나라로 가다가 뼈만 남은 해골을 보았다. 장자는 하얗게 되어서 형체만 남은 백골에게 말채찍으로 툭툭 치며 어째서 이런 형태로 있느냐고 장난하듯이 물었다. 혹시 돈과 명예를 얻기 위해 삶을 지나치게 탐하다가 오히려 도리를 잃고서 이렇게 되었는가? 아니면 나라를 망치게 한 일로 역적으로 몰려 도끼로 주살되어서 이렇게 되었는가? 아니면 주색잡기(酒色雜技) 등 부끄러운 행동을 해서 부모와 처자에게 치욕이 남겨질까 부끄러워 스스로 목숨을 끊어서 이렇게 되었는가?

아니면 춥고 배가 고파 굶주리는 환난을 당해서 이렇게 되었는가? 아니면 나이를 많이 먹어 수명을 다해서 이렇게 되었는가? 이렇게 말을 마친 뒤 장자는 해골을 끌어다가 이를 베개로 삼아 누워서 잤다.

그런데 해골이 장자의 꿈에 나타나서 장자의 말이 변사처럼 청산유수와 같다고 비꼬았다. 그런 뒤 자신의 죽은 이유를 두고 장자가 상상해 낸 건 모두 산 사람의 허물이라고 전제하고서 죽으면 그런 일이 없다고 말했다. 그러면서 죽음의 세상에 관한 이야기를 듣고 싶지 않느냐고 제안했다. 장자가 죽음의 세상에 대해 듣고 싶다고 하자 해골은 죽으면 위로는 군주가 없고, 아래로는 신하가 없다고 말했다. 또 사시사철의 변화도 없어 천지와 나이를 함께 할 정도로 자유로워서 젊음을 영원히 유지한다고 말했다. 그러면서 산 세상에선 남면해서 왕 노릇 하는 게 즐겁다고 하지만 죽음의 세상은 왕 노릇 하는 것보다 더 즐겁다고 으쓱거리며 말했다.

장자는 해골의 이 말을 믿을 수 없어 그냥 무시했다. 그리고 생명을 주관하는 신 사명(司命)에게 부탁해 해골의 몸을 다시 살려내어서 뼈, 근육, 살, 피부를 원래의 상태로 되돌리고, 나아가 해골을 그의 부모와 처자 그리고 고향 친구들에게 돌려보내면 어떠하냐고 제안했다. 그러자 해골은 눈살을 깊이 찌푸리고 콧대를 찡그리면서 산 세상에서 왕 노릇 하는 것보다 더 나은 즐거움을 버리고 다시 살아나서 인간세상의 수고를 다시 하라니 그런 끔찍한 소리를 하지 말라고 말을 끊었다. 해골의 말이 사실이라면 우리는 죽음을 꼭 외면할 필요가 없지 않을까? 어쩌면 죽음을 오히려 반갑게 맞아들여야 하는 게 아닐까?

안연(顔淵)이 동쪽 제나라로 가자 스승 공자가 근심스런 표정을 지었다.

공자의 제자 자공(子貢)이 자리에서 내려와 공손히 물었다.

"소자가 감히 여쭙니다. 안회가 동쪽 제나라로 가는데

스승께서 근심스런 표정을 지으시니 어째서인가요?

공자가 말했다.

"좋은 질문이다! 옛날 관자(管子)가 한 말이 있는데 난 그 말을 좋아하네.

관자는 '주머니가 작으면 큰 걸 담을 수 없고, 두레박줄이 짧으면

깊은 샘의 물을 뜰 수 없다.'라고 말했네.

이 말처럼 쓰임새는 하늘의 뜻으로 정해지고,

형체는 알맞은 바가 있어 여기에 덜하거나 더할 수 없네.

나는 안회가 제나라 군주에게 요순과 황제의 도를 말하고,

여기에 수인씨와 신농씨의 얘기까지 덧붙일까봐 두렵네.

그러면 제나라 군주는 마음속으로 안회의 말이 맞는지 근거를 찾다가

결국은 찾지 못할 거네.

제나라 군주가 어떤 근거도 찾지 못하면 결국 의혹을 품게 되는데

사람의 의혹이 깊어지면 결국 안연을 죽일 걸세."

공자가 계속해서 말했다.

"그리고 너만 이런 얘기를 듣지 못했는가?

옛날 어떤 바닷새가 노(魯)나라 서울 성 밖에 날아와서 머물렀네.

그러자 노나라 군주는 이 새를 친히 종묘 안으로 데려와 술을 권하고,

새를 즐겁게 하려고 아름다운 구소(九韶)의 음악을 연주하고,

큰 우리를 만들어서 선물을 했네.

이것은 노나라 군주가 자신의 양생법으로 새를 보양한 거지
새의 양생법으로 새를 보양한 게 아니네.
새의 양생법으로 새를 보양한다면 마땅히 깊은 숲 속에 살게 하거나
강 가운데 섬에서 노닐게 하는 일이네.
또 강과 호수를 떠다니면서 미꾸라지와 피라미를 잡아먹고,
무리를 지어서 생활하다가 그치면 혼자 자유롭게 사는 일이네.
저 새들은 오로지 사람의 말소리조차 듣기 싫어하거늘
하물며 구소 음악의 떠들썩함을 어찌 견디겠는가!
아름다운 함지(咸池)와 구소(九韶) 음악을 동정(洞庭)의 들판에서 연주해도
새가 들으면 날아가고, 짐승이 들으면 달아나고, 물고기가 들으면 숨네.
그런데 인졸(人卒)은 그 음악을 듣기 위해 다투어 몰려들어서 관람하네.
물고기는 물속에 있어야 살지만 사람은 물속에 있으면 죽는 것처럼
새와 사람은 반드시 서로 다르게 태어났지.
따라서 좋아하는 것과 싫어하는 것도 이처럼 다르네.
그래서 옛날 성인(聖人)은 사람의 능력에 따라 역할을 다르게 맡겼네.
명분(名)은 실질에 부합하고, 도리(義)는 상황에 맞게끔 수립되는 게
맥락이 잘 통해서 복이 보존된다는 말이네."

· · ·

顔淵東之齊, 孔子有憂色,
子貢下席而問曰:「小子敢問, 回東之齊, 夫子有憂色, 何邪?」
孔子曰:「善哉汝問! 昔者管子有言, 丘甚善之,
曰:『褚小者不可以懷大, 綆短者不可以汲深.』
夫若是者, 以爲命有所成而形有所適也, 夫不可損益.
吾恐回與齊侯言堯舜黃帝之道, 而重以燧人神農之言.
彼將內求於己而不得, 不得則惑, 人惑則死.

「且女獨不聞邪? 昔者海鳥止於魯郊, 魯侯御而觴之于廟, 奏九韶以爲樂,
具太牢以爲膳. 鳥乃眩視憂悲, 不敢食一臠, 不敢飮一杯, 三日而死.
此以己養養鳥也, 非以鳥養養鳥也.
夫以鳥養養鳥者, 宜栖之深林, 遊之壇陸, 浮之江湖, 食之鰌鰷, 隨行列而止,
委蛇而處. 彼唯人言之惡聞, 奚以夫譊譊爲乎!
咸池九韶之樂, 張之洞庭之野, 鳥聞之而飛, 獸聞之而走, 魚聞之而下入, 人
卒聞之, 相與還而觀之.
魚處水而生, 人處水而死, 彼必相與異, 其好惡故異也.
故先聖不一其能, 不同其事. 名止於實, 義設於適, 是之謂條達而福持.」

능력에 따라 역할을 맡겨야
진정한 즐거움에 도달할 수 있다

———

안연(顏淵)이 동쪽 제(齊)나라로 떠나자 스승인 공자가 근심스런 표정을 지었다. 공자의 또 다른 제자 자공(子貢)이 스승의 근심스런 표정에 대해 의아해했는데 자리에서 내려와 어째서 그런지를 공손히 물었다. 공자는 좋은 질문이라면서 옛날에 관자(管子)가 한 말이 있는데 자신은 그 말을 좋아한다고 말했다. 관자의 말이란 '주머니가 작으면 큰 것을 담을 수 없고, 두레박줄이 짧으면 깊은 샘의 물을 뜰 수 없다.'라는 얘기이다. 이는 사물의 쓰임새란 하늘의 뜻으로 정해지고, 사물의 형체도 알맞은 바가 있어 여기에 덜하거나 더할 수 없다는 의미이다. 그만큼 쓰임새와 형체는 처음부터 정해지기에 사람이 이를 억지로 바꿀 수 없다.

그런데 안회가 자신의 이런 쓰임새를 무시하고 제나라 군주를 만나는 경우 요순과 황제의 도를 말하고, 여기에 더해 수인씨와 신농씨 얘기까지 할 텐데 공자는 이것이 두렵다고 여겼다. 요순과 황제의 도와 수인씨와 신농씨의 얘기는 안회가 언급하기에 무척 버거운 내용들이다. 그러면 제나라 군주는 마음속으로 안회의 말이 맞는지 근거를 찾다가 결국은 찾지 못할 것이다. 안회의 능력과 안회가 언급한 요순과 황제의 도 사이에 간극이 그만큼 커서이다. 그 결과 제나라 군주는 안회의 말이 맞는지 그 근거를 찾지 못할 텐데 그러면 안회에게 의혹을 품고, 또 그에 대한 의혹이 깊어지면 안연을 죽일 것이다. 이 때문에 공자는 제자 안회의 제나라행을 걱정한다. 참고로 이 내용은 내편 「인간세」 1과 그 내용과 형식에서 매우 흡사하다.

그러면서 공자는 옛날에 어떤 바닷새가 노(魯)나라 서울 성 밖에 날아와 머무르다가 죽은 얘기를 자공에게 들려주었다. 바닷새가 날아와 성 밖에 머무르자 이를 길조라고 여긴 노나라 군주는 이 새를 친히 종묘 안으로 데려와서 술을 권했다. 또 새를 즐겁게 하려고 아름다운 구소(九韶)의 음악을 연주하고, 심지어 큰 우리를 만들어서 새에게 선물을 했다. 그런데 이것은 노나라 군주가 자신의 양생법으로 새를 보양한 일이지 새의 양생법으로 새를 보양한 일이 아니다. 새의 양생법으로 새를 보양하는 건 마땅히 깊은 숲 속에 살게 하거나 강 가운데 섬에서 노닐게 하는 일이다. 또 강과 호수를 떠다니며 미꾸라지와 피라미를 잡아먹고서 무리를 지어 생활하다가 그치면 혼자 자유롭게 사는 일이다. 이것이 무위(無爲)에 따른 새의 즐거움이다. 이에 반해 노나라 군주가 새에게 베푼 친절은 인위(人爲)에 따른 즐거움이다.

그런데 인위에 따른 즐거움은 새에게 즐거움은커녕 죽음에 이르도록 한다. 한 번 생각해 보자. 새는 사람의 말소리조차 듣는 걸 싫어하는데 하물며 구소 음악의 떠들썩함을 어찌 견딜 수 있겠는가! 즉 인위에 따른 소리가 아무리 좋아도 새는 사람의 소리가 무서워서 이내 피하고 만다. 그래서 아름다운 함지(咸池)와 구소(九韶)의 음악을 동정(洞庭)의 들판에서 연주한다고 해도 새가 들으면 날아가고, 짐승이 들으면 달아나고, 물고기가 들으면 숨게 마련이다. 반면 사람들은 그 소리를 좋아한 나머지 이를 듣기 위해 다투어 몰려들어서 관람한다. 그러니 즐거움(樂)조차 인간의 잣대로서 다른 동물들에게 강요해선 안 된다. 강요하다간 죽음에 이를 수 있으니까 이것이 어찌 동물의 즐거움이라 할 수 있겠는가!

어째서 이런 문제가 생겨날까? 그것은 인간과 동물의 기호(嗜好)와 능력이 서로 다르다는 것을 간과해서이다. 예를 들어 물고기는 물속에 있어야 살지만 사람은 물속에 있으면 죽는다. 이처럼 새와 사람은 반드시 서로 다르게 태어났기에 이들이 서로 좋아하는 것과 싫어하는 것도 다르게 마련이다. 그래서 옛날의 성인(聖人)은 사람의 능력에 따라 역할을 다르게 맡겼다. 그러니 지금 제나라로 가는 일은 안회의 의욕과는 달리 그의 능력을 크게 넘어선다. 바닷새가 노나라 군주의 지나친 친절에 의해 죽은 것처럼 안회도 제나라 군주에 의해 죽게 마련이다. 그러니 명분(名)은 실질에 부합하고 도리(義)는 상황에 맞게끔 수립되어야 한다. 그래야 맥락이 잘 통해 복이 보존되는데 이렇게 해야만 삶의 즐거움도 맛볼 수 있다.

열자(列子)가 길을 가다가 길가에서 식사를 했다.

백 년쯤 됨직한 해골을 보고 쑥 풀을 뽑아 해골을 가리키면서 말했다.

"오직 나와 그대만 일찍이 죽은 적도 없고 일찍이 태어난 적도 없네.

그런데 죽은 그대가 과연 슬픈가? 살아 있는 내가 과연 기쁜가?"

• • •

列子行食於道從, 見百歲髑髏,

攓蓬而指之曰: 「唯予與汝知而未嘗死, 未嘗生也. 若果養乎? 子果歡乎?」

※ 이 글은 앞서 「지락」 4에서 언급되었던 내용과 같아서 여기선 설명을 생략한다.

생물의 시초인 씨(種)는 조짐의 상태로 있는데 물을 얻으면 물때가 된다.

이 물때가 물과 흙이 맞닿는 곳에선 물이끼가 되는데

이것이 언덕 위에서 자라면 질경이 풀이 된다.

질경이 풀이 썩은 흙에서 자라면 오족이라는 풀이 되는데

그 뿌리는 나무굼벵이가 되고, 그 잎은 작은 나비가 된다.

오족 잎은 작은 나비로 잠깐 변해 벌레가 되어서 부뚜막 밑에 생겨나는데

그 형상이 허물을 벗은 것 같아 구철이라고 한다.

구철은 천일이 지나면 새가 되는데 이름을 피리새라고 한다.

피리새의 침은 사미가 되고, 사미는 술동이에서 사는 초파리가 된다.

초파리에선 하루살이가 생겨나지만 초파리의 오래된 벌레에선

누런 황황이 생겨난다.

누런 황황이 변한 반딧불이에서 모기가 생겨난다.

또 양해라는 풀은 죽순이 나지 않는 대나무에 붙어살고,

오래된 대나무에선 청령을 낳고,

청령은 표범을 낳고, 표범은 말을 낳고, 말은 사람을 낳는다.

사람은 다시 돌아가서 만물이 발동하는 틀(機)에 들어간다.

이리하여 만물은 모두 틀에서 나와 모두 틀로 들어간다.

. . .

種有幾, 得水則爲䉘, 得水土之際則爲䰣蟆之衣, 生於陵屯則爲陵舄,

陵舄得鬱棲則爲烏足.

烏足之根爲蠐螬, 其葉爲胡蝶.

胡蝶胥也化而爲蟲, 生於竈下, 其狀若脫, 其名爲鴝掇.

鴝掇千日爲鳥, 其名爲乾餘骨.

乾餘骨之沫爲斯彌, 斯彌爲食醯.

頤輅生乎食醯., 黃軦生乎九猷., 瞀芮生乎腐蠸.

羊奚比乎不箰, 久竹生靑寧., 靑寧生程, 程生馬, 馬生人, 人又反入於機.

萬物皆出於機, 皆入於機.

즐거움은 유위가 아니라
무위로 생겨난다

———

이 글의 내용은 좀처럼 이해되지 않는다. 무엇보다 이 글에 등장하는 개념들이 생소해서이다. 오족이란 풀, 피리새, 사미, 황황 그리고 양해란 풀, 청령 등이 그러하다. 장자가 살았던 시대에는 흔히 쓰였던 식물과 동물의 이름일 텐데 시간이 흐르면서 사람들이 사용하지 않아서인지 지금은 생소한 개념으로 바뀌었다. 그런데 이 생소한 개념들을 이해한다 해도 글의 내용을 파악하는 데 여전히 문제가 있다. 무엇보다 우리의 상식을 벗어난 내용들이 많아서이다. 예를 들어 오족이란 풀의 뿌리가 변해 나무굼벵이가 되고, 또 그 잎이 작은 나비로 변한다는 내용이 그러하다. 어떻게 해서 풀이 굼벵이가 되고 잎이 나비로 변할 수 있는지 도무지 알 수가 없다. 그렇더라도 가장 이해가 되지 않는 건 이 내용이 어째서 「지락(至樂)」에 실렸는가 하는 점이다. 지락, 즉 진정한 즐거움이란 이 편의 주제와 이 글 내용은 아무런 상관이 없다고 보아져서이다.

생물의 시초는 씨(種)다. 이 씨는 늘 조짐의 상태(幾)로 있는데 물을 얻으면 물때가 된다. 그런데 이 물때는 어떤 곳에 처하느냐에 따라 물이끼가 되기도 하고 질경이 풀이 되기도 한다. 즉 물과 흙이 맞닿는 곳에선 물이끼가 되지만 언덕에선 질경이 풀이 된다. 그런데 언덕에서 자란 질경이 풀은 다양한 형태로 변화한다. 예를 들어 썩은 흙에서 자라는 경우 질경이 풀은 오족이란 풀로 변하는데 그 뿌리는 나무굼벵이가 되고, 그 잎은 작은 나비로 잠깐 변한다. 또 오족 잎은 작은 나비로 잠깐 변해 벌레가 되어서 부뚜막 밑에 자라나는데 그 모습이 마치 허물을 벗은 벌레와 같아 이를 구철이라고 한다. 구철은 이로부터 천일, 즉 2년 반쯤 지나면 비로소 새가 되는데 사람들은 이 새를 피리새라고 부른다.

그런데 피리새의 침은 사미가 되고, 사미는 술동이에 사는 초파리가 된다. 초파리에서 하루살이가 생겨나고, 초파리의 오래된 벌레에서 누런 황황이 생겨난다. 누런 황황이 변해 반딧불이가 되는데 여기서 모기가 생겨난다. 그리고 양이 즐겨 뜯어먹는 풀인 양해는 죽순이 나지 않는 대나무에 붙어서 산다. 그런데 오래된 대나무는 청령이란 동물을 낳고, 청령은 표범을 낳고, 표범은 말을 낳고, 말은 사람을 낳는다. 그리고 사람은 다시 돌아가서 만물이 발동하는 틀(機)에 들어간다. 그리하여 만물은 모두 틀에서 나와 모두 틀로 들어간다. 이런 내용이 어째서 「지락」의 마지막을 장식하는지 도무지 알 수가 없다.

이 수수께끼와 같은 내용은 '만물은 모두 틀에서 나와 틀로 들어간다'라는 데 그 푸는 열쇠가 있다. 모든 만물이 틀에서 나와 틀로 들어간다는 것은 만물이 유위(有爲), 즉 자신들의 의지대로 생겨나는 게 아니라 무위(無爲), 즉 자연의 뜻대로 생겨나는 것을 의미한다. 게다가 천하에 만물이 이렇게 많은 것은 모두 무위를 쫓아 불어난 결과이다. 그러니 무위의 위력이 이토록 엄청나다. 그렇다면 우리는 모든 만물이 무위에 의해서 생겨난다는 것을 아는 게 진정한 즐거움의 조짐이라고 보아야 한다. 이런 사실은 「지락」이 처음 시작될 때 "진정한 즐거움(樂)과 몸의 생기(活身)는 오로지 무위에 그 조짐이 있다"[35]라고 한 언급과 직접적인 관련이 있다. 그렇다면 사람으로서 진정한 즐거움도 자신의 뜻하는 대로 즐거움이 얻어지는 게 아니라 모두 무위에 따라 즐거움이 생겨나고 사라지는 것을 아는 일이 아니겠는가! 그러니 이 글 내용은 「지락」의 마무리로 지극히 타당한 내용이다.

---

35) 至樂活身 唯無爲幾存. (외편 「지락」 1)

달생

達生

달생

달생이란 무엇인가? 삶(生)을 환히 아는(達) 일이다. 삶을 환히 알려면 어떻게 해야 하는가? 부귀, 영화, 명예 및 장수, 편안함 따위의 세상일을 확실히 버리고, 나아가 삶도 분명히 잊어야 한다. 이처럼 세상일을 확실히 버리면 몸이 수고롭지 않아 온전해지고, 또 삶을 분명히 잊으면 생명의 근원이 본래의 상태로 돌아온다. 그러면 우리는 비로소 자연(天)과 하나가 될 수 있다. 자연과 하나가 됨으로써 몸과 생명의 근원이 이지러지지 않는 것을 두고 장자는 자연의 변화에 따라 새로워지는 능이(能移)라고 말한다. 이처럼 몸과 생명의 근원이 능이에 따라 정말로 순수해지면 우리는 자연의 도를 돕는 상태로 돌아간다. 이것이 삶의 참모습을 환히 아는 사람이 자신의 운명으로 어찌할 수 없는 것을 위해서 굳이 애쓰지 않는 자연스런 모습이다.

「달생」은 세상일을 확실히 버리고 삶을 분명히 잊어서 몸을 제대로 보양하거나 생명의 근원이 본래의 상태로 돌아온 사람들을 차례로 소개한다. 아니면 그 반대되는 사람들을 등장시켜 몸을 제대로 보양하지 못하거나 생명의 근원이 무너지는 경우들을 보여준다. 모두 열두 명이 소개되는데 첫 번째 인물이 지인(至人)과 성인(聖人)이다. 먼저 지인은 사물이 모양이 없는 상태로 머물면서 변하는 게 없는 상황에서 만들어지는 것을 깨달아서 천성을 온전히 지키고 그의 정신도 빈틈이 없다. 그래서 지인의 마음에 사물의 외면이 끼어들지 않는다. 이에 물속에 잠겨서 수영을 해도 숨이 막히지 않고, 불을 밟아도 뜨거워할 줄 모르고, 세상에서 가장 높은 곳에 올라도 두려워할 줄 모른다. 이는 삶을 잊었기에 가능한 일이다.

성인(聖人)도 자연으로부터 정신의 온전함을 얻었기에 삶을 잊은 사람이다. 이런 성인은 전설상의 명검인 막야와 간장처럼 스스로를 드러내지 않아 복수하려는 사람조차 이것들이 명검인지 눈치 채지 못하도록 한다. 그럼으로써 스스로의 몸을 잘 지켜나간다. 이것이 성인이 자신의 몸을 자연에 잘 감추는 방법이다. 또 성인은 떨어진 기왓장에 머리를 맞더라도 회오리바람 탓으로 돌리고서 화를 내지 않아 자신의 사나운 마음을 잘 숨긴다. 이것도 성인이 자신의 마음을 자연에 잘 감추는 방법이다. 또 성인은 자신의 몸과 마음을 자연에 잘 감추기 위해서 자연을 인위적으로 열지 않고 자연스럽게 연다. 이것이 삶을 제대로 잊은 사람의 모습이다.

두 번째는 매미를 잘 잡는 사람을 통해서 달생을 언급하는데 매미를 잘 잡기 위해선 뜻을 모아 생각을 흩트리지 않아야 가능하다는 내용이다. 그래서 자연으로부터 정신의 온전함을 얻어야 매미도 잘 잡을 수 있다고 말한다. 세 번째는 배를 잘 젓는 방법을 통해서 달생을 말하는데 물을 의식하지 않아야 배를 잘 젓는 게 가능하다는 내용이다. 그래서 물이 가득한 연못을 보더라도 언덕으로 여기거나 배가 뒤집혀져도 수레가 뒤로 물러나는 정도로 여겨야 한다. 그러면 물을 무서워하지 않아 땅에서 마차를 모는 것처럼 배를 잘 저을 수 있다.

네 번째는 삶을 잘 보양하는 방법을 통해서 달생을 언급하는데 그것은 마치 양치는 일과 같아서 무리에서 처진 양을 보면 채찍질하는 일이라는 내용이다. 도가를 상징하는 선표(單豹)란 사람은 도가적 양생을 위해서 바위굴에 살면서 골짜기 물만 마시고 지냈는데 굶주린 호랑이를 만나서 삶을 다하지 못하고 도중에 죽었다. 반면 유가를 상징하는 장의(張毅)란 사람은 유가적 양생인 출세를 위해서 바쁘게 살았는데 열병에 걸려서 도중에 죽었다. 이는 도가든 유가든 간에 한쪽으로 치우친 양생을 한 결과이다. 따라서 한쪽으로 치우치지 않도록 채찍질을 해야 진정한 의미의 양생을 이룰 수 있다. 다섯 번째는 사람의 지모(智謀)가 사람이 아닌 것에 적용되면 달생을 이루는 반면 사람에게 적용되면 달생을 방해한다는 내용이다.

여섯 번째는 패자가 되려는 큰 포부를 지닌 사람도 달생을 이루어야 가능하다는 내용이다. 이렇게 해서 패자가 된 사람이 춘추오패의 첫 번째 주인공이었던 제환공인데 그가 어떻게 달생을 이루어서 패자가 되었는지 일화가 소개된다. 일곱 번째는 싸움닭이 싸움을 잘 하려고 해도 닭으로서 먼저 달생을 이루어야 한다는 내용이다. 여덟 번째는 헤엄을 잘 하려고 해도 달생을 이루어야 가능하다는 내용이다. 달생을 이루면 소용돌이와 함께 물속에 들어가서 나오고, 또 솟구치는 물과 함께 물위로 나올 수 있어서이다. 이를 위해선 예부터 주어진 습관(故)에서 시작해서 타고난 본성(性)으로 늘리고, 마지막으로는 자연의 뜻(命)으로 이루어야 한다.

아홉 번째는 목수가 북틀을 잘 만들려고 해도 달생이 전제되어야 가능하다는 내용이다. 북틀을 만드는 경우 함부로 기(氣)를 소모하지 않고, 반드시 재계를 해서 마음을 고요히 해야 달생을 이룰 수 있다. 그래야 나무의 자연스런 본성과 사람의 자연스런 본성이 합쳐져서 훌륭한 북틀을 만들 수 있다. 열 번째는 마부가 말을 죽이지 않고 제대로 부리려고 해도 달생을 이루어야 가능하다는 내용이다. 달생에 이르지 못한 마부는 말을 부리는 솜씨가 제아무리 훌륭해도 말을 죽이고 만다. 반면 달생에 이른 마부는 솜씨도 훌륭할뿐더러 말도 죽이지 않는다. 열한 번째는 공인(工人)이 직접 손으로 그린 동그라미가 마치 컴퍼스로 그린 것처럼 정확한 건 달생에 이르렀기에 가능하다는 내용이다.

마지막 예는 가르침도 상대방 수준에 맞게끔 가르쳐야 제대로 된 가르침인데 이렇게 하려면 달생에 이르러야 가능하다는 내용이다. 만약 달생에 이르지 못한 사람이 가르치면 상대방의 수준을 고려하지 않아 오히려 상대방의 정신을 헷갈리게 할 수 있다.

삶(生)의 참 모습에 환히 밝은 사람은

삶의 유지를 위해 필요로 하지 않은 것에 힘쓰지 않는다.

운명(命)의 참 모습에 환히 밝은 사람도

운명으로 어찌할 수 없는 것에는 힘쓰지 않는다.

몸을 보양하려면 반드시 먹을 게 있어야 한다.

먹을 게 남아도는 데도 몸을 제대로 보양하지 못하는 사람이 있다.

또 삶을 유지하려면 반드시 목숨이 몸에서 먼저 떨어져선 안 된다.

목숨이 몸에서 떨어지지 않는데도 삶을 잃는 사람이 있다.

그리고 삶이 오는 걸 물리치지 못하고, 떠나가는 걸 멈추지 못해 슬프다!

세상사람은 삶을 유지하는 데 몸만 잘 보양해도 괜찮다.

그러나 몸을 잘 보양하는 데도 끝내 삶을 유지할 수 없다면

세상에서 몸을 잘 보양하는 일이 무슨 소용이 있는가!

또 몸을 보양하는 방법이 마땅치 않는데도 사람들이 안 할 수 없는 건

몸을 보양해야 한다는 생각에서 벗어나지 못해서이다.

그러니 몸을 보양해야 한다는 생각에서 벗어나고 싶으면

세상을 잊는 것만큼 좋은 게 없다.

세상을 잊으면 걱정이 없고, 걱정이 없으면 마음이 바르고 평안해지며,

마음이 바르고 평안해지면 마음과 함께 삶이 새로워지고,

삶이 새로워지면 그것이 거의 몸을 보양하는 길이다.

어째서 세상일을 확실히 버리고, 또 어째서 삶을 분명히 잊어야 하는가?

세상일을 버리면 몸(形)이 수고롭지 않고,

삶을 잊으면 생명의 근원(精)이 이지러지지 않아서이다.

모름지기 몸이 온전하고 생명의 근원이 본래의 상태로 돌아오면
우리는 자연(天)과 하나가 된다.
천지는 만물의 부모이기에 하늘의 양기와 땅의 음기가 합일하면
몸이 이루어지고, 흩어지면 처음으로 돌아간다.
몸과 생명의 근원이 이지러지지 않는 것을 능이(能移),
즉 자연의 변화에 따라 새로워지는 거라고 말한다.
몸과 생명의 근원이 순수하고 또 순수하면
자연의 도를 도와주는 상태로 돌아간다.

· · ·

達生之情者, 不務生之所無以爲, 達命之情者, 不務命之所無奈何.
養形必先之以物, 物有餘而形不養者有之矣..
有生必先無離形, 形不離而生亡者有之矣.
生之來不能却, 其去不能止. 悲夫!
世之人以爲養形足以存生.., 而養形果不足以存生, 則世奚足爲哉!
雖不足爲而不可不爲者, 其爲不免矣.
夫欲免爲形者, 莫如棄世.
棄世則無累, 無累則正平, 正平則與彼更生, 更生則幾矣.
事奚足棄而生奚足遺? 棄事則形不勞, 遺生則精不虧.
夫形全精復, 與天爲一.
天地者, 萬物之父母也, 合則成體, 散則成始.
形精不虧, 是謂能移.., 精而又精, 反以相天.

세상일을 버리고 삶을 잊어야
몸을 제대로 보양한다

———

「달생(達生)」은 "삶(生)의 참 모습에 환히 밝은 사람은 삶의 유지를 위해서 필요로 하지 않는 것에 힘쓰지 않고, 운명(命)의 참 모습에 환히 밝은 사람은 운명으로 어찌할 수 없는 것에 힘쓰지 않는다."라고 시작한다. 먼저 삶의 참 모습에 환히 밝은 사람은 삶의 유지를 위해서 필요로 하지 않는 것에 힘쓰지 않는다는 건 무슨 의미일까? 이 내용을 이해하기 위해선 삶의 참 모습에 환히 밝은 사람이 과연 어떤 사람인지를 먼저 살펴볼 필요가 있다.

장자는 『장자』 전반에 걸쳐서 삶의 참모습에 환히 밝은 사람들을 여러 차례 소개하는데 그 사람들은 죽고 사는 건 하늘의 뜻(命)이라고 여기는 사람으로 집약된다. 구체적으로 「양생주」에서는 "와야 할 때를 편히 받아들이면서 가야 할 순리에 편히 머물기에 슬픔과 즐거움이 끼어들 수 없다."[36]라면서 삶의 참모습에 환히 밝은 사람에 대해 죽고 사는 것을 초월한 사람으로 규정한다. 그래서 삶의 참 모습에 환히 밝은 사람은 태어나는 걸 편히 받아들이고, 또 죽는 일에도 편히 머물 수 있다.

---

36) 安時而處順 哀樂不能入也. (내편 「양생주」 3)

이것이 바로 슬픔과 즐거움 따위의 감정을 지워버릴 수 있는 힘으로 작용한다.

앞의 「지락(至樂)」에서도 이런 모습이 소개된 바 있다. 장자가 그의 아내가 죽었을 때 질그릇을 두드리며 노래 불렀던 모습이 삶의 참모습에 환히 밝은 사람의 모습에 해당한다. 혜시가 조문을 가서 이런 모습을 보고 깜짝 놀라자 장자는 "기가 변해 형체가 생겼고, 형체가 변해 생명이 생겼고, 지금 그것이 변해 죽음으로 돌아간 건데 이것은 춘하추동의 운행과 같은 원리이다."[37]라고 말함으로써 죽음에 대해 초연한 태도를 보였다. 장자는 태어나는 걸 편히 받아들이는 것처럼 죽는 일도 편히 머물기에 이런 모습을 보일 수 있다.

그러니 장자와 같은 사람은 삶의 유지를 위해서 꼭 필요로 하지 않은 것에 힘쓰지 않는 게 당연하다. 그렇다면 삶의 유지를 위해서 꼭 필요로 하지 않는 것은 구체적으로 무엇일까? 앞의 「지락」에서 언급되었던 내용을 인용해 설명하면 "세상사람이 높이 받드는 부유함(富), 귀함(貴), 장수(壽), 길함(善)이고, 세상사람이 즐기는 몸의 편안함(身安), 맛있는 음식(厚味), 아름다운 옷(美服), 멋있는 색과 소리(好色音聲)[38]이다." 그래서 삶의 참 모습에 환히 밝은 사람은 부유함, 귀함, 장수, 길함처럼 세상사람이 높이 받드는 것과 몸의 편안함, 맛있는 음식, 아름다운 옷, 멋있는 색과 소리처럼 세상사람이 즐기는 것을 얻기 위해서 굳이 애쓰지 않는다.

삶의 참 모습에 환히 밝은 사람은 어째서 이렇게 행동할 수 있을까? 사람들이 몸을 보양하려면 반드시 먹을 게 있어야 한다. 그런데 먹을 게 남아도는데도 몸을 제대로 보양하지 못하는 사람이 있다. 몸을 보양

---

37) 氣變而有形 形變而有生 今又變而之死 是相與爲春秋冬夏四時行也. (외편 「지락」 2)

38) 夫天下之所尊者 富貴壽善也. 所樂者 身安厚味美服好色音聲也. (외편 「지락」 2)

한답시고 몸의 편안함, 맛있는 음식, 아름다운 옷, 멋있는 색과 소리를 지나치게 밝혀서이다. 이런 사람은 맛있거나 아름다운 것만 밝혀 먹을 게 남아도는 데도 자신의 몸을 제대로 보양하지 못한다. 마찬가지로 목숨이 몸에서 떨어지면 반드시 죽게 되므로 목숨이 몸에서 떨어져선 안되는데도 목숨을 잃는 사람이 있다. 부유함, 귀함, 장수, 길함을 너무 밝히는 사람이다. 실제로 우리 주위에는 돈을 지나치게 밝히거나 아니면 권력을 너무 탐하다가 중도에 목숨을 잃는 사람들이 많다. 그래서 자신에게 주어진 천수(天壽)를 다하지 못하고 죽는다. 이런 사람은 주어진 목숨이 몸에서 떨어지지 않는데도 도중에 삶을 잃는 사람이다.

그런데 우리 마음대로 삶을 어찌할 수 없다. 삶이 오는 것도 물리치지 못하지만 삶이 떠나가는 것도 멈추지 못해서이다. 이런 상황에서 부유함, 귀함, 장수, 길함 따위를 밝혀서 도중에 삶을 잃는 사람이 많아 장자는 슬프다고 말한다. 가령 하찮은 음식이라도 먹을 수만 있다면 삶을 유지하는 데 전혀 부족함이 없다. 반면 귀한 음식을 골라 먹는 데도 삶을 온전히 유지하지 못한다면 이런 식 보양은 아무런 소용이 없다. 이처럼 부유함, 귀함, 장수, 길함이 몸을 보양하는 수단으로 마땅치 않은데 사람들이 이런 것들로 몸을 보양하지 않을 수 없는 건 이렇게 해서라도 몸을 보양해야 한다는 생각에서 쉽게 벗어나지 못해서이다. 그런데도 부유함, 귀함, 장수, 길함을 지나치게 밝히는 경우 도중에 삶을 잃고 마니 이런 식으로 몸을 보양하는 게 아무런 소용이 없다.

만약 부유함, 귀함, 장수, 길함으로 몸을 보양한다는 생각에서 정말로 벗어나고자 하면 세상을 잊는 것만큼 좋은 게 없다. 왜냐하면 세상을 잊으면 걱정거리가 없어지고, 걱정거리가 없어지면 마음이 바르거나 평안해지고, 마음이 바르거나 평안해지면 마음과 함께 삶이 새로워지고, 삶이 새로워지면 그것이 곧 몸을 보양하는 길이기 때문이다.

어째서 세상일을 확실히 버리고, 또 어째서 우리의 삶을 분명히 잊어야 하는가? 세상일을 버리면 몸이 수고롭지 않고, 또 우리의 삶을 잊으면 생명의 근원(精)이 이지러지지 않아서이다. 그렇다면 세상일은 과연 무엇인가? 우리가 몸의 편안함을 누리고, 맛있는 음식을 즐기고, 아름다운 옷을 입으면서 뽐내고, 멋있는 색과 소리를 듣기 위해서 노력하는 일 따위가 아니겠는가! 그러니 이런 걸 얻기 위해서 우리가 애써 노력하지 않는다면 세상일의 대부분을 버릴 수 있다. 또 우리의 삶은 과연 무엇인가? 그것도 부유함, 귀함, 장수, 길함을 얻기 위해서 우리가 애쓰는 일이 아니겠는가! 그러니 이런 것을 애써 추구하지 않는다면 우리는 자신의 삶을 확실히 잊을 수 있다.

세상일을 확실히 버리면 우리 몸이 온전해지고, 또 우리 삶을 분명히 잊으면 생명의 근원이 본래의 상태로 돌아온다. 그러면 우리는 자연(天)과 하나가 될 수 있다. 왜냐하면 천지는 만물의 부모이기 때문이다. 그래서 하늘의 양기와 땅의 음기가 합일하면 몸이 이루어지고 흩어지면 처음으로 돌아간다. 이런 식으로 우리의 몸과 생명의 근원이 이지러지지 않는 것을 두고 능이(能移), 즉 자연의 변화에 따라 새로워지는 거라고 말한다. 그러니 살면 살수록 몸과 마음이 피폐해지는 게 아니라 자연의 도를 터득해 오히려 순수해진다. 능이에 따라 몸과 생명의 근원이 순수하고 또 순수해지면 결국 우리는 자연의 도를 도와주는 상태로 돌아간다. 이것이 삶의 참 모습을 환히 아는 사람이 운명으로 어찌할 수 없는 것을 위해서 애쓰지 않는 모습이다.

열자(列子)가 관윤(關尹)을 만나서 물었다.

"지인(至人)은 물속에 잠겨 수영을 해도 숨이 막히지 않고,

불을 밟아도 뜨거워하지 않고, 높은 곳에 올라도 두려워하지 않는데

어째서 그럴 수 있는지에 대해 가르쳐 줄 수 있나요?"

관윤이 말했다.

"이는 순수한 기(氣)를 지켜서이지 앎과 재주나 정말로 용감해서가 아니네.

자 앉게. 내가 자네에게 어째서 그런 지를 말해 주겠네!

얼굴과 형상에 소리와 색채까지 지니면 이 모든 것을 사물이라고 말하지.

그런데 어째서 사물과 사물 간에 큰 차이가 있을까?

또 어째서 사물 중에 어느 게 우선할까?

이런 차이와 우선함은 오로지 모양과 색깔에 의해 결정될 뿐이네.

그런즉 사물은 본디 모양이 없는 상태에 머물면서

변하는 게 없는 상황에서 만들어지네.

이런 이치를 알아서 깊이 궁구하면

우리 마음이 사물의 모양과 색깔에 의해 어찌 방해받을 수 있겠는가!

지극한 사람(至人)은 분수에 지나치지 않는 수준(不淫之度)에 머물면서

끝없이 변화하는 사람의 도리(無端之紀)를 몸에 지닌 채

만물이 끝나고 시작되는 곳에서 유유히 노니네.

또 타고난 본성(性)을 고르게 하고, 기(氣)를 보양하고, 덕(德)을 모아서

만물이 만들어지는 근원과 통하네.

이런 사람은 천성(天)을 온전히 지키면서 정신(神)도 빈틈이 없는데

만물이 어찌 마음대로 끼어들 수 있겠는가!"

관윤이 계속해서 말했다.

"술 취한 사람이 수레에서 떨어지면 비록 다치더라도 죽기까지 하지 않지.

뼈와 관절이 다치는 건 다른 사람과 같지만 상처의 정도가 다른 건

술로 의식을 잃어 오히려 마음이 무심해져서 정신이 온전해진 탓이네.

그래서 수레를 탄 것도 알지 못하고, 떨어진 것도 알지 못해

삶과 죽음이나 놀라움과 두려움이 그의 마음에 끼어들지 않았네.

이 때문에 사물과 부딪쳐도 두려움이 없었네.

그가 술에 취해서도 이런 온전함을 얻어서 죽지 않았는데

하물며 그가 자연에서 온전함을 얻는다면 어떠하겠는가?

성인은 자신의 몸을 자연에 감추므로 어느 누구도 그를 다치게 할 수 없네."

복수하는 사람도 막야(鏌鎁)와 간장(干將)과 같은 검을 부러뜨리지 못한다.

마음이 사나운 자도 회오리바람으로 지붕에서 저절로 떨어지는 기왓장에

머리를 다치더라도 기왓장을 원망하지 않는다.

이럼으로써 천하가 태평해진다.

따라서 남을 공격하고 싸우는 혼란을 없애거나

사람을 마구 죽이는 형벌을 없애려면 이런 길을 따라야 한다.

인위적으로 자연을 열지 말고, 자연스럽게 자연을 열어야 한다.

자연스럽게 자연을 열면 덕이 생겨나고,

인위적으로 자연을 열면 그르침이 생겨난다.

자연적인 것을 싫어하지 말고, 인위적인 것을 소홀이 여기지 않아야

백성이 진실해짐으로써 도(道)에 가까워진다!

・ ・ ・

子列子問關尹曰:「至人潛行不窒, 蹈火不熱, 行乎萬物之上而不慄.

請問何以至於此?」

關尹曰:「是純氣之守也, 非知巧果敢之列. 居, 子語汝!

凡有貌象聲色者, 皆物也, 物與物何以相遠? 夫奚足以至乎先? 是形色而已.
則物之造乎不形而止乎無所化, 夫得是而窮之者, 物焉得而止焉!
彼將處乎不淫之度, 而藏乎無端之紀, 遊乎萬物之所終始, 壹其性, 養其氣,
合其德, 以通乎物之所造. 夫若是者, 其天守全, 其神無卻, 物奚自入焉!」
夫醉者之墜車, 雖疾不死. 骨節與人同而犯害與人異, 其神全也,
乘亦不知也, 墜亦不知也, 死生驚懼不入乎其胸中, 是故遌物而不慴.
彼得全於酒而猶若是, 而況得全於天乎? 聖人藏於天, 故莫之能傷也.」
復讐者不折鏌干, 雖有忮心者不怨飄瓦, 是以天下平均.
故無攻戰之亂, 無殺戮之刑者, 由此道也.
不開人之天, 而開天之天, 開天者德生, 開人者賊生.
不厭其天, 不忽於人, 民幾乎以其眞!

술 취한 사람은 말에서 떨어져 다쳐도
죽지 않는다

———

앞 장에서 세상일을 확실히 버리면 몸이 수고롭지 않다고 말했다. 그리고 이런 상태에서 자신의 삶까지 잊으면 자연(天)과 하나가 된다고 말했다. 그렇다면 자연과 하나가 된 사람은 과연 누구일까? 장자는 먼저 열자(列子)와 관윤(關尹)의 대화로 자연과 하나가 된 사람을 보여주는데 한 지인(至人)의 예를 통해서이다. 참고로 지인은 무기(無己), 즉 자기가 없는 사람이다. 이런 지인은 물속에 잠겨서 수영을 해도 숨이 막히지 않고, 불을 밟아도 뜨거워 할 줄 모르고, 세상에서 가장 높은 곳에 올라가도 두려워하지 않는다. 이것이 자연과 하나가 된 사람의 모습이다. 그런데 이런 일이 어떻게 가능할까? 그건 앎이나 재주 그리고 용감함 때문이 아니라 오로지 순수한 기(氣)를 지켜서이다. 이는 세상을 잊어야만 비로소 가능하다.

그러면 순수한 기를 어떻게 지켜나갈 수 있을까? 사물은 모두 나름의 얼굴과 형상에 더해 소리와 색채까지 지닌다. 그 결과 사물들 간에 차이가 생겨나고, 또 이 차이로 인해 사물들 중에 어느 게 우선한다고 우리는 판단한다. 그런데 이런 판단은 사물이 지닌 내면의 속성으로 인한 게 아니라 오로지 사물이 지닌 외면의 모양과 색깔에 의해서이다. 예를 들어 큰 것은 작은 것보다 좋다거나 빨강색은 초록색에 비해 화려하다는 식이다. 이런 생각은 우리가 사물의 모양과 색깔을 잊지 못해서 생겨난 결과이다. 그래서 지인(至人)의 입장에선 안타까울 뿐이다. 곰곰 생각해 보면 사물은 원래 순수한 기가 모아져서 형성되었기에 모양과 색깔이 없는 상태로 머물면서 변하는 게 없는 상황에서 만들어졌다. 그래서 사물이 만들어지는 이런 이치를 터득하고서 깊이 궁구한 사람이라면 사물의 모양과 색깔 따위에 마음이 흔들리지 않는다. 지인은 바로 이와 같은 사람이다.

그래서 지인은 불음지도(不淫之度), 즉 분수에 지나치지 않는 수준에 머물면서 동시에 무단지기(無端之紀), 즉 끝없이 변화하는 사람의 도리를 몸에 지닌다. 이는 사람으로서 지켜야 할 분수를 지키면서 거기에 매이지 않고, 또 변화하는 사람의 도리를 따르면서 유연하게 처신한다는 뜻이다. 지인은 이런 자세를 지니며 만물이 끝나고 시작되는 곳에서 유유히 노닌다. 또 지인은 타고난 본성을 고르게 하고 기를 보양하고 덕을 모아서 만물이 만들어지는 근원과 통한다. 그 결과 지인은 천성(天)을 온전히 지키고 정신(神)도 빈틈이 없으므로 지인의 마음속에는 사물의 외면, 즉 모양과 색깔이 끼어들지 못한다. 그래서 지인은 물속에 잠겨서 수영을 해도 숨이 막히지 않고, 불을 밟아도 뜨거워 할 줄 모르고, 세상에서 가장 높은 곳에 올라가도 두려워 할 줄 모른다. 이 모두는 세상을 잊었기에 가능한 일이다.

그런데 세상을 잊는 방법을 실천에 옮기기란 정말로 힘들다. 그래서 지인일지라도 세상을 잊는 것을 실천에 쉽게 옮길 수 있을지는 의문이다. 이에 장자는 보통사람도 실천하기 쉬운 방법을 하나 소개한다. 그건 마치 술 취한 사람처럼 행동하는 일이다. 술에 취하면 세상을 쉽게 잊을 수 있다. 그래서 술 취한 사람이 마차를 타고 가다가 떨어지면 다치긴 해도 죽지는 않는다. 물론 뼈와 관절이 다치는데 있어선 술 취하지 않은 사람과 같지만 그 상처의 정도는 분명히 다르다. 술로 인해 의식을 잃어 마음이 무심해져서 정신이 오히려 온전해진 탓이다. 그래서 술에 몹시 취하면 수레를 탔다는 사실은 물론이고, 수레에서 떨어졌다는 사실도 알지 못한다. 이것이 술 취한 사람이 자신의 몸을 자연에 감추는 방법에 해당한다. 그래서 삶과 죽음이나 놀라움과 두려움이 그의 마음에 끼어들지 못한다. 그 결과 술 취한 사람은 어떤 사물과 부딪치더라도 두려워하지 않는다.

술 취한 사람도 술로 인해 이런 정신의 온전함을 얻었는데 자연으로부터 정신의 온전함을 얻으면 술 취한 사람보다 정신의 온전함을 훨씬 더 많이 이룰 수 있지 않겠는가! 성인(聖人), 즉 무명(無名)을 추구하는 사람이 바로 자연으로부터 정신의 온전함을 얻는 사람이다. 그렇다면 성인은 어떻게 해서 자연으로부터 정신의 온전함을 얻을 수 있는가?

이를 설명하기 위해 전설상의 명검인 막야(鏌鋣)와 간장(干將)이 여기에 등장한다. 막야와 간장과 같은 명검은 복수하려는 사람조차 이를 부러뜨리지 못한다. 이 명검들이 너무 소중해서가 아니라 명검이라도 그 모양과 색깔을 스스로 드러내지 않아서이다. 그래서 복수하려는 사람은 이것이 명검인지 전혀 눈치 채지 못한다. 그 결과 막야와 간장이 누군가에 의해 부러져서 도중에 생명을 잃는 법이 없다. 이것도 자신의 몸을 자연에 잘 감추는 방법에 속한다. 성인도 막야와 간장과 같은 태도로 살아가므로 스스로를 자연에 잘 감춰서 생명을 보존한다. 그런데 보통사람은 부유함, 귀함, 장수, 길함 및 맛있는 음식, 아름다운 옷, 멋있는 색과 소리를 밝히려고 애쓴다. 성인이 볼 때 보통사람의 이런 행동은 생명의 재촉을 향해서 용감하게 나아갈 뿐이다.

성인은 몸뿐 아니라 마음도 자신의 모습을 자연에 잘 감춘다. 이를 설명하기 위해 한 예로 길을 가다가 지붕에서 떨어진 기왓장에 머리를 다친 사람을 소개한다. 이런 황당스런 상황과 마주하면 화를 내지 않는 사람이 드물다. 그렇지만 회오리바람으로 인해 기왓장이 떨어졌다는 사실을 알고 나면 사나운 마음의 소유자라도 이내 화를 거두고 표정을 온화하게 바꾼다. 그럼으로써 자신이 사나운 사람이 아니라는 것을 보여주는 기회로 충분히 활용한다. 이것도 사나운 사람이 자신의 마음을 자연에 잘 감추는 방법 중 하나이다. 막야와 간장 같은 명검이 자신의 몸을 자연에 잘 감추고, 또 사나운 사람도 자신의 마음을 자연에 잘 감추면 천하가 태평해지지 않을 수 없다. 그래서 상대방을 공격하거나 싸우는 등의 혼란을 없애려면 자신의 몸과 마음을 자연에 감추는 길을 따라야 한다.

물론 몸과 마음을 자연에 잘 감추려면 자연을 인위적으로 열지 말고 자연스럽게 열어야 한다. 이런 태도는 자연을 인위적으로 재단하지 않고서 자연의 결 그대로를 유지하며 들여다볼 때 가능하다. 자연을 이런 식으로 열어야 성인에게도 덕이 저절로 생겨난다. 그런데 자연을 인위적으로 여기는 경우 성인이라도 그르침이 생겨날 수 있다. 그만큼 자연을 자연스럽게 여기는 일이 중요하다. 장자의 눈에 공자를 비롯한 춘추전국시대의 제자백가들은 자연을 인위적으로 열었던 사람들이다. 그래서 이들은 자신들의 도를 천하에 펴고자 애썼다. 그렇지만 천하는 오히려 안정되지 못하고 혼란만 가중되었다. 물론 그렇다고 해서 성인이 자연적인 것만 옹호하지 않는다. 성인은 인위적인 것도 소홀히 하지 않는다. 성인이 이런 자세를 취하므로 백성은 진실해지고, 천하는 저절로 도에 가까워질 수 있다.

공자(仲尼)가 초(楚)나라를 가다가 숲 속을 지나는데
한 꼽추가 매미를 줍듯이 잡는 걸 보았다.
공자가 물었다.
"선생은 매미 잡는 솜씨가 훌륭한데 무슨 특별한 방법이 있나요?"
꼽추가 대답했다. "내게는 특별한 방법이 있지요.
대여섯 달 동안 둥근 것을 두 개 포개놓고서 그것들이 떨어지지 않으면
매미를 잡지 못하는 경우가 적습니다.
둥근 것을 세 개 포개놓고서 그것들이 떨어지지 않으면
매미를 잡지 못하는 경우가 열 번에 한 번뿐입니다.
둥근 것을 다섯 개 포개놓고서 떨어지지 않으면 매미를 줍듯이 잡습니다.
또 내 몸가짐은 매미가 달라붙은 나무 굽음과 같아 나무와 구별되지 않고,
매미채는 마른나무처럼 가볍게 움직이지요.
비록 천지가 크고 만물이 많아도 나는 오로지 매미의 날개만 볼 뿐이오.
또 다른 생각을 하지 않고, 매미 날개 외엔 어떤 것도 마음에 두지 않지요.
그러니 매미를 잡지 못할 리 있겠소."
공자가 돌아보면서 제자들에게 말했다.
뜻을 모아 생각을 흩트리지 않으면 이내 정신을 집중하게 되는데
저 꼽추 어른을 두고 한 말인 것 같다.

· · ·

仲尼適楚, 出於林中, 見痀僂者承蜩, 猶掇之也.
仲尼曰:「子巧乎! 有道邪?」

曰：「我有道也. 五六月累丸二而不墜, 則失者錙銖., 累三而不墜, 則失者
十一., 累五而不墜, 猶掇之也.

吾處身也, 若厥株拘., 吾執臂也, 若槁木之枝.,

雖天地之大, 萬物之多, 而唯蜩翼之知.

吾不反不側, 不以萬物易蜩之翼, 何爲而不得!」

孔子顧謂弟子曰 用志不分 及凝於神 其痀僂丈人之謂乎

자연으로부터 정신의 온전함을 얻어야
매미도 잘 잡는다

———

여름만 되면 많은 매미들이 나무에 달라붙어서 왱왱 하고 울어댄다. 이 매미 소리를 들으면서 우리는 여름의 막바지 더위를 이겨내곤 한다. 한편 어린애들은 매미 잡는 데 여념이 없어서 나무 주위를 신나하며 돌아다닌다. 공자가 초(楚)나라로 가는 도중 숲 속을 지나는데 한 꼽추가 매미를 바구니에 주워담듯이 마구 잡는 것을 보았다. 공자는 신기한 나머지 그 꼽추에게 매미 잡는 솜씨가 정말로 훌륭한데 특별한 비법이 있느냐고 물었다. 그러자 꼽추는 뜻밖에도 특별한 방법이 있다고 대답했다. 그 방법이란 세상을 잊고서 자연으로부터 정신의 온전함을 얻는 길이다.

그렇다면 꼽추가 자연으로부터 정신의 온전함을 얻기 위해서 시도한 방법은 무엇일까? 그것은 둥근 원 두 개를 포개놓고서 그것들이 떨어지지 않도록 하는 훈련이다. 이런 훈련을 대여섯 달 동안 계속하니까 나무에 달라붙은 매미를 잡지 못하는 경우가 크게 줄어들었다. 그런 뒤 둥근 원 세 개를 포개놓고서 그것들이 떨어지지 않는 훈련을 계속하니까 매미를 잡지 못하는 경우가 열에 한 번쯤으로 줄어들었다. 마지막으로 둥근 원 다섯 개를 포개놓고서 그것들이 떨어지지 않는 훈련을 계속하니까 매미를 줍듯이 마구 잡을 수 있었다.

게다가 꼽추는 자신의 몸가짐마저 매미가 달라붙은 나무의 굽음과 같게끔 했다. 이에 곱추의 몸은 나무와 구별되지 않았고, 또 매미를 잡는 채도 마른나무처럼 가볍게 움직였다. 비록 천지가 한없이 크고, 또 그 안에 사물들이 아무리 많더라도 곱추는 오로지 매미 날개만 볼 뿐이어서 다른 생각을 전혀 하지 않는다. 이는 정신을 집중해 오히려 매미란 사물을 잊어서 자연으로부터 정신의 온전함을 얻었기에 가능한 일이다. 공자는 꼽추의 얘기를 듣고 난 뒤 제자들에게 뜻을 모아서 생각을 흩트리지 말아야 이내 정신을 집중하게 되는데 저 꼽추 어른을 두고 한 말인 것 같다고 감동해하며 말했다.

안회(顏淵)가 공자에게 물었다.

"제가 예전에 상심(觴深)이란 못을 건널 때

그곳 사공의 배 젓는 솜씨가 신기에 가까워습니다.

그래서 저는 그에게 물었습니다. '배 젓는 걸 배울 수 있나요?'

그가 말했습니다.

'배울 수 있지요. 헤엄만 잘 한다면 배 젓는 걸 배우는 데 충분합니다.

거기에 잠수까지 할 수 있다면 여태 배를 본 적이 없어도

배 젓는 걸 충분히 익힐 수 있지요.'

그에게 까닭을 물어도 알려주지 않으니 지금 여쭈어도 되겠습니까?"

공자가 말했다.

"헤엄만 잘 하면 배 젓는 걸 배우는 데 충분한 것은 물을 잊어서이네.

잠수까지 하면 배를 여태 본 적이 없어도 배 젓는 걸 익힐 수 있는 것은

연못을 언덕으로, 배가 뒤집히는 걸 수레가 뒤로 빠지는 거로 보아서이네.

그러니 배가 뒤집히거나 뒤로 물러나는 온갖 사태가 눈앞에 벌어져도

마음이 이에 전혀 개의치를 않네.

이쯤 되면 배를 어떻게 젓더라도 여유가 생겨나지 않을까?

기와를 걸고 내기를 하면 활이 잘 맞고 허리띠를 걸고 내기를 하면 덜 맞고,

황금을 걸고 내기를 하면 활이 잘 맞지 않네.

활 쏘는 재주는 똑같지만 소중히 여기는 바가 있으면

활 쏘는 사람은 사물의 외면에 기울게 되네.

모든 사람이 사물의 외면에 기울면 마음이 옹졸해지게 마련이네."

. . .

顏淵問仲尼曰:「吾嘗濟乎觴深之淵, 津人操舟若神. 吾問焉,

曰:『操舟可學邪?』

曰:『可. 善游者數能. 若乃夫沒人, 則未嘗見舟而便操之也.』

吾問焉而不吾告, 敢問何謂也?」

仲尼曰:「善游者數能, 忘水也. 若乃夫沒人之未嘗見舟而便操之也, 彼視淵
若陵, 視舟之覆猶其車却也. 覆却萬方陳乎前而不得入其舍, 惡往而不暇!

以瓦注者巧, 以鉤注者憚, 以黃金注者殙.

其巧一也, 而有所矜, 則重外也. 凡外重者內拙.」

자연으로부터 정신의 온전함을 얻어야
활을 쏘아도 과녁에 잘 맞는다

───

　앞 장에 이어 자연으로부터 정신의 온전함을 얻는 방법이 소개된다. 앞 장에서 매미를 잘 잡는 방법이 소개되었는데 여기서는 배를 잘 젓는 방법과 과녁에 활을 잘 맞추는 방법이 소개된다. 안회(顏淵)는 스승인 공자에게 상심(觴深)이란 호수를 건널 때 경험했던 얘기를 전했다. 그 곳 사공의 배 젓는 솜씨가 신기에 가까워서 사공에게 배 젓는 기술을 배울 수 있느냐고 물었더니 배울 수 있다는 대답을 들었다. 그러면서 사공은 헤엄만 잘 하면 배 젓는 걸 배우는 데 충분하고, 거기에 잠수까지 할 수 있으면 여태 배를 본 적이 없어도 배 젓는 걸 충분히 익힐 수 있다고 말했다. 사공에게 그 까닭을 물었지만 알려주지 않아서 지금 선생님께 여쭈려는 것이다.

　공자가 그 까닭을 안회에게 가르쳐주는데 이는 공자의 입을 빌려서 장자의 생각을 밝히는 방식이다. 공자에 따르면 헤엄만 잘 하면 배 젓는 걸 배우는 데 있어 충분한 건 물을 의식하지 않아서이다. 거기에 잠수까지 할 수 있으면 여태 배를 본 적이 없어도 배 젓는 걸 익히는 데 충분하다. 그건 물을 더욱 의식하지 않아서이다. 그래서 잠수하는 사람은 호수를 큰 언덕처럼 보거나 배가 뒤집히는 것을 수레가 뒤로 물러나는 정도로 본다. 그 결과 배가 뒤집히거나 뒤로 물러나는 온갖 사태가 눈앞에 벌어진다 해도 그의 마음은 이에 전혀 개의치를 않는다. 이는 물이란 사물을 잊어 정신의 온전함을 얻었기에 가능하다.

　이런 마음을 지니면 어떤 방식으로 배를 저어도 여유가 생겨난다. 그래서 배 젓는 것을 쉽게 배울 수 있다. 화살을 쏘아서 과녁에 맞추는 일도 마찬가지이다. 사물을 잊어 정신의 온전함을 얻어야 과녁에 화살을 잘 맞출 수 있다. 그래서 기와를 걸고 내기를 하면 화살이 과녁에 잘 맞지만 허리띠를 걸고 내기를 하면 화살이 그보다 훨씬 덜 맞는다. 그런데 황금을 걸고 내기를 하면 과녁에 화살이 제대로 맞지 않는다. 이는 활 쏘는 재주는 같지만 활 쏘는 사람이 소중하게 여기는 바가 있어 그의 마음이 사물의 외면에 기울기 때문이다. 말하자면 활 쏘는 사람이 황금에 가장 많이 기울고 그다음은 명품 허리띠이어서다. 이에 반해 기왓장은 활 쏘는 사람의 마음을 그다지 흔들지 못한다. 그만큼 값이 나가지 않아서이다. 이처럼 사람이 사물의 외면에 기울면 그의 마음은 자연히 옹졸해진다. 그러니 사람이 재물을 두고 다투는 건 그의 마음이 옹졸해진 탓이다.

전개지(田開之)가 주(周)나라 위공(威公)을 만났을 때 위공이 그에게 물었다.

"내가 듣기에 축신(祝腎)이 양생의 도를 배웠다고 하는데

그대는 그동안 축신과 어울리면서 또 무엇을 들었는가?"

전개지가 대답했다.

"빗자루를 잡고 집 문간과 뜰을 쓸면서 선생을 모셨을 뿐

어찌 특별히 들은 게 있겠나요!"

위공이 말했다.

"전개지 선생은 사양하지 말고 과인이 듣고 싶으니 제발 들려주시게나."

전개지가 대답했다.

"축신 선생은 '삶을 잘 보양하는(養生) 것은 양치는 일과 같아

무리에서 처진 양을 보면 채찍질하는 일이다.'라고 말합니다."

위공이 물었다. "그게 무슨 말이지?"

전개지가 대답했다.

"선표(單豹)란 사람은 바위굴에 살면서 골짜기 물만 마시고 지냈습니다.

그는 또 세상사람과 이득을 위해 전혀 다투지 않아

나이가 일흔에 이르렀는데도 어린애와 같은 얼굴색을 지녔습니다.

그런데 굶주린 호랑이를 만나 그만 호랑이에게 잡혀 먹혔습니다.

장의(張毅)란 사람은 벼슬이 높건 낮건 벼슬하는 사람의 집을 돌아다니며

사귀지 않은 사람이 없었는데 나이 마흔에 열병에 걸려 죽었습니다.

선표는 안을 잘 보양했지만 바깥을 호랑이에게 먹혔고,

장의는 밖을 잘 보양했지만 안을 병에게 공격당했습니다.

이들은 안이든 밖이던 자신이 뒤지는 쪽에 채찍질을 하지 않았습니다."

그러자 공자가 옆에서 거들면서 말했다.

"안에 들어가면 숨지 말아야 하고, 밖으로 나오면 드러나지 않아야
잡목처럼 무심하게 한가운데 서 있지요.
안, 바깥, 가운데 삼자의 조화를 얻으면 명성은 반드시 최고가 됩니다.
열 중 한 사람꼴로 죽는 무서운 길을 갈 때는 부자와 형제도 경계하면서,
많은 하인을 꼭 이끌고 길에 들어서지만 이는 제대로 된 지혜가 아니지요!
사람들이 정작 두려워해야 하는 건 남녀의 색욕에 관한 일과
먹고 마시는 평범한 일인데 그것을 경계할 줄 모르면 잘못입니다."

• • •

田開之見周威公. 威公曰:「吾聞祝腎學生, 吾子與祝腎游, 亦何聞焉?」
田開之曰.「開之操拔篲以侍門庭, 亦何聞於夫子!」
威公曰:「田子無讓, 寡人願聞之.」
開之曰:「聞之夫子曰『善養生者, 若牧羊然, 視其後者而鞭之.』」
威公曰:「何謂也?」
田開之曰:「魯有單豹者, 巖居而水飲, 不與民共利, 行年七十而猶有嬰兒之色.,
不幸遇餓虎, 餓虎殺而食之.
有張毅者, 高門縣薄, 無不走也, 行年四十而有內熱之病以死.
豹養其內而虎食其外, 毅養其外而病攻其內, 此二子者, 皆不鞭其後者也.」
仲尼曰:「無入而藏, 無出而陽柴立其中央. 三者若得, 其名必極.
夫畏塗者, 十殺一人, 則父子兄弟相戒也, 必盛卒徒而後敢出焉, 不亦知乎!
人之所取畏者, 衽席之上, 飲食之間., 而不知爲之戒者, 過也!」

양생(養生)은 깊은 산속이 아니라
평범한 일상에서 이루어져야

———

   이 글은 앞에서 언급했던 인위적인 자연을 멀리하고 자연스런 자연을 가까이 하라는 것과 관련한 내용이다. 그렇다면 인위적인 자연이란 무엇일까? 인간의 결로 재단한 자연을 말한다. 즉 사람의 생각과 의도로 꾸며진 자연을 말한다. 그렇다면 누가 자연을 자연스럽게 놔두지 않고서 사람의 생각과 의도로 자연을 바꾸려는가? 장자가 볼 때 일부 유가(儒家)와 일부 도가(道家)이다. 도가는 장자가 속한 사상가 집단인데도 어째서 장자는 이들을 못마땅하게 여길까? 물론 장자가 못마땅하게 여기는 도가는 종교화된 도가, 즉 도교로 제한된다. 그러면 장자는 어째서 도교를 인위적이라고 평가할까?

   이 글의 주인공으로 등장하는 전개지(田開之)는 가공의 인물인 반면 주(周)나라 위공(威公)은 주공 단(旦)의 후손으로 실제 있었던 인물이다. 위공이 전개지를 만나자 그에게 "축신(祝腎) 선생이 양생의 도를 배웠다고 하는데 그와 어울리면서 무엇을 들었느냐?"라고 물었다. 이에 전개지는 빗자루를 들고 집 문간과 뜰을 쓸면서 축신 선생을 모셨을 뿐 특별히 들은 바가 없다고 대답했다. 축신 선생에게 뭔가 큰 가르침을 기대했던 위공으로선 답답한 나머지 자신이 듣고 싶어서 그러니 제발 사양하지 말고 들려달라고 전개지를 보챘다. 그러자 전개지는 삶을 잘 보양하는 건 마치 양치는 일과 같아서 무리에서 처진 양을 보면 채찍질하는 일이라는 축신 선생의 말을 그대로 전했다.

그런데 이것이 무슨 말일까? 삶을 잘 보양하는 것과 양치는 일 사이에 어떤 관련이 있을까? 또 무리에서 처진 양을 채찍질 하는 게 삶을 잘 보양하는 일이라니 이것도 잘 이해되지 않는다. 위공도 헷갈려서인지 전개지에게 그 의미를 물었다. 그러자 전개지는 두 유형의 인물을 예로 들어 삶을 잘 보양하는 일과 처진 양에게 채찍질하는 일과의 관련성을 밝혔다. 이 두 유형의 인물 중 하나가 도가에 속하는 선표(單豹)라는 사람이고, 다른 하나가 유가에 속하는 장의(張毅)라는 사람이다. 흥미롭게도 두 사람 모두 공자가 태어난 노(魯)나라 사람들이다.

선표는 불로장생의 꿈을 이루기 위해 깊은 자연, 즉 산 속에 들어가 수련에 매진했다. 그리고 바위굴에서 살면서 골짜기 물만 마시면서 지냈다. 그래서 세상사람과 이득을 위해서 전혀 다툴 필요가 없었다. 그만큼 속세와 완전히 단절된 삶을 살았다. 그래서 나이가 일흔에 이르렀어도 얼굴색이 여전히 어린애와 같았다. 이쯤 되면 도교적 관점에서 수행에 성공한 사람에 속한다. 그런데 어느 날 굶주린 호랑이를 만나서 그만 호랑이에게 잡혀 먹혔다. 그러니 깊은 산속에 들어가서 신선이 되고자 했던 그의 욕망으로 인해 수명이 오히려 단축된 셈이다.

어째서 이런 끔찍한 사태가 벌어졌을까? 선표가 행한 양생법이 결코 자연스럽지 않아서이다. 즉 살아가는 것도 자연스러워야 하고, 생명을 늘리는 일도 자연스러워야 하는데 선표의 양생법은 그렇지 않아서이다. 그래서 장자가 볼 때 선표의 양생법은 자신의 몸을 일부로 괴롭히면서 불로장생의 꿈을 이루려는 방법에 해당한다. 이는 자연을 자연스럽게 대하지 못하고 자연을 인위적으로 대하는 태도에서 비롯된다. 그런데 자연을 인위적으로 대하면 자신의 생명마저 단축시킨다. 이런 상황에서 선표가 행했던 불로장생의 양생법이 아무리 훌륭하다 해도 도중에 삶이 마감되는 사태가 벌어졌으니 이런 양생법이 무슨 소용이 있겠는가!

장자는 어째서 이런 예를 소개할까? 혹시 장자가 옹호했던 삶의 철학이 나중에 불로장생이란 이념으로 변질되어 그런 게 아닐까? 아니면 그의 삶 철학이 도교의 등장으로 인해 종교적 욕망으로 변질되어 그런 게 아닐까? 이 두 가지 모두 해당된다고 본다. 장자의 삶 철학은 잘 알다시피 삶 자체를 긍정하는 데서 출발한다. 이 점이 삶을 초월하려는 일체의 종교적 태도와 구별된다. 그래서 장자의 사유는 앞서 노자의 국가주의에 의해서 오염되는 비극을 겪은 뒤 다시 도교라는 종교에 의해서 왜곡되는 불행한 사태를 두번 씩이나 경험했다. 이것이 장자가 선표라는 사람을 등장시킨 이유라고 본다.

그리고 장의는 유가 중에서도 세속적인 사람에 해당한다. 그래서 학문을 어느 정도 닦은 뒤에는 몸과 마음을 수양하려 들지 않고, 벼슬이 높은 집이건 낮은 집이건 구별하지 않고 돌아다니면서 온갖 사람들을 사귀었다. 물론 출세에 눈이 어두워서 이런 행동을 했다고 본다. 그런데 나이 마흔에 이르자 늙지 않았는데 그만 열병에 걸려 죽었다. 그러니 바쁘게 돌아다닌 게 무슨 소용이 있는가! 이 역시 사람을 인위적으로 상대해서 이런 결과가 나왔다고 본다. 세상 바깥에 나와 올바로 처신하려면 무엇보다 잡목처럼 드러나지 않아야 하는데 장의는 오히려 자신을 빨리 드러낸 나머지 자신의 뜻을 제대로 펴지 못한 채 죽고 말았다.

그러니 선표는 안을 잘 보양했는데도 바깥을 호랑이에게 먹힌 반면 장의는 밖을 잘 보양했는데도 안을 병으로부터 공격받았다. 이처럼 두 사람은 안이든 밖이든 간에 자신이 뒤지는 쪽에 채찍질을 하지 않아서 이런 비극을 초래했다고 본다. 그래서 축신은 자신이 뒤지는 쪽에 채찍질을 하는 게 양생을 자연스럽게 이루는 방법이라고 말한 것이다.

마침 위공 옆에 자리했던 공자가 "안에 들어가면 숨지 말아야 하고, 밖으로 나오면 드러나지 않아야 잡목처럼 한가운데에 무심히 서 있을 수 있지요. 안(內), 바깥(外), 가운데(中) 이 삼자의 조화를 얻으면 그 명성이 반드시 최고이다."라면서 전개지의 말을 거들었다. 그러니 안에 속하는 산속이든 바깥에 해당하는 세상이든 또 가운데에 해당하는 평범한 일상이든 간에 어느 하나만 잘해선 안 된다. 이 삼자가 모두 조화를 이루는 게 바람직하다. 이것이 양생을 자연스럽게 잘 이루는 방법이다. 이런 게 화리(和理), 원만하고 적당해서 모든 게 고루 조화된 최적의 상태가 아닐까? 참고로 화리란 개념은 외편 「선성(繕性)」에서 옛날의 도인을 설명하면서 등장한 개념이다.[39]

그러니 장자가 강조하려는 건 깊은 산 속에 들어가서 양생(養生)을 잘 하는 일이 아니다. 그렇다고 세속에서 양생을 잘 이루는 건 더더욱 아니다. 장자가 강조하려는 건 남녀의 색욕과 먹고 마시는 것처럼 평범한 일상에서 양생을 잘 이루는 일이다. 그런데도 사람들은 평범한 일상에서 이루어지는 양생을 시시하다고 평가절하한다. 한편 열 사람이 가다가 한 사람꼴로 죽는 무서운 길을 지날 때는 부자와 형제끼리도 두려워해서 서로 경계하며 반드시 많은 하인을 데리고 이 길에 들어선다. 이런 행동은 무서운 길을 지나가는 것만 중요하다고 여긴 탓인데 이건 올바른 지혜가 아니다. 장자가 볼 때 사람이 정작 경계해야 하는 건 남녀의 색욕이나 먹고 마시는 것과 같은 평범한 일이다. 사람들은 이런 평범한 일을 두고 경계할 줄 모르니 장자의 입장에선 답답할 뿐이다.

---

39) 知與恬交相養 而和理出其性. (외편 「선성」 1)

제사를 주관하는 사람(祝宗人)이 예복을 입고 가축우리에 다가가서
돼지를 달래며 말했다. "네가 어찌 죽음을 싫어하는가?
나는 너를 석 달 동안 잘 기르고, 열흘 동안 부정한 일을 멀리하고,
사흘 동안 마음을 가지런히 할 거다.
또 희디흰 띠 풀로 자리를 깔고서 그 위에 네 어깨와 엉덩이를 놓은 뒤
예쁘게 꾸민 적대 위에 오르도록 하려는데
너는 정말로 그렇게 되고 싶지 않은가?"
돼지를 위한 사람의 지모(謨)는 겨나 술 찌꺼기 같은 음식을 먹더라도
우리 안에서 편히 지내는 것을 가장 좋다고 말한다.
그런데 정작 자신을 위한 지모는 적어도 살아선 높은 벼슬에 있고,
죽어선 화려하게 장식된 관 속에 눕는 일이다.
입신출세를 바라면 정말로 그렇게 되기를 원한다.
돼지를 위한 사람의 지모는 좋은 대우를 물리치는 일인데 반해
자신을 위한 사람의 지모는 높은 지위를 취하는 일이다.
이처럼 사람의 경우와 돼지의 경우가 각기 다른 건 어째서인가?

· · ·

祝宗人玄端以臨牢筴, 說彘曰:
「汝奚惡死? 吾將三月豢汝, 十日戒, 三日齊, 藉白茅, 加汝肩尻乎彫俎之上,
則汝爲之乎?」
爲彘謀, 曰不如食以糠糟而錯之牢筴之中, 自爲謀, 則苟生有軒冕之尊,
死得於豚楯之上, 聚僂之中則爲之.
爲彘謀則去之, 自爲謀則取之, 所異彘者何也?

사람의 지모는 돼지를 위할 때와
자신을 위할 때 서로 다르다

———

우리는 주위에서 이중적 잣대를 지니면서 살아가는 사람들을 종종 발견한다. 이런 사람들을 만나면 심기가 불편해져 눈살이 저절로 찌푸려진다. 그렇더라도 '자신이 하면 로맨스이고 다른 사람이 하면 불륜'이라는 우스갯소리가 점점 귀에 익숙해진다. 그래서인지 인간이 아닌 다른 존재에 대해 이중적 잣대를 들이대는 일에선 별다른 저항감이 없다. 장자는 돼지와 비교하면서 인간의 이런 모순된 태도를 적나라하게 보여준다. 이 장을 읽은 뒤 쓴 미소가 입가에 저절로 생겨나는 건 우리가 혹시 돼지보다 못한 지모로 살아간다는 생각이 들어서가 아닐까.

제사를 주관하는 사람을 가리켜서 옛날에 축종인(祝宗人)이라고 불렀다. 이 축종인은 제사를 위한 희생물로 돼지를 선택했다. 그래서 그는 예복을 입고 돼지우리에 다가가서 한 돼지를 제사용으로 선택했다. 그런데 그 돼지가 선택됨을 꺼려하자 "네가 어찌 죽음을 싫어하는가?"라고 일갈하면서 동시에 돼지를 달랬다. 제사용으로 선택되면 석 달 동안 정성껏 보살펴지고, 제사를 앞두고는 축종인조차 열흘간 부정한 일을 멀리하고 사흘간 마음을 가지런히 해야 한다. 그리고 희디흰 띠 풀로 자리를 깨끗이 깔아서 그 위에 돼지의 어깨와 엉덩이를 놓은 뒤 예쁘게 꽃무늬를 새긴 최고의 제기 위에 오르도록 한다. 이런 좋은 대접을 돼지가 받아들이지 않는다면 축종인 입장에선 오히려 이상하게 여겨진다.

물론 돼지의 입장은 축종인과 다르다. 돼지가 제사용으로 선택되면 당분간 편해서 좋을지 모르지만 천수를 다 누리지 못하고서 삶을 일찍 마감해야 하는 불행한 사태에 빠진다. 그래서 늪에 사는 꿩도 열 걸음을 걸어야 한 번 쪼아서 먹을 먹이를 만나고 백 걸음을 걸어야 한 번 마실 물을 만날 정도로 어렵게 지내더라도 새 장 안에서 갇혀 길러지길 바라지 않는다. 비록 새장 안에는 먹이가 충분해서 기력은 왕성하겠지만 마음이 즐겁지 않아서이다.[40] 이런 정도의 지모는 사람들도 잘 안다. 그래서 돼지를 위한 사람의 지모는 겨나 술 찌꺼기 같은 평범한 음식을 먹더라도 우리 안에서 편히 지내는 일이지 제사용으로 선택되는 일이 아니다.

그런데 정작 자신을 위한 사람의 지모는 이와 정반대이다. 살아선 높은 벼슬에 있고 죽어선 화려하게 장식된 관 속에 눕는 일이다. 그래서 입신출세를 은근히 바라면서 자신이 꼭 그렇게 되길 원한다. 그렇다면 돼지를 위한 사람의 지모와 자신을 위한 사람의 지모가 서로 다른 기준에 의해서 결정되는 게 아닌가! 돼지를 위한 사람의 지모는 좋은 대우를 물리치도록 하는 건데 자신을 위한 사람의 지모는 오히려 높은 지위를 취하는 일이다. 지금 이런 자세로 살아가는 사람들이 대부분일 텐데 그렇다면 세상사람의 처지는 제사상에 올려지는 돼지의 처지와 하등 다를 바가 없지 않은가!

---

40) 澤雉十步一啄 百步一食 不蘄畜乎樊中. 神雖王 不善也. (내편 「양생주」 3)

제(齊)나라 환공(桓公)이 늪에서 사냥을 하자 관중이 그를 모셨는데
그때 환공이 귀신을 보았다.

환공이 관중의 손을 어루만지면서 물었다.

"중부(仲父)인 관중은 무얼 보지 못했소?"

관중이 대답했다. "신은 아무것도 보지 못했습니다."

환공이 궁에 돌아와 정신을 잃은 뒤 병에 걸려서 며칠 밖에 나가지 못했다.

황자고오(皇子告敖)라는 제나라 선비가 앓고 있는 환공을 찾아와서 말했다.

"환공께선 스스로 마음을 다친 게지 어찌 귀신이 환공을 다치게 했나요.

성냄의 기운(氣)이 흩어져서 돌아오지 않으면 정신이 충실하지 못합니다.

또 사람의 기운이 올라가서 내려오지 않으면 성을 잘 내고,

기운이 내려가서 올라오지 않으면 잘 잊습니다.

또 올라가거나 내려가지 않은 채로 중간에서 가슴과 맞닿으면 병이 납니다."

환공이 물었다. "그러면 귀신이란 게 있는가?"

황자고오가 대답했다.

"있습니다. 진흙에는 리(履)라는 귀신, 부뚜막에는 계(髻)라는 귀신,

쓰레기통에는 뇌정(雷霆)이라는 귀신이 있습니다.

집 동북쪽 구석에선 배아(倍阿)와 해룡(鮭龍)이라는 귀신이 날뛰며,

집 서북쪽 구석에는 일양(泆陽)이라는 귀신이 삽니다.

물에는 망상(罔象), 언덕에는 신(峷), 산에는 기(夔), 들에는 방황(彷徨),

호수에는 위사(委蛇)라는 귀신이 있습니다."

환공이 물었다. "그럼 위사(委蛇)라는 귀신의 모양은 어떻게 생겼소?"

황자고오가 대답했다.

"위사(委蛇)는 그 크기가 수레바퀴만 하고, 길이는 수레끌채만 하고,
자줏빛 옷에 붉은 관을 쓰는데 성질이 천둥소리와 수레소리를 싫어해
이 소리만 들으면 머리를 들고 일어납니다.
그런데 이것을 본 사람은 거의 대부분 패자가 됩니다."
환공은 그제서야 껄껄 웃으면서 미소를 지으며 말했다.
"그 위사(委蛇)가 과인이 본 거요."
이에 환공이 의관을 바로잡고서 그와 함께 앉은 지 하루가 채 안 되었는데
어느새 환공에게 병이 깨끗이 사라졌다.

· · ·

桓公田於澤, 管仲御, 見鬼焉.
公撫管仲之手曰:「仲父何見?」對曰:「臣無所見.」
公反, 誒詒爲病, 數日不出.
齊士有皇子告敖者曰:「公則自傷, 鬼惡能傷公!
夫忿滀之氣, 散而不反, 則爲不足.,
上而不下, 則使人善怒., 下而不上, 則使人善忘., 不上不下, 中身當心, 則爲病.」
桓公曰:「然則有鬼乎?」
曰:「有. 沈有履, 竈有髻. 戶內之煩壤, 雷霆處之.,
東北方之下者, 倍阿鮭龍躍之., 西北方之下者, 則泆陽處之.
水有罔象, 丘有峷, 山有夔, 野有彷徨, 澤有委蛇.」
公曰:「請問, 委蛇之狀何如?」
皇子曰:「委蛇, 其大如轂, 其長如轅, 紫衣而朱冠.
其爲物也, 惡聞雷車 之聲, 則捧其首而立. 見之者殆乎霸.」
桓公囅然而笑曰:「此寡人之所見者也.」
於是正衣冠與之坐, 不終日而不知病之去也.

자신을 자연스럽게 열면
위사(委蛇)를 볼 수 있어 패자가 된다

———

　자연을 인위적으로 여는 것을 가능한 멀리하고 자연스럽게 여는 것을 가까이 하라는 내용이 여기서도 계속된다. 여기서는 앞에서와 달리 역사적 일화를 들어서 설명하는데 제환공(齊桓公)이 어째서 춘추전국시대 첫 번째 패자가 될 수 있었는지와 관련한 내용이다. 환공이 호수 근처 늪에서 사냥을 할 때 갑작스레 귀신을 보았다. 이에 환공은 놀랍고 당황스러웠는데 애써 표정을 숨긴 채 옆에 있던 중부(仲父)인 관중의 손을 어루만지면서 "무얼 보지 못했소?"라고 나직히 물었다. 관중이 아무 것도 보지 못했다고 말하자 환공은 낙담했는지 궁에 돌아와서 정신을 잃고 말았다. 게다가 병까지 걸려 며칠 동안 밖에 나오지 못했다.

　황자고오(皇子告敖)란 제나라 선비가 병을 앓고 있는 환공을 찾아가서 "환공께선 스스로 마음을 다치신 게지 어째서 귀신이 환공을 다치게 할 수 있나요!"라고 말했다. 이는 병이 환공 자신에게서 비롯된 것이지 귀신 때문이 아니라는 말이다. 황자고오에 따르면 성냄의 기운이 흩어져서 되돌아오지 않으면 사람의 기운이 충실하지 못해서이다. 또 몸에서 기운이 올라가서 내려오지 않으면 성을 잘 내고, 몸에서 기운이 내려가서 올라오지 않으면 잘 잊는다. 그런데 기운이 올라가지도 내려가지도 않은 채로 몸 중간에 머물러 가슴과 맞닿으면 병이 난다. 그러니 병은 기운의 움직임이 자연스럽지 못해서 생겨나는 것이다. 환공도 지금 기운의 움직임이 자연스럽지 못해서 병이 나고 말았다.

환공은 황자고오의 설명을 듣고서 어째서 자신에게 병이 났는지를 깨달았다. 그렇지만 사냥을 했을 때 어째서 자신이 귀신을 보았는지에 대한 의문은 여전히 풀리지 않았다. 그래서 내친 김에 귀신이란 게 있는지에 대해 황자고오에게 물었다. 그러자 황자고오는 귀신은 어느 곳에든지 있다고 대답했다. 그에 따르면 집안의 진흙에는 리(履)라는 귀신, 부뚜막에는 계(髻)라는 귀신, 쓰레기통에는 뇌정(雷霆)이라는 귀신이 있다. 또 집의 마당 동북쪽 구석에는 배아(倍阿)와 해롱(鮭龍)이란 귀신이 날뛰며, 집의 마당 서북쪽 구석에선 일양(泆陽)이란 귀신이 산다. 또 집을 벗어나면 물에는 망상(罔象), 언덕에는 신(峷), 산에는 기(夔), 들에는 방황(彷徨), 호수에는 위사(委蛇)라는 귀신이 있다.

환공의 마음이 이제서야 안심이 되었는지 황자고오에게 위사라는 귀신이 어떻게 생겼느냐고 넌지시 물었다. 환공이 여러 귀신들 가운데 위사에 대해 특별히 궁금해하는 건 사냥을 할 때 다른 곳이 아니라 호수에서 귀신을 보았기 때문이다. 이에 황자고오는 위사의 크기는 수레바퀴만 하고, 길이는 수레끌채만 하고, 자줏빛 옷에 붉은 관을 쓰고 있다고 대답했다. 환공이 사냥할 때 본 귀신의 모습이 바로 이러했다. 그러니 환공이 본 게 곧 위사인 셈이다. 그런데 위사란 귀신이 어째서 환공 앞에 갑자기 나타났을까? 그것은 위사의 성질이 천둥소리는 물론이고 수레바퀴 소리도 싫어해서이다. 그래서 환공이 사냥하기 위해 탔던 마차의 수레바퀴 소리를 듣자 위사가 환공 앞에 머리를 들고서 일어난 것이다.

그런데 마차에 함께 타고 있었던 관중은 어째서 위사를 보지 못했을까? 그것은 환공에게는 마음의 눈, 즉 심안(心眼)이 있었던 반면 관중에게는 심안이 없어서이다. 그렇다면 환공은 어째서 심안을 지닐 수 있었을까? 그건 환공이 자연을 자연스럽게 열어서이다. 그 후 얼마 되지 않아 환공은 황자고오의 예측대로 춘추전국시대 첫 번째 패자가 되는 영예를 안았다. 『장자』「달생」편은 그 이유를 환공이 사냥할 때 위사를 보았기 때문이라고 말한다. 위사는 전설상의 뱀으로 동아시아인이 신비스럽게 여기는 용은 아닐지라도 용에 버금가는 동물에 속한다. 그래서 위사를 본 사람은 거의 패자가 된다고 황자고오가 말했던 거다.

기성자(紀渻子)가 왕을 위해 싸움닭을 길렀다.

열흘이 지나자 왕이 물었다. "닭이 싸울 준비를 끝냈는가?"

기성자가 말했다. "아직 멀었습니다.

지금 쓸데없이 허세를 부린 채 자기 혈기만 믿고 의지합니다."

다시 열흘이 지나자 왕이 물었다.

기성자가 말했다. "아직 멀었습니다.

오히려 다른 닭의 울음소리를 듣거나 그림자만 보아도 덤벼듭니다."

다시 열흘이 지나자 왕이 물었다.

기성자가 말했다. "아직 멀었습니다.

오히려 상대를 노려보는 병이 있고 혈기도 왕성합니다."

다시 열흘이 지나자 왕이 물었다.

기성자가 말했다. "이젠 됐습니다.

다른 닭이 아무리 울음소리를 내면서 싸움을 걸어와도 미동조차 않습니다.

또 멀리서 바라보면 마치 나무로 깎아놓은 닭과 같아서

이제야 비로소 덕이 온전해졌습니다.

그래서 다른 닭이 감히 덤벼들지 못하고 보기만 해도 달아납니다."

• • •

紀渻子爲王養鬪鷄.

十日而問:「鷄可鬪已乎?」曰:「未也, 方虛憍而恃氣.」

十日又問, 曰:「未也. 猶應嚮景.」

十日又問, 曰:「未也. 猶疾視而盛氣.」

十日又問, 曰:「幾矣. 鷄雖有鳴者, 已無變矣, 望之似木鷄矣, 其德全矣,

異鷄無敢應, 見者反走矣.」

몸과 마음을 자연스럽게 열어야
닭도 싸움을 잘한다

———

자연을 인위적으로 여는 걸 멀리하고 자연스럽게 여는 걸 가까이 하라는 내용이 여기서도 계속된다. 이번에는 싸움을 잘 하는 것과 관련이 있어 더욱 흥미롭다. 앞 장에선 자연을 자연스럽게 열면 군주를 넘어서 천하의 패자까지 될 수 있다고 거창하게 말했는데 여기선 주먹을 사용하는 몸싸움 수준으로 크게 내려왔다. 그래서 자연을 자연스럽게 열면 몸싸움도 잘할 수 있다는 내용이다. 이것은 자연을 자연스럽게 열 때 생겨나는 이득을 다양하게 펼쳐 보이려는 장자의 시도인데 하여간 재미난 구성이다.

기성자(紀渻子)가 왕을 위해서 싸움닭을 길렀는데 열흘이 지나자 왕은 닭이 싸울 준비가 되었느냐고 물었다. 이에 기성자는 아직 준비가 되지 않았다고 대답했다. 그건 싸움닭이 쓸데없이 허세를 부리면서 자신의 혈기만 믿고 의지해서이다. 사람끼리의 싸움도 그러하지 않은가? 상대방의 기선을 제압하기 위해 자신의 용맹함을 과장되게 보여주는 일이 흔하지 않은가? 그래서 싸움닭이든 사람이든 간에 모두 자신의 모습을 억지로 꾸며서 상대방을 압도하려고 든다. 이런 상황에선 싸움닭이나 사람이나 모두 스스로(自) 그러함(然), 즉 자연을 자연스럽게 열지 못한다. 그래서 싸우면 겉보기와는 달리 상대방을 이길 수 없다.

다시 열흘이 지나자 닭이 싸울 준비가 되었느냐고 왕이 기성자에게 물었다. 이에 기성자는 여전히 준비가 되지 않았다고 대답했다. 그건 다른 닭의 울음소리를 듣거나 다른 닭의 그림자만 보아도 싸움닭이 덤벼들려고 해서이다. 이 역시 상대방의 기선을 제압하기 위해 자신의 사나움을 과장되게 보여주려는 태도에서 비롯된다. 이런 상황에선 앞서와 마찬가지로 스스로 그러함, 즉 자연을 자연스럽게 열 수 없다. 그래서 싸울 경우 상대방을 이길 수 없다.

또 다시 열흘이 지나자 왕은 기성자에게 닭이 싸울 준비가 되었느냐고 물었다. 이에 기성자는 여전히 준비가 되지 않았다고 대답했다. 그건 싸움닭이 상대방을 노려보는 병이 있고 혈기가 넘칠 정도로 왕성해서이다. 이 역시 상대방의 기선을 제압하기 위해 싸움에 임하는 자신의 각오와 전투력을 상대방에게 과장되게 보여주려는 태도에서 비롯된다. 이런 상황에서도 스스로 그러함, 즉 자연을 자연스럽게 열 수 없다. 그래서 싸울 경우 상대방을 이길 수 없다.

또 다시 열흘이 지나자 왕은 기성자에게 닭이 싸울 준비가 되었느냐고 똑같이 물었다. 이에 기성자는 준비가 끝났다는 소식을 왕에게 전했다. 그리고 다른 닭이 아무리 울음소리를 내면서 싸움을 걸어와도 미동조차 하지 않는다는 점을 그 이유로 들었다. 그래서 이 싸움닭을 멀리서 바라보면 마치 나무로 깎아놓은 닭처럼 그 모습이나 표정이 전혀 드러나지 않는다. 이는 오로지 덕이 온전해진 결과이다. 이에 다른 싸움닭들이 감히 덤벼들지 못하고 이 싸움닭만 보기만 하면 그대로 달아난다.

여기서 중요한 건 싸움닭이 나무로 깎아놓은 닭처럼 그 모습과 표정이 사라져서 덕이 온전해졌다는 사실이다. 이 때문에 다른 닭이 감히 덤벼들지 못하고 슬금슬금 눈치를 보면서 도망친다는 점이다. 먼저 사람이든 싸움닭이든 간에 덕이 온전해지려면 그 모습과 표정이 어째서 사라져야 하는가? 내편 「덕충부」 마지막 장은 이에 대해 자세히 설명한다. 여기에서 장자는 "도(道)가 얼굴을 주고 자연(天)이 몸을 준 것으로 사람의 모습을 갖추는 데 충분하다"[41]라고 말한다. 여기서 얼굴을 주었다는 건 표정이란 사람의 소프트웨어를 받고, 또 몸을 주었다는 건 신체라는 사람의 하드웨어를 받았다는 의미이다. 이처럼 소프트웨어와 하드웨어를 자연으로부터 모두 받았기에 더 이상의 모습이 사람에게 필요하지 않다.

그런데도 사람들은 자신의 표정과 모습을 억지로 꾸민다. 어째서 그러한가? 첫째, 좋다거나 싫다거나 하는 감정을 만들어서 자기 마음을 안으로 다치게 해서이다. 이것이 희로애락(喜怒哀樂)의 감정, 려탄변집(慮嘆變慹)의 생각, 요일계태(姚佚啓態)의 행동에 의해서 생겨난 모습이다. 이 모습들은 외부 자극에 의해 우리 몸을 안으로 다치게 해서, 즉 내상을 입게 해서 생겨난 모습이다. 그래서 이 모습은 자연스럽지 못하다. 이런 자연스럽지 못한 모습은 우리 마음을 인위적으로 열어서 생겨나게 한 모습이다. 이런 자연스럽지 못한 모습을 마음에서 깨끗이 지워야 싸움도 잘할 수 있는데 싸움닭은 40일이 지나서야 이것이 가능해졌다. 물론 사람은 평생 노력해도 될까 말까 한 일이다.

둘째, 늘 스스로 그러함(自然)을 따르지 않고 부질없이 생명을 늘려서이다. 그것은 숨을 길게 내쉬고 길게 들이쉬는 취구호흡(吹呴呼吸), 기운을 뱉어 내고 새 기운을 받아들이는 토고납신(吐故納新), 곰처럼 나뭇가지에 매달리거나 새처럼 목을 길게 빼는 웅경조신(熊經鳥申)과 같은 양생법을 통해 몸을 비비꼬아 만든 모습이다. 이런 몸의 모습도 자연스럽지 못하다. 이런 자연스럽지 못한 모습은 몸을 인위적으로 열어 생겨난

---

41) 道與之貌 天與之形 惡得不謂之人? (내편 「덕충부」 6)

거다. 그래서 이런 자연스럽지 못한 모습을 몸에서 지워야 하는데 싸움닭은 30일이 지나서야 이것이 가능해졌다. 이제 자연스럽지 못한 모습을 '마음에서' 지우려면 자연스럽지 못한 모습을 '몸에서' 지운 뒤 다시 열흘 정도가 지나서야 비로소 가능하다.

싸움닭의 몸과 마음에서 자연스럽지 못한 모습을 지우게 되면 다른 닭들이 감히 덤벼들지 못하고 도망치기 일쑤이다. 이 점이 중요하다. 세상에선 싸우면 반드시 이겨야 한다고 말한다. 그렇지만 더 좋은 승리는 싸우지 않고서 상대방을 이기는 길이다. 물론 이 길은 쉽지 않다. 그런데도 장자는 우리에게 이 길을 주문한다. 어째서일까? 장자사상의 뼈대인 무위(無爲)와 관련이 있어서이다. 무위는 유위(有爲)와 다르다. 유위는 하고자 함이 있어 하는 거라면 무위는 하고자 함이 없이 하는 거다. 그러니 싸우고서 이기는 길이 유위에 따른 거라면 싸우지 않고 이기는 길은 무위에 따른 것이다. 바로 무위에 입각한 승리를 강조하기 위해서 장자는 다른 닭들이 기성자가 기르던 싸움닭을 보면 모두 달아나는 것으로 이 글을 마감했다고 본다.

공자가 여량에 놀러갔을 때 서른 길 높이에서 떨어지는 폭포가 있었는데
물보라만도 40리에 뻗쳐 흩날렸다.

이 폭포에선 자라나 악어는 물론이고 물고기와 금계도 쉽게 헤엄칠 수 없다.

그런데 공자는 이런 급류에서 한 사나이가 몸을 날려 헤엄치는 걸 보았다.

공자는 그가 괴로운 일로 죽으려는 거라고 여기고서

제자에게 흐르는 물길을 따라가 건지도록 명했다.

그런데 그 사나이는 수백 보 깊이의 물속을 당당히 헤엄쳐서 나왔다.

그리고는 머리를 풀어헤친 뒤 노래를 부르며 둑 아래에서 수영을 했다.

공자가 그를 뒤쫓아 가서 물었다.

"그대가 귀신인 줄 알았는데 가까이서 보니 사람이군요.

청컨대 물속에서 헤엄치는 데 특별한 방법(道)이 있나요?"

그 사나이가 대답했다. "없습니다. 저는 달리 특별한 방법이 없습니다.

전 예부터 주어진 습관(故)에서 시작해서 이걸 타고난 본성(性)으로 늘리고,

마침내 자연의 뜻(命)으로 이루었습니다.

전 소용돌이와 함께 물속에 들어가 솟구치는 물과 함께 물위로 나옵니다.

그래서 저는 물의 도(道)를 따를 뿐 제 힘을 거의 쓰지 않습니다.

이것이 제가 물속에서 헤엄치는 방법입니다."

공자가 물었다.

"예부터 주어진 습관에서 시작해서 이를 타고난 본성으로 늘리고,

마침내 자연의 뜻으로 이룬다는 게 무슨 말인가요?"

그 사나이가 대답했다.

"저는 구릉에서 태어났기에 구릉을 편안히 여기는 게

예부터 저에게 주어진 습관(故)입니다.

그 뒤 물을 가까이했기에 예부터 주어진 습관을 물을 통해 늘리면서

물을 편안히 여기게 된 게 타고난 본성(性)이 되었습니다.

그런데 저는 그렇게 된 까닭을 알지 못하므로 이것이 자연의 뜻(命)입니다.

• • •

孔子觀於呂梁, 縣水三十仞, 流沫四十里, 黿鼉魚鱉之所不能游也.

見一丈夫游之, 以爲有苦而欲死也, 使弟子竝流而拯之.

數百步而出, 被髮行歌而游於塘下.

孔子從而問焉, 曰:「吾以子爲鬼, 察子則人也. 請問, 蹈水有道乎?」

曰:「亡, 吾无道. 吾始乎故, 長乎性, 成乎命. 與齊俱入, 與汨偕出,

從水之道而不爲私焉. 此吾所以蹈之也.」

孔子曰:「何謂始乎故, 長乎性, 成乎命?」

曰:「吾生於陵而安於陵, 故也., 長於水而安於水, 性也., 不知吾所以然而然,

命也.」

물을 자연스럽게 열면
헤엄도 물고기보다 더 잘한다

———

이 글도 앞에서 든 예와 마찬가지로 인위적으로 자연을 여는 것을 멀리하고 자연스럽게 여는 것을 가까이 하라는 내용이다. 이번에는 헤엄치는 일과 관련해서 이 내용을 다룬다. 공자가 언젠가 여량(呂梁)에 놀러 갔을 때 서른 길 높이에서 떨어지는 엄청나게 큰 폭포를 보았다. 폭포에서 흩날리는 물보라만도 40리에 달했다. 이런 큰 폭포였기에 떨어지는 물이 깊은 못을 만들고, 또 그 물이 아래 쪽으로 빨리 흘러 자라나 악어는 물론이고 물고기와 금계도 여기서 쉽게 헤엄칠 수 없었다.

그런데 한 사나이가 폭포물이 떨어지는 높은 곳에서 다이빙을 해 그대로 아래로 떨어졌다. 공자는 괴로운 일로 그가 죽음을 선택한 거라고 여기고 제자들에게 급히 흐르는 물길을 따라가 그를 건지도록 명령했다. 그런데 공자의 명령이 채 끝나기도 전에 그 사나이는 수백 보 깊이의 물속을 유유히 헤엄쳐 나오면서 물 밖으로 불쑥 튀어올랐다. 그리고 자신의 머리를 풀어헤친 뒤 노래를 부르며 둑 아래로 내려가면서 헤엄을 즐겼다. 이에 깜짝 놀란 공자가 그를 뒤쫓아갔다. 그리고 귀신인 줄 알았는데 가까이서 보니까 사람이라면서 겸연쩍어했다. 공자는 그에게 깊고 빠른 물길에서 헤엄쳐 나올 수 있는 방법이 특별히 있는지에 대해 정중히 물었다.

그러자 그 사나이는 헤엄쳐 나오는 데 달리 특별한 방법이 없다고 대답했다. 단지 자신은 예부터 주어진 습관(故)에서 시작해서 타고난 본성(性)으로 이 습관을 늘리고, 마침내 자연의 뜻(命)으로 헤엄치는 걸 이루었을 뿐이라고 말했다. 이런 식으로 헤엄쳐 나오는 방법이 「달생」의 주제인 자연을 자연스럽게 여기는 길이다. 그렇다면 그 사나이는 어떻게 해서 자연을 자연스럽게 열 수 있었을까? 그건 높은데서 떨어지는 힘으로 생겨난 물의 소용돌이와 함께 물속에 들어가고, 다시 솟구치는 물과 함께 물위로 나오는 방법을 통해서이다. 이는 물의 도(道), 즉 물의 성질을 잘 알아서 헤엄쳐 나온 것이지 자신의 힘을 쓰면서 헤엄쳐 나온 게 아니다.

공자는 이 말에 갑자기 의아해졌다. 공자는 모든 걸 배워야 터득한다고 여겨왔기에 헤엄치는 일도 마찬가지로 배워야 한다고 믿어서이다. 그래서 공자는 그 사나이가 말했던 예부터 주어진 습관에서 시작해서 타고난 본성으로 늘리고, 마침내 자연의 뜻으로 이룬다는 게 무엇인지에 대해 물었다. 그러자 그 사나이는 원래 자신은 구릉에서 태어났기에 구릉을 편안히 여기는 게 예부터 주어진 습관(故)이라고 말했다. 그래서 높은 곳에 잘 적응하는 것을 어렸을 적부터 몸에 자연스럽게 익힐 수 있었다. 그 뒤 성장하면서 물을 가까이했기에 물을 편안히 여기는 게 타고난 본성(性)이 되었다고 말했다. 이것 역시 물을 몸에 자연스럽게 익히는 방법에 해당한다. 그런데 어째서 자신의 몸이 물에서 편안하게 되었는지를 알지 못해 이것을 자연의 뜻(命)이라고 여긴다고 말했다.

여기서 주목해야 할 점은 예부터 주어진 높은 곳에서 적응하는 습관을 늘리면서 동시에 깊은 물을 편안히 여긴다는 사실이다. 즉 어렸을 적에 높은 곳에 익숙한 몸과 성장하면서 깊은 물에 익숙한 몸 사이에 단절이 이루어지지 않고서 사나이의 몸에 이것들이 자연스럽게 연결되었다는 사실이다. 사람들은 몸이 땅에 익숙해 있는 방식과 몸이 물에 익숙해 있는 방식을 서로 다른 차원의 것으로 여긴다. 이에 따라 땅의 도(道)가 있으면 물의 도(道)가 독립적으로 존재한다고 믿는다. 이런 점을 유난히 강조했던 사상가 집단이 유가와 묵가가 아닌가? 그래서 유가가 강조한 인애(仁愛)를 땅의 도로 여기고, 묵가가 강조한 겸애(兼愛)를 물의 도로 여겨서 두 사상가 집단 사이에 시비 다툼이 치열하게 벌어진 바 있다. 그 결과 유가와 묵가의 시비논쟁이 춘추전국시대를 뒤흔들 정도로 유명했다.

물론 유가와 묵가뿐만이 아니다. 춘추전국시대 모든 제자백가들은 자신들의 주장만 옳다고 떠들었으므로 자신들의 앎은 땅의 도인 반면 다른 제자백가들의 앎은 물의 도라고 여겼음에 분명하다. 그 결과 자신의 도와 제자백가의 다른 도 사이에 연결을 거의 이루지 못했다. 오히려 땅과 물의 차이만큼이나 자신과 상대방의 도를 구분하려고 애썼다. 또 땅에서 익힌 자신의 도만 옳다고 여겨서 물속이란 새로운 상황과 마주하는 경우 여기에 제대로 적응하지 못했다. 그러니 우물 안 개구리처럼 좁은 공간에서 배웠던 바를 도라고 고집한 셈이다. 이것이 자신의 성심(成心)만을 스승으로 삼는 태도이기도 하다. 이에 대한 자세한 설명은 내편 「제물론」 3에서 언급한 바 있으므로 여기선 생략하고자 한다.

노(魯)나라에 재경(梓慶)이란 유명한 목수가 북틀을 만들기 위해
나무를 깎아서 북틀을 완성시켰다.

북틀을 본 사람들은 한결같이 놀라면서 귀신의 솜씨와 같다고 칭찬했다.

이윽고 노나라 제후가 그 북틀을 보고 재경에게 물었다.

"그대는 어떤 방법으로 북틀을 만들었는가?"

재경이 대답했다.

"신은 목수에 지나지 않는데 달리 무슨 방법이 있겠습니까?"

비록 그렇더라도 한 가지는 분명히 있습니다.

신이 북틀을 만들 때 함부로 기(氣)를 소모하지 않고,

반드시 재계해서(齊) 마음을 고요히 합니다.

이에 사흘을 재계하면 상을 받거나 벼슬과 봉록을 얻는다는 생각을
감히 품지 않습니다.

닷새를 재계하면 세상의 비난과 칭찬 그리고 잘하고 못한다는 생각을
감히 품지 않습니다.

이레를 재계하면 마음이 동요되지 않은 채
제 자신이 팔다리(四枝)와 몸(形體)을 지닌다는 사실을 잊습니다.

이때쯤 되면 조정의 시선은 아랑곳하지 않고 오로지 기술에 전념하므로
마음을 어지럽히는 게 모두 사라집니다.

그런 후 산림에 들어가 자연스런 성질과 모습이 훌륭한 나무를 찾습니다.

그런 후 마음속에 완성될 북틀의 모양을 떠올린 뒤 작업에 착수합니다.

물론 완성될 북틀의 모양이 떠오르지 않으면 일에 착수하지 않습니다.

그래야 나무의 자연스런 본성과 저의 자연스런 본성이 합쳐집니다.

제가 만든 북틀이 귀신의 솜씨와 같다는 건 여기에서 비롯됩니다."

• • •

梓慶削木爲鐻, 鐻成, 見者驚猶鬼神.

魯侯見而問焉, 曰:「子何術以爲焉?」

對曰:「臣工人, 何術之有! 雖然, 有一焉.

臣將爲鐻, 未嘗敢以耗氣也, 必齊以靜心.

齊三日, 而不敢懷慶賞爵祿., 齊五日, 不敢懷非譽巧拙.,

齊七日, 輒然忘吾有四枝形體也.

當是時也, 無公朝, 其巧專而滑消., 然後入山林, 觀天性, 形軀至矣.,

然後成見鐻, 然後加手焉., 不然則已.

則以天合天, 器之所以疑神者, 其由是與!」

나무의 자연스런 본성과 합쳐져야
목수에게 귀신같은 솜씨가 나온다

———

　자연을 인위적으로 여는 걸 멀리하고 자연스럽게 여는 걸 가까이 하라는 내용이 계속해서 이어진다. 이번에는 훌륭한 북틀을 완성시키는 일과 관련한 내용이다. 그래서 이 장은 나무를 다루는 기술과 연관된다. 노(魯)나라에 재경(梓慶)이란 유명한 목수가 나무를 깎아서 북틀을 완성시켰는데 그걸 본 사람들이 깜짝 놀라면서 마치 귀신의 솜씨와 같다고 하나같이 칭찬했다. 노나라 제후도 그 북틀을 본 뒤 재경에게 어떤 방법으로 북틀을 만들었는지에 대해 물었다. 그러자 재경은 자신은 목수에 지나지 않는데 달리 특별한 방법이 있겠느냐고 겸손해하면서 한 가지는 분명히 있다고 자신 있게 말했다.

　그 방법은 북틀을 만들 때 자신의 기(氣)를 함부로 소모하지 않고, 반드시 미리 재계해서 마음을 고요히 비우는 일이다. 보통의 장인들은 이와 반대로 행동한다. 그래서 자신의 기만 믿고 재계 따위는 소용없다는 식으로 처신한다. 이렇게 사흘을 재계하니까 재경은 상을 받거나 벼슬과 봉록을 얻는다는 생각을 감히 품지 않게 되었다. 그러니 신인(神人)처럼 무공(無功), 즉 솜씨를 자랑하지 않는 상태에 이른 셈이다. 그리고 닷새를 더 재계하니까 재경은 세상의 비난과 칭찬은 물론이고 잘하고 못한다는 생각을 함부로 품지 않게 되었다. 그러니 성인(聖人)처럼 무명

(無名), 즉 명성을 바라지 않는 상태에 이른 셈이다. 마지막으로 이레를 더 재계하니까 재경은 마음이 동요되지 않은 채 팔다리(四枝)와 몸(形體)을 지닌다는 사실을 깨끗이 잊게 되었다. 그러니 지인(至人)처럼 무기(無己), 즉 자신을 잊은 상태에 이른 셈이다.

이쯤 되니까 재경은 북틀을 만들도록 명령한 조정의 시선은 아랑곳하지 않고 오로지 북틀 만드는 기술에 전념할 수 있었다. 그 결과 그의 마음을 어지럽혔던 모든 것들이 깨끗이 사라졌다. 이런 상태에 이를 수 있었던 건 북틀 만드는 일을 자연스럽게 열어서이다. 이런 자세를 지닌 후라야 재경은 비로소 산림에 들어가 자연스런 성질과 모습을 갖춘 훌륭한 재목감을 갖춘 나무를 찾는다. 또 이런 상태에 이른 후라야 완성될 북틀의 모양을 마음에 떠올리면서 작업에 착수한다. 물론 완성될 북틀의 모양이 마음에 떠오르지 않으면 일에 착수하지 않는다. 그래서 북틀의 모습이 자연스럽게 떠올라야 일에 착수하는데 이때 나무의 자연스런 본성과 자신의 자연스런 본성이 하나로 합쳐진다. 재경이 만든 북틀(鐻)이 마치 귀신의 솜씨와 같다는 건 여기에서 비롯된다.

그러니 나무를 깎아서 좋은 북틀을 만들려면 목수의 자연스런 본성과 나무의 자연스런 본성이 합쳐지는 게 무엇보다 중요하다. 그래서 장인급의 목수라도 신인, 성인, 지인의 모습을 갖출 때 합쳐지는 게 가능하다. 재경이 북틀을 만들기에 앞서 보름씩이나 재계한 것도 신인, 성인, 지인의 모습을 모두 갖추기 위해서이다. 그러니 목수와 나무 사이의 연결은 목수의 자연스런 본성과 나무의 자연스런 본성이 합쳐질 때 비로소 가능하다. 그런데 목수일뿐이겠는가! 세상의 모든 일도 이러하다. 그래서 일하는 사람은 그 일이 무슨 일이든 간에 자연스런 본성과 자신의 본성을 합쳐지도록 하는 게 중요하다.

동야직(東野稷)이 장공(莊公)에게 자신의 말 부리는 솜씨를 자랑해 보였다.
그가 끄는 말이 수레를 모니까 수레의 나아감과 물러남이
줄을 친 듯 곧았고, 좌우로 도는 게 그림쇠로 그린 듯 정확했다.
장공은 옷에 장식한 아름다운 무늬도 이보다 더 정확할 수 없다고 여기고
둥근 원을 백 번 돌고 오라고 명령했다.
신하인 안합(顔闔)이 동야직을 만나고 돌아와서 장공을 뵙고 말했다.
"동야직의 말이 곧 쓰러질 겁니다."
장공은 침묵한 채 아무런 대꾸를 하지 않았다.
얼마 후 수레를 끌던 말이 정말로 쓰러지자 동야직이 돌아왔다.
장공이 안합에게 물었다. "그대는 어찌해서 이렇게 될 줄 알았는가?"
안합이 대답했다.
"말의 힘이 다했는데 계속해서 달리게 했으니 쓰러진다고 말한 겁니다."

• • •

東野稷以御見莊公, 進退中繩, 左右旋中規.
莊公以爲文弗過也, 使之鉤百而反.
顔闔遇之, 入見曰: 「稷之馬將敗.」
公密而不應.
少焉, 果敗而反. 公曰: 「子何以知之?」
曰: 「其馬力竭矣. 而猶求焉, 故曰敗.」

말을 인위적으로 부리면
솜씨를 뽐낼지 모르지만 말은 죽는다

———

　자연을 인위적으로 여는 것을 멀리하고 자연스럽게 여는 것을 가까이 하라는 내용이 계속해서 이어지는데 이번에는 말을 부리는 일과 관련한 내용이다. 동야직(東野稷)이 자신의 말 부리는 솜씨를 군주인 장공(莊公)에게 자랑해 보였다. 그가 끄는 말이 수레를 모니까 수레의 나아감과 물러남이 마치 줄을 친 듯 곧았고, 수레가 좌우로 도는 것이 마치 그림쇠로 그린 듯 정확했다. 장공이 탄복한 나머지 옷에 장식한 아름다운 무늬도 이보다 더 곧고 정확할 수 없다면서 동야직을 크게 칭찬했다. 그리고 동야직에게 마차를 타고서 들판에 그려진 큰 원을 백 번 돌고 오라고 명령했다.

　신하인 안합(顏闔)[42]이 동야직을 만나고 돌아와서 그가 끄는 말이 곧 쓰러질 거라고 장공에게 말했다. 장공은 이 사실을 믿고 싶지 않아서인지 침묵한 채 아무런 대꾸를 하지 않았다. 그런데 얼마 지나지 않아서 동야직이 몰던 말이 정말로 쓰러지자 안합이 이를 보고하려고 장공이 있는 곳으로 돌아왔다. 이에 실망한 장공이 그제서야 안합에게 이렇게

---

42) 안합은 내편 「인간세」 3에 등장한다. 여기서 안합은 위(衛)나라 영공(靈公)의 태자 스승으로 나온다.

될 것을 어찌 알았느냐고 물었다. 그러자 안합은 말의 힘이 다했는데 동야직이 말을 계속해서 달리게 했으니 쓰러질 거라고 예측했다고 말했다.

그런데 어째서 말이 쓰러졌을까? 당연히 말에게 더 이상 달릴 힘이 없어서이다. 그렇다면 동야직은 어째서 말의 힘이 다 하도록 달리게 했을까? 그건 군주의 명령 때문이다. 그렇다면 군주가 옳지 못한 명령을 내렸으니까 말이 쓰러진 책임도 군주에게 있을까? 그렇다. 군주가 이런 무리한 명령을 동야직에게 내리지 않았더라면 말이 쓰러지는 불행한 사태도 생겨나지 않았을 거다. 그렇다면 동양직은 말이 쓰러진 데 대한 책임을 면제받을 수 있을까? 물론 아니다. 군주가 부당한 명령을 내렸더라도 동야직으로선 거절하는 게 마땅하다. 만약 거절하는 게 어려웠다면 요령껏 피해 나가는 게 올바른 처신이다.

동야직은 어째서 군주의 부당한 명령을 거절하지 못했을까? 그건 공(功), 즉 자신의 재주에 얽매여서이다. 그래서 백 번씩 돌고 오라는 군주의 부당한 명령을 사양하기는커녕 이를 기꺼이 받아들여서 장공에게 더 큰 재주를 뽐내려고 했다. 이런 태도로 살아가는 사람이 어디 동야직뿐인가! 대부분의 사람들도 여기에서 예외가 될 수 없다. 사실 대부분의 사람들은 동야직처럼 자신의 재주를 세상에 뽐내지 못해서 안달하며 살아간다. 그건 오로지 출세를 위해서이다. 이런 행동은 무엇보다 자연을 자연스럽게 열지 못하는 처신에서 비롯된다. 그러니 많은 사람들은 순리(順理) 내지 화리(和理)에 어긋나는 삶을 살아가게 마련이다.

공수(工倕)가 손가락으로 도면에 동그라미를 그리면
컴퍼스나 굽은자가 도면 위에 그린 동그라미를 덮을 만큼 정확히 일치했다.
그린 동그라미의 이런 정확함은 공수의 손가락이 사물과 함께 변화하면서
다른 생각이 그의 마음에 머물지 않아서이다.
그래서 그의 마음은 사물과 하나가 되어서 사물에 의해 속박받지 않는다.
사람이 발을 잊는 건 신이 발에 맞아서이고,
허리를 잊는 건 허리띠가 허리에 맞아서이고,
시비(是非)를 잊는 건 옳고 그름이 마음에 맞아서이다.
그러니 마음이 변하지 않거나 마음이 사물을 쫓지 않으면
실제 동그라미 모양과 마음으로 그린 동그라미의 모양이 같아진다.
실제 동그라미와 마음으로 그린 동그라미의 모양이 같아지면
공수는 그제야 동그라미를 손으로 그리기 시작하는데
그가 그린 동그라미 모양과 실제 동그라미 모양이 같지 않은 적이
여태 한 번도 없다.
그런데 손으로 그린 동그라미 모양과 실제 동그라미 모양이 같아도
공수는 같다는 사실조차 잊는다.

• • •

工倕旋而蓋規矩, 指與物化而不以心稽, 故其靈臺一而不桎.
忘足, 屨之適也., 忘要, 帶之適也., 忘是非, 心之適也.,
不內變, 不外從, 事會之適也. 始乎適而未嘗不適者, 忘適之適也.

손으로 그린 동그라미가 정확한 건
자연을 자연스럽게 열어서이다

———

　자연을 인위적으로 여는 것을 멀리하고 자연스럽게 여는 것을 가까이하라는 내용이 계속해서 이어진다. 이번에는 장인이 사물을 그릴 때 어떻게 해야 정확히 그릴 수 있는지와 관련한 내용이다. 공수(工倕)라는 장인이 손가락으로 도면에 동그라미를 그리는 경우 컴퍼스나 굽은 자에 의해 그려진 동그라미를 그 위에 덮을 만큼 모양이 정확히 일치했다. 여기서 손가락으로 그린 게 자연을 자연스럽게 열어서 만든 동그라미라면 컴퍼스나 굽은 자로 그린 건 자연을 인위적으로 열어서 만든 동그라미이다. 그런데 두 종류의 동그라미가 하나로 합쳐진다는 건 자연스럽게 연 자연과 인위적으로 연 자연이 서로 일치한다는 의미이다.

　물론 컴퍼스나 굽은 자 같은 도구를 이용해서 동그라미를 그리면 정확히 그릴 수 있다. 동그라미뿐 아니라 네모 세모도 마찬가지이다. 그러니 공수가 손으로 그린 동그라미 모양이 도구를 이용해서 그린 동그라미 모양과 정확히 일치하는 건 공수의 솜씨가 그만큼 빼어나다는 증거이다. 어째서 공수의 솜씨가 이처럼 빼어날 수 있을까? 그건 공수의 솜씨가 기술의 단계를 넘어서서 도의 단계에 이르러서라고 본다. 내편 「양생주」에서도 주인공 포정(庖丁)이 행한 소의 해체와 관련해서 수해(手解) → 목해(目解) → 신해(神解)의 단계로 발전해 나간다는 점을 언급한 바 있다. 손으로 소를 잡는 수해와 눈으로 소를 잡는 목해가 기술의 차원에서 그친다면 정신으로 소를 잡는 신해는 소를 도(道)로서 잡는 차원이다.

그런데 공수는 어떻게 해서 포정처럼 도의 단계에 이를 수 있었을까? 그건 공수의 손가락이 사물과 함께 변화하면서 다른 생각이 그의 마음에 머물지 않아서이다. 그 결과 그의 마음이 사물과 하나가 될 수 있었다. 이로 인해 그의 마음이 사물에 의해 구속되는 법이 없다. 여기서 사물과 하나가 되어서 마음이 막히지 않는다는 건 무슨 의미일까? 『장자』는 재미난 예를 동원해서 우리를 보다 쉬운 길로 안내한다. 즉 사람이 발을 잊을 수 있는 건 신이 발에 맞아서이고, 허리를 잊을 수 있는 건 허리띠가 허리에 맞아서란 예를 통해서이다. 마찬가지로 우리가 시비(是非)를 잊을 수 있는 건 옳고 그름이 마음에 맞아서이다.

그러면 공수가 사물의 실제 모양을 잊을 수 있는 건 사물의 실제 모양이 마음으로 그려진 모양과 맞아서이지 않겠는가? 이는 안으로 마음이 변하지 않고 밖으로 사물을 쫓지 않아야 가능한 일인데 지금 공수가 이런 상태에 이르렀다. 그래서 공수가 동그라미를 마음으로 직접 그리는 경우 그 모양이 실제 동그라미 모양과 정확히 일치하게 마련이다. 이때 공수는 손으로 비로소 동그라미를 그리기 시작하는데 지금까지 그가 그렸던 동그라미 모양이 실제 동그라미 모양과 같지 않은 적이 여태 한 번도 없다. 이는 손으로 직접 그린 동그라미가 실제 동그라미 모양과 같은데도 같다는 사실조차 잊었기에 가능한 일이다. 이런 공수의 모습이 자연을 자연스럽게 여기는 사람의 참된 모습이다.

노나라 사람인 손휴(孫休)가 편경자(扁慶子) 집을 직접 방문해서 말했다.

"벼슬에서 물러나 시골에서 살면서 수양이 덜 되었다거나

어려운 일을 당해도 용기가 없다는 말을 여태 들어본 적이 없습니다.

그런데 농사를 지어도 풍작을 이룬 적이 별로 없고,

군주를 섬겨도 제대로 된 대우를 받지 못했는데

이젠 시골 마을에서도 버림을 받아 고을을 쫓겨나는 신세가 되었습니다.

그러니 하늘에 어떤 죄를 지었습니까? 전 어째서 이런 운명을 만났나요?

편경자가 말했다.

"그대만 지인(至人)의 자연스런 행동을 들어보지 못했나요?

지인은 간과 쓸개도 잊고 눈귀도 잃은 채 세상 밖을 망연히 방황하면서

하고자 함이 없는 무위로 소요하지요.

이를 두고 무언가를 이루고도 거기에 기대지 않고,

사물을 자라게 하고도 주관하지 않는 거라고 말합니다.

그런데 지금 그대는 앎을 잘 포장해서 어리석은 사람을 놀라게 하고,

몸을 수양한답시고 다른 사람의 더러운 행동을 밝히고,

또 해와 달을 내걸고서 거창하게 행동하듯 자기를 내세우고 있소.

그대의 몸을 온전히 지니고, 이목구비 등 아홉 개 구멍을 모두 갖추고,

또 살면서 도중에 농아나 맹인이나 절름발이가 되지 않은 채로

보통사람 축에 들어서 사는 것만 해도 다행이오.

그러니 어째서 하늘을 원망할 겨를이 있나요? 썩 꺼지시오."

손휴가 나가자 편경자가 방에 들어와서 앉아 하늘을 우러르며 탄식했다.

제자가 물었다. "선생님은 어째서 탄식하고 계십니까?"

편경자가 말했다.

"조금 전 손휴가 왔을 때 나는 그에게 지인(至人)의 덕을 알려주었는데

그가 놀라서 정신이 헷갈리는 데까지 이를까봐 두려워서이네."

제자가 말했다.

"그렇지 않습니다. 손휴가 말한 바가 혹 옳지 않을까요?

그리고 스승이 말씀하신 바가 혹 그르지 않을까요?

그러면 본디 그른 게 옳은 걸 헷갈리게 할 수 없습니다.

아니면 손휴가 말한 바가 혹 그르지 않을까요?

그리고 스승이 말씀하신 바가 혹 옳지 않을까요?

그러면 손휴는 본디 정신이 헷갈려서 왔으니 어찌 스승의 잘못인가요!

편경자가 말했다.

"그렇지 않아. 옛날 어떤 새가 노(魯)나라 서울 성 밖에 날아와 앉았네.

노나라 군주가 기뻐한 나머지 큰 우리를 만들고서 잔치를 베풀고

아름다운 구소(九韶)의 음악을 연주해서 새를 즐겁게 했네.

그러자 새는 처음부터 근심하고 슬퍼해서 이내 눈이 어지러워지고,

함부로 마시거나 먹지를 않았네.

이를 두고 자신을 보양하는 방식으로 새를 보양하는 거라고 말하네.

만약 새를 보양하는 방식으로 새를 보양한다면

마땅히 깊은 숲 속에 살게 하거나 강이나 호수에 떠 있게 하거나

진흙 속 미꾸라지를 먹으면서 여유롭게 살도록 하는 건데

이래야만 이것이 새의 편안함이네.

지금 손휴는 우둔하고 견문이 부족한데 그에게 지인의 덕을 알려준 건

마치 생쥐를 수레나 말에 태우게 하거나

메추라기를 종소리와 북소리로 즐겁게 하는 것에 비유할 수 있네

그러니 그가 또 어찌 놀라지 않을 수 있겠는가!"

有孫休者, 踵門而詫子扁慶子曰:「休居鄉不見謂不修, 臨難不見謂不用.,
然而田原不遇歲, 事君不遇世, 賓於鄉里, 逐於州部, 則胡罪乎天哉?
休惡遇此命也?」

扁子曰:「子獨不聞夫至人之自行邪?

忘其肝膽, 遺其耳目, 芒然彷徨乎塵垢之外, 逍遙乎無事之業, 是謂爲而不恃,
長而不宰. 今汝飾知以驚愚, 修身以明汚, 昭昭乎若揭日月而行也.
汝得全而形軀, 具而九竅, 無中道夭於聲盲跛蹇而比於人數, 亦幸矣,
又何暇乎天之怨哉! 子往矣!」

孫子出. 扁子入, 坐有間, 仰天而歎. 弟子問曰:「先生何爲歎乎?」

扁子曰:「向者休來, 吾告之以至人之德, 吾恐其驚而遂至於惑也.」

弟子曰:「不然. 孫子之所言是邪? 先生之所言非邪? 非固不能惑是.
孫子所言非邪? 先生所言是邪? 彼固惑而來矣, 又奚罪焉!」

扁子曰:「不然. 昔者有鳥止於魯郊, 魯君說之, 爲具太牢而饗之, 奏九韶以樂之,
鳥乃始憂悲眩視, 不敢飲食. 此之謂以己養養鳥也.
若夫以鳥養養鳥者, 宜棲之深林, 浮之江湖, 食之以委蛇, 委蛇而處,
則安平陸而已矣.
今休, 款啓寡聞之民也, 吾告以至人之德, 譬之若載鼷以車馬, 樂鴳以鐘鼓也.
彼又惡能無驚乎哉!」

가르침도 상대방 수준에 맞아야
자연스런 가르침을 펼 수 있다

———

　자연을 인위적으로 여기는 것을 멀리하고 자연스럽게 여기는 것을 가까이하라는 마지막 예가 등장한다. 노나라에 손휴(孫休)라는 사람이 있었는데 벼슬에서 물러나자 시골로 내려갔다. 그는 평소 주위 사람들로부터 수양이 덜 되었다거나 어려운 일을 당해도 용기가 없다는 말을 듣지 않았을 정도로 처신하면서 그럭저럭 살았다. 그런데 농사를 지으면 풍작을 이룬 적이 별로 없고, 군주를 섬겨도 제대로 된 대우를 받지 못해 스스로 복이 없다고 여겼다. 이제는 시골 마을에서조차 버림을 받아 쫓겨나는 신세가 되었다. 이에 손휴는 편경자(扁慶子) 집을 직접 찾아가서 자신이 하늘에 어떤 죄를 지었기에 이런 운명에 처하게 되었는지 한탄하며 말했다. 실제로 손휴처럼 자신의 처지에 만족하지 않고 운명을 탓하면서 살아가는 사람들이 우리 주위에는 많다. 그래서인지 『장자』는 편경자, 즉 온전히 살아가는 것을 경사(慶)로 기뻐하는(扁) 분(子)을 손휴의 상대역으로 설정했다.

　편경자는 손휴에게 지인(至人)의 자연스런 행동에 대해 어째서 여태 들어보지 못했는지 의아해하며 물었다. 지인이란 무기(無己), 즉 자의식을 지니지 않는 사람이다. 그래서 지인은 자신의 간과 쓸개도 잊고 눈과 귀도 잊은 채 살아간다. 간과 쓸개를 잊는 건 성심(成心)을 드러내지 않는 것을 의미한다. 이는 심관작용을 중지할 때 가능하다. 또 눈과 귀를 잃는 건 감관작용을 멈출 때 가능하다. 이처럼 감관 및 심관작용을 멈추면 희로애락(喜怒哀樂)의 감정, 려탄변집(慮嘆變熱)의 생각, 요일계태(姚佚啓態)의 행동[43]을 드러내지 않는다. 이것이 자의식을 없앤 지인(至人)의 참 모습이다. 이런 지인은 세상 밖을 망연히 방황하면서 하고자 함이 없는 무위의 자세로 소요한다. 또 이런 지인은 뭔가를 이루어도 거기에 기대지 않고, 사물을 자라게 하고도 이를 주관하지 않는다. 이런 표현은 『도덕경』 2장에도 나온다.[44]

그런데 편경자는 손휴에게서 이런 지인의 모습을 조금만치도 찾아볼 수 없었다. 손휴는 시골로 낙향해서 자신이 아는 바를 잘 포장해 어리석은 사람을 놀라게 하고, 몸을 수양한답시고 남의 더러운 행동을 밝히고, 해와 달을 내걸고서 거창하게 행동하듯 자기를 내세웠기 때문이다. 이것은 어쩌면 공자가 평생 일관되게 추구해 온 삶이기도 하다. 설령 손휴가 자신의 뜻대로 살아오지 못했어도 지금 몸을 온전히 지니고서 이목구비 등 아홉 개 구멍을 모두 갖춘 뒤 농아나 맹인이나 절름발이가 되지 않은 채 보통사람의 축에 속하면서 살아간다. 바로 이런 삶이 행복한 삶이거늘 손휴는 자신의 삶이 뜻대로 되지 않는다고 하늘을 원망해선 안 된다. 그런데도 손휴가 자신의 삶을 여전히 못마땅하게 여기므로 편경자 입장에선 답답하기 짝이 없다. 이에 내 앞에서 당장 없어지라고 손휴에게 호통을 쳤다.

---

43) 희로애락은 기쁨·노여움·슬픔·즐거움을, 려탄변집은 걱정·한탄·변덕·고집을, 요일계태는 아첨·방자·솔직·꾸밈을 말한다.

44) 만물이 잘 자라도 자신이 했다고 말하지 않고, 뭔가 생겨도 자신이 소유하지 않고, 뭔가를 이루어도 거기에 기대지 않고, 공을 세워도 거기에 머무르지 않는다. 공에 머물지 않음으로써 그 공이 사라지지 않는다(萬物作焉而不辭 生而不有 爲而不恃 功成而不居 夫唯不居 是以不去). (『도덕경』 2장)

손휴가 편경자 집을 떠난 뒤 편경자는 자신의 방에 들어와서 잠시 앉았다가 하늘을 우러르면서 크게 탄식했다. 그의 제자가 이상하게 여겨서 편경자에게 어째서 탄식하느냐고 물었다. 그러자 편경자는 조금 전 손휴가 왔을 때 그에게 지인(至人)의 덕을 알려주었는데 그가 이를 제대로 소화하지 못하고 그만 놀라서 정신이 헷갈리는 데까지 이를까 봐 두려워서라고 말했다. 즉 지인의 그릇을 갖추지 못한 사람에게 너무나 큰 가르침을 주어서 손휴에게 예상치 못한 불길한 결과가 생겨날까 걱정이 되어서이다. 정말로 훌륭한 스승이라면 상대방 수준에 맞게끔 가르침을 주어야 한다. 이것도 스승이 제자에게 가르침을 자연스럽게 열어주는 길이다.

이에 대해 편경자 제자는 크게 신경 쓰지 않아도 된다면서 스승을 안심시켰다. 손휴가 말한 바가 혹 옳고 편경자가 말한 바가 혹 그르면 본디부터 그른 게 옳은 걸 헷갈리게 할 수 없다. 그러니 옳은 손휴에게서 문제가 생겨날 리 만무하다. 반대로 손휴가 말한 바가 혹 그르고 편경자가 말한 바가 혹 옳으면 손휴는 처음부터 정신이 헷갈려서 편경자를 찾아왔다. 그러니 손휴가 헷갈린다고 해도 그건 스승의 잘못이 아니다.

그러자 편경자는 그렇지 않다고 제자의 말을 반박하면서 옛날 노(魯)나라의 서울 성 밖에 날아왔던 귀한 새 이야기를 꺼냈다. 노나라에 귀한 새가 날아오자 노나라 군주는 기뻐한 나머지 새를 위해 큰 우리를 만들고 잔치를 베풀고 심지어 아름다운 구소(九韶)의 음악까지 연주를 해서 새를 즐겁게 했다. 새는 군주가 자신을 즐겁게 하려는 이런 노력에 대해 처음부터 근심하면서 슬퍼했다. 결국 새는 눈이 어지러워지고 나아가 마시거나 먹지를 않았다. 결국 이 새는 죽고 말았다. 이는 자신을 보양하는 방식으로 새를 보양하고자 했던 노나라 군주의 과오이다. 즉 자신의 성심(成心)만을 옳다고 여겨서 이를 새에게 적용시키고자 했던 노나라 군주의 실수이다. 그러면 새를 보양하는 방식으로 새를 보양하는 건 어떤 방식이어야 할까? 그것은 깊은 숲 속에 살게 하거나 강이나 호수에 떠 있게 하거나 진흙 속 미꾸라지를 먹으면서 자유롭게 살도록 하는 일이다. 이럴 때 새는 비로소 편안함을 느낀다.

지금 편경자가 볼 때 노나라 군주가 새에게 저질렀던 실수를 자신도 손휴에게 똑같이 저질렀다. 손휴는 우둔하고 견문이 부족한 사람이므로 이에 합당한 가르침을 주어야 하는데 지인(至人)의 덕을 운운하면서 너무 높은 수준의 가르침을 주었기 때문이다. 그래서 편경자가 손휴에게 지인의 덕을 알려준 건 마치 생쥐를 수레나 말에 태우게 하거나 메추라기를 종소리와 북소리로 즐겁게 하는 일에 해당한다. 여기서 생쥐와 메추라기가 손휴이고, 수레나 말 그리고 종소리와 북소리가 지인의 덕을 의미한다. 수레나 말은 사람들이 타고 다니는 교통수단이고 종소리와 북소리는 사람들이 즐겨하면서 듣는 소리이다. 그러므로 마차에 생쥐를 태우게 하거나 메추라기로 하여금 사람의 소리를 듣게 해선 안 된다. 그러니 편경자는 가르침을 자연스럽게 열지 못하고 인위적으로 연 셈이다. 이에 편경자는 손휴가 또다시 놀라는 사태가 생겨나리라고 전망한 나머지 근심에 빠졌던 거다.

산목

山木

― 산
목
―

「산목」은 도덕(道德)과 인륜(人倫)을 비교하면서 도덕의 우위를 강조하는 내용이다. 장자는 어째서 도덕을 인륜에 비해 우위에 둘까? 그것은 도덕이 자연스러운 데 반해 인륜은 인위적인 성격을 지녀서이다. 예를 들어 유가가 말하는 도덕은 인의예지(仁義禮智)처럼 인위적이지만 장자가 말하는 도덕은 기본적으로 자연스러움에 기반한다. 이처럼 유가가 말하는 도덕과 장자가 말하는 도덕 사이에는 차이가 크다.

「산목」은 지금까지 설명해 왔던 외편의 다른 편들과 다른 구성 방식을 보인다. 지금까지는 각 편에서 말하는 주제에 대한 이론적이거나 개념적인 설명이 있은 후 그에 따른 예들이 차례로 소개되었다. 그런데 「산목」은 이론적인 설명을 생략하고, 처음부터 인륜과 비교해서 도덕의 우위를 강조하는 예들로 시작한다.

첫 번째 예는 쓸모가 없어서 살아남은 나무와 쓸모가 없어서 죽게 된 거위가 있는데 이 경우 쓸모가 있는 게 옳은 건지 쓸모가 없는 게 옳은 건지를 두고 얘기가 전개된다. 장자는 처음에는 자신은 쓸모있음과 쓸모없음의 중간에 있다고 애매하게 대답했지만 이런 입장을 이내 거둬들이고서 자연스런 도덕에 따라 판단하는 게 바람직하다고 말한다. 그래서 벌목꾼이 쓸모없는 큰 나무를 베지 않은 것도 자연스런 도덕에 따른 결정이고, 장자의 친구가 울지 않아서 쓸모가 없어진 거위를 잡도록 한 것도 자연스런 도덕에 따른 결정이다.

두 번째 예는 군주의 치도(治道)와 관련해서 어째서 도덕이 인륜보다 우위에 있는지를 설명하는 내용이다. 노나라 군주는 유가가 강조하는 방식으로 나라를 다스려왔는데 그에게서 근심이 사라지지 않으니까 현자는 그 이유를 자연스런 도덕에 따라 나라를 다스리지 않는 데서 찾는다. 그러면서 근심을 더는 방법으로 군주에게 마음을 비워야 하는 걸 제안한다.

　세 번째 예는 자연스런 도덕을 따르면 공인(工人)도 북틀을 빨리 만들 수 있다는 내용이다. 그렇다면 공인에게 필요한 자연스런 도덕이란 무엇일까? 그건 사람을 부리는 방법에 있어 자연스런 도덕을 지켜나가는 길이다. 그래서 공인은 어떤 것도 의식하지 않아 미련한 사람이거나 또 어떤 의심도 하지 않아 종 만드는 생각을 버린 사람처럼 행동해야 한다. 나아가 몸은 야윈 사람처럼 마음은 어두운 사람처럼 행동해야 한다.

　네 번째 예는 불사지도(不死之道), 즉 죽지 않고 살아가는 도에 관한 내용이다. 쓸모있는 곧은 나무는 먼저 베어지고, 단 샘물도 먼저 마르게 마련이다. 그런데 공자는 쓸모있는 나무처럼 행동하거나 맛이 좋은 샘물처럼 행동한다. 이 때문에 공자는 스스로 재앙을 초래해서 일찍 죽을 수 있다. 그런데 대성인(大成人), 즉 크게 이룬 사람은 이와 반대이다. 그래서 대성인만이 자연스런 도덕에 입각해서 오래살 수 있다.

　다섯 번째 예는 군자의 사귐은 물처럼 담박하지만 소인의 사귐은 단술처럼 달콤하다는 것과 관련한 내용이다. 군자의 사귐이 물처럼 담박할 수 있는 건 오로지 자연스런 도덕을 따르기 때문이다. 여섯 번째 예는 선비의 자세와 관련한 내용이다. 유가에선 선비를 배우고 때때로 익힌 사람으로 보는데 반해 장자에게선 자연스런 도덕이 몸에 밴 사람으로 선비를 파악한다. 이런 선비는 가난해도 고달프지 않거나 고달퍼도 비간처럼 가슴이 갈라지는 애처로운 삶을 살지 않는다.

일곱 번째 예는 군자는 자연이 주는 손해를 기꺼이 받아들이지만 소인은 쉽게 받아들이지 못한다는 내용이다. 굶주림, 목마름, 추위, 더위 및 곤궁, 형벌, 오도가도 못함은 자연이 가져다주는 손해이다. 그래서 누구에게나 똑같이 생겨난다. 소인은 이런 손해가 발생하면 하필이면 내게 생겨나느냐고 억울해하며 이를 받아들이지 않으려고 한다. 반면 군자는 자연이 주는 손해를 받아들이는 데 어떤 불만을 품지 않고서 이를 기꺼이 수용한다.

여덟 번째 예는 장주(莊周)가 조릉(雕陵)에서 자신의 이마를 스치고 지나갈 정도로 낮게 날아가는 까치를 잡으려다가 경험한 일을 바탕으로 내용이 구성된다. 장주가 까치를 잡으려고 할 때 흐린 물에서 보느라 맑은 연못에서 보는 걸 이해하지 못했다. 그래서 장주는 전체의 윤곽을 파악할 수 없었다. 여기서 맑은 물에서 보는 게 전체 윤곽을 보는 거라면 흐린 물에서 보는 게 전체 윤곽 중 일부만 보는 일이다.

마지막 예는 어진 행동을 해도 자신이 어질다는 생각에서 벗어나야 사랑도 제대로 받을 수 있다는 내용이다. 이를 설명하기 위해 양자가 송나라의 한 여관에 투숙했을 때 경험한 내용을 바탕으로 글이 구성된다. 양자가 투숙했던 여관 주인에게 처가 둘 있었는데 한 처는 미인이고 다른 한 처는 추녀이다. 추녀는 여관 주인으로부터 귀한 대접을 받은 반면 미인은 천대를 받았다. 이는 미인 아내는 스스로 예쁘다고 여긴 탓이고, 추한 아내는 스스로 추하다고 여긴 탓이다. 그러니 정말로 어진 사람은 굳이 어질게 행동하지 않아도 누구나 그가 어진 사람임을 안다. 그러니 자연스런 도덕에서 비롯된 어짊이 참된 어짊이지 인위적인 인륜에서 비롯된 어짊은 참된 어짊이 아니다.

장자(莊子)가 산속을 지나다가 가지와 잎이 무성한 큰 나무를 보았는데

벌목꾼은 나무 옆에 멈춰 서 있는데도 이를 베려 하지 않았다.

장자가 벌목꾼에게 그 이유를 묻자 그가 말했다. "쓸모가 없어서입니다."

장자가 제자들에게 말했다.

"이 나무는 쓸모가 없어 천수(天年)를 다할 수 있네!"

장자가 산에서 내려와 친구 집에 머물렀다.

친구는 장자를 기쁘게 반기며 동자에게 거위를 잡아서 삶아오도록 명했다.

동자가 주인에게 물었다.

"한 놈은 잘 울고 한 놈은 잘 울지 않는데 어떤 놈을 잡을까요?"

주인이 말했다. "울지 않는 놈을 잡아라."

다음날 제자가 장자에게 물었다.

"어제 산속의 나무는 쓸모가 없어 천수를 다할 수 있었는데

지금 이 집 주인의 거위는 쓸모가 없어 죽게 되었습니다.

선생님은 대체 어떤 입장인가요?"

장자가 웃으면서 말했다.

"나는 쓸모있음과 쓸모없음의 중간에 머무네.

그런데 쓸모있음과 쓸모없음의 중간은 그럴듯해도 실은 아니므로

근심에서 벗어날 수 없지.

만약 도덕(道德)을 타고서 자유로이 노닐면 근심에서 벗어날 수가 있네.

또 도덕을 타고 자유로이 노닐면 칭찬도 없고 비난도 없네.

또 도덕을 타고 자유로이 노닐면 한 번은 용이 되고 한 번은 뱀이 되어

시간과 함께 변화하므로 어느 한 시점에 머물지 않네.

또 도덕을 타고 자유로이 노닐면 한 번은 올라갔다 한 번은 내려와서

천지만물과의 조화를 표준으로 삼아 만물이 시작하는 데서 떠돌며 노니네.

그래서 사물을 사물로 부릴 뿐 사물에 의해 매이지 않으니까

어찌 근심이 스며들 수 있겠는가! 이것이 신농씨와 황제의 법칙이지.

그런데 만물의 모습(情)과 인륜(人倫)의 전해짐은 그렇지가 않아.

합해지면 떨어지고, 이루어지면 무너지고, 곧아지면 꺾이고,

높이 받들어지면 책잡히고, 하고자 함이 있으면 부족함이 생겨나고,

현명하면 모함을 받고, 어리석으면 속임을 당하니

어찌 근심이 사라질 수 있겠는가!

정말로 슬픈 일이다! 제자들은 명심해라.

도덕의 마을(道德之鄕)에서 노니는 사람만이 화를 면할 수 있다는 사실을!"

. . .

莊子行於山中, 見大木, 枝葉盛茂, 伐木者止其旁而不取也.

問其故, 曰:「無所可用.」

莊子曰:「此木以不材得終其天年!」

出於山, 舍於故人之家. 故人喜, 命豎子殺雁而烹之.

豎子請曰:「其一能鳴, 其一不能鳴, 請奚殺?」

主人曰:「殺不能鳴者.」

明日, 弟子問於莊子曰:「昨日山中之木, 以不材得終其天年..

今主人之雁, 以不材死.. 先生將何處?」

莊子笑曰:「周將處乎材與不材之間. 材與不材之間, 似之而非也, 故未免乎累.

若夫乘道德而浮遊則不然. 無譽無訾, 一龍一蛇, 與時俱化, 而無肯專爲..

一上一下, 以和爲量, 浮遊乎萬物之祖.. 物物而不物於物, 則胡可得而累邪!

此神農黃帝之法則也. 若夫萬物之情, 人倫之傳, 則不然. 合則離, 成則毀..

廉則挫, 尊則議, 有爲則虧, 賢則謀, 不肖則欺, 胡可得而必乎哉!

悲夫! 弟子志之, 其唯道德之鄕乎!」

자연스런 도덕(道德)과
부자연스러운 인륜(人倫)

이 장은 도덕(道德)과 인륜(人倫)의 비교를 통해서 자연스러움과 부자연스러움을 서로 비교한다. 이에 도덕은 자연스러운 데 반해 인륜은 인위적이어서 부자연스럽다는 내용으로 글이 구성된다. 장자가 산속을 지나다가 가지와 잎이 무성하게 우거진 큰 나무를 보았다. 언뜻 보아 재목감으로 꽤 쓸 만했다. 한 벌목꾼이 그 나무에 다가가서 멈췄지만 벨 생각을 하지 않아 이를 이상하게 여긴 장자가 어째서 나무를 베려 하지 않느냐고 물었다. 그러자 벌목꾼은 쓸모없는 나무라서 베지 않는다고 대답했다. 이에 장자가 느낀 바가 있어 제자들에게 나무에 쓸모가 없어 오히려 천수를 다한다고 말했다. 이와 비슷한 내용이 내편 「인간세」에서도 등장한 바 있다.

「인간세」에선 대목수 장석(匠石)이 제나라 곡원(曲轅) 땅에 이르러 사당수로 쓰인 큰 상수리나무를 보면서 얘기가 전개된다. 그 상수리나무의 크기는 수천 마리의 소를 덮을 정도로 크고, 둘레는 백 아름이나 될 정도로 두텁고, 높이는 산을 내려다볼 정도로 높아서 이 나무를 보려는 구경꾼으로 사당 안이 시장터처럼 북적댔다. 그런데 대목수가 그 나무를 거들떠보지 않자 이를 의아하게 여긴 제자가 재목감으로 이렇게 좋은 나무를 눈여겨보지 않고 지나치니까 어쩐 일이냐고 물었다. 그러자 산목(散木), 즉 쓸모없는 나무라서 이처럼 오래 자랄 수 있었다는 대목수의 말로 얘기가 구성된다. 그러니 여기에서의 이야기 구성과 매우 흡사하다.

장자는 산에서 내려와 친구 집을 방문했다. 친구는 기쁜 나머지 심부름하는 동자에게 거위를 잡아서 삶아오도록 명령했다. 그러자 동자는 한 놈은 잘 울고 한 놈은 잘 울지 않는데 이 중에서 어떤 놈을 잡을까 하고 묻자 울지 않는 놈을 잡으라고 말했다. 다음날 장자 제자는 쓸모가 없어 베어지지 않아서 나무를 살린 벌목꾼과 울지 않아서 쓸모가 없는 거위를 죽인 친구 중에 누구의 입장을 지지하느냐고 스승에게 물었다. 이는 벌목꾼은 쓸모없다고 여겨서 나무를 살린 반면 장자의 친구는 쓸모없다고 여겨서 거위를 죽였는데 이 중에서 어느 입장을 지지하느냐는 질문이다.

장자는 당황스러웠는지 계면쩍은 미소를 지으며 자신은 쓸모있음과 쓸모없음의 중간에 있다고 애매하게 대답했다. 장자가 이런 태도를 보일 수밖에 없었던 건 거위는 쓸모가 없어서 죽은 반면 나무는 쓸모가 있지 않는데도 살아남아서이다. 즉 똑같이 쓸모가 없었는데 한쪽은 살아남고 한쪽은 죽어서이다. 그래서 쓸모있음과 쓸모없음의 중간에 있다고 애매하게 대답한 것이다. 이렇게 말하고 나니까 갑자기 아닌 것 같은 생각이 들어서인지 장자는 이내 태도를 바꾸었다. 그래서 쓸모있음과 쓸모없음의 중간에 있다는 입장은 그럴듯해 보여도 실은 아닌 것 같아서 근심에서 벗어나지 못한다고 제자에게 솔직히 토로했다. 그리고 이런 근심에서 벗어나려면 자연스런 도덕(道德)을 타고, 세상을 자유로이 노닐어야 한다고 말했다.

도덕은 우리가 익히 들어왔던 말이다. 게다가 도덕은 수신제가(修身齊家)를 위해서 유가가 유난히 강조했던 가치이다. 그런데 장자는 어째서 도덕을 운운하며 쓸모있음과 쓸모없음의 중간에 있다는 입장에서 벗어나려고 하는 걸까? 여기서 분명히 해야 할 게 있다. 유가가 말하는 도덕과 장자가 말하는 도덕은 내용면에서 차이가 크다. 즉 유가가 강조하는 도덕은 인의예지(仁義禮智)처럼 인위적인 거라면 장자가 말하는 도덕은 자연의 결에 따라 이루어지는 자연스런 것이다. 그래서 장자가 말하는 도덕은 춘하추동의 변화와 같다. 봄이 가면 여름이 오고, 여름이 가면 가을이 오는 것처럼 장자가 말하는 도덕은 우리의 몸과 마음에 자연스럽게 저절로 입혀진다.

　이런 자연스런 도덕에 올라타서 세상을 자유로이 노닐면 누군가에 의해 칭찬받을 일도 없지만 누군가에 의해 비난받을 일도 없다. 또 자연스런 도덕에 올라타서 세상을 자유로이 노닐면 한 번은 용이 되어 하늘에 올라가서 땅을 내려다보고, 한 번은 뱀이 되어 땅에 머물면서 하늘을 올려다본다. 이는 치세와 난세를 잘 수습한다는 말이다. 그래서 자연스런 도덕에 올라타면 한쪽에서만 세상을 바라보지 않고 이쪽저쪽을 다 감안해서 세상을 균형 있게 바라볼 수 있다. 공간적 차원뿐만 아니라 시간적 차원도 마찬가지이다. 자연스런 도덕에 올라타면 시간과 함께 변화해서 어느 한 시점에 머물지 않는다. 그래서 젊었을 때의 생각과 나이 들었을 때의 생각이 고정되지 않고 얼마든지 달라질 수 있다. 또 자연스런 도덕에 올라타서 세상을 자유로이 노닐면 한 번은 올라가고 한 번은 내려와서 천지만물과의 조화를 늘 표준으로 삼는다. 그래서 만물이 시작하는 데서 항상 떠돌면서 노닌다. 이런 사람은 사물을 사물로 부릴 뿐 사물에 의해서 얽매이지 않아 그에게는 근심이 스며들지 않는다. 이것이 자연스런 도덕에 입각해서 살아가는 사람의 참 모습이다.

　그래서 벌목꾼이 큰 나무라도 베지 않은 건 자연스런 도덕에 따른 결정이고, 장자 친구가 울지 않는 거위를 잡아오라고 명령한 것도 자연스런 도덕에 따른 결정이다. 그러니 목수가 나무의 쓸모가 있을까 없을까를 궁리하다가 쓸모가 없다고 판단해서 나무를 살린 게 아니라 자연스런 도덕에 따른 직관으로 나무를 살린 것이다. 마찬가지로 장자의 친구가 우는지 여부에 따라 거위의 쓸모가 있을까 없을까를 궁리하다가 쓸모가 없다고 판단해서 거위를 죽인 게 아니라 이것도 자연스런 도덕에 따른 직관으로 거위를 죽인 것이다. 그러니 자연스런 도덕은 쓸모가 있느니 없느니 하는 식 시비판단을 크게 넘어선다. 신농씨(神農)와 황제(黃帝)도 이런 자연스런 도덕에 따라 나라를 다스렸다.

그런데 세상만물의 모습과 인륜(人倫)의 전해짐은 그렇지가 않다. 세상만물의 모습과 인륜은 자연스런 도덕이 작동하지 않아 시비판단에 의해서 그 모습이 늘 결정된다. 그래서 만물의 모습과 인륜의 전해짐은 합해지면(合) 떨어지고(離), 이루어지면(成) 무너지고(毀), 곧아지면(廉) 꺾이고(挫), 높이 받들어지면(尊) 책잡히고(議), 무언가 하고자 함이 있으면(有爲) 부족함이 생겨나고(虧), 현명해지면(賢) 모함을 받고(謀), 어리석어지면(不肖) 속임을 당한다(欺). 그래서 근심이 사라지지 않아 장자도 세상만물과 인륜의 이런 전해짐을 두고 슬프다고 말한다. 이에 장자는 자연스런 도덕의 마을(道德之鄕)에서 노니는 사람만이 화를 면할 수 있다는 사실을 제자들에게 강조했다. 물론 이 도덕의 마을은 인의예지와 같은 인륜이 아니라 자연의 원리로서의 도(道)와 그에 따른 실천인 자연스런 덕(德)으로 이루어진 마을이다.

시남의료(市南宜僚)가 노(魯)나라 군주를 뵈니 군주가 근심스런 낯빛을 했다.

시남자가 물었다. "군주께서 근심스런 낯빛이신데 어쩐 일입니까?"

노나라 군주가 말했다.

"난 옛날 훌륭한 왕의 도와 옛날 군주가 한 업적을 배워서 몸을 닦았네.

귀신을 경배하고 어진 사람을 높이 받들면서 이들과 친하게 지내고

함께 행동하면서 잠시도 떨어지지 않았네.

그런데도 재앙에서 벗어나지 못하니까 지금 근심하고 있네."

시남자가 말했다.

"재앙을 덜어내는 군주의 방법이 마땅치가 않습니다!

살찐 여우나 아름다운 외관을 지닌 표범이

산림에 머물면서 바위굴에 숨어 사는 건 고요함을 지키기 위함이고,

밤에만 활동하고 낮에 조용히 들어앉아 있는 건 조심하기 위함이고,

굶주리고 목이 말라도 함부로 행동하지 않으면서

멀리 떨어진 강과 호수에서 먹잇감을 구하는 건 안정을 지키기 위함이지요.

그런데도 결국 그물과 덫이란 재앙을 피해 나가지 못하니

그게 어찌 여우와 표범에게만 잘못이 있어서이겠습니까?

오로지 그들의 가죽이 재난의 원인입니다.

헌데 지금 군주에게 노나라는 유난히 이런 가죽과 같은 존재가 아닐까요?

그래서 저는 군주께서 자신의 몸을 갈라 나라라는 가죽을 벗고,

마음을 씻어 하고자 함을 버리고, 아무도 없는 들판에서 노니길 바랍니다.

남월(南越) 땅에 한 큰 고을이 있는데 건덕국(建德國)이라고 합니다.

그곳 백성은 우매하지만 순박하고 탐하는 마음이 작아

뭔가 하고자 함이 적습니다.
또 일할 줄만 알지 만든 걸 스스로 간직할 줄 모르고,
남에게 베풀어도 보답을 바라지 않습니다.
또 옳음(義)에 알맞게 하는 바가 무엇인지 모르고,
예의(禮)대로 하는 바가 무엇인지 모릅니다.
그래서 내키는 대로 생각하며 허망하게 행동하므로
대방(大方), 즉 자연의 큰 길을 실천합니다.
그래서 살아선 삶을 마음껏 즐기고, 죽어선 몸을 편히 묻습니다.
군주께선 부디 나라를 잊고 세상을 버린 뒤에
도(道)와 손잡고 건덕국으로 가길 바랍니다.
노나라 군주가 말했다.
"건덕국으로 가는 길은 멀고 험한 데다 강과 산이 겹겹으로 있어
배와 수레가 없는 내가 어찌 그곳에 갈 수 있겠는가?"
시남자가 대답했다.
"거만한 모습을 버리고 높은 지위에 있다는 생각을 없앤 마음을
군주의 수레로 삼으십시오."
노나라 군주가 말했다.
"건덕국으로 가는 길은 정말로 먼데다 가는 길을 아는 사람이 없는데
나는 누구와 길동무를 해야 하는가?
또 내게는 양식도 없고 밥도 없는데 어떻게 거기에 도달할 수 있겠는가?"
시남자가 대답했다.
"군주의 비용을 줄이고, 군주가 바라는 바를 줄이면
비록 양식이 부족해도 충분합니다.
일단 강을 건너서 바다에 배를 띄우면 바라보아도 끝이 보이지 않고,
또 가도 가도 끝나는 곳을 알지 못합니다.

군주를 전송하던 모든 사람들이 강기슭을 떠나서 집으로 돌아가면
이때부터 군주는 세상과 자연히 멀어집니다!
사람들을 다스리면 나라를 지켜야 한다는 걱정이 앞서고,
사람들에게 드러나는 위치에 있으면 근심이 생겨납니다.
그래서 요(堯)임금조차 사람들을 다스리려고 하지 않았고,
사람들에게 드러나려고 하지 않았습니다.
군주의 이런 걱정과 근심을 없애고, 도(道)와 홀로 벗이 되어서
허무의 상태인 대막국(大莫國)에서 노니시길 바랍니다.
배를 타고 강을 건널 때 빈 배가 와서 부딪치면
좁은 마음을 지닌 사람이라도 화를 내지 않습니다.
그런데 배 위에 한 사람이라도 있으면
숨을 크게 들이쉬고 활시위를 당기면서 당장 비키라고 소리칩니다.
한 번 소리쳐서 듣지 못하면 다시 소리치고, 그래도 듣지 못하면
세 번째로 소리칠 텐데 그러면 거기에는 반드시 욕설이 따릅니다.
아까는 화를 내지 않다가 지금은 화내는 건
아까는 빈 배였는데 지금은 사람이 타고 있어서입니다.
자기를 텅 비울 수 있어 세상을 노닌다면 어느 누가 그를 해치겠습니까!

. . .

市南宜僚見魯侯, 魯侯有憂色.
市南子曰:「君有憂色, 何也?」
魯侯曰:「吾學先王之道, 修先君之業., 吾敬鬼尊賢, 親而行之, 無須臾離居,
然不免於患, 吾是以憂.」
市南子曰:「君之除患之術淺矣! 夫豐狐文豹, 棲於山林, 伏於巖穴, 靜也.,
夜行晝居, 戒也., 雖飢渴隱約, 猶且胥疏於江湖之上而求食焉, 定也.,
然且不免於罔羅機辟之患.

是何罪之有哉? 其皮爲之災也. 今魯國獨非君之皮邪?

吾願君刳形去皮, 洒心去欲, 而遊於無人之野. 南越有邑焉, 名爲建德之國.

其民愚而朴, 少私而寡欲., 知作而不知藏, 與而不求其報.,

不知義之所適, 不知禮之所將., 猖狂妄行, 乃蹈乎大方., 其生可樂, 其死可藏.

吾願君去國捐俗, 與道相輔而行.」

君曰:「彼其道遠而險, 又有江山, 我無舟車, 奈何?」

市南子曰:「君無形倨, 無留居, 以爲君車.」

君曰:「彼其道幽遠而無人. 吾誰與爲鄰. 吾無糧, 我無食, 安得而至焉?」

市南子曰:「少君之費, 寡君之欲, 雖無糧而乃足.

君其涉於江而浮於海, 望之而不見其崖, 愈往而不知其所窮.

送君者皆自崖而反, 君自此遠矣!

故有人者累, 見有於人者憂. 故堯非有人, 非見有於人也.

吾願去君之累, 除君之憂, 而獨與道遊於大莫之國.

方舟而濟於河, 有虛船來觸舟, 雖有偏心之人不怒., 有一人在其上, 則呼張

歙之., 一呼而不聞, 再呼而不聞, 於是三呼邪, 則必以惡聲隨之.

向也不怒而今也怒, 向也虛而今也實.

人能虛己以遊世, 其孰能害之!」

마음을 텅 비우고 세상을 노닌다면
어느 누가 해치겠는가!

———

시남의료(市南宜僚), 즉 시(市) 남쪽(南)에 사는 마땅한(宜) 관료(僚)인 한 가공의 인물이 노(魯)나라를 잘 다스리고 있는 군주를 찾아와서 뵈었는데 어찌된 일인지 군주가 근심스런 낯빛을 하고 있었다. 시남자(市南子)가 의아하게 여겨서 어째서 그런 근심스런 낯빛을 하고 있느냐고 물었다. 그러자 군주는 옛날 훌륭한 왕들의 도를 배우고, 옛날 군주들의 업적을 익혀서 몸을 닦고, 또 귀신을 경배하거나 어진 사람을 높이 받들면서 이들과 친하게 지내왔다. 그리고 어진 사람들과 함께 행동하면서 한시도 떨어지지 않았는데 지금 닥친 재앙을 피해가지 못해서 근심한다고 말했다. 이는 노나라 군주가 평소 유가가 강조하는 군주로서의 도리를 잘 준수해 왔는데 지금 다른 나라의 침략으로부터 그 위협을 피해나가지 못해 도저히 이해가 안 된다는 말이다.

이에 대해 시남자는 재앙을 덜어내는 군주의 방법이 마땅치 않다고 평했다. 그리고 그 이유를 살이 통통하게 찐 여우와 아름다운 외관을 지닌 표범을 들어 설명했다. 살이 통통하게 찐 여우와 가죽이 아름다운 표범은 산림에 머물면서 바위굴에 숨어 사는데 이는 고요함을 지키기 위해서이다. 또 이들이 밤에만 활동하고 낮에 조용히 들어앉아 있는 건 조심하기 위해서이다. 또 굶주리고 목이 말라도 함부로 행동하지 않고 저 멀리 떨어진 강과 호수에서 먹잇감을 찾는 건 안정을 지키기 위해서이다. 그런데도 그물과 덫이란 재앙을 피해 나가지 못하는 건 여우와 표범의 잘못 때문이 아니다. 사람들이 여우와 표범의 가죽을 탐내어 사냥하므로 그들의 가죽이 곧 재난의 원인에 해당한다. 지금 노나라도 여우와 표범의 아름다운 가죽과 같아 노나라를 호시탐탐 노리는 군주들이 주위에 많다. 그래서 이웃나라로부터 침략이라는 화를 자초하고 있는 것이다.

노나라 군주가 이런 근심을 덜려면 무엇보다 자신의 몸을 갈라 노나라란 가죽을 벗어야 한다. 그런 뒤 마음을 씻고서 하고자 함을 버리고, 또 아무도 없는 들판에서 노닐어야 한다. 남월(南越) 땅에 있는 건덕국(建德國), 즉 덕을 세운 나라가 바로 그런 곳이다. 건덕국의 백성은 우매하더라도 순박해서 뭔가 탐하려는 마음이 적다. 그래서 특별히 하고자 함이 없다. 또 일을 할 줄만 알지 자신이 만든 걸 간직할 줄 모르고, 또 남에게 베풀어도 보답을 바라지 않는다. 그리고 옳음(義)에 알맞게 하는 바가 뭔지 모르며, 예의(禮)대로 하는 바가 뭔지 모른다. 그래서 마음 내키는 대로 생각하거나 허망되이 행동하기에 대방(大方), 즉 자연의 큰 길을 저절로 실천한다. 그래서 살아서는 삶을 마음껏 즐기고, 죽어서는 몸을 편안히 묻는다. 이것이 자연스런 도덕에 따라 살아가는 사람의 참모습이다.

이에 시남자는 군주에게 나라를 잊고 세상을 버린 뒤에 도(道)와 손잡고 건덕국으로 가도록 건의했다. 그러자 노나라 군주는 건덕국에 가고 싶어도 가는 길이 멀고 험한 데다 강과 산이 겹겹으로 싸여 있어 쉽게 갈 수 없다고 투덜댔다. 또 지금 자신에게는 배와 수레가 없어 그곳으로 갈 교통수단도 마땅치 않아서 걱정된다고 말했다. 이에 시남자는 수레를 탄다는 거드름과 높은 지위에 있다는 오만함을 버린 마음을 군주의 수레로 삼으라고 조언했다. 그런데도 군주는 건덕국으로 가는 길이 너무 먼데다 가는 길을 아는 사람조차 없어 길동무를 할 사람도 마땅치 않고, 또 충분한 양식과 밥도 없어 거기까지 어떻게 이를 수 있느냐고 불평을 늘어놓았다. 이에 시남자는 건덕국으로 이동하는 비용을 줄이고 군주가 바라는 식사의 양을 줄이면 양식이 비록 부족해도 충분하다면서 군주를 달랬다.

어쩌면 군주의 이런 걱정은 기우에 불과하다. 군주가 건덕국으로 가기 위해서 일단 강을 건너 배를 바다에 띄우면 배에서 바라보이는 곳은 끝이 없고, 또 배를 타고 가도 이르는 곳을 알 수 없다. 그만큼 여정이 불확실하므로 아무리 준비를 철저히 해도 소용이 없다. 그뿐만이 아니다. 군주를 전송하고 나면 사람들은 모두 강기슭을 떠나 집으로 돌아갈 텐데 그러면 군주는 그때부터 세상과 자연히 멀어질 수 밖에 없다. 그러면 군주는 한없이 외로워지므로 아무리 좋은 길동무가 옆에 있어도 외로움을 피할 수 없다. 그런데 이런 외로움은 군주가 백성을 다스릴 때 나라를 반드시 지켜야 한다는 걱정이나 사람들에게 드러나는 위치에 있을 때 생겨나는 근심과 비교하면 훨씬 덜하다. 그래서 요(堯)임금조차 가능한 사람을 다스리려 하지 않았고, 또 사람들에게 자신을 드러내려 하지 않았다.

시남자는 군주에게 이런 걱정과 근심을 홀홀 털고서 도(道)와 홀로 벗이 되어 허무의 상태로 있는 대막국(大莫國)에서 노닐도록 제안했다. 시남자는 어째서 허무의 상태인 대막국에서 노닐도록 군주에게 제안했을까? 여기서 대막국은 물리적으로 존재하는 실제의 나라가 아니라 마음에서 만들어진 가상의 나라이다. 그렇다면 대막국은 마음에서 어떻게 만들어질까? 그건 마음을 허무의 상태로 두어야 가능하다. 그렇다면 그 방법은 구체적으로 무엇일까? 이를 위해 장자는 재미난 예를 하나 소개한다.

배를 타고 강을 건널 때 빈 배가 와서 부딪치면
좁은 마음을 지닌 사람이라도 화내지 않는다.
그런데 배 위에 한 사람이라도 있으면
숨을 크게 들이쉬고 활시위를 당기면서 당장 비키라고 소리친다.
한 번 소리쳐서 듣지 못하면 다시 소리치고, 그래도 듣지 못하면
세 번째로 소리칠 텐데 그러면 거기에는 반드시 욕설이 따른다.
아까는 화내지 않다가 지금 화내는 건 아까는 빈 배였는데
지금은 사람이 타고 있어서이다.

이처럼 마음을 텅 비울 수 있어 세상을 노닐면서 살아가는 나라가
바로 대막국이다. 노나라 군주도 배를 타고 강을 건너는 사람처럼 마
음을 비울 수 있다면 이웃 나라들이 노나라를 탐내어 침략하는 사태를
사전에 방지할 수 있다. 그렇다면 노나라 군주는 어떻게 해야 마음을
비울 수 있을까? 노나라 군주가 스스로 몸을 갈라서 노나라란 나라의
가죽을 벗는다면 가능하다. 지금 노나라는 통통하게 살이 찐 여우나 아
름다운 외관을 지닌 표범과도 같다. 그래서 이웃 나라 군주들이 노나라
를 호시탐탐 사냥하려 든다. 그렇다면 누가 노나라를 통통하게 살이 찐
여우와 아름다운 외관을 지닌 표범으로 만들었을까? 노나라 군주 자신
이다. 노나라 군주는 노나라를 어째서 이렇게 만들었을까? 군주가 마
음을 비우지 못해 노나라를 먹음직스러운 나라로 만든 탓이다. 그러니
군주가 마음을 비우는 것만이 노나라를 제대로 지키는 길이다. 그런데
노나라가 어째서 먹음직스러운 나라가 되었을까? 그것은 아이러니하
게도 노나라 군주가 유가가 강조하는 가치를 너무나 철저히 준수했기
때문이다.

북궁사(北宮奢)가 위(衛)나라 영공(靈公)을 위해 일을 제각각 할당시킨 뒤
백성을 동원해 종을 만들었다.

북궁사가 성곽 문밖에 제단을 만들고, 여기에 세로로 매달린 종 틀을
세우는 데 불과 석 달밖에 걸리지 않았다.

왕의 아들인 경기(慶忌)가 이를 보고 북궁사에게 물었다.

"그대는 어떤 방법으로 이렇게 빨리 종 틀을 세웠는가?"

북궁사가 말했다.

"저는 처음 며칠 동안 어떤 방법도 함부로 세우지 않았습니다.

제가 듣건대 '몸과 마음을 다해서 새기거나 몸과 마음을 다해서 쪼아야
본연의 순박함으로 다시 돌아간다.'라고 합니다.

그래서 전 어떤 것도 의식하지 않아 미련한 사람처럼,

의심을 거의 하지 않아 종 만드는 생각을 버린 사람처럼,

그리고 몸은 야윈 사람처럼 마음은 어두운 사람처럼 행동했습니다.

그리고 가는 사람을 잘 보내고, 오는 사람을 따뜻이 맞이했습니다.

그래서 오더라도 막지 않고 가더라도 붙들지 않았습니다.

또 고집스런 사람은 따르고, 유순한 사람을 쫓으면서

각자의 능력이 다하는 대로 놓아두었습니다.

그래서 아침저녁으로 작업을 할당할 정도로 일을 엄격히 시켰는데도
백성은 자신들이 터럭만큼 욕보았다고 생각하지 않았습니다.

제가 이 정도이니 하물며 큰 도를 터득한 분(大塗者)이야 어떻겠습니까!"

北宮奢爲衛靈公賦斂以爲鐘, 爲壇乎郭門之外, 三月而成上下之縣.

王子慶忌見而問焉, 曰:「子何術之設?」

奢曰:「一之間, 無敢設也. 奢聞之, 『旣彫旣琢, 復歸於朴.』

侗乎其無識, 儻乎其怠疑., 萃乎芒乎, 其送往而迎來., 來者勿禁, 往者勿止., 從其強梁, 隨其曲傅, 因其自窮, 故朝夕賦斂而毫毛不挫, 而況有大塗者乎!」

자연스런 도덕을 따라서 하면
일도 빨리 끝낸다

―――

    북궁사(北宮奢)란 사람이 위(衛)나라 영공(靈公)을 위해 종 틀을 만들었다. 이때 북궁사는 백성에게 각자의 역할을 맡긴 뒤 일을 시켰는데 종 틀을 예상보다 훨씬 빨리 완성시켰다. 성곽 문밖에 제단을 만들고서 여기에 세로로 매달린 종 틀을 완성시키는 데 불과 석 달밖에 걸리지 않았다. 영공의 아들인 경기(慶忌)가 이를 보고 놀라서 작업을 어떤 방법으로 진행했기에 이처럼 종 틀을 빨리 완성시킬 수 있었느냐고 물었다. 이에 북궁사는 그 방법을 설명했는데 방법의 요체는 자연스런 도덕(道德)에 따라 사람을 부리는 일이다. 그러니 인위적인 도덕, 즉 인륜(人倫)에 따라 일을 진행했더라면 종 틀을 이처럼 빨리 완성시킬 수 없었다.

    그렇다면 사람의 부림(人使)을 어떻게 해야 자연스런 도덕에 따라 일을 제대로 이룰 수 있을까? 그것은 북궁사가 스스로 자연스런 도덕을 따르는 데서 시작된다. 북궁사는 처음 며칠 동안 종 틀을 만드는 데 어떤 방법도 함부로 세우지 않았다. 그런 뒤 어떤 것도 의식하지 않게 되자 미련한 사람처럼 행동했고, 또 어떤 의심도 하지 않게 되자 종 만드는 생각을 버린 사람처럼 행동했고, 그리고 몸은 야윈 사람처럼 마음은 어두운 사람처럼 행동했다. 이는 「제물론」에 등장한 바 있는 '몸은 마른 나뭇가지처럼 마음은 불 꺼진 재처럼' 된 사람의 행동과 같다. 이 같은 행동은 몸과 마음을 다해서 새기고, 또 몸과 마음을 다해서 쪼아야 본연의 순박함으로 다시 돌아갈 수 있다는 믿음 때문에 가능한 일이다.

또 북궁사는 종 틀을 만들기 위해 동원된 사람들 중에 자신의 역할을 끝내고 집으로 돌아가는 사람에 대해선 가능한 편히 보내고, 또 새로이 오는 사람에 대해선 가능한 편히 맞이했다. 그래서 백성이 일하기 위해 오더라도 억지로 막지 않았고, 또 가더라도 억지로 붙들지 않았다. 그리고 일을 함에 있어 자신의 고집을 펴는 사람이 있어도 옳다 그르다 하면서 왈가불가하지 않고 이들의 생각을 순순히 따랐다. 또 유순한 사람이 있어도 이들을 몰아붙이지 않고 각자 능력이 다하는 대로 놓아두었다. 이 때문에 아침저녁으로 작업을 할당해 부지런히 일을 시켰는데도 백성은 스스로 욕보았다고 터럭만큼 느끼지 않았다. 북궁사가 이런 정도였으니 큰 도를 터득한 분(大塗者)이 일을 하는 경우 얼마나 잘 할 수 있겠는가! 군주도 이런 모습을 지녀야 자연스런 도덕에 따라 나라를 잘 다스릴 수 있다.

공자(孔子)가 진(陳)나라와 채(蔡)나라 사이에 포위되었을 때
일주일 동안 데운 음식을 먹지 못했다.

그때 대공(大公) 임(任)이 찾아와서 공자를 위로하며 말했다.

"선생은 거의 죽을 뻔했소."

공자가 대답했다. "그렇습니다."

임이 말했다. "그런데 선생은 죽는 걸 싫어합니까?"

공자가 대답했다. "그렇습니다."

임이 말했다.

"그럼 제가 불사지도(不死之道), 즉 죽지 않는 도에 대해 말할까요?

동해에 사는 새가 하나 있는데 이름을 의태(意怠)라고 합니다.

그 새로 말하면 느릿느릿 더디게 날아서 무능한 새와 같습니다.

그래서 날 때는 다른 새의 도움을 받고, 머물 때는 새떼 속에 끼어 있고,

날아갈 때는 다른 새보다 함부로 앞서지 않고,

내려올 때도 다른 새보다 함부로 뒤처지지 않습니다.

음식을 먹을 때는 다른 새보다 함부로 먼저 맛보지 않고,

반드시 차례대로 먹습니다.

이 때문에 이 새는 안으로는 새들의 행렬에서 따돌림을 받지 않고,

바깥으로는 사람들로부터 해를 입지 않아 재앙을 면합니다.

곧은 나무는 먼저 베어지고, 단 샘물은 먼저 마릅니다.

선생이 뜻을 두는 건 앎을 꾸며서 어리석은 사람을 놀라게 하고,

몸을 닦아서 남의 잘못된 행실을 밝히고,

해와 달을 들고 가는 것처럼 자신의 행동을 밝게 드러내는 일입니다.

그래서 선생은 재앙을 면치 못합니다.

제가 옛날에 크게 이룬 분(大成之人)에게서 들은 바를 말하겠습니다.

'스스로 공(功)을 뽐내는 사람은 공이 없고, 공을 이룬 사람은 무너지고,

명성(名)을 이룬 사람은 이지러진다.'

그러니 누가 공명(功名)을 버리고 보통사람으로 돌아올 수 있겠습니까!

크게 이룬 분은 터득한 도가 천하에 널리 퍼져도 자기 공이라 밝히지 않고,

자신의 덕(德)이 세상 어느 곳에 행해져도 그 명성에 머물지 않습니다.

이런 사람은 순수하고 평범해서

자신을 아무 생각 없이 마음대로 행동하는 광인(狂)에 견줍니다.

그래서 자신의 흔적(迹)을 지우고, 권세(勢)를 버리고,

공명(功名)을 따로 추구하지 않습니다.

이 때문에 남을 책망하지 않고, 남도 그를 책망하지 않습니다.

이처럼 지인(至人)은 세상에 알려지지 않는 법인데

선생께선 어째서 공명(功名) 쌓는 것을 기뻐합니까?"

공자가 말했다. "좋은 말씀입니다."

공자는 사람들과의 교유를 모두 물리치고,

그의 제자들도 모두 돌려보낸 뒤 한적한 호수로 가서 피신했다.

거기서 가죽옷과 굵은 베로 만든 옷을 입고, 도토리와 밤을 먹으면서

무심무욕하게 살았다.

이에 공자가 짐승들 사이에 들어가도 짐승이 놀라서 무리를 흩트리지 않고,

새떼 속에 들어가도 새들이 놀라서 날던 행렬을 흩트리지 않았다.

새와 짐승도 그를 두려워하거나 미워하지 않는데

하물며 사람이야 더 말할 나위가 있겠는가!

孔子圍於陳蔡之間, 七日不火食.

大公任往弔之曰:「子幾死乎?」

曰:「然.」

「子惡死乎?」

曰:「然.」

任曰:「子嘗言不死之道. 東海有鳥焉, 其名曰意怠.

其爲鳥也, 翂翂翐翐, 而似無能., 引援而飛, 迫脅而棲., 進不敢爲前, 退不敢
爲後., 食不敢先嘗, 必取其緒.

是故其行列不斥, 而外人卒不得害, 是以免於患.

直木先伐, 甘井先竭.

子其意者飾知以驚愚, 修身以明汙, 昭昭乎如揭日月而行, 故不免也.

昔吾聞之大成之人曰:『自伐者無功, 功成者墮, 名成者虧.』

孰能去功與名而還與衆人!

道流而不明居, 德行而不名處., 純純常常, 乃比於狂., 削迹捐勢, 不爲功名.

是故無責於人, 人亦無責焉. 至人不聞, 子何喜哉?

孔子曰:「善哉!」

辭其交遊, 去其弟子, 逃於大澤., 依裘褐, 食杼與栗., 入獸不亂群, 入鳥不亂行.

鳥獸不惡, 而況人乎!

광인(狂人)이 오히려
죽지 않는 도(不死之道)를 행한다

———

　공자(孔子)가 진나라와 채나라 사이에서 포위되었을 때 일주일 동안 데운 음식을 먹지 못했다. 그때 대공(大公) 임(任)이 찾아와 공자를 위로하며 하마터면 제대로 먹지 못해 죽을 뻔했다고 걱정하면서 말했다. 공자도 죽을 뻔한 사실을 솔직히 인정하자 공자(公子) 임이 공자에게 죽는 걸 싫어하느냐고 넌지시 물었다. 그러자 공자는 뜻밖에도 죽는 걸 싫어한다고 대답했다. 그러자 공자(公子) 임은 죽는 걸 싫어하는 공자를 향해서 동해에 사는 의태(意怠)라는 새를 통해 불사지도(不死之道), 즉 죽지 않는 도에 대해 언급했다.

　의태란 새는 느릿느릿 더디게 날아서 언뜻 보아 무능한 새처럼 보인다. 그래서 날 때는 다른 새들의 도움을 받고, 머물 때는 새떼 속에 끼어 있다. 또 날아갈 때는 다른 새들보다 함부로 앞서지 않고, 내려올 때도 다른 새들보다 함부로 뒤처지지 않는다. 그리고 음식을 먹을 때는 다른 새들보다 함부로 먼저 맛보지 않고 반드시 차례대로 먹는다. 이것이 느릿느릿 더디게 나는 새가 자연스런 도덕에 따라 행동하는 모습이다. 의태란 새는 이런 식으로 행동하기에 안으로는 새들의 행렬에서 따돌림을 받지 않고, 밖으로는 사람들로부터 해를 입지 않아 재앙을 면한다. 그러니 의태란 새처럼 처신하는 게 공자(公子) 임이 공자에게 전하려는 죽지 않는 도이다.

사실 곧은 나무는 먼저 베어지고, 단 샘물은 먼저 마른다. 이는 쓸모 있는 나무는 그 쓸모로 인해 먼저 잘리고, 맛있는 샘물은 그 맛으로 인해 오래 버티지 못한다는 말이다. 그래서 쓸모가 있으면 불행히도 천수를 다하지 못한다. 공자 임이 볼 때 지금 공자가 이런 식으로 행동하고 있다. 구체적으로 공자는 사지(奢知), 즉 앎을 꾸며서 어리석은 사람을 놀라게 하고, 수신(修身), 즉 몸을 닦아서 남의 잘못된 행실을 밝힌다. 또 해와 달을 손으로 들고 가는 것처럼 자신의 행동을 세상에 환히 드러내려고 애쓴다. 공자는 이처럼 자신의 쓸모를 세상에 널리 알리기 위해 애쓰는데 이로 말미암아 재앙을 초래해 오히려 일찍 죽는 길로 향해 나아가고 있다.

공자 임은 공자에게 옛날에 대성지인(大成之人), 즉 크게 이룬 사람에게서 들은 바를 전했다. 대성인(大成人)에 따르면 스스로 공(功)을 뽐내는 사람에게는 공이 없고, 공을 이룬 사람은 언젠가 그 공이 무너지게 마련이고, 명성(名)을 이룬 사람도 언젠가 그 명성이 이지러진다. 그래서 대성인은 공명(功名)을 버리고 보통사람으로 돌아오는 길을 추구한다. 또 대성인은 자신이 터득한 도(道)가 천하에 널리 퍼져도 자기의 공이라 밝히지 않고, 자신의 덕(德)이 세상 어느 곳에나 행해져도 그 명성에 머물지 않는다. 이런 사람은 순수하고 평범해서 아무런 생각 없이 마음대로 행동하는 광인(狂)에다 자신을 견준다.

대성인을 광인에 비유하는 건 그야말로 파격적인 발상이다. 대성인은 유가가 완성된 인간으로서 가장 앞에 두는 사람인데 그를 광인에 견주기 때문이다. 물론 유가가 말하는 대성인과 장자가 말하는 대성인 사이에는 차이가 크다. 유가의 대성인은 인위적인 도덕, 즉 인륜(人倫)을 잘 따르는 사람인데 반해 장자의 대성인은 자연스런 도덕(道德)을 잘 따르는 사람이다. 그러니 장자에 따르면 광인은 미친 사람이 아니라 단지 마음이 불구가 된 사람이다. 그렇다면 그의 마음이 어째서 불구가 되었을까? 세상이 인륜에 의해 지배되므로 자연스런 도에 따라 살아가는 사람을 세상사람이 오히려 미쳤다고 보기 때문이다. 자연스런 도에 따라 살아가는 광인의 모습은 내편 「인간세」에서 광접여(狂接輿)를 통해 잘 나타난다. '마음의 불구자'인 광접여가 '자연스런 덕의 불구자'인 공자를 향해 노래를 부르는데 이것이 「인간세」의 마지막을 다음과 같이 장식한다.

봉황(공자)이여, 봉황(공자)이여.
사람을 내려다보며 덕을 베푸는 일을 제발 그만두세요!
인의예지와 같은 기준을 주창하는 건 정말로 위험합니다!
탱자나무여, 탱자나무여.
내가 걸어가는데 가시로 내게 상처를 내지 마세요!
인의예지라는 가시가 없는 틈새를 요리조리 피해서 걸을 테니
내 발에 상처를 내게 하지 마세요!

산에 있는 나무가 베어지는 건 나무의 쓸모 때문이다. 마찬가지로 계수나무가 베어지는 건 계수나무의 계피 때문이고, 옻나무 껍질이 벗겨지는 건 옻나무의 옻칠 때문이다. 마찬가지로 사람이 천수를 다하지 못하고 도중에 죽는 건 사람의 쓸모 탓이다. 그래서 광인은 가능한 자신의 흔적을 지우고서 권세를 버리고, 공명도 따로 추구하지 않는다. 그 결과 광인은 남을 책망하지도 않지만 남이 자신을 책망하지 않게끔 처신한다. 이럼으로써 광인과 같은 지인(至人)은 세상에 널리 알려지는 법이 없다. 공명(功名)을 가능한 많이 쌓아서 이를 두고 기뻐하는 공자의 입장에선 광인의 이런 처신이 좀처럼 이해되지 않는다.

그런데 공자는 여기에서 공자 임의 말에 수긍한다. 이는 장자가 공

자의 입을 통해 말하려는 구성 때문이다. 이에 공자는 사람들과의 모든 교유를 물리치고 자신의 제자들도 모두 집으로 돌려보낸 뒤 호수가로 가서 피신했다. 거기서 가죽옷과 굵은 베로 만든 옷을 입고, 도토리와 밤을 까먹으며 무심무욕하게 살았다. 그래서 공자가 짐승들 사이로 들어가도 짐승들이 놀라서 무리를 흩트리지 않고, 새떼 속에 들어가도 새들이 놀라서 날던 행렬을 흩트리지 않는다. 새와 짐승도 이처럼 공자를 두려워하거나 미워하지 않는데 하물며 사람이 공자를 어째서 두려워하거나 미워할 수 있겠는가! 이것이 죽지 않는 도, 즉 불사지도(不死之道)에 따라 살아가는 일인데 자연스런 도덕을 쫓아서 살아갈 때 비로소 가능하다.

공자가 상호(桑雽) 선생을 만나서 말했다.

"저는 노나라에서 두 번 쫓겨났고,

송나라에선 옆에 있는 나무가 넘어져 그 밑에 깔려 죽을 뻔했고,

위나라에선 종적을 감출 수밖에 없었고,

상나라와 주나라 사이에선 궁지에 몰렸고,

진나라와 채나라 사이에선 사람들에게 포위된 적이 있습니다.

이런 환란을 대여섯 번이나 겪자 친하게 지내던 사람들과 점차 멀어지고,

제자와 벗들도 차츰 흩어졌는데 어째서인가요?"

상호 선생이 말했다.

"선생만 은나라 사람의 달아난 얘기를 듣지 못했나요?

은나라 사람 임회(林回)는 값이 천금이나 되는 옥(璧)을 버리고,

그 대신 핏덩이 갓난애를 업고 달렸습니다.

그러자 누군가 물었지요.

'값으로 치면 갓난애의 값은 얼마 되지 않고,

짐의 부담스러움으로 치면 갓난애의 거추장스러움이 훨씬 큰데

천금이나 되는 옥을 버리고서 갓난애를 업고 달린 건 어째서인가요?'

그러자 임회가 말했지요.

'옥은 나와 이익(利)으로 맺어졌지만 갓난애는 천륜(天)으로 맺어졌소.'

이익으로 맺어진 건 궁지에 몰리거나 환난이 닥치면 서로 버려지지만

천륜으로 맺어진 건 궁지에 몰리거나 환난이 닥쳐도 서로 거두어주지요.

그런데 서로 거두어주는 것과 서로 버려지는 것 사이는 멉니다.

또 군자의 사귐은 물처럼 담박하고, 소인의 사귐은 단술처럼 달콤하지요.

군자의 사귐은 담박해 두터워지지만 소인의 사귐은 달콤해 끊어지지요.

또 아무 이유 없이 맺어진 사귐이라면 아무 이유 없이 떨어져 나가지요."

공자가 말했다. "들은 가르침을 잘 받들겠습니다!"

그리고는 집에 흐느적거리며 천천히 돌아와선 배움도 끊고 책도 버렸다.

그러자 제자들도 공자 앞에서 읍(揖)하는 사람이 없어졌는데

사제 간의 사랑은 오히려 점점 더 깊어졌다.

훗날 상호 선생이 공자에게 다시 말했다.

"순(舜)임금이 죽어갈 때 우(禹)에게 명했다.

'그대는 주의하라! 몸(形)은 자연스런 변화를 따르는 게 가장 좋고,

마음(心情)은 타고난 본성을 따르는 게 가장 좋다.

자연스런 변화를 따르면 자연과 하나가 되고,

타고난 본성을 따르면 마음에 번거로움이 생겨나지 않는다.

자연과 하나가 되고 마음에 번거로움이 생겨나지 않으면

인의 따위의 겉치레(文)를 찾아 굳이 몸에 지닐 필요가 없다.

인의란 겉치레를 몸에 지닐 필요가 없으니까 사물에 의존하는 법도 없다.'"

· · ·

孔子問子桑雽曰: 「吾再逐於魯, 伐樹於宋, 削迹於衛, 窮於商周, 圍於陳蔡
之間. 吾犯此數患, 親交益疏, 徒友益散, 何與?」

子桑雽曰: 「子獨不聞殷人之亡與? 林回棄千金之璧, 負赤子而趨.

或曰: 『爲其布與? 赤子之布寡矣., 爲其累與? 赤子之累多矣.,

棄千金之璧, 負赤子而趨, 何也?』

林回曰: 『彼以利合, 此以天屬也.』

夫以利合者, 迫窮禍患害相棄也., 以天屬者, 迫窮禍患害相收也.

夫相收之與相棄亦遠矣.

且君子之交淡若水, 小人之交甘若醴., 君子淡以親, 小人甘以絕.

彼無故以合者, 則無故以離.」

孔子曰:「敬聞命矣!」

徐行翔佯而歸, 絕學捐書, 弟子無揖於前, 其愛益加進.

異日, 桑雽又曰:「舜之將死, 乃命禹曰:『汝戒之哉! 形莫若緣, 情莫若率.
緣則不離, 率則不勞., 不離不勞, 則不求文以待形., 不求文以待形, 固不待
物.』」

군자의 사귐은 물처럼 담박하고,
소인의 사귐은 단술처럼 달콤하다

———

공자가 상호(桑雽) 선생을 만나자 자신의 안타까운 처지를 하소연했다. 자신은 노(魯)나라에서 두 번이나 쫓겨났고, 송(宋)나라에선 옆에 있는 나무가 넘어져 그 밑에 깔려 죽을 뻔했고, 위(衛)나라에선 종적을 감추어야 했고, 상(商)나라와 주(周)나라 사이에선 궁지에 몰렸고, 진(陳)나라와 채(蔡)나라 사이에선 사람들에게 포위된 적이 있었다. 이런 환란을 대여섯 번이나 겪게 되자 친하게 지내던 사람들과 점차 멀어지고, 이제는 제자와 벗들도 차츰 흩어지고 말았다. 공자는 이런 사태가 어째서 벌어졌는지 의아해서 상호 선생에게 물었다.

그러자 상호 선생은 갓난애를 업고 달아난 은(殷)나라 사람의 얘기를 꺼냈다. 은나라 사람인 임회(林回)가 도망갈 때 값이 천금이나 되는 옥을 버리고 대신 핏덩이 갓난애를 업고 달렸다. 값으로 치면 갓난애의 값은 얼마 되지 않고, 또 짐의 부담스러움으로 쳐도 갓난애의 거추장스러움이 훨씬 큰 게 사실이다. 그런데도 천금이나 되는 옥을 버리고 어째서 핏덩이 갓난애를 업고 달렸느냐고 누군가 임회에게 물었다. 그러자 임회는 옥은 나와 이익(利)으로 맺어진 거지만 갓난애는 천륜(天)으로 맺어져서라고 대답했다. 그러면서 이익으로 맺어진 건 궁지에 몰리거나 환난이 닥치면 서로 버려지지만 천륜으로 맺어진 건 궁지에 몰리거나 환난이 닥쳐도 서로를 거둬준다. 그런데 거둬주는 것과 버리는 것 사이의 차이는 매우 크다.

한편 군자(君子)의 사귐은 물처럼 담박하지만 소인(小人)의 사귐은 단술처럼 달콤하다. 게다가 군자의 사귐은 담박해서 계속 두터워지지만 소인의 사귐은 달콤해서 도중에 끊어지고 만다. 이는 군자의 사귐이 천륜(天)으로 맺어진 반면 소인의 사귐은 이익(利)으로 맺어져서이다. 게다가 아무런 이유 없이 맺어진 사귐이라면 아무런 이유 없이 떨어지게 마련이다. 이것 역시 이익으로 맺어져서이다.

공자는 상호 선생의 말에 깊이 느낀 바가 있어 가르침을 잘 받들겠다고 약속하고는 흐느적거리면서 집에 걸어 돌아온 뒤 배움도 끊고 책도 버렸다. 이에 제자들도 공자 앞에서 더 이상 읍(揖)하는 예의를 갖추지 않았는데 사제 간의 사랑은 오히려 더 깊어갔다. 읍해서 상대방을 존중하는 게 인위적인 도덕인 인륜을 쫓아 하는 거라면 읍하지 않는데도 상대방을 존경하는 것은 자연스런 도덕을 쫓아 하는 일이다. 지금 공자와 제자 사이에는 이런 자연스런 도덕으로 사제 간의 정이 더욱 깊어지고 있다.

훗날 상호 선생이 공자에게 다시 강조한 바가 있는데 그건 순(舜)임금이 죽을 때 우(禹)에게 특별히 주의하라고 명령한 것이다. 그 명령에 따르면 몸은 자연스런 변화를 따르는 게 가장 좋고, 마음은 타고난 본성을 따르는 게 가장 좋다. 또 자연스런 변화를 따르면 자연과 하나가 되고, 타고난 본성을 따르면 마음에 번거로움이 생겨나지 않는다. 자연과 하나가 되고, 마음에 번거로움이 생겨나지 않으면 인의 따위의 겉치레(文)를 찾아 이것을 굳이 몸에 지닐 필요가 없다. 인의 따위의 겉치레를 찾아 몸에 지닐 필요가 없으므로 사물에 의존하는 법도 자연 사라진다. 이 말도 자연스런 도덕을 쫓아 처신해야 한다는 말이다.

장자가 남루한 옷에 해진 신발을 삼으로 만든 끈으로 대충 얽어 묶은 채
위(魏)나라 왕을 찾아갔다.

위나라 왕이 말했다. "선생은 어째서 이렇게 고달프게 되었소?"

장자가 대답했다.

"나는 가난할 뿐이지 고달픈 게 아니오.

선비는 자연스런 도덕(道德)을 지니는데 이를 제대로 행할 수 없으면

그게 고달픈 거지요.

해진 옷을 입거나 구멍 난 신발을 신는 건 가난할 뿐 고달픈 게 아닙니다.

또 몸이 지쳐 보이는 걸 두고 말하면 그건 때(時)를 만나지 못해서이지요.

위나라 왕만 어째서 나무에 오르는 원숭이를 보지 못했나요?

원숭이가 녹나무, 가래나무, 예나무처럼 큰 나무에 올라가서

가지를 잡고 몸을 날려서 나뭇가지 사이에서 의기양양할 때는

예(羿)와 봉문(逢蒙)처럼 활의 명수도 원숭이를 쏘아 제대로 맞힐 수 없지요.

반면 원숭이가 산뽕나무, 가시나무, 탱자나무, 호깨나무처럼

가시가 많은 나무들 사이를 지나다닐 때는 조심스럽게 움직이고,

곁을 보며 부들부들 떨거나 두려워하면서 떨지요.

이는 원숭이 힘줄과 뼈가 급한 상황을 만나 부드러움을 잃어서가 아니라

처한 상황이 편치 않아서입니다.

이처럼 가시 많은 나무에선 원숭이도 능력을 제대로 발휘하지 못합니다.

그러니 지금처럼 어지러운 세상을 만나면 어찌 고달프지 않을 수 있나요?

충신 비간(比干)이 가슴이 갈라진 것도 그 증거로서 충분하지 않은가요!

...

莊子衣大布而補之, 正緳係履而過魏王.

魏王曰:「何先生之憊邪?」

莊子曰:「貧也, 非憊也. 士有道德不能行, 憊也., 衣弊履穿, 貧也, 非憊也.,
此所謂非遭時也. 王獨不見夫騰猿乎?

其得柟梓豫章也, 攬蔓其枝而王長其間, 雖羿逢蒙不能眄睨也.

及其得柘棘枳枸之間也, 危行側視, 振動悼慄.,

此筋骨非有加急而不柔也, 處勢不便, 未足以逞其能也.

今處昏上亂相之間, 而欲無憊, 奚可得邪? 此比干之見剖心徵也夫!」

자연스런 도덕을 익힌 선비는
가난해도 고달프지 않다

———

　　장자가 남루한 옷을 걸치고서 낡은 신발을 삼으로 만든 끈으로 대충 얽어 묶은 채 위(魏)나라 왕을 찾아갔다. 위나라 왕은 장자의 이런 모습을 보고 어째서 고달픈 운명과 마주하게 되었느냐고 조롱하듯 물었다. 그러자 장자는 자신은 가난할 뿐이지 고달픈 게 아니라고 대답했다. 그러면서 제대로 된 선비는 자연스런 도덕(道德)을 지니는데 이런 자연스런 도덕을 세상에 펼 수 없을 때 고달플 뿐이라고 말했다. 이는 남루한 옷을 입고서 구멍 난 신발을 신고 다니는 건 가난할 뿐이지 고달픈 게 아니라는 말이다. 또 위나라 왕이 볼 때 장자의 몸이 지쳐 보인다면 그것은 장자가 때를 만나지 못해서이다.

　　장자는 위나라 왕에게 선비의 자연스런 도덕이 과연 어떤 건지를 보여주기 위해 원숭이를 예로 들었다. 원숭이가 녹나무, 가래나무, 예나무처럼 큰 나무를 올라탈 때는 가지를 잡고 몸을 날려서 나뭇가지 사이를 의기양양해 하며 돌아다닌다. 이럴 때는 활을 가장 잘 쏜다는 예(羿)와 그의 제자인 봉문(逢蒙)조차 활로 원숭이를 제대로 맞힐 수 없다. 반면 원숭이가 산뽕나무, 가시나무, 탱자나무, 호깨나무처럼 가시가 많은 나무들 사이를 돌아다닐 때는 조심스럽게 움직이고, 또 곁을 계속 보면서 부들부들 떨거나 두려워하면서 떤다. 원숭이의 이런 불안한 모습은 그의 힘줄과 뼈가 급박한 상황에 처해 원숭이 고유의 부드러움을 잃어서가 아니다. 그보다는 나뭇가지의 가시로 인해 원숭이가 날아다닐 때 처하는 상황이 그다지 편치 않아서이다. 그래서 가시가 많은 나무에선 원숭이는 자신의 날아다니는 능력을 제대로 발휘할 수 없다.

그런데 사람들이 사는 세상에도 나무에 가시가 많을 수 있다. 그것은 세상이 그만큼 힘들어서 어려워졌다는 말이다. 그래서 이런 어려운 세상을 만나면 사람이라도 원숭이처럼 부들부들 떨거나 두려워하면서 떨고 살아가야 한다. 충신 비간(比干)이 주(紂)왕에 의해 가슴이 갈라져 죽은 것도 가시가 많은 세상을 만났는데도 부들부들 떨지 않고 오히려 몸을 날려서 나뭇가지 사이를 의기양양해 하며 돌아다니다가 예가 쏜 화살에 맞아서이다. 그래서 장자는 비간과 같은 죽음을 면하기 위해서도 가시가 많은 나뭇가지 사이를 의기양양해 하며 돌아다니지 않는다. 장자는 이런 삶을 살았기에 비록 가난할지라도 비간처럼 가슴이 갈라지는 불행한 사태를 면할 수 있었다.

공자(孔子)가 진나라와 채나라 사이에서 궁지에 몰렸을 때
일주일 동안 데운 음식을 먹지 못했다.
그런데도 공자는 태연히 왼손은 마른나무에 걸치고,
오른손은 마른 나뭇가지를 두드리면서 신농씨 노래를 불렀다.
연주할 도구는 있어도 장단이 없고, 소리는 있어도 오음 가락이 없는데도
나뭇가지 두들기는 소리와 노래 부르는 소리는 사람들의 심금을 울렸다.
안회는 손을 맞잡고 몸가짐을 바로 했지만
스승이 노래를 부르는 게 못마땅해 눈동자를 굴리며 공자를 애써 외면했다.
공자는 안회의 이런 못마땅해하는 모습을 보고
안회가 스스로를 과장해 못마땅해 하는 모습을 지나치게 부풀릴까봐
아니면 스승을 가엽게 여겨 지나치게 슬퍼할까봐 걱정이 되어서 말했다.
"회야, 자연(天)이 주는 손해를 받아들이지 않는 건 쉽지만
사람이 만드는 이득(利)을 받아들이지 않는 건 어렵다.
모든 일은 처음도 없고 끝도 없으며 사람도 자연과 그 근본에선 하나이다.
지금 노래를 부르는 사람이 누구인가?"
안회가 말했다.
"자연이 주는 손해를 받아들이지 않는 게 쉽다는 것에 대해 묻습니다."
공자가 대답했다.
"굶주림, 목마름, 추위, 더위(暑), 곤궁, 형벌, 오도 가도 못하는(不行) 건
천지의 운행이자 만물의 발로여서
우리는 이 변화들과 함께 가야 한다는 걸 말한다.
가령 신하가 되면 왕을 함부로 버려선 안 된다.

신하로서 도를 지키는 것도 이와 같은데

하물며 하늘의 뜻을 기다리는 사람이야 더 말할 나위 있겠는가!

안회가 물었다.

"사람이 만드는 이득을 받아들이지 않는 게 어렵다는 건 무슨 말인가요?"

공자가 말했다.

"처음 관직에 나아갈 때는 어디에서 일하든 순조롭고,

여기에 벼슬과 녹봉이 함께 보태지면 생활도 궁핍하지 않게 된다.

이것이 벼슬과 녹봉이 내게 가져다주는 이득이다.

그런데 내가 궁핍하지 않게 된 건 내 스스로 지녔던 게 아니기에

내 운명(命)은 바깥에 의해 지배된 셈이다.

군자는 도둑질을 하지 않고, 현인은 뭔가 훔치지 않는데

벼슬과 녹봉을 취해 나의 운명을 어찌 스스로 정할 수 있겠는가?

그래서 새 중에는 제비가 가장 지혜롭다고 말한다.

제비는 눈여겨보아 둥지를 칠만한 곳이 아니면 아예 살피지 않고,

입에 물었던 먹이가 떨어져도 버리고 그대로 달아난다.

이처럼 제비는 사람을 두려워하는데도 결국 사람 사는 데로 들어온다.

이는 마치 사직(社稷)을 다른 데로 옮기지 않는 일과 같다.

안회가 물었다.

그럼 모든 일은 처음도 없고 끝도 없다는 건 무슨 말인가요?"

공자가 말했다.

"만물이 변화해도 우리는 만물을 바꾸는 존재가 누구인지 모르니까

만물의 변화가 끝나는 곳과 시작되는 곳을 어찌 알겠는가?

우리는 몸과 마음을 바르게 해서 그 변화를 기다릴 뿐이네."

안회가 물었다.

"어째서 사람도 자연과 그 근본에선 하나로 같다고 말하나요?"

공자가 말했다.

"사람이 생겨나는 건 자연(天)에 의한 것이고,

자연이 생겨나는 것도 자연의 조화에 의한 것이다.

그런데 사람이 자연의 도에 순응하지 못하면

그것은 인위적인 본성에 사로잡혀서이다.

그래서 성인은 자연의 변화에 몸을 편히 맡긴 채 삶을 마치지 않는가!

· · ·

孔子窮於陳蔡之間, 七日不火食, 左據槁木, 右擊槁枝, 而歌焱氏之風,

有其具而無其數, 有其聲而無宮角, 木聲與人聲, 犁然有當於人之心.

顔回端拱還目而窺之.

仲尼恐其廣己而造大也, 愛己而造哀也,

曰:「回, 無受天損易, 無受人益難. 無始而非卒也, 人與天一也.

夫今之歌者其誰乎?」

回曰:「敢問無受天損易.」

仲尼曰:「飢渴寒暑, 窮桎不行, 天地之行也, 運物之泄也, 言與之偕逝之謂也.

爲人臣者, 不敢去之. 執臣之道猶若是, 而況乎所以待天乎!」

「何謂無受人益難?」

仲尼曰:「始用四達, 爵祿竝至而不窮, 物之所利, 乃非己也, 吾命其在外者也.

君子不爲盜, 賢人不爲竊, 吾若取之何哉!

故曰:『鳥莫知於鷾鴯. 目之所不宜處.』

不給視, 雖落其實, 棄之而走. 其畏人也, 而襲諸人間, 社稷存焉爾.」

「何謂無始而非卒?」

仲尼曰:「化其萬物而不知其禪之者, 焉知其所終? 焉知其所始? 正而待之而
已耳.」

「何謂人與天一邪?」

仲尼曰:「有人, 天也., 有天, 亦天也. 人之不能有天, 性也, 聖人晏然體逝而
終矣!」

군자는 자연이 주는 손해를 쉽게 받고,
사람이 주는 이득을 어렵게 받는다

———

공자는 진(陳)나라와 채(蔡)나라 중간에서 궁지에 몰린 적이 있다. 그때 공자 일행은 일주일 간 식사를 데워먹지 못했다. 그래서 음식을 날것으로 먹는 처량한 신세가 되었는데 공자는 왼손을 마른나무에 걸치고 오른손은 마른 나뭇가지를 두드리며 신농씨 노래를 태연히 불렀다. 나뭇가지라는 초라한 연주 도구였기에 장단이 제대로 맞을 리 만무하고, 처량하게 노래를 불렀기에 가락도 찾기 힘들었다. 그렇지만 공자의 장단과 가락은 거기에 모인 사람들의 심금을 울렸다. 한편 제자인 안회(顔回)는 손을 맞잡고 몸가짐을 바로 했지만 스승의 노래 부르는 모습에 대해 심히 못마땅해 공자에게 한 번도 눈길을 주지 않았다.

공자는 제자의 이런 못마땅해하는 모습을 보고 안회가 스스로를 과장해서 자신의 못마땅해하는 모습을 지나치게 부풀릴까 걱정이 되어 아니면 스승을 가엽게 여겨서 제자의 슬픔이 너무 심해질까 걱정이 되어 당부의 말로 안회에게 가르침을 전했다. 그 가르침은 "자연이 주는 손해를 받아들이지 않는 건 쉽지만 사람이 만드는 이득을 받아들이지 않는 건 어렵다. 그리고 모든 일은 처음도 없고 끝도 없고, 또 사람도 자연과 그 근본에선 하나로 같다. 지금 노래 부르는 사람이 누구인가?" 하는 것이었다. 그런데 이 가르침이 어떤 의미를 지니는지는 잘 이해되지 않는다. 안회도 이해되지 않기는 매한가지이다.

먼저 첫 번째 가르침인 '자연이 주는 손해를 받아들이지 않는 건 쉽지만 사람이 만드는 이득을 받아들이지 않는 건 어렵다'는 말은 무슨 의미일까? 이런 표현은 내편 「인간세」에서 '길을 걷지 않기란 쉽지만 땅을 밟지 않고 걷기란 어렵다. 사람을 위해 부림을 받을 적에는 사람을 속이기 쉽지만 자연을 위해 부림을 받을 적에는 자연을 속이기 어렵다.'[45]라는 표현과 그 형식이 흡사하다. 먼저 '자연이 주는 손해를 받아들이지 않는 게 쉽다'는 건 무슨 의미일까? 이 글의 내용을 거꾸로 바꾸면, 즉 '자연이 주는 손해를 받아들이는 건 어렵다'로 바꾸면 해석의 실마리가 풀린다.

예를 들어 폭우가 쏟아지거나 폭염이 급습하거나 지진이 발생하면 사람들은 어째서 내게 이런 재난이 닥치느냐고 불만을 터트린다. 그런데 이런 자연의 재난은 천지의 운행(天地之行)과 돌고 도는 만물의 발로(運物之泄)로 생겨난다. 그래서 누구에게나 똑같이 닥쳐야 하는데 지금 나에게만 닥치고 있으니까 사람들은 이를 받아들이기 힘들다. 물론 이것은 소인(小人)의 생각일 뿐이다. 군자(君子)는 그 반대이다. 그래서 군자인 공자는 지금 진나라와 채나라 사이에서 겪는 굶주림(飢), 목마름(渴), 추위(寒), 더위(暑) 및 곤궁(窮), 형벌(桎), 오도 가도 못함(不行)이라는 자연이 가져다주는 손해를 기꺼이 받아들인다. 물론 자연이 가져다주는 이런 손해들이 지금 한꺼번에 몰려와 공자는 이에 대해 불만을 품을 수 있다. 그런데 공자는 군자이기에 오히려 노래를 부르면서 이 상황까지 애써 수용하려고 노력한다.

반면 안회는 소인의 차원에 머물고 있으므로 그렇지 못하다. 어쩌면

---

45) 絶迹易 無行地難. 爲人使易以僞 爲天使難以僞. (「인간세」1)

공자를 스승으로 모심으로써 생겨난 지금의 난관과 마주해야 하는 자신의 처지를 후회할지도 모른다. 차라리 다른 분을 스승으로 모셨더라면 이런 수모를 당하지 않았을 텐데 하고 말이다. 안회의 이런 태도는 무엇보다 자연이 주는 손해를 받아들이기 어려운 데서 비롯된다. 만약 안회가 자연이 주는 손해를 흔쾌히 수용하면 자신이 처한 난관에 불만을 품지 않고서 이 난관을 하늘의 뜻으로 여겨야 한다. 포악한 왕일지라도 신하가 그를 함부로 내쳐선 안 되는 것처럼 말이다. 천하도 이처럼 도를 지키는데 하물며 공자처럼 하늘의 뜻을 기다리는 군자가 자연이 가져다주는 손해를 절대로 못마땅하게 여겨선 안 된다.

또 '사람이 만드는 이득을 받아들이지 않는 게 어렵다'는 건 무슨 의미일까? 이 글의 내용도 앞에서와 마찬가지로 거꾸로 바꾸면, 즉 '사람이 만드는 이득을 받아들이는 건 쉽다'로 바꾸면 해석의 실마리가 보인다. 예를 들어 선비가 관직에 처음 나아갈 때는 어디에서 일해도 일이 순조롭게 풀리고, 여기에 더해 벼슬과 녹봉까지 보태지면 선비의 생활도 궁핍하지 않다. 그런데 대부분의 선비들은 자신들에게 이런 이득을 가져다주는 것에 대해 당연하다고 여긴다. 이처럼 군자가 아닌 사람은 이런 선비처럼 사람이 만드는 이득을 쉽게 받아들인다. 사실 벼슬과 봉록은 살아가면서 지니게 된 것이지 태어날 때부터 지닌 게 아니다. 그런데도 사람들은 자신의 운명(命)이 벼슬과 녹봉 같은 바깥의 것에 의해 지배된다는 생각에서 좀처럼 벗어나지 못한다. 그래서 벼슬과 녹봉을 얻는 데 늘 조심하고 경계해야 하는데 현실은 그렇지 않다.

한편 군자는 이득을 위해 도둑질을 하지 않고 현인도 이득을 위해 뭔가 훔치지 않는다. 새 중에서 제비를 가장 지혜롭다 하는 것도 제비가 군자나 현인처럼 처신해서이다. 그래서 제비는 자신이 눈여겨보아 둥지를 칠 만한 곳이 아니면 아예 살피질 않는다. 또 입에 문 먹이가 아래로 떨어져도 내버린 채 그냥 달아난다. 그러니 성인과 현자도 벼슬과 봉록이 마땅치 않으면 제비처럼 그것을 탐내지 않는다. 이처럼 제비가 먹이를 탐내지 않는 건 사람을 두려워해서이다. 그런데도 제비는 결국 사람이 사는 데에 둥지를 튼다. 사람은 어떠한가? 사람은 벼슬과 봉록을 탐하는 데 죽음도 두려워하지 않는다. 심지어 벼슬과 봉록을 위해서 이 나라 저 나라를 찾아다니는 것도 부끄러워하지 않는다. 이는 마치 벼슬과 봉록을 위해서 사직(社稷)을 마음대로 바꾸는 일이다. 그러니 사람은 사직을 바꾸지 않는 제비보다 더 못한 존재이지 않은가.

안회는 스승의 말을 이제서야 수긍했는지 두번째 가르침인 '모든 일이 처음도 없고 끝도 없다'는 게 무슨 말이냐고 스승에게 물었다. 이에 공자는 사물이 변해도 사물을 이렇게 변하게 하는 존재가 누구인지 알지 못한다고 대답했다. 이는 사물의 변화가 끝나고 시작되는 곳을 몰라서이다. 그래서 우리는 몸과 마음을 바르게 해 변화를 그냥 기다려야 한다. 공자 일행이 지금 어려운 상황에 처해 있더라도 이것이 어려움의 끝인지 아니면 어려움의 시작인지 누구도 알지 못한다. 그래서 몸과 마음을 바르게 하는 것 이외에는 어려운 상황에서 벗어나기 위한 뾰족한 대책이 없다. 이에 공자는 태연히 노래를 불렀던 거다.

그러자 안회는 마지막 가르침인 '어째서 사람도 자연과 그 근본에서 하나'라고 말하느냐고 물었다. 공자는 사람이 생겨나는 것은 자연에 의해서이고, 자연이 생겨나는 것도 자연의 조화에 의해서이다. 그러므로 사람과 자연은 그 근본에서 하나일 수밖에 없다고 대답했다. 그래서 공자가 안회에게 지금 노래 부르는 사람이 누구냐고 물었을 때 그건 공자이면서 동시에 자연임을 의미한다. 그런데도 사람들이 자연의 도에 순응하지 못하는 건 인륜(人倫)이 강조하는 것과 같은 인위적인 본성(性)에 사로잡혀서이다. 그러니 사람이 자연의 도에 순응하려면 인위적인 도덕을 버리고 자연스런 도덕을 회복해야 한다. 그래서 성인은 자신의 몸을 자연의 변화에 편히 맡긴 채 삶을 마칠 수 있다.

장주(莊周)가 조릉(雕陵)이란 밤나무 숲 근처를 노닐다가
이상한 까치 한 마리가 남쪽에서 날아오는 것을 보았다.
그런데 날개 길이는 일곱 척이고, 눈의 크기는 직경으로 한 치가 넘었다.
그 까치는 장주의 이마를 스치고 지나갈 정도로 아주 낮게 날아서
밤나무 숲에 이르러 앉았다.
장주가 속으로 말했다.
"저건 어떤 새일까. 날개가 저렇게 커도 높게 날지를 못하고,
눈이 저렇게 커도 사람을 보지 못하다니?"
장주는 바지를 걷어 올리고 바삐 걸어서 다가가 활을 쥐고 새를 노렸다.
그때 매미 한 마리를 보았는데 마침 시원한 나무 그늘에 매달려
자신의 몸을 까마득히 잊었다.
또 사마귀는 나무 잎사귀로 몸을 가린 채 매미를 잡는 데 정신이 팔려
자신의 몸을 까마득히 잊었다.
또 이상한 까치는 쫓아가서 사마귀 잡는 데 정신이 팔려
자신이 처한 상황을 까마득히 잊었다.
장주가 이것을 보고 두려운 생각이 들어서 중얼거리며 말했다.
"아! 만물은 말할 것도 없이 서로 묶여 이익과 손해를 함께 불러들이는구나!"
장주는 활을 버리고 되돌아 나오는데 밤나무 숲을 지키는 산지기가
장주가 도둑인 줄 알고 쫓아와서 그를 힐난했다.
장주는 돌아와서 집 안에 들어와 석 달이나 마음이 언짢았다.
제자인 인저(藺且)가 쫓아와서 물었다.
"스승께서는 요즘 마음이 심히 유쾌하지 않은데 어째서인가요?"

장주가 말했다.

"나는 외형을 지키느라 내 몸을 잊었네.

그동안 흐린 물을 보느라 맑은 연못을 이해하지 못해 헤매면서 다녔네.

나는 모든 선생으로부터

'그 세상에 들어가선 그 세상의 법도를 따라야 한다.'라고 들었네.

그런데 나는 지금 조릉에서 노닐다가 내 몸을 잊었네.

이상한 까치가 내 이마를 스치고 지나가서 그 까치를 잡으려 했는데

밤나무 숲에선 새와 곤충이 서로 노닌다는 진실을 잊었네.

그리고 밤나무 숲을 지키는 산지기는 나를 도둑으로 알고 욕을 보였네.

이것이 내가 마음이 심히 유쾌하지 않은 까닭이네."

. . .

莊周遊於雕陵之樊, 覩一異鵲自南方來者, 翼廣七尺, 目大運寸,
感周之顙而集於栗林.

莊周曰:「此何鳥哉, 翼殷不逝, 目大不覩?」

蹇裳躩步, 執彈而留之.

覩一蟬, 方得美蔭而忘其身.., 螳蜋執翳而搏之, 見得而忘其形..,

異鵲從而利之, 見利而忘其眞.

莊周怵然曰:「噫! 物固相累, 二類召也!」

捐彈而反走, 虞人逐而誶之.

莊周反入, 三月不庭. 藺且從而問之:「夫子何爲頃間甚不庭乎?」

莊周曰:「吾守形而忘身, 觀於濁水而迷於淸淵.

且吾聞諸夫子曰:『入其俗, 從其令.』

今吾遊於雕陵而忘吾身, 異鵲感吾顙, 遊於栗林而忘眞, 栗林虞人以吾爲戮,
吾所以不庭也.」

장주는 흐린 물을 보느라
맑은 연못을 보지 못한다

———

    장주(莊周)가 어느 날 조릉(雕陵)이란 밤나무 숲 근처를 노닐다가 이상한 까치 한 마리가 남쪽에서 날아오는 걸 보았다. 까치의 날개 길이는 일곱 척이나 될 정도로 길었고, 눈의 크기는 직경으로 한 치가 넘을 정도로 컸다. 그 까치는 장주의 이마를 스치고 지나갈 정도로 아주 낮게 날아서 밤나무 숲에 이르자 나뭇가지에 앉았다. 장주는 저 새가 어떤 새인지 무척 궁금했다. 날개가 저렇게 커도 제대로 높이 날지를 못하고, 눈이 저렇게 커도 사람을 제대로 보지 못해 장주의 이마를 스치고 지나갈 정도여서이다. 그래서 장주는 이상한 까치가 앉은 데로 빨리 가기 위해 바지를 걷어 올리고선 가까이에 간 뒤 활을 쥐고서 그 새를 노렸다.

    그때 장주의 눈에 매미 한 마리가 갑자기 들어왔다. 그 매미는 시원한 나무 그늘에 매달려 자신의 몸을 까마득히 잊었다. 그래서 사마귀 먹잇감이 막 되려던 참이다. 그리고 사마귀는 나무 잎사귀로 제 몸을 가린 채 매미 잡는 데만 정신이 팔려 자신의 몸을 까마득히 잊었다. 그래서 이상한 까치의 먹잇감이 막 되려던 참이다. 이상한 까치도 쫓아가서 사마귀 잡는 데만 정신이 팔려 자신이 처한 상황을 까마득히 잊었다. 장주가 활로 이상한 까치를 막 잡으려 해서이다.

이런 전체의 윤곽을 파악하고 나니까 장주는 갑자기 놀랍고 두려운 생각이 들었다. 만물이 서로 묶여서 먹고 먹히는 식의 이익과 손해를 함께 불러들인다는 사실을 비로소 깨달아서이다. 이에 장주는 활을 버리고서 되돌아 나왔다. 그런데 밤나무 숲을 지키던 산지기가 장주가 도둑인 줄 알고 쫓아와 그를 욕보였다. 그러니 장주도 까치 잡는 데만 정신이 팔려 자신이 산지기의 욕보임 대상이 되는 줄 미처 몰랐던 거다.

장주는 밤나무 숲에서 돌아온 뒤 집 안에 틀어박힌 채 석 달 동안이나 마음이 언짢았다. 제자인 인저(藺且)가 찾아와서 스승의 마음이 요즘 들어 심히 유쾌하지 않은데 어째서냐고 물었다. 장주는 그동안 자신의 외형을 지키느라 몸을 잊었다고 솔직히 털어놓았다. 이는 이상한 까치를 잡는 데만 정신이 팔려 장주가 밤나무 숲을 지키는 산지기에게 욕보임을 당한다는 생각을 미처 못해서이다. 그러니 흐린 물에서 보느라 맑은 연못에서 보는 걸 이해하지 못한 채 그냥 헤매면서 돌아다닌 셈이다. 여기서 흐린 물에서 보는 게 전체 윤곽 중 하나만 보는 거라면 맑은 연못에서 보는 건 전체 윤곽을 모두 보는 일이다.

장주는 지금까지 모든 선생으로부터 '그 세상에 들어가선 그 세상의 법도를 따라야 한다.'라고 들었는데 지금 조릉에서 노닐다가 자신의 몸을 깜박하고 잊었다. 또 이상한 까치가 자신의 이마를 스치고 지나가서 잡으려고 했는데 밤나무 숲에선 새와 곤충이 서로 노닌다는 그 세상의 법도를 깜박하고 잊었다. 즉 매미는 사마귀의 먹잇감이 되고, 사마귀는 이상한 까치의 먹잇감이 되고, 이상한 까치는 장주의 먹잇감이 된다는 법도를 까마득하게 잊었다. 게다가 밤나무 숲을 지키던 산지기는 자신을 도둑으로 오인해 자신에게까지 욕을 보였다. 이런 전체의 윤곽을 보지 못하고 일부만 보고서 이상한 까치를 잡으려 했던 게 장자의 마음을 심히 불쾌하게 만든 이유이다.

장주의 이런 깨달음은 『장자』의 시작을 알리는 대붕(大鵬)의 비상에서 말하고자 하는 바와 곧바로 연결된다. 대붕의 비상에서 말하고자 하는 건 가능한 높이 날아야 차이의 소멸이 이루어진다는 진실이다. 그래서 가까이에선 아지랑이와 흙먼지까지 구분되지만 대붕처럼 구만리씩이나 하늘 높이 올라가 거기에서 아래를 내려다보면 땅 위의 모든 것들이 하나로 푸르게 보일 뿐이다. 여기서도 가까이에서 보면 매미는 사마귀 먹잇감이거나 아니면 사마귀는 까치의 먹잇감이란 진실 중 하나만 눈에 들어온다. 이것이 흐린 물에서 전체 윤곽 중에 하나만 보는 일이다. 반면 대붕처럼 멀리에서 보면 이 모든 상황들을 한꺼번에 조망할 수 있다. 이것이 맑은 연못에서 전체 윤곽을 보는 일이다. 그렇다면 장자가 내편 「제물론」에서 특별히 강조했던 큰 앎(大知)이 바로 맑은 연못에서 전체 윤곽을 보는 일이 아니겠는가!

양자(陽子)가 송(宋)나라의 한 여관에 유숙했다.

그 여관 주인에게 처가 둘 있었는데 하나는 미인이고 하나는 추녀였다.

그런데 추녀가 귀한 대접을 받고, 미인은 오히려 천대를 받았다.

양자가 이상히 여겨서 그 이유를 물었더니 여관 주인이 말했다.

"예쁜 아내는 스스로 아름답다고 여겨 저는 그녀가 예쁜 줄 모릅니다.

반대로 추한 아내는 스스로 추하다고 여겨 저는 그녀가 추한 줄 모릅니다."

양자가 말했다. "제자들은 이 점을 명심해라!

어진(賢) 행동을 하면서 스스로 어진 행동이라는 생각에서 벗어나면

어디 간들 사랑받지 못하는 경우는 있을 수 없다!"

• • •

陽子之宋, 宿於逆旅. 逆旅人有妾二人, 其一人美, 其一人惡, 惡者貴而美者賤.

陽子問其故, 逆旅小子對曰 : 「其美者自美, 吾不知其美也.,

其惡者惡, 吾不知其惡也.」

陽子曰 : 「弟子記之! 行賢而去自賢之行, 安往而不愛哉!」

어진 행동이란 생각에서 벗어나야
사랑을 받는다

────

　이 글은 양자(陽子)가 송(宋)나라의 한 여관에 유숙했을 때 경험한 내용을 토대로 구성되었다. 양자 역시 가공의 인물이다. 양자가 한 여관에 유숙했을 때 여관 주인에게 처가 둘 있었다. 한 처는 미인이었고, 다른 한 처는 추녀였다. 이럴 때 미인은 남편으로부터 귀한 대접을 받고, 추녀는 천대받기 일쑤이다. 그런데 반대로 추녀가 여관 주인으로부터 귀한 대접을 받고, 오히려 미인은 천대를 받았다. 양자가 이상히 여겨서 그 이유를 묻자 여관 주인은 예쁜 아내는 스스로 아름답다고 여겨 그녀가 정말로 예쁜지 모르지만 추한 아내는 스스로 추하다고 여겨 그녀가 정말로 추한지 모른다고 말했다.

　그렇다! 아내가 아니어도 얼굴이 예쁜 사람이 스스로 예쁘다고 하면 예쁜 줄 알지만 정말로 예쁜지는 모른다. 마찬가지로 얼굴이 추한 사람이 스스로 추하다고 하면 추한 줄 알지만 정말로 추한지는 모른다. 그러니 정말로 예쁜 사람은 스스로 자랑하지 않고 가만히 있어야 다른 사람들이 그녀를 정말로 예쁘다고 여긴다. 마찬가지로 정말로 추한 사람이 스스로 추하다고 하면 다른 사람들이 그녀가 정말로 추한지 모른다.

　양자는 이에 큰 감명을 받았는지 제자들에게 어진 행동을 하면서 스스로 어진 행동이라는 생각에서 벗어나야 어딜 가든지 사랑 받을 수 있다고 강조해 말했다. 그러니 정말로 어진 사람이라면 일부로 행동을 어질게 보이지 않아도 사람들은 그가 어진 사람임을 곧바로 안다. 따라서 자연스런 도덕(道德)에서 비롯된 어짊이 중요하지 인위적인 인륜(人倫)에서 비롯된 어짊은 사람들로부터 환영받지 못한다.

전자방

田子方

전자방

내편과 외편에 걸쳐 사람 이름을 편명으로 삼은 건 「전자방(田子方)」
이 유일하다. 참고로 잡편에선 「경상초」, 「서무귀」, 「열어구」가 사람 이
름을 편명으로 삼는다. 사람 이름을 편명으로 삼은 탓인지 「전자방」은
외편의 다른 편들에 비해 체계성이 떨어진다. 각 장마다 강조하는 내용
이 달라서 전체적으로 주제가 산만하게 전개된다. 그런데도 전자방이
란 이름으로 편명을 삼은 건 그가 유학자에서 도가 쪽으로 방향을 튼
현인이라 그런 게 아닌가라는 생각이 든다.

첫 번째 장은 나라를 유위(有爲)로 다스리면 이것이 언젠가 군주에게
우환으로 다가온다는 내용이다. 그래서 무위이치(無爲而治)를 강조하는
치도와 관련이 있다.

두 번째 장은 공자가 온백설자(溫伯雪子)를 통해 무언(無言)의 가르침
을 전해받는다는 내용이다. 온설백자는 공자의 간곡한 청을 듣고 만나
긴 했지만 공자의 형식적인 모습을 보고 실망한다는 얘기로 시작한다.
그러면서 온설백자는 공자에게 무언의 가르침을 행한다.

세 번째 장은 스승으로부터 겉만 배우지 말고 내면을 배워야 한다는
내용이다. 즉 날마다 자연의 변화를 따라가는 게 중요한데 이것이 스승
의 내면을 배우는 길이다.

네 번째 장은 공자가 노담(老聃)을 만났을 때 노담의 모습이 꼼짝도 하
지 않아서 그가 전혀 사람같이 보이지 않는 데서 얘기가 시작된다. 노담

의 몸은 우뚝 솟은 마른 나무와 같고, 마음은 외물을 잊은 채 사람을 떠나서 홀로 서 있는 듯해 공자가 노담에게 어째서 그런지에 대해 묻는다. 이에 대해 노담은 만물의 시초에서 노닐어서 그렇다고 대답한다.

다섯 번째 장은 형식보다 실질이 중요하다는 내용이다. 그렇다면 누가 형식을 중요하다고 여기는가? 바로 유가이다. 그래서 유복만 입는다고 유자(儒者)가 아니라는 것을 증명해 보이는 게 이장의 내용이다.

여섯 번째 장은 벼슬과 녹봉을 마음에 두지 않아야 이것들이 오히려 자신에게 찾아온다는 내용이다. 그리고 그림도 즐기면서 그려야 제대로 된 그림이 나온다는 것이 일곱 번째 장의 주제이다. 그러니 마음을 편히 두는 게 그림을 잘 그리기 위한 으뜸가는 덕목에 해당한다.

여덟 번째 장은 사람의 기용도 자연스럽게 이루어져야 나라를 다스리는 데 큰 무리가 없다는 내용이다. 아홉 번째 장은 활도 목표를 의식하지 않고 쏘아야 과녁에 잘 맞힌다는 내용이다.

열 번째 장은 벼슬과 봉록이 진인(眞人)의 마음을 흔들지 못한다는 내용이다. 손숙오(孫叔敖)는 초(楚)나라 재상을 세 번씩이나 지냈어도 이를 영화로움으로 여기지 않고, 또 그 자리에서 세 번씩이나 물러났어도 걱정하는 낯빛이 없다. 이런 처신은 손숙오가 진인이기에 가능하다.

마지막 장은 본디부터 망한 나라도 없고, 본디부터 존속한 나라도 없다는 내용이다. 세상만사가 모두 그러하듯 망함과 존속은 서로 교대하며 끊임없이 이어지게 마련이다. 그러니 아무리 작은 나라라도 본디부터 망하지 않고, 아무리 큰 나라라도 본디부터 존속하지 않는다. 이처럼 나라의 망함과 존속도 도 안에서 다시 하나로 통해 같아진다.

전자방(田子方)이 위(魏)나라 문후(文侯)를 모시면서

문후에게 계공(鷄公)을 자주 칭찬했다.

문후가 물었다. "계공은 그대의 스승이 아닌가요?"

전자방이 대답했다. "아닙니다. 제 고향 사람일 뿐입니다.

그런데 그가 도를 말하면 이치에 딱 들어맞아서 그를 칭찬했던 겁니다."

문후가 물었다. "그러면 그대에게는 스승이 없나요?"

전자방이 대답했다. "있습니다."

문후가 물었다. "그러면 그대의 스승은 누군가요?"

전자방이 대답했다. "동곽순자(東郭順子)입니다."

문후가 물었다.

"그러면 선생은 어째서 동곽순자를 내게 한 번도 칭찬하지 않았나요?"

전자방이 대답했다.

"그분의 사람됨이 참되어 사람의 모습을 지니더라도 자연처럼 무심하고,

자연에 잘 순응해서 그의 참됨을 감추고,

또 마음이 깨끗해서 도량이 넓어 사람을 잘 포용합니다.

그리고 남이 도리에 어긋나면 스스로 모습을 바르게 해 남이 깨닫도록 해서

도리에 어긋난 생각을 저절로 사라지게 만듭니다.

그러니 저처럼 보잘 것 없는 사람이 어찌 이런 분을 칭찬할 수 있나요!"

전자방이 나가자 문후가 낙담한 채 온종일 말이 없다가

마침내 앞에 서 있는 신하를 불러서 말했다.

"동곽순자처럼 덕이 온전한 군자는 덕이 깊고 멀어서 헤아릴 수 없다!

나는 처음에 총명한 앎의 말(聖知之言)로 인의의 행동을 지극하다 여겼는데

전자방의 스승 얘기를 듣고 나니까 내 몸이 풀어져 움직이지 않고,
입을 꽉 다문 채 말하고 싶지 않고,
지금껏 배운 바도 흙으로 빚은 것처럼 공허할 뿐이다.
내가 다스리는 위(魏)나라는 내게 참된 본성을 해치는 우환일 뿐이다!"

· · ·

田子方侍坐於魏文侯, 數稱谿工.
文侯曰:「谿工, 子之師邪?」
子方曰:「非也, 無擇之里人也., 稱道數當, 故無擇稱之.」
文侯曰:「然則子無師邪?」
子方曰:「有.」
曰:「子之師誰邪?」
子方曰:「東郭順子.」
文侯曰:「然則夫子何故未嘗稱之?」
子方曰:「其爲人也眞, 人貌而天虛, 緣而葆眞, 淸而容物.
物無道, 正容以悟之, 使人之意也消. 無擇何足以稱之!」
子方出, 文侯儻然終日不言, 召前立臣而語之曰:
「遠矣, 全德之君子! 始吾以聖知之言仁義之行爲至矣, 吾聞子方之師, 吾形解
而不欲動, 口鉗而不欲言. 吾所學者直土梗耳, 夫魏眞爲我累耳!」

나라를 유위(有爲)로 다스리면
언젠가 군주의 우환이 된다

———

전자방(田子方)은 위(魏)나라 현인으로 위나라 군주인 문후(文侯)가 스승으로 모셨던 사람이다. 그의 성은 전(田)이고 이름은 무택(無擇)인데 유학자였음에도 자신의 생각을 도가 쪽으로 바꾸었다. 이런 의미 있는 변신으로 『장자』 외편 중 한 편이 「전자방」이란 제목으로 꾸며졌다고 본다. 전자방은 위나라 군주인 문후를 제자로 두면서 계공(鷄公)을 자주 칭찬했다. 이 때문에 문후는 전자방에게 계공이 전자방의 스승이냐고 물었다. 이에 대해 전자방은 스승은 아니고 같은 고향 사람이라고 대답했다. 그러면서 계공이 도를 말하면 이치에 딱 들어맞아 그를 칭찬했을 뿐이라고 말했다.

그러자 문후는 전자방에게 스승이 있느냐고 물었다. 이에 대해 전자방이 있다고 대답하고, 그 스승이 동곽순자(東郭順子)라고 말했다. 동곽순자는 동곽이 성이고, 순자가 이름인데 동쪽(東) 성곽(郭)에 사는 순자(順子)라는 의미이다. 이런 표현방식은 「제물론」이 시작될 때 등장했던 남곽자기(南郭子綦)나 「인간세」에 등장했던 남백자기(南伯子綦)와 같다. 그러자 문후는 전자방에게 스승이 있었는데 어째서 그런 스승을 자신에게 칭찬하지 않았느냐고 의아하게 여기면서 물었다.

전자방은 자신의 스승은 칭찬받을 게 많지만 그런 칭찬도 감히 할 수 없다고 대답했다. 왜냐하면 스승의 사람됨이 너무나 참되어 사람의 모습을 지니더라도 자연처럼 무심해서 달리 모습이 없고, 자연에 순응하므로 자신의 참된 모습을 잘 감추고, 마음까지 깨끗해 도량이 넓어서 사람을 잘 포용해서이다. 게다가 다른 사람이 도리에 어긋난 생각을 하더라도 이를 꾸짖거나 가르쳐서 잘못된 생각을 억지로 바꾸려 하지 않아서이다. 그 대신 자신의 모습을 스스로 바르게 해서 상대방이 스스로 깨닫도록 해 도리에 어긋난 생각을 저절로 없어지도록 만든다. 이것이 무위(無爲)에 따른 가르침이다. 자신의 스승은 이런 분이므로 전자방으로선 칭찬조차 감히 말로 옮길 수 없다.

전자방이 문후에게 자신의 스승이 어떤 사람인지에 대해 말하고 나서 방을 나가자 문후는 낙담한 채 온종일 말이 없었다. 그리고 마침내 앞에 서 있는 신하를 불러서 전자방의 말에 전적으로 동감을 표했다. 문후는 동곽순자와 같이 덕이 온전한 군자는 그 덕이 깊고 멀어서 말로 헤아릴 수 없다고 말했다. 그러면서 문후 자신은 그동안 총명한 앎의 말(聖知之言)과 인의의 행동(仁義之行)만 지극하다고 여겨왔다고 고백했다. 참고로 총명한 앎의 말과 인의의 행동은 유가가 유난히 강조하는 바다. 그러니 문후는 자신의 나라를 유가가 강조하는 바대로 다스려왔고, 또 이것이 군주로서 올바른 처신이라고 믿어왔다.

그런데 문후는 전자방 스승의 얘기를 듣고 나니까 몸이 풀어져서 더 이상 움직이지 않고, 입도 다물어져서 말하고 싶지 않을뿐더러 지금까지 배워온 것도 흙으로 빚은 것처럼 갑자기 공허해졌다. 그래서 문후는 나라를 다스리는 일에 흥미를 잃었다. 나아가 문후는 자신이 다스리는 위나라가 자신의 참된 본성을 해치는 우환이라는 생각까지 들었다. 이 정도로 생각하면 문후는 위나라를 유위이치(有爲而治)의 대상에서 무위이치(無爲而治)의 대상으로 바꾸었을 것임에 분명하다.

온백설자(溫伯雪子)가 제(齊)나라로 가다가 노(魯)나라에 머물렀을 적에
노나라 사람이 그를 만나길 청했다.
온백설자가 말했다.
"허락할 수 없네. 내가 듣기로 노나라 군자는 예의가 밝지만
사람의 본심을 아는 데는 서툴러서 만나고 싶지가 않네."
온백설자가 제나라에 갔다가 돌아오는 길에 노나라에 다시 머물렀는데
지난번 사람이 또 만나기를 청했다.
온백설자가 말했다.
"지난번 갈 때도 나를 만나고 싶어 하고, 이번에도 나를 만나고 싶어 하니
분명 나를 깨우칠 만한 가르침이 있을 게다."
이에 온백설자가 나가서 손님을 만났는데 방에 들어와선 한숨을 쉬었다.
다음날 온백설자가 다시 손님을 만났는데 다시 방에 들어와선
또다시 한숨을 지었다.
이를 본 온백설자의 하인이 말했다.
"손님을 만날 때마다 방에 들어와서 반드시 한숨을 짓는 데 어째선가요?"
온백설자가 말했다.
"내가 너에게 '노나라 군자는 예의가 밝지만 사람의 본심을 아는 데는
서툴다.'라고 이미 말하지 않았느냐.
조금 전 나를 만난 사람은 나아감과 물러남이 자로 잰 듯 정확하고,
조용한 모습은 혹 용과 같거나, 혹 호랑이와 같다.
또 그분이 나를 나무랄 때는 아버지가 자식을 대하듯이 하고,
나를 인도할 때는 자식이 아버지를 대하듯이 한다.

그렇지만 모두 진심이 아니고, 그저 겉으로 꾸민 데에 지나지 않아
이것이 나로 하여금 한숨을 짓게 만들었네.”
공자가 언젠가 온백설자를 만났을 때 그에게 아무 말도 꺼내지 않았다.
자로(子路)가 물었다.
“스승께서 오랫동안 온백설자를 만나고 싶어 했는데
정작 만나고선 아무 말도 하지 않으셨으니 어째서인가요?”
공자가 대답했다.
“온설백자와 같은 분은 눈으로 얼핏 보아도 도를 갖추고 있음을 아는데
더 이상 어떤 모양과 음성이 필요하겠느냐.”

. . .

溫伯雪子適齊, 舍於魯. 魯人有請見之者, 溫伯雪子曰「不可. 吾聞中國之君子,
明乎禮義而陋於知人心, 吾不欲見也.」
至於齊, 反舍於魯, 是人也又請見.
溫伯雪子曰:「往也蘄見我, 今也又蘄見我. 是必有以振我也.」
出而見客, 入而歎. 明日見客, 又入而歎.
其僕曰:「每見之客也, 必入而歎, 何耶?」
曰:「吾固告子矣:『中國之民, 明乎禮義而陋乎知人心.』
昔之見我者, 進退一成規一成矩, 從容一若龍一若虎, 其諫我也似子, 其道我
也似父, 是以歎也.」
仲尼見之而不言. 子路曰:「吾子欲見溫伯雪子久矣, 見之而不言, 何邪?」
仲尼曰:「若夫人者, 目擊而道存矣, 亦不可以容聲矣.」

온백설자(溫伯雪子)는
무언(無言)의 가르침만 행한다

———

온백설자(溫伯雪子)는 성이 온백이고, 이름이 설자인데 따뜻함(溫)의 우두머리(伯)이자 하얀 눈(雪)처럼 온갖 더러움을 씻어낸 사람이라는 뜻이다. 그러니 따뜻함과 깨끗함을 동시에 지닌 훌륭한 사람임에 틀림없다. 이런 온백설자가 제(齊)나라로 가는 길에 노(魯)나라에 잠시 머물자 어떤 노나라 사람이 온백설자를 만나길 청했다. 온백설자는 이 만남을 거절했는데 그건 노나라 사람이 군자를 자처하며 예의를 밝히는데도 사람의 본심을 아는 데 서툴러서이다. 이로 미루어보아 어떤 노나라 사람은 공자를 의미한다. 참고로 공자는 노나라 출신이다.

시간이 얼마간 흐른 후 온백설자가 제나라에 갔다 돌아오는 길에 노나라에 다시 머물자 지난번 그 사람이 온백설자를 또 만나길 청했다. 이번에는 온백설자가 만남을 허락했다. 그건 지난번 갈 때도 자신을 만나고 싶어 하고, 이번에도 자신을 만나고 싶어하니까 반드시 자신을 일깨워 줄 만한 가르침이 있을 거라고 판단해서이다. 이에 온백설자가 밖으로 나가서 노나라 손님을 만났는데 어쩐 일인지 그를 만나고 돌아와선 한숨만 쉬었다. 다음날에도 손님을 만났는데 그를 만나고 돌아와선 마찬가지로 한숨만 쉬었다.

이를 이상하게 여긴 온백설자의 하인이 그 손님을 만날 때마다 방에 들어와서 한숨만 내쉬는데 어째서이냐고 물었다. 그러자 온백설자는 내가 만난 노나라 사람은 나아감과 물러남이 자로 잰 듯 정확하고, 조용한 모습이 혹 용과 같거나 혹 호랑이처럼 거창해서이다. 또 나무랄 때는 아버지가 자식을 대하듯이 하고, 인도할 때는 자식이 아버지를 대하듯이 해서이다. 그런데 이 모두는 진심이 아니고 그저 겉으로 꾸민 모습에 지나지 않다. 이것은 예의는 밝지만 사람의 본심을 아는 데는 서툴다는 의미이다. 게다가 그 모습은 진심이 아니고 겉으로 꾸민 데에 지나지 않아 이를 두고 온백설자가 공자에 대해 서툴다고 평한 것이다.

언젠가 공자는 온백설자를 만났는데 그때 공자는 그에게 아무 말도 꺼내지 않았다. 이를 의아하게 여긴 공자의 제자 자로(子路)가 스승께서 오래전부터 온백설자를 만나고 싶어 했는데 정작 만나고 나선 어째서 아무 말도 하지 않았느냐고 따지듯 물었다. 그러자 공자는 온백설자 같은 분은 눈으로 얼핏 보아도 도를 갖추고 있음을 아는데 자신에게 더 이상 어떤 모양과 음성이 필요하겠느냐고 자로를 달래며 말했다. 이는 온설백자가 지닌 도는 마음으로도 공자에게 충분히 전해지므로 굳이 말과 행동으로 가르침을 보여줄 필요가 없다는 말이다. 여기서 모양은 행동을 뜻하고 음성은 말을 뜻한다. 그러니 참된 가르침은 말과 행동을 초월하는 셈이다.

안회(顔回)가 공자를 찾아뵙고 물었다.

"스승이 걸으시면 저도 걷고, 스승이 뛰시면 저도 뛰고,

스승이 달리시면 저도 달립니다.

하지만 스승이 먼지도 남기지 않을 정도로 빨리 질주하시면

저는 뒤에서 눈만 휘둥그레 뜬 채 바라만 볼 뿐입니다!"

공자가 말했다. "안회야, 그게 무슨 말이냐?"

안회가 말했다.

"스승이 걸으시면 저도 걷는다는 건 스승이 말씀하시면

저도 스승의 말씀을 그대로 말한다는 겁니다.

스승이 뛰시면 저도 뛴다는 건 스승이 말씀을 잘하시면

저도 스승의 말씀을 잘한다는 겁니다.

스승이 달리시면 저도 달린다는 건 스승이 도를 말씀하시면

저도 도를 말한다는 겁니다.

그런데 스승이 먼지도 남기지 않을 정도로 빨리 질주하시면

저는 뒤에서 눈만 휘둥그레 뜬 채 바라만 본다는 건

스승이 말씀하지 않는데도 사람들의 신뢰를 얻고,

스승이 남과 친해지지 않는데도 그 친함이 두루 미치고,

스승이 벼슬과 명예가 없는데도 사람들이 스승 앞에 모여드는데

어째서 그런지를 알지 못한다는 겁니다."

공자가 대답했다. "아! 자네가 나를 제대로 살피지 못했네!

마음(心)이 죽는 것보다 더 큰 슬픔이 없네.

몸이 죽는 건 오히려 그 다음으로 슬픈 일이네.

또 해는 동쪽에서 떠올라 서쪽 끝으로 지는데
세상만물 중에 이런 방향을 따르지 않는 게 없네.
머리가 있고 발이 있는 존재는 해(日)를 기다린 후에 뜻한 바를 이루므로
해가 나와야 일하고 해가 지면 쉬네.
만물이 이러하므로 사람도 때가 되면 죽고 때가 되면 태어나네.
그러니 일단 온전한 사람의 몸을 받고 태어난 이상
몸을 손상하는 일이 없도록 자연히 죽기를 기다려야 하네.
나도 만물이 하는 걸 본받아서 밤낮으로 쉬지 않고 움직이지만
내가 끝나는 바를 모르네.
또 얼떨결에 온전한 사람의 몸을 갖추고 태어났어도
죽고 사는 운명을 미리 알 수 없다는 것을 잘 알아서이네.
이럼으로써 나는 날마다 자연의 변화를 따라갈 뿐이네."
공자가 계속해서 말했다.
"평생 자네와 허물없이 가깝게 지내왔지만 언젠가는 서로 잊게 마련이네.
그런데 자네는 나의 겉에 드러난 면만 가까이해서 이를 따르려고 하니
슬프지 아니한가!
게다가 그건 이미 지나간 건데 자네가 지금 있기라도 한 듯 구하려고 들면
이는 텅 빈 시장에서 말을 구하는 격이네.
내가 자네를 기억하는 건 순간에 지나지 않고,
자네가 날 기억하는 것도 순간에 지나지 않지.
그렇다고 자네가 괴로워할 까닭은 없네!
예전의 나를 잊더라도 끝없이 새롭게 태어나는 내가 있으니까
나는 자네에게 결코 잊어질 수 없는 존재이네."

- - -

顏淵問於仲尼曰：「夫子步亦步，夫子趨亦趨，夫子馳亦馳.，夫子奔逸絕塵，
而回瞠若乎後矣！」

仲尼曰：「回，何謂邪？」

曰：「夫子步，亦步也.，夫子言，亦言也.，夫子趨，亦趨也.，夫子辯，亦辯也.，
夫子馳，亦馳也.，夫子言道，回亦言道也.，

及奔逸絕塵而回瞠若乎後者，夫子不言而信，不比而周，無器而民滔乎前，
而不知所以然而已矣.」

仲尼曰：「惡！可不察與！夫哀莫大於心死，而人死亦次之.

日出東方而入於西極，萬物莫不比方，有首有趾者，待是而後成功，是出則存，
是入則亡. 萬物亦然，有待也而死，有待也而生.

吾一受其成形，而不化以待盡，效物而動，日夜無隙，而不知其所終.，
薰然其成形，知命不能規乎其前，丘以是日徂.」

「吾終身與汝交一臂而失之，可不哀與！

女殆著乎吾所以著也. 彼已盡矣，而女求之以爲有，是求馬於唐肆也.

吾服女也甚忘，女服吾也亦甚忘.

雖然，女奚患焉！雖忘乎故吾，吾有不忘者存.」

스승의 겉만 배우지 말고 스승의 내면을 배워야

———

안회(顏回)가 공자를 찾아뵙고 자신은 스승을 잘 받들고 있는데도 여전히 부족하다고 느끼는 점에 대해 다음과 같이 말했다. 스승이 걸으면 자신도 걷고, 스승이 뛰면 자신도 뛰고, 스승이 달리면 자신도 달리는데 스승이 먼지도 남기지 않을 정도로 빨리 질주하면 뒤에서 눈만 휘둥그레 뜬 채 바라만 볼 뿐이다. 공자가 그게 무슨 말이냐고 묻자 안회는 스승이 걸으면 자신도 걷는다는 건 스승이 말한 걸 그대로 따라서 말하고, 스승이 뛰면 자신도 뛴다는 건 스승이 말을 잘하면 자신도 말을 잘하게 되고, 스승이 달리면 자신도 달린다는 건 스승이 도를 말하면 자신도 도를 말하는 거라고 대답했다. 즉 스승이 하는 대로 쫓아서 한다는 말이다.

그런데 안회가 스승을 따라하지 못하는 게 있다. 그건 스승이 먼지도 남기지 않을 정도로 빨리 질주하는 경우이다. 이때 안회는 눈만 휘둥그레 뜬 채 스승만 바라볼 뿐이다. 이런 경우는 과연 어떤 때일까? 그건 스승이 말을 하지 않는데도 사람들로부터 신뢰를 얻고, 스승이 남과 친해지지 않는데도 그 친함이 두루 미치고, 스승이 벼슬과 명예가 없는데도 사람들이 그 앞에 모여드는 경우이다. 이럴 경우 안회는 어째서 그런지를 몰라 눈만 휘둥그레 뜬 채 스승만 바라볼 뿐이다. 이에 공자는 자신에 대한 관찰이 제대로 이루어지지 않아서 그런 말을 하는 거라고 안회를 타일렀다. 공자 자신은 자연스럽게 행동하는 건데 안회가 이를 부자연스럽게 받아들여서이다.

공자에 따르면 마음이 죽는 게 가장 슬프고, 몸이 죽는 건 그 다음으로 슬프다. 참고로 대부분의 사람들은 몸이 죽는 것만 슬퍼한다. 또 해는 동쪽에서 떠올라 서쪽으로 지는데 세상만물 중에 이런 방향을 따르지 않는 게 없다. 게다가 머리가 있고 발이 있는 존재는 해가 뜨길 기다려서 뜻한 바를 이루므로 해가 나와야 일을 하고 해가 져야 쉰다. 만물이 이렇게 행동하므로 사람도 때가 되면 죽고, 때가 되면 태어나게 마련이다. 마찬가지로 공자 자신도 온전한 사람의 몸을 받고 태어났으므로 더 이상 몸을 손상시키지 않고 자연히 죽길 기다려야 한다. 이와 비슷한 내용이 내편 「양생주」에 등장한다. 거기에서 "스승은 와야 할 때 때맞추어 태어났고, 가야 할 때 순리에 따라 갔다."[46)]라고 말한 바 있다.

이에 공자는 만물이 자연스럽게 하는 것을 본받아서 자신도 밤낮으로 쉬지 않고 움직일 뿐이다. 그래서 안회가 관찰한 것처럼 걷거나 뛰거나 달리거나 질주하는 건 달리 특별한 뜻이 있어서가 아니라 만물이 하는 것을 그대로 본받아서 한 행동이다. 그리고 공자는 밤낮으로 쉬지 않고 움직이지만 그 끝나는 바를 몰라서 자신이 걷고 뛰고 달리고 질주하는 일이 언제 그칠지 모른다. 즉 언제까지 걷고 뛰고 달리고 질주해야 할는지 모른다. 또 공자는 얼떨결에 온전한 사람의 몸을 갖추고 태어났지만 죽고 사는 운명을 미리 알 수가 없어서 자연의 변화를 날마다 따를 뿐이다.

---

46) 適來 夫子時也. 適去 夫子順也. (내편 「양생주」 3)

그뿐만이 아니다. 공자는 평생 제자 안회와 허물없이 가깝게 지내왔지만 언젠가는 서로 잊혀지게 마련이다. 그런데도 안회는 스승의 겉만 가까이해 이를 따르려고 한다. 그래서 스승이 걸으면 안회도 걷고, 스승이 뛰면 안회도 뛰고, 스승이 달리면 안회도 달린다. 그런데 스승에게 걷고 뛰고 달리는 일은 겉에 드러난 것이기에 이미 지나간 일에 불과하다. 그런데도 제자 안회가 지금 있기라도 한 듯 그걸 구하려고 들면 이는 텅 빈 시장에서 말을 구하는 격이다. 즉 당치도 않은 곳에서 찾고 있으므로 구하려고 해도 도저히 구할 수 없다. 게다가 공자도 안회를 기억하는 건 순간에 지나지 않고, 안회도 공자를 기억하는 건 순간에 지나지 않아 서로 괴로워할 까닭이 없다. 그렇더라도 예전의 공자를 잊으면 끝없이 새롭게 태어나는 공자가 있으므로 공자는 안회에게 결코 잊어질 수 없는 존재이다. 그러니 안회도 스승의 겉만 배우지 말고, 내면의 것을 배워야 한다.

공자가 노담(老聃)을 만나러 갔을 때 노담은 머리를 감고 풀어헤친 채

햇빛에 한창 말리고 있었다.

그 모습이 꼼짝도 안한 채 움직이지 않아 전혀 사람 같지가 않았다.

공자가 쉬면서 기다리다가 잠시 후에 노담을 만나서 물었다.

"제 눈이 어른어른한 건가요? 아니면 제가 본 그대로가 사실인가요?

조금 전 선생의 몸은 우뚝 솟은 마른 나무와 같고,

마음은 외물을 잊고서 사람을 떠나 홀로 서 있는 듯했습니다."

노담이 말했다. "내 마음이 만물의 시초에서 노닐고(遊) 있었소."

공자가 물었다. "그게 무슨 말인가요?"

노담이 말했다.

"도를 찾으려고 하면 고생만 할 뿐 알 수 없고,

도를 말하려고 하면 입이 다물어져 말할 수 없지요.

그렇더라도 그대를 위해 도의 대강을 말해 보겠소.

지극한 음기(陰氣)는 싸늘하고, 지극한 양기(陽氣)는 뜨겁지요.

그런데 싸늘한 음기는 하늘에서 나오고, 뜨거운 양기는 땅에서 일어나지요.

양기와 음기가 서로 섞여 통해서 조화를 이루면 거기서 만물이 생겨납니다.

누군가가 이것을 주관하지만 주관하는 존재의 모습을 볼 수 없지요.

또 사철에는 소멸과 생성이 있고, 만물에는 채움과 비움이 있고,

하루에는 한 번씩의 어둠과 밝음이 있어, 즉 밤과 낮이 있어

나날이 바뀌고 다달이 변화해서 쉬지 않고 진행되지만

이를 주관하는 존재의 공(功)은 드러나지 않습니다.

또 사물이 태어날 때는 싹튼 곳이 있고, 죽을 때는 돌아갈 곳이 있지요.

그런데 사물의 시작(始)과 끝(終)이 끊임없이 되풀이되므로
사물이 다하는 바를 알지 못합니다.
그러니 도가 아니고선 어느 누가 만물의 근원(宗)이 될 수 있나요!"
공자가 말했다. "도를 알 수 있는 방법에 대해 들려주길 바랍니다."
노담이 말했다.

"초식동물은 숲이 바뀌는 걸, 수중생물은 물이 바뀌는 걸 꺼려하지 않아서
작은 변화가 있어도 본성을 잃지 않습니다.
그러니 기쁨과 노여움, 슬픔과 즐거움이 이들 마음속에 들어오지 못하지요.
천지(天地)는 만물이 하나가 되어서 깃드는 곳입니다.
그 하나 된 바를 깨닫고서 스스로를 만물과 일체가 되도록 하면
사지나 몸을 티끌처럼 죽음과 삶, 끝과 시작을 밤낮이 바뀌는 것처럼 여겨
우리 마음이 흐려지는 법이 없지요.
그런데 하물며 세속적인 얻음과 손실이나 재앙과 행복 따위가
어찌 여기에 끼어들 틈이 있겠습니까!
몸에 붙어 있는 것을 털어 버릴 때 흙덩이 털듯이 하는 건
몸에 붙어 있는 어떤 것보다 내 몸이 귀하다는 걸 알아서이지요.
내게 귀한 도가 있으면 외부의 어떤 변화에도 나를 잃지 않습니다.
게다가 만물의 변화는 한 번도 끝나지 않고서 계속되므로
이런 도를 체득하면 어느 누가 내 마음을 괴롭힐 수 있겠습니까!
도를 체득한 사람은 이런 사실을 잘 압니다."
공자가 말했다.

"선생의 덕(德)은 자연과 짝을 이루는데도 오히려 지언(至言),
즉 지극한 말까지 빌려 마음을 닦고 계십니다.
옛날의 군자(君子) 중에 어느 누가 선생보다 더 뛰어날 수 있겠습니까?"
노담이 말했다. "그건 그렇지 않아요.

물이 솟아오르는 건 물이 그런 게 아니라 하고자 함이 없이(無爲)

그 바탕이 스스로 그러한 데 따른 겁니다.

지인(至人)의 덕(德)도 이와 같습니다.

지인이 덕을 닦지 않는데도 만물은 지인을 사모해서 떠나지 못합니다.

하늘은 저절로 높고, 땅은 저절로 두텁고, 해와 달은 저절로 밝은데

하늘과 땅 그리고 해와 달이 새삼 무엇을 닦을 필요가 있겠나요!"

공자는 물러나와 안회(顏回)에게 말했다.

"도에 대한 나의 이해는 항아리 속을 세상의 전부로 아는 초벌레의

생각과 같은 게 아닐까!

노담 선생이 내 항아리 뚜껑을 열어주지 않았다면

나는 천지가 충분히 갖추어져 완전하다는 걸 여전히 깨닫지 못했을 거네."

. . .

孔子見老聃, 老聃新沐, 方將被髮而乾, 熱然似非人.

孔子便而待之, 少焉見, 曰:「丘也眩與, 其信然與? 向者先生形體掘若槁木,

似遺物離人而立於獨也..」

老聃曰:「吾遊心於物之初.」

孔子曰:「何謂邪?」

曰:「心困焉而不能知, 口辟焉而不能言, 嘗爲汝議乎其將.

至陰肅肅, 至陽赫赫., 肅肅出乎天, 赫赫發乎地.,

兩者交通成和而物生焉, 或爲之紀而莫見其形.

消息滿虛, 一晦一明, 日改月化, 日有所爲, 而莫見其功.

生有所乎萌, 死有所乎歸, 始終相反乎無端而莫知乎其所窮. 非是也, 且孰爲

之宗!」

孔子曰:「願聞其方.」

曰:「草食之獸不疾易藪, 水生之蟲不疾易水, 行小變而不失其大常也,

喜怒哀樂不入於胸次.

夫天下也者, 萬物之所一也.

得其所一而同焉, 則四肢百體將爲塵垢, 而死生終始將爲晝夜而莫之能滑,

而況得喪禍福之所介乎!

棄隷者若棄泥塗, 知身貴於隷也, 貴在於我而不失於變.

且萬化而未始有極也, 夫孰足以患心! 已爲道者解乎此.」

孔子曰:「夫子德配天地, 而猶假至言以修心, 古之君子, 孰能脱焉?」

老聃曰:「不然. 夫水之於汋也, 無爲而才自然矣.

至人之於德也, 不修而物不能離焉, 若天之自高, 地之自厚, 日月之自明, 夫

何修焉!」

孔子出, 以告顏回曰:「丘之於道也, 其猶醯鷄與! 微夫子之發吾覆也,

吾不知天地之大全也.」

지인(至人)은 덕을 닦지 않아도
덕이 저절로 닦여진다

공자가 어느 날 노담(老聃)을 만났는데 머리를 감고 풀어헤친 뒤 햇살에 한창 말리고 있었다. 그때 노담의 모습은 꼼짝도 하지 않은 채로 움직이지 않아 전혀 사람 같지가 않았다. 또 노담의 몸은 우뚝 솟은 마른 나무와 같았고, 마음은 외물을 잊은 채 사람을 떠나서 홀로 서 있는 듯했다. 이와 비슷한 표현은 내편 「제물론」이 시작될 때 '몸은 마른 나무와 같고, 마음은 불 꺼진 재와 같다'[47]로 등장한 바 있다. 공자는 잠시 쉬면서 기다리다가 얼마 후 노담을 만나자 자신의 눈에 노담이 사람과 같지 않은 게 자신의 눈이 어른거려서인지 아니면 자신이 본 그대로가 사실인지에 대해 물었다.

이에 노담은 자신의 마음이 만물의 시초에서 노닐어서(遊) 이런 모습을 하고 있다고 말했다. 그러니 공자가 본 그대로가 사실이다. 그런데도 공자는 무슨 말인지 이해가 되지 않아 다시 물었다. 그러자 노담은 도를 찾으려고 하면 고생만 할 뿐 알 수 없고, 도를 말하려고 하면 입이 다물어져 말할 수 없다고 했다. 그렇지만 공자를 위해서 도의 대강이

---

47) 形固可使如槁木 而心固可使如死灰. (내편 「제물론」 1)

나마 설명하겠다고 했다. 노담에 따르면 지극한 음기(陰氣)는 싸늘하고, 지극한 양기(陽氣)는 뜨겁다. 그리고 싸늘한 음기는 하늘에서 나오고, 뜨거운 양기는 땅에서 일어나는데 양기와 음기가 서로 섞여 통해서 조화가 이루어져야 만물이 비로소 생겨난다. 이런 것을 도가 주관하는 게 분명한데도 도의 모습은 한번도 드러난 적이 없다.

또 사철에는 소멸과 생성이 있고, 만물에는 채움과 비움이 있고, 하루에는 한 번씩의 어둠과 밝음이 있어 밤낮이 나날이 바뀌고, 계절이 다달이 변화한다. 물론 이런 변화는 쉬지 않고 진행되는데 이것을 주관하는 도는 자신의 공(功)을 드러내는 법이 없다. 또 사물이 태어날 때는 싹튼 곳이 있고, 죽을 때는 돌아가는 곳이 있다. 그런데 사물의 이런 시작(時)과 끝(終)이 끊임없이 되풀이되므로 사물이 다하는 바를 우리가 알지 못한다. 게다가 도가 아니고선 어느 누구도, 또 어떤 존재도 만물의 근원(宗)이 될 수 없다. 이처럼 도가 있기에 나날이 바뀌거나 다달이 변화하고, 또 사물의 시작과 끝이 끊임없이 되풀이된다.

공자는 이런 도의 작용에 뭔가 느낀 바가 있는지 어떻게 해야 도를 알 수 있느냐고 노담에게 물었다. 그러자 노담은 도는 체득할 수 있을 뿐 알 수 있는 게 아니라고 대답했다. 초식동물은 숲이 바뀌는 걸 꺼려하지 않고, 수중생물은 물이 바뀌는 걸 꺼려하지 않아서 숲과 물에 작은 변화가 생겨나도 동물과 생물이 자신의 본성을 잃는 법이 없다. 그래서 숲이 줄어들거나 물이 빠져도 이들 동물에게 기쁨과 노여움이나 슬픔과 즐거움의 감정이 서로 다르게 나타나지 않는다. 천지(天地)는 만물이 하나가 되어 깃드는 곳이므로 우리는 그 하나 된 바를 깨달아서 자신을 만물과 일체가 되도록 해야 한다. 그러면 자신의 팔다리와 몸을 티끌처럼 여기고, 죽음과 삶이나 끝과 시작을 밤낮이 바뀌는 것처럼 여겨서 마음이 흐려지는 법이 없다. 그 결과 세속적인 얻음과 손실이나 재앙과 행복이 우리 마음에 끼어들지 못한다.

우리가 자신의 몸에 붙어 있는 걸 떼어낼 때 흙덩이를 털듯이 쉽게 버릴 수 있는 건 몸에 붙어 있는 어떤 것보다 자신의 몸이 귀하다는 걸 알아서이다. 마찬가지로 귀한 도를 자신의 몸에 지니면 외부의 어떤 변화에도 자신을 잃는 법이 없다. 외부의 변화에 의해 생겨난 게 아무리 소중하다 해도 귀한 도보다 더 소중할 수 없어서이다. 게다가 만물의 변화가 끝나거나 멈추는 적이 없으므로 한없이 계속된다. 이에 따라 도를 체득하면 어떤 변화도 우리 마음을 괴롭히지 못한다. 마찬가지로 어떤 변화도 우리 마음을 기쁘게 하거나 노엽게 하거나 슬프게 하거나 즐겁게 할 수 없다.

공자는 노담의 말에 감동했는지 그를 한껏 추켜세웠다. 그래서 노담의 덕(德)이 자연과 짝할 정도로 훌륭한데 지언(至言), 지극한 말을 빌려서 그의 마음까지 닦고 있으니 옛날에 어떤 군자도 노담보다 더 훌륭할 수 없다고 말했다. 그러자 노담은 그렇지 않다고 손사래 쳤다. 분수처럼 솟아오르는 물은 누군가 의도해서 솟아오른 게 아니라 하고자 함이 없이(無爲) 저절로 솟아오른 것이다. 마찬가지로 지인(至人)의 덕(德)도 의도적으로 솟아오른 게 아니라 저절로 솟아오른 것이다. 그래서 지인은 자신의 덕을 일부로 닦지 않는데도 스스로 그러한 데 따라 저절로 닦여진다. 그래서 만물은 이런 지인을 사모해서 떠나지 못한다. 한편 하늘은 스스로 높고, 땅은 스스로 두텁고, 해와 달은 스스로 밝다. 지인도 하늘처럼 저절로 높고, 땅처럼 저절로 두텁고, 해와 달처럼 저절로 밝아서 몸과 마음을 새삼스레 닦을 필요가 없다.

공자는 노담 선생에게서 물러난 뒤 제자 안회를 찾아와서 말했다. 도에 대한 자신의 이해가 항아리 속을 천하의 전부라고 아는 초벌레의 생각과 같은 게 아닌가라고 토로했다. 그러면서 노담 선생이 내 항아리의 뚜껑을 열어주지 않았다면 자신은 초벌레와 같은 존재로 계속해 머물러서 천지가 크고 온전하다는 걸 여전히 알지 못했을 거라고 실토했다.

장자(莊子)가 노(魯)나라 애공(哀公)을 만났을 때 애공이 말했다.

"노나라엔 유자(儒者)는 많은데 장자 선생의 방도를 따르는 사람은 적소."

장자가 말했다. "노나라에는 오히려 유자가 적지요."

애공이 말했다.

"온 노나라 사람이 유복(儒服)을 입는데 어째서 유자가 적다고 말하나요?"

장자가 말했다.

"제가 들은 바에 따르면 유자가 둥근 갓을 쓰는 건 천시(天時)를 알고,

네모난 신을 신는 건 지리(地理)를 알고,

허리띠에 옥을 늘어뜨리는 건 일을 맞이할 때 결단성이 있음을 뜻하지요.

그런데 군자에게 도가 있으면 이런 옷을 꼭 입을 필요가 없고,

이런 옷을 입는다고 해서 도를 꼭 안다고 할 수 없지요.

애공(公)께서 처음부터 제 말이 틀리다고 여기시면

온 나라에 어찌 다음과 같이 포고하지 않으시나요.

'유가의 도를 모르고서 유복을 입으면 처벌한다!'

포고를 하고 닷새가 지나자 유복을 입는 자가 사라졌는데

한 사나이만 유복을 입고 궁전 문 앞에 떡하고 서 있었다.

애공이 그를 즉시 불러들여 국사(國事)에 대해 물었더니

그의 답변이 변화무쌍해 막히는 데가 없었다.

장자가 말했다.

"노나라에 유자는 한 사람뿐입니다. 그러니 어찌 많다고 할 수 있나요?"

莊子見魯哀公. 哀公曰:「魯多儒士, 少爲先生方者.」

莊子曰:「魯少儒.」

哀公曰:「舉魯國而儒服, 何謂少乎?」

莊子曰:「周聞之, 儒者冠圜冠者, 知天時., 履句屨者, 知地形., 緩佩玦者, 事至於斷.

君子有其道者, 未必爲其服也., 爲其服者., 未必知其道也.

公固以爲不然, 何不號於國中曰:『無此道而爲此服者, 其罪邪!』」

於是哀公號之五日, 而魯國無敢儒服者, 獨有一丈夫儒服而立乎公門.

公卽召而問以國事, 千轉萬變而不窮.

莊子曰:「以魯國而儒者一人耳, 可謂多乎?」

유복만 입었다고
유자(儒者)가 아니다

———

　노(魯)나라 애공(哀公)이 장자를 만났을 때 노나라에는 유자(儒者)가 많은데 장자 선생의 방도(方術)를 따르는 사람이 적다고 말했다. 이에 장자는 노나라에 오히려 유자가 적다고 말했다. 그러자 애공은 온 노나라 사람이 유복(儒服)을 입고 있는데 어째서 유자가 적다고 말하느냐고 따졌다. 이에 장자는 유자가 둥근 갓을 쓰는 건 천시(天時)를 알고, 네모난 신을 신는 건 지리(地理)를 알고, 허리띠에 차는 옥을 늘어뜨리는 건 일을 맞이할 때 결단성이 있음을 뜻한다고 말했다. 여기서 천시를 알고 지리를 알고 결단성이 있는 건 곧 도를 아는 걸 암시한다.

　장자에 따르면 군자가 도를 지니면 유복을 굳이 입을 필요가 없다. 또 유복을 입는다고 해서 꼭 도를 아는 게 아니다. 만약 자신의 생각이 틀렸다면 당장 온 나라에 유가의 도를 모르고 유복을 입으면 처벌한다고 포고하도록 애공에게 주문했다. 이에 애공이 포고했는데 포고한 지 닷새 만에 노나라에 유복 입은 사람이 감쪽같이 사라졌다. 단 한 사나이만 유복을 입고서 궁전 문 앞에 떡 하고 서 있었다. 애공이 그를 불러서 국사(國事)에 대해 물으니 그의 답변이 변화무쌍해 막히는 데가 없었다. 이에 장자는 노나라에 유자는 이 사람뿐이라고 말했다. 그러니 노나라에는 유복만 입었지 도를 이룬 유자는 별로 없었다. 이는 옷이란 형식보다 도의 깨달음이란 실질이 중요하다는 걸 말해준다.

백리해(百里奚)는 벼슬(爵)과 녹봉(祿) 따위에 마음을 두지 않는데
그가 소에게 먹이를 주면 살이 찐다.
진(秦) 목공(穆公)은 그의 천한 신분을 무시하고 그에게 정사를 맡겼다.
순임금(有虞氏)은 왕이 되기 전에 부모가 자신을 늘 죽이려고 했는데
죽음과 삶을 마음에 두지 않아 다른 이를 감동시키는 데 부족함이 없었다.

. . .

百里奚爵祿不入於心, 故飯牛而牛肥, 使秦穆公忘其賤, 與之政也.
有虞氏死生不入於心, 故足以動人.

벼슬과 녹봉을 마음에 두지 않아야
저절로 찾아온다

———

　백리해(百里奚)는 성이 맹(孟)으로 진(秦)나라의 어진 사람인데 그가 소에게 먹이를 주면 살이 쪄서 소 값이 꽤 나갔다. 이에 진나라 목공(穆公)은 그의 천한 신분을 염두에 두지 않고 그에게 정사를 맡겼다. 그러니 백리해는 벼슬과 녹봉을 마음에 두지 않는데도 군주가 나랏일을 책임지우도록 해 벼슬과 녹봉이 그에게 저절로 따라오게 되었다. 또 순임금(有虞氏)도 왕이 되기 전에 부모가 그를 늘 죽이려고 했는데 죽지 않고 왕의 자리에 올랐다. 이는 죽음과 삶을 그의 마음에 두지 않아서 다른 사람을 감동시키는 데 조금만치도 부족함이 없었던 탓이다. 이처럼 벼슬과 녹봉 심지어 임금 자리도 마음에 두지 않아야 이것들이 우리들에게 저절로 찾아온다.

송(宋)나라 원군(元君)이 자신의 도록에 들어갈 그림을 그리도록 명하자
많은 화공(史)들이 모두 몰려들었다.
화공들이 명령을 받자 절하고 일어나서 붓을 빨고 먹을 가는데
화공이 너무 많아 궐 바깥에 있는 사람들도 반이나 되었다.
그런데 한 화공이 늦게 도착해서 천천히 행동하며 서둘지 않다가
명령을 받자 절한 뒤에 일어서지도 않은 채 머물던 숙소로 돌아갔다.
원군이 사람을 시켜서 그를 살펴보게 했더니
옷을 벗고 다리를 뻗은 채 벌거숭이 상태로 즐기면서 그림을 그렸다.
이 말을 들은 원군이 말했다. "됐다. 그가 참된 화공이다."

· · ·

宋元君將畫圖, 衆史皆至, 受揖而立., 舐筆和墨, 在外者半.
有一史後至者, 儃儃然不趨, 受揖不立, 因之舍.
公使人視之, 則解衣般礴羸.
君曰:「可矣, 是眞畫者也.」

즐기면서 그려야
제대로 된 그림이 나온다

———

　송(宋)나라 원군(元君)이 자신의 도록에 들어갈 그림을 그리도록 명하자 화공(畵)이 모두 궁궐에 모여들었다. 화공들은 왕의 명령을 받자마자 절하고 일어나서 정해진 자리에 나아가 붓을 손질하고서 먹을 갈았다. 화공이 너무 많아 궁궐 바깥에서 그림을 그리는 사람도 반이나 되었다. 이런 상황에서 한 화공이 늦게 도착했는데 오히려 천천히 행동하며 전혀 서둘지 않았다. 그런데 그림을 그리라는 명령을 받자 절하고선 구체적인 명령을 기다리지 않고 머물던 숙소로 그냥 돌아갔다. 그런 행동을 이상하게 여긴 원군이 사람을 시켜서 그를 살펴보게 했더니 옷을 벗고 다리를 뻗은 채 거의 벌거숭이 상태로 그림을 즐기면서 그렸다. 이 말을 들은 원군이 그가 참된 화공이라며 그의 그림을 채택했다. 이는 그림도 즐기면서 그려야 제대로 된 그림이 나온다는 내용이다.

문왕(文王)이 장(臧)이란 고장을 시찰하다가 낚시하던 한 노인을 보았는데
물고기가 낚여 있지 않았다.

노인은 낚시에는 뜻을 안 둔 채 낚싯대만 드리우는 예사로운 낚시를 했다.

문왕은 그 노인을 기용해서 정사를 맡기고 싶어 했는데

대신과 가족들이 불안해할 일이 당장 염려되었다.

그렇다고 노인을 포기하기에는 백성이 하늘처럼 여길만한 분을

놓치는 것 같아 견딜 수 없었다.

이에 문왕은 다음날 아침 대부(大夫)들을 모두 모아놓고 말했다.

"어젯밤 과인이 꿈에서 살빛은 검고 구레나룻을 기른 양인을 보았는데

한쪽 말굽이 붉은 얼룩말을 타고 있었소.

문왕은 갑자기 큰 소리로 말했다.

'정사를 장(臧)의 노인에게 맡기면 백성의 고통이 거의 사라질 거다!'"

그러자 대부들이 조심스레 말했다.

"그분은 앞서 군왕이었던 고공단보입니다."

문왕이 말했다.

"그러면 노인에게 정사를 맡겨도 좋을지 점을 한번 쳐 봅시다."

모든 대부가 하나같이 말했다.

"선왕의 명령은 문왕의 명령과 다르지 않은데 새삼 또 무얼 점칩니까!"

이에 문왕은 자신의 의도대로 장(臧)의 노인을 기용해서 정사를 맡겼다.

그 노인은 전칙을 새로 만들지 않고, 치우친 정령이라도 고치지 않았다.

삼 년이 지나서 문왕이 나라를 돌아보았는데

조정의 관리는 마음의 빗장을 무너뜨려 당파를 해산하고,

장관(長官)은 자신의 덕을 이루었다고 바깥으로 드러내지 않고,

제후는 공인되지 않은 도량형을 나라 안에 함부로 들여놓지 않았다.

조정의 관리가 마음의 빗장을 무너뜨려 당파를 해산하자

관리들은 의견이 서로 모아지는 걸 숭상했다.

장관이 덕을 이루고도 드러내지 않자 아랫사람과 업무를 똑같이 분담했다.

제후가 공인되지 않은 도량형을 나라 안에 함부로 들여놓지 않자

두 마음을 품지 않았다.

문왕은 노인을 태사(太師)로 삼은 뒤 자신은 제자 자리에 앉아서 물었다.

"선생님의 훌륭한 정사를 천하에 두루 미치게 할 수 있나요?"

노인은 모른다는 투로 대답하지는 않지만 데면데면한 채 사양하는 듯했다.

그런데 노인은 아침에 이런 부탁을 듣고 밤에 도망을 쳐서

몸을 감춘 뒤 소식을 끊었다.

안연(顏淵)이 공자를 찾아뵙고 말했다.

"문왕은 덕이 있다고 할 수 없지요.

어째서 꿈속의 인물을 빌릴 필요가 있었을까요?"

공자가 말했다. "너는 잠자코 아무 말도 하지 말라!

문왕은 의당 해야 할 일을 다 했다. 그러니 또 무얼 비난할 게 있느냐!

그는 일부로 사람들이 따르기 좋아하도록 마땅히 임시적 방편을 따랐다."

• • •

文王觀於臧, 見一丈人釣, 而其釣莫釣., 非持其釣有釣者也, 常釣也.

文王欲擧而授之政, 而恐大臣父兄之弗安也., 欲終而釋之, 而不忍百姓之無天也.

於是旦而屬之大夫曰: 「昔者寡人夢見良人, 黑色而頻, 乘駁馬而偏朱蹄,

號曰: 『寓而政於臧丈人, 庶幾乎民有瘳乎!』」

諸大夫蹴然曰: 「先君王也.」

文王曰: 「然則卜之.」

諸大夫曰：「先君之命, 王其無它, 又何卜焉!」

遂迎臧丈人而授之政. 典法無出, 偏令無出.

三年, 文王觀於國, 則列士壞植散群, 長官者不成德, 鈇斛不敢入於四竟.

列士壞植散群, 則尚同也., 長官者不成德, 則同務也.,

鈇斛不敢入於四竟, 則諸侯無二心也.

文王於是焉以爲大師, 北面而問曰.「政可以及天下乎?」

臧丈人昧然而不應, 泛然而辭, 朝令而夜遁, 終身無聞.

顏淵問於仲尼曰：「文王其猶未邪? 又何以夢爲乎?」

仲尼曰：「默, 汝無言! 夫文王盡之也, 而又何論刺焉! 彼直以循斯須也.」

사람의 기용도 자연스러워야
치도(治道)에 무리가 없다

　주(周)나라 문왕(文王)이 장(臧)이란 고장을 시찰하다가 낚시하는 한 노인을 우연히 보았는데 물고기는 아예 낚여 있지 않았다. 그 노인의 낚시는 물고기를 잡는 데는 신경을 쓰지 않는 그야말로 낚싯대만 드리우는 예사로운 낚시였다. 문왕은 그 노인의 예사로운 낚시를 통해서 느낀 바가 있어 그를 기용해 정사를 맡기고 싶어 했다. 물론 대신과 가족들이 당장에 불안해할 일이 염려되었지만 이 노인을 포기하기에는 백성이 하늘처럼 여길 만한 분을 놓치는 것 같아서 견딜 수 없었다. 이 내용은 문왕이 강태공(姜太公)을 만나서 상(商)나라 주(紂)왕을 무너뜨리고 주(周)나라를 세운 일과 자연스레 연결된다.

　문왕은 다음날 아침 대부(大夫)들을 모아놓고 어젯밤 자신이 꾼 꿈이라면서 살빛은 검고 구레나룻을 기른 어진 사람이 나타나서 한쪽 말굽이 붉은 색인 얼룩말을 타고 있었다는 식으로 거짓말을 늘어놓았다. 그리고 갑자기 큰 소리로 정사를 그 노인에게 맡기면 백성의 고통이 사라질 거라고 외쳤다. 그러자 대부들은 그분이 앞서 군왕이었던 고공단보(古公亶父)라고 조심스레 말했다. 고공단보는 살빛이 검고 구레나룻을 기르면서 한쪽이 붉은 색인 발굽을 한 얼룩말을 살아생전에 타고 다녔기에 모든 대부들이 고공단보라고 여겼다.

문왕은 꿈에서 본 사람이 자신의 선왕인 고공단보라는 것을 짐짓 무시하면서 그 노인에게 정사를 맡겨도 좋을지에 대해 한번 점을 쳐 보자고 대부들에게 제안했다. 그러자 대부들은 노인의 모습을 한 선왕 고공단보의 명령이나 지금 문왕의 명령이나 서로 다르지 않을 텐데 새삼스레 점을 칠 필요가 있겠느냐고 말했다. 이는 노인의 모습을 한 고공단보가 문왕을 도와서 나라의 책임을 맡는다 해도 지금과 크게 다르지 않을 테니 안심하고서 그 노인을 발탁해 쓰라는 의미이다. 이처럼 문왕은 자신이 의도한 대로 상황이 전개되자 그 노인을 기용해 정사를 자연스레 맡길 수 있었다.

　그 노인이 주나라 정치의 책임을 맡자 전칙(典法)을 새롭게 만들지 않고, 또 치우친 정령(偏令)도 고치지 않았다. 이런 식으로 삼 년이 지나서 문왕이 나라를 돌아보니까 나라에 큰 변화가 생겨났다. 먼저 조정의 낮은 관리(列士)는 마음의 빗장을 없애어 당파를 해산하고, 높은 자리에 있는 장관(長官)은 덕을 이루고도 이를 겉으로 드러내지 않고, 제후(諸侯)는 공인되지 않은 도량형을 나라 안에 함부로 들여놓지 않았다. 조정의 낮은 관리가 마음의 빗장을 무너뜨려서 당파를 해산하자 이들은 의견이 서로 모아지는 걸 으뜸으로 삼았다. 또 장관이란 높은 관리도 덕을 이루고도 이를 겉으로 드러내지 않자 업무를 부하와 똑같이 분담했다. 또 제후가 공인되지 않은 도량형을 나라 안에 함부로 들여놓지 않자 두 마음을 품지 않게 됨으로써 반란의 가능성도 사라졌다.

　이에 문왕은 노인을 태사(太師)로 삼은 뒤 스스로 제자의 자리에 앉아서 선생의 훌륭한 정사가 천하에 두루 미치게 할 수 있는지에 대해 물었다. 그러자 노인은 모른다는 투로 대답하지 않았지만 데면데면한 채 사양하는 듯했다. 그런데 그 노인은 아침에 문왕의 이런 부탁을 듣고 해가 지기만을 기다린 뒤 밤이 되어서 도망을 쳤다. 그리고 몸을 감추고 소식도 끊었다. 안연(顏淵)이 이를 두고 스승인 공자를 찾아가서 문왕이 덕을 지니지 못한다고 비판했다. 그러면서 문왕이 어째서 꿈속의 인물을 동원해야 했는지에 대해 의아해하며 말했다. 공자는 안연에게 아무 말도 하지 말라고 꾸짖은 뒤 문왕은 응당 해야 할 일을 했으니 그를 비난해선 안 된다고 충고했다. 문왕은 노인을 기용하고 싶었지만 이 생각을 대부들이 자연스레 따르도록 하기 위해 꿈이란 편법을 사용한 것이지 전적으로 꿈에 의존해서 노인을 기용한 게 아니기 때문이다.

열어구(列禦寇)가 백혼무인(伯昏無人)에게 활 쏘는 솜씨를 자랑해 보였다.
시위를 힘껏 끌어 당기자 물 잔이 기울어 물이 쏟아지지 않을 정도로
열어구의 손이 좌우로 정확히 수평이 되었다.
그리고 잇달아 활을 쏘자 화살이 과녁의 한복판에 거듭 적중했는데
쏜 화살이 마치 나란히 날아가는 듯했다.
이때 열어구의 모습은 마치 본을 떠서 만든 인형(象人)과 같았다.
백혼무인이 말했다.
"자네의 활 솜씨는 뛰어나지만 그건 쏜다는 걸 의식하는 활 솜씨이지
쏜다는 걸 의식하지 않는 활 솜씨가 아니네.
한 번 자네와 함께 높은 산에 올라가 아슬아슬한 바위를 밟고서
백 길 아래의 연못을 아래에 두고 활을 쏠 수 있겠는가?"
이에 백혼무인은 높은 산에 올라가 그곳에 이르러서
아슬아슬한 바위를 밟고 서서 백 길 아래의 연못을 내려다보았다.
그리고 등을 돌려 뒷걸음을 친 뒤 돌아서선 발의 삼분의 이를 바위 밖의
공중에 매달린 채 읍하고서 열자에게 나오도록 했다.
열어구가 땅 위에 엎드려서 엉금엉금 기어가자
식은땀이 비 오듯이 흘려내려 그의 발꿈치까지 적셨다.
백혼무인이 말했다.
"지인(至人)은 위로는 푸른 하늘(靑天)을 끝까지 엿보고,
밑으로는 황천(黃泉)의 바닥까지 가라앉고,
사방팔방으로 자유로이 날아다녀도 신묘한 기운이 조금도 변하지 않네.
그런데 자네는 지금 두려움에 떨면서 눈을 깜박깜박하니까

활을 쏘아서 과녁에 정확히 맞히기는 어렵네!"

. . .

列禦寇爲伯昏無人射, 引之盈貫, 措杯水其肘上, 發之, 適矢復沓, 方矢復寓.
當是時, 猶象人也.

伯昏無人曰:「是射之射, 非不射之射也. 嘗與汝登高山, 履危石, 臨百仞之淵,
若能射乎?」

於是無人遂登高山, 履危石, 臨百仞之淵, 背逡巡, 足二分垂在外, 揖禦寇而
進之. 禦寇伏地, 汗流至踵.

伯昏無人曰:「夫至人者, 上闚靑天, 下潛黃泉, 揮斥八極, 神氣不變.
今汝怵然有恂目之志, 爾於中也殆矣夫!」

의식하지 않고 쏘아야
활을 과녁에 제대로 맞힐 수 있다

──

    열어구(列禦寇), 즉 열자가 언젠가 백혼무인(伯昏無人)에게 자신의 활 쏘는 솜씨를 자랑해 보였다. 백혼무인은 가공의 인물로서 '우두머리(伯)의 어두움(昏)을 지닌 사람 아닌(無) 사람(人)'이므로 매우 높은 경지에 이른 도인을 의미한다. 백혼무인은 내편 「덕충부」에 이미 등장한 바 있다. 거기서 정(鄭)나라 재상인 자산(子産)에게 불구자라고 업신여김을 받은 신도가(申徒嘉)의 마음을 달래주는 훌륭한 스승으로 등장한다. 열어구가 활시위를 힘껏 끌어 당기자 물 잔이 기울어져 물이 쏟아지지 않을 정도로 열어구의 손이 좌우로 정확히 수평이 되었다. 그리고서 활을 잇달아 쏘자 과녁의 한복판에 화살이 거듭 적중했는데 이 때 쏜 화살이 나란히 날아가는 듯했다. 그리고 열어구의 활 쏘는 모습은 마치 본을 떠서 만든 인형(象人)과 같았다. 그럴 정도로 활을 쏘는데 한 치의 흔들림이 없었다.

    이를 본 백혼무인은 열어구의 활 솜씨가 뛰어나지만 쏜다는 걸 의식하는 활 솜씨일 뿐 쏜다는 의식까지 없는 활 솜씨가 아니라고 깎아내렸다. 그리고서 열어구에게 함께 높은 산에 올라가 아슬아슬하게 걸친 바위를 밟고서 백 길 아래의 연못을 아래에 두고 활을 쏘지 않겠느냐고 제안했다. 백혼무인은 열어구가 동의하든 말던 상관하지 않고, 높은 산에 무작정 올라가서 아슬아슬하게 걸친 바위를 밟고 백 길 아래의 연못을 내려다보았다. 그리고 자신의 등을 돌려 뒷걸음을 쳐 바위 끝자락까지 가서 돌아선 뒤 발의 삼분의 이를 바위 밖 공중에 매달린 채 읍하고서 열자에게 나오라고 손짓을 했다. 열어구가 엎드린 채 엉금엉금 기어가자 식은땀이 비 오듯 흘러내려서 그의 발꿈치까지 적셨다.

그러자 백혼무인은 지인(至人), 지극한 사람은 위로는 푸른 하늘(靑天)을 끝까지 엿보고, 밑으로는 황천(黃泉)의 바닥까지 가라앉고, 게다가 사방팔방으로 자유로이 날아다녀도 그의 신묘한 기운이 조금도 변하지 않는다고 말했다. 그런데 지금 열어구는 두려움에 떨면서 눈을 깜박깜박하므로 활을 쏘아 과녁에 정확히 맞히기 어렵다고 백혼무인은 판단했다. 열어구가 어째서 이렇게 되었을까? 그것은 열어구가 자신의 몸이 허공에 아슬아슬하게 걸쳐 있는 걸 의식하기 때문이다. 물론 열어구가 처음에는 활이 나란히 날아갈 정도로 훌륭히 쏠 수 있었던 건 평지였기에 아무것도 의식하지 않아서이다. 따라서 활을 정말로 잘 쏘려면 마음속에 아무것도 의식하지 않아야 한다. 열어구는 활을 어디에서 쏘느냐를 놓고 의식하므로 최고 궁사의 자리에 오르기에 아직은 멀었다.

견오(肩吾)가 손숙오(孫叔敖)에게 물었다.

"선생은 재상을 세 번씩이나 지냈어도 이를 영화(榮華)로 여기지 않고,

재상 자리에서 세 번이나 물러났어도 걱정하는 빛이 없습니다.

처음에 저는 선생을 의심했는데 지금 보니 편안한 심기를 하고 있으니까

어떤 특별한 마음가짐을 지니고 있나요?"

손숙오가 말했다.

"제가 어째서 남보다 나은 데가 있겠습니까!

저는 저절로 찾아오는 자리를 물리치지 못하고,

저절로 떠나가는 자리도 멈추게 할 수 없습니다.

이에 재상이 되거나 물러나는 게 제게 달려있지 않다고 여기므로

근심스런 낯빛을 하지 않을 뿐입니다.

그러니 제가 어째서 남보다 나은 데가 있겠습니까!

편안한 심기를 지니는 게 재상 자리에 있었던 탓인지

아니면 편안한 심기가 처음부터 제게 있었던 탓인지 알 수는 없지요?

편안한 심기가 재상자리에 있었던 탓일까요?

그러면 재상자리에 있었기 때문이니 저를 염두에 둬선 안 되겠지요.

편안한 심기가 처음부터 제게 있었던 탓일까요?

그러면 재상자리에 없었기 때문이니 재상자리를 염두에 둬선 안 되겠지요.

이제 저는 유유자적하면서 사방을 막 돌아보려는데

사람이 귀하니 천하니 하는데 어찌 마음을 다 쓸 겨를이 있겠습니까!"

공자가 이 말을 듣고 제자들에게 말했다.

"옛날 진인(眞人)은 어떤 지인(知者)도 그를 설득하지 못하고,

어떤 미인(美人)도 그를 유혹하지 못하고,

어떤 도둑도 그를 겁주지 못하고,

심지어 복희씨(伏戱)와 황제(黃帝)조차 그와 벗할 수 없다.

죽음과 삶은 큰일이지만 이것도 진인의 마음을 변화시키지 못하는데

하물며 벼슬과 봉록은 더 말할 나위가 있겠는가!

진인은 그의 정신이 큰 산에 의해 방해를 받지 않고,

깊은 못에 들어가도 젖지 않고,

낮고 미천한 지위에 처해도 미리 대비를 하지 않네.

진인은 재상 자리가 천지에 충만하다고 여겨

이 자리를 남에게 주더라도 자신에게 더 많은 게 갖추어진다고 보네.”

· · ·

肩吾問於孫叔敖曰:「子三爲令尹而不榮華, 三去之而無憂色. 吾始也疑子,
今視者之鼻間栩栩然, 子之用心獨奈何?」

孫叔敖曰:「吾何以過人哉! 吾以其來不可却也, 其去不可止也, 吾以爲得失
之非我也, 而無憂色而已矣. 我何以過人哉!

且不知其在彼乎, 其在我乎? 其在彼邪? 亡乎我., 在我邪? 亡乎彼.

方將躊躇, 方將四顧, 何暇至乎人貴人賤哉!」

仲尼聞之曰:「古之眞人, 知者不得說, 美人不得濫, 盜人不得劫, 伏戱黃帝不
得友. 死生亦大矣, 而無變乎己, 況爵祿乎!

若然者, 其神經乎大山而無介, 入乎淵泉而不濡, 處卑細而不憊, 充滿天地,
旣以與人, 己愈有.」

높은 벼슬과 많은 봉록도
진인(眞人)의 마음을 흔들지 못한다

———

　견오(肩吾)는 가공의 인물로 본래면목의 나(吾)를 책임지는(肩) 사람을 뜻하는데 내편 「소요유」에도 등장한 바 있다. 손숙오(孫叔敖)는 실제 인물로 초(楚)나라 재상(令尹)을 세 번씩이나 지낸 사람이다. 견오는 손숙오에게 재상을 세 번이나 지냈어도 이를 영화로움이라고 여기지 않고, 재상 자리에서 세 번이나 물러났어도 걱정하는 빛이 전혀 없다고 의아해하며 말했다. 그래서 처음에는 손숙오를 의심했는데 지금 보니까 편안한 심기를 하고 있어 어떤 특별한 마음가짐을 지니고 있느냐고 그에게 물었다. 그러자 손숙오는 특별한 마음가짐은 없으며 단지 찾아오는 자리를 물리치지 않고, 떠나가는 자리도 멈추게 하지 않는 마음만 지닐 뿐이라고 말했다. 그래서 재상이 되거나 재상에서 물러나거나 하는 게 자신에게 달려 있지 않다고 여겨 근심스런 낯빛을 하지 않는다고 말했다.

　그리고 자신에게 편안한 심기가 있었다면 그게 재상자리에 있어서인지 아니면 편안한 심기가 처음부터 자신에게 있어서인지 모른다고 말했다. 혹 심기가 편안한 게 재상자리에 있었던 탓이라면 재상자리가 자신의 마음을 편안하게 만들었으므로 자신을 염두에 두어선 안 된다고 말했다. 이는 재상자리에 있었던 탓에 마음이 편안해진 것이므로 자신의 원래 마음가짐과는 관련이 없다는 말이다. 반면 심기가 편안한 게 원래부터 자신에게 있었던 탓이라면 이는 재상자리로 인해 마음이 편안해진 게 아니라고 말했다. 이는 마음을 원래 편안하게 지녔기에 재상자리에 연연하지 않을 수 있다는 말이다. 그렇지만 이제는 손숙오가 유유자적하면서 사방을 돌아보려 하므로 이런 식 생각을 더 이상 하지 않아도 저절로 재상자리에 연연하지 않는다고 말했다.

공자가 손숙오의 이런 행동을 전해 듣고 제자들에게 말했다. 옛날의 진인(眞人)은 어떤 지인(知者)도 그를 설득하지 못하고, 어떤 미인(美人)도 그를 유혹하지 못하고, 어떤 도둑도 그를 겁주지 못하고, 심지어 복희씨(伏戱)와 황제(黃帝)조차 그와 벗을 할 수 없다. 생사, 즉 죽고 사는 문제는 사람에게는 큰일이지만 이것조차 진인의 마음을 변화시키지 못한다. 진인이 생사 문제를 초월하고 있어서이다. 그러니 높은 벼슬과 많은 봉록이 진인의 마음을 흔들 수 없다. 손숙오는 지금 이런 진인과 같아져서 재상자리에 더 이상 연연하지 않는다. 게다가 옛날 진인은 그의 정신이 큰 산에 의해 방해받지 않고, 깊은 못에 들어가도 젖지 않는다. 또 낮은 지위에 처해도 미리 대비하지 않는데 그건 재상 자리가 천지에 충만하다고 여겨 이 자리를 남에게 준다 해도 자신에게 더 많은 게 갖추어진다고 보아서이다.

옛날 진인에 대한 설명은 내편 「대종사」에서 상세히 다루어진 바 있다. 「대종사」에서 언급되었던 옛날 진인 중에 여기와 관련된 부분을 인용하면 다음과 같다. "옛날 진인은 사는 걸 기뻐할 줄 모르고, 죽는 걸 싫어할 줄 모른다. 그래서 이 세상에 나온 걸 기뻐하지 않고, 다른 세상에 들어가는 것도 거부하지 않는다. 홀가분하게 이 세상에 왔다가 홀가분하게 떠날 뿐이다. 그래서 태어난 때를 잊지 않고, 죽을 때를 구걸하지 않는다. 생명을 받아서 세상에 나와선 즐겁게 살다가 때가 되면 그 즐거움을 잊고 원래 상태로 되돌아가는데 이를 가리켜서 마음으로 도를 손상하지 않고 인간세상의 이치로 자연의 원리를 파악하지 않는 것"[48]이라고 말한다. 이 때문에 「전자방」을 가리켜서 내편 「대종사」를 보충해 설명하는 편이라고 하는데 이것은 잘못된 해석이라고 본다. 필자가 보기에 「전자방」은 크게 보아 내편 「양생주」를 보충해 설명하는 쪽에 가깝다.

---

48) 古之眞人 不知說生 不知惡死. 其出不訢 其入不距. 翛然而往 翛然而來而已矣. 不忘其所始 不求其所終. 受而喜之 忘而復之 是之謂不以心損道, 不以人助天. (내편 「대종사」 1)

초왕(楚王)이 범(凡)나라 군주와 잠깐 마주하는 사이에
초왕의 좌우 시자들이 범나라가 망한다는 사실을 세 번씩이나 언급했다.
범나라 군주가 말했다.
"범나라가 망해도 나의 생존(存)을 잃게 하는 데 부족합니다.
범나라가 망해도 나의 생존을 잃게 하는 데 부족하다면
초나라의 존속도 그 존재를 참된 존재라고 말할 수 없지요.
이로 미루어 보면 범나라는 처음부터 망한 게 아니고,
초나라도 처음부터 존속한 게 아니지 않소."

. . .

楚王與凡君坐, 少焉, 楚王左右曰凡亡者三.
凡君曰 : 「凡之亡也, 不足以喪吾存.
夫『凡之亡不足以喪吾存』, 則楚之存不足以存存. 由是觀之,
則凡未始亡而楚未始存也.」

본디부터 망한 나라도 없지만
본디부터 존속한 나라도 없다

초(楚)나라 왕(王)이 약소국인 범(凡)나라 군주와 잠깐 마주하는 사이에 초왕의 좌우 신하들이 범나라가 망했다고 세 번씩이나 크게 말했다. 이런 외침은 범나라 군주에게 빨리 항복하라는 일종의 시위에 속한다. 이런 외침에도 범나라 군주가 기죽지 않고 범나라의 패망이 자신의 왕위를 잃게 하는 데 충분치 않다고 초왕 앞에서 떳떳이 말한다. 왜냐하면 범나라가 망해 비록 작은 나라가 되더라도 자신의 왕위는 여전히 유지될 것이기 때문이다. 그래서 자신이 재기에 성공하면 예전의 범나라 왕으로 되돌아갈 수 있다.

이처럼 범나라 패망이 범나라 군주의 지위를 잃게 하는 데 충분치 않다면 초나라도 정말로 존재한다고 말할 수 없다. 왜냐하면 초나라도 지금 범나라처럼 언젠가 다른 나라에 의해 얼마든지 멸망의 길을 걸을 수 있기 때문이다. 이로 미루어 보면 범나라는 본디부터 망한 게 아니다. 마찬가지로 초나라도 본디부터 존속한 게 아니다. 그러니 이 세상에는 본디부터 망한 나라도 없지만 본디부터 존속한 나라도 없다. 어떤 나라든 언제든지 망할 수 있고, 또 어떤 나라도 언제든지 흥할 수 있다. 또 모든 세상사가 다 그러하기에 망함과 존속이 서로 교대하면서 끊임없이 이어지게 마련이다.

이런 사실은 내편 「제물론」에서 "이편에서 나누어짐(分)은 저편에서 이루어짐(成)이고 이편에서 이루어짐은 저편에서 허물어짐이다. 따라서 천지간의 모든 사물은 이루어짐과 허물어짐의 구분 없이 도 안에서 다시 통해 모두 하나로 같다."[49]라고 언급된 바 있다. 그러니 지금 범나라의 패망과 초나라의 존속도 언젠가 범나라의 존속과 초나라의 패망으로 얼마든지 바뀔 수 있다. 이처럼 나라의 패망과 존속도 도 안에서 다시 통해 하나로 같아지게 마련이다.

---

49) 其分也 成也. 其成也 毁也. 凡物無成與毁 復通爲一. (내편 「제물론」 4)

지북유

知北遊

「지북유」는 외편 마지막을 장식한다. 홍미로운 사실은『장자』의 시작이 소요유(逍遙遊)이고, 외편 마지막도 지북유(知北遊)이다. 그래서 제목이 '유'로 시작해서 '유'로 마감하는 셈이다. 유(遊)는『장자』에 가장 많이 등장하기에 장자사상을 대표하는 개념이라고 할 수 있다. 이런 점을 감안하면 지북유가 외편의 마지막을 장식한다는 건 매우 재미난 구성에 해당한다. 그런데 앞의「전자방」과 마찬가지로 내용의 체계성은 외편의 다른 장들에 비해 떨어진다. 서로 다른 주제들이 혼합되어「지북유」를 구성하기 때문이다.

첫 번째 장은 도를 아는 사람은 말하지 않는데 반해 말하는 사람은 도를 알지 못한다는 내용이다. 이처럼 도는 말로 언급될 수 없다. 그래서 무위위(無爲爲)란 사람에게 도를 물어도 말하지 못하는 건 그가 도를 몰라서가 아니라 어떻게 말해야 할지 몰라서이다. 또 광굴(狂屈)이란 사람에게 도를 물어도 그가 말하려다가 도중에 그만둔 건 도를 몰라서가 아니라 말하는 것을 도중에 잊어서이다.

두 번째 장은 천지는 큰 아름다움을 지녀도 말이 없고, 만물은 완성된 이치를 지녀도 말하지 않는다는 내용과 함께 시작한다. 천지 만물은 음양과 사시의 운행에 의해 생겨나지만 어째서 그런지 알지 못한다. 만물이 음양과 사시의 운행에 의해 생겨나는 것을 두고 세상의 근본 뿌리라고 말하는데 이 근본 뿌리를 알아야 비로소 자연스러움(天)이 보인다. 그러니 자연스러움이 최고의 가치인데 성인만이 이에 입각해서 처신한다.

세 번째 장은 몸은 마른 신체와 같고 마음은 죽은 재와 같아야 참된 앎에 이른다는 내용이다. 내편 「제물론」은 오상아(吾喪我), 즉 본래면목의 내(吾)가 살아가면서 만들어진 나(我)를 잊어버린다는 내용으로 시작한다. 그리고 오상아를 위해 몸은 마른 나무와 같고 마음은 불 꺼진 재와 같아야 한다고 말하므로 「지북유」의 이 내용과 사실상 같다.

네 번째 장은 나를 구성하는 몸(身), 목숨(生), 성명(姓名), 자손(孫子)도 내 스스로 만든 게 아니라 천지의 강한 양기(陽氣)에 의해 이루어진 거라는 내용이다. 이는 인위(人爲)의 힘은 자연이 만들어내는 무위(無爲)의 힘과 도저히 비교되지 못한다는 입장이다.

다섯 번째 장은 지극한 도(至道)는 사방으로 통해 탁 트여서 모든 것과 통달해 있고, 그 작용도 엄청날 정도로 크다. 그런데 이런 도의 작용에 대해 많이 안다고 박식함을 자랑하는 사람은 도를 제대로 알지 못한다는 내용이다.

여섯 번째 장은 도는 어디에든 존재한다는 내용이다. 그래서 심지어 똥이나 오줌에도 도가 있다고 말한다. 그건 도가 사물과 떨어져 있지 않고, 사물 속에 스며들어서이다. 물론 사물들 사이에는 이것/저것의 구별이 있지만 그건 상대적인 구별에 의한 것일 뿐 도가 작동하지 않아서가 아니다. 그리고 사물이 찼다가 비워지고, 또 번성하다가 시드는 모습도 도가 작동하지 않아서가 아니다.

일곱 번째 장은 도의 진실한 뜻을 전하려면 광언(狂言)이어야 한다는 내용이다. 앞서 도는 말로 전해지지 않는다고 했는데 여기선 광언이라면 도의 진실한 뜻을 전할 수 있다는 입장이다. 참고로 광언은 광인(狂人)이 하는 말이다. 여덟 번째 장은 도는 들을 수도 볼 수도 말할 수도 없을뿐더러 물을 수도 물어도 응답할 수 없다는 내용을 다룬다.

아홉 번째 장은 무(無) 그 자체도 없는 경지가 바로 절대의 경지라는 내용이다. 무(無)를 언급하는 건 무의 존재를 인정하는 셈인데 장자는 존재 자체도 없는 경지를 절대의 경지라고 파악한다. 그런 경지가 허(虛), 즉 비움의 경지이다. 그렇다면 이 장은 '없음'보다 '비움'을 강조하는 장이라고 말할 수 있다. 열 번째 장은 훌륭한 장인은 자신의 기술을 자연에 맡기는 것을 밑천으로 삼는다는 내용이다. 그러니 기술보다 앞선 게 자연스러움인 셈이다.

열한 번째 장은 천지가 생겨나기 이전과 지금이 같다는 내용이다. 어째서일까? 사물은 도의 작용으로 생겨나는데 이런 생겨남은 천지가 생겨나기 이전이나 이후나 모두 같아서이다. 그만큼 도의 작용이 중요하다. 마지막 장은 지극한 말(至言)은 말을 물리치며, 지극한 행함(至爲)은 행함을 물리치기에 시비다툼이 멈춰진다는 내용이다. 이런 상태에 이르려면 무엇보다 겉은 변해도 안이 변하지 말아야 한다. 즉 마음이 변하지 않아야 한다.

지(知)가 북쪽 현수(玄水) 가를 노닐다가 은분(隱弅)이란 언덕에 올랐을 때
때마침 무위위(無爲謂)를 만났다.

지가 무위위에게 물었다.

"내가 너에게 묻고 싶은 게 있다.

내가 무엇을 생각하고(思), 어떻게 사려해야(慮) 도를 알 수 있는가?

또 어떻게 처신하고(處), 무엇을 위해 일해야(服) 도에 편히 머물 수 있는가?

또 무엇을 따르고(從), 어떤 방법(道)을 써야 도를 터득할 수 있는가?"

지(知)가 세 가지를 물어도 무위위는 아무런 대답을 하지 않았다.

그런데 대답을 하지 않은 게 아니라 대답을 할 줄 몰랐다.

지는 이 물음에 대한 답을 얻지 못한 채 백수(白水) 남쪽으로 돌아가다가

호결(狐闋)이란 언덕에 올랐을 때 광굴(狂屈)을 만났다.

지는 앞서 한 질문을 광굴에게 똑같이 물었더니 광굴이 대답했다.

"그래! 나는 도를 알지.

그런데 너에게 말하려고 하니까 도중에 말하는 것을 그만 잊어버렸네."

지가 물음에 대한 답을 여전히 얻지 못한 채 황제의 궁으로 돌아와

황제를 만난 뒤 앞서 한 질문을 또다시 던졌다.

황제가 대답했다.

"무엇을 생각하지 않고 어떻게 사려하지 않아야 비로소 도를 알고,

어떻게 처신하지 않고 무얼 위해 일하지 않아야 비로소 도에 편히 머물고,

무엇을 따르지 않고 어떤 방법을 쓰지 않아야 비로소 도를 터득하네."

지(知)가 황제에게 물었다.

"나와 그대는 도를 아는데 무위위와 광굴은 도를 알지 못한다고 하니까

과연 누가 도를 제대로 아는가?"

황제가 대답했다.

"무위위가 도를 제대로 알고, 광굴은 도를 거지반 아는데 반해

나와 그대는 끝내 도를 알지 못하네.

도를 아는 사람은 말하지 않고, 말하는 사람은 도를 알지 못하네.

그래서 성인은 불언지교(不言之敎), 즉 말로 표현하지 않는 가르침을 행하네.

도(道)는 말로 도달하지 못하고, 덕(德)은 인위로 이르지 못하네.

그런데 인(仁)은 덕에 가까워 그대로 실천에 옮겨도 상관이 없지만

의(義)는 분별에 흐르기 쉬워 그 사용을 줄여야 하네.

그리고 예(禮)는 형식을 존중하므로 서로를 속일 수 있네.

그래서 말한다.

'도(道)를 잃은 뒤에 덕이 중시되고, 덕(德)을 잃은 뒤에 인이 중시되고,

인(仁)을 잃은 뒤에 의가 중시되고, 의(義)를 잃은 뒤에 예가 중시된다.

그래서 예(禮)는 도의 겉치레이자 혼란의 우두머리이다.'

그래서 말한다.

'도를 닦는 사람은 매일 버린다.

버리고 또 버림으로써 무위(無爲)의 경지에 이르는데

무위의 경지에 이르러야 모든 게 잘 이루어진다.'

지금 사람으로 이미 존재하는데 사람의 근본(根)으로 다시 돌아가려면

이 또한 어려운 일이 아니겠는가!

그런데 오로지 큰 덕을 지닌 사람(大人)만이 돌아가는 걸 쉽게 할 수 있네!"

황제가 계속해서 말했다.

"삶에선 죽음이 그 뒤를 따르고, 또 죽음은 삶의 시작인데

되풀이되는 삶과 죽음의 법도를 누가 관장하는지 어찌 알겠는가?

사람의 삶은 기(氣)가 모여서 이루어지네.

그래서 기가 모이면 삶이 되고, 기가 흩어지면 죽음이 되지.

이처럼 죽음과 삶이 끝없이 되풀이되는데 내가 또 어찌 걱정하겠는가!

그래서 만물은 차별이 없는 하나인데 아름다운 것을 신기하다고 하고,

추한 것을 더럽고 썩는다고 하네.

그렇지만 더럽고 썩은 게 다시 변해서 신기한 게 되고,

신기한 게 다시 변해서 더러워지고 썩네.

그래서 말한다. '천하는 하나의 기(氣)로 통할 뿐이다.'

이 때문에 성인은 이 하나를 귀하게 여기네."

지(知)가 황제에게 말했다.

"내가 무위위에게 도를 물어도 그가 대답하지 않은 건

대답하지 않은 게 아니라 내게 어떻게 대답해야 할지 몰라서이군.

또 내가 광굴에게 도를 물어도 그가 내게 알리는 것을 도중에 그만둔 건

알리지 않은 게 아니라 알리는 걸 도중에 잊어서이군.

그런데 지금 내가 황제에게 물으니까 그대는 도를 안다고 하는데

어째서 그대는 도에 가까이 있지 않다고 말하는가?"

황제가 말했다.

"무위위는 도를 제대로 깨달아서 도를 모르네.

광굴은 도를 거의 깨달아서 도를 잊었네.

그러나 나와 그대는 끝내 도를 깨닫지 못해서 도를 안다고 말하는 거네."

광굴은 이 말을 듣고 황제도 지언(知言), 즉 도리에 맞는 말을 하는

사람이라고 여겼다.

· · ·

知北遊於玄水之上, 登隱弅之丘而適遭無爲謂焉.

知謂無爲謂曰:「予欲有問乎若., 何思何慮則知道? 何處何服則安道?

何從何道則得道?」

三問而無爲謂不答也, 非不答, 不知答也.

知不得問, 反於白水之南, 登狐闋之上, 而睹狂屈焉.

知以之言也問乎狂屈.

狂屈曰「唉! 予知之, 將語若, 中欲言而忘其所欲言.」

知不得問, 反於帝宮, 見黃帝而問焉.

黃帝曰「無思無慮始知道, 無處無服始安道, 無從無道始得道.」

知問黃帝曰「我與若知之, 彼與彼不知也, 其孰是邪?」

黃帝曰「彼無爲謂眞是也, 狂屈似之., 我與汝終不近也.

夫知者不言, 言者不知, 故聖人行不言之敎.

道不可致, 德不可至. 仁可爲也, 義可虧也, 禮相僞也.

故曰『失道而後德, 失德而後仁, 失仁而後義, 失義而後禮.

禮者, 道之華而亂之首也.』

故曰『爲道者日損, 損之又損之以至於無爲, 無爲而無不爲也.』

今已爲物也, 欲復歸根, 不亦難乎! 其易也, 其唯大人乎!

「生也死之徒, 死也生之始, 孰知其紀!

人之生, 氣之聚也., 聚則爲生, 散則爲死. 若死生爲徒, 吾又何患!

故萬物一也, 是其所美者爲神奇, 其所惡者爲臭腐.,

臭腐復化爲神奇, 神奇復化爲臭腐.

故曰『通天下一氣耳.』聖人故貴一.」

知謂黃帝曰「吾問無爲謂, 無爲謂不應我, 非不我應, 不知應我也.

吾問狂屈, 狂屈中欲告我而不我告, 非不我告, 中欲告而忘之也.

今予問乎若, 若知之, 奚故不近?」

黃帝曰「彼其眞是也, 以其不知也., 此其似之也, 以其忘之也., 予與若終不近也, 以其知之也.」

狂屈聞之, 以黃帝爲知言.

도를 아는 사람은 도를 말하지 않고, 말하는 사람은 도를 알지 못한다

———

지(知)란 인물이 북쪽 현수(玄水) 가를 노닐다가 은분(隱弅)이란 언덕에 올랐을 때 때마침 무위위(無爲謂)를 만났다. 무위위는 하고자 함이 없음(無爲)에 이른(謂) 사람이므로 뭔가 아는 사람인 지(知)에 비해 도가 훨씬 높은 사람이다. 또 무위위가 있는 곳은 은분인데 은분은 조금 솟아난 언덕(弅)에 의해 숨겨진(隱) 곳이므로 도가를 지향하는 사람들이 이상적으로 선호하는 장소이다. 그러니 무위위는 도가에 속하는 인물임에 틀림없다. 지는 반가운 나머지 무위위에게 무엇을 생각하고 어떻게 사려해야 도를 알고, 또 어떻게 처신하고 무엇을 위해 일해야 도에 편히 머물 수 있고, 또 무엇을 따르고 어떤 방법을 써야 도를 터득할 수 있는지에 대해 물었다. 무위위는 지(知)의 세 가지 질문에 대해 어떤 대답도 하지 못했다. 그런데 무위위는 대답을 하지 못한 게 아니라 지에게 어떻게 대답을 할 줄 몰랐던 거다.

지는 무위위로부터 도에 대해 어떤 대답을 얻지 못한 채 백수(白水) 남쪽으로 돌아갔는데 호결(狐闋)이란 언덕에 올랐을 때 마침 광굴(狂屈)을 만났다. 광굴은 미친(狂) 굽음(屈)이란 의미인데 내편 「인간세」와 「덕충부」에서 장자가 긍정적으로 묘사했던 인물들의 합성이라고 보아진다. 「인간세」에서 장자가 이상형으로 그린 인물이 '광(狂)'접여이고,

「덕충부」에서 덕이 충만한 사람으로 그려진 인물들이 모두 몸이 '굽은 (屈)' 신체장애자이기 때문이다. 지는 무위위에게 했던 질문을 광굴에 게 똑같이 던졌다. 그런데 광굴은 도는 알지만 그것을 말하려 하니까 말하는 도중에 말하려는 바를 잊어버렸다고 말했다. 그래서 지는 광굴 로부터도 도에 대해 아무것도 듣지 못했다.

이제 지는 제궁(帝宮), 즉 황제의 궁으로 돌아와서 황제를 만났는데 무위위와 광굴에게 했던 질문을 황제에게 똑같이 던졌다. 그러자 황제 는 무엇을 생각하지 않고 어떻게 사려하지 않아야 비로소 도를 알 수 있고, 또 어떻게 처신하지 않고 무엇을 위해 일하지 않아야 비로소 도 에 편히 머물 수 있고, 또 무엇을 따르지 않고 어떤 방법을 쓰지 않아야 비로소 도를 터득할 수 있다고 말했다. 이는 도를 알거나 도에 편히 머 물거나 도를 터득하기 위해선 무엇보다 무위(無爲), 즉 하고자 함이 없 어야 한다는 말이다.

그러자 지는 황제에게 우리는 도를 아는데 무위위와 광굴은 도를 알 지 못한다고 하니까 과연 누가 도를 아느냐고 물었다. 이에 황제는 무 위위가 도를 제대로 알고, 광굴은 도를 거지반 아는데 반해 황제 자신 과 지는 도를 알지 못한다고 말했다. 왜냐하면 도를 아는 사람은 말하 지 않는 반면 말하는 사람은 도를 알지 못해서이다. 지금 무위위와 광 굴은 도에 대해 언급하지 않는 반면 황제와 지는 도에 대해 말하고 있 다. 그러니 무위위와 광굴은 도를 알기에 침묵하는 것이고, 황제와 지 는 도를 알지 못해 말하는 것이다. 성인(聖人)이 불언지교(不言之敎), 즉 말로 표현하지 않는 가르침을 행하는 것도 이런 이유에서이다.

이처럼 도(道)는 말로 도달할 수 없다. 마찬가지로 덕(德)도 인위로 도 달할 수 없다. 그런데 인(仁)은 덕에 가까우므로 그대로 실천에 옮겨도 상관 없지만 의(義)는 분별에 흐르기 쉬워 의를 행하는 데 늘 조심해야 한다. 게다가 예(禮)는 형식을 존중하므로 서로를 속일 수 있다. 그래서 세상에선 도를 잃은 뒤에 덕이 중시되고, 덕을 잃은 뒤에 인이 중시되고, 인을 잃은 뒤에 의가 중시되고, 의를 잃은 뒤에 예가 중시된다고 말한다. 이 때문에 예는 도의 겉치레이자 혼란의 우두머리이다. 그만큼 예는 바람직하지 못하다.

도를 닦는 사람은 매일 버리고 또 버림으로써 무위(無爲)의 경지에 이른다. 이는 과장된 허위를 버리고 순박한 무위로 돌아가는 걸 뜻한다. 『도덕경』에서도 "배움을 이루면 날마다 더해지고 도를 닦으면 날마다 덜어진다. 버리고 또 버림으로써 무위(無爲)의 경지에 이른다."[50]라는 말이 있다. 그러니 도를 알고 도에 머물고 도를 터득하려면 무위의 경지에 이르러야 하고, 또 이 경지에 이르기 위해선 자신이 지닌 것을 버리고 또 버려야 한다. 이것이 사람의 근본으로 돌아가는 길이자 내편 「제물론」 시작부를 장식했던 오상아(吾喪我), 즉 본래면목의 내(吾)가 살면서 만들어진 나(我)를 잊어버리는 과정이다. 물론 지금 우리가 사람으로 존재하는데 사람의 근본으로 다시 돌아가는 일은 정말로 힘들다. 그렇지만 큰 덕을 지닌 대인(大人)은 우리와 달리 근본으로 돌아가는 게 쉽다.

삶은 죽음이 그 뒤를 따르고, 또 죽음은 삶의 시작이다. 이처럼 반복하는 삶과 죽음의 법도를 누가 관장하는지 우리는 모른다. 또 사람의 삶은 기(氣)가 모여서 이루어진다. 그래서 기가 모이면 삶이고, 기가 흩어지면 죽음이다. 이처럼 죽음과 삶이 끝없이 되풀이되므로 우리가 죽는다는 걸 걱정할 필요가 없다. 언젠가는 다시 살아나기 때문이다. 또 만물은 차별이 없는 하나이다. 그런데 사람들은 아름다운 것을 신기하다고 하고, 추한 것을 더럽고 썩은 거라고 말한다. 그렇지만 더럽고 썩

---

50) 爲學日益 爲道日損 損之又損 以至於無爲. (『도덕경』 48장)

은 게 다시 변해 신기한 게 되고, 신기한 게 다시 변해 더러워지고 썩는
다. 그래서 천하는 하나의 기(氣)로 통할 뿐이다. 이런 이유 때문에 성인
은 모든 게 하나로 통한다는 걸 소중히 여긴다.

　지(知)는 이제서야 깨달았는지 자신이 무위위에게 도를 물어도 그가
대답하지 않은 건 자신에게 어떻게 대답해야 할지 몰라서라고 여겼다.
또 지가 광굴에게 도를 물어도 광굴이 도를 말하려는 걸 도중에 그만
둔 건 광굴이 말하는 것을 도중에 잊어버려서라고 생각했다. 그런데 지
금 황제에게 도를 물으니까 황제는 도를 안다고 대답했다. 그러자 지
(知)는 황제에게 도를 아는데 어째서 도에 가까이 있다고 말하지 않느
냐고 물었다. 이에 대해 황제는 무위위는 도를 제대로 깨달아서 도를
알지 못하고, 광굴은 도를 거의 깨달아서 도를 잊었지만 황제 자신과
지는 도를 깨닫지 못해 도를 안다고 말했다. 광굴은 황제가 지에게 한
말을 전해 듣고 황제가 지언(知言), 즉 도리에 맞는 말을 하는 사람이라
고 속으로 생각했다. 그러니 황제도 도를 알고 있는 셈이다.

천지는 큰 아름다움(大美)을 지니는 데도 말이 없고,

사계절은 밝은 법칙(明法)을 지니는 데도 말하지 않고,

만물은 완성된 이치(成理)가 있는데도 말하지 않는다.

성인(聖人者)은 천지의 아름다움(天地之美)에 의거하면서

만물의 이치(萬物之理)에 통달해 있다.

이 때문에 지인(至人)은 하고자 함이 없고(無爲),

큰 성인(大聖)은 억지로 무언가를 만들지(作) 않아

천지의 아름다움과 만물의 이치를 함께 본다고 말한다.

지금 천지의 신령한 밝음(神明)과 순수한 정기(至精)는 만물과 함께 변화해

어떤 사물을 죽이거나 살리고, 어떤 사물을 네모지거나 둥글게 만들었다.

그렇지만 어째서 그런지의 근본을 알지 못한 채

만물은 오랫동안 스스로 그러했기에 변함없이 그 상태로 두루 있어 왔다.

이에 세상이 아무리 커도 근본을 벗어나지 못하고,

가을철 짐승의 털이 아무리 가늘어도 근본에 기대야만 형체를 이룬다.

게다가 천하 만물은 이런저런 모습으로 변화하지 않는 게 없어

똑같은 모습을 끝까지 지닐 수 없다.

또 음양(陰陽)과 사시(四時)의 운행은 각자의 순서를 지킨다.

음양과 사시의 운행은 혼연해서 없는 것 같은데도 작용이 있고,

뭉게구름처럼 모양이 없는 데도 신기할 정도로 변화가 무쌍하다.

만물은 음양과 사시의 운행에 의해 일어나지만 어째서 그런지를 모른다.

이를 세상의 근본 뿌리(本根)라고 말하는데

이 근본 뿌리를 알아야 비로소 자연스러움(天)이 보인다.

天地有大美而不言, 四時有明法而不議, 萬物有成理而不說.

聖人者, 原天地之美而達萬物之理, 是故至人無爲, 大聖不作,

觀於天地之謂也.

合彼神明至精, 與彼百化, 物已死生方圓, 莫知其根也,

扁然而萬物自古以固存.

六合爲巨., 未離其內., 秋毫爲小, 待之成體.

天下莫不沈浮, 終身不顧., 陰陽四時運行 各得其序.

惛然若亡而存, 油然不形而神, 萬物畜而不知.

此之謂本根, 可以觀於天矣.

세상의 근본 뿌리를 알아야
자연스러움(天)이 보인다

————

천지는 큰 아름다움(大美)을 지니더라도 말이 없다. 자연은 정말로 아름답지만 천지는 이에 대해 어떤 말도 하지 않기 때문이다. 또 사계절은 밝은 법칙인 명법(明法)을 지니더라도 말이 없다. 봄·여름·가을·겨울의 변화와 같은 명법이 분명히 작용하지만 사계절은 이에 대해 한마디의 말도 하지 않기 때문이다. 또 만물은 완성된 이치인 성리(成理)를 지니는데도 말을 하지 않는다. 때 맞춰서 비가 오고 비가 오면 모내기를 하고 가을이 되어 벼가 익으면 추수하는 등 확실한 이치가 만물에 작동하지만 이에 대해 어떤 말도 꺼내지 않기 때문이다.

그런데 성인(聖人者)은 천지의 이런 아름다움(天地之美)에 의거해 있고, 또 성인은 만물의 이치(萬物之理)에 통달해 있다. 따라서 성인은 천지와 같은 아름다움을 지니면서 세상만사의 사리에도 밝다. 그렇지만 아무리 아름답거나 아무리 밝아도 이에 대해 일체 언급을 하지 않는다. 그래서 큰 성인(大聖)도 무언가를 새삼스레 만들거나 꾸미지 않는다. 마치 지인(至人)이 하고자 함이 없이(無爲) 하는 것처럼 말이다. 그래서 세상사람은 큰 성인이 천지의 아름다움과 만물의 이치를 함께 본다고 말한다.

또 천지는 신령스런 밝음(神明)과 순수한 정기(至精)를 지닌다. 신령스런 밝음과 순수한 정기는 지금 온갖 만물과 함께 변화하면서 어떤 사물을 이미 죽이거나 어떤 사물을 이미 살려내거나 한다. 또 신령스런 밝음과 순수한 정기는 사물을 네모지게 만들고, 또 둥글게도 만든다. 그렇지만 만물은 어째서 그렇게 되는지 그 근본을 알지 못한 채 스스로 그런 상태를 오랫동안 유지해 왔다. 그 결과 만물이 변함없는 상태를 유지하면서 세상에 두루 존재하게 되었다. 이 때문에 세상이 아무리 커도 그 근본에서 벗어나지 못하고, 또 가을철 짐승의 털이 아무리 가늘어도 그 근본에 기대야 형체를 이룬다.

　게다가 천하에는 이런저런 모습으로 만물이 변화하지 않는 게 없다. 그래서 만물은 똑같은 모습을 끝까지 유지할 수 없다. 즉 태어나면 성장하다가 언젠가는 늙어지므로 그때마다 모습이 달라진다. 또 음양(陰陽)과 사시(四時)의 운행은 각자의 순서를 지킨다. 봄·여름·가을·겨울의 순서가 단적인 예다. 이런 음양과 사시의 운행은 혼연해서 없는 것 같은데도 작용이 있고, 뭉게구름처럼 모양이 없는데도 신기할 정도로 그 변화가 무쌍하다. 그래서 만물은 음양과 사시의 운행에 의해 일어나지만 어째서 그런지를 알지 못한다. 음양과 사시의 운행을 세상의 근본 뿌리(本根)라고 말한다. 그런데 이 근본 뿌리를 알아야 비로소 자연스러움(天)이 보인다. 그러니 음양과 사시의 운행에 따른 자연스러움이 우리가 살아가면서 추구해야 할 최고의 덕목이다.

설결(齧缺)이 피의(被衣)에게 도(道)에 대해 묻자 피의가 말했다.

자네의 모습을 바르게 하고, 자네의 시선을 한 곳에 집중해라.

그러면 자연의 화기(天和)가 모여든다.

또 자네의 앎을 거두고, 자네의 태도를 하나로 모아라.

그러면 올바른 정신(神)이 도래해 몸에 깃들고,

덕(德)이 자네를 훌륭하게 만들어 도(道)가 자네와 함께 있게 된다.

자네는 이제 갓 태어난 송아지처럼 세상을 멍하니 바라볼 텐데

어째서 그런지의 이유를 알려고 하지 마라!

피의의 말이 채 끝나지 않았는데 설결은 그만 잠이 들었다.

이에 피의는 크게 기뻐한 나머지 노래를 부르고서 거기를 떠나며 말했다.

"설결의 몸은 마른 신체(槁骸)와 같고, 마음은 죽은 재(死灰)와 같다.

그래서 그의 참된 지혜는 진실해서 아무것에나 자신을 기대지 않는다.

또 설결은 사리에 어둡고 캄캄할 정도로 무심해 뭔가 함께 도모하지 않는다.

그는 대체 어떤 사람인가!"

• • •

齧缺問道乎被衣, 被衣曰:「若正汝形, 一汝視, 天和將至., 攝汝知, 一汝度,
神將來舍. 德將爲汝美, 道將爲汝居, 汝瞳焉如新生之犢而無求其故!」
言未卒, 齧缺睡寐.
被衣大說, 行歌而去之, 曰:「形若槁骸, 心若死灰, 眞其實知, 不以故自持.
媒媒晦晦, 無心而不可與謀. 彼何人哉!」

스승의 스승이 도를 말해도
제자의 제자는 잠에 든다

———

    요(堯)의 스승은 허유(許由)이고, 허유의 스승은 설결이고, 설결의 스승은 왕예(王倪)이고, 왕예의 스승은 피의이다.[51] 그러니 피의는 설결 스승의 스승인 셈이다. 그런데 설결(齧缺)이 피의(被衣)에게 도(道)에 대해 여쭈자 피의는 설결에게 모습을 바르게 하고 시선을 한 곳에 집중하라고 주문했다. 그러면 천화(天和), 즉 자연의 화기가 모여들 거라고 말했다. 또 피의는 설결에게 앎을 거두고 태도를 하나로 모으라고 주문했다. 그러면 올바른 정신이 몸에 도래해 깃들면서 덕(德)이 설결을 훌륭하게 만들어 도(道)가 그와 함께 있을 거라고 말했다. 그러면 갓 태어난 송아지처럼 세상을 멍하니 바라볼 텐데 어째서 그런지의 이유를 알려고 하지 말라고 설결에게 말했다.

    그런데 피의의 말이 채 끝나기도 전에 설결이 그만 잠들었다. 이에 피의는 크게 기뻐한 나머지 노래를 부른 뒤 설결을 놔두고 떠나면서 설결의 몸이 마른 신체(槁骸)와 같고, 마음이 불 꺼진 재(死灰)와 같다고 그를 극진히 칭찬했다. 이 표현은 내편 「제물론」에서 '몸은 말라죽은

———

51) 堯之師曰許由 許由之師曰齧缺 齧缺之師曰王倪 王倪之師曰被衣. (외편 「천지」 4)

나무와 같고, 마음은 불 꺼진 재'[52]라는 표현으로 이미 등장한 바 있다. 그러니 스승의 스승인 피의가 도에 대해 말해도 그의 제자의 제자인 설결은 도를 알기 위해 스승의 스승의 말조차 들으려고 하지 않는다. 설결이 이런 태도를 보일 수 있는 건 말로 전해지는 도는 참된 도가 되지 못한다는 것을 알아서이다. 그래서 설결의 참된 지혜는 진실해서 자신을 아무 것에나 기대지 않는다. 또 설결은 사리에 어둡고 캄캄할 정도로 무심해서 무언가를 누구와 함께 도모하지 않는다. 그래서 설결은 피의가 도를 말할 때 그만 잠든 것이다. 피의는 설결의 이런 자세에 놀라 자신의 제자의 제자임에도 불구하고 설결이 대체 어떤 사람이냐고 놀랄 수밖에 없었다.

---

52) 形固可使如槁木, 而心固可使如死灰. (「제물론」 1)

순(舜)임금이 스승 승(丞)에게 물었다.

"도(道)를 얻어 몸에 지니는 게 가능한가요?"

승이 말했다.

"자네의 몸(身)도 자네가 지니는 게 아닌데 도를 어찌 지닐 수 있겠는가?"

순임금이 말했다.

"제 몸을 제가 지니는 게 아니라면 누가 제 몸을 지니나요?"

승이 말했다.

"자네의 몸(身)은 천지(天地)가 자네에게 형체를 맡긴 거네.

자네의 목숨(生)도 자네가 지닌 게 아니라

천지가 음양의 조화로운(和) 기운으로 자네에게 맡긴 거네.

자네의 성명(姓名)도 자네가 지닌 게 아니라

천지가 순리(順)에 따라 자네에게 맡긴 거네.

자네의 자손(孫子)도 자네가 지닌 게 아니라

천지가 허물을 벗는(蛻) 것을 자네에게 맡긴 거네.

그래서 인생의 길을 가면서도 가는 곳을 모르고,

살면서도 사는 이유를 모르고, 먹으면서도 맛있는 바를 모르네.

몸, 목숨, 성명, 자손은 천지의 강한 양기(陽氣)에 의해 이루어진 건데

그대가 어찌 지닐 수 있겠는가?"

• • •

舜問乎丞曰:「道可得而有乎?」

曰:「汝身非汝有也, 汝何得有夫道?」

舜曰:「吾身非吾有也, 孰有之哉?」

曰:「是天地之委形也., 生非汝有, 是天地之委和也., 姓名非汝有, 是天地之委順也., 孫子非汝有, 是天地之委蛻也. 故行不知所往, 處不知所持, 食不知所味. 天地之强陽氣也, 又胡可得而有邪!」

몸·목숨·성명·자손은
천지의 강한 양기에 의해 이루어진다

———

순(舜)임금이 스승인 승(丞)에게 도(道)를 터득해서 몸에 지니는 게 가능한지에 대해 물었다. 그러자 승은 그대의 몸도 그대가 지닌 게 아닌데 어찌 도를 지닐 수 있겠느냐고 반문했다. 이에 순임금은 자신의 몸이 자신이 지닌 게 아니라면 누가 자신의 몸을 지니는지에 대해 물었다. 그러자 승은 그대의 몸(身)은 천지가 그대에게 형체를 잠시 맡겼고, 그대의 목숨(生)도 그대가 지닌 게 아니라 천지가 음양의 조화로운 기운으로 그대에게 잠시 맡겼다고 말했다. 그리고 그대의 성(姓)과 이름(名)도 그대가 지닌 게 아니라 천지가 순리에 따라 그대에게 맡겼다고, 또 그대의 자손(孫子)도 그대가 지닌 게 아니라 천지가 허물을 벗는 것을 그대에게 맡겼다고 말했다. 즉 몸, 목숨, 성명, 자손은 겉으로는 분명 순임금 자신이 만들었는지 모르지만 사실은 천지가 모두 만들어냈다.

그래서 우리는 인생의 길을 가면서 어디로 가는지 모르고, 살면서 왜 사는지의 이유를 모르고, 먹으면서 맛있는 바를 모른다. 이처럼 몸, 목숨, 성명, 자손은 천지의 강한 양기(陽氣)에 의해 이루어진 건데 어찌 자신이 지닌다고 말하느냐고 승이 순임금에게 반문한 것이다. 이는 인위(人爲)로 대표되는 유위(有爲)의 힘이 아무리 커도 자연이 만들어내는 무위(無爲)의 힘과 도저히 비교될 수 없다는 말이다.

공자(孔子)가 노담(老聃)을 만나서 말했다.

"오늘은 한가로우신 것 같으니 지극한 도(至道)에 대해 묻고자 합니다."

노담이 말했다.

"그대는 재계하고, 마음을 말끔히 씻고, 정신을 맑고 깨끗이 하고,

앎(知)을 부수어야 하오!

도(道)는 깊숙이 먼 곳에 있어 말로 표현하기 어렵소!

하지만 그대를 위해 대강이나마 말해보겠소."

노담이 계속해서 말했다.

"사물이 환하게 빛나도 사물은 그윽한 데서 생겨나고,

사물을 분별할 수 있어도 사물은 형체가 없는 데서 생겨나지요.

또 정신은 도(道)에서 생겨나고 몸은 정기(精)에서 생겨나지요.

그런데 만물은 형체를 지님으로써 서로 생겨나지요.

그래서 몸에 아홉 개 구멍을 가진 동물은 태아에서 생겨나고,

몸에 여덟 개 구멍을 가진 동물은 알에서 생겨나지요.

또 지극한 도는 오더라도 흔적이 없고, 죽더라도 어디로 가는지 끝이 없고,

출입하는 문도 없고, 머물 방도 없지요.

그렇지만 지극한 도는 사방으로 통해서 탁 트여 모든 것과 통달해 있지요.

또 지극한 도를 맞이한 사람은 사지가 튼튼하고, 사려는 이치에 통하고,

눈귀는 밝고, 마음을 써도 지치지 않고, 사물과 만나도 융통자재하지요.

하늘도 이 도를 얻지 못하면 높아지지 않고,

땅도 이 도를 얻지 못하면 넓어지지 않고,

해와 달도 이 도를 얻지 못하면 운행하지 않고,

만물도 이 도를 얻지 못하면 창성하지 않지요.

이것이 지극한 도(道)입니다!"

노담이 계속해서 말했다.

"도에 대한 박식함(博)이 반드시 참된 앎(知)도 아니고,

도에 대한 능변(辯)이 반드시 참된 지혜(慧)가 아니지요.

그래서 도를 터득한 성인(聖人)은 박식과 능변을 끊습니다.

만약 박식과 능변을 보탠다 해도 도에 더 이상 보태지지 않고,

박식과 능변을 던다 해도 도에서 더 이상 덜어지지 않지요.

그러니 박식과 능변으로 더하지도 덜하지도 않은 경지가

성인(聖人)이 지켜나가는 경지입니다.

그리고 도는 바다처럼 깊고 또 깊으며, 산처럼 높고 또 높지요.

도가 끝나면 다시 시작해서 만물을 운용하므로 그 작용이 그치지 않습니다.

이것이 도를 터득한 군자(君子)의 길(道)입니다.

그러니 군자의 길이 거기로부터 벗어날 수 있겠습니까!

모든 만물(萬物)은 이따금 도를 밑천삼아 생겨나지만

도의 작용이 그치는 일은 없지요. 이것이 지극한 도(道)입니다!"

노담이 계속해서 말했다.

"중국(中國), 즉 온 나라에 사람들이 두루 사는데

이들은 음(陰)도 아니고 양(陽)도 아닌 채 천지간에 머물지요.

이들은 잠시 사람으로 겨우 되었지만 생겨나기 이전의 근원(宗)으로

돌아가게 마련입니다.

또 도의 근본에서 보면 삶(生)은 기가 일시적으로 모인 것에 불과하지요.

삶에선 장수(壽)와 요절(夭)의 구분이 있어도 그 차이가 얼마나 되겠소!

무한한 세월에 비하면 잠깐에 지나지 않습니다.

그런데 어찌 요임금은 옳고 걸왕은 그르다고 할 수 있겠습니까!

또 나무 열매와 풀 열매도 자연의 원리를 갖추고 있습니다.

사람으로서 지켜야 할 도리(人倫)를 지키기 어렵더라도

인간세계에선 나름의 질서가 있습니다.

성인은 세상과 만나선 거역하지 않고, 또 지나갈 뿐 붙들지 않습니다.

이런 상황과 조절하면서 순응하는 게 지극한 덕(德)이고,

이런 상황과 짝하면서 순응하는 게 지극한 도(道)입니다.

이것이 제왕(帝王)이 흥하는 바이고, 왕(王)이 일어나는 바이지요."

노담이 계속해서 말했다.

"사람이 천지간에 사는 시간은 준마가 틈새를 지나가는 것과 같아서

한순간일 뿐입니다.

사물은 물 흐르듯 갑자기 죽고, 모양은 뭉게구름처럼 바뀌면서 생겨납니다.

이처럼 사물은 변화하면서 생겨나고, 다시 변화하면서 죽는데

살아있는 건 이런 변화를 애달파하고, 사람은 이런 변화를 슬퍼합니다.

그런데 죽음과 태어남은 자연에서 받은 활집을 풀거나

자연으로부터 받은 옷에서 떨어져 나와 형체가 흩어진 뒤

다시 완연해지는 현상이지요.

혼백(魂魄)이 형체를 떠나면 몸도 이내 그 혼백을 쫓아가는데

이것이 거대한 뿌리로의 큰 귀환(大歸)입니다!

형태 없음의 형태(不形之形)나 형태의 형태 없음(形之不形)이나

사람들이 모두 같다고 아는 바입니다.

그러니 도에 이르려는 사람은 이 차이를 밝히려고 애쓸 바는 아닙니다.

이는 많은 사람들이 똑같이 말하는 바입니다.

누군가 도에 이르면 도를 언급하지 않는데

그런데도 도를 언급하면 이는 도에 이르지 못한 겁니다.

또 도를 뚜렷이 보면 지닐 수 없는데 뚜렷이 보기 위해 도를 언급하면

이는 침묵을 지키는 것만 못하지요.

또 도란 귀로 들을 수 없는데 도를 알기 위해 들으려고 하면

이는 귀를 막는 것만 못하지요.

이것을 큰 얻음(大得), 즉 진정한 깨달음이라고 말합니다."

. . .

孔子問於老聃曰: 「今日晏閒, 敢問至道.」

老聃曰: 「汝齋戒, 疏瀹而心, 澡雪而精神, 掊擊而知!

夫道, 窅然難言哉! 將爲汝言其崖略.」

「夫昭昭生於冥冥, 有倫生於無形, 精神生於道, 形本生於精, 而萬物以形相生,

故九竅者胎生, 八竅者卵生.

其來無迹, 其往無崖, 無門無房, 四達之皇皇也.

邀於此者, 四肢强, 思慮恂達, 耳目聰明, 其用心不勞, 其應物無方.

天不得不高, 地不得不廣, 日月不得不行, 萬物不得不昌, 此其道與!」

「且夫博之不必知, 辯之不必慧, 聖人以斷之矣.

若夫益之而不加益, 損之而不加損者, 聖人之所保也.

淵淵乎其若海, 巍巍乎其若山, 終則復始也, 運量萬物而不匱. 則君子之道, 彼

其外與! 萬物皆往資焉而不匱, 此其道與!」

「中國有人焉, 非陰非陽, 處於天地之間, 直且爲人, 將反於宗.

自本觀之, 生者, 暗醅物也. 雖有壽夭, 相去幾何?

須臾之說也. 奚足以爲堯桀之是非!

果蓏有理, 人倫雖難, 所以相齒. 聖人遭之而不違, 過之而不守.

調而應之, 德也., 偶而應之, 道也., 帝之所興, 王之所起也.

「人生天地之間, 若白駒之過郤, 忽然而已.

注然勃然, 莫不出焉., 油然漻然, 莫不入焉.

已化而生, 又化而死, 生物哀之, 人類悲之.

解其天弢, 墮其天袠, 紛乎宛乎, 魂魄將往, 乃身從之, 乃大歸乎!

不形之形, 形之不形, 是人之所同知也, 非將至之所務也, 此衆人之所同論也.
彼至則不論, 論則不至. 明見無值, 辯不若默. 道不可聞, 聞不若塞. 此之謂
大得.」

도(道)에 대해 침묵하는 게
진정한 깨달음이다

———

　이 글은『장자』전반에 걸쳐서 도(道)와 덕(德)의 작용과 그 모습에 대해 가장 포괄적이면서 구체적으로 언급한다. 공자가 노담(老聃)을 만나서 지도(至道), 지극한 도에 대해 물었다. 그러자 노담은 우선 재계하고, 마음을 말끔히 씻고, 정신을 맑고 깨끗이 하고, 앎(知)을 부수어야 비로소 도를 안다고 말했다. 이는 몸과 마음을 깨끗이 하고, 정신마저 맑게 한 뒤 세속의 앎까지 버려야 도를 터득할 수 있다는 말이다. 게다가 도(道)는 깊숙하고 먼 곳에 있어 말로 표현하기 어렵다고 말했다. 그렇더라도 노담은 공자를 위해서 도의 대강이나마 말하겠다고 나섰다.

　사물이 환하게 빛나도 사물은 본디 그윽한 데서 생겨나고, 또 사물을 분별할 수 있어도 사물은 본디 형체가 없는 데서 생겨난다. 이처럼 그윽하고 형체가 없는 데가 바로 도와 통하는 곳이다. 그러니 사물이 환하게 빛나도 이는 본디 그윽한 도의 작용에서 비롯된다. 또 사물을 분별할 수 있어도 이는 본디 형체가 없는 사물에서 비롯된다. 또 정신은 도(道)에서 생겨나고, 몸은 정기(精)에서 생겨난다. 그런데 만물은 형체를 지님으로써 서로 생겨난다. 예를 들어 몸에 아홉 개 구멍을 가진 동물은 태아에서 생겨나고, 여덟 개 구멍을 가진 동물은 알에서 생겨난다.

또 지극한 도는 오더라도 흔적이 없고, 죽더라도 어디로 가는지 그 끝을 알 수 없다. 그리고 지극한 도가 오고 가도 출입하는 문이 없어 들락거리면서 머무는 방도 없다. 그렇지만 지극한 도는 사방으로 통해 탁 트여서 모든 것과 통달해 있다. 또 지극한 도를 맞이한 사람은 팔다리가 튼튼하고, 생각하는 것도 이치에 통하고, 눈과 귀도 밝고, 마음을 써도 지치지 않고, 사물과 만나도 모나지 않아서 융통자재하다. 그래서 하늘도 이 도를 얻어야 높아지고, 땅도 이 도를 얻어야 넓어지고, 해와 달도 이 도를 얻어야 운행을 멈추지 않고, 만물도 이 도를 얻어야 창성할 수 있다. 이것이 지극한 도(道)의 작용이다.

한편 사람들이 도에 대해 많이 안다고 박식함을 자랑하지만 그것은 도에 대해 제대로 아는 게 아니다. 그러니 도에 대해 잘 설명하는 능변(辯)도 도에 대한 참된 지혜가 아니다. 그래서 도를 터득한 성인(聖人)은 도에 대해 박식함을 자랑하지 않고, 도를 언급하는 데 능변마저 끊는다. 박식과 능변을 보탠다 해도 도에 더 이상 어떤 것도 보태지지 않고, 박식과 능변을 던다 해도 도로부터 더 이상 어떤 것도 덜어지지 않아서이다. 그래서 박식과 능변으로서 도에 대해 더해지지도 덜해지지도 않은 경지를 지켜나가는 게 성인(聖人)이 취하는 자세이다.

또 도는 바다처럼 깊고도 깊을 뿐 아니라 산처럼 높고도 높다. 그리고 도는 끝나면 다시 시작하므로 만물을 운용하는 데 도의 작용이 그치는 법이 없다. 물론 도를 터득한 군자(君子)의 길(道)에서도 도의 작용이 그치는 법이 없다. 그래서 군자의 길도 도의 작용으로부터 벗어나지 않는다. 물론 모든 만물은 이따금 도를 밑천삼아 생겨나지만 이 도의 작용이 그치는 법이 없다. 이것이 지극한 도(道)의 모습이다.

중국(中國), 즉 온 나라에 사람들이 두루 사는데 이 사람들은 음도 아니고 양도 아닌 채로 천지간에 머문다. 게다가 이들은 잠시 동안 겨우 사람의 형태를 지니므로 언젠가는 생겨나기 이전의 근원으로 돌아가게 마련이다. 그래서 도의 근본에서 보면 삶은 기(氣)가 일시적으로 모인 것에 지나지 않는다. 그러니 죽으면 기가 흩어져서 우주자연 속에 머문다. 물론 삶의 입장에서 보면 오래 사는 장수와 빨리 죽는 요절 사이에 구분이 뚜렷하다. 그렇지만 도의 차원에서 보면 그 차이는 하찮을 뿐이다. 생명을 지탱하는 기가 흩어져서 우주자연 속에 머무는 기간이 훨씬 오래여서이다. 그러니 기가 흩어진 상태인 무한한 세월에서 보면 장수와 요절의 시간적 차이는 그야말로 잠깐에 지나지 않는다. 같은 맥락에서 요임금은 옳고 걸왕을 그르다고 할 수 없다. 도의 입장에서 보면 선군인 요와 폭군인 걸의 차이도 하찮을 뿐이다.

또 나무 열매나 풀 열매도 자연의 원리를 지니면서 살아간다. 사람으로서 지켜야 할 도리, 즉 인륜(人倫)을 지켜나가는 게 어려워도 인간세계는 나무 열매나 풀 열매처럼 나름대로 자연스런 질서를 지닌다. 그래서 성인(聖人)은 자연스런 질서에 의해 움직이는 세상과 만나서는 이를 거역하지 않는다. 그렇더라도 세상을 지나칠 뿐 붙들지 않는다. 이런 상황과 잘 조절하면서 순응하는 게 지극한 덕(德)이고, 이런 상황과 짝하면서 순응하는 게 지극한 도(道)이다. 이런 도와 덕이 제왕(帝王)이 흥하는 바이고, 왕(王)이 일어나는 바이다.

사람이 천지간에 살아가는 시간은 준마가 틈새를 지나가는 것처럼 한순간일 뿐이다. 또 사물은 물 흐르듯 갑작스레 사라지며, 사물의 모양도 뭉게구름처럼 끊임없이 바뀐다. 이처럼 사물은 변화하면서 생겨나고, 다시 변화하면서 죽는다. 그런데 살아 있는 존재만 죽음을 애달파하고, 또 살아 있는 사람의 부류만 죽음을 슬퍼한다. 그런데 죽음은 자연에서 받은 활집을 풀거나 자연으로부터 받은 옷을 벗어버리는 일이다. 반면 태어남은 사물의 형체가 흩어진 뒤에 다시 완연해지는 현상이다. 그리고 혼백(魂魄)이 형체를 떠나면 몸도 이내 그 혼백을 쫓아가는데 이것이 거대한 뿌리로의 큰 귀환(大歸), 즉 죽음이다.

불형지형(不形之形), 즉 형태 없는 형태나 형지불형(形之不形), 즉 형태의 형태 없음이나 사람들은 이것들이 같다는 것을 안다. 그러므로 도에 이르려는 사람은 이 차이를 굳이 밝혀서 구분할 필요가 없다. 이는 말로만 구분될 뿐이지 실제로는 차이가 없어서이다. 많은 사람들도 이와 똑같이 말한다.

그러니 누군가 도의 상태에 이르면 도를 입 바깥으로 꺼내지 말아야 한다. 그런데도 누군가 도를 언급한다면 이는 자신이 도에 이르지 못하고 있음을 말해준다. 또 도를 뚜렷이 본다면 어느 누구도 도를 지닐 수 없다. 그런데도 도를 뚜렷이 보았다고 말하면 이는 침묵을 지키는 일만 못하다. 또 도는 귀로 들을 수 없다. 그런데도 도를 알기 위해 들으려고 하면 이는 귀를 막는 일만 못하다. 따라서 귀를 막아 도를 듣지 않는 게 차라리 도에 더 가까워질 수 있다. 그래서 사람들은 도에 대해 침묵하거나 도에 대해 귀를 막는 걸 가리켜서 큰 얻음(大得), 즉 진정한 깨달음이라고 말한다. 결국 도는 말이나 글 그리고 오관인 감관작용으로 규명될 수 있는 게 아니다.

동곽자(東郭子)가 장자(莊子)에게 물었다. "도(道)는 어디에 있습니까?"

장자가 말했다. "도는 어디에든 있지요."

동곽자가 말했다. "좀 구체적으로 말씀해 주세요."

장자가 말했다. "도는 땅강아지나 개미에도 있지요."

동곽자가 말했다. "어찌 그런 낮은 데에 있습니까?"

장자가 말했다. "도는 피나 쭉정이에도 있지요."

동곽자가 말했다. "어찌 더욱 낮은 데에 있습니까?"

장자가 말했다. "도는 기와나 벽돌에도 있지요."

동곽자가 말했다. "어찌 더욱 심하게 낮은 데에 있습니까?"

장자가 말했다. "도는 똥이나 오줌에도 있지요."

동곽자는 더 이상 대꾸하지 않았다.

장자가 말했다.

"선생의 질문은 본디부터 도의 본질을 제대로 파악하지 못한 겁니다.
시장 관리인에게 돼지를 밟아서 살찐 정도를 알아맞히라고 하면 매번
엉덩이나 다리 같은 아랫부분을 밟아야 살찐 정도를 잘 맞힐 수 있지요.
그런데 도가 반드시 어느 특정 사물에만 있다고 믿지 마세요.
도는 사물을 떠나선 있을 수 없습니다.
지극한 도(至道)가 이와 같고, 큰 말(大言)도 그러합니다.
도의 포괄성(周), 편재성(遍), 총체성(咸).
이 셋은 이름이 달라도 실제로는 같아 그 의미가 같습니다."

장자가 계속해서 말했다.

"그대와 무하유의 궁(無何有之宮)에서 함께 노닐면서 만물과 하나가 되어

모든 게 무궁하다는 것을 한번 말해 봅시다!

또 하고자 함이 없는 무위(無爲)의 경지에 서로 함께 들어가 봅시다!

거기는 담담하고 고요하지요! 조용하고 맑지요!

만물과 잘 어울리면서 한가하지요!

그러면 우리의 생각이 하늘처럼 넓고 텅 비어서

마음이 가려는 데가 없어도 어디든지 이를 수 있고,

마음이 여기저기로 가고 와도 어디든지 머물 수 있지요.

그렇지만 우리는 가고 오고만 할 뿐 마지막으로 향하는 곳을 알지 못합니다.

게다가 우리는 텅 비고 드넓은 세상에서 방황하기에

큰 앎(大知)으로 세상을 들여다봐도 세상의 한계를 알지 못하지요.

장자가 계속해서 말했다.

"사물을 사물로 있게 하는 것(物物者), 즉 도는 사물과 떨어져 있지 않고

사물 속에 스며들어 있는데 그런데도 사물과 사물 사이에 구별이 있는 건

상대적인 구별(物際)일 뿐이지요.

그러므로 사물들끼리 사이가 없는 사이(不際之際)는

사물들끼리 사이가 있는 게 없다는 사이(際之不際)입니다.

그리고 사물이 찼다가 비워지고, 번성했다가 시드는 모습에 대해 말하면

한쪽에서 차고 다른 한쪽에서 비워져도

만물이 하나란 입장에선 정말로 차거나 비워지는 게 아니지요.

한쪽에서 번성하고 다른 한쪽에서 시들어도

크고 먼 입장에선 정말로 번성하거나 시드는 게 아니지요.

한쪽에서 시작하고 다른 한쪽에서 끝나도

무한한 순환이란 입장에선 정말로 시작하거나 끝나는 게 아니지요.

한쪽은 쌓이고 다른 한쪽에서 흩어져도

도의 입장에선 상대적이기에 정말로 쌓이고 흩어지는 게 아니지요."

東郭子問於莊子曰:「所謂道, 惡乎在?」

莊子曰:「無所不在.」

東郭子曰:「期而後可.」

莊子曰:「在螻蟻.」

曰:「何其下邪?」

曰:「在稊稗.」

曰:「何其愈下邪?」

曰:「在瓦甓.」

曰:「何其愈甚邪?」

曰:「在屎溺.」

東郭子不應.

莊子曰:「夫子之問也, 固不及質. 正獲之問於監市履豨也, 每下愈況.

汝唯莫必, 無乎逃物. 至道若是, 大言亦然. 周遍咸三者, 異名同實, 其指一也.

「嘗相與游乎無何有之宮, 同合而論, 無無所終窮乎!

嘗相與無爲乎! 澹而靜乎! 漠而清乎! 調而閒乎!

寥已吾志, 無往焉而不知其所至, 去而來而不知其所止, 吾已往來焉而不知其

所終., 彷徨乎馮閎, 大知入焉而不知其所窮.

物物者與物無際, 而物有際者, 所謂物際者也., 不際之際, 際之不際者也.

謂盈虛衰殺, 彼爲盈虛非盈虛, 彼爲衰殺非衰殺, 彼爲本末非本末,

彼爲積散非積散也..」

도는 똥이나 오줌에도 있다

———

동곽자(東郭子)가 장자(莊子)에게 도(道)는 소중한 것인데 그것이 어디에 있느냐고 물었다. 동곽자는 동쪽(東) 성곽(郭)에 사는 사람을 의미한다. 이에 장자는 도는 어디든지 있다고 말했다. 그러자 동곽자는 도가 어디에 있는지 구체적으로 알려달라고 청했다. 이에 장자는 도는 땅강아지나 개미에게 있다고 말했다. 그러자 동곽자는 어째서 그런 낮은 곳에 도가 있느냐고 의아해하며 물었다. 이에 장자는 피나 쭉정이에 있다고 말했다. 그러자 동곽자는 어째서 더욱 낮은 데에 도가 있느냐고 물었다. 이에 장자는 기와나 벽돌에 있다고 말했다. 그러자 동곽자는 어째서 더욱 더 낮은 데에 도가 있느냐고 물었다. 이에 장자는 똥이나 오줌에 있다고 말하자 동곽자는 어처구니가 없어서인지 더 이상 묻지 않았다.

장자는 동곽자의 이런 태도를 보고 그의 질문이 본디부터 도의 본질을 제대로 파악하지 못한 거라고 평했다. 예를 들어 시장 관리인에게 돼지를 밟아서 살찐 정도를 알아맞히도록 하면 반드시 엉덩이나 다리 같은 아랫부분을 밟아야 살찐 정도를 제대로 파악할 수 있다. 그런데 도는 이와는 달리 사물의 어떤 특정 부위나 특별한 사물에 머물지 않고서 어떤 부위나 어떤 사물에 모두 존재한다. 그건 사물을 떠나선 도가 존재할 수 없어서이다. 즉 도가 있어야 사물이 사물로서 존재할 수 있어서이다. 지극한 도, 즉 지도(至道)가 이와 같고 큰 말(大言)도 그러하다. 도의 이런 포괄성(周), 편재성(遍), 총체성(咸)은 그 이름이 다르더라도 도가 모든 사물에 보편적으로 존재한다는 의미로 실제로는 모두 같다.

이에 장자는 동곽자에게 무하유의 궁(無何有之宮)에서 함께 노닐면서 만물과 하나가 되어 모든 게 무궁하다는 것을 서로 말해 보자고 청했다. 나아가 하고자 함이 없는 무위(無爲)의 경지에 함께 들어가자고 청했다. 무하유의 궁은 아무것도 있지 않은 궁을 의미하는데 내편 「소요유」의 무하유지향(無何有之鄕), 즉 아무것도 있지 않는 마을과 같은 장소이다. 이 무하유지향은 사방이 확 트인 광활한 들판(廣莫之野)과 함께 등장한 바 있다. 그래서 무하유의 궁이나 무하유의 고향이나 광활한 들판이나 모두 장자가 이상적으로 그리는 장소이다. 그리고 거기에서 무위(無爲), 즉 하고자 함이 없는 마음으로 그 나무 곁을 방황(彷徨)하거나 아니면 나무 밑에 누워서 소요(逍遙)하자고 제안했다.

무하유의 궁은 너무나 담담하고 고요하며, 또 너무나 조용하고 맑다. 게다가 그곳은 만물과 잘 어울리면서도 한가롭기 그지없다. 이런 곳에 들어서면 우리 생각은 하늘처럼 넓고 텅 비어져 마음 가려는 곳이 없어도 어디든지 이를 수 있다. 또 마음이 여기저기로 오고 가도 어디든지 머물 수 있다. 그렇지만 오고 가고만 할 뿐 마지막으로 향하는 곳을 알 수 없다. 게다가 우리는 지금 텅 비고 드넓은 세상에서 방황하기에 대지(大知), 즉 큰 앎으로 세상을 들여다 본다 해도 허무의 세상의 한계를 도저히 알 수 없다. 그만큼 허무의 세상이 넓고 크다.

또 물물자(物物者), 즉 사물을 사물로 있게 만드는 도는 사물과 떨어져 있지 않고, 사물 속에 그대로 스며 있다. 그런데도 사물과 사물 사이에 이것/저것의 구분이 있는 건 단지 언어상의 구분일 뿐이지 실제로 그런 게 아니다. 예를 들어 부제지제(不際之際), 즉 사물들끼리 사이가 없는 사이와 제지부제(際之不際), 즉 사물들끼리 사이가 있는 게 없다는 사이에 대해 한번 말해 보자. 이것들은 사실상 같은 의미인데도 언어로서 다르게 나타났다. 따라서 이 차이는 단지 언어상의 구별일 뿐이다.

또 사물이 찼다가 비워지고 번성하다가 시드는 모습에 대해 말해 보자. 한쪽에서 차고 다른 한쪽에서 비워져도 만물이 하나란 입장에서 보면 정말로 차고 정말로 비워지는 게 아니다. 또 한쪽에서 번성하고 다른 한쪽에서 시들어도 크고 먼 입장에서 보면 정말로 번성하고 정말로 시드는 게 아니다. 또 한쪽에서 시작하고 다른 한쪽에서 끝나도 무한한 순환이란 입장에서 보면 정말로 시작하고 정말로 끝나는 게 아니다. 한쪽에서 쌓이고 다른 한쪽에서 흩어져도 도의 입장에서 보면 상대적인 것이기에 정말로 쌓이고 정말로 흩어지는 게 아니다. 그래서 한쪽에서 쌓이거나 한쪽에서 흩어져도 도가 존재하지 않는 게 아니다. 쌓이거나 흩어지거나 하는 건 상대적이기에 이런 표면적인 현상과 관계없이 도는 어디든지 늘 존재한다. 그래서 도는 기와나 벽돌뿐 아니라 똥이나 오줌에까지 있는 것이다.

아함감(婀荷甘)과 신농(神農)은 노용길(老龍吉) 선생에게서 함께 배웠다.

어느 날 신농이 문을 닫고 책상에 기댄 채 낮잠을 자는데

아함감이 한낮에 문을 열고 들어와서 말했다.

"노용 선생이 돌아가셨소."

그러자 신농은 책상에 기댄 채 지팡이를 잡고서 일어서더니

갑자기 휙 하고 던지면서 웃으며 말했다.

"하늘 같은 노용 선생이 내가 비뚤고 속 좁고 오만하고 방종하다는 걸 알아

나를 버리고 돌아가셨다. 그뿐이다!

선생은 나를 일으켜 세워줄 광언(狂言), 즉 아무렇게 내뱉어도 지극한 말을

내게 들려주지 않고 돌아가셨다!"

엄강조(弇堈弔)가 그 얘기를 전해 듣고 말했다.

"도를 체득하는 일은 천하의 군자(君子)들이 매달리는 바다.

신농은 가을철 짐승의 터럭 끝 만분의 일만큼 도에 머물지 않는데

노용 선생이 광언을 품고 죽은 것을 안다.

그러니 하물며 도를 체득한 사람이야 또 어떠하겠는가!

도는 보아도 형체가 없고, 들어도 소리가 없다.

사람들 중에 누군가는 도를 명명(冥冥)이라고 말하지만

도는 말로 그 진실한 뜻을 전할 수 없다."

. . .

婀荷甘與神農同學於老龍吉.

神農隱几闔戶晝瞑, 婀荷甘日中奓戶而入曰: 「老龍死矣!」

神農隱几擁杖而起, 曝然放杖而笑, 曰:「天知子僻陋慢訑, 故棄予而死. 已矣!
夫子無所發予之狂言而死矣夫!」
弇堈弔聞之曰:「夫體道者, 天下之君子所繫焉.
今於道, 秋毫之端萬分未得處一焉, 而猶知藏其狂言而死, 又況夫體道者乎!
視之無形, 聽之無聲, 於人之論者, 謂之冥冥, 所以論道, 而非道也..」

광언(狂言)이 아니고선
도의 진실한 뜻을 제대로 전할 수 없다

———

　아함감(婀荷甘)과 신농(神農)은 노용길(老龍吉) 선생에게서 동문수학한 사이이다. 어느 날 신농이 문을 닫고 책상에 기댄 채 낮잠을 자고 있는데 아함감이 갑자기 문을 열고 들어와서 노용 선생이 돌아가셨다고 말했다. 그러자 신농은 책상에 기댄 채 지팡이를 잡고 일어서더니 갑자기 획 하고 내던졌다. 그리고 하늘 같은 노용 선생이 신농이 비뚤고 속 좁고 오만하고 방종하다는 것을 알아 신농을 버리고 돌아가셨다고 웃으면서 말했다. 그리고 노용 선생은 신농을 일으켜 세워줄 광언(狂言), 즉 아무렇게 내뱉어도 지극한 말을 자신에게 들려주지 않고 돌아가셨다고 원망하듯 말했다. 여기서 신농이 웃으면서 말한 건 스승에 대한 신농의 담담함을 보여준다면 원망하면서 말한 건 스승에 대한 신농의 섭섭함을 보여준다. 그러니 신농의 이런 태도에는 제자의 담담한 자세에도 불구하고 도를 제대로 전해주지 않고서 세상을 떠난 스승에 대한 아쉬운 마음이 배어 있다.

　엄강조(弇堈弔)란 사람이 신농의 이런 얘기를 듣고서 크게 느낀 바가 있었다. 천하의 군자들은 도를 얻기 위해 매우 노력한다. 그런데 신농은 이런 노력조차 하지 않는데도 도가 말로 전해질 수 없다는 것을 안다. 엄강조가 볼 때 신농은 가을철 짐승의 터럭 끝 만분의 일에도 도에 머물지 못하는데 스승인 아함감이 광언, 즉 아무렇게나 내뱉어도 지극한 말을 품고 죽었다는 사실을 안다. 그러니 신농은 보통의 일반적인 말로는 도가 제대로 전달될 수 없다는 사실을 깨달은 사람이다. 도는 보아도 형체가 없고 들어도 소리가 없다. 이런 사실을 잘 아는 사람 중에 도를 혹 명명(冥冥)이라고 언급하지만 이런 말은 도의 진실한 뜻을 전하는 데 여전히 부족하다. 그래서 도를 제대로 체득한 사람은 광언이 아니고선 도를 얻을 수 없다는 사실을 잘 안다. 참고로 장자는 내편 「인간세」 마지막에서 광인 접여(接如)를 그가 그리는 가장 이상적인 인물로 묘사한 바 있다. 이처럼 광인과 광언은 서로 연결된다.

태청(泰淸)이 무궁(無窮)에게 물었다. "그대는 도를 압니까?"

무궁이 말했다. "나는 도를 모르네."

태청이 다시 무위(無爲)에게 물었더니 무위가 말했다. "나는 도를 아네."

태청이 말했다. "그대가 아는 도에는 이치(數)가 있나요?"

무위가 말했다. "이치가 있네."

태청이 물었다. "그 이치란 어떤 것과 같나요?"

무위가 말했다. "내가 아는 도는 귀하면 왕이 되고, 천하면 종이 되고,

묶이면 삶이 되고, 흩어지면 죽음이 되네. 이게 내가 아는 도의 이치(數)이네."

태청은 이 얘기를 무시(無始)에게 말하면서 물었다.

"그렇다면 무궁은 도를 알지 못하고, 무위는 도를 아는 것 같은데

누가 옳고 누가 그른 겁니까?"

무시가 말했다.

"모르는 무궁이 도에 대해 아는 바가 깊고, 아는 무위가 아는 바가 얕네.

무궁이 모르는 건 도의 안쪽이고, 무위가 아는 건 도의 바깥쪽이네."

이에 태청은 하늘을 우러르며 한숨을 쉬고 말했다.

"모른다는 게 바로 아는 거다! 그리고 아는 게 바로 모르는 거다!

그런데 과연 알지 못함의 앎(不知之知)을 누가 아는가?"

무시가 말했다.

"도는 들을 수 없어 들었다면 도가 아니고,

볼 수 없어 보았다면 도가 아니고, 말할 수 없어 말했다면 도가 아니네.

이것이 형체를 형상한 건 형체가 아니라는 것을 아는 일이다!

그러니 도에 이름을 붙이는 건 마땅치 않네."

무시가 계속해서 말했다.

"도를 물었을 때 응답한 사람은 도를 모르네.

또 도를 묻는 사람도 아직 도를 듣지 못했네.

도는 물을 수도 없고, 물어도 응답할 수 없네.

물을 수 없는데 도에 대해 물으면 속이 빈 물음이고,

응답할 수 없는데 응답하면 마음에 참된 도가 없어서이네.

물을 수도 없고 응답할 수도 없는 데

마음에 참된 도를 얻지 못한 채 응대하려는 사람이 있다면

이런 사람은 밖(外)으로는 우주 자연의 오묘함을 보지 못하고,

안(內)으로는 태초의 현묘한 이치를 알지 못하네.

그래서 곤륜(崑崙)과 같은 높고 먼 산에 이르지 못하고,

태허(太虛)와 같은 절대의 자유로운 세상에서 노닐지 못하네."

• • •

於是泰淸問乎無窮曰:「子知道乎?」無窮曰:「吾不知.」

又問乎無爲. 無爲曰:「吾知道.」

曰:「子之知道, 亦有數乎?」曰:「有.」曰:「其數若何?」

無爲曰:「吾知道之可以貴, 可以賤, 可以約, 可以散, 此吾所以知道之數也.」

泰淸以之言也問乎無始曰:「若是, 則無窮之弗知與無爲之知, 孰是而孰非乎?」

無始曰:「不知深矣, 知之淺矣., 弗知內矣, 知之外矣.」

於是泰淸仰而歎曰:「弗知乃知乎! 知乃不知乎! 孰知不知之知?」

無始曰:「道不可聞, 聞而非也., 道不可見, 見而非也., 道不可言, 言而非也.

知形形之不形乎! 道不當名.」

無始曰:「有問道而應之者, 不知道也. 雖問道者, 亦未聞道. 道無問, 問無應.

無問問之, 是問窮也., 無應應之, 是無內也.

以無內待問窮, 若是者, 外不觀乎宇宙, 內不知乎大初,

是以不過乎崑崙, 不遊乎太虛.」

도(道)는 물을 수도 없고
대답할 수도 없다

———

　이 장에선 무(無)로 시작하는 인물이 무궁(無窮), 무위(無爲), 무시(無始) 세 명이나 등장한다. 앞 장에서와 마찬가지로 도는 물을 수도 없고, 대답할 수도 없다는 것을 말하려는 내용이다. 태청(泰淸)이 무궁에게 도를 아느냐고 물었더니 무궁은 모른다고 대답했다. 이번에는 무위에게 도를 아느냐고 물었더니 무위는 안다고 대답했다. 그러자 태청은 무위가 알고 있는 도에 대해 이치(數)가 있느냐고 묻자 무위는 있다고 대답했다. 태청이 그 이치가 무엇과 같으냐고 묻자 무위는 자신이 아는 도는 귀하면 왕이 되지만 천하면 종이 되고, 묶이면 삶이 되지만 흩어지면 죽음이 되는데 이것이 자신이 아는 도의 이치라고 말했다.

　태청은 무궁과 무위에게서 들은 얘기를 무시에게 전했다. 그러면서 무궁은 도를 알지 못하고, 무위는 도를 아는 것 같은데 누가 과연 옳고, 누가 과연 그른 지에 대해 물었다. 그러자 무시는 모른다고 한 무궁이 도에 대해 아는 바가 깊지만 안다고 한 무위는 도에 대해 아는 바가 얕다고 대답했다. 그러면서 무궁이 모른다고 한 건 도의 안쪽인데 반해 무위가 안다고 한 건 도의 바깥쪽이라고 덧붙여 설명했다. 그러니 무시가 볼 때 무위는 도의 외면만 보고서 도를 안다고 말했으니까 도를 얕게 알고, 무궁은 도의 내면을 보고서 도를 모른다고 말했으니까 도를 깊게 아는 것이다.

이에 태청은 하늘을 우러르며 한숨을 쉰 뒤 도를 모른다는 게 바로 아는 것이고, 도를 아는 게 바로 모르는 것이라고 외쳤다. 그러면서 누가 알지 못함의 앎(不知之知)을 아느냐고 물었다. 그러자 무시는 도란 들을 수 없는데 듣는다면 도가 아니고, 볼 수 없는데 본다면 도가 아니고, 말할 수 없는데 말한다면 도가 아니라고 대답했다. 그러니 도는 들을 수도 볼 수도 말할 수도 없다. 이런 깨달음은 도의 형체를 형상화 하면 도의 형체가 아니라는 걸 알아서이다. 그래서 도에 이름을 붙이는 것도 마땅치 않다. 참고로 『도덕경』에서도 도는 "보려고 해도 보이지 않아 평평한 무색이고, 들으려고 해도 들리지 않아 고요한 무성이며, 잡으려고 해도 잡히지 않아 미세한 무형이다"[53]라는 내용이 있다.

나아가 무시는 누군가에게 도를 물었을 때 응답하는 사람은 도를 모르는 사람이고, 또 도를 묻는 사람도 도에 대해 여전히 듣지 못한 사람이라고 말했다. 이처럼 도는 들을 수도 볼 수도 말할 수도 없을뿐더러 물을 수도 물어도 응답할 수도 없다. 그러니 물을 수 없는데도 도에 대해 물으면 속이 빈 물음이고, 응답할 수 없는데도 응답하면 마음에 참된 도가 없어서이다. 게다가 물을 수도 응답할 수도 없다는 것을 알면서도 마음에 참된 도를 얻지 못한 채 이에 응대하려는 사람이 있다면 그런 사람은 밖으로는 우주 자연의 오묘함을 보지 못하고, 안으로는 태초의 현묘한 이치를 알지 못하는 사람이다. 그래서 이런 사람은 곤륜(崑崙)처럼 높고 먼 산에 이르지 못하고, 태허(太虛)처럼 절대의 자유로운 세상에서 노닐지 못한다.

---

53) 視之不見名曰夷 聽之不聞名曰希 搏之不得名曰微. (『도덕경』 14장)

광요(光曜)가 무유(無有)에게 물었다.

"당신은 있음(有)이요? 있지 않음(無有)이요?"

무유는 이에 대해 아무런 응답을 하지 않았다.

광요는 더 이상 물을 수 없어 무유(無有)의 모습만 도탑게 쳐다보았더니

정신이 멍한 채 텅 빈 것 같았다.

그리고 온종일 그를 쳐다봐도 보이지 않고, 귀를 기울여도 들리지 않고,

모습을 잡으려고 해도 잡히지 않았다.

광요가 말했다.

"이것이 지극한(至) 경지로구나. 누가 과연 이런 경지에 이를 수 있는가!

나는 지금까지 무(無)의 경지가 있다는 건 알았지만

무(無) 그 자체도 없는 절대의 경지가 있는지 몰랐다.

무(無)와 유(有)를 위해 함께 하려는 나 같은 사람이

어찌 그런 경지에 이를 수 있겠는가!"

. . .

光曜問乎無有曰:「夫子有乎? 其無有乎?」

無有弗應也. 光曜不得問, 而孰視其狀貌, 窅然空然, 終日視之而不見, 聽之
而不聞, 搏之而不得也.

光曜曰:「至矣! 其孰能至此乎! 予能有無矣, 而未能無無也.,

及爲無有矣, 何從至此哉!」

무(無) 자체도 없는 게
절대의 경지이다

    광요(光曜)가 무유(無有)에게 '무유'가 있는(有) 것이냐 아니면 있지 않는(無有) 것이냐 하고 물었다. 이에 대해 무유는 선뜻 대답하지 않았다. 광요는 더 이상 물을 수 없어 무유(無有)의 모습만 도탑게 쳐다보았다. 그런데 무유는 정신이 멍한 채 마음을 텅 비운 사람과 같았다. 그리고 광요가 온종일 그를 쳐다보았지만 보이지 않고, 귀를 기울였지만 들리지 않고, 모습을 잡으려고 했지만 잡히지 않았다. 이에 광요는 무유의 이런 모습을 보고 이것이 바로 지극한(至) 경지라고 여겼다. 그러면서 누가 과연 이런 경지에 이를 수 있을까 하면서 무유에 대해 감탄해 했다. 광요는 지금까지 무(無)의 경지가 있는 건 알았지만 무(無) 그 자체도 없는 절대의 경지가 있는 건 여태 몰랐다.[54] 그리고 무(無)와 유(有)를 위해서 따로따로 나아가는 광요가 어찌 그런 경지에 이를 수 있느냐고 스스로 한탄해 했다.

    흥미로운 점은 여기에 등장하는 사람의 이름이 이 글의 주제와 직접

---

[54] 참고로 「반야바라밀다심경」에서도 무 자체가 없는 경지에 대해 "무명도 없고, 무명이 다했다는 것도 없고, 늙고 죽는다는 것도 없으며, 늙고 죽는 것이 다했다는 것도 없다(無無名 亦無無名盡 乃至 無老死 亦無老死盡)"라고 언급한다.

적으로 연결된다는 사실이다. 먼저 광요는 빛나는(光) 햇빛(曜)이란 의미이다. 그런데 햇빛이 비치는 곳은 밝지만 비치지 않는 곳은 응달이져서 어둡다. 게다가 빛나는 햇빛이라면 밝음과 어두움의 대비가 더욱 뚜렷하다. 이런 밝음과 어두움의 대비는 유(有)와 무(無)의 대비와 자연스럽게 연결된다. 이에 반해 무유(無有)는 무와 유가 함께 공존하는 사람이다. 그래서 무유는 무와 유를 위해 따로 추구하지 않을뿐더러 빛남과 어두움도 따로 존재하지 않은 채 이것들과 함께 공존하면서 살아간다.

초나라 대사마(大司馬)의 띠쇠(鉤)를 두드려 만드는 사람이
나이가 팔십인데도 털끝만큼의 실수가 없었다.
대사마가 물었다.
"그대는 정말로 솜씨가 있구려? 무슨 특별한 방법이라도 있는가?"
장인이 말했다.
"신은 별다른 방법이 있는 건 아니고 지키는 바만 있습니다.
신은 스무 살 때부터 칼 두드리는 걸 좋아해서
다른 사물은 거들떠보지 않고, 또 띠쇠가 아니면 살피지 않았습니다.
이것이 띠쇠를 두드릴 때 다른 사물에 마음을 두지 않았기에
이 기술을 오래도록 쓸 수 있는 방도를 얻은 이유입니다.
그런데 하물며 자신을 다른 사물에 마음을 쓰지 않는 게 없는 상태로
맡기는 사람이야 더 말할 나위가 없겠지요!
그러니 사람들 중에 누가 이런 쓰임을 밑천으로 삼지 않겠습니까!"

• • •

大馬之捶鉤者, 年八十矣, 而不失豪芒.
大馬曰:「子巧與? 有道與?」
曰:「臣有守也. 臣之年二十而好捶鉤, 於物無視也, 非鉤無察也.
是用之者, 假不用者也以長得其用, 而況乎無不用者乎! 物孰不資焉!」

훌륭한 장인은 자신의 기술을
자연에 맡기는 것을 밑천으로 삼는다

———

초(楚)나라 대사마(大司馬)를 위해 띠쇠(鉤)를 두드려서 만드는 장인이 있었다. 그는 나이 팔십에 이르렀는데도 띠쇠를 만드는 데 털끝만큼의 실수가 없었다. 대사마는 팔십 먹은 장인에게 띠쇠 만드는 솜씨가 정말로 훌륭한데 무슨 특별한 방법이 있는지에 대해 물었다. 그러자 장인은 별다른 방법이 있는 건 아니고, 단지 지키는 바만 있다고 말했다. 그 지키는 바란 스무 살 때부터 띠쇠 두드리는 것을 좋아해 다른 사물에 전혀 눈길을 주지 않고, 또 띠쇠가 아니면 살피지 않은 거라고 말했다. 이것이 장인이 띠쇠를 두드릴 때 다른 일에 마음을 두지 않아 이 기술을 오래도록 옳바로 쓸 수 있는 이유이다. 그런데 다른 일에 마음을 두는 게 전혀 없는 상태, 즉 자신의 마음을 자연스런 상태로 두는 사람은 더 말할 나위 없이 이 기술을 오래도록 옳바로 쓸 수 있다. 그래서 훌륭한 장인은 자연에 기술을 맡기는 것을 자신의 밑천으로 삼는다.

내편 「양생주」에서 포정이 소를 잡는 단계에 대해 손으로 잡는 수해(手解), 눈으로 잡는 목해(目解), 정신으로 잡는 신해(神解)로 구분해서 설명한 바 있다. 그런데 신해의 단계에선 포정이 마음과 뜻을 응용해서 더 이상 눈을 쓰지 않고 소를 자연스럽게 상대하므로 살이나 뼈를 하나도 건드리지 않은 채 소를 잡을 수 있었다. 지금 장인이 띠쇠를 만드는 단계도 포정의 신해의 단계와 같다고 보아진다.

염구(冉求)가 스승인 공자(仲尼)에게 물었다.

"천지(天地)가 생겨나기 이전의 일을 알 수 있나요?"

공자가 말했다.

"알 수 있지. 그건 옛날이나 지금이나 똑 같다."

염구는 더 이상 묻지 않고 물러나서 다음날 스승을 다시 찾아와 뵈었다.

"어제 '천지가 생기기 이전의 일을 알 수 있나요?' 하고 스승께 물었는데

이 물음에 대해 스승은 '알 수 있다면서 옛날이나 지금이나 똑같다.'라고

말씀하셨습니다.

어제는 이 말의 의미를 분명히 알았는데 오늘은 흐릿해져 알 수 없으니

어째서 그런지 감히 여쭈고자 합니다."

공자가 말했다.

"어제 분명히 알았던 건 마음을 텅 비워서 자네의 신묘한 작용이

내 말의 뜻을 먼저 받아들여서이네.

오늘 흐릿한 건 신묘한 작용이 아닌 마음으로 말 뜻을 찾으려고 해서이네!

한번 생각해 보게. 옛날이 없으면 지금이 없고, 처음이 없으면 끝이 없네.

그러니 앞 세대 자손이 없는데 후 세대 자손이 있는 게 어찌 가능한가?"

염구가 아무런 대답을 못하자 공자가 말했다.

"그만둬라. 굳이 대답하지 않아도 좋다!

도는 삶에 치우친 나머지 죽어야 할 것을 살리지 않고,

죽음에 치우친 나머지 살려야 할 것을 죽이지 않네.

게다가 죽음과 삶은 서로 의지하는 게 아닌가?

죽음과 삶 모두는 하나의 몸통이네.

천지보다 앞서 생겨난 게 있는데 그게 어찌 사물(物)이겠는가?

사물을 사물로 존재하게끔 해 주는 것(物物者), 즉 도는 사물이 아니지.

사물은 사물보다 앞선 도의 단계에서 나올 수 없네.

사물은 도의 작용으로 마땅히 생겨났지.

또 사물은 도의 작용으로 마땅히 생겨났기에 끝없이 생겨나게 마련이네.

성인이 사람을 사랑하는 걸 멈추지 않는 것도 여기서 본받은 일이네.”

・・・

冉求問於仲尼曰:「未有天地可知邪?」

仲尼曰:「可. 古猶今也.」

冉九失問而退, 明日復見, 曰:「昔者吾問『未有天地可知乎?』

夫子曰:『可. 古猶今也.』昔日吾昭然, 今日吾昧然, 敢問何謂也?」

仲尼曰:「昔之昭然也, 神者先受之., 今之昧然也, 且又爲不神者求邪!

無古無今, 無始無終. 未有子孫而有子孫, 可乎?」

冉九未對.

仲尼曰:「已矣, 未應矣! 不以生生死, 不以死死生. 死生有待邪? 皆有所一體.

有先天地生者物邪? 物物者非物. 物出不得先物也, 猶其有物也. 猶其有物

也, 無已. 聖人之愛人也終無已者, 亦乃取於是者也.」

천지가 생겨나기 이전이나 지금이나 똑같다

———

  염구(冉求)가 스승인 공자(仲尼)에게 천지(天地)가 생겨나기 이전의 일에 대해 아느냐고 물었다. 공자는 알 수 있는데 옛날이나 지금이나 똑같다고 말했다. 염구는 어쩐 일인지 더 이상 묻지 않고 공자 앞에서 물러나왔다. 다음날 스승을 다시 찾아가서 어제 자신이 천지가 생겨나기 이전의 일에 대해 아느냐고 물었을 때 스승은 옛날이나 지금이나 똑같다고 대답했는데 이때는 이 말의 의미를 분명히 알았다. 그런데 오늘은 흐릿해져 알 수 없으니 어째서 그런지에 대해 물었다. 그러자 공자는 염구가 어제 분명히 알았던 건 마음을 텅 비워서 마음의 신묘한 작용이 스승이 한 말의 뜻을 먼저 받아들여서라고 말했다. 그런데 오늘 흐릿해진 건 신묘한 작용이 아닌 마음으로 스승이 한 말의 뜻을 찾으려고 해서라고 말했다.

  그리고 공자는 옛날이 없으면 지금이 없고, 처음이 없으면 끝이 없다고 말하면서 앞 세대 자손(子孫)이 아직 없는데 후 세대 자손이 있는 게 어찌 가능하겠느냐고 염구에게 반문했다. 이에 대해 염구가 아무런 대답을 못하자 공자는 자신의 질문에 대해 굳이 대답하지 않아도 좋다고 말했다. 그러면서 자연의 원리는 삶에 치우친 나머지 죽는 걸 살리지 않을뿐더러 죽음에 치우친 나머지 사는 걸 죽이지 않는다고 말했다. 즉 죽어야 할 건 죽이고, 살려야 할 건 살리지만 억지로 무리해서 살리거나 죽이거나 하지 않는 게 자연의 원리라는 말이다. 게다가 죽음과 삶은 서로 의지해서 결국 하나의 몸통이 되므로 공자는 죽음과 삶을 굳이 구분할 필요가 없다고 말했다.

그러면서 공자는 천지보다 앞서 생겨난 게 분명히 있는데 그건 사물(物)이 아니라고 말했다. 그런데도 사람들은 사물이 천지보다 먼저 생겨난 것으로 착각한다. 그리고 공자는 물물자(物物者), 즉 사물을 사물로 존재하게끔 해주는 도는 사물이 아니라고 말했다. 사물은 도의 단계에선 도저히 나올 수 없는데 그건 도의 단계가 사물보다 앞섰기 때문이다. 그러니 사물은 도의 작용으로 생겨난 것임에 분명하다. 이처럼 사물은 도의 작용으로 마땅히 생겨나므로 끝없이 생겨나게 마련이다. 성인이 사람을 사랑하는 걸 영원히 멈추지 않는 것도 여기에서 본받았다. 그래서 공자는 천지가 생겨나기 이전이나 지금이나 세상의 일은 모두 똑같다고 말했다.

안연(顔淵)이 스승인 공자(仲尼)에게 물었다.

"저는 여러 스승으로부터 '보내는 바도 없고 맞이하는 바도 없어야 한다.'는 말씀을 일찍이 들었습니다.

제가 어찌하면 그런 경지에서 감히 노닐 수 있겠습니까?"

공자가 말했다.

"옛날 사람은 겉은 변해도 안이 변하지 않았는데

지금 사람은 안이 변해도 겉은 변하지 않네.

그런데 사물과 함께 겉만 변하는 사람은 하나도 변하지 않는 사람이지.

그래서 옛날 사람은 겉이 변해도 이를 편안하게 받아들였고,

겉이 변하지 않아도 이를 편안하게 받아들였네.

또 변화에 순응하는 걸 편히 받아들여 변화로부터 크게 벗어나질 않았네.

희위씨(豨韋氏)는 동산을 만들어 살고, 황제(黃帝)는 논밭을 일구며 살고,

유우씨(有虞氏)는 궁을 지어서 살고, 탕왕(湯)과 무왕(武)은 집을 지어 살았네.

그런데 후에 등장한 군자(君子)들이 유가와 묵가를 스승으로 삼아

옳고 그름으로 서로를 헐뜯었네.

그런데 하물며 지금 사람이야 더 말할 나위가 있겠는가!

성인(聖人)은 사물을 비우게 하더라도 사물을 상하게 하지 않네.

사물을 상하게 하지 않아야 사물도 성인을 상하게 하지 않네.

사물을 상하게 하지 않아야 다른 사람을 서로 보내고 서로 맞이할 수 있네.

산림에서 노니는 것! 늪지대에서 노니는 것!

이런 노닒은 나에게 흔쾌한 즐거움이네!

그렇지만 이런 즐거움이 끝나기도 전에 또다시 슬픔이 이어지네.

그러니 슬픔과 즐거움이 오는 것을 나로선 막을 수 없고,

슬픔과 즐거움이 떠나는 것도 나로선 막을 수 없네.

슬프다. 세상은 사물을 위해 잠시 머물다가는 여관에 불과하지 않은가!

사람은 앎이 미치는 데는 알지만 앎이 미치지 않는 데는 알지 못한다.

사람은 능력이 미치는 일은 하지만 능력이 미치지 않는 일은 하지 못한다.

그런데 알지 못하거나 하지 못하는 건 사람인 이상 피해나갈 수 없다.

사람이 피해나갈 수 없는데도 애써 피해나가려고 애쓰면

이 또한 어찌 슬프지 아니한가!

지극한 말(至言)은 말을 물리치며, 지극한 행함(至爲)은 행함을 물리친다.

그러니 앎으로 사물을 파악하는 것을 아는 거라고 여기면

이는 얕은 앎일 뿐이다.”

. . .

顏淵問乎仲尼曰：「回嘗聞諸夫子曰：『無有所將, 無有所迎.』回敢問其遊.」

仲尼曰：「古之人, 外化而內不化., 今之人, 內化而外不化.

與物化者, 一不化者也., 安化安不化, 安與之相靡, 必與之莫多.

豨韋氏之囿, 黃帝之圃, 有虞氏之宮, 湯武之室.

君子之人, 若儒墨者師, 故以是非相螯也, 而況今之人乎!

聖人虛物不傷物. 不傷物者, 物亦不能傷也. 唯無所傷者, 爲能與人相將迎.

山林與! 皐壤與! 使我欣欣然而樂與!

樂未畢也, 哀又繼之. 哀樂之來, 吾不能禦, 其去弗能止.

悲夫, 世人直爲物逆旅耳!

夫知遇而不知所不遇, 能能而不能所不能. 無知無能者, 固人之所不免也.

夫務免乎人之所不免者, 豈不亦悲哉! 至言去言, 至爲去爲. 齊知之所知,

則淺矣.」

지극한 말(至言)은 말을 물리치며
지극한 행함(至爲)은 행함을 물리친다

안연(顏淵)이 자신의 스승인 공자(仲尼)에게 여러 스승으로부터 죽음을 보내는 바도 없어야 하지만 삶을 맞이하는 바도 없어야 한다는 말을 일찍이 들었는데 어찌하면 그런 경지에서 노닐 수 있느냐고 물었다. 즉 삶과 죽음을 초월한 삶을 어떻게 살 수 있는 지에 대해서 물었다. 이에 대해 공자는 옛날 사람은 겉이 변해도 안은 변하지 않았는데 지금 사람은 안이 변해도 겉은 변하지 않는다고 말했다. 그래서 옛날 사람은 겉이 변해도 이를 편안히 받아들이고, 겉이 변하지 않아도 이를 편안히 받아들였다고 말했다. 이는 겉이 변하는지 여부는 중요하지 않고, 오로지 안만 변하지 않는 게 중요하다는 말이다.

그래서 공자는 사물과 더불어 겉만 변하는 사람은 전혀 변하지 않는 사람이라고 말했다. 그러니 삶과 죽음처럼 겉의 변화에 대해선 공자는 얼마든지 보내고 얼마든지 맞이할 수 있다. 그렇지만 사물과 함께 변화하는 우리의 속, 즉 우리의 마음은 삶과 죽음의 문제로 그치지 않고 훨씬 더 심각한 문제를 초래한다. 시비다툼도 그중 하나인데 그건 안, 즉 마음과 함께 늘 변화해서이다.

희위씨(豨韋氏)는 동산을 만들어서 살고, 황제(黃帝)는 논밭을 일구면서 살았다. 또 유우씨(有虞氏), 즉 순임금은 궁을 지어서 살고, 탕왕(湯)

과 무왕(武)은 평범한 집을 짓고서 살았다. 이들이 살아가는 방법은 겉으로는 분명히 달라도 이들의 마음은 하나같이 훌륭했다. 그러니 이들에게 겉은 그다지 중요하지 않다. 그런데 후에 등장한 군자들은 속보다 겉을 중요시했다. 그래서 이들은 유가와 묵가를 각자의 스승으로 삼아서 옳고 그름으로 서로를 헐뜯었다.[55] 여기서부터 시비다툼이 시작되었는데 지금 사람들은 이들 군자보다 더 치열하게 시비다툼을 벌인다.

그래서 성인(聖人)은 이런 사이비 군자와 달리 사물을 비우더라도 사물을 상하게 하지 않는다. 무슨 말인지 언뜻 이해가 되지 않는다. 그래서 사물을 사물의 안, 즉 상대방의 마음으로 해석해 보자. 그러면 상대방으로 하여금 그의 성심(成心)을 스승으로 삼지 않도록 하는 게 사물을 비우도록 하는 일이다. 그런데 이 일은 정말로 이루기 힘들다. 그런데도 성인은 상대방 마음을 상하게 하지 않도록 하면서 상대방의 성심을 자연스럽게 내려놓도록 한다. 성심을 내려놓도록 하는 데 상대방 마음을 상하지 않게 해야 상대방도 성인의 마음을 상하게 하지 않는다. 그래서 상대방 마음을 상하게 하지 않는 사람이라야 상대방을 자연스럽게 보내고 자연스럽게 맞이할 수 있다. 이때 시비다툼도 저절로 멈춘다.

산림에서 노니는 것과 늪지대에서 노니는 것은 유쾌한 즐거움이다. 게다가 산림과 늪에선 누군가와 마주치지 않고서 혼자 살아갈 수 있으므로 시비다툼을 벌일 일도 없다. 그렇지만 우리는 늘 혼자서 살 수 없다. 그래서 어쩔 수 없이 누군가와 마주할 수밖에 없다. 그러면 산림과 늪에서 혼자 살던 즐거움이 채 끝나기도 전에 슬픔이 또다시 이어지게

---

55) "각자 성심(成心), 즉 나름대로 정한 마음을 따르며 이 마음을 스승으로 삼으면 어느 누군들 스승이 없는가? 성심을 스승으로 삼지 않는데 시비(是非)가 생겨나는 건 오늘 월나라로 떠났는데 어제 도착했다는 일이다"라는 내편 「제물론」 3을 참조하도록.

마련이다. 그러니 슬픔과 즐거움이 교대로 오는 것과 슬픔과 즐거움이 교대로 떠나는 것을 우리가 막을 수 없다. 그렇다면 세상은 우리 마음을 달래게 하기 위해 잠시 머물다 떠나가는 여관과 같은 역할을 하지 않는가. 우리는 이 정도로 여관이란 자신의 마음에 철저히 종속되어 있다. 그러니 우리의 운명은 슬플 뿐이다.

우리는 자신의 앎이 미치는 데는 잘 알아도 자신의 앎이 미치지 않는 데는 잘 알지 못한다. 또 우리는 자신의 능력이 미치는 일은 잘 해도 자신의 능력이 미치지 않는 일은 잘 하지 못한다. 그러니 알지 못하고 능력이 미치지 않는 일은 사람인 이상 피해나갈 수 없기에 차라리 포기하는 편이 바람직하다. 이처럼 피해나갈 수 없는데도 애써 피하려고 애쓰는 사람들이 많은데 이 또한 슬픈 일이다. 그래서 지극한 말(至言)은 말을 물리치는 일이고, 지극한 행함(至爲)은 행함을 물리치는 일이다. 그러니 앎으로 사물의 내면을 파악하는 것을 두고 이를 아는 거라고 여기면 이는 얕은 앎에 불과하다. 그런데 우리는 자신의 이런 얕은 앎으로 사물의 내면까지 파악하려고 드니까 슬플 뿐이다.